主编 胡绳武
副主编 牛贯杰 戴鞍钢

清末立宪运动史料丛刊 ①

立宪运动的酝酿与发动

李细珠 编

国家清史编纂委员会·文献丛刊

国家出版基金项目
NATIONAL PUBLICATION FOUNDATION

山西人民出版社

本书获中国人民大学『中央高校建设世界一流大学（学科）和特色发展引导专项资金』支持

『十二五』国家重点图书出版规划项目

国家清史编纂委员会出版委员会

《清末立宪运动史料丛刊》出版工作委员会

总序

戴逸

二〇〇二年八月，国家批准建议纂修清史之报告，十一月成立由十四部委组成之领导小组，十二月十二日成立清史编纂委员会，清史编纂工程于焉肇始。清史之编纂酝酿已久，清亡以后，北洋政府曾聘专家编写《清史稿》，历时十四年成书。识者议其评判不公，记载多误，难成信史，久欲重撰新史，以世事多乱不果。中华人民共和国成立后，中央领导亦多次推动修清史之事，皆因故中辍。新世纪之始，国家安定，经济发展，建设成绩辉煌，而清史研究亦有重大进步，学界又倡修史之议，国家采纳众见，决定启动此新世纪标志性文化工程。清代为我国最后之封建王朝，统治中国二百六十八年之久，距今未远。清代众多之历史和社会问题与今日息息相关。欲知今日中国国情，必当追溯清代之历史，故而编纂一部详细、可信、公允之清代历史实属切要之举。编史要务，首在采集史料，广搜确证，以为依据。必藉此史料，乃能窥见历史陈迹。故史料为历史研究之基础，研究者必须积累大量史料，勤于梳理，善于分析，去粗取精，去伪存真，由此及彼，由表及里，进行科学之抽象，上升为理性之认识，才能洞察过去，认识历史规律。史料之于历史研究，犹如水之于鱼，空气之于鸟，水涸则鱼逝，气盈则鸟飞。历史科学之辉煌殿堂必须岿然耸立于丰富、确凿、可靠之史料基础上，不能构建于虚无缥缈之中。吾侪于编史之始，即整理、出版“文献丛刊”、“档案丛刊”，二者广收各种史料，均为清史编纂工程之重要组成部分，一以供修撰清史之用，提高著作质量；二为抢救、保护、开发清代之文化资源，继承和弘扬历史文化遗产。清代之史料，具有自身之特点，可以概括为多、乱、散、新四字。一曰多。我国素称诗书礼义之邦，存世典籍汗牛充栋，尤以清代为盛。盖清代统治较久，文化发达，学士才人，比肩相望，传世之经籍史乘、诸子百家、文字声韵、目录金石、书画艺术、诗文小说，远轶前朝，积贮文献之多，如恒河沙数，不可胜计。昔梁元帝聚书十四万卷于江陵，西魏军攻掠，悉燔于火，人谓丧失天下典籍之半数，是五世纪时中国书籍总数尚不甚多。宋代印刷术推广，载籍日众，至清代而浩如烟海，难窥其涯涘矣！《清史稿·艺文志》著录清代书籍九千六百三十三种，人议其疏漏太多。武作成作《清史稿艺文志补编》，增补书一万零四百三十八种，超过原志著录之数。彭国栋亦有《重修清史艺文志》，著录书一万八千零五十九种。近年王绍曾更求详备，致力十余年，遍览群籍，手抄目验，成《清史稿艺文志拾遗》，增补书至五万四千八百八十种，超过原志五倍半，此尚非清代存留书之全豹。王绍曾先生言:“余等未见书目尚多，即已见之目，因工作粗疏，未尽钩稽而失之眉睫者，所在多有。”清代书籍总数若干，至今尚未能确知。清代不仅书籍浩繁，尚有大量政府档案留存于世。中国历朝历代档案已丧失殆尽（除近代考古发掘所得甲骨、简牍外），而清朝中枢机关（内阁、军机处）档案，秘藏内廷，尚称完整。加上地方存留之档案，多达二千万件。档案为历史事件发生过程中形成之文件，出之于当事人亲身经历和直接记录，具有较高之真实性、可靠性。大量档案之留存极大地改善了研究条件，俾历史学家得以运用第一手资料追踪往事，了解历史真相。二曰乱。清代以前之典籍，经历代学者整理、研究，对其数量、类别、版本、流传、收藏、真伪及价值已有大致了解。清代编纂《四库全书》，大规模清理、甄别存世之古籍。因政治原因，查禁、篡改、销毁所谓“悖逆”、“违碍”书籍，造成文化之浩劫。但此时经师大儒，联袂入馆，勤力校理，尽瘁编务。政府亦投入巨资以修明文治，故所获成果甚丰。对收录之三千多种书籍和未收之六千多种存目书撰写详明精切之提要，撮其内容要旨，述其体例篇章，论其学术是非，叙其版本源流，编成二百卷《四库全书总目》，洵为读书之典要、后学之津梁。乾隆以后，至于清末，文字之狱渐戢，印刷之术益精，故而人竟著述，家娴诗文，各握灵蛇之珠，众怀昆冈之璧，千舸齐发，万木争荣，学风大盛，典籍之积累远迈从前。惟晚清以来，外强侵凌，干戈四起，国家多难，人民离散，未能投入力量对大量新出之典籍再作整理，而政府档案，深藏中秘，更无由一见。故不仅不知存世清代文献档案之总数，即书籍分类如何变通、版本庋藏应否标明，加以部居舛误，界划难清，亥豕鲁鱼，订正未遑。大量稿本、抄本、孤本、珍本，土埋尘封，行将澌灭；殿刻本、局刊本、精校本与坊间劣本混淆杂陈。我国自有典籍以来，其繁杂混乱未有甚于清代典籍者矣！三曰散。清代文献、档案，非常分散，分别庋藏于中央与地方各个图书馆、档案馆、博物馆、教学研究机构与私人手中。即以清代中央一级之档案言，除北京中国第一历史档案馆所藏一千万件以外，尚有一大部分档案在战争时期流离播迁，现存于台北故宫博物院。此外，尚有藏于沈阳辽宁省档案馆之圣训、玉牒、满文老档、黑图档等，藏于大连市档案馆之内务府档案，藏于江苏泰州市博物馆之题本、奏折、录副奏折。至于清代各地方政府之档案文书，损毁极大，但尚有劫后残余，璞玉浑金，含章蕴秀，数量颇丰，价值亦高。如河北获鹿县档案、吉林省边务档案、黑龙江将军衙门档案、河南巡抚藩司衙门档案、湖南安化县永历帝与吴三桂档案、四川巴县与南部县档案、浙江安徽江西等省之鱼鳞册、徽州契约文书、内蒙古各盟旗蒙文档案、广东粤海关档案、云南省彝文傣文档案、西藏噶厦政府藏文档案等等分别藏于全国各省市自治区，甚至清代两广总督衙门档案（亦称《叶名琛档案》），被英法联军抢掠西运，今藏于英国伦敦。清代流传下之稿本、抄本，数量丰富，因其从未刻印，弥足珍贵，如曾国藩、李鸿章、翁同龢、盛宣怀、张謇、赵凤昌之家藏资料。至于清代之诗文集、尺牍、家谱、日记、笔记、方志、碑刻等品类繁多，数量浩瀚，北京、上海、南京、广州、天津、武汉及各大学图书馆中，均有不少贮存。丰城之剑气腾霄，合浦之珠光射日，寻访必有所获。最近，余有江南之行，在苏州、常熟两地图书馆、博物馆中，得见所存稿本、抄本之目录，即有数百种之多。某些书籍，在中国大陆已甚稀少，在海外各国反能见到，如太平天国之文书。当年在太平军区域内，为通行之书籍，太平天国失败后，悉遭清政府查禁焚毁，现在中国，已难见到，而在海外，由于各国外交官、传教士、商人竞相搜求，携赴海外，故今日在外国图书馆中保存之太平天国文书较多。二十世纪内，向达、萧一山、王重民、王庆成诸先生曾在世界各地寻觅太平天国文献，收获甚丰。四曰新。清代为传统社会向近代社会之过渡阶段，处于中西文化冲突与交融之中，产生一大批内容新颖、形式多样之文化典籍。清朝初年，西方耶稣会传教士来华，携来自然科学、艺术和西方宗教知识。乾隆时编《四库全书》，曾收录欧几里得《几何原本》，利玛窦《乾坤体义》，熊三拔《泰西水法》、《简平仪说》等书。迄至晚清，中国力图自强，学习西方，翻译各类西方著作，如上海墨海书馆、江南制造局译书馆所译声光化电之书，后严复所译《天演论》、《原富》、《法意》等名著，林纾所译《茶花女遗事》、《黑奴吁天录》等文艺小说。中学西学，摩荡激励，旧学新学，斗妍争胜，知识剧增，推陈出新，晚清典籍多别开生面、石破天惊之论，数千年来所未见，饱学宿儒所不知。突破中国传统之知识框架，书籍之内容、形式，超经史子集之范围，越子曰诗云之牢笼，发生前所未有之革命性变化，出现众多新类目、新体例、新内容。清朝实现国家之大统一，组成中国之多民族大家庭，出现以满文、蒙古文、藏文、维吾尔文、傣文、彝文书写之文书，构成为清代文献之组成部分，使得清代文献、档案更加丰富，更加充实，更加绚丽多彩。清代之文献、档案为我国珍贵之历史文化遗产，其数量之庞大、品类之多样、涵盖之宽广、内容之丰富在全世界之文献、档案宝库中实属罕见。正因其具有多、乱、散、新之特点，故必须投入巨大之人力、财力进行搜集、整理、出版。吾侪因编纂清史之需，贾其余力，整理出版其中一小部分；且欲安装网络，设数据库，运用现代科技手段，进行贮存、检索，以利研究工作。惟清代典籍浩瀚，吾侪汲深绠短，蚁衔蚊负，力薄难任，望洋兴叹，未能做更大规模之工作。观历代文献档案，频遭浩劫，水火兵虫，纷至沓来，古代典籍，百不存五，可为浩叹！切望后来之政府学人重视保护文献档案之工程，投入力量，持续努力，再接再厉，使卷帙长存，瑰宝永驻，中华民族数千年之文献档案得以流传永远，沾溉将来，是所愿也！

二〇〇四年

序言

胡绳武

清末立宪运动是一场全国性的政治运动。这场运动历时9年（1903—1911），波及除内外蒙古、青海、西藏之外的全国22个行省（内地18个省、东北三省和新疆），对辛亥革命前后的中国政治、经济、社会和思想文化均产生过重要的影响。这场运动的人和事，自宣统年间以来不断地有国内外学者们进行研究和评议。由于研究者的立场与观点不同，对这场运动的人和事的评议自然是见仁见智的。但研究者们一致感到研究立宪运动的困难之一在于史料相对缺乏。中华人民共和国成立后，国家重视对近百年历史的研究，在中国史学会的主持下，曾出版过一套《中国近代史资料丛刊》。这套资料的出版对中国近代史的教学与研究曾产生了很好的推动作用，但这套资料丛刊却没有把立宪运动包括在内。

有关立宪运动的文献资料，除1979年中华书局出版过一部《清末筹备立宪档案史料》外，尚无一套比较完整的立宪运动文献资料丛刊，这给中国近代史的教学与研究带来一定的影响。为此，中华书局编辑部于1986年曾拟定编辑一套《立宪运动》的文献资料，作为《中国近代史资料丛刊》的续编出版，并邀请我作为这套文献资料丛刊的主编。我当时因为正在撰写《辛亥革命史稿》，无力承担此项工作而加以婉拒。当时中华书局近代史编辑室的主任陈铮向我表示这项工作可在《辛亥革命史稿》完成以后再着手进行，并希望我能将此项工作接受下来。当时我的研究生程为坤讲师也希望我将这项工作接受下来，并表示愿意全力帮助我完成文献资料的搜集与整理工作。这样，我就终于将此项工作接受下来，并开始注意有关立宪运动文献资料的搜集工作。1990年以后，《辛亥革命史稿》的撰写工作虽然已经完成，程为坤却已出国留学，我又年近七十，无力单独承担，此项工作遂告中断。其后，我曾争取与中国人民大学图书馆古籍整理研究所合作，希望继续完成这套资料的搜集与整理工作，后因故再次中断。已经搜集却又未经整理的有关立宪运动的文献资料只好堆积存放。

2002年国家清史纂修工程启动后，清史编纂委员会主任戴逸教授动员我组织力量，将《立宪运动》这套文献资料的整理工作作为国家清史纂修工程文献整理项目之一继续下去，争取完成。我考虑到早在1986年即已接受中华书局近代史编辑室委托，承担《立宪运动》的主编工作，中途虽因客观原因中断，但我内心总觉得对学术界和出版社欠了一笔账，不免感到内疚，现在有机会将这套《立宪运动》作为清史文献项目之一列入计划，这是给我完成上世纪中断了的《立宪运动》这套文献资料的一个极好机会，遂于2004年向国家清史编纂委员会正式提出申请，并于2005年获得通过，正式立项。

这套《清末立宪运动史料丛刊》总的要求是，能够较为全面地反映这场运动的发展全貌，对该运动发生的历史背景、酝酿与兴起、发展和声势、它与民主革命运动及清廷预备仿行立宪的关系、立宪团体、立宪派人士的思想与活动，以及该运动对于中国近代社会历史所造成的影响诸方面，均得到合乎实际的说明。

以往《中国近代史资料丛刊》的编辑方法大致有三种：一是按资料的类型进行整理编辑，如《太平天国》；二是按事件发展进行编辑，如《辛亥革命》；三是二者结合，如《第二次鸦片战争》。本套文献资料大体依照第三种形式，从以下八个方面对相关资料进行搜集、整理与编辑：一、立宪运动的酝酿与发动；二、立宪派与革命派的论战；三、清廷的预备仿行立宪；四、立宪团体；五、国会请愿运动；六、资政院；七、各省谘议局；八、有关立宪运动的外文资料。谘议局文献的选编范围涉及12个行省，即顺直谘议局、奉天谘议局、吉林谘议局、山西谘议局、山东谘议局、江苏谘议局、浙江谘议局、福建谘议局、广东谘议局、江西谘议局、湖南谘议局、四川谘议局。参加本项目的成员及分工如下：中国社会科学院近代史研究所李细珠研究员（立宪运动的酝酿与发动、福建谘议局），清华大学马克思主义学院王宪明教授（立宪派与革命派的论战、有关立宪运动的外文资料），首都师范大学历史系迟云飞教授（清廷的预备仿行立宪），北京大学历史系尚小明教授（立宪团体、国会请愿运动、山西谘议局、山东谘议局），中国人民大学历史学院牛贯杰副教授（资政院、湖南谘议局、广东谘议局），北京师范大学历史学院邱涛副教授（顺直谘议局），中国社会科学院法学研究所孙家红副研究员（奉天谘议局、吉林谘议局），上海图书馆上海科学技术情报研究所高洪兴研究员（江苏谘议局），广东警官学院法律系沈晓敏教授（浙江谘议局），中山大学历史系廖伟章教授（广东谘议局），南昌大学历史系黄志繁教授（江西谘议局），四川大学城市研究所何一民教授（四川谘议局）。

值得说明的是，这套文献资料丛刊立项伊始，清史编纂委员会考虑到我年事已高，故建议增加一位项目主持人，我们经过商议，聘请复旦大学历史系戴鞍钢教授为主持人。项目进行期间，他审阅了700余万字的文稿，并提出具体的修改意见，帮助我承担了不少审阅初稿的任务。牛贯杰副教授承担了大量烦琐沉重的学术辅助工作。清史编纂委员会文献组的王汝丰教授、出版组孟超编审对本项目给予了特别的关心与指导。没有他们的帮助，很难相信这套文献资料丛刊能够如期完成，在此表示诚挚的谢意。同时，山西人民出版社的领导也给予了特别的关注，编辑们付出了辛勤的努力，在此一并致谢。

当然，囿于种种因素，我们不可能将22个行省的谘议局文献全部搜求于内，只选择性地摘取了12个行省的相关文献，这些省份涵盖了沿江沿海、中原腹地、京畿重地与清王朝的龙兴之地——吉林与奉天两省。此外，我们对各省谘议局文献的选编原则以谘议局本身文献为主，因此，规模方面无法做到整齐划一，而且数量各有不同。这些不足和局限，衷心期待学术界进行批评和补正。

2014 年 10 月

凡例

一、本文献为类编资料，资料来源均在正文结尾处标明。

二、本文献按照立宪运动发生、发展的脉络分为三十卷，各卷内容为：第一卷，立宪运动的酝酿与发动；第二卷，立宪派与革命派的论战；第三至六卷，清廷的预备仿行立宪；第七至八卷，立宪团体；第九至十卷，国会请愿运动；第十一至十二卷，资政院；第十三卷，顺直谘议局；第十四至十五卷，奉天谘议局；第十六至十七卷，吉林谘议局；第十八卷，山西谘议局；第十九至二十卷，山东谘议局；第二十一至二十二卷，江苏谘议局；第二十三卷，浙江谘议局；第二十四至二十五卷，福建谘议局；第二十六卷，广东谘议局；第二十七卷，江西谘议局；第二十八卷，湖南谘议局；第二十九卷，四川谘议局；第三十卷，有关立宪运动的外文资料。

三、文献史料如有原名，一律沿用；如没有原名，则由整理者自行拟定，文中注明。

四、资料原文所用繁体字，在不会造成歧义的情况下改为通行简化字。某些具体人名、地名不在此限。异体字、通假字尽量保持文献原貌。

五、本书在纂辑过程中，对清末惯用的一些字词，悉仍其旧，如“豫备立宪”、“豫算”、“筹画”、“画一”、“澈底”、“坐次”、“帐目”、“缕晰陈之”、“详晰”、“人材”、“发见”、“札覆”、“叠次”、“身分”、“省分”、“择尤”等。文中还有许多反复出现的字词属于此种情形，不在此一一列举。

六、文献资料均由编者标点、分段与校勘。错别字用（ ）标出，并于〔 〕中标明正确字，脱字以【 】标明，衍字以〈 〉标明，无法辨识文字和原公文中故意省略之字，均以□标示。

七、原稿繁体竖排，今改为简体横排。原稿中“左”、“如左”、“左列”、“右”、“如右”、“右列”等文字均保留原貌，一律不作改动。

八、为便于读者更好地利用资料，整理者对有必要加注的地方一律加注，以脚注标明。

整理说明

清末立宪运动是近代中国政治转型的发轫，包括立宪派的活动与清政府的预备立宪，正因朝野多种政治势力的介入与互动，而益显其波澜壮阔的图景。光绪三十二年七月十三日（1906 年 9 月 1 日）清廷宣布预备立宪之前，是立宪运动的酝酿与发动时期。在近代中国，宪政思想无疑是西方的舶来品。有鉴于宪政思想内涵的复杂性，要想确认西方的宪政思想究竟最早在什么时候传入中国，是相当困难的。本资料以戊戌变法为起点，并不是说就认定这是西方宪政思想传入的起点，而是基于以下历史认知的考虑：戊戌变法是近代中国第一次政治变革运动，虽然失败，但其思想启蒙意义不可低估，是西方政治思想（包括宪政思想）较为系统输入的开始，而且维新派人士此后也多转化为立宪派，在某种意义上可以说，立宪运动与戊戌维新有一脉相承之处。

立宪运动的酝酿与发动是一个历史发展的过程。本资料大致按时序分为五个部分：一、戊戌庚子年间的宪政思想认识（1898—1900）；二、清政府实行新政与立宪思潮的萌动（1901—1903）；三、关于立宪与革命的初步论争（1900—1904）；四、日俄战争与立宪思潮的高涨（1904—1906）；五、朝野宪政势力对立宪运动的策动（1904—1906）。当然，这五个部分之间也有时间上的交叉。这样，基本上可以体现立宪运动酝酿与发动的时代背景、政治环境、立宪思潮的勃兴与高涨，以及各种政治势力的介入与互动关系，以尽可能地再现原本复杂的历史面相。

本资料选录的文献主要来自三个方面：一是清末报刊，如《时务报》、《国闻报》、《知新报》、《清议报》、《清议报全编》、《新民丛报》、《湖北学生界》、《警钟日报》、《申报》、《时报》、《大公报》、《东方杂志》、《时事采新汇选》。二是时人专著与文集，如《劝学篇》、《宪法精理》、《康南海官制议》、《南海先生最近政见书》、《饮冰室合集》、《张謇全集》、《张謇存稿》、《黄遵宪全集》、《孙中山全集》。三是专题资料集与官方档案，如《戊戌变法档案史料》、《康有为与保皇会》、《辛亥革命前十年间时论选集》、《清末筹备立宪档案史料》、《光绪朝东华录》、《光绪宣统两朝上谕档》。另外，还有少量未刊信札，如《瞿鸿禨朋僚书牍》。各种资料均为原始文献照录，并加以标点，除明显的错字予以校正及注释说明以外，一般不作任何改动，以保持文献原貌。

需要特别说明的是，有关五大臣出洋的资料划归清廷的预备立宪部分，1905—1907年关于立宪派与革命派的大论战另有专题安排，故本资料均不再重复选录。

李细珠

2016年7月

目录

一、戊戌庚子年间的宪政思想认识（1898—1900）

二、清政府实行新政与立宪思潮的萌动（1901—1903）

三、关于立宪与革命的初步论争（1900—1904）

四、日俄战争与立宪思潮的高涨（1904—1906）

五、朝野宪政势力对立宪运动的策动（1904—1906）

一、戊戌庚子年间的宪政思想认识（1898—1900）

开议院论

光绪二十四年二月十一日

赵而霖

古昔盛时，工贾进规，矇瞍献颂，凡在臣民，皆得言事，以故上下之情无弗通、门户之见无不化也。泰西变通古法，创立议政院，分上下二门，上自君主，下自缙绅，皆得演说机要，互相辩论。国有大事，尤于此定其操纵之权，虽君主不得而相强，而君民之间，仍复浃洽。耳目最近，喘息必闻。凡申详反覆之繁难，胥吏挟持之弊窦，皆一洗而空之。以故国家无难决之疑，言路无壅蔽之患，内政既清，外侮不作，而西人于是乎横矣。

中国文法太密，礼法太严，其能定大计、决大疑者，亦祇二三公孤，略为商榷。所谓藏于九渊，发于九天，枢密之地，不可出以示人也。然历朝以来，屡次下诏求言，令大小臣工，悉去忌讳。而上封者动辄牵条引例，千百为词，一经违忤，则终身结舌。若国朝恩礼大臣，未尝诛一言者，而条陈时事，不过人云亦云。一二有深远识者，又或有所顾忌，而不敢言，或过于激烈，而不善言，改抹涂饰，尽失本真，求其如西人言路之公，而亦不可得，甚非所以筹时务也。

今夫渟潴奫沦，不能宣泄以通之，徒积土石以为障，则郁怒薄射，溃决而益肆矣。又如人身之有窍，不可稍有壅塞也。日填其窍，乌得不病。既病矣，而犹以通利之剂为迂谈，是犹止儿啼而塞其口，非不遽止，而其死可立而待矣。中国名分素严，而政治仍多隔阂，若不急开议院，则上下之情不通，即门户之见不化，又安望有富强之一日耶？顾有难者曰：议院之开，虽集刍荛之益，然创立之初，条例断难尽善，或挟恩怨而回护，或受贿嘱以营私，甚至以群言为徒乱人意，别开聚讼之门，以众论为难于折衷，遂启纷争之渐，则偏重之势成，而壅蔽之起如故矣。昔日本明治二十年二月九号，有茨本县人青木氏，掴议员井上角五郎之颊；又某年某月，总理大臣山县伯方议要政，众议员群起排击，骚扰纷更，致罢所议。盖日本议院，事属创始，小民何知，诧为怪诞。中国苟仿而行之，其能不骇人听闻乎？不知同文方言之馆，何一非西人开其端？水师武备之堂，何一非西人衍其绪？中土仿行西法，已历年所，华人视之，且相忘于固然。何独于创立议院，竟相聚哗然乎？况中国文牒太繁，动烦部议，展转驳诘，毫发皆病，若不急于变法，其流弊将何所底止。

昔黄帝立明台之议，晋文听舆人之诵，皆集公论之明证也，而亦窃窃然短之耶。顾难者又曰：中国积习，莫如各执成见，设互相龃龉，激成朋党，言庞政杂，口舌相穷，则鸾凤之鸣，杂以鸦鹊之噪，将黑白两存而不论乎？抑委曲调停以求其平乎？试观光绪十一年，法国开议院之期，喀萨雅克等之右党，葛来孟叟等之左党，且多至八十余人，或三百余人矣。越南之役，斐理逞其簧鼓，煽惑议员，兴兵构怨，迨至谅山受挫，国人大哗，各议员数其罪而黜之，而斐理之党，亦不与议员之选矣。政出多门，各逞其议。虽折以雷霆之怒，怵以砧斧之威，而亦不能稍夺其焰，是乌可不引为殷（监）〔鉴〕也耶？然而朋党之交讧，前代皆有，载在史书，班班可考。唐时无议院，何以有牛李之党？明时无议院，何以有东林之党？而且《汉书》有党锢传，元祐有党人碑，尔时皆无议院也。平心论之，由于纪纲不饬，激之使然。若徒归咎于议院，则是畏兵变而并止招募，鉴加赋而并禁催科，不亦慎乎？俄罗斯强国也，大权独操自君主，惟其无议院，故与各国异；而其有党人，则又较法国多，抑有何说？

方今外夷眈眈，协以谋我，而我不能集思广益，以应天下之变。无怪乎一言不合，动成水火，意见一胜，彼此凿枘，遂使吾道之内，矛戟森立，歧畛攸分，而卑之无甚高论者，不得不粉饰太平，徒以为政不在多言一语，互相诿卸也。善乎汪应辰之言曰：和议不谐非所患，和议谐矣，而因循无备深可畏；异议不息非所患，异议息矣，而上下相蒙深可畏。殆不啻为今日痛下一针。噫！时事多艰，民情间隔，军国事体重大，徒决于一二权臣之手，而是非不复公之天下，安得辟门集议而与之和衷商榷也哉？

《时务报》第五十三册，光绪二十四年二月十一日（1898 年 3 月 3 日）

正　权

光绪二十四年三月

张之洞

今日愤世疾俗之士，恨外人之欺凌也，将士之不能战也，大臣之不能变法也，官师之不兴学也，百司之不讲求工商也。于是倡为民权之议，以求合群而自振。嗟乎！安得此召乱之言哉？民权之说，无一益而有百害。

将立议院欤？中国士民，至今安于固陋者尚多，环球之大势不知，国家之经制不晓，外国兴学、立政、练兵、制器之要不闻，即聚胶胶扰扰之人于一室，明者一，暗者百，游谈呓语，将焉用之？且外国筹款等事，重在下议院，立法等事，重在上议院，故必家有中赀者，乃得举议员。今华商素鲜巨赀，华民又无远志，议及大举筹饷，必皆推诿默息，议与不议等耳，此无益者一。

将以立公司、开工厂欤？有赀者自可集股营运，有技者自可合伙造机，本非官法所禁，何必有权。且华商陋习，常有借招股欺骗之事，若无官权为之惩罚，则公司赀本无一存者矣。机器造货厂，无官权为之弹压，则一家获利，百家仿行，假冒牌名，工匠哄斗，谁为禁之？此无益者二。

将以开学堂欤？从来绅富捐赀，创书院，立义学，设善堂，例予旌奖，岂转有禁开学堂之理？何必有权。若尽废官权，学成之材，既无进身之阶，又无饩廪之望，其谁肯来学者？此无益者三。

将以练兵御外国欤？既无机厂以制利械，又无船澳以造战舰，即欲购之外洋，非官物亦不能进口，徒手乌合，岂能一战？况兵必需饷，无国法岂能抽厘捐？非国家担保，岂能借洋债？此无益者四。

方今中华诚非雄强，然百姓尚能自安其业者，由朝廷之法维系之也。使民权之说一倡，愚民必喜，乱民必作，纪纲不行，大乱四起，倡此议者岂得独安独活？且必将劫掠市镇，焚毁教堂，吾恐外洋各国必藉保护为名，兵船、陆军深入占据，全局拱手而属之他人。是民权之说，固敌人所愿闻者矣（或谓朝廷于非理要求，可诿之民权不愿，此大误也。若我自云国家法令不能制服，彼将自以兵力胁之）。昔法国承暴君虐政之后，举国怨愤，上下相攻，始改为民主之国。我朝深仁厚泽，朝无苛政，何苦倡此乱阶，以祸其身而并祸天下哉？此所谓有百害者也。

考外洋民权之说所由来，其意不过曰：国有议院，民间可以发公论、达众情而已，但欲民申其情，非欲民揽其权。译者变其文曰民权，误矣（美国人来华者，自言其国议院公举之弊，下挟私，上偏徇，深以为患。华人之称羡者，皆不加深考之谈耳）。近日摭拾西说者，甚至谓人人有自主之权，益为怪妄。此语出于彼教之书，其意言上帝予人以性灵，人人各有智虑聪明，皆可有为耳。译者竟释为人人有自主之权，尤大误矣。

泰西诸国，无论君主、民主、君民共主，国必有政，政必有法，官有官律，兵有兵律，工有工律，商有商律，律师习之，法官掌之，君民皆不得违其法。政府所令，议员得而驳之；议院所定，朝廷得而散之。谓之人人无自主之权则可，安得曰人人自主哉？夫一哄之市必有平，群盗之中必有长。若人皆自主，家私其家，乡私其乡，士愿坐食，农愿蠲租，商愿专利，工愿高价，无业贫民愿劫夺，子不从父，弟不尊师，妇不从夫，贱不从贵，弱肉强食，不尽灭人类不止。环球万国必无此政，生番蛮獠亦必无此俗。至外国今有自由党，西语实曰里勃而特，犹言事事公道，于众有益，译为公论党可也，译为自由非也。

若强中御外之策，惟有以忠义号召合天下之心，以朝廷威灵合九州之力，乃天经地义之道，古今中外不易之理。昔盗跖才武拥众，而不能据一邑；田畴德望服人，而不能拒乌桓。祖逖智勇善战，在中原不能自立，南依于晋，而遂足以御石勒。宋弃汴京而南渡，中原数千里之遗民，人人可以自主矣，然两河结寨，陕州婴城，莫能自保，宋用韩、岳为大将而成破金之功。八字军亦太行民寨义勇也，先以不能战为人欺，刘锜用之而有顺昌之捷。赵宗印起义兵于关中，连战破敌，王师败于富平，其众遂散，迨宋用吴玠、吴璘为将，而后保全蜀之险。盖惟国权能御敌国，民权断不能御敌，国势固然也。曾文正名为起家办团练矣，其实自与发匪接战以来，皆是募勇营、造师船，济以国家之饷需，励以国家之赏罚，而以耿耿忠义、百折不回之志气，激厉三军，感发海内，故能成戡定之功。岂团练哉？岂民权哉？

或曰：民权固有弊矣，议院独不可设乎？曰：民权不可僭，公议不可无。凡遇有大政事，诏旨交廷臣会议，外吏令绅局公议，中国旧章所有也。即或谘询所不及，一省有大事，绅民得以公呈达于院、司、道、府，甚至联名公呈于都察院；国家有大事，京朝官可陈奏，可呈请代奏。方今朝政清明，果有忠爱之心、治安之策，何患其不能上达？如其事可见施行，固朝廷所乐闻者，但建议在下，裁择在上，庶乎收群策之益，而无沸羹之弊，何必袭议院之名哉？此时纵欲开议院，其如无议员何？此必俟学堂大兴，人才日盛，然后议之，今非其时也。

《劝学篇》内篇，第21—24页，光绪二十四年（1898）三月两湖书院刊本

掌山东道监察御史宋伯鲁折

光绪二十四年四月二十九日

掌山东道监察御史臣宋伯鲁跪奏，为变法先后有序，乞速奋乾断，以救艰危，恭折仰祈圣鉴事。窃近者强邻逼胁，蹙地接踵，皆由向来闭关守旧，不知变

法之故也。臣虽愚罴，颇尝求今日救危之方，变法先后之序，下手之条理矣。夫天下之言变法亦久矣。自同治年来，总署、同文馆、制造局、方言馆、招商局、水师堂、武备堂、船政厂、海军、出使大臣，以及电线、铁路，皆所谓变法者矣。而其效不睹，侵削且日甚者，何哉？盖国是未变，议论未变，人才未变。三者不变而能变法者，无之。试观数十年来，内外百司执事之议论如何，人才如何，而知今日削地失权之必然也。甲午割台之后，皇上亦尝屡下明诏，采集舆论，欲变法自强矣。而百执事未尝讲求，守旧锢蔽，故鲜有奉宣德意者，其本由国是未定故也。

伏读本月二十三日上谕，明定国是，变法自强，臣民捧读感泣，想望中兴，然欲推行新政，非诏书三令五申所能得也。臣愚谓下手之先，仍请皇上与诸臣早作夜思，讲明国是，正定方针而已。所谓变国是者，在正明中国之在大地为数十国中之一国，非复汉唐宋明大一统之时，其为治，当用诸国并立流通比较之法，不能用分毫一统闭关卧治之旧。枢译大臣，近支王公，公卿督抚，皆当日夜讲求，至明至尽，令晓然于天道之变，古今之殊，无泥古自骄，无拘墟自惑。或令游历外国，博地球之大观，使知变或可存，不变则削，全变乃存，小变仍削，深通其故，显豁无疑，而后推行新政，可无滞碍，奉宣德意，勇猛敷施也。

其与百司讲明国是之方，则请皇上大誓群臣，特下明诏，著创钜痛深之言，发穷变通久之道，申明采集万国良法之意，宣白万法变新，与民更始之方。痛斥守旧拘墟之愚惑，严定违旨不更新改变之重罚。布告天下，咸令维新。然赵武灵王胡服而公子成不从，秦孝公变法而甘龙杜挚以谏，非常之原，黎民惧焉。伏乞皇上召见大臣，随时宣谕变法之意，戒守旧之惑。其有迂谬愚瞽，不奉诏书，褫斥其一二以警天下。即使其才可用，亦必暂加褫斥，徐与开复，以正国是而耸众听。然后天下咸晓然于皇上之天锡勇智，毅然变法之意，当无不洗心回面，改视易听，而奉宣新法矣。

臣考泰西论政，有三权鼎立之义。三权者，有议政之官，有行政之官，有司法之官也。夫国之政体，犹人之身体也。议政者譬若心思，行政者譬如手足，司法者譬如耳目，各守其官，而后体立事成。然心思虽灵，不能兼持行；手足虽强，不能思义理。今万几至繁，天下至重，军机为政府，跪对不过须臾，是仅为出纳喉舌之人，而无论思经邦之实。六部总署为行政守例之官，而一切条陈亦得与议，是以手足代谋思之任，五官乖宜，举动失措。臣愚以为骤变新法，皆无旧例可循，非有论思专官，不能改定新制。若待群臣枝节而请，又待六部按例而议，则以旧例议新法，惟有驳之而已。近者，经济科目，实为转移天下之枢纽，而经礼官议行，即等于具文，无补海内人事，仍从事帖括，不肯讲求经济，此办旧例议新法已然之效也。

今日岌岌救危，非有雷霆万钧之勇，不能振敝起衰；非设专一论思之官，不能改制立法。昔汉人以三公位尊年耄，乃立六百石之中书尚书，宋人以旧制紊乱，乃立三司条例使。圣祖仁皇帝以内阁官尊政敝，乃选翰林才敏之士，及西人艺士南怀仁、汤若望入直南书房。日本变法之始，特立参议局于宫中，选一国通才为参与。今欲改行新政，宜上法圣祖仁皇帝之意，下采汉宋日本之法，断自圣衷，特开立法院于内廷，选天下通才入院办事。皇上每日亲临，王大臣派为参议，相与商榷，一意维新，草定章程，酌定宪法，如周人之悬象魏，如后世之修会典。规模既定而条理出，纲领既举而节目张。然后措正施行，百度具举，先后之序，确有把握，是在皇上知之极明，存之极诚，行之极勇而已。

伏愿皇上上念宗庙，下念苍生，乾断决行，天下幸甚。臣愚昧之见，是否有当，伏乞皇上圣鉴训示。谨奏。

国家档案局明清档案部编：《戊戌变法档案史料》，第3—5页，中华书局1958年版

答人论议院书

光绪二十四年五月二十八日

康有为①

承见教，责以不建言请开议院，所以教督者甚至，此诚大君子忧国救民之盛心，而爱人以德之高义也。然仆之愚讲求变通宜民之故，窃有所斟酌焉，非苟为采袭已也。

夫议院之义，为古者辟门明目达聪之典。泰西尤盛行之，乃至国权全畀于议院，而行之有效。而仆窃以为中国不可行也。盖天下国势民情，地地不通，不能以西人而例中国。泰西自罗马教亡后，诸【国】并立，上以教皇为共主，其君不过如春秋之诸侯而已。其地大者，如吾中国两省；小者，如丹、荷、瑞、比，乃如吾一府。其臣可仕他国，其民可游外邦。故君不尊而民皆智，其与我二千年一统之大，盖相反矣。故中国惟有以君权治天下而已。

顷圣上聪明初武，深通中外之故，戒守旧之非，明定国是，废弃八股，举行新政，日不暇给，皆中旨独下，不假部议。一诏既下，天下风行，虽有老重大臣，不敢阻挠一言，群士不敢阻挠一策，而新政已行矣。若如足下言，则定国是，废八股，开学堂，赏新书、新器，易书院，毁淫祠诸事，足下所欢欣鼓舞、喜出望外也，然下之九卿翰詹科道会议，又下之公车诸士会议，此亦西人之上、下议院也。三占从二，然后施行，试问驳者多乎？从者多乎？

方今士大夫能知变法维新，以保危局者，百不得一，其稍有所知者，亦皆模棱两端，然（巳）〔已〕不可见矣。虽以圣上之毅然变法，然犹腹诽者众，泄沓如故。门人梁启超前被召对，直言八股守旧之士，乃敢诽皇上为（奏）〔秦〕始

① 原署“某君来稿”，据孔祥吉考证，该文作者系康有为，参见《关于康有为的一篇重要佚文》，载《戊戌维新运动新探》第52—63页，湖南人民出版社1988年版。按：本文点校参考孔祥吉前文附录，并据《国闻报》原文校正若干错字，尤辑补其遗漏之处50余字。

皇之焚书坑儒者。皇上笑而言曰：彼等误以为废八股即废四书也。圣明天亶，一言中的。然以此辈充议员，凡此新政必阻无疑，然则议院能行否乎？不待言矣。

故今日之言议院，言民权者，是助守旧者以自亡其国者也。夫君犹父也，民犹子也。中国之民，皆如童幼婴孩。问一家之中，婴孩十数，不由父母专主之，而使童幼婴孩自主之、议之，能成家自养否乎？必不能也。君犹师长也，民犹徒属弟子也。中国之民，皆如蒙学。试问蒙馆之中，童蒙数十，不听师长主之、教之，而听童蒙共主之、自学之，能成学否乎？必不能也。敬告足下一言：中国惟以君权治天下而已。若雷厉风行，三月而规模成，三年而成效著。

泰西三百年而强，日本三十年而强，若皇上翻然而全变，吾中国地大人众，三年可成。况圣上天锡勇智，千载罕逢，有君如此，我等但夙夜谋画，思竭涓埃以赞圣明足矣。

顷以维新之故，天下通才好勇过我，多有贻书相责者。阳湖汪君，责仆以不请废科举，而专用学校者，其余言改策论与八股同为空言者，贻书相责者尤多。仆以修书故，不暇一一复，然八股所以须废者，恶其禁人用后世书、后世（后）〔事〕，故率天下于空疏不学，不知古今中外，故改用策论，以宽其八比连上犯下，不用后世书之缚，而肆其讲求中外古今之故，则人人得竭其才，得纵其学而已。如遂废科举，则直省童生数百万、诸生数十万、举人数万，中多长老，学堂必不能收，中亦多有聪明异才，视□家所驱之如何耳？岂可尽弃之，且安置此数百十万人，亦安有此政体乎？

又有谓老旧之臣，不能行新政者。仆谓：《传》称："故旧不遗，则民不偷。"变法维新，尤以人心风俗为尚。且盘庚之作新邑，魏文帝之迁都改制，皆与其元臣大家再三诰诫，更以优礼厚禄待彼耆旧，凡行政皆以人心为主。王荆公未知此义，是以败绩。仆虽至愚，然讲求变法之故，皆有斟酌焉。然仆今日则为守旧者所大攻，在它日又必为开新者所痛诋，今日已萌芽矣。仆惟俯首两面受过而已，但忧国事之危急，哀民生之多艰，不能自（巳）〔已〕。

张江陵谓：有补益于世，虽以身为蝼蚁之蓐荐，亦所不辞。仆常慕斯言，岂敢巧避守旧一时之攻，又岂敢妄徇开新一时之誉哉？足下不弃，幸谅其愚而教匡之。

《国闻报》，光绪二十四年五月二十八日（1898年7月16日）

中国不可设议政院说

光绪二十四年六月十四日

今天下士相聚而谈，曰：中国之孱弱久矣，贫乏亦可谓极矣。欲致富强，非仿行西法不可；欲仿行西法，非先设议政院以会议政事不可。于是纷纷陈奏改科制、建学堂、习洋操、兴工艺、设官报、译西书，议论纷纷，各有见地。我皇上英明神武，志切振兴，凡有所陈，无不择其善者而举办。独此议政院之设，虽言者封章屡上，迄未见诸施行。岂皇上独揽乾纲，不欲如《洪范》所谓“谋及庶人，谋及卿士”乎？盖实有见于议政之院，在中国诚有窒碍难行者耳。何以言之？

泰西立国有民主者，有君民共主者，君之权力有限制，是以凡有大事不得不询于大众，俟众情胥洽，然后举而行之，以示好恶与民同之之意，亦可谓大公无私矣。然且众议员中，未免结党成群，各立门户，每当集议之际，龃龉纷起，甚至各有所袒，攘臂而争。故虽上下二议院中已决从违，仍须上之朝廷，俟批准而后兴作。

若中国则君权特重，自尧、舜、禹、汤、文、武，以传至今日，从无有创为民主，及君民共主之说，以淆乱夫典章者。夫安所用创举议员，使君权渐分，国是遂纷更不定哉？或曰：是说也，起于愤世嫉俗之士，彼盖见外人之欺凌日甚，朝臣之蒙蔽益深，故欲借重民权，使诸议员将国势之盛衰，民情之向背，□□□陈之□当□，俾朝廷审知利弊，及时整顿，一洗从前因陋就简之风。嘻，误矣！宇宙间天经地义，历亘古而不移。使是说果行，无论举为议员者多自私自便之图，未必皆实心任事；即公忠为国，凡事出以真诚，而聚胶胶扰扰之人于一堂，苟或意见参差，争兢即由此而起。试观近在东瀛之日本，自立议政院，而党徒日盛，异议纷仍。当举荐议员时，已不免有互私其人，聚众争斗之事。迨入院会议，而同一事也，此党以为是，彼党或以为非，甚至堂堂总理大臣，偶或意见不洽于议员，即不得不解组以去。而谓议政院之制可以行之于中朝乎？

且中朝即无议政院，然朝廷凡有大举措，亦断不致任情喜怒独断独行也。恭读历朝谕旨，外而疆吏，内而谏垣，苟有所言，无不交部议奏，亦有通饬各省将军督抚，各抒所见，奏请施行者。此即泰西凡事先交上议院核议之意也。一省有公事，绅民禀白有司，有司即举以申详大吏。此即泰西下议院以所议之事上之上议院之意也。

方今圣人在上，民间疾苦，从无有壅于上闻者，更何必事事摹仿西人，而谓议院不可不设耶？善夫！文仲山御使参康有为之折也。其告康有为曰：须将忠君爱国合为一事，幸勿徒欲保中国四万万人，而置我大清国于度外。噫！今之欲设议政院者，其意实欲绌君权而伸民权，岂非将大清二百数十年祖宗创造之鸿基置之度外乎？我恐君权既绌，民权亦必致渐不得伸，久之且将四万万忠君爱国之民人，胥变为异服异言而后止，其心尚可问耶？

总之，西法可行，而我中国大一统之规模断不可改。天下有道，庶人不议，皞皞熙熙之治，庶得复见于今兹。非然者，处士横议之风一开，呓语游谈，盈庭聚讼，必致有叛匪如孙文之辈，藉口于为国家扫除积弊，而揭竿肇乱，天下将无日宴安矣。不诚深可忧哉！

《申报》，光绪二十四年六月十四日（1898年8月1日）

中国不可开议院说

光绪二十四年七月初一日

陈继俨

西国何以强？强于尊民权也。民权何以尊，尊于开议院也。情患不通，询谋而佥同则君民之情通；法患不立，集思而广益则精美之法立。道取其平，意务其公，西方之所恃以强其国者，如斯而已。曰：中国固不通之国也，其法亦积弊之法也。平而公之，荡彝振刷，惟议院之制为最善。迩来天子圣明，锐意维新，步武西法，礼失而求诸野，虚衷以下于人，不惮劳瘁，是则是效，则议院其急务也。而秉政者未有进其谋，言事者不闻条其义，委心坐运，日复一日，毋亦其道之不可恃欤？抑西人之强不在此也？曰：果实所以养生，而不时不食；植物可以获利，而迁地无良。夏裘而冬葛，则寒暑其伤人；饥饮而渴餐，则口腹亦受累。井蛙不可语于海，限于地也；夏虫不可语于冰，笃于时也。天下固有宜于古而戾于今者，井田之制是也；有是于人而非于我者，衣服之饰是也。议院非不善也，然而不可以行于吾国，强而事焉，其不至于乱亡者几希矣（吾师南海康先生有《议院不可行于中国考》发挥此义最详）。请条其旨要，发其义绪，以布于天下，知言之君子，或有取也。

一义曰：公理家之言曰：凡民之能为上分理者，必其人自能守法，且能禁人之犯法，然后其国易治，而民之受益亦多。若民无定见，而政出多门，则虽有国律，必至事事掣肘，而大乱随之。此其故何也？天下之大，亿室之众，其心思智虑，必纷驰而错出者，势也。纷则不一，错则不专，万其人者万其国，国将安定？圣人知其然也，于其纷且错者，求其道而统之，师以一其教，君以一其政，故三代无议政之庶民，而无为之舜，可以治天下。中国至不一之国也。以齐民而论，农服其畴，则私其畴，为农者千万，即千万其心也；商理其财，则私其财，为商者千万，即千万其心也；工善其业，则私其业，为工者千万，即千万其心也。群块然其离心离德之躯壳若干具，而使之谋国，唯者盈野，诺者盈野，不知所以唯诺者亦盈野，于此而欲无乱其政焉，不可得也。若夫天下群推为读书明理，彼亦贸贸然高视远步，自负不与齐民等者，非士也欤哉？然方其壮也，谋科举，谋利禄，日不暇给，人持一自私自利之心以入世，于天下之故，是非无定情，善恶无定形也。洎乎求之不得，于是卑之而无甚高论，终日营营于家人妇子间，若何而起家，若何而蓄产，固其业以遗之子孙，诚有如昔人所诮为生年不满百，常怀千岁忧者。盖于向者所言之农工商贾，为人千万，而千万其心者，未始有异也。又乌可以谋国也？闻之吾师南海先生曰：治已一之民，权患其专，专则天下之良法美意格不上达，而其国之进步也迟；治不一之民，权患其贰，贰则一人之精心大力扰于下愚，而其国之破灭也速。由此斯谭然则今日民心不一之中国，而欲以议院贰其权，彼亦一是非，此亦一是非，取乱之道也。《诗》曰：

“谋夫孔多，是用不集。”《语》曰：“筑室道旁，三年不成。”言民心之不一也。此议院之不可行者，一也。

二义曰：仆缘大地之物，其智愚之故，约分数事：无首者最愚（金、石、水、火之类），倒而生者次之（草木之类），旁而行者又次之（禽兽之类）。首函青阳，躯体峙立，又其类之最智者也。人所以为万物之灵也。然而成形之始则任天，有生以后则尚人。故能为学者愚亦智，不能学者智亦愚。准人类文野之故计之，其道有如此也。人类之国于万国也，惟棕、黑诸色为最下，而黄、白二种，其聪秀开敏，相去殆不甚远。然而欧美之达知政体者恒多，而中国之达知政体者恒少。此其故何哉？则学与不学之为之也。夫议院之制，所以均上下之等差，而使天下无弃材者也。尝考欧美诸国，其学校之盛，为亘古所未有。美国学校之费，岁至二千五百镑，其教习则三十余万，其学徒则七百八十余万，国中不识字者，百人中仅十人也。英、法学塾之费，其数相等，而教习、学徒，亦不下百数十万，以故英国不识字者百人中二十人，法国不识字者百人中二十二人，德国则百人中仅得六人而已。而国之著新书、创新器，以辅翼国家之不逮者，更不可以偻数。然则民智未开，不可以议政；学校未立，不可以智民，昭昭然矣。今中国之学校未立也，祈祈学子，自胜衣就传而后，其所以为教者，类皆高而不可知、深而不可解之事。且中国无通俗之文，训蒙之书，竭十数年之日力，优游浸灌，训诂之学，乃可得言。而于国家之故、政治之原，靡论学者无所见闻，即抗颜而据师席，开门授徒，如吾乡之所谓讲学课文者，亦熟视而无睹也（吾粤授徒之风最盛，有一塾而多至数百人者）。及其长也，出而应试，则又舍其童年所诵习之书，伈伈伣伣，以试于有司，其能为词章之学、考据之事，斯已至矣。问以各国之名，而不知所对；审以五洲之域，而漠然无辞。于此而欲以之谋天下国家，授以政而不达者，有断断也。夫西人之为国也，户口少而材智之民多；中国之为国也，户口多而材智之民少。以不材不智之民，而勉为已材已智之事，莠言乱政，莫此为甚。岂非邯步未学，而窘其故武；西颦未饰，而增其丑习者哉？多见其不知量也。窃尝观于乡矣，其人愚而无学，其俗悍而不文，然父兄之教，不肃而成，乡之事自举也。若夫以少年之喜事，而上侵父兄之权者，则颜氏之家训不行，而蓝田之乡约可废。是故无尧舜之德，而行尧舜之事者，则子哙子之之为君也；无伊尹之志，而学伊尹之行者，则董卓曹瞒之为臣也。未服长袖强之妙舞，未蓄厚赀使之学贾，乌可以终日哉？此议院之不可行者，二也。

三义曰：西国之举议员也，人人有自为其家之心，即人人有共为其国之志。凡所保荐，无得滥竽，非过慎也。选举非人，则承乏者因缘为奸，而国病者民亦病。今中国之民，一无知之民也。家国之见，既不甚明，则所举之人，定多失职。吾以为中国不开议院则已，既开议院，其所公推为议员者，非平日以小恩小信结民欢心而得之者，则必用其私人，不必问其人之可否，亦得与选也。既得与选，则以其不辨可否之人，行其无所可否之事。群盲同室，罔知天日。小则便其私图，大则愤其公事。集事则不足，败事则有余。国家有奚贵有此议员哉？善夫吾友徐勤之言曰：惟成汤而后能举伊尹，惟桓公而后能举管仲，惟陆敬舆而后能举昌黎，惟欧阳永叔而后能举东坡。自非然者，盲人瞎马，夜半临池，黑白杂陈，是非莫辨，其不至于投以夜光，则按剑而相视，淆以鱼目，则蕴椟而善藏也几希矣。举国无人，莫与为政。此议院之不可行者，三也。

四义曰：今之策时局者曰：开新不如仍旧，善变不如善守。此无理之尤，祸天下者必此言也。夫今日中国之法，非五帝三王之所遗、周公孔子之所定，夫人而知之矣。我朝缘前朝之失，前朝又缘前朝之失，习非成是，亲为故然，（监）〔鉴〕于有殷，著为令典。天下之人，奉一王之法，率而循之已耳。夫前代美政，时至今日，已多疵谬，况其稗秕者乎？然而天下异物而同声，曰：守旧，守旧。然则以守旧之党，而谋开新之政，是欲蒸沙而成饭，南辕而北辙也。乌可得哉？夫议院之制，事有不决，则投筹以定，占三从二。中国举国皆守旧之人，官安其位，士安其业，农安其耕，工安其艺，商安其利，见不及眉睫，虑不出闬闳。推其意，必以为舍其旧而新是谋。吾积数十年心力日力惟是区区者，将不能复有也。变法而国安，不变而国亡，彼开新者之言矣。然即其事信、其言审，而吾身已先受其害。身之不存，国于何有？夫一发之牵，全局为动；一勺之水，燎原亦衰。况以占三从二之事，定天下之是非者乎？则举国皆败政之人也。不宁惟是，天语煌煌，振及庐野，固宜其知变矣。乃诏以兴学校、育人才，而疆吏之不闻如故也；谕以开新政、变官制，而部臣之议驳依然也。上有中兴之主，下无辅政之臣，藉曰开议院云尔，则今日之议于枢垣、议于总署、议于部院、议于疆吏，抑何议者多而成者少也？《论语》曰：“不同道，不相为谋。”《易》曰：“合志同方，营道同术。”《书》曰：“询谋佥同。”道莫善于同，莫不善于异。驱天下之人，力求进步，力求改良，皆有从同之心，斯可以议矣。而今则守旧之天下也。此议院之不可行者，四也。

曰：议院于古有征乎？曰：有。古之人有行之者，舜之辟四门、明四目、达四聪，文王之与国人交是也。古之人有言之者，《洪范》之"谋及庶人"，《孟子》之"国人皆曰可，国人皆曰不可，国人皆曰可杀"是也。洵如子言，则见民之好恶、决政之得失、定国之安危。考之古制，而不为无征；行之泰西，而著有成效。议院法之善者也，若之何而不可行也？曰：英以君主之国而霸，俄以专制之政而强。援美、法以论英，则英几不国；执欧美诸国以论俄，则俄亦已败。夫事非一端也，顾问其进步何如耳。人类之生也，由野蛮而文明；大地之运也，由据乱而升平。非其时也，吸之而不动；及其时也，压之而不能。不知户庭，不可以行千里；不见舆薪，不可以察秋毫。事有必至，理有必然，此其故惟明于几何者知之。

曰：子之言民权者数矣。开议院，所以兴民权也。今子所言，抑何自戾其言也？曰：子亦知民权之所由起乎？夫大地民权昌始之故，有因其势而成之者，有压之甚而成之者。由前之说，则民智既开，民心既一之言是也；由后之说，则美、法二国是也。美之倡自立也，以加税；法之变民主也，以大狱。压之愈急者，其生力愈大；阻之愈甚者，其拒力愈宏。天下固无不为而成之事，天下亦无强为而成之事。达于此者，可以达于治本矣。且吾之所谓伸民权者，亦主张新学，上既不为，则责望于下耳。与其坐而待亡，种族有为奴之痛，圣教有坠地之惧，何如士新其学、农新其业、工新其法、商新其事，以自保而保国之为得乎？非议院之谓也。今天资聪明圣智，下诏维新，与民更化，中兴之治，期于旦夕，凡在臣工，与有其责，皮肤之贱，曷为违已？区区之心，窃慕此耳。若夫引迂拙之人，而参知政事，贰专制之权，而纬繣圣聪，大体未立，而国是频更，如向之所论开议院者，其又奚取焉？

《知新报》第六十二册，光绪二十四年七月初一日（1898年8月17日）

与《知新报》论开议院书[1]

光绪二十四年七月初一日

黄锡福

知新大报馆诸先生执事：自去秋从某客邸，得读贵报，指陈时弊，痛哭流涕，远探古圣制作之精，近考泰西政治之良，推合无间，溺援以道，此天涯穷蹙之徒，所为欣慕无已也。然所谓古圣贤大经大法之所在，如仆粗贱，讵能深考？至于泰西政学之善，则粗有所知，不揣愚昧，欲有所陈，以当刍荛之采焉。仆尝薄游欧美，观其政，详其俗，接遇其农工商士，知其国之各安其业、各乐其生，固非人尽善良，适有天幸也。盖其原在议院之开，下情可以上通，故上德下被，官不虐民，凡百政治，苟有利于民者，无不悉心经营，故民从而国兴也。比者我朝廷怵于屡败，采用群言，凡舍旧维新之政，皆经贵报所详陈。今制度十二局虽未开，而学堂之设，八股之废，明诏一宣，天下风靡，异日中国转弱为强，非贵报之力而谁之力乎？然独于泰西善治之原，如开议院以用民权、遂民志诸要旨，贵报尤未大明斯义，以动当途之听。乞借大笔，切实发挥，中国自此能开议院，则贵报之功更大也。愚弟黄锡福文轩氏顿首。

《知新报》第六十二册，光绪二十四年七月初一日（1898年8月17日）

---

① 题目为编者所拟。原为“来书”，附录于陈继俨《中国不可开议院说》之后。

内阁学士阔普通武折

光绪二十四年七月初三日

内阁学士兼礼部侍郎衔奴才阔普通武跪奏，为变法自强，宜仿泰西设议院，以期上下一心事。恭读六月二十三日上谕：遇有交议事件，内外诸臣，务当周谘博访，详细讨论，及力除壅蔽，上下以一诚相感。等因，钦此。仰见皇上宵旰勤劳，舍旧图新之至意。

奴才窃思欲除壅蔽，莫如仿照泰西设立议院。考议院之义，古人虽无其制，而实有其意。其在《易》曰：上下交泰，上下不交否。其在《书》曰：询谋佥同。又曰：谋及卿士，谋及庶人。其在《周官》曰：询事之朝小司冠掌其政，以致万人而询焉。其在《孟子》曰：国人皆曰贤，然后察之；国人皆曰可杀，然后杀之。春秋时，郑人游于乡校以议执政，子产弗禁。汉昭帝始元六年，诏公卿问贤良文学民所疾苦。议员之职，有谏大夫，有博士，有议郎。由是征之，泰西风气近古，其议院之设，绰有古风也。

奴才窃思国家政治，寻常之事，可以照例举行；非常之功，必须谋定后动。且人之才识，有不在爵位年齿者。拟请设立上下议院，无事讲求时务，有事集群会议，议妥由总理衙门代奏，外省由督抚代奏。可行者，酌用；不可行者，置之。事虽议于下，而可否之权仍操之自上，庶免泰西君民争权之弊。有此两议，在上者，扩充见识，自不至墨守旧章；在下者，各效愚诚，亦不至膜视国事。且下议院之有益尤多，如遇各国要求，总署亦有展转。若索我口岸、侵我疆界，某省则告以交某省议院公议，先缓时日作准备，要求不已，则告以该省下议院不准。洋人最重民权，且深惧我中国之百性，恐激众怒，自息狡谋。从此各国知我上下一心、居民一气，耳目骤然改观，必不敢如前之欺侮，所谓内政修而外交愈固矣。

闻中日之役，日本上下议院，议之交符，故三军同心，一战必胜，其兵饷支绌之际，匹夫妇亦乐捐输。议院之功，不甚钜欤？

惟议院之人实难其选，必须品端心正、博古通今，方能识大礼、建高议。此泰西议员，必由学堂出身者，一取其学贯中西，一信其风有操守，亦防弊之深意也。如蒙俞允，即可向驻京公使借各国章程以资取法。

奴才为变法自强起见，是否有当，伏乞皇上圣鉴。为此谨奏。

国家档案局明清档案部编：《戊戌变法档案史料》，第172—173页，中华书局1958年版

读南皮张制军《劝学篇》书后

光绪二十四年九月二十六日

伟哉此篇！殆综中西之学，通新旧之邮，今日所未有，今日所不可无之书也。详观大意，内篇正人心，类守旧之言；外篇开风气，类维新之言。诚以旧者体也，新者用也。言旧不言新，恐涉于迂陋，而人才不备；言新不言旧，恐趋于狂诞，而流弊无穷。苦心分明，苦口劝导，日望海内人人知学，守之以正，济之以通，数年以后，正人君子讲求西政、西学、西艺者必多，成材亦必众。于是，开守旧之智，范维新之心，其意厚矣，其功大矣。

日月不刊，江河不废，此书之谓与？然仆服膺之意尤有进也。当大逆无道之康有为邪学倡行之日，无所忌惮，觍然人间，始则鸱张于其乡，渐且流毒于天下，从未有著书立说以斥之者。制军劳心国事，寝食未遑，独于康书康教康徒康党灼知其奸，先防其弊，不惮再三指斥。读之者事前或不尽觉，事后无不晓然。试举数条，以知旨趣。

如内篇《同心篇》云：或仅以尊崇孔学为保教计，或仅以合群动众为保种计，而于国教种安危与共之义忽焉。此诋康有为但保中国不保大清之邪说也。

《教忠篇》云：凡我报礼之士、戴德之民，固当各抒忠爱，人人与国为体，凡一切邪说暴行，足以启犯上作乱之渐者，拒之勿听，避之若浼，恶之如鹰鹯之逐鸟雀。此诋康有为不忠于本朝，其邪说暴行足以犯上作乱。此次谕旨故云：鹰鹯之逐人有同心也。《明纲篇》云：贵洋贱华之徒，于泰西政治学术风俗之善者，懵然不知，知亦不学，甚至中士文学聚会之事，亦以七日礼拜之期为节目。近日微闻海滨洋界有公然创废三纲之议者，其意盖欲举世放恣黩乱而后快。此诋康有为诬七日来复之义，与其徒党所造君臣父子平等，男女合种之奸言也。《知类篇》云：甚至诋中国为不足有为，日夜冀幸天下有变，以求庇于他人。此诋康有为忘我大清冀人庇护之隐情也。《宗经篇》云：汉兴之初，曲学阿世，以冀立学；哀平之际，造谶益纬，以媚巨奸。于是非常可怪之论益多，如文王受命、孔子称王之类，此非七十子之说，乃秦汉经生之说，而说公羊春秋者为尤甚。又云：假如近日公羊之说，是孔子作春秋而乱臣贼子喜也。此诋康有为附会公羊孔子称王之谬说，以作《孔子改制考》也。《正权篇》云：倡为民权之议，以求合群而自振。又云：近日摭拾西说者，甚至谓人人有自主之权，益为狂妄。此诋康有为倡为民权之乱谋也。《守约篇》云：尤可恶者，今日无志之士，本不悦学，离经叛道者，尤不悦中国之学，因倡为中学繁难无用之说，设淫辞而助之攻，于是乐其便而和之者益众，殆欲立废中学而后快。此诋康有为离经叛道，思以一己邪学愚惑大众，梁启超议大学堂章程有删辑经史之莠言也。

外篇《益智篇》云：大率近日风气，其赞羡西学者，自视中国朝政民风无一是处，殆不足比于人数，自视其高曾祖父亦无不可鄙贱者，甚且归咎于数千年以前，历代帝王无一善政，历代将相师儒无一人才。此诋康有为肆言忘本，尽废书法之狡计也。《变法篇》云：夫所谓道本者，三纲四维是也。若并此弃之，法未行而大乱作矣。此诋康有为废三纲四维专言变法以致乱也。《变科举篇》云：其虽解西法，而支离狂怪，显悖圣教者，斥不取。此诋康有为非圣乱教，故先杜其弊也。《会通篇》云：如谓春秋即是公法，孔教合于彼教，是自扰也。自扰者，令人眩惑狂易，丧其所守。此诋康有为诬圣经变孔教之大罪也。《非弭兵篇》云：今有创议入西国弭兵会，以冀保东方太平之局者，此尤无聊而召侮者也。此诋康有为去年欲诳骗金钱卿衔，妄议游历外洋，入弭兵会之笑柄也。

凡此皆言之至早，斥之至力。若无此书，守旧者将终身拒闭，但谓西学足以误人；维新者且累日彷徨，常虑康党不能自免。斯真中国政教之忧也。览此篇者，尚其求至通至正之学，为有体有用之人，庶几圣教自明，康学自绝。敢揭大旨以告今日之言守旧者，言维新者。

《申报》，光绪二十四年九月二十六日（1898 年 11 月 9 日）

正权篇辩（摘录《劝学篇书后》）

光绪二十五年正月

何　启　胡礼垣

天下之所【谓】[①] 乱者，非【必】[②] 喋血战斗，杀人如麻也。外人欺凌，将士畏葸，大臣玩法，学校不兴，工商不讲，即所谓乱也。而外人何以敢欺凌，将士何以敢畏葸，大臣何以敢玩法，学校何以不能兴，工商何以不能讲，其故实由于民之无权。民若有权，则外人畏、将士勇、大臣法、学校兴、工商利，虽欲乱而不可得也。是止乱者，民权也。今既知欺凌玩法等弊，而又诬民权为召乱，岂中国必须受外人欺凌，将士误国，大臣敝法，学校荒废，工商窒塞，安其危而利其灾，乐其所以亡者，方可谓之治耶？

四犊可以伏一狮，而犊心离则狮胜；三猃可以搏一豹，而猃意散则豹强。外国之势之所以雄者，以四五千万人合为一人；中国之势之所以弱者，以四万万人散为一人也。殷有臣亿万，惟亿万心；周有臣三千，惟一心。是故君民合则国势隆，君民分则国【势】[③] 去。民权者，合一国之君民上下而一其心者也。今曰合群自振之议不可倡，是欲拘中国为夏末殷季之衰，而不得复见文武成康之世也。

---

① 据《新政真诠五编·劝学篇书后·正权篇辩》（格致新报馆光绪二十七年印本）校补。

② 据《新政真诠五编·劝学篇书后·正权篇辩》（格致新报馆光绪二十七年印本）校补。

③ 据《新政真诠五编·劝学篇书后·正权篇辩》（格致新报馆光绪二十七年印本）校补。

夫权者，非兵威之谓也，非官势之谓也。权者，谓所执以行天下之大经大法，所持以定天下之至正至中者耳。执持者必有其物，无以名之，名之曰权而已矣。

以大经大法之至正至中者而论，则权者乃天之所为，非人之所立也。天既赋人以性命，则必畀以顾此性命之权；天既备人以百物，则必与以保其身家之权。是故有以至正至中而行其大经大法者，民则众志成城以为之卫；有不以至正至中而失其大经大法者，民则众怒莫压而之摧。此非民之善恶不同也。民盖自顾性命，自保身家，以无负上天所托之权，然后为是已。

讨曰天讨，伐曰天伐，秩曰天秩，位曰天位，一切之权，皆本于天。然天不自为也，以其权付之于民，而天视自民视，天听自民听，天聪自民聪，天明自民明，加以民之所欲，天必纵之，是天下之权，惟民是主。然民亦不自为也，选立君上以行其权，是谓长民，乡选于村，邑选于乡，郡选于邑，国选于郡，天下选于国，是为天子。天子之去庶民远矣，然后天子之权得诸庶民，故曰得乎邱民而为天子也，凡以能代民操其权也。选于村者不善，则一乡废之；选于乡者不善，则一邑废之；选于邑者不善，则一郡废之；选于郡者不善，则一国废之；选于国者不善，则天下废之。故曰失其民斯失天下也，凡以不能代民操其权也。尧舜三代之隆，莫不由此。泰西富强之本，亦莫不由此。今曰无一益而有百害，则是孔孟垂教之书可以焚，外国持平之政可以反矣。

中国民权之说，尧舜三代无不率循，虽其事不及今日泰西之昌明，然其义则见于尚书古史。自秦而后，其理顿晦，二千年于兹，未能复矣。苟其能复，中国国祚断不至移于五洲天限之人。夫民权之复，首在设议院、立议员。今乃诿于中国士民不知环球之大势，不晓国家之经制，不闻外国之立政立教制器治兵，不知此数者皆非议院议员之事也。议院议员之所知者，惟务本节用之大经，安上全下之大法，以及如何而可以兴利，如何而可以除弊。凡有益于地方者，务求善策以使之行；凡有害于人民者，务必剔厘而使之去。因时者在是，济宜者在是。其志首行于一乡一邑，次及于一县一府。至于环球之大势，非其所须知也；国家之经制，非其所必守也。外国政教兵器等事，知之也可，不知亦可，皆非议员之责也。议员之责，在决其事之可行与否，非在能督办其事也。一国之事正繁，岂能责之于未学未习？然其事之是否可行，则虽未学未习，而以情理揆之，而切合于时势地位人事，则无有不得其至当，而能决其可行不可行者。此议员之所以可贵，而亦人多能之者也。据如《正权篇》之说以求议员，则是以欲以天下之事，苛责在一人之身，将自古至今，天下各国无一人堪为议员者矣。夫讲地球者自有地学之人，讲经制者自有律学之人，至于兴学立政练兵制器，莫不各有专门学业之人以为之，奚能以议员越俎代庖哉？中国以八股经史取士，凡诵读四书五经涉猎诸史诸子者，苟其科举得售，即以为无不能之事。由是水师统带，为战舰之队之所寄者也，而可以未闻驾驶之学士为之；陆战督兵，为三军之命之所托者也，而可以偶读兵书之文员为之。其废败公事，贻误国家，是亦必然之数。夫武侯儒者，能将伐魏之师，陆逊书生，曾破攻吴之卒，用人者岂有定论？然而今非昔比也。昔之敌在中国，今之敌在外洋。智力相若，则倖胜可期；智力不侔，则败征立见。今之动辄得咎，由用非其人也；用非其人者，所习非所用也。议院一开，则用人之法必变，无论科甲之士、商贾之家，皆得为议员，但须由民公举。无责备，无求全，而惟取其断事公正，忠爱君民，闻善必兴，行义必勇而已。至于专责之事，如练兵制器，则分门选士，用当其能，自不必说。故议院之法一行，外国定当刮目，挽回中国，在此一举，猥曰将焉用之哉？

然且谓外国筹款等事，重在下议院；立法等事，重在上议院，故必家有中赀者，乃得举议员。今华商素鲜巨赀，华民又无远志，议及大举筹饷，必皆推诿默息，议与不议等耳云云。此则未明议院之实利也。天下之事，筹款最重。筹款之权在下议院，而立法之权则上下议院均同，此外国今法，惟取于民权之重也。其重民权者何？则以款项无非出于民故也。然而筹款立法，二者分别言之，谓其严立两院之界限也。且所筹之款出自民庶，议员者不过代宣民隐，至于科出筹项，议员亦仅按计派出一分耳，非谓毁家纾难，责在议员也。是故外国今例，凡人衣食能自给者，皆得举议员，近虽工作之流，亦得应举，专求才德之称任，不问财产之丰盈，举人之法愈觉公平矣。吾愿作《正权篇》者，勿妄毁他人之善政也。夫议院之设，所以宣上德通下情，使平日一政一令必归于和，非特为大举筹饷而设也。外政而有大举筹饷，其事多为战争；内政而有大举筹饷，其事多为兴作。战争者以理胜固也，即不幸而疆场之事，势非得已，亦必策其万全，乃可以战。夫策至万全，民未有不欲捐资者也。不然，胜负未卜，则毋宁民之不愿出资，以省其累。至若兴作之事，如铁路，如轮船，则是庶民谋生之要，固无虑其不竭资以赴者矣。中东未战以前，中国政府于军装海防铁路矿务等事，尝欲从民借贷，而终莫能为者，由官民不相信之故。使议院之法彼时行之，则岂有借自外洋之虑？(囊)〔曩〕者《先睡后醒论书后》一篇，力言中国须以公平为政，使民勿疑，正为此也。是故议员者，非必定属富商，亦非必属定怀远志也。凡生于其处，而与其地方有忧戚相关之心者，皆足以为之。今如所云，则是国家之设议员，专为敛财之故。而敛财之故，又如汉武帝之驰心域外，黩武穷兵也者。诚如所谓，不如勿设。人苟存一骄傲自贤之心，则他人虽有至善之政，足以大致富强，渐臻隆盛者，若于己稍有不便，亦必妄訾其短。读《正权篇》，此节可见也矣。

中国有资者可以营运，有技者可以造机，其理固然。然谓本非官法所禁，则又不然，是盖未知不禁之禁，有甚于禁也。往者羊城之水局长堤，九龙之火车铁路，以及今日汉镇之内河轮船，所以不能举办者，皆为官禁使然。其何能淑，载胥及溺。外人之来，执政者招之而已。向使君民不隔，上下情通，何至若是？是故中国二千年之天日晦暗，琐尾流离，而欲廓云雾而睹青天，奠宏规而清海宇，其惟开议院设议员乎？夫道无陂而不平，势无往而不复。他日外人之所以能入中国者，以能公其政之故；华人之所以不能主中国者，亦即以不能公其政之故耳。《易》曰：开国承家，小人勿用。《诗》曰：周虽旧邦，其命维新。

人之所以敢行欺骗者，或藉官权以为恐吓，或倚官势以为护符故也。苟官民之等胥平，则枉屈之情必少。故藉招股以行其欺骗者，名曰华官陋习可也，今曰华商陋习不可也。前于《新政始基》官督商办一节，论之详矣。今商立之公司，其董事有不称职，若欲其告退者十人而六，则此董事不得不辞。官立之公司，则虽十人而九，亦不能罢之也。即此一端，可明得失。

华人之商外洋者，凡富豪通达之辈，无不以忠信见重于外人。若金山，若南洋诸埠，固无论矣。即如香港华商，其忠信之见赏于西人者，亦正不少。诸家日报之言，未必尽为虚誉。且华商之忠信，不惟不减于洋商，有时实比洋商而更胜。合伴生意，有阅十世而不散者乎？贸迁折阅，有虽倾产而不恤者乎？情必察其久长，人必观于困厄。是故英国银行于华商交易最多者，其大班之言曰：吾视华商，非各国之商可及也。华商之口齿，吾不以口齿视之，而直以金珠宝钻视之也。英国爵臣于中国体察独深者，其著论之言曰：吾料中国必非居人之后者也。

其必居他国之后者，以其官场之坏知之也；其必不居他国之后者，以其行商之好知之也。官场之坏何谓？谓其少忠少信也。吾未闻失于忠信而不久居人后者也。行商之好何在？在其以忠以信也。吾未闻能以忠信而犹居人后者也。此种议论，盖统大局而言。由此观之，他日中国之能信服外人，维持全局者，必在商民。若华商联合，则其力足以显作长城，隐若敌国。今乃诬之以欺骗，毁之曰陋习，毋乃舍其重而论其轻，涉以私而失其实哉。

鬻财废著之谋，贸迁有无之事，非盈则亏。使必保其盈，恐天下无此官，无此权也。即使中国有此官权，吾料中国之商，亦必不愿。盖以枉倾人家，以偿我失，揆之情理，毋乃不平。今谓公司资本不至无存者，因有官权惩创之故。然则公司生意之盈亏，惟观惩创之轻重如何可矣，背理（忘）〔妄〕[①] 言，不值一噱。且资本之所以不亏，乃谓由商民怵于官府之惩创，然则资本在官，无惩创之可惧者，其为必亏无疑矣。诚不料论之不通，有如是者也。

民之设官，以备非常，故械斗之事，官差弹压，分所当为。不然，官差之俸，何为而至？此则各循其职，无待于言者，何与于议院议员之事？今谓无议院，则官有此弹压之权，有议院则官无此权，是直不知议院为何物而已。既不知之，不如勿论。且今之官府，不惟于假冒招牌等事，未能杜绝，即强横亦未能严禁，劫掠亦鲜所驱除，而机器工厂，种种制作，民不敢竭力倡造者，则以议院未开，民欲大授官司以严令之权而不可得。故不设议院，则民无以兴其业，官亦无以见其才。孰益孰损？必有能辨之者。

创立书院、义学、善堂者，国家不惟不禁，且予旌奖。以此谓无须设立议院议员是也。然议院议员虽设，其于学校、善堂等事，亦究有何害？且一二人之捐资，其为数必不能及千人万人之巨；一二人之出力，其为继必不能及千人万人之长。旌奖等事，止及于一二人，何如使之遍及于一乡一邑一县一府之为愈也。一二人者私也，千人万人乡邑县府公也。善与人同可矣，何必欲搅之以私？英之本国为地，未及中国三省之广，每年学校之费约三万万元，而其中由议员筹款者十居八九，以此知为善者须集众力，而其善始能久大也。中国人心散失，善举难成，正坐无议员之故。不谓时至今日，此理犹未能明其一二。

---

① 据《新政真诠五编·劝学篇书后·正权篇辩》（格致新报馆光绪二十七年印本）校改。

民权一复，则官权必明；民权愈增，则官权愈重。其情如此，其理如此，即其势亦如此。而稽之天下各大国之所为，其效验莫不如此。今曰民何必有权，又曰若尽废官权云云，是直未知民权官权之别，故此篇竟无一节能通。

国家用人，岂能拘于一格？亦岂必问其从何处学堂出身？中国最重之缺，如洋关等职，最要之任，如练兵等官，非皆以洋人为之耶，又何尝计及其人非由中国国家所设之学堂读书者耶？外国之人不计，中国之人则必须计之，岂理也哉？信斯言也，是用人者非以其才也，以其由某学堂而来可也。私意之存，必无通论。

饩廪非学人之志也。学者所志，上则为国为民，下则为身为家，使志在饩廪，则其学之成就如何，不问可知矣。华人之学于外国者，岁费数千金，即学于香港者，亦岁费数百金，而非十年不为功，否亦须六七年，是岂为饩廪而来耶？学在于外，犹不惮往；学在于内，胡宁不来？今谓议院所设之学堂，学成之材，既无进身之阶，又无饩廪之望，其谁肯来学云云。真乃梦梦之言！不然，则是国家之于议院，互相牴牾，常为仇雠而已。

君民本一体也，上下本同心也。自民权之理不明，于是君民解体，上下离心，此由居于君民之中而名之为官者，未尝于君民之际一探其源耳。今读其言曰：议员者无机厂以制利械，无船澳以造战船，即欲购诸外洋，非官物亦不能进口，无国法以抽军需，无官权以担保洋债，徒手乌合，岂能一战云云。然后知作《正权篇》者，恰如混沌未开、乾坤未奠。此非不读书之咎也，乃读书而不能明理之咎也。不明理而居高位，其害非轻。吾为此惧，是以辩之愈不容缓也。练兵御外国，其事为君事耶？为民事耶？抑亦君民相为之事也？君民相为者，君为民，民亦为君，是君民相为，而终以为国也。外国凡铸造枪炮各大工厂，制造铁船诸大船澳，其主人不特能图大富，而且坐致大名，袭爵封君，利赖勿替，以其所作之物，能护卫国家也。惟其民权之理明故也。中国则不然。虽武生不能家置一枪，虽将军不能多备利器。使有机警富豪之民出而设机厂、制利械、创船澳、造战舰，或以巨资购办外洋之枪炮火药、铁甲战船，凡此所为，不特破家，且干宪典。除以此为报效之外，其人必不免于刑戮矣。此无他，民权之理不明故也。惟民权之理不明，故欲其明之，而设议院议员，以上为君、下为民，而终以为国也。乃为君为民为国，而犹曰无机厂、无船澳、非官物、无国法、无官权，而是以未设议院以前之言，而言诸既设议院之后也。曾谓君民相维之理稍有心得者，犹作此言哉？夫徒手乌合者，乱贼也，非议员也。今天下各大国之能坐致富强者，皆议员之力，愿毋以乱贼目之。今者中国惟官权可设机厂、制利械、设船澳、造战舰、购官物，然试问设厂、制械、造船、购物诸费，出之自官乎？抑出之自民乎？且今者惟官权可征军饷、抽厘捐、借洋债，然试问军饷、厘捐之项，以及清还洋债之资，出之自官乎？抑出之自民乎？民为邦本，本固邦宁，其谓之何？百姓不足，君孰与足，其谓之何？民亦无恙，君亦无恙，其谓之何？尔俸尔禄，民脂民膏，其谓之何？孰轻孰重，吾愿作《正权篇》者一正其权也。夫天下事必以出钱者为主，若钱则必须其人出之，至其事之是非可否，则其人无得过问，是则自古至今，普天之下所无之理也。

民权之理，不知所谓，则亦已矣，乃复谓民权为乱阶，是直欲以一人之偏私龌龊，而忘却天下之大道为公也。夫中国之所【以】[①] 不能雄强，华民之所以无业可安，朝廷之所以不能维系，愚民所以喜，乱民所以作，纪纲所以不行，大乱所以四起，市镇所以劫掠，教堂所以焚毁，如篇内所举此数者，皆惟中国之民失其权之故，而外国将藉保护为名，兵船陆军，深入占踞，而有全局拱手属他人之虑也。若民权之理明、议院之法立，则中华雄强，百姓兴盛，朝野一德，上下同心，顽民不敢逞，乱民不敢作，纪纲无不行，大乱无由起，市镇无劫掠，教堂无焚毁，外人无不保护，敌兵无能闯进，而中国土宇，固若金汤。夫立言者有征则信，无征则妄。试举今天下环球各国而观，惟问民之无权者，其国能昌盛否？又问民之有权者，其国能衰败否？求其质实，则不辩而知。今反因外人非理要求之事，中国朝廷不能诿之于民权不愿，以止其贪，以此谓为民权无用之证，则是妄言耳。夫中国平日既禁民权，及至有事，又欲以民权推诿，是内则诬民，外则欺敌，诈伪之术，其不能信服外人也宜矣。

民权之国，与民主之国略异。民权者，其国之君仍世袭其位；民主者，其国之君由民选立，以几年为期。吾言民权者，谓欲使中国之君世代相承，践天位于勿替，非民主之国之谓也。二百年前，英国始大行民权之说，既而若法、若普、若奥、若瑞士、若瑞典、若那威、若荷兰、若西班牙、若葡萄牙、若比利时、若

① 据《新政真诠五编·劝学篇书后·正权篇辩》（格致新报馆光绪二十七年印本）校补。

意大利、若俄罗斯，虽其政令宽猛不同，实无一而非民权之国。欧洲诸国民权之理未大明者，惟土耳其与希腊耳。土耳其本秦时匈奴，希腊则拘守古学，一则性狠，一则俗拘，以故维新之事独居各国之后。然而土耳其日即于削，希腊全倚外人，近亦于民权之理颇明其端矣。总之，天下各国政教禁令，不论如何，而要不离乎民权愈盛，则其国愈强，民权稍衰，则其国亦削，此则近世之实在情形也。然其君之位，则继继承承，未之或改。日本维新之政，必藉民权而始行。是故由今日而论民权，自不得以法国一时之事，而混民权为自立其君之说也。民之于国，苟其无君则已，如有君，而其君又非大无道，则必以常得一君为荣。法国之为民主者，诚如所谓"因暴君虐政，举国怨愤，上下相攻"而然。夫虐政而至于愤攻者，乃因其屡夺民权之故。惟其屡夺民权，是以法国之民不得已而改为民主。此纵无杀戮之事，亦非其民之所愿为也。我朝历代之君，行谊非过，德泽有加，惜格于官司，而君民之情不能通达，以故利不兴、害不革，而实惠不流于百姓，怨讟每积于编氓。苟复民权而设议院，则兴利除弊，雷厉风行，远志迩安，君民惬洽，诚中国之福也。反谓之祸，其说何居？

读其谓"考外洋民权之说所由来，其意不过曰国有议院，民间可以发公论、达众情而已。但欲民申其情，非欲民揽其权"云云。是亦未明议院之实功，不知民权之实在也。公论之发，岂徒托诸空言？众情所趋，必且见之行事。论而不行，是为无权，虽设议院无益也；论而必行，是为有权，虽无议院亦可也。王者必顺民情，自是中国历古圣贤之笃论，亦为外国今日设立议院之大纲。何可矫诬其实，谓止许民有申其情之言，不许民有行其言之权哉？揽者，自无而有之谓也。民权者，授之自天，前言既已明之矣。授之于天，何得谓揽？夫中国自三代而后，所谓争权夺权、窃权攘权者，其事亦至纷而无所极，其祸亦至烈而无以加矣。曰秦、曰两汉、曰晋、曰隋、曰唐、曰宋、曰元、曰明，称一统者八。曰蜀汉，曰东晋，曰宋，曰齐，曰梁，曰陈，曰后梁、后唐、后晋、后汉、后周，曰南宋，其为偏安者十有二。蜀汉时曰魏，曰吴；晋宋间曰二赵，曰三秦，曰五凉，曰四燕，曰成，曰夏；北朝曰后魏，曰东魏、西魏，曰北齐，曰北周；五代时曰吴，曰南唐，曰西蜀、后蜀，曰南汉、北汉，曰楚，曰吴越，曰闽，曰南平；两宋时曰辽，曰夏，曰金，其为割据者三十六。核计二千余年以来，寇贼奸宄，日寻干戈，天下汹汹，嚣然不靖，何莫非揽权者之所为！今使谓吾畏此揽权之祸，因以揽权为戒，谁曰不宜？而吾以为议院若设，必无此虑者，何哉？曰：揽权之祸，由不知权之主为谁耳，其主既明，则何虑之有？今人分所应得之物，而欲求而得之者，必其所欲得而未能得者也。即曰得之，而未能如愿相偿，则亦容有未能已于得者，然后出之以求。求之不得，然后出之以争；争之不已，然后出之以杀。其始止欲杀一二人，而其后乃至于杀数十、数百、数千、数万、数十万、数百万，至于千万人而后已，或仍未能已。是杀人无算者，乃揽权之结局也，而其始皆由于权之不能均也、权之不能平也，而实皆由于民权之不能明也。不均不平，本之以不明，而思欲独揽之，此天下之所以多灾、民物之所以不幸也。民权之说一明，则国家之所谓权者，人皆有之，人皆足之，亦孰有出而争之者？且争之而至于杀人者哉？有言必辩，辩而至于合理，则必听也；有行必察，察而至于至当，则必成也。国君之所为，一如其民之所欲出也。如是而犹不能安，思欲妄逞者，天下无此民也。借曰有之，天下之人亦必不与。故知权之所在，则民权之理明；民权之理明，则揽权之事绝。若谓权必有揽之之人，则揽之者亦唯一君而已。公司之设也，其事如何办法，章程定于董事诸员，而行其章程者则司理人，司理人力不暇给，则分任掌柜等人以办之，此行店之常规也。移之一国，则董事者议员也，司理者国君也，掌柜等职，百官之任也。董事举于股东，何异议员举于民庶？此理易晓，奈何不思？

至谓“美国公举之弊，下挟私，上偏徇，深以为患”云云。是又未知天下无无弊之法，要视乎行法之何如也。机事偶坏，则轮船或因而沉沦；铁路偶乖，则火车且为之颠覆。然而人必不以偶坏、偶乖之故，而废轮船、火车之制者，则以其所失者少，而所得者多也。美国公举之法虽有弊，而其兴盛之机，大局实由于民主。此则天下共见，不能或诬者也。虽然，欲其国之愈大而愈尊，弊之愈久而愈尽，而举办之初，绝无窒碍者，莫若国为君主，而独重民权。国为君主，独重民权，则是立国者以有君为荣，利民者以通商为要也。若是者，今之英国，其足为中国之法哉！

《易》曰：“各正性命，保合太和。”《书》曰：“罔拂百姓，以从己欲。”《诗》曰：“民之秉彝，好是懿德。”此皆中国古书，童蒙即须成诵者也。而人人有自主之权，其义已昭然若揭，何可目自主之理为怪妄，而谓出自外国之教之书哉？苟以自主之理为怪妄，则“志士不忘在沟壑，勇士不忘丧其元”二语，孔子奚取焉？孟子奚述焉？

然且其说曰“外国言上帝予人以性灵者，谓人人各有智虑聪明，皆可有为耳。译者竟释为人人有自主之权，尤大误矣”云云。不知聪明智虑赋之于天，而所以用其聪明智虑者，其权则自主于人。视者，人之所能也，而不欲视则不视；听者，人之所能也，而不欲听则不听。上帝予人以性灵，而使之大有可为者，惟其视所当视、听所当听，无勉强，无缚束，天君泰然，百体从令耳。此而谓之有为，则真有为也。今欲用人之聪明智虑，而独夺人自主之权，乃饰词曰可以有为，是何异烹搏兔之犬，而誉之曰犬有聪明智虑者也，可以搏兔；馁得鱼之鹭，而称之曰鹭有聪明智虑者也，可以得鱼！

然且其言曰“泰西诸国，无论君主、民主、君民共主，国必有政，政必有法。官兵工商，各有其律，律师习之，法官掌之，君民皆不得违其法。政府所令，议员得而驳之；议院所定，朝廷得而散之”云云。以为是固无大异于中国也。不知中外之所以大为不同者，实由于此；而外国之所以大善于中国者，亦在于斯。是必不可以混浊含糊而不明为辨别也。政府所令，议院得驳；议院所定，朝廷得散。此政府自有政府之权，议院自有议院之权也。政府之权，非以议院之权较之，则不知其平；议院之权，非以政府之权较之，亦不知其平。惟两两相较，而其平出焉。是即古之圣帝明王执其两端，用其中于民之谓也。且政府所令，议院得驳者，其驳之也，非但腾其口说也，果其不合，则必不措之于行；议院所定，朝廷得散者，其散之也，非谓竟废其议也，俟其斟酌尽善，然后施之于事。其孜孜然侧重于民者，是即古之圣帝明王，乐取于人以为善之意也。盖尝论之，苟无民，何有国？苟无国，何有君？苟无议院，何有朝廷？是故庶民者，国君之所先也；议院者，朝廷之所重也。夫民之于君，贵贱悬殊矣；议院之于朝廷，尊卑亦异矣。然不有卑者，奚以知其尊？不有贱者，奚以明其贵？至于卑而能重之，则尊者愈尊；贱而能先之，则贵者愈贵。舜之德何以名之为大德，其道在于舍己从人；禹之功何以名之为大功，其道由于绝无矜伐也。天下之理，有一人明明知其为善，及措之于事，则又见其不然者；天下之事，有一人明明见其为宜，及施之于行，则又见其不便者。此非事与理之无一是处也。理非一人所能尽澈，事非一人所能尽知，力有未逮，智有未遑也。然则竭一人之力不如合众人之力，运一人之心不如合众人之心。是故不特未行之政，固宜辨析精详；即已行之政，亦时有修明更正。此日臻上理，渐致休明之功也。中国则不然，每一令出，事在必行，虽主谏之官，或有据理以争，亦未必尽明民隐。王臣赫赫于上，百官懔懔于下，令典之颁，辄至于偾事，然后知其非，及于无成，然后悉其谬。苟非大致不便，必将苟且顺从，而阳奉阴违之事自此生，假公济私之弊由此出矣。外国昭而中国聋，其辨莫不由此，岂可混而同之哉？中国之法谓民不得违者，是则然矣；谓君不得违，其谁则信？夫立法非难也，难在于立法之善；行法非难也，难在于行法之善。中国立法行法，权皆由君，苟有不善，何以能救？

人人有权，其国必兴；人人无权，其国必废。此理如日月经天，江河行地，古今不易，遐迩无殊。议院者，合人人之权以为兴国之用者也。《正权篇》既不知民权之说，因又谓人人无自主之权。夫自主之谓，何谓哉？盖以人之一身而言也。人之一身而不能自主，此说也，虽极至下愚之辈，绝无学问之人，亦断断乎不谓其然。一身而不能自主，为受缚之禽兽言之则可；禽兽而非受缚，仍不能以此说加之也。至于人之能自主其身，则推而极之于五大洲，数十国，二十万万之人，无一不然。今独谓不然，何其不思之甚，抑亦私意之深也！昔者阿非利加有卖奴之俗，南北花旗有禁奴之战，自卖奴者既赎，禁奴者既胜，三十年来天下无奴矣。今天下无一人无自主之权矣。虽然，此犹谓为奴风既熄言之耳；若其奴风正炽时，而自主之权亦正无人或失。夫奴者，主之对也。易主而奴，其权安在？不知身可奴，心不可奴也；心可以主其身，身不可以主其心也。凡属为人，莫不各具志气。气者体之充，志者气之帅也。养其气以持其志，则其志气可以贯日月而铄古今，而况区区一身哉！是故富贵不能淫，则人得自主其身而不失身于富贵矣；贫贱不能移，则人得自主其身而不失身于贫贱矣；威武不能屈，则人得自主其身而不失身于威武矣。《易》曰："不有躬，（旡）〔无〕攸利。"不有躬者，无自主之权之谓也。其利安在，愿得而闻。

然且其言曰"一哄之市必有司，群盗之中必有长。若人皆自主，家私其家，乡私其乡，士愿坐食，农愿蠲租，商愿专利，工愿高价，无业贫民愿劫夺，子不从父，弟不尊师，妇不从夫，贱不服贵，弱肉强食，不尽灭人类不止。环球万国，必无此政，生番蛮獠，亦必无此俗"云云。不知虽市司盗长，亦必其人于平权之义知之，差胜群众，故市以之为司，盗以之为长耳。苟其不然，谁则奉之？若家私其家，乡私其乡，是正自主之权而为设立议院之根底者也。盖由家乡推而至于各国，再推而极于五洲，私之一念，皆未尽泯，无容为今天下讳也。大道之行，今犹未极，天人大合之旨，未可以旦夕期。是故为今日言，则家不妨私其家，乡不妨私其乡，即国亦不妨私其国，人亦不妨私其人。但能知人之私之未能免，一如己之私之未尽蠲，如此则合人人之私以为私，于是各得其私，而天下亦治矣。各得其私者，不得复以私名之也，谓之公焉可也。议院之设，谓欲各得其私耳。商之私在专利，工之私在高价，理则然矣。至于士之私未必其为坐食，农之私未必其为蠲租，贫民之私未必其为劫夺，以是而谓为其愿，未免于冤。然正惟士农工商以及无业贫民，各有其私，而但能不以己之私夺人之私，不为人之私屈己之私，则国家亦无患其不富，并无忧其不强，而天人大合之旨，亦庶几其可望。人苟无情，赤子何以既号而又笑？心如可委，大人何以后乐而先忧？今异国远人互市者，乃涉重瀛而至，布帛菽粟相资者，不辞万里而来，所为无非私也，而以其自为之私，适以遂吾之私焉，是有私胜于无私矣。彼闭关自守，沉寂自甘，于世无缘，于人无益，是亦大负天地弥纶无外之心者矣。若夫以“子不从父，弟不尊师，妇不从夫，贱不服贵”等说，而谓权必操之尊长，则是未知权之用矣。权之用者，情理之谓也。是故为人父者，所为有合于情理，其子固当顺而从之；即为人子者，所为有合于情理，其父亦当顺而从子也。而师之与弟、夫之与妇、贵之与贱、强之与弱，可以类推矣。此环球万国自然之政，生番蛮獠亦将必行。反是则子有不必从其父，弟有不必从其师，妇有不必从其夫，下有不必从其上者矣。顽嚚之父而有温恭之子，流言之兄而有元圣之弟，嬖惑之夫而有守正之妇，昏庸之主而有直亮之臣，卑之于尊，下之于上，岂以柔媚为事哉？弑父与君，虽具臣亦不可从；枉尺直寻，虽御者亦羞与比。顺逆之故，向背之机，惟情理是视焉耳，奚能以尊卑贵贱为哉？甚矣，欲立议院，则人人自主之权其说愈不容以不讲也！

西语里勃而特，谓犹言事事公道，于众有益，其说似近之矣。乃忽曰“译为公论党可也，译为自由非也”云云，则又以中国伪学、俗学套语而失泰西之义矣。夫里勃而特与《中庸》“天命之谓性，率性之谓道”，其义如一。性曰天命，则其为善可知矣；道曰率性，则其为自由可知矣。是故凡为善者，纯任自然之谓也；凡为恶者，矫揉造作之谓也。强暴必御，讼狱必平，奸宄必除，冤抑必白，是使人得以率性也，是自由也。强暴不御，讼狱不平，奸宄不除，冤抑不白，是使人不得率性也，是不自由也。泰西以自由为显忠遂良、明罚敕法之谓，今乃诬之为荡检逾闲、肆无忌惮之谓。故虽知其为事事公道，于众有益，而又只许之为公论，而非其为自由。不知天下之善，不在乎能论而在乎能行。伊古以来，朝廷举事大违公论者，史不胜载。焚书坑儒，公论之所必不与者也，而秦始皇行之；无民非贼，公论之所必不然者也，而隋炀帝行之。事事公道，于众有益，行之不得，何为自由？晋与楚不同域也，楚与鲁不同方也。晋之史曰乘，楚之史曰梼杌，鲁之史曰春秋，其名可谓大相径庭矣，而孟子断之曰：其义一也。是故译文者苟以至公之道行之，而无秦越之见存，则不难窥其义蕴；若私心一胜，则扞格必多。予向译干沙滑地付为守经之党，译里勃儿剌里为达权之党，以议院议员不外此两党人，而两党各有是处，未可偏胜也。“里勃而特”译为“自由者”，自日本始。虽未能尽西语之义，然以二字包括之，亦可谓能举其大。由“自由”二字而译为“民权”者，此必中国学士大夫读日本所译书者为之。其以“民权”二字译“里勃而特”一语，吾无间然，独惜译之者于中外之理未能参究其同，阅之者或至误猜其意。如《劝学篇·正权》一论，竟谓民权者可以无官，并可以无君，操纵予夺，民皆可任情自恣也者。此所以名则谓为保国利民，实则见为误国害民也。见解失之毫厘，祸福隔以千里。今试将“民权”二字，详其一二如左，以见中外之理无不同，然而中国学士大夫之疑亦可以破矣。

国者何？合君与民而言之也。民，人也；君，亦人也。人人有好善恶恶之心，即人人有赏善罚恶之权。然就一人之见而定，则易涉私心；就众人之见而观，则每存公道。是故以好善恶恶之心，行赏善罚恶之权者，莫若求之于众。民权者，以众得权之谓也。如以万人之乡而论，则五千人以上，所从之议为有权；五千人以下，所从之议为无权。以中国四万万人而论，则二万万人以上，所从之议为有权；二万万人以下，所从之议为无权。有权者必须行之，无权者不能行也。以国内一人而论，则无论其人为民者无权，即为官者亦无权，即为君者亦无权。以国内大众而论，则无论君在其列者有权，官在其列者有权，即君与官俱不在其列者亦有权。凡以善善从长，止问可之者、否之者人数众寡，不问其身分之贵贱尊卑也。此民权之大意也。其所以为此者，则由于人人有自主之权之故；而人人自主之权，则不问其人所居之位何位、所为之事何事，其轻重皆同，不分轩轾故也。自主之权，从何而起？曰：此由人与人相接而然也。今人独在深山之中，与木石居，与鹿豕游，则其人之权自若，无庸名以自主之权矣。惟出而与人遇，参一己于群侪之中，而自主之权以出。是自主者，由众主而得名者也。众主者，谓不能违乎众也。人人有权，又人人不能违乎众，其说何居？曰：权者，利也，益也。人人皆欲为利己益己之事，而又必须有利益于众人，否则亦须无损害于众人。苟如是，则为人人之所悦，而畀之以自主之权也。人之畀我者如是，则我之畀人亦必如是，是即忠恕之道、絜矩之方也。自主者必以众为务。一事也，受其利者百人，受其害者十人，则不能以十人之故，阻其事而不行。一说也，沾其益者百人，致其损者十人，则不能以十人之故，挠其说而不恤。惟其务须从众之理愈明，则好善恶恶之心愈切。故苟能卫国，有不惜身家以为之者，此即孔子所谓杀身成仁、孟子所谓舍生取义也。人之生于天地也，必彼此相资而后利益始大。是故有患疾病者，人或见之，虽其人素昧生平，不关己事，亦必欲其痊愈，盖以为此人若不死，必于我有利益也。有欲自杀者，官若知之，虽其人自寻短见，无害于人，亦必科以罪刑，盖以为此人之立心，欲靳众以利益也。是故人人自主之权，其权由众而成也。由众而成者，即人与人相处而得之谓也。推而至于一国自主之权，则此理愈明。今使一国舟车杜绝，与他国不相往还，则其所谓自主之权，亦无从而见，惟与各国往来交际、互市通商，而自主之权乃显。是故此国公使驻彼者，不受彼国之约束；彼国公使驻此者，不向此国而称臣。战务之开也，不得以两国仇雠之故而碍及诸邦；和局之成也，亦不得以两国亲昵之情而有害各国。是其以众主之权而成为自主之权者，一问而知，不言可喻矣。人生之代代无穷也，天地之生生不已也。东海西海，南海北海，人类之相遭，无处无之也。一乡之内，人人有自主之权，则其俗清；一国之内，人人有自主之权，则其国宁；环宇之内，人人有自主之权，则天下和平。民权之说如此！自主之权如此！

是故中国之不能富强者，由不明民权之故。然则立强中御外之策，而欲以忠义号召天下之心，以朝廷威灵合九州之力，以成天经地义之道，而行古今中外不易之理者，其惟设议院、立议员，而复民权矣。今乃谓民若有权，则不能强中御外，持论之谬，抑何与孔孟之心传、群经之精义相反，一至于斯也！孔子曰：恭则不侮，宽则得众，信则民任焉。敏则有功，公则说。孟子曰：得道者多助，失道者寡助。寡助之至，亲戚叛之；多助之至，天下顺之。以天下之所顺，攻亲戚之所叛，故君子有不战，战必胜矣。《易》曰：（无）〔无〕思也，（无）〔无〕为也，寂然不动，感而遂通。天下之故，非天下之至神，其孰能与于此？《书》曰：在知人，在安民，知人则哲，安民则惠。能哲而惠，何忧乎欢兜？何迁乎有苗？何畏乎巧言令色孔壬？《诗》曰：民亦劳止，汔可小康。惠此中国，以绥四方。无从诡随，以谨无良。式遏寇虐，憯不畏明。柔远能迩，以定我王。《礼》曰：大道之行也，天下为公，选贤与能，讲信修睦，故人不独亲其亲，不独子其子，使老有所终，壮有所用，幼有所长，矜寡孤独废疾，皆有所养，男有分，女有归。货恶其弃于地也，不必藏于己；力恶其不出于身也，不必为己。是故谋闭而不发，盗窃乱贼而不作，故外户而不闭，是谓大同。《传》曰：齐师伐我，公将战，曹刿入见，问何以战。公曰：衣食所安，弗敢专也，必以分人。对曰：小惠未遍，民弗从也。公曰：牺牲玉帛，弗敢加也，必以信。对曰：小信未孚，神弗福也。公曰：小大之狱，虽不能察，必以情。对曰：忠之属也，可以一战。由此观之，为国而欲以忠义号召天下，决不能不设议院、复民权，而徒以空言为之也。夫中国虽自古不闻有议院之设，如外国今法者，然而辟四门、明四目、达四聪，何莫非议院、民权之真谛！强中御外，舍此奚能？今《正权》一篇，排击外国议员不遗余力，是直谓唐虞之盛治不及秦隋之暴苛、外国之富强不若中华之贫弱矣！

是故为国之大道，先在使人人知有自主之权，此不特为致治之宏规，亦且为天理之至当。盖各行其是，是谓自主。自主之权，赋之于天，君相无所加，编氓亦无所损。庸愚非不足，圣智亦非有余，人若非作恶犯科，则此权必无可夺之理也。夺人自主之权者，比之杀戮其人，相去一间耳。是故今人犯罪，除杀人案外，惟科以监禁之刑；科以监禁之刑，即夺其自主之权之谓也。监禁一月，夺一月自主之权；监禁一年，夺一年自主之权。十年者十年；终身者终身。吾不知中国之民，何罪而夺其终身自主之权也。夫罹此阨者，岂惟中国之民哉？即中国之君亦然！君者，民之望也。中国之君，驭数百万方里之地，抚数万万恒性之民，方之地球各国，众庶则无其伦，礼教则为之祖，而束缚驰骤，不能行其所是，一如庶民焉。名曰深居九重，实则情同幽禁。吾不知中国之君，何罪而夺其终身自主之权也？乃今知之矣。中国君民人人自主之权，非靳之于彼苍，非削之于强邻，实夺之于腐儒为官者之伪学、俗学！

国家之设议员，非为却敌起见也，用于平日，使之兴利除弊，凡以为地方之福而已。今乃谓盗跖不能据邑，是以大贼目议员矣；谓田畴不能拒敌，是以土豪目议员矣。大贼、土豪，乃议员之所必禁者，今以为言，则是除中国而外，欧美各国抑何大贼、土豪之多也！妄言至此，何解于天下各国通士之胡卢？

至谓“祖逖惟依晋而能御石勒，南渡用韩岳始能破辽金。太行民勇，惟刘锜用之，而有顺昌之捷；关中义兵，遇王师一败，而其众遂散。迨宋用吴玠、吴璘为将，而后保全蜀之险。盖惟国权能御敌国，民权断不能御敌国”云云。则直不知国权之从何而得，是舍民而言国也。天下有无民之国哉？天下苟无无民之国，则是国权即民权矣。何为出此呓言？历稽中国创业垂统之君，并吞列国之主，除弑逆篡夺之外，凡其履至尊、登大宝者，所费财力无非得之自民。今曰是国权也，非民权也，无民而可谓之国，非忘本而何？论事而忘其本，奚足与言？夫仁者无敌于天下，尧舜之仁，至于不闻兵革，可勿论矣；若禹、若汤、若文、若武，何尝有不胜之兵？且仁者不独有兵而用之，无有不胜；即无兵而用之，亦断无不胜。昔者太王避敌而邑（歧）〔岐〕，其民曰：使吾民无怨无旷者，此君也，仁人也，不可失也！从者如归，而（歧）〔岐〕于是国焉。卫文避敌而迁邢，其民曰：使吾民通商惠工者，此君也，仁人也，不可失也。结旅以从，而邢于是亦国焉。议院议员，正今日以仁治国之实事，乃反讥之，而必欲出之以暴，抑何其嗜杀之深也。曾亦思今天下民权之国，虽一兵不蓄，而各国亦无有攻伐之者哉！目今小吕宋为美国所胜，而其土人民权一定，美国亦降心相从，于此可见矣；西班牙平日待土人暴虐，不畀以权，此其所以失此一隅耳。是故今中国虽为外国所逼，然苟能复民权以自卫，实贤于百万之师。吾安得贤执政而与之言匡济哉？

然且谓“曾文正所以成勘定之功者，在募勇营、造师船，济以国家饷需，非在团练，非在民权”云云。夫勇营、师船之费，以及饷需之项，苟非取之于民，则亦何由而至？无本之言，何堪一驳！夫议员者，非带兵官之谓，吾既言之矣。然即不幸而至于战，而以中国四万万人之众、一千五百县之地，为议员者，每县出其团练之兵一千人，已可得一百五十万人。若县出二千人，是常练之兵三百万也。设议员者，有三百万真兵之众，不大愈于不设者竟无一真兵可求乎？是故设议院而复民权者，乃铸剑戟而兴农，洗甲兵而不用之法也，独奈何欲以伪学、俗学败之也。

又谓"凡遇有大政事，诏旨交廷臣会议，外吏作绅局公议。一省有大事，绅民达于院司道府，或呈于都察院；国家有大事，京朝官可陈奏，可呈请代奏，何以袭议院之名？此时纵欲开议院，其如无议员何？此必俟学堂大兴，人才日盛，然后议之，今非其时"云云。夫议员所司，非必大政大事也。地方之利弊，钱谷之收支，预筹来岁之应供，考核政教之得失，事必求实，言必求详，议主于行，行主于善，无委曲，无扞格，无观望，无此隐情，无瞻徇，无贿托，意苟在是，任人折驳。其理若绌，敬谢不敏；其理若胜，必底于成。议员之职若此。此其所以在县则有补于县，在府则有补于府，在省会朝廷则有补于省会朝廷也。天下事耳闻者虚，目见者确，目见之事，而以耳闻出之，多一转折，事之成败顿易矣。中国廷臣会议则有忌讳之弊，外吏局议则有回护之弊，院司道府则有隔涉之弊，都察院则有臆见之弊，京朝官而有嗾令之弊。颠倒黑白，播弄是非，不惟无益于民，兼之有害于国，盖其不能正谊明道，而惟迩言是争之故。戊戌八月党人之祸，无非由此而成。今以为如此便足，何须议院议员？苟于斯世有心，未必肯为此语。昔沈幼丹谓"中国如欲振兴，则铁路之开，必不能免，然不可使中国铁路开之自我"云。读《正权篇》"议院之设，今非其时"之句，阻塞风气，如出一口！夫今之中国，贫弱极矣！外侮日亟，内讧滋深，思欲挽回而匡救之者，惟有大张民权之说。同好恶，使人得尽其言；布公平，使民得共其利。民志定则反侧靖，民心结则外患消，此实眼前急务也。今曰"此时纵欲开议院，其如无议员何？必俟人才日盛，然后议之"，不知外国初设议院时，其议员岂必先读外国之书、深知洋务之人哉？绎斯言也，何异于明知勤俭所以致富贵，乃谓贫贱者曰：尔未可为勤俭也，必俟富贵既至，方可为之。明知耕织所以为饱暖，乃谓饥寒者曰：尔未可为耕织也，必俟饱暖无忧，方可为之也。试问似此之言，果属通论否？缓急不分，后先倒置，岂有他哉？论之不能公而已。论之不能公者，由不能平理近情，顺道公量而已。惟其不能平理近情，顺道公量，是以质其所学，则孔孟要旨，徒负虚名，大相违背。考其所行，则铁政等事，耗财千万，终少成功，而使中国儒学可羞，洋务裹足，为外洋各国所指笑，匡时之士，心滋惜之。窃欲献一计焉，以代解此辱，再四思维，仍不外以"平理近情、顺道公量"八字进。

读其《正权》一首，然后知《劝学》一书内外各论，见解谬妄，首尾乖方，靡不由此。或谓张公《劝学》虽多谵言，保国之心，要自可谅。且今者国家多故，时事难虞，大吏焦劳，日不暇给，《劝学》二十四首，安知非其门下士所为，何不为张公恕？曰：辩者，辩其保国之不能，非谓保国为不合也。使由其言而见诸行，则祸国殃民，指日可见。闻其书已刊印数万部，由政府分发十八省，以为士子循习，谓非张公之笔不可。是其聋瞽人心，翳障风气，害将不浅。昔曾袭侯劼刚偶为中国已醒之论，中国则大败随之，中东战后，不堪再挫矣。今之辩所以比曾论为尤详也。若保国之心，则人所同，然何辩之有？夫中国之所以不保者，由官禄不称，理财非法，财制无方，用人失实，利源不开，商务不恤，听讼不平，捕卫不设也。海禁既除而后，朝廷虽讲求时务，惟空言徒托，以故实效全无。曩曾指陈实济，谓俸禄必酌以丰盈，而一切衙门经费皆国家支理，如此则人无他营，官方整肃矣。国课必设法清理，而一切进支数目皆登列报章，如此则欺伪不作，财用裕如矣。冗员必调为有用，凡老不胜任者，皆赒恤归田，如此则同寅协洽，济以和衷矣。用人必以实艺，凡各科目考试得隽者不限额，主试者必真才，必称职，而后办公有凭照，方能行世，如此则艺事日进，不患无才矣。裕国必开其源，而铁路、矿务等事，由民自立公司，勿用官员督办，招股无分畛域，洋款由民担当，如此则惠及百姓，足以作忠矣。内外尽为通商，凡外国教师商旅，听其传道，任其游行，贸易无拘，居处不禁，如此则芥蒂胥捐，远人悦服矣。讼狱必以其情，宜免刑讯而重质剂，设陪员以凭公断，如此则冤【抑】[①] 必伸，人戴其德矣。闾阎必为保护，宜设捕役以警凶顽，严巡逻以防草窃，如此则地方清肃，民安其居矣。此皆着实易行，功效立见者也。乃泄沓依然，委靡尤甚，起而视其在上者，则仰屋兴嗟，计臣有支绌之虑；其在下者，则尽室而去，富民为适彼之思，政散民流，国将何保？瓜分之说，英国虽从长计议，未便允行，然若中国纪纲终堕，不能与英深相结纳，协力维持，则鹿失中原，逐之者众。英虽强盛，岂能止各国之争？既不能止其争，必将自顾其利，四分五裂，势所必然。况今者铁路矿产，利权多属他人；利权既属他人，则民必将外向；民心苟一外向，则土地亦将与俱。是瓜分实事，今已举行矣。夫割据之行，失土宇者

① 据《新政真诠五编·劝学篇书后·正权篇辩》（格致新报馆光绪二十七年印本）校补。

君王，失爵秩者官府，至于士民则未尝有所失者也。然而食毛践土之伦，如有隐忧不能自慰者，则以堂堂五千年立国之中华，至今日竟不能以自治，彼数万里重瀛隔阂之人，其始之来，不过仅借立足之区，以为贸易，乃为时未几，我则称臣仆而乞隶帡幪，殷士肤敏，祼将于京，读之有余痛焉！夫拘墟之见，化之何难？乃蔽痼自深，牢不可破，是既无以对天帝之公，谓其厚泰西而薄中土；又无以慰祖宗之魄，叹其无肖子而乏贤孙。此保国之心，非直为公室之谋，实且有切肤之惨者也。

天下有大耻大辱而不可以告人，并不能以自白者，则惟己非不若人，而必为人所制是也。欲免其制，何道之从？曰：仍在行新政而已。新政之行，其道有五：一曰名义，二曰贯通，三曰程功，四曰虚己，五曰性真。图新者必舍旧，外攘者必内修，此名义之说也，已详于《曾论书后》。本心法为治术，斯纲举而目张，此贯通之说也，已详于《新政论议》。握其要而图之，使众效而立见，此程功之说也，已详于《新政始基》。谦者其益斯受，满则其损必招，此虚己之说也，已详于《（唐）〔康〕[①] 说书后》。纯任吾之自然，不假人之勉强，此性真之说也，已详于《新政安行》。信能行此五者于中国，新政其庶几矣！虽然，犹有进，天下之事，以此例彼者，宜于此未必其宜于彼；天下之理，以己律人者，合于己未必其合于人。故虽有公正之心，亦必博采广（豁）〔谘〕[②]，而事理之至当始出，是议院宜设也。行善而有德色，以为非我莫能，则虽善而人弗悦，弗悦者善不能成；行善而与人同，以为因人之力，则善举而人必信，必信者善无不济。故虽有至善之法，亦必使人肩任，而善量乃能无穷，是民权宜复也。

议院民权者，此篇之大旨也。夫曾论辩矣，而当道者知过不改，闻善不兴，败坏其中，粉饰其外，日本是以有甲午之师，《新政论议》所由作也。《论议》作矣，而秉钧者惑于人言，忽分畛域，以为独利英国，不利各国，独利汉人，不利满人，游说务为植党，实乏主张。以为得其言即能得其意，得其意即能行其事，嫌疑舛错，终不果行，德人是以有胶州之据，《新政始基》【以及《康说书后》】[③] 所由作也。乃政府则反以为忌讳，士人则或以为未然，行事乖张，大道

---

① 据《新政真诠五编·劝学篇书后·正权篇辩》（格致新报馆光绪二十七年印本）校改。
② 据《新政真诠五编·劝学篇书后·正权篇辩》（格致新报馆光绪二十七年印本）校改。
③ 据《新政真诠五编·劝学篇书后·正权篇辩》（格致新报馆光绪二十七年印本）校补。

不识，此（变政）〔政变〕[①] 之祸以成，党人之诛以起，而《新政安行》之所以不能不作也。然而终足以阻新政之行者，莫若《劝学篇》，尤莫若《劝学篇·正权》一首，则此篇之所以愈不能不作也。予岂好辩哉？予不得已也。

列强之民罔不有权，乃所以强；中国反此，故即于弱。何、胡两君洞达中外大势，发撝此旨，深切著明。彼狂嗥乱吠，著书以淆黑白者，其罪可胜诛哉！本馆跋。

《知新报》第九十一、九十二、九十三册，光绪二十五年五月二十一日、六月初一、十一日（1899年6月28日、7月8日、7月18日）

在鸟喊士晚士咑埠演说

光绪二十五年三月十一日

康有为

我历尽艰难辛苦，变维新之大政，拚万死舍一身出来，皆为保全中国四万万之人民之众起见。盖通地球计之，我中国人民，三分有一，今受外国四割边境，几不成国，百（性）〔姓〕困苦流离，深可惨伤。我国皆黄帝子孙，今各乡里，实如同胞一家之亲无异，所以我坐视一家困苦，心实不忍，故今舍己之身为国，力言维新之计，思以救之。

外人谓我中国人不爱国，今观我海外中国之人，皆明维新变法之故，俱皆发愤爱国，闻维新则皆欢喜，言及政变皆愤怒，即今夕各梓里如此相敬，我所到域多利、温哥华，皆大集千余人来迎我，可见爱国之至。今之日本，如一四川之地。我国则有二十四川之地，倍于欧洲十六国之民。若立志发愤，转移易于反掌。

① 据《新政真诠五编·劝学篇书后·正权篇辩》（格致新报馆光绪二十七年印本）校改。

外人谓我国睡当未醒，人皆不明，其实我国士民，明者甚多，四万万轮之机器一动，则不知几万万之马力，何所为而不可？然而机器虽多，全由大轮总管之，大轮总管之机器师，不明机器事，不理机器事，则各万千小轮皆停，且生锈而不能动，故三十年来之积弱，我四百兆同胞兄弟之涂炭，皆由西后一人不愿变法之故。皇上名虽为皇帝，而大权一切在西后，皇上虽极明西法，极欲维新，而无可如何，故在位二十余年，而无一日之权，所有割地鬻民之事，皆西后为之，而外人不知，多归咎于皇上，此天下古今大不直之事。

去年自胶州既失，旋割旅顺、大连湾之后，皇上力欲变法救中国而无权。四月间，皇上使庆亲王告西后曰："我不能为亡国之君，若不予我权变法，我不做皇帝。"斯时西后见皇上辞位之心，恐有他变，乃稍听其变法，于是四月二十三日即下定国是变西法之诏。时恭亲王以为祖宗之法不可变，皇上言曰："法以保疆土也，今祖宗疆土不能守，何有于法乎？"

先是十余年前，我上书言曰："日本变法，必规朝鲜，而收东三省。"又言俄南逼，累上书请及时变法自强。及胶州事起，我再上书，又请将旅顺、大连湾及各口岸与各国通商以共制之。又言英人必助我也，后英人果请旅顺、大连湾通商，以我前言皆应验，并进《英国变法记》、《德国变法记》、《日本变法记》、《俄国变法记》、《法意变法记》、《万国强盛弱亡考》、《波兰分灭记》各书进呈于皇上。及四月决意变政，诸大臣荐我，即召我议新政之变。

皇上之英明敏断，自古少有，百日中诏书日下，百政维新，善政皆举。我言中国岌岌殆亡，如屋大坏，非裱纸换（杉）〔衫〕所能为，必拆而重起乃可，又非零碎凑集所能成，如起屋然，非绘图画仄，度定大小，鸠工庀材，不能成功，请开制度局议之，请改定法律，遍起学校，改定税则，大开农工商学，及铁路、邮政、矿政、海陆军、民政局各事，皇上从之。

自四月至七月，百日以来，新政毕举，诏书日下，凡关新政益国益民之举，夕上奏而朝下行，守旧千年之弊，一扫而定。皇上仁慈，爱民如赤子，维新百日中，爱民之诏累下。七月二十七日，诏书言维新之政，实与我民同乐之大端。今我民有不安乐，皆朕躬之失职。我今照西例变法，实因西例养民生、益民命，有大好处，欲天下人人知我之变法，皆为百姓起见。然天下之大，利弊甚多，皇上恐一人难以尽知，或有各官作弊，或有士民怀才抱艺，皇上皆欲知之，许百姓人人上奏。时有渔樵农夫上奏，官仪未晓，不抬头，不合式，此二者，皇上亦欣然乐受之，付之一笑。往日出外官，虽布政、按察之大，亦不能上本申奏，百姓递禀，只可递知县，不能直上知府，何况今布政、按察乎？今令百姓人人上奏，此自古圣君，地球各国所无之事。间有一二大臣奏言：奏折之多，劳皇上神思。即曰：方当广开言路，以见天下人才，岂宜壅塞？其有大臣壅塞及不爱民者则革之。如此圣明，则天下人才尽出，野无遗贤，利弊皆知矣。

各省府州县开学馆，筑铁路，置水师及机器各种学、农工商务各等学堂。自准百姓上奏之后，日有百奏之多。皇上亲目，自早晨四更起，至将夕五点钟乃息，勤视不倦。皇上屋尘旧不修，台毡地毡旧坏不换，绝无嗜好，惟以读书勤政爱民为事。令各府州县俱开文学医院各学堂，公司商务，各等开民智慧。各乡里兄弟，看去年新闻纸，便知其情。考试去弓刀步石而学枪炮。今夫开报馆，开会，免厘金，通商务，开银行，将筹备六万万银，置兵轮，筑铁路，练兵购械，建水陆学堂，则我中国之兴，可拭目而观之矣。尤注意海外旅民，古巴之乱，散巨万以赈之。又令咸设学堂，将赏以御书匾额，告以我能保护各民，使天下知其君之可恃，盖不使吾民少受困辱也。

皇上又欲开议院，大学士孙家鼐谏曰："今诚不可不变法，然一开议院，恐皇上无权。"上曰："吾以救民耳，君权之有无，何妨。"此从古未有者。古人君皆揽握大权，今则舍己救民。试观各国开议院之难，英、法皆君民相争，杀人如麻，百年而后定。俄国则争数代，至今未得，皇上乃躬欲开之，绝无权位之心，但以救民从众为念，此真尧、舜之主也。若有全权行之，三月而成规模，三年而有成效，十年而中国大强矣。

当是时，守旧大臣恐位不保，日谮于西后，我危险已甚。我弟劝我告病归，我以有圣主如此，救中国一分，得一分，甘拚死为之，不忍舍去。而荣禄守旧，为上所恶，乃欲废上，以觊觎大位。西后误听其谗，先使荣禄出天津统兵，欲于阅兵时为废立之举。皇上知之不肯行。遂于八月六日废上，诬我进丸毒皇上，欲手弑皇上，而架罪于我，而杀我以灭迹。于是闭城二日，停铁路一日，发兵三千，遣飞鹰快船而大搜捕我，天意欲存皇上而救中国，我竟得有今日，与各兄弟相见，岂非异事乎？然我既获存，荣禄遂不敢弑上。惟六烈士被杀，海内志士株连者数百，新政尽废，京省学堂及农工商学及学会报馆尽停禁。似此守旧，中国分割更速，亡不旋踵。今我四万万同胞长此流离困苦，皆荣禄一二人之罪也。今中国之民，如弃野婴儿无人理、仳离惨状不忍言，有如败家之母，日日鬻子卖宅。然人各有命，人得富贵之父母，以依怙之，固是幸事。不幸其父幽囚，其子无依，亦当发愤自养，且以救父而保家，岂可坐视拱手而同饿死乎？

今海外同胞兄弟五百万，若能同心一志，联结以求保其国，众志成城，何所不可。凡中国之事，败于散而不聚、塞而不通、私而不公。若知其病，通之、聚之、公之，分则弱，合则强。昔外人诮我一盘散沙，则我虽有四万万人，然省省不通不合不聚，府府县县不通不聚不联，埠埠人人不聚不通不联，虽有四万万人，实一人耳。宜其弱，宜其被侮也。今海外人心咸发愤，然率无成效者，以各埠不相通、埠中人人不相通之故耳。今日国势危急，非空空发愤所能补救，宜亟通而聚之，如救火然乃可。若手足相残，必召外侮。

今各乡里，又皆吾粤人也，既如此盛心招待我，我敢敬告各乡里兄弟数言：第一，既在外国，当入境问禁，入国问俗，安分自重，无作非为，则外人当厚待而陵辱少矣。第二，凡吾国之人，同种同貌，皆为兄弟，宜勿分彼此，勿立疆界，力戒手足之相争，相亲相爱，相周相救，相恤相挟持。第三，凡吾中国人，立誓心雪国耻，日念波兰亡国之祸，永如牛马，互相激厉发愤，日以忠君爱国相摩，各埠相与通信，各人相与寄相，其殷实才能忠义之人，起而任其事，联络并起，以自救其国，而自救其家，否则将来无国可归矣。今幸圣主尚存，海外多明达外事之人、忠义之士，天遣我来，特为诸兄弟作渡船，作针线，作胶漆。诸兄弟发愤，将来为维新之功臣，为救国之义士，既能救国，则本国矿产五金之利、材木之用、机器铁路之利赖无穷，吾同胞将自享之，否则拱手与人，而坐为之奴隶矣。

据罗裕才笔记：《康南海在鸟喊士晚士[illegible]埠演说》，载《清议报》第十七、十八册，光绪二十五年五月初一、十一日（1899年6月8、18日）

各国宪法异同论

光绪二十五年三月十一、二十一日

梁启超 译①

宪法者，欧语称为孔士九嵩，② 其义盖谓可为国家一切法律根本之大典也。故苟凡属国家之大典，无论其为专制政体（旧译为君主之国），为立宪政体（旧译为君官共主之国），为共和政体（旧译为民主之国），似皆可称为宪法。虽然，近日政治家之通称，惟有议院之国所定之国典，乃称为宪法。故今之所论述，亦从其狭义，惟就立宪政体之各国，取其宪法之异同，而比较之云尔。

第一章　政　体

政体之种类，昔人虽分为多种，然按之今日之各国，实不外君主国与共和国之二大类而已。其中于君主国之内，又分为专制君主、立宪君主之二小类。但就其名而言之，则共和国不与立宪国同类。就其实而言之，则今日之共和国，皆有议院之国也，故通称之为立宪政体，无不可也。故此书所述，专就立宪君主国与共和国论之，而专制君主国不与焉。

全世界上之立宪君主国、共和国等，其名称虽同，至其国内之实情，则各国皆不同。其君主政府之权力若何，国会之权力若何，人民之权利若何，互有大小强弱之异，不可不察也。

宪政（立宪君主国政体之省称）之始祖者，英国是也。英人于七百年前，已由专制之政体，渐变为立宪之政体。虽其后屡生变故，殆将转为专制，又殆将转而为共和，然波澜起伏，几历年载，卒能无恙，以至今日。非徒能不失旧物而已，

① 原署“新会梁任公译”。

② 此句《饮冰室合集》本为：“英语称为 Constitution。”（见文集之四，第 71 页）

又能使立宪政体益加进步，成完全无缺之宪政焉。

其余欧洲大陆之各国，亦于近古以来，次第将变专制而为立宪，不幸为君主及贵族所压制，其收效不能比英国。于是由压力而生激力，压之愈甚，则激之愈烈。至西历十七世纪之末（即距今百年前也），法国民变大起，摧毁王室，而行共和之政，其后更为拿破仑之帝政，又为王国，屡次转变，糜烂不堪。其余各国，亦相继骚乱，政体频变。盖各国宪政之成就，不过数十年耳。

若英国之宪政则不然，自近古以来，非如各国之有大骚动，故能次第进步，继长增高。又各国之宪政，多由学问议论而成；英国之宪政，则由实际上而进，故当视他国为优焉。英人常目他国之宪法，为纸上之宪法，盖笑其力量之薄弱也。

宪政之国，在欧洲则除俄罗斯、土耳其之外，其余各国皆是也；在亚洲则日本是也。土耳其当十余年前，骚乱之际，曾一布宪法，设议院，后卒中止，故至今仍为专制国云。

第二章　行政、立法、司法之三权

行政、立法、司法三权鼎立，不相侵轶，以防政府之专恣，以保人民之自由。此说也，自法国硕学孟的斯鸠始倡之。孟氏外察英国政治之情形，内参以学治之公理，故其说遂为后人所莫易。今日凡立宪之国，必分立三大权。行政权则政府大臣辅佐君主而掌之，立法权则君主与国会（即议院也）同掌之，司法权则法院承君主之命而掌之，而三权统一于君主焉。虽然，其实际则不能尽如此。如英国之巴力门（即英之国会也）有黜陟政府大臣之权（凡宪法政府大臣之进退其权皆归君主），盖行政、立法二权，全归国会之手。故英国之谚有之曰："国会之权，无事不可为，除非使男变女、女化男，乃做不到耳。"观此可知其权力之大矣。惟司法之权，则仍归于法院也。

其余各国，凡有政党习气之国，其国会之权力亦甚大，不特能压倒行政官而已，亦时时能黜陟之。若奥地利、德意志及日耳曼之各邦，为无政党习气之国，则反是。又如美国，虽属共和政体，然其行政之大权，实归大统领之掌握，其政府大臣，大统领得任意黜陟之，盖行政官之权力，比于政党习气之君主国，反有加云。

孟的斯鸠又云："行政权即行法权也。"后世学者多诵此语，各国之宪法亦多引用之。是盖惩于前者君主与政府之专恣，欲裁抑其权力，故谓君主及政府之职，但当奉行国会所议之法律而已，始有为而发也。平心论之，国家之政务，决非徒执行法律，遂可以尽其责也。故近世学者，颇有辨此语之非者。又康士汤竞、弗郎等诸硕学，别言国家之权力，为四大权，以行政权为最重，而隶于行政权之下者，有立法、司法、兵马三大权云。从来三权鼎立之说，皆以为兵马权包含于行政权之中。虽然兵马权之性质，与行政权实有异，康氏、弗氏之说，亦不为无见也。

又孟的斯鸠以为三大权必须分立，不相统摄，然后可保人民之自由。有硕学布龙哲驳其说，以为三权全分离，则国家将有不能统一之患，故三权决不可分，而亦不可不分，惟于统一之下而歧分之，最为完善云。

第三章　国会之权力及选举议员之权利

古代国会体裁未完备，有分为数院（即议院）者，亦有惟置一院者。今日则除日耳曼之数小邦，及瑞士之数小邦，惟置一院外，其余各国无不有上、下二院。盖两院并置，其益甚多。盖所以防议事之疏漏，而加郑重绵密；又能使进步、保守两党之宗旨，保其平均。盖上院之员每多保守党，下院之员每多进步党也。

上院之制度，各国不同。如英国，全以王族及贵族及高等之教士充之，而贵族之内，有世袭者，有选举者。奥国、普国及日耳曼各邦，其制虽互有小异，然皆以王族（一），贵族（二），高等教士（三），有功于国事、有功于学术者（四），富有田产者（五），太学之代表者（六）（代表犹头领之意，然亦稍异，盖众人之意皆可托此人以代宣之，则谓之代表），大都会之代表者（七）充之。意大利、西班牙、葡萄牙亦大略相同。比利时、荷兰、瑞典、嗹国则少异，上院员独重纳税多者，其数每更多于他类云。那威之制度，下院议员选举既定，乃选拔其四分之一，以为上院议员。

各国上院之制，大略如右。要而论之，凡君主国之上院，其选员约分三种类：一专取贵族者，一专取多纳税者，一兼合数种者。惟德意志帝国因联邦而立，故其上院由各邦政府派全权委员以充之。

至于共和政治国（旧称民主国），上院之制度，法国则于各县由选举委员所选举之议员充之；美国及瑞士皆以联邦而立，上院议员则各邦之代表也。其选举之法，美国则由各邦之邦会公举；瑞士之选举又分为二种，其中有数邦由人民选举，有数邦由邦会选举。

上院之制，随各国之国体而异，既已详之。至下院之制则不然，无论君主国、共和国，虽国体大异，其制皆如出一辙，皆由人民之公举，为人民之代表。至如英国有云某大学之代表者，则因其大学有许多土地故耳。

下院议员选举之法，大率分国内为数区，名之曰选举区。其每区得选若干人，皆有定额。至如何然后可以被举、如何然后可以举人，其权利则各国小有异同。要而论之，可分为有限制、无限制之二种。无限制者，凡男子及岁，悉与以选举权（除疯癫及刑人不在内），法国、德国、瑞士是也。其余各国多为有限制者，其限制或以年龄、或以财产、或以纳税，种种不等，其宽严亦各国不同，而英国之制限最宽焉。又选举之例，有直选、间选二类。直选者，直由人民公举议员也；间选者，先由人民公举选举员，然后再由选举员公举议员也。英国、法国、德意志帝国、比利时、意大利、瑞士、美国，皆用直选法；普鲁士、西班牙及日耳曼列国中之数小邦，皆用间选法。

以上所言，皆可以举人之权也。至可以被举之权，则亦有以年龄、财产、纳税为限制者，亦有许及年即得被举者。惟现任官吏许被举为议员否，则各国不同。又有指名某官许被举，某官不许被举者。其满任之年数，亦各国相异。最长者为英、法两国，英七年、法六年，其他则皆以三年或四年为度。满任之时，或同时全院易人，或易其半、留其半，或易其三分之一，亦各不等。

此宪政国上、下两院选任议员之大概也。要之，上院多以王族、贵族、教士、功臣及富人等充之，下院则为一切人民之代表。故吾前者谓上院多保守党、下院多进步党，此实自然必至之势也。虽不敢谓上院必无进步党、下院必无保守党，然其畸重之势，十居八九矣。夫有保守而无进步，不足以立国，斯固然矣。然有进步而无保守，有时恃气急进，或亦误国家之大事。昔法国革命大兴之时，深受此弊。故现时各国，因经许多之试验，皆以兼置两院为最善也。

国会之权利，凡自政府提出之改正宪法案件、法律案件、预算案件（预算如王制所谓冢宰于岁杪制国用也），皆归其议定。惟美国、瑞士，遇有宪法当改正者，不由国会议定，而别开一改定宪法会，由人民另举员以议定之。国会之权力，有政党习气之国则加大，往往可以黜陟政府。然非宪法所定本有之权，不过侵轶他权耳。

国会又有监督政府之权利。大臣有违法之事，可讦告之于两院。而其制亦微有少异，或两院皆可受讦告，或惟下院可受。又受其讦告以后，审判之权或委之上院，或委之国事法院。英国则讦告之于下院，而审判之于上院；美国亦然。法国、比利时、荷兰审判之权，皆归国事法院。

第四章　君主及大统领之制与其权力

君主者，立宪政体之国，世袭继统者也。而其继袭之法，或专许男子继统者，如普鲁士、瑞典、比利时是也；或兼许女子继统者，如荷兰、日耳曼各邦及英国、西班牙、葡萄牙是也。荷兰、日耳曼，必本系与支系俱无男子，然后以女子入继；英、西、葡等，则本系苟无男子，虽支系有男子，亦不许立，而惟立本系之女子。

共和国之大统领，必由公举，定期更任。而其选举之法，法国、瑞士则由国会，英国则特开选举统领会以举之。

凡奉天主教之各国，其宪法必言国王之身神圣也，不可侵犯云云，澳地利、巴威里、西班牙各国皆然。奉耶苏教之各国，则删去神圣之语，但云国王之身不可侵犯，普鲁士、荷兰等皆然。

又各国皆于宪法上声明国王无有责任。虽然，又声明政府大臣有责任。夫大臣所以辅佐君主者也，君主不得大臣之承宣，则不能发制诰而施法律，故君主之责任，即大臣之责任也。惟拿破仑第三所定之宪法，不许君主无责任，其意殆欲以矫法国前朝之弊也。虽然，彼且不能躬践其实，卒为人民所放逐，不得其死，然则立此虚法何为乎？但君主之私产，则必当遵守民法，不能逾越。惟于行政上及刑法上，可邀特免耳。然其于民法上之关系，凡涉于诉讼规矩，仍与常人大有异。

至共和国之大统领，则无论何国，皆有责任。故共和国者，大统领与政府人员，同肩责任者也。而美国及瑞士皆有违法之处分，其审判不由法院，而由上议院。法国则稍异，大统领非犯叛逆之罪，不受审判。

凡各国君主皆称大元帅，有统率陆海军并总管军令之大权。然共和国则总管军令之权，归于国会。故美国大统领惟有指挥常备兵之权耳，其他权利必经国会委任之，然后能有；瑞士亦然。法国之大统领有司军令之权，虽然，不得称大元帅统率陆海军。凡君主皆有宣战、讲和及与他国订立条约之权，共和国之大统领则无此权。美国宣战之权，国会掌之，讲和及订约之权，由大统领请上院之批准而施行之；瑞士则一切权利，皆掌握于国会。

凡君主有改正宪法，及准驳法律之权利。德国宪法则惟关于陆海军及关税等之法律，皇帝得准驳之。至共和国则大异。美国之大统领，虽非无准驳改正宪法法律之权，惟须经国会再议，三占从二，苟议员有三分之二以为可，则大统领不能驳之。瑞士则大统领全无驳案之权利。又以上所言君主驳案之权利，虽著有明文，然用之者甚少。盖英国二百年以来，未曾有议院议准，而君主驳案者云。

凡君主有召集国会，及开院、闭院、停会、延会并解散下议院等之权利。但当命解散之时，必先定期，使新举之议员，于何时再开院。盖此解散权利，不免有拂逆舆论之虞，故定期再集，不可缺也。至共和国之大统领，则无此等之权利。

凡君主有发布法律敕令、施行一切政务之权。又法院必奉君主之名，执行司法权；君主亦有命特赦减刑之权。共和国则不必奉大统领之名，以执行司法权；又特赦减刑之权利，亦有所限制。

属于君主及大统领之权利犹多，今惟举其重要者，其余姑略之。

第五章　法律命令及预算

法律云者，虽为总括国家一切法制规则之称，然于立宪国则惟以经国会议定者称为法律。至于君主及政府大臣所发布之法制规则，则别称之为命令，而就中又分敕令、省令等名称。

以此之故，立宪国之法律，无不经国会议定者。又于法律之外，预算岁出、岁入之一事，亦政府提出之、国会议定之。惟国会议定预算案之权利，各国亦有异同，或得委曲详细以议之，或否。

又所定法律之界，各国亦有异同。虽难一定，今得举其重要者，曰民法、曰民事诉讼法、曰刑法、曰刑事诉讼法、曰政法、曰收税法、曰会计法、曰征兵法，及定一切官民相接之分宜等之规则是也。英国法律之种类最大，法国最少，德国在其中云。

第六章　臣民之权利及义务（义务者略如名分职分之意）

厘定臣民之权利及职分，皆各国宪法中之要端也。如言论、著作之自由，集会、结社之自由，行为自由，居住之自由，所有权利（如某物为我之所有，他人不能占夺者，谓之为所有权利），请愿权利（请愿者，如欲做某事，先请之于行政官，或与此事有交涉之人是也，其详别著之），及其他重大之各权利，并纳税义务、兵役义务，及其他重大之各义务，皆须确定之。但各国所定宽严亦异。

第七章　政府大臣之责任

如前所述，立宪各国，其政府大臣，得由君主任意黜陟。惟有政党习气之国，则其党人占国会议员之多数者，辄举其党之首领为首相，而各部大臣皆由首相所任命。若奥国、法国皆无政党习气之国，则其黜陟之权，仍归君主。而美国黜陟政府权，亦归大统领云。政府之大臣，合而共执一切之政务，又分而各执各种之政务者也，故有行政法上、刑法上之责任。若有违法之事，必不可不受其罪，故法律敕令必要政府大臣签名焉。

《清议报》第十二、十三册，光绪二十五年三月十一、二十一日（1899年4月20、30日）

二、清政府实行新政与立宪思潮的萌动（1901—1903）

论议员交哄

光绪二十七年正月二十日

泰西各国之有议院，本中国古制也。《书》曰：询谋佥同。又曰：谋及卿士，谋及庶人。孟子曰：国人皆曰贤，然后察之；国人皆曰不可，然后察之；国人皆曰可杀，然后杀之。盖中国古先哲王，知上下之情隔阂甚远，氓庶之志趋向各殊，非遍询众人，博采舆论，不足以知事之可否、理之从违，成万众一心之功，收集思广益之效。故上而国政，下而民事，无不取决于众人，折衷于至当，从不敢孤行己意，致事成窒碍，而不能行。虽无议院之名，而有议院之实。至后世而堂高廉远，事无大小，一惟断之于上，而下不得参其谋，狡黠者遂蠢然思动，而有悖逆犯上之情。夫悖逆犯上之情，原属在下者之不法，世无论治乱，皆为律之所必诛。然人情屈而不伸，则不免有越礼非分之事。一人之越礼非分，犹可谓此乃一人之罪，而可以法治之也。若众人皆越礼非分，则虽仍可谓此系众人之罪，而法则或为所穷。泰西各国知其如此，故皆设议院，以通上下之情，以伸众人之意，使通国中人心志齐一，无有所远，而大事小事乃不可以举。

考英国议院之制有二：一曰上议院，举世爵及教会牧师等处之；一曰下议院，举庶民中之有才识者处之。国有大事，君谕相，相告上议院，集众同议，参决可否，然后谘之下议院，必舆情悉恰，乃见施行。否则，寝而弗论。民欲兴利除弊，必先陈于下议院，酌核既定，然后呈之上议院，以为可行，即上之相，而闻于君，否则止。此英国上、下议院大略之章程也。顾其所谓议员者，必学识兼备，通达事情，方为克称厥职，否亦彬彬然秩秩然，出言有章，陈其所见。合则依之从之，不合则辩之驳之，以求有益于国事，不拂乎众情，如是方为无忝。从无有飞扬浮躁出之以意气者，【此】不学无术之徒，何足厕诸议员之列？乃观于英国议员交哄一事，而深有异焉。日前英京伦敦来电，略谓：英国议院中人集议时，忽然大为喧嚷，其间有议员九人意见与众不合，以致被众斥逐，九人坚不肯去，遂呼巡捕力扶之出。既而来电又云：被捕扶出之人，刻已不能重入议院矣。噫！此九人者，何其不知自重若是，竟以议员之贵，而为巡捕所扶出乎？夫事当君国决大疑定大计，钳口结舌，互相诿推，固议员之失职也。或首鼠两端，意存观望，随众附和，退有后言，此亦为议员之失职。然要不能矫其所失，而于发言盈廷时，喧哗扰攘，肆其叫嚣，卒之身被斥逐之耻，不能再列诸议院人员。如九人者，固无足责。而吾独于英之议院，殆所谓美哉犹有憾欤。

尝考德国议院章程，本有会内人乱规诸例：其一云会内人有违规则者，首领呼其姓而诫止之，其人如自以为是，可详叙其意，俟下次复集时，由众定断，本期不必多议；其二云会内如有多人喧哗乱规，首领可请会众暂散片时，或竟散一日，乱规者仍不降心，首领可戴上礼冠，则此一点钟之内，诸人所言不以为据。夫德国于议院乱规之人，处之极为和平，而犯者自然息喙。辱之以驱逐，无乃英制之不如德乎？虽然，英国议院规制，吾既未能尽知，乌敢遽定其优劣。第思此九人者，竟为巡捕所扶出，则当时争闹情形，知非情遣理喻可以寝其议者。曾议院诸人所愿出此乎？然而吾知各国已啞啞然笑于其后矣。

《申报》，光绪二十七年正月二十日（1901 年 3 月 10 日）

变法论

光绪二十七年正月二十二日

中国至今日，无不知为贫弱矣。原其贫弱之由，亦无不知因法之不善。既因法之不善，而至于贫至于弱，则欲挽回之整顿之，非变法不为功。然而变法岂易言哉？使非斟酌乎重轻，权衡乎得失，无论当变而不变，不当变而变，其贻误较不变为尤甚。至于当变者而不善变之，或误于因循，或激于欲速，或袭其皮毛，或仅为掩饰，则虽变犹不变也。夫法而未变，虽至于至贫极弱，犹以一变期之。若变而不善，则更何所期望乎？

自通商以来，历数十年，中国未尝不步武西法，日渐变更。观夫制造设局，竞尚机器，则工艺一变也。设立海军，改用枪炮，则兵政一变也。长江大河，双轮飞渡，则商务一变也。派员游历，出使外洋，则仕途一变也。开采五金，招商集股，则矿务一变也。设立学堂，讲求武备，练水陆诸军，习各国语言文字，则储才肄武之法又一变也。凡此诸端，皆西人之所长，而为中国所宜变者也。乃变之数十年，而中国之弱犹是，中国之贫犹是。一时躁进之徒，不以为变之未得其道，而以为弊在不能尽变，欲便举国改弦而更张，致康梁诸逆臣，得以乘机而作乱。迨康梁事败，而当轴存惩羹吹齑之见，又欲前之所变者一概率由旧章。此非不变之患，实变之不得其法，而致有畸重畸轻之弊耳。

要知中国之法，有断不能变者，有断不能不变者，有可变可不变者。何以言之？中国以伦纪纲常为重，自三皇五帝以迄于今，充塞天地，彪炳日星，历代相传，无敢废坠，而又有孔孟之道，羽翼而扶植之，此断不能变者也。至于不能不变者，掩饰也，蒙蔽也，因循怠惰也。养兵士而不练与无兵同，而饷糈虚縻矣；有物产而不制与无物同，而商务不振矣；藏五金而不采，置膏腴而不耕，而田地之利尽失矣。凡此数端，中国苟能精以求之，自不难渐底于富强，而外人自无从要挟。若夫可变可不变者，所谓大德不逾闲，小德出入可也，亦无关轻重者矣。

而昧于是者，以为中国当变者尚不止于是，非尽举中国之政教风俗尽变之，终于难望富强。果如所言，我恐变本加厉，中国之乱将无已时矣。

说者又谓：中国积习已深，挽回非易，欲为振聩发聋之举，宜先使之耳目一新。于是谋逆之徒，有为平权之说者，有为易服之言者。试问：果平权果易服，而仍因循、怠玩、欺饰、蒙蔽，其亦能富强乎？抑不能富强乎？泰西富强之基首在商务，而商务之原，在乎制造。制造之法不外格致，格致之学不外推算。考算学本由中国流入外洋，西人目为东来法，是华人固先西人而能之。乃华人能之而不求精进，转使西人后来居上，及今转向西人学之，是诚中国之耻。若谓耳目一新，方能精进，则不但骇人之听闻，而于大局亦有损无益也。是则法岂可不变哉？亦岂可妄变哉！

《申报》，光绪二十七年正月二十二日（1901 年 3 月 12 日）

各省宜设政学院论

光绪二十七年三月初四日

传有之曰：吾闻学而后入政，未闻以政学者也。我中国上自宰执枢府，下至一命之士，有能以政为学、视官事如身心性命之事者已鲜。处群雄角逐之秋，人以昭昭，我以昏昏。朝章不习，国故不知，而言内政；公法不通，外情不讲，而言外交；钱谷不谙，工商不举，而言理财；兵机不熟，将略不娴，而言经武。以卤莽灭裂之为，成否塞晦盲之治，遂令强国八九，协而谋我，群情汹汹，揭竿思逞。然则时会之亟，祸患之来，虽曰天命，毋亦由人事为之耶？

今东西望国，仕有专学，即所谓法学，日本名之曰政治学。凡平章军国之选，必举于此。学课计分五纲：曰出使通商各外务，曰国家机密政事，曰地方民事，曰户部核计征收赋税，曰国家出入款项。凡二十一条目：一、各国理民之法；二、管理地方之事；三、总论各国赋税；四、定赋税之所自出；五、统核全年赋税出入之款；六、考校理财之方；七、比较各国商例；八、通商条约；九、各国和约；十、各国有所关系之和约；十一；各国交涉事略；十二、出使章程；十三、英法美近百年政事纪；十四、法国上下议院事例；十五；比瑞德奥政事因革；十六、各国交涉公理；十七、议和公例设立领事章程；十八、论政事关系之地图；十九、核算户口之法；二十、通商地图；二十一、各国民间户婚产业事例。莫不条分缕析，剀切详明，澈其原因，洞其症结，于古者学优而仕之义盖深有合。

我中国士人童年入学，所昕夕从事者，止粗浅之讲书、腐烂之时墨，终年咕哔，穷老咿唔，耗精敝神而不息，将以功名利禄偿其宫室妻妾穷乏得我之大欲，而其他皆非所问。加以捐纳既滥，流品益杂，若辈借纡青拖紫之荣，为操奇计赢之券，社稷民人不知何事，礼乐兵刑不识何物。而谓国家之强弱，风教之盛衰，民生之利病休戚，补偏救弊，有赖斯人，是何异与不见舆薪者责其明察秋毫，难举一羽者责其力任百钧哉？殆必不可得之势已。

今者朝廷谋新，百度筹议更张，顾欲策自强，必先明政术。而局势危迫，必俟学校大兴，人才辈出，国家始有肆应之才，收驰驱之效，亦复急何可待。设一仍其模棱粉饰泄沓因循之旧，不为目前图振作之方、商转移之术，则纪纲无望其修明，祸变不知所终极，海内终无宁日矣。然则必如之何而后可？曰：宜于各省设立政学院，招考在省候补人员年在四十以内者，入院学习，延予告致仕大臣之通知时务者为掌院，更由督抚臣主持之。学分六科，专主政学内事，无关政要者不与，凡吏科、户科、礼科、兵科、刑科、工科则例成案，核要探原，详论切究。酌定月课季考章程，分别升降黜罚。考列一等者，破格拔补委署，以示鼓励；考列二等者，仍留院学习；考列三等者，黜罚有差。院中设藏书所，广度六部则例，及一切政学专书，以资研究。操斯道也，虽不必有豪杰名世之才出于其中，而人才争自奋励，冀效其一得之长，覆涑之羞，素餐之诮，庶几免矣。

今江苏等省固有官司月课，湖北尝设教吏馆，东省亦闻仿设教吏馆。是当轴诸巨公固知以吏治民生为重，不可以空疏无具之躬漫为尝试，至误事机。窃谓宜亟合词疏请诏下各行省一体仿照办理，为目前治标之计，更无有急于是者。否则，治丝而棼，执柯犹远，恐以一端而败坏全局。虽朝廷日以新政励臣下，臣下不知新政所措手。卧薪尝胆，止托空言；理财自强，几成习套。国家终无望有政教修明之一日矣，奈之何？

《申报》，光绪二十七年三月初四日（1901 年 4 月 22 日）

民权辨

光绪二十七年三月十八日

民何权乎？不识不知，顺帝之则，惟是日游于光天化日之中，蹈德咏仁，沐浴圣化，分且不敢越，有何权之可伸乎？借曰有之，则是以处士而横议矣，以匹夫而犯上矣。既阑干夫国政，即王法所必诛。独奈何大逆不道之康有为、梁启超诸人，一则曰君民平权，再则曰人人有自主之权，遂致邪说流行，遍于湘粤，少年血气未定，一经煽惑，争思逞其诡谲，嚣然议祖制而鄙王章。嗟乎！嗟乎！我国家二百数十年厚泽深仁，培植士类，何图养成此谬戾狂悖险贼险狠之徒，投畀远方豺虎，当亦不食其肉矣。

夫彼所谓君民平权及人人有自主之权者，盖托辞于泰西之有议政院也。诚亦知泰西议政院之制果何如乎？考泰西有君主之国，有民主之国，有君与民共主之国。所谓君主者，如欧之俄罗斯，其权皆操之自上，不须由议员核定从违。此外，民主如美利坚，如法兰西，如墨西哥，如巴西，如秘鲁，如智利；君民共主如英吉利，如德意志，如意大利，如奥大利亚，如荷兰，如比利时，如西班牙。凡星罗棋布于欧美二洲中者，一切设施，例由政府下之上议院，上议院下之下议院，下议院以为可，则上之上议院，上议院亦以为可，然后上之政府，抉择施行。在议员虽有核议之权，而或行或不行，仍由君主或伯理玺天德主宰。其有只一议院，无上下之分者，规制即微有不同，名分则初无差别。

试问民果能人人自主乎？抑仍听命于宰制庶民之一人乎？然则何以西儒著书每有君民平权之论？曰：所谓权者，即顺乎理之谓也。民欲为士，君不得阻之使不读书；民欲为商，君不得禁之使不服贾；民欲为农工，君不得格之使不制器，约之使不力田。理为众之所共由，即权为人之所各具。使竟君民一体，君不得莞摄其民，则民而为处士之横议，君无权以遏之；民而效匹夫之犯上，君无权以诛之。天下乌用任庶官，乌用立政府，更乌用以一人端拱于上而为之宰制百为，势必扰扰纷纷，群起角逐，海内尽揭竿斩木，而君上反退而听其所为。不特中国之数千百年来素称君主者，断断无此事理；即所谓民主之国、君民共主之国，亦何能若是之漫无体制、棼若乱丝哉。

且中国即无民权之说，而君亦未尝刑禁势格，使斯民志不得伸也。其在书曰："尔有嘉谋嘉猷，则入告尔后于内。"即下议院上之上议院，上议院上之政府，然后施行之意也。"汝则有大疑，谋及乃心，谋及卿士，谋及庶人。"即政府下之上议院，上议院下之下议院，共议从违之意也。至于我朝凡有大举动，必令六部九卿会议，然后采择行之。近日皇上锐意图新，力求振作，诏令各直省将军督抚，拟上条陈。凡若此者，虽无议院之名，而亦隐符议院之义。至虑民隐不能上达，则绅耆皆得公呈，院司道府甚或联名呈请都察院代奏。地方利弊，官吏亦得咨询绅局，使之公议其或革或因，尚何必自作聪明，哗嚣不靖，断断然曰我有权以伸意见，以致经权并昧，酿为乱阶哉。

或曰：民既无权矣，然则日本之自由党、民主党固何自而来哉？曰：此皆以忠君爱国为宗旨，类由耆臣硕德主持之。特意见有不同，故门户亦各别。惟俄、意诸国之匪类，译其义为无君党者，则专以谋弑其君为主，然皆悖逆悍戾者为之。人亦何至因欲伸民权，而不复存忠君爱国之心，转效法夫悖逆悍戾之事哉？于是泚笔而为《民权辨》。

《申报》，光绪二十七年三月十八日（1901年5月6日）

政党说

光绪二十七年三月二十一日

天下事有似公而实私者，有似私而实公者。专制之国严禁朋党，举一国之言论思想道德宗教风俗习尚而归于一致，是天下之至公者也。然一国之言论思想道德宗教风俗习尚，莫不随一人之步趋以为步趋。彼一人者而以为是，则一国之人莫得而非之；彼一人者而以为非，则一国之人莫得而是之。是非天下之至私者乎。立宪之国则不然，人各有党，党各有宗旨，甚至互相攻击，互相排挤，是不可谓非天下之至私矣。然甲党怀私，则乙党攻之；乙党怀私，则甲党又攻之。则党与党之间，均无所容其私。君主有失，则党与党共攻之；大臣有失，则党与党又攻之。则自有党，而君主与大臣均无所容其私。且也君主与大臣有失，某党阿谀之，则某党又攻之；某党有失，君主与大臣或纵容之，则某党又攻之。则互相监察，互相箴规，即率君臣上下全国之人而无所容其私，是非天下之至公者乎。故文明之国无积私以成公，而野蛮之国则假公以济私。假公以济私者辄曰：君子不党。斯言也，吾无辨焉。第问为此言者，今试有尧舜与桀纣于此，则彼将孰取？彼必曰：取尧舜无疑矣。又试有孔丘与盗跖于此，则彼将孰取？彼必曰：取孔丘无疑矣。然则是非之心人皆有之，即分党之心人皆有之。时曰不党，必天下无是非而后可。天壤间有人斯有我，有我斯有人。人各具形色，则有躯壳各异；人各具思想，则脑筋各异。然则彼我之分出于天然，即党派之分亦出于天然。时曰不党，必人类无彼我而后可。且也人各有父子、各有夫妇、各有兄弟，各家其家，即各党其党也。时曰不党，则必废家族之制，以妻女为公有，如希腊学士柏拉图之言而后可。一国有一国之政治法律，而他国则异；一国民有一国民之公权私权，而他国人则异。各国其国，即各党其党也。时曰不党，则必废国防，毁国约，以天下为一家，名地球曰一国，如哲学家所倡大同之说而后可。故曰天下者，党派之天下也；国家者，党派之国家也。

欧西各国政治，皆操之于政党。政党者，聚全国爱国之士，以参预一国之政；聚全国舌辩之士，以议论一国之政者也。凡设立内阁，则内阁之大臣，皆政党之魁首；召集议会，则议会之议员皆政党之名士。用以抵抗暴政，则暴政绝迹而不行；用以代表民情，则民情无微而弗达。故文明之国，但闻有无国之党，不闻有无党之国。盖其国亡，其党不亡，则形质虽死，而精神不死。故非立律宾、杜兰斯哇不能独立于今日，安知不独立于他年？此所谓虽死而实生也。其国存而其党不存，则形质虽生，而精神已死。故支那、土耳其即幸免瓜分于今日，而精神已死，形质无久存之理。此所谓虽【生】而实死也。

故吾国国民而坐视吾国之亡则已，苟不忍吾国之亡，则必大声疾呼，号召国之志士，联为大群。不论为士为农为工为商，苟痛心疾首以四万万之水深火热为己忧者，皆听其入会，立一中国三千年来所未有之大党。其而后中国之元气，乃聚而不散，一而不纷，风霜不能蚀，刀火不能侵，暴君民贼不能制，异国异种不能灭，非中国历史上一大盛事乎。虽然，以今日之中国而言党。一、宜知立党之意，为一国非为一人。二、宜知一党之成，为长久非为一时。三、宜知入党之人，贵抉择不贵滥取。故中国之言党，辄以其党魁首之名名其党，如李德裕之党则曰李党，牛僧孺之党则曰牛党。此谓之私党则可，不得谓之政党也。中国之立党，或因一事成党，而事后则散；或守一先生之宗旨而成党，然其宗旨不能长久，充极其量，则百年或数十年。甚或因一事而其党有不得不散之势，是谓之集议一事则可，不得谓之政党也。既曰党，必有一党之政治法律。故党也者，地球至文明之事。故但供驱策之用者，可与共事而不可与共党；徒读死书而内有所不足者，可与共学而不可与共党。若兼收并蓄，美玉与瓦砾同陈，是谓之乌合之众则可，不得谓之政党也。

要之，不立党则已，既立党则必以中国第一党自居，且必以地球上之第一党自居。诚如是，则虽野蛮之国，而有文明之党。中国诚一旦而翻然变计也，则为英国之改进党，为法国之共和急进党，为德国之国民自由党，进则逍遥于内阁之中，退则攘臂于议会之内。是则中国之大幸，抑亦立党者之大幸也。若中国而诚冥顽不灵，永无悛悟之日，则为国民者，诚不忍坐视其同胞之流离颠沛，为牛为马于外人之手，不得已而效德国之沙赧尔党、法国之夔考平党、意国之加曰那党。斯亦立党者应有之权利，且即立党者应尽之义务矣。顷者闻中国志士有创设政党之议，恐非常之原，黎民所惧，故作是说以为国人告，并略抒所见，以备当年者之采择焉。

《清议报》第七十八册，光绪二十七年三月二十一日（1901年5月9日）

论非立大政党不足以救将亡之中国

光绪二十七年四月初一日

秦力山①

天下不能一日而无政，则天下不能一日而无党，故政府不能禁一国之有党者，犹之不能禁一国之有公是非。夫公是非之所在，则政治从而生焉。党也者，所以监督政治之得失，而保其主权，使昏君悍辟无所得而行其私，其关系于国家者尚已。吾中国不明此义，昧昧然统一切党人，概赠以欲加之罪，且苛之曰结党营私。如祁奚之立其子，则曰立其子不为党；如陈司寇之毁孔子，则曰君子亦党。由是观之，则党为一二人私情之交际，而于一国兴亡之故，本漠然绝不相关，必使天下之人心冰消瓦解，绝无团体，然后谓为大公无我，然后谓为至公无私。虽欲不亡，胡可得哉？胡可得哉？

吾尝考政党之义，英人名之曰FACTION，而寻常私密结社则又有PARTY之名以区别之，示不与寻常社会相等，于乎何其重也。及观吾中国贤士大夫，耳政党之名则掩耳不闻，行政党之事则望而却走，遂大惑不解。于是为同胞正告曰：毋睨眂党。自古以来，未有无党之国而能不亡者，即或幸逃于牛马奴隶之域而不即亡，亦未有能与有党之国平等者。盖一国有党，则政府虽亡而国不亡；一国有党，则政府虽弱而国不弱；一国有党，则政府虽易恒河沙姓，则其国仍巍然可以自存；一国有党，则虽以支那之前途，而犹可以兴起。吾支那自开辟以来无政

① 原刊目录署名“力山遯公”，正文署名“CHING LI SHAN”。

党，其不知夫政党，固不足怪，而其无政党之故，则恒以数万万人咆哮于草昧中，所争者一姓，所死者一人，昏焉愦焉渺不知国家为何物，举所谓亡国之惨、为奴之悲，未之前闻也。而其所以自秦汉以来，历十数姓，至今庞然犹存者，坐以无外交故。上之有保全禄位叱咤国人之野心，下之无覆巢破卵兴亡有责之戒惧，胥一国心思耳目，傎然是政府之所是，非政府之所非，无复有与政府反对者。夫党之用意，岂有他哉？不过保一国之主权而已。使政府欲弃我疆圉，我国人立一党以藩篱之；使政府欲奴我人民，我国人立一党以抗拒之；使政府欲剥我脂膏，我国人立一党以争辨之；使政府欲夷我国家，我国人立一党以保全之；使政府欲塞我聪明，我国人立一党以开通之。政府欲侵我自由，我国人立一党以颠覆之可也；政府欲败我名誉，我国人立一党以扫除之可也。吾中国惟无党，吾中国苟有党，则四百兆人可以不死；吾中国惟无党，吾中国苟有党，则二亿万地可以不分。在昔法之革命党为之，法吾中国可也；美之独立党为之，美吾中国可也；日本之维新党为之，日本吾中国可也。呜呼！党何害于国，而坐令一国之志士望望然去之，遂致四千年文明之邦，任人生我死我鱼肉我，置我臣妾，踞我要津，鬻我田园，饮我膏血，罹我灭种之惨毒，阻我进步于文明，吞声饮泣，至数百年而曾不闻以公理起而相诘者何哉？曰：无党之故。

且夫吾之所谓党者，非欲我同胞蜂屯蚁聚，蛮触相争，徒然开一世倾轧之风也。世无公理，不过袭道德性命词章考据之空言，作汙渠之一哄。则不得谓其党之首领偶得政权，遂可目之为政党者。故谓政党未曾发现于东方大陆则已，若谓中国而有政党也，又何至杀一士则鼠窜而争先，更一朝则蝉噤而如咽乎？此则吾不能不为政党界别者也。至若以一人盘踞乎功名利禄之途，立马峰巅，游览八表，非吾骨肉则勿望尊荣，不出吾门则难期显达；又或以微官薄俸一网天下有学无识之人才，俨自以为江汉朝宗，自称一代名贤之渊海。其人其事，何代无之。是但可谓窃位之私党，而不可谓救国之公党。若乃一人杰出，探道义之门，言教育则称琢玉之良工，论文章则负经师之硕望，天下风动，翕然信之。浸至皋比座下，皆当代之名流。又自以为舍我其谁，负平治五洲之气概，而不知寰球各国，但有以一宗旨而成一党，绝未闻有以一人而命为一党者。故谓合党中之首领及众会员而遵奉一宗旨则可，谓合一党中多数之人而听命于一人则大不可。若斯之类，亦止可谓一人之私党，而不可谓天下之公党。

夫政党之谓何？不过保守一国之主权，而非然者，亦不过欲扩张国家之权利而已。家可灭而国不可欺，身可杀而心终不可死。惧我以刀锯斧钺之诛，而我之党如故也；迫我以啼饥号寒之境，而我之党如故也。使政府欲妄杀一人，而党人皆曰不可杀，则政府无权以杀之也；使政府欲妄废一官，而党人皆曰不可废，则政府无权以废之也；政府欲经略一地，而党人曰是与我国家之名誉有关，则政府无权以经略之也。政府可以司法，而立法之权无有，我党人容或得而操之，政府无权力以压制党人，而党人有权力以要求政府，要求不得，或改造之，改造不得，则虽流千人万人之血，以购我一国之文明，非达我一党之目的不止。法、美、日本，其前事矣。故吾谓政府为党人之代表，党人为国民之精神。譬之有人焉，有肉而无骨，有骨肉而无精神，而欲长食人间烟火，必不可得。国无政党，亦若是则已矣。我国民亦知此中之消息乎？无党则国亡随之，无国则人亡随之。国亡人亡，较之一时党禁之利害，孰轻孰重？吾且为之进一言曰：党也者，团体之别名也。非有所不利于政府也，非必欲标一党之名称，与政府以疑难也。且也国之不立，政府何存？宁禁党以亡国乎，抑兴党以存国乎？吾知政府亦必有所择，则吾又何庸以避党之名耶？又何庸以避党之名耶？吾同胞必有党吾之所说，起而图一国之大计者。党人乎，党人乎，呼之欲出矣！

今试条陈政党之关系数大端，识时君子，幸而察之于左：

政党与政府之关系

大凡君主之国，其政府不能防卫国民公共之利益，则政治不修，百端废弛，甚至外人乘衅而起，分割渐至。其国人若不坐受一姓之君主，以卖弄我一国之人民，则结多数之人群以抵抗政府，此其事自昔欧洲亦有之，于是有排击政府之政党。若其国政治修明，无懈可击，则门阀贵族与一切有权力之高级官，相与结合大群，以维持专制政体与夫君主之权力，藉以永保其禄位。此中但微有公私之分，而不可谓决非政党。何也？彼于国家一切之主权，非同于支那今日之外溢者，是亦可谓辅助政府之政党，特支那今日之时势，不能有此政党耳。要之，欧洲各国政党之关系于政府者，大率不外此：一反对政府之党，一维持政府之党，二者而已。然欧洲之反对党，其或汩没于保守党中者，亦间有之。然反对党每至死不变，亦终能得其自由。故一切野蛮专制之政，得于此十九世纪中，扫地以尽，自是政府不能制国民之死命矣。呜呼！我中国欲脱外人之羁绊，非先脱政府之羁绊，吾恐有移山填海之难，不可预测其政党与政府之关系哉！

政党与主权之关系

无论其为君主，为民主，为君民共主，总之所谓国家者，不过自我国人操其主权而已。非如今日之支那，其主权尽听命于外人，而亦自谓为国也。夫政党之于主权，亦视政党之势力何如耳。譬之君主欲联合数大党以组织一政府，各党因而联合之，则其权仍在乎君主。有时党人为议院之议长与议员，或操政大臣皆出于一党之士，则君主之趋向，又可听命于一党以进退之。如日本与英国然，同一立宪政体之国，日本之主权如是，而英之主权大半在乎党人，君主无敢压制国人者。如法国与美国然，同一共和政体之国，法国之主权半存于统领，而美国之主权又尽在乎党人。此亦国家文明之进步有迟速之不同。要之，今天下大势，其主权尽在党人之掌握，无容赘述者。惟我支那冥顽不灵，主权尽失，谓主权在上则君主无之，谓主权在下则国民无之。政府则自严禁党人外，未见其所谓主权者。法兰西人之言曰：必复我天赋之主权。是存我支那之今日而已。

政党与国家之关系

夫所谓政党者奈何？自其外观之，可以要求民权，亦可以进退政府；而自其内视之，其纠察一党之举动者，亦所在皆是。夫政党岂不曰欲强我国家乎哉？然政党之流弊，亦有不可胜言者，因公以倒私，容或有借公以图私者。可一言以蔽之曰：是在复我一国国民之自由权否耳。夫吾中国以大地为一家之私橐，人民为一姓之私奴，政府削一地以馈人，而曰非吾事也。一国无党则国亡在于目前，以视夫彼国之有党者，其相去不知几千亿万里。岂知党人本吾国之国民，土地乃国民之公产，政府窃我之土地以赠人，我得不起而捍御之乎？譬之有家仆焉，放主人之子弟而为奴，弃主人之田宅以饷盗，而曰主人固不宜问罪者，此不待辨而其理自明矣。由斯以谈国家之所以强，当亦反观而自得。是则谓吾中国放弃其国家可也，谓放弃其自由亦可也，庸何辨焉？

结　论

欧洲人之言曰：支那人无爱国心。其政治家则曰：支那人无国家思想。此其语，吾昔昔争辨之，今则不能为吾国民讳矣。吾观五年以来，其以党名于太平洋西北之最巨者，大概有二：曰守旧，曰维新。其实死守词章训诂之空谈，本无所据而曰守；耳食声光化电之奇字，更无所挟而言维。究之不过仍南宋以来，分门别户之陋习，而诩诩然自以两党称哉！吾不知二党者，与政治上有无直接之关系，旧党能否终保平和，新党能否骤达目的。要之无坚固不摇之基础，可以保国脉于不坠者，不得漫云为政党也。布告国人，发此大愿，共扶危局，保我太平，有欲起而强吾之国者乎，则请以党始。蒙虽不似，窃自居舌人之列，为译东西各国之所谓党史者，作我国民先路之导，以输进文明，至于执鞭所欣慕焉。

《清议报》第七十九册，光绪二十七年四月初一日（1901 年 5 月 18 日）

立宪法议

光绪二十七年四月二十一日[①]

爱国者[②]

有内地志士某君，劝作巽言之论说，使脑质顽旧之徒，其刺激于彼之眼帘者不太甚，庶多读终篇，而或省悟焉。余然其言，乃作此等篇，卑之无甚高论，令今可行，非所以质于大方之家也。作者识。

有土地、人民立于大地者，谓之国。世界之国有二种：一曰君主之国；二曰民主之国。设制度、施号令，以治其土地、人民，谓之政。世界之政有二种：一

① 《饮冰室合集》（文集之五，第1—7页）标明为“光绪二十六年”，或许为此文写作时间，此据其在《清议报》公开发表时间。

② “爱国者”，即梁启超。

曰有宪法之政（亦名立宪之政）；二曰无宪法之政（亦名专制之政）。采一定之政治以治国民，谓之政体。世界之政体有三种：一曰君主专制政体；二曰君主立宪政体；三曰民主立宪政体。今日全地球号称强国者十数，除俄罗斯为君主专制政体，美利坚、法兰西为民主立宪政体外，自余各国则皆君主立宪政体也。君主立宪者，政体之最良者也。民主立宪政体，其施政之方略，变易太数。选举总统时，竞争太烈。于国家幸福，未尝不间有阻力。君主专制政体，朝廷之视民如草芥，而其防之如盗贼。民之畏朝廷如狱吏，而其嫉之如仇雠。故其民极苦，而其君与大臣亦极危。如彼俄罗斯者，虽有虎狼之威于一时，而其国中实杌陧而不可终日也。是故君主立宪者，政体之最良者也。地球各国既行之而有效，而按之中国历古之风俗，与今日之时势，又采之而无弊者也。（三种政体，旧译为君主、民主、君民共主，名义不合，故更定今名）

宪法者，何物也？立万世不易之宪典，而一国之人，无论为君主、为官吏、为人民，皆共守之者也；为国家一切法度之根源，此后无论出何令、更何法，百变而不许离其宗者也。西语原字为 THE CONSTITUTION，译意犹言元气也。盖谓宪法者，一国之元气也。

立宪政体，亦名为有限权之政体。专制政体，亦名为无限权之政体。有限权云者，君有君之权，权有限；官有官之权，权有限；民有民之权，权有限。故各国宪法，皆首言君主统治之大权，及皇位继袭之典例，明君之权限也。次言政府及地方政治之职分，明官之权限也。次言议会职分及人民自由之事件，明民之权限也。我中国学者，骤闻君权有限之义，多有色然而惊者。其意若曰：君也者，一国之尊无二上者也，臣民皆其隶属者也。只闻君能限臣民，岂闻臣民能限君？臣民而限君，不几于叛逆乎？不知君权有限云者，非臣民限之，而宪法限之也。（有）〔且〕[①] 中国固亦有此义矣。王者之立也，郊天而荐之。其崩也，称天而谥之。非以天为限乎？言必称先王，行必法祖宗，非以祖为限乎？然则古来之圣师哲王，未有不以君权有限为至当不易之理者。即历代君主，苟非残悍如秦政、隋炀，亦断无敢以君权无限自居者。乃数千年来，虽有其意而未举其实者，何也？则以无宪法故也。以天为限，而天不言；以祖宗为限，而祖宗之法，不过因袭前

① 原文为“有”字，据《饮冰室合集》文集之五校改。

代旧规，未尝采天下之公理，因国民之所欲，而勒为至善无弊之大典。是故中国之君权，非无限也，欲有限而不知所以为限之道也。今也内有爱民如子、励精图治之圣君，外有文明先导、可师可法之友国，于以定百世可知之成宪，立万年不拔之远猷。其在斯时乎，其在斯时乎。

各国宪法，既明君与官之权限，而又必明民之权限者，何也？民权者，所以拥护宪法而不使败坏者也。使天下古今之君主，其仁慈睿智，皆如我今上皇帝，则求助于民可也，不求助于民亦可也。虽然，以禹汤之圣，而不能保子孙无桀纣；以高光之明，而不能保子孙无桓灵。此实千古之通轨，不足为讳者矣。使不幸而有如桀纣者出，滥用大权，恣其暴戾，以蹂躏宪法，将何以待之？使不幸而有如桓灵者出，旁落大权，奸庸窃取，以蹂躏宪法，又将何以待之？故苟无民权，则虽有至良极美之宪法，亦不过一纸空文，毫无补济，其事至易明也。不特此也，即使代代之君主，圣皆如汤禹，明皆如高光，然一国之大，非能一人独治之也，必假手于官吏。官吏又非区区少数之人已也，乃至千万焉、亿兆焉。天下上圣少而中材多，是故勉善难而从恶易。其所以不敢为非者，有法以限之而已。其所以不敢不守法者，有人以监之而已。乃中国未尝无法以限官吏，亦未尝不设人以监官吏之守法，而卒无效者，何也？则所以监之者，非其道也。惧州县之不守法也，而设道府以监之。道府不守法，又将若何？惧道府之不守法也，而设督抚以监之。督抚不守法，又将若何？所谓法者既不尽可行，而监之之人，又未必贤于其所监者。掣肘则有万能，救弊则无一效。监者愈多，而治体愈乱，有法如无法，法乃穷。是故监督官吏之事，其势不得不责成于人民。盖由利害关切于己身，必不肯有所徇庇。耳目皆属于众论，更无所容其舞文也。是故欲君权之有限也，不可不用民权；欲官权之有限也，更不可不用民权。二者不可相离。此实不易之理，而万国所经验而得之也。

孟子曰："天下之生久矣，一治一乱。"此为专制之国言之耳。若夫立宪之国，则一治而不能复乱。专制之国，遇令辟则治，遇中主则衰，遇暴君则乱。即不遇暴君，而中主与中主相续，因循废弛之既久，而亦足以致乱。是故治日常少，而乱日常多。历观中国数千年致乱之道，有乱之自君者，如嫡庶争立、母后擅权、暴君无道等是也；有乱之自臣者，如权相篡弑、藩镇跋扈等是也；有乱之自民者，或为暴政所迫，或为饥馑所驱，要之皆朝廷先乱，然后民乱也。若立宪之国，则无虑是。君位之承袭，主权之所属，皆有一定，而岂有佥壬得乘隙以为奸者乎？大臣之进退，一由议院赞助之多寡，君主察民心之所向，然后授之。岂有操莽安史之徒，能坐大于其间者乎？且君主之发一政、施一令，必谋及庶人，因国民之所欲，经议院之协赞。其有民所未喻者，则由大臣反复宣布于议院，必求多数之共赞而后行。民间有疾苦之事，皆得提诉于议院，更张而利便之，而岂有民之怨其上者乎？故立宪政体者，永绝乱萌之政体也。馆阁颂扬通语，动曰国家亿万年有道之长。若立宪政体，真可谓国家亿万年有道之长矣。即如今日英、美、德、日诸国，吾敢保其自今以往，直至天荒地老，而国中必无内乱之忧也。然则谋国者亦何惮而不采此政体乎？

吾侪之倡言民权，十年于兹矣。当道者忧之、嫉之、畏之，如洪水猛兽然。此无怪其然也，盖不知民权与民主之别，而谓言民权者必与彼所戴之君主为仇，则其忧之、嫉之也固宜。不知有君主之立宪，有民主之立宪，两者同为民权，而所以驯致之途，亦有由焉。凡国之变民主也，必有迫之使不得已者也。使英人非虐待美属，则今日之美国，犹澳洲、加拿大也；使法王非压制其民，则今日之法国，犹波旁氏之朝廷也。故欲翊戴君主者，莫如兴民权。不观英国乎？英国者，世界中民权最盛之国也，而民之爱其之皇若父母焉。使英廷以畴昔之待美属者待其民，则英之为美续久矣。不观日本乎？日本者，亚洲民权滥觞之国家也，而民之敬其皇帝若天焉。使日皇如法国路易第十四之待其民，则日本之为法续久矣。一得一失，一荣一瘁，为君者宜何择焉？爱其君者宜何择焉？

抑今日之世界，实专制、立宪两政体新陈嬗代之时也。按之公理，凡两种反比例之事物相嬗代，必有争。争则旧者必败，而新者必胜。故地球各国，必一切同归于立宪而后已。此理势所必至也，以人力而欲与理势为敌，譬犹以卵投石、以蜉撼树，徒见其不知量耳。昔距今百年以前，欧洲各国除英国外，皆专制也。压之既极，法国大革命忽焉爆裂，声震天地，怒涛遂波及全欧。民间求立宪者，各国皆然。俄、普、奥三国之帝，结同盟以制其民，有内乱则互相援助。而奥相梅特涅，以阴鸷狡悍之才，执欧洲大陆牛耳四十年，日以压民权为事，卒不能敌，身败名裂。距今五十年顷，而全欧皆立宪矣。尚余一（牛）〔土〕[①] 耳其，

① 原文为“牛”字，据《饮冰室合集》文集之五校改。

则各国目之为病夫，日思豆剖而瓜分之者也。尚余一俄罗斯，虽国威赫赫于外，然其帝王之遇刺者三世矣。至今犹钼麑满地，寝息不安，为君之难，一至于此，容何乐耶？故百年以来，地球各国之转变，凡有四别：其一、君主顺时势而立宪法者，则其君安荣，其国宁息，如普、奥、日本等国是也。其二、君主不肯立宪，民迫而自立，遂变为民主立宪者，如法国及南美洲诸国是也。其三、民思立宪，君主不许，而民间又无力革命，乃日以谋刺君相为事者，如俄罗斯是也。其四、则君民皆不知立宪之美，举国昏蒙，百政废弛，遂为他族夷而灭之者，如印度、安南诸国是也。四者之中，孰吉孰凶？何去何从？不待智者而决矣。如彼普、奥之君相，初以为立宪之有大害于己也，故出死力以争之。及既立宪之后，始知非惟无害，又大利焉，应爽然失笑，悔前者之自寻烦恼矣。然犹胜于法国之路易第十六，欲悔而无及也。今西方之嬗代，既已定矣。其风潮遂环卷而及于东土。日本得风气之先，趋善若渴，元气一立，遂以称强。中国彼昏日醉，陵夷衰微，情见势绌，至今而极矣。日本之役一棒之，胶旅之警一喝之，团匪之祸一拶之，识者已知国家元气为须臾不可缓。盖今日实中国立宪之时机已到矣。当局者虽欲阻之，乌从而阻之。顷当局者既知兴学育才之为务矣。学校中多一少年，即国民中多一立宪党。何也？彼其人苟有爱国心而略知西人富强所由来者，未有不以此事为第一义也。故中国究竟必与地球文明国同归于立宪，无可疑也。特今日而立之，则国民之蒙福更早，而诸先辈尸其功；今日而沮之，则国家之进步稍迟，而后起者为其难。如斯而已。苟真有爱君爱国心者，不可不熟察鄙言也。

问者曰：然则中国今日遂可行立宪政体乎？曰：是不能。立宪政体者，必民智稍开而后能行之。日本维新在明治初元，而宪法实施在二十年后，此其证也。中国最速亦须十年或十五年，始可以语于此。问者曰：今日既不可遽行，而子汲汲然论之，何也？曰：行之在十年以后，则定之当在十年以前。夫一国犹一身也。人之初就学也，必先定吾将来欲执何业，然后一切学识、一切材料，皆储之为此业之用。故医士必于未行医之前数年而自定为医，商人必于未经商之前数年而自定为商，此事之至浅者也。惟国亦然。必先定吾国将来采用何种政体，然后凡百之布置，凡百之预备，皆从此而生焉。苟不尔尔，则如航海而无南针，缝衣而无量尺。乱流而渡，不知所向；弥缝补苴，不成片段。未有能济者也。故采定政体，决行立宪，实维新开宗明义第一事，而不容稍缓者也。

既定立宪矣，则其立之之次第当如何？曰：宪法者，万世不易者也，一切法度之根源也。故当其初立之也，不可不精详审慎，而务止于至善。日本之实行宪法也，在明治二十三年；其颁布宪法也，在明治十三年；而其草创宪法也，在明治五年。当其草创之始，特派大臣五人，游历欧洲，考察各国宪法之同异，斟酌其得失，既归而后开局以制作之。盖其慎之又慎、豫之又豫也如此。今中国而欲行之，则吾以为其办理次第当如左：

一：首请皇上涣降明诏，普告臣民，定中国为君主立宪之帝国，万世不替。

次二：宜派重臣三人游历欧洲各国及美国、日本，考其宪法之同异得失，何者宜于中国？何者当增？何者当弃？带领通晓英、法、德、日语言文字之随员十余人同往，其人必须有学识，不徒解方言者；并许随时向各国聘请通人以为参赞。以一年差满回国。（又，此次所派考察宪法之重臣、随员，宜并各种法律，如行政法、民法、商法、刑法之类，皆悉心考究）

次三：所派之员既归，即当开一立法局于宫中，草定宪法，随时进（星）〔呈〕[①] 御览。

次四：各国宪法原文，及解释宪法之名著，当由立法局译出，颁布天下，使国民咸知其来由，亦得增长学识，以为献替之助。

次五：草稿既成，未即以为定本，先颁之于官报局，令全国士民皆得辩难讨论。或著书，或登新闻纸，或演说，或上书于立法局，逐条析辩。如是者五年或十年，然后损益制定之。定本既颁，则以后非经全国人投票，不得擅行更改宪法。

次六：自下诏定政体之日始，以二十年为实行宪法之期。

本篇乃论宪法之当速立，及其如何办法。至各国宪法之异同得失，及中国宪法之当如何，余亦略有管见。但今兹论之，尚非其时，愿以异日。

《清议报》第八十一册，光绪二十七年四月二十一日（1901年6月7日）

---

① 原文为“星”字，据《饮冰室合集》文集之五校改。

变法平议（节录）

光绪二十七年

张　謇

护墉熏鼠，鼠未尽而墉穿；爱林逐鹯，鹯即去而林扰。乘积弊之后，挟至锐之气，取一切之法而更张之，上疑其专而不下喻其意，伊古以来，变法固未有不致乱者矣。然则鉴变之祸而惟弊之承可乎？曰：恶乎可。孟子曰：“虽有智慧，不如乘势；虽有镃基，不如待时。”变法之祸既形，天下咸晓然于前后彼此反覆得丧之故，斯可变之机枢也。法之拿破仑，美之华盛顿，德之威廉，日本之明治，其变法皆出于创巨痛深，而因势委蛇，屡进而屡变者，盖数十年而未已。何况中国沿元明制度，吏窟其奸而官养于弊，浸淫渐渍六百余年之久者乎？戊戌、庚子，变乱迭兴，新党旧党之争，衍为南北，支离变幻，不可穷诘。断以一言：则均之有诟骂而无商量，有意气而无条理。今职微之士，或以为当修往圣之旧，采列强之新固已。然不斟酌今日弊政之标本，与夫人民之风俗，士大夫之性情，以权因革损益之宜，第轻重缓急之序，则意行百里而阻于五十，何如日行二三十里者之不至于阻而犹可达也，况夫道平而轨顺之将不止于百里也。古今中外政治之言百家，梅生既举明职任人之要旨矣，子培、蛰先复厘其纲领，其言固天下之公言也。今本朝廷除旧更新之谕，权因革省并之宜，约分三端，以归一致：有必先更新而后旧可涤者，有必先除旧而后新可行者，有新旧相参为用者。仍依六典，类分条举。

凡吏部之事十：

一、置议政院。日本明治初维新之始，置公议所；旋废，置集议院，后设元老院。凡制定新法，改正旧章，上有所建，交议院行；下有所陈，由议院达。故下无不通之情，上无不行之法。今闻西安已仿置公所，督催各省新政条陈，其意甚善。但新旧之际，固贵有改弦调瑟之力，儿不可忘纳约自牖之诫。况因时审势，通变化裁，经纬万端，国是所系，宜合京外四五大臣领之。此四五大臣者，予以自辟议员之权，慎选通才，集思广益，分别轻重缓急，采辑古今中外政治法之切于济变者，厘定章程，分别付行法、司法之官次第举行，随时斟酌损益，不必专事督促，复蹈操切之辙。

一、设课吏馆。立法之地，以治人生治法；行法之地，以治法生治人。今议变法，而鳃鳃患人才之不足用，过计也。然遂如往者之不择人而畀，在京则尚书、侍郎六部任调，在外则户、礼、刑、工一县兼司，则亦有虚名而无实效。议者谓政事本于人才，人才本于学堂，学堂无专家，故人才无专长，信已。然科举将变、学堂未兴之际，又必不可停政而待人也。惟有设课吏馆一法，先取中国《文献通考》、《续通考》、《皇朝通考》、《皇清奏议》、《经世文编》及已译各国政书，分门别类，令在京之翰林院、国子监、六部司员，在外之候补道以下，各占一门，呈明愿学。内由堂官，外由督抚，每门各派一长，月一课之，课以章程，不以议论，籍其等第，与其原卷存之以待取用。其未译之各国政治、文学、史、法、经济学、伦理学、博物学、教育学、农工商业诸史，与夫日本法科、理科、文科、工科、农科、医科各专家学业之书，另由译书馆随时译成，送馆备课。凡行一政，即取专习此一政之人屡试高等者用之，以观其能否而进退之。十年后学堂渐兴，专家日众，可赓续为用矣。

……

一、设府、县议会。变官之法略具矣。然国有兴革，何以使民不疑？国有征敛，何以使民不怨？兴革视民之俗，何以杜其疑而使之和？征敛视民之力，何以平其怨而使之服？权衡枢纽，必在议会。《周礼》乡大夫各掌其乡之政教禁令，其吏有州长、党正、族师、闾胥、比长，岁终会政致事，又有询于众庶之法，即日本府、县会议之权舆也。其府、县会议之法，以地方大小，定议员多寡，多不过五人，议长若副，选于议员之中，上其名于内务省。选举之人、被选举之人，均以有家资或有品望者充之。示期投票，票数多者中选，票均较年，年均则定以阄。选定布其名于众，每二年以抽签定留易之半。无俸，有往来滞留之费。常会岁三月一开，临时会有事即开。议事草案，由知事令交付其所议之事会决之。其府、县事以地方税支办者，豫算之额数，征收之方法，会定之。可否视同议者多寡，可数多者，数同则决于长。有大利害，则议员得上其议于内务卿。若妨碍国安、背律违规者，知事令得罢其议。议场许人集听，而亦严毁贬、喧扰、乱杂之禁。法如此，意至美也。而或以为民智之未开，议必踳驳而不能合，不知正以议会开民智。选举之人、被选举之人，必绅士也。绅士虽不尽晓新法，而有文告以谕之，权限以示之，心与蚩蚩者有间。自兹以往，释民教之争，筹学堂、警察、农工商业之公司，通上下之情，使人憬然动君民休戚相关之感，其不以此乎？

……

以上事散见于六部者四十二篇。其施行之次第：则第一，请设议政院；各府、州、县城设中学堂，先教测绘、师范、警察；各省设局编小学堂、中学堂课本书，译各史及各学科书；户部及各省布政使，各府、州、县行豫计表。第二，分职省官定俸；各府、州、县实行测绘、警察；订税目；增法律章程；罢厘金；停捐纳；变科举；行决算法。第三，合各府、州、县分设各乡小学堂；兴农工商业；抽练营兵；减官府仪卫，而一事也。或以事理阶级定分数，或以省分财力定分数。分数既定，分年可办，由督抚自定而六部课之。

呜呼！变法其果可行乎？而盱衡抵掌而言之也。自甲申中法之役，而朝局一变，甲午又变，戊戌再变，至于庚子，而朝局之变祸极于滔天矣！本朝家法，最重祖制。然自世祖定鼎燕京，已非天命、天聪之旧。康熙、乾隆亦非顺治之旧。咸、同两朝，变革尤多。安在旧之能守？而取便其私者，闻变法之言，必以轻更祖制，耸上听而劫持同列。夫使中国得终古闭关，赤县神州，不见外人之足迹，则高曾矩矱，世世相安。元、明之法，何必不度长于三代？惟世变棘而朝夕环伺之强邻，其所以驯致富强者，转有合于我二千年以前之政治。有志之士，乐道其善，或稍稍为激论，值朝局水火，更相推荡，波谲云诡，万怪惶惑。而喜言新法者，又不善自为地，逞快喉舌。于是形势相逼，睚眦寻仇，毒流大区而危及宗社。推而论之，亦与变法何预也。

夫法所以行道，而法非道；道不可变，而法不可不变。日月星辰，曜明而无常度；布帛菽粟，饱暖而无常品。法久必弊，弊则变亦变，不变亦变。不变而变者亡其精，变而变者去其腐，其理固然。而迫隘之计，又不可以救汹乱。盖必恐惧修省，而后能定匕鬯之守；必含宏光大，而后能致品物之亨。今中外大臣思所以答明诏而为殷忧启圣之助者甚至，蒙既略举所知，以备采择。而私意所尤望于今以为变法之命脉者，则在上破满汉之界，下释新旧之争，其他推行，更俟异日。

呜呼！祸之所从来可知矣。自其来之门而兑之，而刚柔相易，惟变所适，祸庶几已乎！岂非人乎？

张謇研究中心、南通市图书馆编：《张謇全集》第一卷，第48—50、53、75—76页，江苏古籍出版社1994年版

请归政皇上立定宪法以救危亡折

光绪二十八年

康有为

呈为国势危急，民心愤怒，合情吁乞立诛贼臣，尽除宦寺，归政皇上，立定宪法，大予民权，以救危亡，敬请代奏事：

窃惟方今大地交通，强国林立，莫不合国民而图治，变旧法而日新，发奋为雄，庶几不败。若守旧不变，专制压民，未有不败亡者也。又更无端而内乱废君，外攘杀客，更未有不败亡者也。横览近事，波兰、印度之亡，突厥、西班牙之削，琉球、缅甸、安南、突尼斯、马达加斯加、基洼之灭，非洲十数万里之分，可为寒心者矣。皇上以仁明英武之姿，为舍身救民之事，变法更始，百度维新，令天下人得上书而与民权，决开举国议院而立宪法。万国观听，耸目而为之起敬；兆民忭舞，延颈而望自强。此中国自立之第一机会也。

乃贼臣荣禄，内忧守旧，恐见恶圣主，致失富贵。于是造作谣谤，扇惑深宫，遂有戊戌八月幽废我皇上之事。举国忧疑，若失慈父；天下愤怒，失望自强。既乃推翻新政，诛戮贤良，禁抑报馆，大起钩狱。广练武卫六军，以图威制四海；图立溥儁为嗣，以期危殆圣躬。薄海内外，汹汹思变，虑圣主不测，中国乱亡。故民等百余万众，联电力争；十数友邦责言，盛腾疑议。天下人心亦可知矣。众怒难犯，违天不祥。荷蒙皇太后鉴察大变，特为皇上举行万寿。是时宜即

复子明辟，俾救国危，则中国可强，皇太后亦可安富尊荣，从容颐养矣。此中国自立第二之机会也。

而贼臣荣禄以废立难成，阴谋狡诈，以为国民之变怒易制，而强邻之仗义可忧，将欲弑君必先攘外。于是，上则密扇大上之载漪为之主持，中则激厉粗愚之董福祥为之奔走，下则收拾拳匪之李来中为之驱除，遂至创大难而围使馆，绝邦交而戮外[1]人，发密令而杀教民，鼓群盗而诛外客，以至万邦大怒，八国兴师。因是京邑荆榛，津辽流血，生民涂炭，庙社震惊，中国之亡，危于累卵。皇太后虽幸得生出国门。仓皇西狩，布衣将敝，豆粥难求，然不为石晋之李后、南宋之谢后几希矣。皇太后回望阙城，惊心烽火，得无自思误听贼臣，致危宗社，上何以对列圣在天之灵，下何以谢亿兆涂炭之苦乎？中外以圣主尚在，谅其无他，国土不分，乘舆得返，喁喁仰望，咸谓回銮之后，复辟维新。此中国自立第三之大机会也。

乃回銮经年，未闻归政，累诏变法，依然守旧。所谓新政者，外但有剥民脂膏、加税重征之事，内惟有荣禄、李联英[2]结党鬻官之举。自三月以后，但盛修宫苑，并假托变法之涂人耳目者，亦不闻矣。且讹言几将又有荣禄、李联英谋行废弑之事，播于内外矣。以故广西、直隶相继变起，河南、承德接踵兵兴。民既咸怨十万万赔款之来，皆自荣禄为之，而令吾民卖子女、竭脂髓出之，心既不甘；且虑变法不行，圣主不测，即尽忠效命，尽赔此十万万后，而中国亡可立见，大款之赔，又再来也。日本二万万款未偿，不五年而八国四万万五千万之款复见矣。皇太后虽家置一喙，亦何以解众心乎？以故内外忧疑，彷徨无措，奔走相告，聚集同谋。愚者皆惧，勇者思变，上自士夫，下至闾井，遍于山僻，及于海外，人人怨怒，人人愤激，人人知亡，人人思乱，人人思拼命以救国，人人思发愤以杀奸，不期而集，不谋而同。人心如此，大变如此，若密云不雨，伏药遍地，土崩瓦解，可立见也。夫以人心之变如此，大势之危如彼，而皇太后不鉴覆辙，尚恋政权，仍宠贼臣，尚蔽佞宦，以荣禄为腹心，以李联英为性命，托以全国，纵其虐民。恐中国之小安而亟危之，虑民心之太顺而迫变之，忧朝祚之未亡

① “外”，原文献如此。下同。

② “李联英”，即李莲英。下同。

而促绝之，恐寿命之太长而自短之也。今举朝大小皆知危亡矣。以荣禄操生杀之权，屡兴党狱，频戮忠良，以威示天下。故举朝百官，皆欲戴皇上复辟而不敢言，欲诛贼臣宦寺而不敢发，贪生顷刻，不敢触贼臣之怒，而致身首之诛。故回銮经年，未有敢以归政请者，未有敢以诛贼请者。试问皇太后临朝数十年来，事势之险变至此，而耳目蔽塞有如是者乎！则是何故？虎豹守关，豺狼当道故也。然而皇太后以禁城为国土，以宦寺为人民，聋无所闻，安无所惊，寝于薪火之上而自谓为暖，游于漏舟之中而自以为乐，立于岩墙之下而自以为安，行于薄冰之上而自以为固。一旦火燃、舟沉、冰裂、墙压，身既不保，国与俱亡。北魏胡后，可以为鉴。试问皇太后虽爱李联英、荣禄，而荣禄、李联英能永保皇太后否乎？昔秦二世蔽于太监之赵高，故楚兵入关而不知，期年被赵高弑之而遂亡；隋炀帝蔽于宇文化及，故群盗遍地而不闻，卒为宇文化及弑之而亡。皇太后不知之耳？若知之，则事移势变，心腹即为倒戈之人，左右即为篡弑之贼矣。若以为咸同虽大乱而天下复安，台胶虽分割而颐和可乐，戊己虽废立而大权仍保，庚子虽攘外而天位如故，民心虽变而不必畏，外国虽迫而不必虑，大犯天下之怒而不妨，日激天下之乱而无碍，但大权在握，高枕安卧，压制天下，而无为我何。

夫君之依与民，犹舟之依于水也，水能载舟，亦能覆舟。抚我则后，虐我则仇，举国皆变。皇太后所君临者，左右数奄人，朝廷数有司而已，复谁与为国哉？且台胶之割，积于咸同后不变法而来；庚子之变，因于戊己之废立而起。若今兹外国再迫，则积数十年之微弱危乱而乘之；民乱再起，则积此数十年割地赔款、废贤宠贼之怒而发之。夫欲陨之落叶不假于疾风，飚发之怒涛难阻以坚岸。因乎公理，顺乎人心，积久而后起，郁极而后动，若疾雷破山，巨风卷壑，无有能当之者矣。英之杀其王查理士，逐其王席米斯；法之杀其王路易，逐其王布曾奔罅礼；奥之逐其王飞蝶南及其相没透泥，及西班牙之逐其临朝太后，或号为公敌，正以国刑，起自一夕，即成大变。此与夏之放桀，商之诛纣，周之流厉王，秦之攻胡亥，隋之杀杨广，唐之诛韦后、幽武后，皆中外相同，可为殷鉴者也。凡此皆君主拥无上之大权，有心腹之私人，有无限之兵力者也。果可恃乎哉？若使大权果可恃，则法之路易、布曾奔罅礼可长存，英之查理士、席米斯可无恙，奥之飞蝶南、没透泥可永据，俄之亚历山大、西班牙之临朝女后可威福长行，桀、纣、【幽】、厉、胡亥、杨广、韦、武可富贵永保也。皇太后试上考故事，内反诸身，当震悚汗下，心慑气栗矣。夫惟至愚之人，不鉴古今，不知事变，触危机而不知，陷大祸而莫救。若明智者，则知而思避之，故虽危而能安，亡而能存，存亡之间，间不容发。今天下民心虽全变，而徘徊观望未骤发者，皆以皇上尚在，曾舍身以救民，能变法以强国，故不忍背之，隐忍待之。又传闻皇太后有归政之意，故少忍以俟之。今忍待经年，终不归政，民等私忧，窃恐中国之大，亡于荣禄、李联英之手，不能以得罪太后之故，而捐弃四千年之中国、四万万之同胞矣。用敢奔走呼号，而先告皇太后也。

夫以中国之大，积弱几不为国。常岁之财政已困极，而重以累次十余万万之赔款；一统之兵事已不修，而加十余强国之竞争。万余里之土地，处处闭而不通；四万万之人民，人人困而不赡。铁路、矿务之大利日失，岩疆、船坞之要地日割。十数霸国交逼于外，亿万会党愤讧于内。在全国既当四千年未有之变局，在今时犹为万钧一线之危机。既误雍容苟且于同治之时，复粉饰承平于光绪之后。甚至台湾割后之大变，幸灾乐祸如故；又甚至胶旅割后之见逼，而内乱外攘敢生。幸诸人连鸡相掣，未敢瓜分；幸民心众志成城，未甘奴隶。不然，庚子之祸，吾国已为波兰久矣，皇太后已为宋邢后、全后久矣。夫惨莫过于亡国，祸莫过于杀身。人未有乐亡其国、愿杀其身者。而皇太后之明，经庚子奔亡之苦，其亦亲鉴覆车之辙，而思救末路之危者乎。乃昔者以误听李联英、荣禄而几致亡国杀身，今幸而仅存，尚敢再用之，是明知为鸩毒之必死人而复食之也。昔者因内乱废立，而几致亡国杀身，今幸而仅存，既已废人心同怒之溥儁，而不归政于人心同归之皇上，是明知神药之足以起死回生而弃之也。夫皇太后三次垂帘以来，失属国多矣，失土地多矣。国家之权利，失于皇太后之手者无数；国体之屈辱，沦于皇太后之手者无数；全国之民财，赔于皇太后之手者无数；全国之人民，败死、鬻卖于皇太后之手者无数。今且几全国万里之地而卖之，几全国四万万之民而鬻之矣。夫人民纵非皇太后所念，岂国土乃亦不念之乎？广土众民之大国，皇太后纵不欲保全之，岂列朝宗庙陵寝，皇太后亦不一念之乎？宗庙陵寝纵不念之，岂皇太后自己一身，亦不欲保全之乎？国既亡矣，身复何依？岂国亡而颐和园尚可娱游，荣禄、李联英尚可长其欢侍乎？夫使荣禄而有强国之才，则柄政五年，委任之权不可谓不专且大矣。然其才足以残破京师，涂炭人民，赔十万万，使君奔国破而已。皇太后试思，三日不食，夜雨淋铃，果听谁所致乎？且民等更有冒犯之言，使皇太后而有保国之才，亦何至三次垂帘，而日闻割地赔款鬻民之事，致宗庙陵寝几沦，国土几亡，己身几不保乎？皇太后又试思，京辽流血，十万万赔偿，果谁所为乎？夫以一舟之微，苟未尝学驾驶而遽为柁师，未有不覆溺者也；一室之小，苟未尝学建筑而遽为大匠，未有不倾压者也。况于驾万里之国土，渡四万万之人民，而当四千年未有之变局，无复旧案故事可依，遇十余霸国之交逼，非复一统垂裳之态。而以未学驾驶建筑、屡经覆溺倾压者主持之，所谓盲人骑瞎马，夜半临深池，求国无亡，岂可得哉？此岂复有几微之翼幸于不亡哉？此岂承平一统之时，漫拥大权，钳制臣下，所可勉强支持，苟且弥缝哉？终亦必亡而已。苟幸不亡，不过自欺而已。夫谓皇太后欲亡其国、杀其身，固无此理。然不知驾驶而为柁师，不知建筑而好为大匠，不能保国而累割几亡，而念恋大权，偏用贼臣，颠倒剥乱，速其覆亡，然则皇太后非乐于亡国杀身而何？盖回銮经年，仍不归政而恋大权，仍用贼臣而暴天下，仍不更新而守旧法。孟子所谓："安其危而利其灾，乐其所以亡之者。"至于今日，其亡其亡，无可救矣！

然皇太后之敢于怙大权而用贼臣，不畏亡其国而杀其身，何哉？岂以两次出奔累经患难为未足耶？抑以两次破京仍得回銮，为可高枕而无畏耶？抑以为英日保护，可数年四顾无忧耶？抑以为年近七十，虽有祸患，或可苟免耶？民等窃度，以皇太后之明，近阅时变之多，盖未尝不知国事之危岌岌久矣，盖未尝不自知保国之才力不足矣，又未尝不心知荣禄、李联英之奸贼误国矣，更未尝不知举国人心之怨怒思变矣，又未尝不知皇上之大得人心，而足以维新强国矣。年既七十，老病日多，值此时艰，岂复乐怙政权而求亡国哉？彼以昔者误听李联英、荣禄之谗言而废皇上，又误用荣禄、李联英之邪谋而立溥儁。及废立不遂，又误用荣禄、李联英之妄策而戮外人。昔既已误听匪人而与举国为仇，则不得不昵比贼臣而相依为命。昵比既甚，大权日移。李联英营宦寺党数千于内以劫之，荣禄营守旧党数千于外以奉之。二竖为偶，相与挟持之，则皇太后遂亦如秦二世之见制于赵高，唐文宗之见制于仇士良，既无力自主，而深为扇惑，遂甘于亡国丧身以殉之矣。夫今举国人心，皆已变矣。所一线仅存者，以皇上在耳。以皇上戊戌维新，有爱民之实心，有强国之实效，有立宪法与民权之高义，民等咸爱恋奉戴，合众百万而思保救之，急欲皇上复辟，以救垂亡中国。窃闻皇太后有归政之盛意，此乃中国万里土地所以不分裂，四万万人民所以不俘灭，国朝三百年国祚所以不坠绝，皇太后所以救过保身，以告于天地、祖宗、国民而无憾者也。薄海内外日夜企望，臣民上下朝夕祷祈。而闻为荣禄、李联英所持，竟不得行。或以上若复辟，不利太后为劫挟。夫以皇太后之慈与皇上之孝，母子一心，岂有他虑？不过荣禄、李联英自怀废立之罪，借皇太后以自保，故宁卖四万万之人民，亡万里之中国，绝三百年之大清，害皇太后之身命而不顾也。在荣禄、李联英之自保其身，苟（逐）〔延〕旦夕，则得计矣。其如中国何？其如大清何？其如四万万之人民何？其如皇太后之身何？皇太后之爱荣禄、李联英之身而保全之，可谓至厚矣。其如中国何？其如大清何？其如四万万之人民何？其如皇太后之身何？皇太后虽欲护前非，相依为命，然终不能依也。岂可以二贼之命，而以中国万里之土地，四万万之人民，三百年之国祚易之哉？即中国万里之地，四万万之人民，三百年之国祚，皆无所爱，皇太后岂忍舍己身为二贼易命乎？今已经年，果不归政，荣禄之权宠更盛，李联英之势焰更披。近且弑立之谣，日传观听，民等隐忍既久，忠愤同兴，咸恐皇上常挟于贼臣之手，而复辟无期，更虑贼臣有毒弑之谋，而中国无望，此民等所由仰天呼号而不能不扶义以起者也。

窃以中国者，民等四万万人公共之产也；国政者，民等四万万人公共之事也。故孔子经义，以为天视自我民视，天听自我民听。故开议院以立宪法，与民权而听自治，此万国公共之法，而民等四万万之人民应有之权也。谋及庶人，康强逢吉。孟子以为民贵而社稷轻。若梁君之心昏耳目塞，则《春秋》许其民之叛；莒君庶其之暴虐，则《春秋》许其民弑之；至于大臣专权虐民，则许其称兵清君侧之恶，此皆孔子之义也。民等窃忧中国，而欲合公权以保之，即以保大清也；忧皇上而欲清君侧以保之，即以保皇太后也。民等敢援孔子清君侧谋庶人之义，因欧洲求民权请立宪之例，敢请于皇太后者四事：一曰归政皇上；二曰立诛贼臣荣禄、李联英；三曰尽罢内监；四曰与民权而立宪法而已。

夫皇上当春秋鼎盛之年，而太后当耄期颐养之日，安有长君在位，而烦母后临朝者乎？考之古义，既未尝闻，且昔布告海内，谓皇上有疾，故行训政耳。今皇上视朝承祭，圣躬康健，天下共见。皇太后若仍训政，其何辞以对天下乎？至于朝观讴歌之有属，翘首望治之同心，上则大变法以救国危，下则慰民心而塞大变，苟非复辟，必不能复望安全。皇上大孝著闻，下武为治，皇太后援而立之于始，今复归政于终，必能内隆孝养，外图自强。中国可保，然后皇太后之身真可保；中国既安，皇太后之身乃真可安。然后颐养暮年，游幸名胜，安富尊荣，延年长寿。岂与日虑国亡民变，处岩墙漏舟之险比哉？若仍惑于谗言，虑曾经废立，恐有他虞，则各国使臣皆可为皇太后作保。或远处陕西以避地，或出游外国以扩大观，如昔西班牙太后常居法国，则身必无恙。且外国之胜地瑰伟，器技精巧，尤足娱乐，比于强据大权，终日忧患，夜不能寐，心无可乐，岂不远哉？若此之谋，进退皆可。若仍优游不决，或劫谗疑，则大变即作，身死国亡，孰得孰失，不待再计。伏乞立下明诏，归政皇上，退处深宫，勿预政事，听皇上乾纲独揽，巡狩国境，则母子终始身安而国家可保矣。此虽为中国计，实专为皇太后计也。故首请归政一也。

然荣禄、李联英擅权恃宠，自以为废弑之贼，岂肯听皇太后之归政哉？非诛二人，无由复辟。且皇太后试思，三日不食，夜雨淋铃，是谁所致乎？非荣禄、李联英为拳匪罪魁而谁致此乎？夫荣禄有可杀之大罪四，而小者不计焉。戊戌之秋，亲调董福祥兵以入京师，以惑深宫，以幽圣主，罪莫大于以臣废君，可杀一也。推翻新政，杀戮忠贤，以绝中国生机，罪莫大于乱国致亡，可杀二也。己亥之冬，拥立溥儁，图弑皇上，罪莫大于助篡图弑，可杀三也。至于抚拳匪以杀外人，破京邑以危中国，赔款十万万以毒生民，夫罪莫大于君奔国破，戕害生民，可杀四也。皇太后虽以荣禄有废立之大功，实为临朝之心腹，而明下诏书，阴为庇护，谓荣禄宾主攘拳，实保使馆，俾荣禄侥幸免戮外人，而当日荣禄造膝陈词，首创拳祸，以倾国家，皇太后自心知之也。荣禄虽能欺外之八国，岂能欺内之百官兆民哉？夫凡举大事者，皆在政权、兵权之乎？夫政权则全在军机大臣，兵权则莫大于武卫六军。荣禄既以大学士为军机首辅，刚毅、启秀、赵舒翘望以官卑班其下也。又以内大臣为武卫六军总统，管理各省行营，董福祥、聂士成、宋庆、袁世凯、张春发、陈泽霖六将，皆其部下也。步军统领崇礼者，又荣禄之私人也。是政权、兵权皆在荣禄之手，以宰相而为天下兵马大元帅，盖本朝权臣，自鳌拜、和珅、肃顺乃至近亲贵者恭亲王、醇亲王，皆未尝兼此权者。端王载漪于六月前既未入军机，则不预闻政事，所管虎神营万人皆挟弓拉矢者。其视武卫六军，选天下之练卒七万，集外洋之新械无数，相去远矣。试问当时奖拳匪为义士之上谕，其谁尸之？为军机首辅者，能辞其责任，而诿于不闻政事之载漪，下位无兵之刚毅乎？且拳匪之起，必有其萌，其盛必有其渐，未有一日而能遍京师者。荣禄手总六军劲旅，何难灭此乌合于萌芽？即当烽焰极昌，何难避出京师，而谓聂、袁之军以平之？即使果出载漪之鼓舞主持，以彼手统六师，何难去此孱王乎？且国朝之制，亲王入宫，仅单身耳。荣禄以宰相统兵，诛之尤易，岂兵力能废皇上，而不能废一亲王乎？若其果无权而力谏，则当与立山、徐用仪、许景澄、袁昶而同诛。何以首辅元帅，一切无恙？是虽苏、张之舌，无能狡辩者矣。况其督部将董福祥以围使馆，实为显据；禁部将聂士成之攻拳匪，尤有明征。其与董、聂往来之书，具在各报，天下皆见矣。徒以巧营两面，知事难成，始则欲攘外以居功，继则欲巧避以解罪，乃馈使馆瓜果，得欺八国使臣，以此诡谋，竟免诛戮，诿罪漪、刚，复秉大政。夫以下位无权无兵之启秀、赵舒翘、英年、徐承煜而尚被刑诛，乃以政权兵权在手之荣禄而幸免无罪，复为执政，其殃及宗社国民，杀之不足塞天下之怨，其同罪异罚尤不足服启秀、赵舒翘之心也。夫以残破京邑，震惊宗庙，伏尸百万，赔款十万万，几亡中国，几鬻四万万之民，此其罪大恶极，擢发难数，虽千刀刺王莽，燃灯烧董卓，未足蔽其辜者也。若李联英因缘阉寺，奉侍宫闱，始以挟宠营奸，鬻官通贿，后则手握王爵，口衔天宪，积势二十年，积贿数万万，权侔人主，势压朝廷，内外大官皆贿之以致大位，荣禄、刚毅亦媚之以得大权，内外交通，无恶不作，传闻秽乱，所不忍言。自以罪大恶极，必为圣主所不容，于是昼夜进谗，谓于太后有不利。盖自甲午、乙未之间，京师宦寺已公言废立之事，其所由来，固已久矣。皇太后昵于宠私，惑于浸润，遂忍割母子之爱，竟行〈篡〉废立之举。戊已废立之祸，皆由是生；庚子拳匪之变，皆因是作。圣主以李联英而废，新政亦以李联英而翻，京师以李联英而陆沉，宗庙陵寝以李联英而蒙尘，津辽百万人民以李联英而流血，中国万里以李联英而几亡，四万万人民以李联英而几卖，皇太后以李联英而奔走幸生耳。凡自古十常侍之亡汉，仇士良之亡唐，魏忠贤之亡明，未有若李联英之甚者也。荣禄非李联英朝夕侍内，无以举大不讳之事，而言听计从；李联英非荣禄在外，无以行大不韪之事，而从容高卧。二竖合偶，一切劫持。于是亘古未有之事，皆可谈笑为之；至大至坚之中国，皆可轻易破卖之。盖荣禄为废君上、抚拳匪之一切罪魁，李联英则为罪魁之罪魁也，而皇太后昵于宠人，倚为性命。昔者几亡中国，杀太后而不顾；今乃复宠此二贼，托以国家。天下于二贼，人人切齿愤心，而皇太后乃益亲之。孔子曰：“为人之所恶，灾必及其身。”天下之人，恐李联英、荣禄之亡中国，必不能忍也。恐移其怒二贼者，而怒及用二贼之人，则太后其危哉！太后即爱此二人，独不爱国家及其身乎？昔安禄山之乱也，唐玄宗且自杀杨妃以谢三军；七国之乱也，景帝且诛晁错以谢天下。夫以贵妃之爱、晁错之贤，夫岂忍杀，如国与身何？今皇太后亦何爱于李联英、荣禄，而不以上救宗社、下救国民、中救己身哉？皇太后之去此二竖易易耳，若虑其党依据深宫，恐生变幻，则皇太后亲幸外国使馆，而后调兵擒除，必无汉世之患。且皇太后之腹心宦寺固多矣，何畏于李联英一人哉？伏请将李联英、荣禄立正典刑，明下诏书，暴其罪状，以谢天下。然后复子明辟，则人心大悦，变乱不生，皇太后乃可高枕无忧，安养暮年矣。此请诛荣禄、李联英二也。

阉寺之事，三代所无，孔子称勿近刑人，又称刑人不在君侧。后汉襄楷谓汉武帝好游后宫，乃有阉宦之制。刘歆伪《周礼》，窜以奄人，自是累朝，视为常制。然欧美文明之国皆无之，独突厥有之，则亦自中国流出，而危弱甚矣。大地皆以用阉人为野蛮之制，此汉武、刘歆之作孽，而中国之大耻也。亲侍左右，常共朝夕，或幼君负扆，女后临朝，则昵缘宠私，阴移魁柄。树党既久，大势既移，则虽有壮君英主，无为之何。汉之常侍、唐之神策、宋之六贼、明之司礼，亡四朝矣。其祖宗百战艰难而得之，其阉宦从容闺闼而亡之，此可痛之事也，岂惟亡其朝廷哉？汉末三国之争，唐末五代之乱，北宋金人之祸，明末张献忠、李自成之祸，生民涂毒，宦寺之由。即国朝所以定鼎入关，实赖魏忠贤内乱以致之。故宦寺者，真国民之毒药，而敌国之良媒也。然而亡国既多，而仍用其弊制；覆车既众，而仍践其遗轨，岂不异哉？传闻宫中奄宦数千，不惟侈费虚糜，实恐养成隐患。又闻自经避兵西幸，以保护深宫为名，数千阉寺人皆挟带洋枪十三响者。夫王者守在四夷，岂有守在深宫，借数阉人之力哉？所守愈小，所亡愈大。若是，则唐神策军之制成矣。岂惟门生天子，废立在手，窃恐朱全忠之屠毒从其后，而唐从之亡也。及今党类未极大，气焰未极昌，先为扫除，所保尤大。且一李联英去，而又有一李联英复来，拔草而不除根，终无济也。伏乞皇太后大愤武断，扫除旧制，不用宦寺，凡一切内监，并罢归乡里，其有恩旧，或施厚赐，仍限从此不得再借端入谒，以防奸萌。其宫中扫除，改用宫女，既无虞乏用，又可省乱萌，上可力扫千年之弊政，下可永弭肘腋之隐忧。皇太后若虑彼结党既久，防有变幻，则亲出外廷，然后调兵坐镇，从容驱遣，押散还乡，岂虑有他哉？皇太后若行此举，则积患消除，美政传播，泰西各国亦当称美，后世史书皆谓数千年阉人之制，改革于皇太后，岂不休哉？此请尽罢阉宦三也。

近者举国纷纷，皆言变法。庚辛累诏，皆以采用西法为言，盖危弱既形，上下恐惧，虽昔者守旧之人，力翻新政者，今亦不得不变计矣。然方今中国本病之由，与各国治强之故，不独裁詹事、通政、河督，无关治要，并非开学堂、铁路、矿务一二枝叶所能挽也。夫今之敢于变中国数千年之旧法、祖宗数百年之旧制者何哉？岂不以中国既危，非旧法所能救哉？夫变法既为救国，而今变之法，国必不救，以无其根本而从事于枝叶，无其精神而从事于其形式，终亦必亡已。夫皇太后岂真甘听国之亡而虏辱及身乎？民等窃惟中国者，民等四万万人之公也，非皇太后一人之私也。皇太后而轻弃之，则得罪于国民，得罪于祖宗，况于李联英、荣禄得而擅卖之乎。民等之公产，则民等当公共保存之，当一切预闻之。孔子大义，谋及庶人。孟子曰："国人皆曰贤然后用，国人皆曰杀而后杀。"皆以民权而公保国家也。今欧美法至美密，而势至富强者何哉？盖以民权为国，乃其根本精神之所在也。皇太后试遍考欧美各国，无不立宪法，与民权，立议员，政制皆由民公议，议员由民选举，地方由民自治。凡举国之民，人人有预闻政事之权，人人有忧国之责，人人皆视其国为己之家，其得失肥瘠，皆有关焉，其纤悉微细，无不用焉，以同其利而共其患。此真深得孔子谋及庶人之义，孟子国人皆曰之法，宜其突出数千年未有之殊富大强，而横绝大地也。我中国以万里土地之大，四万万人民之多，比之英、德、法、奥、意、日本各国，皆过十倍，则其为治之难，亦过十倍矣。而执政权者，乃仅君相一二人而已。其余百官，皆土梗木偶，仅供牵掇耳。又其余兆民，则压制束缚，形同监禁耳。夫以一二人而治四万万人之事，是虽禹汤之圣，四目四聪，所不能给，况托之庸愚贪邪、日图保身不暇之荣禄乎！以此当承平一统之时，已不能治而生乱，况当万国交逼之新世耶！今譬有大器重物于此，一人独负担之，必不如众人同负担之易也，且同舟遇风，则胡越同心，一人专利，则至亲袖手，私天下与公天下，其相去亦远矣。今欧美各国之所以皆与民权者，非徒为公理也，实为方今立国之势不得不然也。夫中国四万万人实万国之冠也，而实不过皇太后及李联英、荣禄三人，其余四万万人者，则皆束缚而弃置之。无议院之公议，无地方之自治。即有智士仁人，亦皆不用；或稍用之，亦必同于荣禄而后可。夫以三人而与欧美之大国数千万人者斗，则力之强弱智愚，亦相去数千万倍矣。是蝼蚁与牛象斗力，燕雀与大鹏竞翼也，其胜败存亡不待计矣。

夫他国以其小国寡民也，极力合数千万之民而共谋之，以扩张其势。吾国恶其广土众民也，则极力弃四万万之民而独断之，以自削其力，何其反也。今英、法、德、奥、意、美、日本及欧美各国，皆立宪法而有民权者也。印度、土耳其、波斯、安南、缅甸，皆无宪法而一二人专断者也。英、法、德、奥、意、日本之以小国强盛如此，土耳其、波斯之以大国而削弱如彼，若印度、安南、缅甸等则夷灭矣。夫与强国同者昌，与弱国同者亡，其政术相反，则强盛弱亡自相反，乃理势之自然也。即俄国不开国会，而各省、府、县，皆立议院，皆与民权，以举人公议，而分地自治；苟反其理，逆其势，未有能立于方今之地上矣。且君相即欲怙权压制，不行立宪，不与民权，今者大地民智开明，亦皆循公理而求其权，爱其国而闻其政，断不忍以公共之产付之一二人专肆而鬻卖之。故二百年来，英王查理士、法国王路易，则以不允民权，不肯立宪而杀矣。英王席米斯二世、法王鎛礼布尔奔、奥王飞蝶南、奥相没透泥则以压制民权，不从宪法而逐矣。法总统拿破仑能与民权，则为全欧之霸。德王威廉能与民权，则合日耳曼帝。萨谛尼王能倡民权，则合□□□□。其余各国君相不与民权而压制之者，皆内乱而奔走死亡。能与民权，立宪法，则安富尊荣，国祚盛昌，大地各国皆然，可按各国史而考之也。夫民之有权，乃合助君相之权以保其国，非尽夺相之权而革其命也。英立宪法，与民权，□□也。而其女后维多利亚，位六十□□□定数万里，使其英旗□□□出入。其生而寿之也，合地球祝之；其死而哀之也，合地球吊之。即北京、上海为吾土地，而隆仪盛典在人耳目，歌功颂德勒于华文。此非英后之能致此也；能立宪与民权，合英人四千万之力，而后人君享其荣也。今以皇太后三次临朝将四十年，而属国尽失，内地日削，赔款无数，鬻民无数，权利日失，国体日辱，国人之所怨，外人之所议，腾于口舌，彰于笔墨者，不可听闻。然且青衣奔走，三日不食，几不免于死亡虏辱者，此亦非尽皇太后之独致此也。无立宪不与民权，以一二人专制之，而皇太后乃受其困辱也。夫以有民权立宪之国之君之强盛安乐如此，不与民权，不从立宪，而专制之国之君之杀逐祸患如彼，两者相较，孰得孰失，亦可知所以矣。是故，有民权者昌，无民权者亡；有民权者盛，无民权者丧。此方今大地之势矣。民权之效验如此，民权之大势如彼。故万国从风，披于大地，如海潮之卷，如大风之扫，无所不入，无所不到。智者顺之则强，愚者逆之则丧。仁者自与之则王，虐者专制之则亡。愈压之而愈举，愈抑之而愈扬。本乎公理，适乎时宜；顺乎人心，协乎国势。若转石于高山之上，若烈火于枯草之旁，无有能当者矣。故立宪法而与民权，英为至先，其积渐久远，盖自顺治五年，杀其王楂理士而已行之矣。法兰西民变求权久矣，于乾隆二十年，立宪法而与民权，然君仍压制，则大乱八十年而后定，其君压制甚，则国祚累易矣。法之乱后，瑞典、挪威于嘉庆八年，立宪法而与民权。葡萄牙于道光六年，立宪法而与民权。比利时则于道光十一年，立宪法而与民权。意大利各国，民变求权，当逐教皇及拿破蛳王，内乱甚。萨谛尼王独倡民权，则各小国民归之，合为意国，于道光二十八年，立宪法而与民权。荷兰、瑞士亦于是年立宪法而与民权。道光廿九年，琏国亦立宪法而与民权。普国民变求权，于道光三十年亦立宪法而与民权。咸丰二年，门的内哥国立宪法而与民权。奥国民变求权，君相压制之，则累逐君相，然卒于同治六年立宪法而与民权。希腊、罗马尼亚亦于是年立宪法而与民权。同治八年，塞尔维亚亦立宪法而与民权。西班牙自嘉庆时，民变求权久矣，变乱相仍，亦卒于光绪二年立宪法而与民权。日本于十五年亦立宪法而与民权。美洲自乾隆四十二年，美既自立，定宪法而与民权。后□□□□□立宪法而与民权矣。总而论之，其与民权、立宪法最先者，□□□□□是也。其与民权、立宪法后者，则最弱而削，西班牙是也。其□□□□□则大乱最甚，必至杀逐君革命，而易为民主，法国是也。其□□□而不极甚，卒能改过，犹可救亡，奥国是也。其因民情而与之，则不乱而霸，普国是也。其倡民之先，而与之权者，则易藩国而一统，意国是也。凡此皆君主之国也。然综大地而计之，百年以来，欧美各国，无论顺变逆变，流血无数，要其归，无不与民权而定立宪者矣。若亚洲风气未通，转变少迟，然缅甸、安南地过日本，以不立宪法、不与民权而亡。波斯、土耳其及吾国，以不立宪法、不与民权而削弱。日本蕞尔小国，先以立宪法，先与民权，而魁然称雄亚洲，联盟强英矣。惟俄罗斯不立宪法，而尚无恙，则以其省、府、县皆开议院而听民自治，亦与民权故也。然以不立宪法之故，俄主三世被刺，俄相热朗挖恐惧被刺，内乱而亡矣。孟子曰："暴其民甚，则身弑国亡。"路易兼之。俄虽不亡，然果经身弑矣。故民权之义，既亘于天地公理之必然，实立国所不能无，而时势所不得已者也。横览大地百年之间，得失顺逆存亡之故，亦可鉴矣。彼路易、楂理士、飞蝶南及俄皇累代之帝权，没透泥、热朗挖之相权，骄横怙恃，以为压制者，岂不至哉？然终至于身弑国亡而已。然则处方今之大地之间，万无可以一人而行其专制者。行其专制者矣，必若怙权不悛，是迫民变、求身弑国亡而已。凡此大变，皆古所少，而出近事，皇太后所同时亲见者。皇太后处于亚洲，不甚知之耳，试令人讲百国近事，当必有悚然者矣。今则风潮已波荡于中国全土矣，尚欲压之乎，则如路易而已。然则与民权者，可以保国，可以安民，可以安身；不与民权者，则身弑国亡。今日孰急于此？伏乞下诏立定宪法，以垂后世，立与民权以保国祚。立宪则采万国之宪法，以正定君民之权限，则无得有民贼横暴于者；与民权则听亿兆之举贤，以议全国之政制，又得行其地方自治于下者。一涣汗之间，而人心大悦，中国可以立自强之基，而皇太后补过垂休，将追英女后维多利亚之美烈矣。

凡此四者：诛贼臣，罢奄寺，所以除百病之原；归政皇上，大与民权，所以立自强之本。苟能毅然行此四者，则中国必保，皇太后必安；苟疑虑而不能行此四者，则中国必亡，大清必灭，皇太后之身乎，则法主路易、英主楂理士、俄主及西班牙太后，其覆车也。非民等所忍言矣。时势岌岌，不绝如发，少徘徊迟疑，举国之人心变矣。岂能避得罪太后之故，而忍弃中国哉？内地民心惶动，压于有司，未能上言。民等数百万人，身旅外洋，心忧中夏，忠愤同发，义烈并起，咸以为积产业而供荣禄之赔款，留躯命而听李联英之戕杀，至如台、辽之民，亡国破家，不如及早捐资舍身，犹望补救。故旅外之民，每人公捐一月工金，以图上保圣主，下保中国，公愤所在，大群遂合，非贼臣淫刑所能压，非贼臣大权所能威。昔人以兵谏者，君子以为爱君。清君侧者，古今以为义举。在《春秋》之义，处常事而不以经，处变事而不知权，皆圣人所不许也。皇太后上爱宗社，下爱国民，其俯察舆情而听之乎，中国之幸也，四万万人之福也，皇太后之德也。皇太后不爱国民，不爱宗社，仍惑于贼臣而怒之置之乎，此四万万人之惨也，中国之殆，大清之危，皇太后之忧而已。民等草野愚冥，忧国诚切，救死仓皇，不知择言，敢冒斧钺之诛，伏惟皇太后圣鉴。谨呈。

上海市文物保管委员会编：《康有为与保皇会》，第8—24页，上海人民出版社1982年版

论立法权

光绪二十八年正月十五日①

梁启超

立法、行法、司法，诸权分立，在欧美日本，既成陈言，妇孺尽解矣。然吾中国立国数千年，于此等政学原理，尚未有发明之者。故今以粗浅平易之文，略诠演之，以期政治思想，普及国民。篇中虽间祖述泰西学说，然所论者，大率皆西人不待论而明之理。自稍通此学者观之，殆如辽东之豕、宋人之曝，只觉词费耳。然我四万万同胞中，并此等至粗极浅之义而不解者，殆十而八九焉。吾又安敢避词费而默然也。学者苟因此以益求精焉深焉者，则营蒯之弃，固所愿矣。

第一节　论立法部之不可缺

国家者，人格也（有人之资格谓之人格）。凡人必有意志，然后有行为，无意志而有行为者，必疯疾之人也。否则，其梦呓时也。国家之行为何？行政是已。国家之意志何？立法是已。泰西政治之优于中国者不一端，而求其本原，则立法部早发达，实为最著要矣。泰西自上古希腊，即有所谓长者议会（Gerontes），由君主召集贵族，制定法律，颁之于民。又有所谓国民议会（An assembly of the Gentes），凡君主贵族所定法律，必报告于此会，使民各出其意以可否之，然后施行。其后雅典之拔伦、斯巴达之来喀格士，皆以大立法家为国之桢。罗马亦然，其始有所谓百人议会者（Comitia Centuriata），以军人组织之，每有大事，皆由其议决。及王统中绝之际，有所谓罗马元老院（The Senate），罗马平民议会（Concilia Plebis）者，角立对峙，争立法权。久之卒相调和，合为国民评议会（Comitia Tributa）。故后虽变为帝政，而罗马法之发达，独称完备，至今日各国

① 据《新民丛报》第三号刊载时间。

宗之。及条顿人与罗马代兴，即有所谓人民总会者（To kmcot），有所谓贤人会议者（Wetenag emot），皆集合人民，而国王监督之，以行立法之事。逐渐进化，遂成为今日之国会，所谓巴力门（Parliament）者是也。十八世纪以来，各国互相仿效，愈臻完密。立法之业，益为政治上第一关键。觇国家之盛衰强弱者，皆于此焉。虽其立法权之附属，及其范围之广狭，各国不同，而要之上自君相，下及国民，皆知此事为立国之大本大原，则一也。

耗矣哀哉！吾中国建国数千年，而立法之业，曾无一人留意者也。《周官》一书，颇有立法之意，岁正悬法象魏，使民读之，虽非制之自民，犹有与民同之之意焉。汉兴萧何制律，虽其书今佚，不知所制者为何如，然即汉制之散见于群书者观之，其为因沿秦旧，无大损益，可断言也。魏明帝时，曾议大集朝臣，审定法制，亦不果行。北周宇文时，苏绰得君，斐然有制度考文之意，而所务惟在皮毛，不切实用。盖自周公迄今三千余年，惟王荆公创设制置条例三司，能别立法于行政，自为一部，实为言中国立法权现影一瞥之时代。惜其所用非人，而顽固虚骄之徒，又群焉掣其肘，故斯业一坠千年无复过问者。呜呼！荀卿有治人无治法一言，误尽天下，遂使吾中华数千年，国为无法之国，民为无法之民。并立法部而无之，而其权之何属，更靡论也。并法而无之，而法之善不善，更靡论也。

夫立法者，国家之意志也。就一人论之，昨日之意志与今日之意志，今日之意志与明日之意志，常不能相同。何也？或内界之识相变迁焉，或外界之境遇殊别焉。人之不能以数年前或数十年前之意志，以束缚今日，甚明也。惟国亦然。故必须常置立法部，因事势，从民欲，而立制改度，以利国民。各国之有议会也，或年年开之，或间年开之，诚以事势日日不同，故法度亦屡屡修改也。乃吾中国，则今日之法，沿明之法也；明之法，沿唐宋之法也；唐宋之法，沿汉之法也；汉之法，沿秦之法也。秦之距今，二千年矣，而法则犹是。是何异三十壮年，而被之以锦绷之服，导之以象勺之舞也？此其敝皆生于无立法部。君相既因循苟且，惮于改措，复见识隘陋，不能远图；民间则不在其位，莫敢代谋，如涂附涂，日复一日。此真中国特有之现象，而腐败之根原所从出也。

彼祖述荀卿之说者曰：但得其人可矣，何必断断于立法。不知一人之时代甚短，而法则甚长；一人之范围甚狭，而法则甚广。恃人而不恃法者，其人亡则其政息焉。法之能立，贤智者固能神明于法以增公益，愚不肖者亦束缚于法以无大尤。靡论吾中国之乏才也，即使多才，而二十余省之地，一切民生国计之政务，非百数十万人不能分任也。安所得百数十万之贤智而薰治之？既无人焉，又无法焉，而欲事之举，安可得也。夫人之将营一室也，犹必先绘其图、估其材，然后从事焉。曾是一国之政而顾一室之不若乎。近年以来，吾中国变法之议屡兴，而效不睹者，无立法部故也。及今不此之务，吾知更阅数年数十年，而效之不可睹仍如故也。今日上一奏，明日下一谕，无识者欢欣鼓舞，以为维新之治可以立见，而不知皆纸上空文，羌无故实。不宁惟是，条理错乱，张脉偾兴，宜存者革，宜革者存，宜急者缓，宜缓者急，未见其利，先受其敝。无他，徒观夫西人政效之美，而不知其所以成其美者有本原在也。本原维何？曰立法部而已。

第二节　论立法、行政分权之理

立法、行政分权之事，泰西早已行之。及法儒孟德斯鸠益阐明其理，确定其范围，各国政治乃益进化焉。二者之宜分不宜合，其事本甚易明。人之有心魂以司意志，有官肢以司行为，两各有职而不能混者也。彼人格之国家，何独不然。虽然，其利害所存，犹不止此。孟德斯鸠曰："苟欲得善良政治者，必政府中之各部，不越其职然后可。然居其职者往往越职，此亦人之常情，而古今之通弊也。故设官分职，各司其事，必当使互相牵制，不使互相侵越。"又曰"立法、行法二权，若同归于一人，或同归于一部，则国人必不能保其自由权。何则？两种相合，则或藉立法之权以设苛法，又藉其行法之权以施此苛法，其弊何可胜言。如政府中一部有行法之权者，而欲夺国人财产，乃先赖立法之权预定法律，命各人财产皆可归之政府，再藉其行法之权以夺之，则国人虽欲起而与争，亦力不能敌，无可奈何而已"云云。此孟氏分权说之大概也。

孟氏此论，实能得立政之本原。吾中国之官制，亦最讲牵制防弊之法。然皆同其职而掣肘之，非能厘其职而均平之。如一部而有七堂官，一省而有督有抚有两司有诸道，皆以防侵越相牵制也。而不知徒相掣肘，相推诿，一事不举，而弊亦卒不可防。西人不然，凡行政之事，每一职必专任一人，授以全权，使尽其才以治其事，功罪悉以属之。夫是谓有责任之政府。若其所以防之者，则以立法、司法两权相为犄角（司法权别论之）。立法部议定之法律，经元首裁可，然后下诸所司之行政官，使率循之。行政官欲有所兴作，必陈其意见于立法部，得其决议，乃能施行。其有于未定之法而任意恣行者，是谓侵职，侵职罪也；其有于已定之法而奉行不力者，是谓溺职，溺职亦罪也。但使立法之权确定，所立之法善良，则行政官断无可以病国厉民之理。所谓其源洁者其流必澄，何必一一而防之。故两者分权，实为制治最要之原也。

吾中国本并立法之事而无之，则其无分权，更何待言。然古者犹有言：坐而论道，谓之三公；作而行之，谓之有司。亦似稍知两权之界限者然。汉制有议郎，有博士，专司讨议，但其秩抑末，其权抑微矣。夫所谓分立者，必彼此之权，互相均平，行政者不能强立法者以从我。若宋之制置条例司，虽可谓之有立法部，而未可谓之有立法权也。何也？其立法部不过政府之所设，为行政官之附庸，而分权对峙之态度，一无所存也。唐代之给事中，常有封还诏书之权，其所以对抗于行政官，使不得专其威柄者，善矣美矣，然所司者非立法权，仅能摭拾一二小故，救其末流，而不能善其本也。若近世遇有大事，亦常下大学士六部九卿翰詹科道督抚将军会议，然各皆有权，各皆无权，既非立法，亦非行政，名实混淆，不可思议。故今日欲兴新治，非划清立法之权而注重之不能为功也。

第三节　论立法权之所属

立法权之不可不分，既闻命矣。然则此权当谁属乎？属于一人乎？属于众人乎？属于吏乎？属于民乎？属于多数乎？属于少数乎？此等问题，当以政治学之理论说明之。

英儒边沁之论政治也，谓当以求国民最多数之最大幸福为正鹄。此论近世之言政学者多宗之。夫立法则政治之本原也，故国民之能得幸福与否，得之者为多数人与否，皆不可不于立法决定之。夫利己者人之性也，故操有立法权者，必务立其有利于己之法。此理势所不能免者也。然则使一人操其权，则所立之法必利一人；使众人操其权，则所立之法必利众人。吏之与民亦然，少数之与多数亦然。此事固非可以公私论善恶也。一人之自利固私，众人之自利亦何尝非私。然而善恶判焉者，循所谓最多数最大幸福之正鹄，则众人之利重于一人，民之利重于吏，多数之利重于少数，昭昭明甚也。夫诽谤偶语者弃市，谋逆者夷三族，此不问而知为专制君主所立之法也。妇人可有七出，一夫可有数妻，此不问而知为男子所立之法也。奴隶不入公民，农佣随田而鬻（俄国旧例如此），此不问而知为贵族所立之法也。信教不许自由，祭司别有权利，此不问而知为教会所立之法也。以今日文明之眼视之，其为恶法，固无待言。虽然，亦不过立法者之自顾其利益而已。若今世所称文明之法，如人民参政权，服官权，言论、结集、出版、迁移、信教各种之自由权等，亦何尝非由立法人自顾其利益而来。而一文一野，判若天渊者，以前者之私利，与政治正鹄相反，而后者之私利，与政治正鹄相合耳。故今日各文明国，皆以立法权属于多数之国民。

然则虽以一二人操立法权，亦岂必无贤君哲相，忘私利而求国民之公益者？曰：斯固然也。然论事者，语其常不语其变，恃此千载一遇之贤君哲相，其不如民之自恃也明矣。且《记》不云乎，代大匠斫斫者，必伤其手。即使有贤君哲相以代民为谋，其必不能如民之自谋之尤周密而详善，有断然也。且立法权属于民，非徒为国民个人之利益而已，而实为国家本体之利益。何则？国也者，积民而成，国民之幸福，即国家之幸福也。国多贫民，必为贫国；国多富民，必为富国。推之百事，莫不皆然。美儒斯达因曰："国家发达之程度，依于一个人之发达而定者也。"故多数人共谋其私，而大公出焉矣；合多数人私利之法，而公益之法存焉矣。

立法者，国家之意志也。昔以国家为君主所私有，则君主之意志，即为国家之意志，其立法权专属于君主固宜。今则政学大明，知国家为一国人之公产矣，且内外时势寖逼寖剧，自今以往，彼一人私有之国家，终不可以立优胜劣败之世界。然则今日而求国家意志之所在，舍国民奚属哉？况以立法权畀国民，其实于君主之尊严，非有所损也。英国、日本，是其明证也。君主依国家而尊严，国家依国民之幸福而得幸福。故今日之君主，不特为公益计，当畀国民以立法权，即为私利计，亦当尔尔也。苟不畀之，而民终必有知此权为彼所应有之一日；及其自知之而自求之，则法王路易第十六之覆辙，可为寒心矣。此欧洲、日本之哲后所以汲汲焉，此之为务也。

《饮冰室合集》文集之九，第101—107页，中华书局1989年版

论政府与人民之权限

光绪二十八年二月初一日

中国之新民①

天下未有无人民而可称之为国家者，亦未有无政府而可称之为国家者。政府与人民，皆构造国家之要具也。故谓政府为人民所有也不可，谓人民为政府所有也尤不可。盖政府、人民之上，别有所谓人格（人格之义屡见前册）之国家者，以团之统之。国家握独一最高之主权，而政府、人民皆生息于其下者也。重视人民者，谓国家不过人民之结集体，国家之主权即在个人（谓一个人也）。其说之极端，使人民之权无限。其弊也，陷于无政府党，率国民而复归于野蛮。重视政府者，谓政府者国家之代表也，活用国家之意志，而使现诸实者也。故国家之主权，即在政府。其说之极端，使政府之权无限。其弊也，陷于专制主义，困国民永不得进于文明。故欲构成一完全至善之国家，必以明政府与人民之权限为第一义。

因人民之权无限以害及国家者，泰西近世，间或有之，如十八世纪末德国革命之初期是也。虽然，此其事甚罕见。而纵观数千年之史乘，大率由政府滥用权限，侵越其民，以致衰致乱者，殆十而八九焉。若中国又其尤甚者也。故本论之宗旨，以政府对人民之权限为主眼，以人民对政府之权限为附庸。

政府之所以成立，其原理何在乎？曰：在民约（民约之义，法国硕儒卢梭倡之，近儒每驳其误。但谓此义为反于国家起原之历史则可，谓其谬于国家成立之原理则不可。虽憎卢梭者，亦无以难也）。人非群则不能使内界发达，人非群则不能与外界竞争，故一面为独立自营之个人，一面为通力合作之群体（或言由独立自营，进为通力合作，此语于论理上有缺点。盖人者能群之动物，自最初即有群性，非待国群成立之后而始通合也。既通合之后，仍当有独立自营者存，其独性不消灭也。故随独随群，即群即独，人之所以贵于万物也）。

① “中国之新民”，即梁启超。

此天演之公例，不得不然者也。既为群矣，则一群之务，不可不共任其责固也。虽然，人人皆费其时与力于群务，则其自营之道，必有所不及。民乃相语曰：吾方为农，吾方为工，吾方为商，吾方为学，无暇日无余力以治群事也。吾无宁于吾群中公选若干人而一以托之焉，斯则政府之义也。政府者，代民以任群治者也。故欲求政府所当尽之义务，与其所应得之权利，皆不可不以此原理为断。

然则政府之正鹄何在乎？曰：在公益。公益之道不一，要以能发达于内界而竞争于外界为归。故事有一人之力所不能为者，则政府任之；有一人之举动妨及他人者，则政府弹压之。政府之义务虽千端万绪，要可括以两言：一曰助人民自营力所不逮，二曰防人民自由权之被侵而已。率由是而纲维是，此政府之所以可贵也。苟不尔尔，则有政府如无政府。又其甚者，非惟不能助民自营力而反窒之，非惟不能保民自由权而又自侵之，则有政府或不如其无政府。数千年来，民生之所以多艰，而政府之所以不能与天地长久者，皆此之由。

政府之正鹄不变者也，至其权限则随民族文野之差而变，变而务适合于其时之正鹄。譬诸父兄之于子弟，以导之使成宗人为正鹄。当其孩幼也，父兄之权限极大，一言一动、一饮一食，皆干涉之，盖非是则不能使之成长也。子弟之智德才力，随年而加；则父兄之干涉范围，随年而灭。使当弱冠强壮之年，而父母犹待以乳哺孩抱时之资格，一一干涉之，则于其子弟成立之前途，必有大害。夫人而知矣，国民亦然。当人群幼稚时代，其民之力未能自营，非有以督之，则散漫无纪，而利用厚生之道不兴也。其民之德未能自治，非有以箝之，则互相侵越，而欺凌杀夺之祸无穷也。当其时也，政府之权限不可不强且大。及其由拨乱而进升平也，民既能自营矣、自治矣，而犹欲以野蛮时代政府之权以待之，则其俗强武者，必将愤激思乱，使政府岌岌不可终日，其俗柔懦者，必将消缩萎败，毫无生气，而他群且乘之而权其权、地其地、奴其民，而政府亦随以成灰烬。故政府之权限，与人民之进化成反比例，此日张则彼日缩，而其缩之，乃正所以张之也。何也？政府依人民之富以为富，依人民之强以为强，依人民之利以为利，依人民之权以为权。彼文明国政府，对于其本国人民之权，虽日有让步，然与野蛮国之政府，比较其尊严荣光，则过之万万也。

今地球中除棕、黑、红三蛮种外，大率皆开化之民矣。然则其政府之权限当如何？曰：凡人民之行事，有侵他人之自由权者，则政府干涉之；苟非尔者，则一任民之自由，政府宜勿过问也。所谓侵人自由者有两种：一曰侵一人之自由者，二曰侵公众之自由者。侵一人自由者，以私法制裁之；侵公众自由者，以公法制裁之。私法、公法，皆以一国之主权而制定者也（主权或在君，或在民，或君民皆同有，以其国体之所属而生差别），而率行之者则政府也。最文明之国民，能自立法而自守之，其侵人自由者益希，故政府制裁之事，用力更少。史称尧舜无为而治，若今日立宪国之政府，真所谓无为而治也。不然者，政府方日禁人民之互侵自由，而政府先自侵人民之自由，是政府自己蹈天下第一大罪恶（西哲常言天下罪恶之大未有过于侵人自由权者），而欲以令于民，何可得也？且人民之互相侵也，有裁制之者；而政府之侵民也，无裁制之者。是人民之罪恶可望日减，而政府之罪恶且将日增也。故定政府之权限，非徒为人民之利益，而实为政府之利益也。

英儒约翰弥儿所著《自由原理》（John. Stuart，Mill's On Liberty）有云：

"纵观往古希腊、罗马、英国之史册，人民常与政府争权。其君主或由世袭，或由征服，据政府之权势。其所施行，不特不从人民所好而已，且压抑之，蹂躏之。民不堪命，于是爱国之义士出，以谓人民之不宁，由于君权之无限，然后自由之义乃昌。人民所以保其自由者，不出二法：一曰限定宰治之权，与君主约，而得其承诺，此后君主若背弃之，则为违约失职，人民出其力以相抵抗，不得目为叛逆是也；二曰人民得各出己意，表之于言论，著之于律令，以保障全体之利益是也。此第一法，欧洲各国久已行之；第二法，则近今始发达，亦渐有披靡全地之势矣。"

"或者曰：在昔专制政行，君主知有己，不知有民，则限制其权，诚非得已。今者民政渐昌，一国之元首（元首者兼君主国之君主、民主国之大统领而言），殆皆由人民公选而推戴之者，可以使之欲民所欲而利民所利，暴虐之事，当可不起。然则虽不为限制亦可乎？曰：是不然。虽民政之国，苟其政府权限不定，则人民终不得自由。何也？民政之国，虽云人皆自治而非治于人，其实决不然。一国之中，非能人人皆有行政权，必有治者与被治者之分。其所施政令，虽云从民所欲，然所谓民欲者，非能谓全国人所同欲也，实则其多数者之所欲而已。（按：民政国必有政党，其党能在议院占多数者，即握政府之权。故政治者，实从国民多数之所欲也。往昔政学家谓政治当以求国民全体之幸福为正鹄，至硕儒边沁，始改称以最大多数之最大幸福为正鹄，盖其事势之究竟，仅能如是也）苟无限制，则多数之一半，必压抑少数之一半，彼少数势弱之人民，行将失其自由，而此多数之专制，比于君主之专制，其害时有更甚者。故政府与人民之权限，无论何种政体之国，皆不可不明辨者也。”

由此观之，虽在民权极盛之国，而权限之不容已，犹且若是，况于民治未开者耶。《记》不云乎：“天生民而立之君，使司牧之，岂其使一人肆于民上也。”故文明之国家，无一人可以肆焉者，民也如是，君也如是，少数也如是，多数也如是，何也？人各有权，权各有限也。权限云者，所以限人不使滥用其自由也。滥用其自由，必侵人自由，是谓野蛮之自由。无一人能滥用其自由，则人人皆得全其自由，是谓文明之自由。非得文明之自由，则国家未有能成立者也。

中国先哲言仁政，泰西近儒倡自由，此两者其形质同而精神迥异，其精神异而正鹄仍同。何也？仁政必言保民，必言牧民，牧之保之云者，其权无限也，故言仁政者，只能论其当如是，而无术以使之必如是。虽以孔孟之至圣大贤，哓音瘏口以道之，而不能禁二千年来暴君贼臣之继出踵起，鱼肉我民，何也？治人者有权，而治于人者无权。其施仁也，常有鞭长莫及有名无实之忧，且不移时而熄焉。其行暴也，则穷凶极恶，无从限制，流毒及全国，亘百年而未有艾也。圣君贤相，既已千载不一遇，故治日常少而乱日常多。若夫贵自由定权限者，一国之事，其责任不专在一二人，分功而事易举。其有善政，莫不遍及，欲行暴者，随时随事，皆有所牵制，非惟不敢，抑亦不能，以故一治而不复乱也。是故言政府与人民之权限者，谓政府与人民立于平等之地位，相约而定其界也，非谓政府畀民以权也（凡人必自有此物，然后可以畀人。民权者非政府所自有也，何从畀之？孟子曰：天子不能以天下与人。亦以天下非天子所能有故也）。赵孟之所贵，赵孟能贱之。政府若能畀民权，则亦能夺民权。吾所谓形质同而精神迥异者此也。然则吾先圣昔贤所垂训，竟不及泰西之唾余乎，是又不然。彼其时不同也。吾固言政府之权限，因其人民文野之程度以为比例差，当二千年前，正人群进化第一期，如扶床之童，事事皆须藉父兄之顾复。故孔孟以仁政为独一无二之大义，彼其时政府所应有之权，与其所应尽之责任，固当如是也，政治之正鹄在公益而已。今以自由为公益之本，昔以仁政为公益之门，所谓精神异而正鹄仍同者此也。但我辈既生于今日，经二千年之涵濡进步，俨然弃童心而为成人。脱蛮俗以进文界矣，岂可不求自养自治之道，而犹学呱呱小儿，仰哺于保姆耶？抑有政府之权者，又岂可终以我民为弄儿也？权限乎，权限乎，建国之本，太平之原，舍是曷由哉！

《新民丛报》第三号，光绪二十八年二月初一日（1902年3月10日）

议院不可行于中国说

光绪二十八年二月十一日

世之慷慨谭时事者，莫不谓中国至今日贫弱甚矣，非一一仿行西政，断不足除积习而挽颓风。呜呼！此其说非不甚辩，然愚谓不审泰西诸国之所以为国，第称道其立法之美；与不审中国所以受病之由，第举西政一二端以为救时之药石。在聋者瞽者或目为通人，而有识之士则窃笑于后矣。即如议院一事，欧美各国除强俄外，无不开设。然亦惟泰西开国较迟，风气质朴，古道未泯，故有事可以聚众合谋施之于政。然而德意志尝深恨议院矣。日本勇摹西法，近亦悔设议院矣。讵不以党会繁兴，尾大不掉，利固在是，弊亦因之生哉。

中国有周盛时，虽无议院之名，然其意亦颇相近。其在《书》曰：询谋佥同。又曰：谋及卿士，谋及庶人。其在《周官》曰：询事之朝小司寇掌其政，以致万人而询焉。一曰询国危，二曰询国迁，三曰询立君，以众辅志而蔽谋。其在《孟子》曰：国人皆曰贤，然后察之；国人皆曰不可，然后察之；国人皆曰可杀，然后杀之。《洪范》之卿士、《孟子》之诸大夫，即上议院也；《洪范》之庶人、《孟子》之国人，即下议院也。盖其时直道犹存，故行之不致有弊。秦汉而降，天子日尊，上下睽隔。迄今二千余年，弊日深而患日甚，而议者骤欲创设议院，以祛壅蔽，意非不善。然试问今日之中国，能复有周盛时之景象乎？复有周盛时之景象，则有议院之实，虽不言设议院可也；不能复有周盛时之景象，徒欲变而从西，其可乎？其不可乎？不待蓍蔡而决矣。

今使适如谭者之意，竟步武泰西，遍设议院。所谓忌讳之窠臼，非不一朝破也。然而入上议院者，非模棱之宰相，即迂疏之词林；入下议院者，非顽钝之青衿，即贪劣之绅董。流品益杂，议论愈歧，筑室道谋，有何裨益？即所举议员，皆当世所谓知新之士，然若而人者但知法之当变，而不知变法之实；虽但知西法之可以仿行，而不知中国实有不能仿行西法之处；但知利当兴弊当革，而不知中国王公士庶衣食窟宅于弊之中者不可胜纪。猝焉改弦而更张之，是绝其生而置之死也，其势必至于酿乱。故欲设议院于今日之中国，不啻抱薪而救火也。此皆浮慕西政，未能明达中外人情风俗故也。

南皮制军之言曰：欲开议院，必俟学堂大兴，人才日盛。呜呼！岂不然哉？盖合四百兆人之聪明才力，同出于一途，而后可以裁决庶政。否则，游谈耳，呓语耳，将焉用之？窃又尝为之进一解曰：必使四百兆人之身家各有倚赖，而无所阙，而后可以设议院，而后议院可以行政。否则，层层扞格，虽有善策，将焉施之？

夫泰西各国皆以教养为急务，中国独莫之讲，此大惑也。间者朝廷降旨，饬各省议设学堂，似稍稍欲留意于教，然养民之政仍未闻。匪惟不养，且从而掊克之矣。谭者顾鳃鳃然曰“设议院，设议院”，议院其何利于国哉？使他日神州赤县既富既教，无不饱食之粟，无不识字之民，吾知有议院治，无议院亦治。治不在议院，又安用浮慕为哉？

《申报》，光绪二十八年二月十一日（1902年3月20日）

宪法精理（节录）

光绪二十八年二月十五日①

周逵编译

自序

呜呼！自十八世纪之末至十九世纪之中期，欧人唱民权，唱自由，其风潮之猛，震荡全（州）〔洲〕，蔓延百载。究其所得者为何？曰：数十条宪法而已。

① 据该书版权页印行时间。

法兰西之革命，与夫列国之政变，竞权力，流膏血，前者死之，后者继焉，为之牺牲者以数十万计。究其所为者何事？曰：数十条宪法而已。

十九世纪之历史，皆君民相争之历史。更瞭言之，则欧美诸国宪法之成立记耳。其初也愤政治之不良，平民权利之不竞，则君臣相争于内；既而宪法立，内乱平，人口繁殖，国力不足以养之，则举全力而争于外。故十九世纪为欧人政治竞争之时代，二十世纪为欧人经济竞争之时代。宪法之立，是出政治竞争而入经济竞争之界线也。虽然，其政治竞争之风潮，其力之猛，仅足以鼓动同洲同种之国民；至经济竞争之风潮，乃能鼓动异洲异种之国民。如日本，如中国，凡远东诸国民，皆将感其经济竞争之风潮而起者也。唯日本之起也速，故骤强；唯中国之起也迟，故日弱。呜呼！内治不改良，宪法不立，政治之竞争，不先起于国内，则中国国民何足与欧人遇，而与人之争存于世界哉？且公理日明，人人终将有求其自由之一日，则国必易人之统治而代以法律，此一定不易之时势也。故时至二十世纪，中国、俄罗斯、土耳其诸国民，苟其不亡，亦将受治于宪法，而不可避者也。

屡败以来，中国国民骎骎有政治思想矣。曰专制政体，曰立宪政体，人人能知之；曰立宪政治良于专制政治，人人能言之。虽然，问其何为专制政治？何为立宪政治？何为而立宪政治独良于专制政治？则鲜有能道其故者。呜呼！宪法之原理不明，而欲望宪法之思想渐浸入国民之脑中，以起政治竞争而强国难矣。故取列国宪法之原理，条分而论之，使我国民知立宪政治之真相。夫国家之事，先有其思想，而后有议论；先有议论，而后有成效。居今日之中国，而尚待输入宪法之思想晚矣。是则非予之咎也。

孔子降生二千四百五十年，湘乡周逵序于日本东京。

第一章　总论宪法之意义（附列国宪法成立年表）

法也者，起于人类之关系者也。草昧之初，人类未起，既无人，则无法律。既起矣，而各业其业、居其居，此与彼无往来，尔与我无交涉，则亦无法律。法也者，自世界之有人类、有关系，而后生者也。人类繁、关系密，而强者每欲扩张其权利以侵人之自由，弱者亦欲伸其自由以保其权利，于是乎法律生焉。法律云者，莫不含制限与保护之意。制限者，制限侵人之自由；保护者，保护被侵之自由。

曰私法，曰公法，曰国际法，种类夥矣。而要其归旨，皆含制限与保护之意。私法者，定人民与人民之关系，而从而保护之制限之者也；公法者，定政府与人民之关系，而从而保护之制限之者也；国际法者，定国与国之关系，而从而保护之而制限之者也。宪法于三者之中，属乎公法。

世界各国之有宪法也，自十八世纪后始也。十八世纪以前，主治者之主权无限，发暴政，侵平民，唯所欲为，无宪法以制之也。及自由民权之说既昌，设立宪法之思想，渐印于各国民之脑中。米国联邦建国宪，开成典宪法之祖，而欧洲各国接踵而起，及今日既遍全球，除专制君主与野蛮未开之国民外，殆无不统治于宪政下矣。宪法之发生于各国也，非主治者自放弃其威权，自制法而自限制之，乃被治者苦权力之被侵，出死力起反动竞争而得之。彼法兰西之革命，其尤著者也。故多数之被治者，实宪法发生之主动力也。

被治者苦强暴之难堪，乃抛无数生命，流无限膏血，力争而得此宪法。故宪法者，不论其所书为何语，其主权属何人，而其意若曰：所以防主治者之非行，谋被治者之安堵也。凡欧米宪法无不如此，此无他，一面含制限之意，一面含保护之意者，法律自然之义也。

视其成文，区区数十条也，而欧人数十年之举动，数百万之性命，皆为此矣；视其外形，寥寥数百言也，而一国之大本大法，皆在此矣。其国体何如，于是焉定主权何在，于是焉定人民之权利义务，于是焉定三权之关系与权限，于是焉定凡关于国家之大体者，皆以宪法明之。宪法者，诸法之渊源也，一国之大本大法也。欧人曰：诸法律皆可无，而宪法不可无。欧西人之爱自由如其生命，其爱宪法如其自由。宪法者，自由之藩屏也。

欧洲学者之说宪法也，其论不一。台希曰：凡称为宪法，其条规皆关系于主权之分配与作用，其关系也，有直接者，亦有间接者。贺兰德曰：宪法之主要职务，即明国政之中心力所在而已。帕的荷曰：定掌国政者之关系，与制定法律、执行法律之方法，并人民何以抵抗虐政之道者，即宪法是也。日本小野梓则曰：宪法者，明主治者之职分权力，防其暴政，而谋人民之安堵者也。其说纷纷，既有同者，复有异者。要而论之，宪法者，定主权之所在，定人民之权利义务，定主权之关系及权限，盖一国之大本大法也。而设立宪法之意，则防主治者之非行，而谋被治者之安宁也。

因被治者之动力，而宪法以起；因民权自由之风潮，而宪法以立；因代议之政治，而宪法以维持至今日。观列国今日之政治，而羡其有宪法之美也；观列国往日之政治之失，而知其得宪法之难也。今举世界立宪诸国，考其宪法成立之年，而列为表于左：

列国宪法成立年表

国　名	成立之年	大　略
英吉利		英吉利宪法，不成典之宪法也，皆由万千习惯与寻常法律之中，渐次发达者，与他国异。
法兰西	1775	法兰西宪法，凡经无数变革，定而复改，改而复定，至此年所布宪法，始传行至今日。
德意志	1873	
奥地利	1867	虽与匈联合，然各行其宪法于国内。
匈牙利		
和　兰	1848	称立宪君主中之最完全之国云。
比利时	1831	以其建国尚新，故宪法之成文，极臻美备。
伊太利	1848	
瑞　西	1848	瑞西原由二十二邦联合而成，其联合在千八百四十八年，即据此年议决之法律为宪法也。无成典宪法。
瑞　典		亦渐次发达者，故不能指其法律中何者为宪法，亦不能指其成立之年。
那　威	1814	后尚有修正。
丁　抹	1849	后尚有修正。
西班牙	1876	
葡萄牙	1826	后 1852 年有所追补。
罗马尼亚	1866	
希　腊		
塞耳比亚	1869	
蒙得尼克	1852	
耳克森		
黎典达因		
桑马利		

续表

国　名	成立之年	大　略
木拿哥		
美利坚	1787	现行于诸国之成典宪法，以美国宪法为最早，后又追补十余条。
墨西哥	1875	后有修正。
尼加拉加	1858	
波利比亚	1826	
哄都拉		
秘　鲁	1856	
智　利	1810	
巴拉圭	187□	
乌拉艺		
委内瑞拉		
巴　西	1824	
哥伦比亚		
哥斯特利加		
瓜德马拉		
亚然丁	1853	
荒称帕多		
海　地	1867	
以瓜多		
日　本	1889	亚洲各国之有宪法者，今唯此一国。

凡非立宪者，虽独立国，此表不录，如俄罗斯、土耳其是也。凡非独立者，虽有宪法，此亦不录，如加奈大、布哇等是也。凡独立而为立宪，唯其宪法非成典者，则于其下注明之，如英吉利、瑞典是也。凡独立而为立宪，而其宪法成立年数不详者，则存名于此，如哥伦比亚、哥斯特利加等是也。

周逵编译：《宪法精理》，上海广智书局，光绪二十八年（1902）二月版

法理学大家孟德斯鸠之学说

光绪二十八年二月十五日、三月初一日

中国之新民①

自一千七百七十八年，美国独立建新政体，置大统领及国务大臣以任行政，置上、下两议院以任立法，置独立法院以任司法，三者各行其权，不相侵压，于是三权鼎立之制，遂遍于世界。今所号称文明国者，其国家枢机之组织，或小有异同，然皆不离三权范围之意。政术进步，而内乱几乎息矣。造此福者谁乎，孟德斯鸠也。自千七百七十二年，英人于本国禁用奴隶；八百三十三年，并属地而悉禁之；八百六十五年，美国南北战罢，奴制全废。而俄罗斯亦以千八百六十一年，行释放农奴之制。于是白种人辖治之地，无复一奴隶。苟及岁者，皆得为自由民。人道始伸，而戾气渐灭。造此福者谁乎，孟德斯鸠也。自白加掠著《刑法论》，为近世刑法之所本，而列国靡然从风，废拷讯之制，设陪审之例，慎罚薄刑，惟明克允，博爱之理想，遂见诸实事。造此福者谁乎，孟德斯鸠也。孟子曰：有王者起，必来取法，是为王者师也。近世史中诸先哲，可以当此语而无愧者，盖不过数人焉。若首屈一指，则吾欲以孟德斯鸠当之。

孟德斯鸠，法国人也，生于一千六百八十九年（康熙二十八年）。幼禀天才，读史有识。稍壮，探究各国制度法典，并研究法理学。千七百四十年，举为本省议会议员。其年入学士会院，益刻苦厉精，研治各学，颇有著述，为世所称。千七百四十六年，辞议员职，游历欧洲诸国。归国后，益潜心述作，先成《罗马盛衰原因论》、《英国政体论》两书，既乃成《万法精理》（法文原名 Esprit des Lois，英文译为 The Spirit of Laws，译意言法律之魂也。日本人译为此名，今从之），以千七百五十年公于世，盖作者二十年精力之所集也。此书一出，全国之思想言论，为之丕

① “中国之新民”，即梁启超。

变，真有河出伏流一泻千里之势。仅此阅十八月，而重印二十一次云。其声价之高，概可想见。

当法王路易第十四之际，君主专制政体，正极全盛。及其殁后，弊害百出，群治腐败，道德衰颓，宫廷教会，尤为蠹政渊薮。然其时学术方进，英国文明之化，日侵流入。于是国民思想渐起，将拨反动力以排政治之专制，抑教会之横恣者，纷纷然矣。而当时筑其垒，煽其流，隐然为全国动力之主动者，厥有三人：一曰卢梭，二曰福禄特尔，三曰孟德斯鸠。卢氏之说，以锐利胜；福氏之说，以微婉胜；而孟氏之说，以致密胜。三君子者，轩轾颇难。而用力之多，结果之良，以孟氏为最。

孟氏之学，以良知为本旨，以为道德及政术，皆以良知所能及之至理为根基。其论法律也，谓事物必有其不得不然之理，所谓法也。而此不得不然之理，又有其所从出之本原，谓之法之精神。而所以能讲究此理穷其本原，正吾人之良知所当有事也。《万法精理》全书之总纲，盖在于是。

孟氏曰：凡属圆颅方趾，而具智慧者，即可以自定法律。虽然，当其未著定法律之前，自有所谓义不义、正不正者存，所谓事物自然之理也。法律者，即循此理而设者也。若谓法律所令之外，无所谓善，法律所禁之外，无所谓恶，是犹于未画圆形之前，而云自其中央达于周边诸线，长短相等也，如何而可哉？故理也者，人与人、物与物相交换之间，所最适宜者是也。而此理常同一，而无有变，若各邦所说之政法，特施行此理义之条目耳。

又曰：法律者，以适合于其邦之政体及政之旨趣为主。不宁惟是，又当适于其国之地势，及风土之寒热；又当适于其国之广狭，及与邻邦相接之位置，乃至土壤之沃瘠，及民之所业或农或牧或贾，各各相宜，又当适于其国民自由权之广狭，及民所奉之宗教；又当适合于民户之多寡，及人民多数之意向，与其性质。不宁惟是，此法律与彼法律必有相因，当求其所以设立之故，并创制此法者宗旨之所在。凡欲讲究一邦之法律者，必须就此数端，悉心考求，未可执一以论也。孟氏《万法精理》一书，即用此法以考察各国之法，而论列其得失之林者也。其博深切明，不亦宜乎。

孟氏学说，最为政治学家所祖尚者，其政体论是也。政体种类之区别，起于阿里士多德，而孟氏剖之更详。其言以为万国政体，可以三大别概括之：一曰专制政体，二曰立君政体，三曰共和政体。凡邦国之初立也，人民皆慑伏于君主威制之下，不能少伸其自由权，谓之专制政体。及民智大开，不复统于一人，惟相与议定法律而其遵之，是谓共和政体。此二者其体裁正相反，而介于其间者，则有立君政体，有君以莅于民上，然其威权受法律之节制，非无限之权是也。

既明其区别，乃论其得失。孟氏以为专制政体，绝无法律之力行于其间，君主专尚武力以慑其民。故此种之政，以使民畏惧为宗旨。虽美其名曰辑和万民，实则斲丧元气，必至举其所赖以立国之大本而尽失之。昔有路伊沙奴之野蛮，见树果累累，攀折不获，则以斧斫其树而捋取之。专制政治，殆类是也。然民之受治于其下者，辄曰但使国祚尚有三数十年，吾辈且假日媮乐，及吾死后，则大乱虽作，复何恤焉！然则专制国民之姑息偷靡，不虑其后，亦与彼蛮民之斫树采果者无异矣。

孟氏又曰：凡专制之君主，动曰辑和其民，其实非真能辑和也。何也？以彼夺民自由权，使民畏惧为本旨故也。夫民者，固有求自保之性者也。而畏惧之心，与求自保之性，又常不相容。然则专制之国，必至官与民各失其所愿望而后已。无他，其中之机关，本自有相牴牾者存也。故只能谓之苟安，不能谓之辑和。辑和者，人人各有所恃以相处而安其生也。苟安者，一时无战乱而已。故专制国所谓太平，其中常隐然含扰乱之种子。

又曰：凡专制之国，必禁遏一切新奇议论，使国民隤然不动，如木偶然。其政府守一二陈腐主义，有倡他义者，则言为畔道，为逆谋。何也？彼其宗旨固以偷一时之安为极则也。以故务驯扰其民，若禽兽然，时时鞭挞之，使习一二技艺，以效己用。民既冥顽如禽兽矣，则其中有一极狞恶而善威吓者，则足以统御之。不宁惟是，乃至不必以人为君，而治之有余。昔瑞典王查理第十二，尝有所命于元老院，元老院不奉诏，王曰：卿等若犹不从，朕将以一履强命卿等。元老遂唯唯不敢违。由此观之，一履犹可以御民。故曰不必以人为君，而治之有余也。

孟氏论专制之弊，大略如是，可谓深切著明也矣。至其论专制与立君两体之比较，则以为专制之国，君主肆意所欲，绝无一定之法律。然行之既久，渐有相沿成习之法以御众，此为政治沿革之第二期，此种政体威力与法律并行，盖专制之稍杀者也。虽然，其法律非因民之所欲而制定，未可称为真法律，只能谓之例案而已。而此例案者，果何物乎？则旧制相沿，国王之下，有若干之世臣巨室，皆有其先世所传之规例，君主或自恣过甚，若辈辄援例以争，藉以限制君权者，如斯而已。

孟氏又曰：立君政体国之机关，其所以运转自如不至破坏者，有一术焉。盖以一种矫伪之气习，铭刻臣僚之脑髓，牢不可破，即以人爵为莫大之荣是也。惟其然也，故孜孜焉各竞其职，莫敢或怠，以官阶之高下、禄俸之多寡，互相夸耀。因此一念，群臣皆自修饰，其甚者或致身效死，以邀身后之荣者，盖亦有人矣。而要之不外一种矫伪之气，驱而役之者也。

又曰：立君政体之国，苟欲不速灭亡，必其君主有好名之心，有自重之意，以己身之光荣，与国家之光荣，视同一体。如是则必将希合民心，勉强行道，而其国亦得以小康。虽然，君主好名之极，而世臣巨室，或不能限制其威权，则君主必自视如鬼神，而一无所顾忌。……此孟氏论立君政体之大略也。约而言之，则强暴之威力，与一定之规则，相混合而已。然则此政体者，亦专制、共和两政间之过渡时代也。

次乃论共和民主之政，孟氏以为民政未立以前，必有一种半君半民之政，以介其间。若是者，谓之贵族政治。盖以国中若干人独掌政柄，实君主之余习也。若夫共和政治，则人人皆治人者，人人皆治于人者。盖各以己意投票选举，以议行一国之政，故曰人人皆治人；既选定之司法官，则谨遵其令而莫或违，故曰人人皆治于人。而其本旨之最要者，则人民皆自定法律，自选官吏，无论立法、行法，其主权皆国民自握之，而不容或丧者也。

孟氏又谓：民主国所最要者，在凡百听民自为。其不能躬亲者，则选官吏以任之，民各行其权以选吏，其明鉴自有令人不得不叹服者。何也？民非必皆炼达事务，而于他人之炼达与否，辨之最明。身经百战者，必被举为武员；学问湛深者，恒被举为文职。余事皆然，盖有莫之致而至者焉。欲求国事之无失职者，莫善于此途矣。

孟氏论三种政体之元气，其说有特精者，即专制国尚力，立君国尚名，共和国尚德是也。而其所谓德者，非如道学家之所恒言，非如宗教家之所劝化，亦曰爱国家尚平等之公德而已。孟氏以为专制、立君等国，其国人无须乎廉洁正直，何以故？彼立君之国，以君主之威，助以法律之力，足以统摄群下而有余；专制之国，倚刑戮之权，更可以威协臣庶而无不足。若共和国则不然，人人据自由权，非有公德以自戒饬，而国将无以立也。

孟氏又曰：立君之国，或间有贤明之主，而臣民之有德者则甚希。试征诸历史，凡君主之国，其朝夕侍君侧号为近臣者，大率皆庸恶陋劣，见之令人作呕者也。何也？彼其坐于庙堂，衣租食税，不营产业，其皇皇焉日夕所求，不过爵位而已，利禄而已。其气傲，其行鄙。遇上于己者，则又卑屈无耻；遇有直言之士，则忌之特甚。听其言，则阿谀反复，诈伪无信。故遇仁圣之君，则恶其明察；遇庸暗之主，则贪其易欺。君主之倖臣，莫不如是，此古今东西之所同也。不宁惟是，苟在上者多行不义，而居下者守正不阿，贵族专尚诈虞，而平民独崇廉耻，则下民将益为官长所欺诈、所鱼肉矣。故君主之国，无论上下贵贱，一皆以变诈倾巧相遇，盖有迫之使不得不然者也。若是君主之国，固无所用其德义，昭昭甚也。

孟氏又尝著《波斯寓言》一书，以讽当时专制政治。盖其时欧洲惟荷兰、瑞士行民主政，颇为各国所重，而亚洲各国莫不畏之。故托诸波斯人语，谓荷、瑞不置君主，为欧洲最劣之国，然户口殷息，莫逾二邦云云。篇末遂自伸己意，谓有真光荣、真名誉、真德义者，惟民主国为然；一国之人可称为国民者，亦惟民主国为然。其推崇民主制如是。

虽然，孟氏于民主政治之精义，尚有见之未莹者，盖其于法律与自由两者之关系及其界限，未能分明故也。孟氏谓：法治之国（以法律施治谓之法治），人人得以为其所当为，而不能强其所不可为，此自由权所在也云云。顾所谓当为者，其意甚晦。何则？政府者，非能举人人所负之责任，而一一干预之也。特责任之关于义者，可以强之使行；其关于仁者，政府初不得而问也。孟氏又谓：凡法律之所听皆得为之，若此者谓之自由云云。虽然，此特指自由之关于法律者言之，未得为仁义中正之自由也。何也？所谓法律者，固非尽合于道也。故一国之中，虽人人服从法律，而未可谓真自由。何则？所谓法律者，谁创之耶？其法律果何如耶？是未可知也。夫法律纵为美备，若创法者为不称其职之人，而强行于国中，是亦不正也；即创法者悉称其职，一由国民之公议，然苟有背于自由平等之理，犹之不正也。孟氏于此义，未尽浏亮，故每以法律与自由并为一谭，此亦千虑之一失也。故孟氏虽推崇民主政体，然颇以不能持久为疑，盖犹囿于当时学者之所见，以古代希腊罗马之制，为民主政之极则，而于法治之真精神，尚一间未达也。

孟氏既叙述各种政体，乃论各政体所由立之本原。于是举英国政体，谓此所谓立宪政体，最适于用，而施行亦易，实堪为各国模范。其言曰：苟欲创设自由政治，必政府中之一部，亦不越其职而后可。然居其职者，往往越职，此亦人之常情，而古今之通弊也。故设官分职，各（同）〔司〕[①] 其事，必使互相牵制，不至互相侵越。于是孟氏遂创为三权分立之说：曰立法权，曰行法权，曰司法权，均宜分立，不能相混。此孟氏之所创也。

孟氏谓：立法、行法二权，若同归于一人，或同归于一部，则国人必不能保其自由权。何也？两权相合，则或藉立法之权以设苛法，又藉其行法之权而施此苛法，其弊何可胜言。如政府中一部有行法之权者，而欲夺国人之财产，乃先赖立法之权，豫定法律，命各人财产皆可归之政府；再藉其行法之权以夺之，则为国人者虽起而与之争论，而力不能敌，亦无可奈何。故国人当选举官吏之际，而以立法、行法二权归于一部，是犹自缚其手足而举其身以纳之政府也。

又谓司法之权，若与立法权或与行法权同归于一人，或同归于一部，则亦有害于国人之自由权。盖司法权与立法权合，则国人之性命及自由权必至危殆，盖司法官吏得自定法律故也；司法权与行法权合，则司法官吏将藉其行法之权以恣苛虐故也。若司法、立法、行法三权合而为一，则其害更甚，自不待言。故尚自由之国，必设司法之制，使司法官吏无罢黜之患者，何也？盖司法官独立不羁，惟法律是依，固不听行法各官之指挥者也。

孟氏此言，其所以分离三权，而不使相混者，盖以国人选举官吏，固以一己之事，使之代理，因分任其事于各人，而不使逾越。故三权鼎立，使势均力敌，互相牵制，而各得其所。此孟氏创见千古不朽者也。

虽然，三权之所以设立者，盖出于官民之互相契约，一则托以自由之权，一则受之。此其故孟氏实未之知，故其所论之旨趣，不能出代议政体之外。盖在代议政体，则任此三权者，实代民而任之者也。故必设法以防制之者，势也。若夫民主国，则任此三权者，不过受百姓一时之托，苟有不满于民者，则罢黜之

① 据《饮冰室合集》（文集之十三，第24页）校改。

而已。

孟氏又谓：自由之国，其国人苟有精神之自由者，则国人皆可以自治，而不必仰庇于人，故国人相聚为一，据立法之权以自守之可也。然此事颇难施行，在大国则必不可行，在小国亦不免流弊，故必选举若干人以代理之云云。

观孟氏此言，其意盖在代议政体，而未知民主之真精神也。卢梭驳之曰：所谓代理人者，将乘国人之信己，而藉口于代理国人，以肆行无忌，是犹画押于纸以授之也。夫官民之交涉，契约而已，故任立法之权者，止可云受托者而已，未可谓代理人也。

孟氏首举立法权而归之国民，诚当矣。次论行法权，则谓立法、行法不可不分，而行法权宜归一统，苟不尔则事或滞而不行，且不免错杂之弊也。然其论所以统一之之法，则以为舍君主末由，此盖犹拘墟于一时之耳目，而未达法治之大原也。不观诸美国乎，行法之权统于一人，所谓大统领也。而大统领之性质，与君主自殊科矣。何也？彼固未尝有特权也。孟氏必欲举行法权，归诸累世相承不受谴责之君主，又欲调剂二权，置贵族于君民之间，以成所谓混合政体者，此由心醉英风太甚，而不知英国此等现象，实过渡时代不得不然，非政法之极则也。

孟氏之论贵族，亦不免于谬戾。彼谓取人之材能勋绩，或炼达事务而选举之者，贵族政治之本旨也。盖彼之意，以为民主之本旨，则以抽签之法为选举；贵族之本旨，则以考绩之法为选举。夫一国之中设有特权，与一国之中人人平等者，本不相同。贵族之制或因门第，或因财产，而握有特权，异于平民；民主之制，则无论其材能如何、勋绩如何，初不因此而握特权。苟愿效力于其国者，则以一己之自由权，自行表荐，而国人亦以其自由权而选拔之。故彼此均有自由权，以互相为约，此即民主政治之本旨也。美国之上院则然，其不得以此为贵族之制亦明矣。

孟氏之所以致误之由，盖不知平等之义故耳。其意若曰：民主国之平等，不过无所区别，而一切贤愚均无所表异而已。是未真知平等之义者也。所谓真平等者，尊重各人之自由权，及由自由权所生之各权，无所等差。虽有奇材异能者，不得自恃其长，以制御众人，亦不得因此而有特权，唯以其自由权，自白其所长，以取信于众人，而众人亦以自由权选举之，如是而已。若夫材能勋绩，绝无所表异于众，要非平等之本旨也。

至其论法律制度，则孟氏所见，有极伟者。厥后法国改革制度，出于孟氏之功为多。十八世纪攻击奴隶恶习不遗余力者，莫先于孟氏。当时薄休惠及其他教徒等，均以奴隶为不当废。孟氏独辟之。又哥鲁智斯以战争为奴隶所由出，其言曰：战胜者固得杀获其敌人，于是宥其敌而使之为奴，固无所不可。其他学者又谓：主人与奴隶互相契约，此奴隶所由出也云云。孟氏于此等邪说，皆一一驳正之。今摘《万法精理》中数节如左：

战争之时，苟非万不得已，胜者固不能杀其敌人。且人虏他人以为奴，辄曰：吾当时万不得已，固欲杀之，寻又宥之，因以为奴。然为斯言者，果谁信之耶？盖彼诚万不得已，何不杀之？既可宥之，非真不得已也。

凡有所卖者，必有所自利。既自鬻以为他人奴，则非真出于卖买明矣。何则？一为人奴，则身命财产，皆为人有，则为主人者一无所施，为奴者一无所得，天下有如是之卖买者乎？夫各人所有之自由权，即众人所有自由权之一部，各人固不得而弃之也。

夫人不得自鬻其身，以弃其自由权。乃其所生之子，豫为设法，以弃其自由权，有是理耶？战胜者不得以所败之敌人为奴，乃并举敌人所生之子以为吾奴，其背于理亦明矣云云。

当时欧人蓄奴自利之风正盛，学者或文致其理以媚权贵，所以回护奴制，持之有故、言之成理者甚夥。然以遇孟氏之说，则如汤沃雪，如日照萤矣。故真理一昌，不过百年，而奴隶之制，遂绝迹于天壤。斯岂非仁人君子心力之为乎！

孟氏又倡议改革刑法，实为近世文明各国之所宗。先是，蒙吞士当十六世纪，尝论刑罚过严，谓为悖理，然闻者习焉不察。若李翕留所定刑典，则惨酷残忍，殆无人理。又路易第十四之敕令，更增揭死刑无算，拷讯之制，视为戏乐，犯者一罪，而受者两刑，一时恬然莫以为怪者。孟氏乃首唱废拷讯、设陪审、宽刑律诸大义，昭昭乎若揭日月而行。哲理一明，恶风丕变矣。

孟氏以为凡民政之国，其人皆有爱国之念与自重之心，苟非至凶极暴之人，断不至于犯法。故每以恶名之暴露，为谴罚之极点。在此等国，仅恃民法之力，已足（空）〔窒〕[①] 邪匿而遏恶心，彼暴力固在所不需也。故文明国之制刑，不

① 据《饮冰室合集》（文集之十三，第28页）校改。

在惩恶而在劝善，所以防未然、易风俗而已。辟以止辟，刑期无刑，此立理官之原意也。

又谓：凡法制之所以乱，罪犯之所以滋者，非由刑罚之宽有以致之也。惟有罪者得逭其罚，故虽严而不惩，苟廷尉良得其平，则画象而不犯。又谓：刑罚过严之弊，足以败坏人心，使丧其廉耻，而自甘卑污。盖国之所以乱，其故有二：一由民之不守法律，一由法律不善，驱民日趋于恶。夫民不守法，犹可教也，犹可坊也。若法不善而驱民于恶，则国非其国矣。何也？病之病可以药治之，由药生病，则愈病愈药，愈药愈病，不至于死亡而不止也。

自孟氏此论出世后，白加掠复祖述其意，著《刑法论》，发挥而光大之。流泽生民，日进月善，孟氏亦人道之明星哉。

孟氏于富国之学，亦能别创意见。彼谓自由之权，与平等之义相应，而财产之厚薄相去过远，则平等之义终不可保。何则？贫者与富者相并，其势不能无所屈。故孟氏欲新制法律，务使一国之货财，散布于众人，而不使聚于数人，又欲禁造无益之货物，使不害有益。此孟氏之论平准，所由以节约为主，而又欲举古昔民主国租赋之法数条，使复行于今日也。

孟氏之论租赋，谓民之所以出租税者无他，盖分其财产之一分，而使其余之财产，得藉此安固而已。故定租赋之额者，须将政府每年所需几何，与百姓每人所需几何，详为核算。若剥国人有用之财，以充国人无用之费，非自由之道也。

又定租税之基本，须通国人之财产，分之为三：一曰国人所不可一日无者，二曰国人有之，得藉此以利者，三曰即国人有之，亦不必有益于国人者。故第一分则为政府者决不得而税之，第二分则不妨税之，第三分则税之不妨稍重。盖使租税之额有轻重，以求合于平等。要之，从百姓财产之厚薄，以为其负担之轻重差，以上下其租税也。

孟氏又论政府周济贫人之法，其语亦有独到者。彼云：所谓真富者，有业之民而已；所谓真贫者，无业之民而已。其意盖谓人虽绝无所有，未足为贫，唯无业者乃为贫耳。

又谓：抚恤鳏寡孤独废疾者，若但给以衣食，虽曰仁慈，非政策也。政府当务之急，在使一国之人，各得其所，衣必暖，食必饱，而无饥寒疾病之患，此正为政府者之所当有事也。若夫姑息之计，不过好施者之所为，知政者所不取也。

故凡无所业者则与之，其未知所业者则教之，如是而已。

孟氏一切议论，深切著明，大率类是。虽后之论者，谓其于意欲自由之理，见之未莹，故其论道德法律也，能知其主义，不能知主义中之主义，能语其本原，不能语本原之本原，故可谓之法律史学，而未可谓之法律理学云。虽然，作始者难为功，继事者易为力。自孟氏以后，法理学大家陆续辈出。如奥斯陈、伯伦知理之徒，或其博（推）〔雅〕[①] 明辨，驾孟氏而上之；虽然，皆孟氏之子孙也。承其先业，而匡救其失，此正后学者之所当有事，而曾何足以为前辈黜耶？若孟德斯鸠者，真造时势之英雄哉！

孟氏以千七百五十五年卒，得年六十六岁。卒后二十年，而美利坚合众国独立；三十四年，而法国大革命起；四十九年，而拿破仑大法典成；一百十年，而美国南北战乱平，颁禁奴令于国中，著为宪法。

《新民丛报》第四、五号，光绪二十八年二月十五日、三月初一日（1902 年 3 月 24 日、4 月 8 日）

中国宜设议院议

光绪二十八年三月初二日

议院西制乎？曰非也。西名耳，岂西制哉。然则议院曷仿乎？曰仿诸古书，曰谋及卿士，谋及庶人，议院之制也。虞舜询四岳，咨十有二牧，滕文欲行三年之丧，父兄百官不欲，上议院之制也。诗曰询于刍荛，书曰皇帝清问下民，左氏记郑人游于乡校以论执政，下议院之制也。背周涉秦，禁偶语，愚黔首，孤立于上，谓之独夫。炎刘氏作设博士，议院犹有古意。嗣是二千余年用暴秦之政策，昧大同之公理，文法愈密，钳制愈工，而议院之名乃独归于泰西。

① 据《饮冰室合集》（文集之十三，第 29 页）校改。

考泰西之有议院，始自罗马，当中国周定王十五年，因条律不公，选十人公议国政，是为议院之起点。迨纪元后八百余年，法大选议员一千一百五十一人，春秋征集，与议国宪。一千一百四十四年，意新立议会。一千二百六十五年，英始定议院章程，垂诸后世，自是宗旨大明，文明日启，遂为不易之政策。

夫压力重则拒力生，热质凝则山火爆，君权尊则民变速，议院既立，百废具兴。薛叔耘先生之言曰：泰西立国规模，以议院为最良。当代通人，尚为心折，其制之美可知也。礼失求野，非所谓耻。中国今日欲开议院，则斟酌损益英法之制为最宜。请言英制，英议员无常额，世爵大者、贵者入上议院，小者、贱者入下议院。上议员由上选充，下议员由民公举，举之数，视地大小及民多寡，或商务骤兴，亦许多举。凡政由下议院议妥，关白上院，允者十之七八。法国政事亦专主于民，议院分上下两院。上院议绅三百人，九年一易；下院议绅五百三十四人，举由齐民，年一易，民十万得举议员一人，应举者必年过二十，居籍无犯法，在官者不举。凡政先交下议院议，始关白上院，上院曰可然后行。

中国诚能采取其法，开上下议院于京师。上议员则选明白事理、才识宏通之官绅充之，约一百人，三年一易；下议员则由民公举，大省三十人、中省二十人、小省十五人，约得四五百人，三年一易。在官者不举。国有大事，交下议院议之，议妥则交上议院议。若上议院有措置乖方者，准下议院指驳。每岁征各议员至京师，集议一次，如是则一德一心，群策群力。试陈其利，约有数端。夫一指之小，可掩太行；秋毫之察，乃昧眉睫。故大舜辟门用启中天之治，一夫炀□足为盛德之忧。议院既设，政由是行。无论贵贱，均得面君。事无留滞，速于置邮。孰得孰失，孰利孰害，皆可详言，无取私见。是日祛弊，其利一也。虎豹之猛，狮象之悍，牛马之庞，槛之驾之，俯首乞命，惟不能群也。欧墨之洲，高而嘎之族，白皙之种，积人积智，雄长环球，惟其群也。故星地相吸，世界质点相切，而成形体。亿兆相群，而成天卜，觥觥议员，激发爱力，互保国家。譬之以天下之目视，则视无不明；以天下之耳听，则听无不聪。是曰合群，其利二也。芸芸万类，乃被衮而独荣；渺渺群生，或在隅而雪涕。锢其无穷之智，夺我自有之权。损精塞虑，傀傀盱盱，有是理哉。故议院开，上取孔子务民之义，远缅礼运大同之治；下免四万万国之嗣，近师泰西通行之政。一耳目，齐心志，同好恶，亮诛赏，则民气奋矣，民权伸矣。是曰大公，其利三也。

或谓中国今日民智未开，旧党犹众，使设议院，徒多阻挠新政之人，无益于国。不知议院人虽多，必精其选；议虽杂，必取其多。或议不能定，则尚可更置议员，何虑阻挠？岂可因噎废食，惩羹吹齑乎？又或谓有议院必有党，有党必有争，有争必有乱，推其弊，必至君权日替，民气日嚣，国事日紊，虑之亦是也。不知议院只有议事之权，无行事之权，且群天下之心思议论悉受成于一人，不益见君权之尊乎？所谓用民权以尊君权者，此也。如疑其有党，则今日新旧、南北、满汉各党，亦岂议院为之乎？固不待辨而明矣。诚能破群疑，伸独断，取英法议院章程，斟酌损益，推行而变化之，岂非国家之福哉！

《时事采新汇选》录自《商务日报》，光绪二十八年三月初二日（1902 年 4 月 9 日）

主客平议

光绪二十八年五月二十一日至二十三日

中国自甲午中东一役而情实露，自庚子内讧而情实愈益露。盖不独列强之所以待我者大异乎其初，即神（洲）〔州〕之民所以自视其国者亦异昔。于是党论朋兴，世俗之人从而类分之，若者为旧，若者为新。夫二者若徒就其所论而观之，则若甚异而莫一合；至察其用意，则皆爱国一念之发中也，特时势事情有审不审耳。本报开既数日，搢绅先生、绩学钜子颇不弃而临存之，时时教以报事之所不逮，致足感也。日者二客见临，姓氏既通，伟论乃始。主人旁聆其言，窃有以窥夫时论大凡症结之所在。客既去，爰泚笔而录之报端，意或者亦海内之所愿闻也。

旧者曰：嗟夫！时至今日，世变亟矣，外侮深矣！而事之所以至此者，坐师不武，臣不力耳。而时务之士，乃病其政教。夫纲常名教，凡中国所恃以立国、明民者，亘万古而不变者也。属者之不振，正纲常民教之不张，张则格苗贡雉之盛，可复见于今日。是故谋国之要在于反经，经正而庶民兴，无余事矣。且吾不解，夫世之所谓洋务与西学者，果何物也？吾大学之所教，始以明德，终以新民，固无一不止于至善。其为目，自格物以至于平天下，金声玉振，何所不赅？世岂有外是为学者乎？就令有之，无亦杂霸功利之末流，可以幸一时之富强，而不可以致太平之盛轨。又况洋者吾仇，西者吾寇，寇仇之所为，安往而不祸中国？是宜深恶痛绝之不暇，奈之何又从而慕之，且扬爂推澜，使其物反加于吾先圣先王之上乎？方今阳九百六之运道丧言尨，周、孔、程、朱之泽不绝如线。子为中国人而被服儒者也，固宜出万死不顾一生之计，求有以维持之，使人道无至于遂绝。乃设淫辞而助之攻，意若谓是陈陈者，固不如早熸之为愈也。呜呼，其亦不仁甚矣！吾闻守己者之可以存己矣，未闻毁己从人者之能存己也。

新者曰：今夫国其盛衰废兴，必非一朝一夕之故也，莫不有其所从来。故中国之弱，非弱于财匮兵窳也，而弱于政教之不中。而政教之所以不中，坐不知平等自由之公理，而私权奋、压力行耳。盖先圣之创垂，非一要以维亿兆之治安。而泰西之法制，多方归于使种民之强殖。况今者全球云蒸，五洲趾错，物竞之风潮甚大，优者必胜，劣者必僵。今试取吾国之形以与彼族者较，则几几焉无一事不瞠然后也。溯自道、咸至今，徒以气矜之隆，其受创于异种人者，为前世所未曾有。则天之所以儆吾民者，可谓至矣。失今不图，奴虏灭亡之忧，势有所必至，仅失财蹙地云已哉？且墨守者之言过矣。政教立所以为民，非民生所以为政教也。使循古勿变，而可驯致于强乎？则吾辈何必取高皇帝之法度而纷更之？诚情见势屈，知非更始不为功。则刍灵輴涂，固无取再寝之眯。此虽管、葛生今，其为术不外是也。如曰是莘莘者，皆先圣之所留贻也，宜死守而勿去。是则以国与民殉乎政教。顾国亡民散之后，政教亦无所托以为存，智者所图固若是乎？故吾重思之，宁为更新之难，不为笃古之易。洋务西学，诚经世者所不可不讲也。不然，尊宗国而疾寇仇，吾岂异于人哉？

旧者曰：中国古之学者，无所谓经世之术也，治礼焉而已；而先王之宰制天下，亦无所谓经世者也，明礼焉而已。故孔子曰："能以礼让，为国乎何有？不能以礼让，为国如礼何？"至于三代之治愈，无所谓富国强兵者矣。盖至仁无敌，而治具既张，则民德归厚，先仁义而后利资，斯无假力征经营，自有以奠其国于磐石。熙皞之民，耕三余一，鼓腹含和，无过庶过富之通患。惟至世衰道散，而希俗取容之士始扼腕争言富强，如管仲之内政、李悝之任地、白圭之治生、商君之阡陌、孔僅之盐铁、桑羊之均输，大抵偷为一切之政以中伤君。而其究也，民俗凋敝，而国本之拨随之。故曰利也常不如其害。嗟乎！彼西人今日所称富强之术，岂异此哉？且夫礼莫大于等威，故上天下泽、君君臣臣者，天之秩叙，而国之纪纲也。秩叙紊，纪纲亡，则民僭奢诪张，相率以从于无等之欲。故物力常屈于纷争，而世且敝敝大乱。当此之世，国虽有粟得而食，诸子所称今日之西人以言富强则固富强矣，以言其治则未至也。何以言之？彼数年之间，法兰西、美利坚之总统皆死于非命矣。比者奥、意、德、俄之主，咸早暮（廩廩）〔凛凛〕于均富无政府之党人，如此而曰国治，得乎？寡昧无识之夫，徒震于彼族一再胜之威，不知吾立国之经，固自有其大且远者，乃嚣然欲举中国数千载之天经地义，弁髦弃之。旦而言平等，夕而说自由。有民权者，有民主者，甚且蔑君相之尊，指为一国之公仆，忘非后何戴之义，有用夷变夏之思。涓流可以断山，星火可以燎原。乃今者，革命之谈，遍南北矣。夫拨乱反正可也，弃治从乱不可也。闻国治而后富强者矣，未闻倡乱以图自强者也。革命之谈非倡乱耶？夫中国丁今时之厄运，谓之贫弱可耳。然尚足以肤立于列强相轭之世，得一二老成人为维持其纪纲，则庶几可以治，治则庶几可以强。乃使蜂气者起而乘之，将外之则海水群飞，内之则瞻乌靡止。于斯之时，彼眈眈环伺之敌，将并集于吾敝，则天下乃真亡耳。新若故，奚择焉？

新者曰：有是哉？吾子之拘于所习也。今夫中与西之言治也，有其必不可同者存焉。中之言曰：今不古若，世日退也。西之言曰：古不及今，世日进也。惟中之以世为日退，故事必循故，而常以愆忘为忧。惟西之以世为日进，故必变其已陈，而日以改良为虑。夫以后人之智虑，日夜求有以胜于古人，是非决前古之藩篱，无所拘挛，继人人心力之所极者，不能至也，则自由尚焉。自由者，各尽其天赋之能事，而自承之功过者也。虽然，彼设等差而以隶相尊者，其自由必不全。故言自由，则不可以不明平等。平等，而后有自主之权。合自主之权于以治一群之事者，谓之民主。天之立蒸民，无生而贵者也。使一人而可以受亿兆之奉也，则必如班彪王命之论而后可顾。如王命论者，近世文明之国所指为大逆不道之言也。且以少数从多数者，泰西为治之通义也。乃吾国之旧说不然，必使林总之众劳筋力，出赋税，俯首听命于一二人之绳轭。而后是一二人者乃得恣其无等之欲，以刻剥天下，屈至多之数，以从其至少。是则旧者所谓礼，所谓秩序与纪纲也。则吾侪小人，又安用此礼经为？且吾子向所谓富强者，富强此一二人，至少之数也。而西国所谓富强者，举通国言之，至多之数也。法与美之总统，不数年而皆死于非命，固也。然吾子之所谓乱者，（政）〔正〕吾之所谓治也。何以言之？向使其事见于中国，则全局之危岌，将不知几人称帝，几人称王，以逐此已失之鹿，民生涂炭，又当何知？乃在欧美之间，则等于牧令之出缺已耳。此非其治欤？嗟乎！二十世纪之风潮，不特非足下辈旧者所能挽，且非吾辈新者所能推。循天演之自然，而其效自有所必至。使天而犹眷中国乎？则立宪与革命，二者必居一焉。立宪处其顺而易者也，革命为其逆而难者也，然二者皆将有以存吾种。惟二者举无所为，夫而后眈眈之敌有以承吾敝耳。足下前言所谓知其一而不知其二者也。

于是，大公主人乃起而解两家之难，曰：美哉！二子之言，是皆持之有故，言之成理者欤。虽然，其皆有所明，而亦各有所忽。夫自由、平等、民主、人权、立宪、革命诸义，为吾国六经历史之不言，固也。然即以其不言，见古人论治之所短。今使其人目略识旁行之文，足稍涉欧美之地，则闻闻见见将无所遇而不然。彼中三尺童子皆知义务民直为何等物也，至于发明、伦理、治法之书，则于前数者之义为尤悉。士生今日，使朝廷禁其读西书、治新学，则亦已矣。若必读西书，必治新学，而乃取前数者之说而绝之，曰此非西士之言也，直康梁之余唾耳。此何异以六经四子授人，乃大怪其言仁义，曰此非孔孟之说也，直杨墨之唾余耳。公等有不大笑轩渠者乎？往者某尚书最畏民权自由之说，亲著论以辟之矣。顾汲汲然劝治西学，且曰西艺末耳，西政本也。不悟己所绝重者，即其最畏之说之所存，此真可为强作解事者殷鉴矣。然此不具论，窃谓国之进也。新、旧二党，皆其所不可无，而其论亦不可以偏废。非新无以为进，非旧无以为守。且守且进，此其国之所以骏发而又治安也。故士之无益于群而且为之蠹贼者，惟不诚耳。倾巧险戏，于新、旧二者之旨本皆无所信从，而徒以己意为禽犊，遇旧则为墨守，逢新则为更张。务迎合当路要人，以苟一朝之富贵，则吾真末如之何也。已使皆出于诚，则心之不同如其人面。旧者曰：非循故，无以存我。新者曰，非从今，无以及人。虽所执有是非明暗之不同，要之其心，皆于国有深爱。惟新、旧各无得以相强，则自由精义之所存也。嗟乎！庚子妖民愚竖，盗兵潢地，其贻祸国家至矣。然而，其中不可谓无爱国者，特愚妄愤戾，而其术又纯出于野蛮，此其所以终被恶名，而无以自解于天下。呜呼！亦可伤已。虽然，士处此时，新、旧固各任其自择，苟出于诚，其于群皆有一节之用，顾不佞所以为天下正告者。中国以一统之局为其旧者，三千余年于兹矣，乃今开关，以与五洲之人类相见，则本屈伸相酬、无往不复之理。吾策新机之动，将必有不可思议者，见于方来，公等惧其过而为祸烈欤？则莫若利导之，其次整齐之，最下与之争。争之犹可，若乃据一时之国柄，而逞其禁锢剿绝之淫威，则无异持丸泥以塞孟津，势将处于必不胜，而后此流血滔天之祸，有其尸之者矣。咎不必尽在新者徒也，吾所为旧言者，止于此尔。

至于新者，独无以云乎？夫中国亲亲贵贵之治用之者，数千年矣。此中之文物典章与一切之谣俗，皆缘此义而后立，故其入于吾民之心脑者最深而坚，非有大力之震撼与甚久之渐摩，无由变也。且异族之来而与吾种竞者，仅五十年耳。先是，则以谓横目之民莫我贵也，宇内治制莫此优也。至疆场之事，一彼一此何足计乎？故一旦欲变其感情思想，则其势不能。当此之时，前识忧时之士，旷观千古，横览五洲，念吾民设长此而终古，则不足图存于物竞最烈之余。于是，忧其笃古者则进之，以从今起，其受治者而勖之使自立。此其意诚善也，独数千载受成之民质，必不如是之速化。不速化，故寡和。寡和，则勍者刓之，必相率为牺牲而后已。夫牺牲何足辞？独是天之生先觉也不易，而种之有志士也尤难。奈何以一二人倡说举事之不详，遂牵连流血以灌自由之树乎？是公等为已谋之未臧，而又使吾国受大损也，其亦重可悲矣。且其效于群，又何如？昔英之革命也，实当胜代之季；法之革命也，近在乾嘉之间。至今考其国史，其酝酿之也皆百余年，而事后之创夷国之唫咿呻吟者又百余岁，夫而后文明之终福获焉，则其难有如此者。且欧、美二洲之间，非一国也，所谓自由溥将而民权大重者，独英、美及中间数小部则然耳。西班牙不如是也，德意志不如是也，至俄罗斯则愈不如是。比者学子、乡傭之蠢蠢有明征矣。乃至即英、法诸先进之国言之，而其中持平等民权之政论者，亦仅居其大半。卢梭氏之民约、洛克氏之政书，驳其说以为徒长乱阶者，岂止一二人哉？夫泰西之民，人怀国家思想，文明程度若甚高矣，其行民权之说尚迟，而且难如此。公等试思，是四万万者为何如民乎，而期其朝倡而夕喻也。嗟乎！傲旧俗之余劲与沮文明之潮力，二者贤不肖异，而皆不祥之金也，以其皆长杀机而拂天演之自然故也。

言未竟，而新者进曰：使人力必不可以胜天，则日本以三十年之变政而比迹列强，是何兴之暴耶？主人曰：日本殆天授，非人力也。彼固得其所权藉，而非他国所可当也。何以言之？其始也，有天皇与幕府对立之现势，使得阴行革命之实于反正之中，一也；其开通也，先于上位，故能用专制之柄以偃维新之风，二也。有老大帝国之支那，以为其及锋之质，以一胜之效而民气振焉，民志坚焉。凡此皆其所权藉也，故能三十年而成世史未有之丕烈。问吾中国有一于此乎？盖中国之湛痼不亚于昔之法兰西，而政教之火烈水深又不如其已甚，又无笛卡儿氏、贝礼氏、福录特尔氏辈之导其先也。其幅员之广博庶几夫俄罗斯，而风气之纯一又远过之，独无大彼得之为君，以新其国命。今者转弱为强之机，内之悬于两府，外之系于封疆。顾斯二途，后此二十年之间，其能得人与否，几几可以预卜。方将资学校以培才，而今之所谓学堂者，特书院之变相耳，何能为乎？公等诚皇皇矣。然独弦哀歌，而无如其孤唱寡和，何也？仆诚无以慰足下，特望忍之而已。斯宾塞尔不云乎，士必有宁静之智，而后有以达其宏毅之仁也。

《大公报》，光绪二十八年五月二十一日至二十三日（1902年6月26日至28日）

饮冰室师友论学笺·东海公来简

光绪二十八年七月初一日[①]

黄遵宪

（前略）二十世纪中国之政体，其必法英之君民共主乎。胸中蓄此十数年，而未尝一对人言。惟丁酉之六月初六日，对矢野公使言之。矢野力加禁诫，尔后

① 原注“壬寅五月”，此据《新民丛报》刊载时间。

益缄口结舌。虽朝夕从公游，犹以此大事未尝一露，想公亦未知其深也。

仆初抵日本，所与游者多旧学，多安井息轩之门。明治十二三年时，民权之说极盛，初闻颇惊怪，既而取卢梭、孟德斯鸠之说读之，心志为之一变，以谓太平世必在民主，然无一人可与言也。及游美洲，见其官吏之贪诈、政治之秽浊、工党之横肆，每举总统，则两党力争，大几酿乱，小亦行刺，则又爽然自失，以为文明大国尚如此，况民智未开者乎。因于所著学术中论墨子，略申其意。又历三四年，复往英伦，乃以为政体必当法英。而其着手次第，则又取租税、讼狱、警察之权，分之于四方百姓。欲取学校、武备、交通（谓电信、铁道、邮递之类）之权，归之于中央政府。尽废今之督抚藩臬等官，以分巡道为地方大吏，其职在行政，而不许议政。上自朝廷，下至府县，咸设民（撰）〔选〕议院，为出治之所（初仿日本，后仿英国）。而又将二十一行省分画为五大部，各设总督，其体制如澳洲、加拿大总督。中央政府权如英主，共统辖本国五大部，如德意志帝之统率日耳曼全部，如合众国统领之统辖美利坚联邦。如此则内安民生、外联与国，或亦足以自立乎！

近年以来，民权自由之说，遍海内外，其势长驱直进，不可遏止。而或唱革命，或称类族，或主分治，亦嚣嚣然盈于耳矣。而仆仍欲奉主权以开民智，分官权以保民生，及其成功，则君权民权两得其平。仆终守此说不变，未知公之意以为然否？已不能插翼奋飞，趋侍左右，一往复上下其议论，甚愿公考究而指正之也。

天下哗然言学校矣，此岂非中国之幸，而所设施所经营，乃皆与吾意相左。吾以为非有教科书，非有师范学堂为之先，则学校不能兴；而彼辈竟贸贸然为之，一也。吾以为所重在蒙学校、小学校、中学校，而彼辈弃而不讲，反重大学校，二也。吾以为所重在普通学，取东西学校通行之本，补入中国地理、中国史事，使人人能通普通之学，然后乃能立国，乃能兴学，而彼辈反重专门学，三也。吾以为《五经》、《四书》当择其切于日用、近于时务者，分类编辑，为小学、中学书，其他训诂、名物，归入专门，听人自为之，而彼辈反以《四书》、《五经》为重，四也。吾以为学校务求其有成，科举务责人以所难，此不能兼行之事，今变学校，乃于《十三经》外，更责以《九通》、《通鉴》，毕世莫有究其业，此又束缚人才之法也，而彼辈乃兼行科举，五也。吾以为兴学所以教人，授官所以任人，此不能一贯之事，今兴学校，乃专为翰林、部曹、知县而设，然则声、光、化、电、医、算诸学，将弃之如遗乎，抑教以各业，俟业成而用之治民莅事乎？而彼辈仍用取士官人之法施之于学校，六也。且吾意此朝廷大政，断非督抚所能画疆而治者。如有用我，以是辞之。（后略）

《新民丛报》第十三号，光绪二十八年七月初一日（1902年8月4日）

政治学学理摭言

光绪二十八年八月初一日、九月十五日

中国之新民①

近世欧美各国宪法及其他法律所规定之诸条件，大率应用最新最确之学理。骤视之，其言简单平淡，若无以大异于古昔；深而味之，皆有其邃且远者存。其专门治斯学者，自能领会，不待喋喋矣。顾吾国人士，知此者希。不揣冒昧，因涉猎所及，辄引伸之以下解释。一彼一此，首尾不具，不足以称著述，故名曰摭言。

君主无责任义

凡立宪君主国之宪法，皆特著一条曰：君主无责任，君主神圣不可侵犯。此其义何？曰：此过渡时代之绝妙门也，此防杜革命之第一要著也。

君主者，一国之元首，而当行政机关之冲者也。凡行政者不可不负责任，行政者而不负责任，则虽有立法机关，亦为虚设，所公立之法度，终必有被蹂躏之一日，而治者与被治者之间，终不得协和，是立宪国所大忌也。然则行政首长之君主，反著明其无责任，以使之得自恣，毋乃与立宪精神相矛盾耶。而岂知立宪

① “中国之新民”，即梁启超。

政体之所以为美妙者，皆在于此。

宪政之母，厥惟英国。英国人有恒言曰："君主不能为恶。"以皮相论之，此可谓极无理之言也。夫君主亦犹人耳，人性而可使为不善也，岂其履此九五而遂有异也。虽然，考诸英国今日之实情，则此言良信矣。于何证之？夫所谓君主之恶者，则任用不孚民望之大臣以病民，一也；民所欲之善政而不举，二也；民所恶之秕政而强行，三也。英国则何如？英国宪法，皆不成文，故各种权力范围之消长，其沿革不可不征诸历史。今考英国任命大臣之成例，自千六百八十九年维廉第三纳桑达仑之言，命下议院中最占多数之党派之首领，使组织政府。以后沿为成案，凡非得议院多数之赞成者，不得在政府。至后安时代，兹例益定。当时首相玛波罗，本保守党首领，及战事起，保守党虽反对，而进步党赞成之，政府卒不更易，是其证也。及占士第三，虽欲自揽政权，任用私人，卒为议会所抗，不能行其志。至占士第四、维廉第四时，王权之限制益严，逮前皇域多利亚六十年中，此例益铁案如山，不能动矣。尔后格兰斯顿、的士黎里两雄角立时代，每当总选举时，在朝党察视议会中不及敌党之多数，即不待开国会，而自行辞职。由此观之，英国政府各大臣，非得以君主之意而任免之者也。其任免之权，皆在国民。是君主不能任用失民望之大臣以病民，有断然也，其不能为恶者，一也，英国当查里士第二、维廉第二时代，凡政府会议，则君主亦列席而置可否焉。占士第一以后，此例遂废，一切政略，由大臣行之，君主绝不过问。夫大臣之办理政务，非经君主画诺，不能施行，固也。虽然，若大臣以不能实行其政略之故，欲去其职，而国会赞成大臣，必欲要求其实行，乃至各选举区，皆赞成国会之要求，则君主例不得拒之。故名士安逊尝言"英国自一千七百十四年以后，君主与大臣其实权易位，前者则君主经大臣之手以治国，后此则大臣经君主之手以治国也"云云。由此观之，则英国君主不能阻民所欲行之善政，有断然也，其不能为恶者，二也。自亨利第八以来，君主屡独断以办外交之事。及占士第三以后，至于今日，凡君主引见外国使臣，必以外务大臣陪席，其与外国君主来往书简，非经首相或外务大臣一览，不能发出。而君主特权之自由，殆皆丧失，又不徒于外交为然耳，于内治亦然。占士第四时，尝有爱尔兰人受死罪之公判者，王欲自行特权，命爱尔兰总督赦之，首相罗拔比尔反对之，谓非经责任大臣之手，不能行此权，其事遂止。自兹以往，王者益无敢自恣矣。由此观之，则英国君主不能强行民所恶之秕政，有断然也，其不能为恶者，三也。质而言之，则英国君主岂徒不能为恶而已，虽善亦不能为。顾称此不称彼者，恶则归大臣，善则归其君耳。虽然，彼君主者既肯尽委其权于国民所信用之大臣，而不与之争，斯即善之大者也。则虽谓英国君主能为善不能为恶，谁曰不宜？

夫人至于不能为善、不能为恶，则其万事毫无责任，岂待问哉？故英国国民无贵无贱，无贫无富，无老无幼，无男无女，无不皆有责任，惟君主则真无责任。英国宪政者，各国宪政之母也。故凡立宪国之有君主者，莫不以“无责任”之一语，泐为宪文。虽其行用特权之范围，不无广狭之殊，要其精神，则皆自英国来也。所谓君主无责任者，如是而已，如是而已。

君主所以必使之无责任者何？曰：避革命也（此义本甚浅显，人人意中所有也。而在立宪君主国之学者，多不肯揭破言之，日本人尤大忌焉。则美其名曰：君主神圣故无责任，有特权故无责任）。凡有责任者，不尽其责则去；不尽其责而不去，则夫立于监督之地位者，例得科其罪而放逐之。此天地之通义也。儒教之言君主政体，则有责任之君主也。故曰：残贼之人，谓之一夫。闻诛一夫，未闻弑君。故曰：君之视民如草芥，则民视君如寇雠。故曰：汤武革命，顺乎天而应乎人（春秋之义，凡君主为孔子所绝者，不一而足，绝之者皆以其不尽责任也。孟子言责任之义，尤深切著明，其语齐王云：友人冻馁妻子则如之何，士师不能治事则如之何，四境之内不治则如之何。皆以唤醒责任观念也。又云：求牧与刍而不得，则反诸其人乎，抑亦立而待其死乎？皆责任之义也）。凡以示夫监督人所应行之权利也。夫代表一国而当行政之冲者，其责任非犹夫寻常责任也，十事九尽责而一不尽焉，则固已不可以尸其位。而彼君主者，终其身而当此冲者也，短者数年，长者数十年，虽舜禹复生，岂能保无百一之失乎？有之而民隐忍焉。今日可隐忍其一，他日即可隐忍其百，而政其紊、国其颓矣。有之而民不隐忍焉，则是革命终无已时也。夫一人之身，数十年之久，而其责任之难完，固已如是，而况乎世及以为礼，卜世至数十，卜年至数百者耶。若是乎，君主与责任，势固不能并行。重视君主，则不可不牺牲责任；重视责任，又不可不牺牲君主。而孔孟乃欲两利而俱存之，此所以中国数千年君主，有责任之名，无责任之实，而革命之祸，亦不绝于历史也。

泰西之民知其然也，以为凡掌一国行政之实权者，不可不负责任，既负责任，则必随时可以去之留之，而不能以一人一姓永尸其位。而所谓实权者，或在元首焉，或在元首之辅佐焉。苟在元首，则其元首不可不定一任期，及期而代，如古罗马之“孔苏”，今合众国、法兰西之“伯理玺天德”是也。苟欲元首之不屡易，则其实权不可不移诸元首以下之一位，今世立宪君主国所谓责任大臣是也。故夫一国之元首，惟无实权者乃可以有定位，惟无定位者乃可以有实权。二者任取一焉，皆可以立国；混而兼之，国未有能立者也。即立矣，未有能久存于今日物竞天择之场者也。善哉君主无责任，黠哉君主无责任。

君主无责任，故其责皆在大臣，凡君主之制一法、布一令，非有大臣之副署（副于君主以署名也），则不能实行。故其法令之不惬民望者，民得而攻难之，曰：吾君本不能为恶也，今其为恶，皆副署者长之逢之也。故虽指斥其政而不为不敬，废置其人而不为犯上。而彼副署者，亦不得不兢兢于十目十手之下，以自检自黾。而一国之政务乃完善之至也，君主无责任使然也。

或曰：汉制有灾异，则策免三公（孔子之义，凡君主皆对于天而负责任，故有灾异，则君主当恐惧修省）。是非责任大臣之意乎？其与欧洲今制将毋同，曰：是不然，必君主无责任，然后可以责诸大臣。若汉制者，是抗世子法于伯禽之类也。周公辅成王，成王有过，则挞伯禽。夫伯禽非有力以禁成王之过者也，使成王而不贤，则伯禽将终日被挞，冤哉禽矣！汉制君主独裁于上，宰相不过出纳喉舌，及其叔季，且并此出纳之权，而移于尚书，移于中书，而三公独李代桃僵焉，冤之至也。若立宪国之责任大臣，则君主非特不得而尼之，抑亦不得而助之。彼宪政最完之英国无论矣，即如德国君权较盛者也（德国宰相不以议政之多数少数为进退），而一千八百八十二年八月，宰相俾士麦请德皇下诏敕以自固其位，反对党首领波因氏即在议院斥其自卸责任，而以皇室为怨府，其后俾士麦即失舆望，而不得不避贤路。日本以皇统一系自夸耀，人民尊王心最盛者也，而去年二三月间，伊藤内阁因贵族院反对议案，乞日皇手谕劝解，举国万口沸腾，谓其违犯宪法，假皇权以自拥护，未几伊藤遂乞骸骨。是皆君主不许助大臣之成例也。若英国议院，则例不准称君主之名，述君主之意，以决议案，有者则为大不敬，其所以为坊尤至矣。盖不如是，则责任大臣之实效，未有能举者也。

曰：若是乎，立宪国之君主，其为虚器也，章章矣。顾犹悬兹而勿革何为也？曰：是过渡时代实然。天下为公，选贤与能，固百世之大经也。虽然，诸民族之性质境遇，万有不齐。有宜于民主者，有未能遽宜于民主者。既未宜焉，则君固不可以不立。君既立矣，则欲其安而不危也，欲其治而不乱也，舍此将奚以哉？况责任大臣之制，有时固更优于民主者乎（余别有论）。

君主无责任也，君主神圣不可侵犯也，二者盖异名同实也。惟其无责任，故可以不侵犯；惟其不可侵犯，故不可以有责任。易文言之释亢龙曰：贵而无位，高而无民，是以动而有悔也。盖立宪君主之象也，无动则无悔，无责任则无侵犯也。而不然者，不病君则病国，不病国则病君。噫，殆哉岌岌乎！

最大多数最大幸福义

今日欧美所谓文明，皆过渡时代之文明也。其证据不一，若最通行之政治学说，所谓“最大多数最大之幸福”者，亦其一端也。

如佛说众生全体之最大幸福，如孔耶说人类全体之最大幸福，尚矣。即不能，如卢梭诸先辈所说国民全体之最大幸福，抑其次也。其奈今日皆不可行，今日之天下，一利害矛盾之天下也，有所利于此，必有所不利于彼，或此之利益较增，则彼之利益必不得不稍杀，于是两造常相搏，而制胜者惟恃强权。野蛮时代，强权常专在少数者，故幸福亦常在少数者，而得幸福者之多数少数，即文明差率之正比例也。故纵览数千年之世运，其幸福之范围，恒愈竞而愈广，自最少数而进于次少数，自次少数而进于次多数，自次多数而进于大多数，进于最大多数。他日其果能有国民全体人类全体皆得最大幸福之一日乎，吾不敢忘。若在今日，则最大多数一语，吾信其无以易也。

日进而趋于多数也，是天演之公例不可逃避者也。虽然，亦恃人力焉。故学理明则其进也必速，学理误则其进也必缓，或且凝滞不进者有焉矣。西人惟悟此学理也，故数百年，常循自然之运而进行。当中世之末，贵族与国王争政权，贵族多数而王少数也（英国宪法原自贵族与王争而得之者）。十六七世纪，人民与教会争政权，人民多数而教会少数也。十八九世纪以来，平民与贵族争政权，平民多数而贵族少数也。自今以往，劳力者得与资本家争政权，劳力者多数而资本家少数也。凡多数之与少数争，其初也必诎，其究也必伸。此虽天演进化之理不得不然，然常赖学理以左右之。盖有学理，则多数之弱者敢于相争，而少数之强者不得不相让。今日欧美之治，皆此一争一让所成之结果也。他日或能将此幸福范围愈扩愈大，以驯至世界大同之运者，亦一争一让所成之结果也。

有宗教言以劝让，有哲学家言以劝争，两者相剂而世运乃日进焉。泰西之治，实颇赖是。中国儒家言，皆教让之言也。其语在上之有权力者，教以保民，教以养民，教以利民，皆导之以让而勿使滥用其强权也；其语在下之无权力者，则教以恭顺，教以服从，亦导之以让而勿使撄强权之锋也。夫使上下能交相让，不亦善乎。而无如但有让而无争，则弱者必愈弱，强者必愈强，而世终不可得平。吾昔著《饮冰室自由书》，内一条论放弃自由之罪者，其言曰："夫物竞天择，优胜劣败，此天演学之公例也。人人各务求自存，则务求胜；务求胜，则务为优者；务为优者，则扩充己之自由权而不知厌足；不知厌足，则侵人自由必矣。言自由者，必曰人人自由，而以他人之自由为界。夫自由何以有界？譬之有两人于此，各务求胜，各务为优者，各扩充己之自由权而不知厌足，其力线各向外而伸张，伸张不已而两线相遇，而两力各不相下，于是界出焉。苟两人之力有一弱者，则其强者所伸张之线，必侵入于弱者之界。此必至之势，不必讳之事也。"故使多数之弱者能善行其争，则少数之强者自不得不让。若曰惟让而已，弱者让而强者不让，又将奈何？则其权力幸福，势必为彼不让者所攘夺以尽。故中国教旨，虽以人类全体幸福为目的，而其政治之结果，实则使豪强民贼独占幸福，皆此之由。

幸福生于权利，权利生于智慧。故诗曰：自求多福。幸福者，必自求之而自得之，非他人之所得而畀也。一群之人，其有智慧者少数，则其享幸福者少数；其有智慧者多数，则其享幸福者多数；其有智慧者最大多数，则其享幸福者亦最大多数。其比例殆有一定，而丝毫不能差忒者。故言治者，必非可漫然曰：吾予国民以最大多数之最大幸福而已。苟使其民不能自有焉，而欲强而予之，未有不两受其弊者也。故德人祭志埃氏近著，力言多数之愚者，压制少数之智者，为今日群治之病；而俄国宗教总监坡鳖那士德夫氏，亦著论极攻政党及议院政治之弊，而其言皆大动学界。夫多数幸福之优于少数，天经地义，无可辨驳者也。而此等异论，何以能容喙焉？何以能动人焉？则以智慧程度未达于大多数，而欲幸福之程度进于大多数，未有不百弊丛生，而贻反对之徒以口实者也。泰西尚然，而况于中国之今日乎。然则我最大多数之国民，欲得最大幸福者，其亦思所以自处矣。法儒波流氏著一书，名曰《今世国家论》，亦驳击代议政体之弊，而其论旨与德之奈氏、俄之坡氏异。波流之意，以为代议政治者，多数之专制也。少数者专制多数者固不可，多数者专制少数者亦不可。为少数之幸福而牺牲多数之幸福，固不可；为多数之幸福而牺牲少数之幸福，亦不可也。此固太平大同之言也。其奈今日世界文明之程度，固未足以语于此。两害相权则取其轻，然则舍最大多数最大幸福一义，何以哉？故曰：今日欧美所谓文明，过渡时代之文明也；若中国者，则又并过渡时代而未能达者也。恫夫！

《新民丛报》第十五、十八号，光绪二十八年八月初一日、九月十五日(1902年9月2日、10月16日)

和新旧两党论

光绪二十八年八月初二、初三日

绩溪 胡协仲 来稿

客有问于余者曰：方今外侮亟矣，内患深矣，虎视眈眈，时势岌岌，匪变扰扰，人心皇皇。然求其所以致中国于衰弱之由，其故果安在耶？予应之曰：中国之不能兴，由于外患之不能御；外患之不能御，由于内政之不能修；内政之不能修，由于廷臣之不能睦；廷臣之不能睦，由于新旧之不能和。使中国数千年文明之胄扫地无余者，此辈也。使我朝祚之传不绝如线者，亦此辈也。呜呼，噫嘻，可慨矣夫！

党祸之钜，亘古如斯。小则辱国丧师，大则沦邦倾祚。善矣哉！侯官林砥中先生之言曰："自古朝有党祸，其枢臣、大夫、士未有不被其殃，而其国亦未有不随以俱亡者。"盖党祸之风，胚胎于汉，膨胀于唐，蔓延于宋，固结于明，其支派流衍于今日，而成不可收拾之势。嗟乎，谁厉之阶？党祸盘踞于内，强邻恫喝于外，而使我四万万人民坐受其箝制之苦、荼毒之惨哉。党派一分，交哄蛮触。英国之公党、保党流弊已滋，朝鲜之开化、守旧贻祸尤甚。此读欧阳子朋党之论，所为废书三叹者焉。

我朝开国以来尚无党祸。迨甲午一役，士夫热血竞倡新机，老师墨儒坚持旧义。因私成忿，因忿成仇，各存一自是之心，遂有两不相下之势。分门别类，伐异党，此支那败弱之先机、新旧不和之起点也。初则士夫党于下，继则官府党于上，终则大吏枢臣无不彼攻此击，尔诈我虞。各怀忌嫉之心，俨若敌国之相为难；俱抱不平之气，几同水火之不相能。于是二十世纪之支那，半为党派争竞之天下也。可不惧哉！可不悲哉！

新党起于甲午，败于戊戌。旧党起于戊戌，败于庚子。国势屡变，时事屡迁，而党势仍不少衰，党祸卒不可解，达于极点，深入脑筋。噫！大局未安，强邦四逼，苟能同心救难，群力济时，尚可起未死之人心，收河山之余烬，则失鹿得兔，亡羊补牢，未为晚也。而不是之务，不此之图，旧不和新，新不和旧，相倾相轧，相忌相残，吾恐历代之灭亡、党祸之惨烈，将复见于今日也。

曩者朝廷震，发明诏维新，于是守旧之臣勿容置喙。乃阳与新党附，阴与新党仇。外托和好之名，内行吞噬之计。推原其意，盖以为朝廷果欲决行新政，则新党必据布于要津。旧党不得备员于政府，禄位难保，身家可危。近之为一身谋，远之为子孙计，此所以不能不出其死力，以与新党相争衡也。故有以归政柄、裁寺宦为请者，则为之阻抑而不达矣。有以开矿产、建铁路为请者，则为之批驳而中止矣。其有竞言国政稍涉新奇者，莫不压之、争之、阻挠之、排击之，必使其决裂无成而后已。一愚至此，终始不悛，此有心人所为痛心疾首、无涕可挥者也。

且物必自腐而后虫生之，国必自侮然后人欺之。此中外古今之至理，不可移易者也。今中国新旧纷争，议论蜂起，于是臣民不能相睦，上下弗克一心，内变汹汹，匪党迭出。虽由于愚民之顽蠢，实党祸有以启之、酿之者耳。当此之时，外人苟欲乘我之间，蹈我之瑕，一举而剪及腹心，再举而割及全土，则无论瓜分豆剖，宗社倾危，即新旧党人能保其苟延旦夕乎！亦惟有同归奴隶牛马而已。后悔靡追，自贻伊戚。此吾之为新旧两党惜，正为新旧两党悲，而尤为我四万万人痛也。

悲夫！今日之党祸钜矣，党志坚矣，党派分矣，党势亟矣！党一日不睦，国一日不安。稍有知识，莫不欲平新旧之争，化新旧之见，泯新旧之迹，浑新旧之名。而叩其所以能平之、化之、泯之、浑之之法，则瞠目不知所对。盖党祸之延，匪伊朝夕。居今日而欲遏其焰、杀其势、排其难、解其纷，是非竭虑调停，设法和解，焉能使其水乳交融乎。此《大公报》主人之所以征文海内，而协仲有不能已于言者也。

协仲曰：党之为祸烈矣哉！和之为义大矣哉！孔子曰："君子和而不同，小人同而不和。"有子曰："礼之用，和为贵。"旨哉，是言乎！夫士不和则废学，农不和则废时，工不和则废艺，商不和则废财，况夫掌政柄秉国钧者乎？且和气致祥，乖气致戾。物不和，未有能成者；身不和，未有能立者；家不和，未有能齐者；国不和，未有能治者。况当列强角逐、外强中干之世，群盲聚讼，安望其有裨时艰耶？此尤理之易明，势之最著者。然而，和之之法果何如？则应之曰：其在开议院、伸民权乎？

今夫道莫善于公，莫不善于私。泰西之富、之强、之兴，公也；中国之贫、之弱、之败，私也。公，故群群，故通通，故智智，故强，而党祸潜消矣；私，故独独，故塞塞，故愚愚，故弱，而党祸愈结矣。且是非者，天下之公理也；可否者，天下之公见也。能掩一人之耳目，不能掩天下之耳目；能箝一人之口舌，不能箝天下之口舌。公理所在，私不得而夺之；公见所明，私不得而蔽之。今之新旧不和，相争不已，果公乎？果私乎？果为一身计乎？为天下计乎？则吾必知其互相攻讦者，私也。各执一见者，亦私也。处公法之日，当公共之时，而挟一己之私，以悖天下之公；昧天下之公，以逞一己之私。公其所私，私其所公，国计民生置之度外，以此治国，以此保民，其不为印度、波兰之续者，予岂信哉！予岂信哉！

世人之言曰：今日世界之竞争不在国家，而在国民。泰西诸国所以能化畛域、除故习、布新宪、致富强者，其机恒发自下，而非发自上，此诚探本穷源之论也。今之新旧盈廷，各私其党者，畛域难化，故习难除耳。然所以化之、除之之法，舍议院民权外，庸有他策乎？盖政府之所行者，民之政也；政府之所办者，民之事也。政之利害，民知之为最真；事之顺逆，民知之为最切。故政府之善恶，以皇太后之圣明不能察，而民独能察之；政府之得失，以皇上之英明不能断，而民独能断之。盖民固无论其新也，旧也；党不党也，和不和也。其便于民者，无智、无愚、无贤、无不肖，无不知其可也；其累于民者，无智、无愚、无贤、无不肖，无不知其否也。以二三人之心为心，则心思无患其不私也；以亿兆人之言为言，则言论无患其不公也。此民者，国之本、命之源耳，岂可以寻常忽视之哉？今中国君主权尊，黔首无力，君门万里，政府九重。君与民相离，臣与民不睦。压力之重，不知几磅；压力之数，不知几京。其行一政也，明知其无益于民，而亦箝口不敢言矣；其举一员也，明知其有损于民，而亦俯首以受制矣。是非大伸民权，创立议院，不足以和新旧而振国势，以保中国也。

拟请皇上于京师设议员，于各省设议绅。予以公议之权，寓以公举之法。新党发一论也，付诸议院以议之；旧党建一策也，亦付诸议院以议之。有利于民者，虽旧党亦决然而兴之；有弊于民者，虽新党亦恝然以废之。其发号施令也，千万人之所非，朝廷亦从而非之；千万人之所是，朝廷亦从而是之。其升迁调补，千万人之所毁，朝廷亦从而毁之；千万人之所誉，朝廷亦从而誉之。偏听则暗，兼听则明。书曰："询谋佥同。"又曰："三人占，则从二人之言。"即寓议院民权之意也。君民一体，上下一心，彼新旧两党且发明砥砺之不暇，又何屑蹈村妇勃谿之丑态哉？是虽日求其分党不和，而亦不可得也。如是则无压制之苦，无倾诈之虞，无营私结党之心，无尸位素餐之诮，扶持国政，一秉大公，此实和新旧之要、图强中国之中心点也。

议院立则民权伸，民权伸则新旧睦，新旧睦则国势振，国势振则外侮消。因公成愤，因愤成强，此相因递嬗之理也。若议院不立，而求新旧之和，是犹望蚊负山，责盲人以万里也。于此虽有仪、秦再世，鲁、连复生，亦平无可平，化无可化，泯无可泯，浑无可浑。新旧不和于上，民教不和于下。倘外人执我牛耳，益我咽喉，是疗不能起之沉疴，续不能延之生命矣。捻笔至此，不禁涕下涔涔也。然耶？否耶？敢以质诸《大公报》主人，并海内外有志诸君子。

《大公报》，光绪二十八年八月初二、初三日（1902年9月3、4日）

论政府与国民有密切之关系

光绪二十八年八月十五日

津门 醉清氏 来稿

中国弊政之多，尽人而知之矣。然政府皆畏其繁，而曰不能革矣。今日国势之危，尽人而愈知之矣。然政府皆安其亡，而曰不能强矣。噫！果何所忍而云然耶？且自古英雄豪杰之士，当危急之秋，处万难之势，一旦斧柯得假而能成其拨乱反正之功者，是亦苟可保吾土地，恤吾人民身命，犹所不惜之一念激而成之也。我国当此被创钜深之后，而不痛定思痛，速思变计，以为自强之谋者，是亦政府无爱国爱民之心，仅有保位保禄之志，一遇重大之国事，而竟以为于我无与之一念私而安之也。

或曰：戊戌之岁，因变法太急，为顽固诸臣所见忌，故谋陷以进皇上之毒药，谋弑太后于颐和园，致令我皇上深宫被锢，二三志士菜市捐生，倡变法者而竟遗臭名，此或政府诸公所刻镂于怀，不能一息忘者也。前车未远，能勿灰心？则应之曰：此于戊戌之时，未当庚子以后也。溯自道咸以来，订一约而赔款数百兆，启一衅而割地数百里。至今日联军进京，津城沦陷，东三省一纸密约，几为俄人所有。当此之时，国家之用政府者顾何如也，人民之望政府者更何如也。由此苟存爱国之殷，忧时之切。一切例弊思尽革之，一切政治思经营而振兴之，如是复见以戊戌之事也。是吾四百兆人民，甘心为奴隶、为牛马于异族也。呜呼！天下宁有是耶？宁有是耶？

或曰：若夫学堂也、军备也、巡警也、商务也、钱币也、工艺也、农学也，政府皆议而兴之矣。何得曰不速思变计也？则应之曰：不知。或议之而甫行，或行之而中辍者，姑置勿论；即或议之行之矣，其后日之持久成效，又非所敢知也。况乎皆为拘其末而不操其本，知其一而不知其二之议哉。然则即有议及中国自强，务以开民智为得要者，夫开民智非设议院不可，议院设而民权得伸，且与政府有密切之关系。仆今探其理而一道之。

胡言乎设议院而民权得伸也？尝考三代以上乡举里选之法，今与泰西擢党魁以执政柄之意相仿也，亦即中国设立政府之制也。姑即政府而论，民佣之以理事者也。其办事之优劣，秉权之公私，皆民所同谋相等，而后众力乃成之。倘一有不善，民即共生议论，群起阻挠。以为国事有害，即吾民之事有害也；国家不保，即吾民之身家不保也。何也？国家者，合百姓而积成之也；国政者，合百姓之事而代治者也。故是民知有自由之权，即有身家利害思想；有身家利害思想，即有政治思想；有政治思想，即有国家思想。政治之利弊、国家之存亡，胥赖乎政府。政府如不得人，则群起而议攻之。于此见设议院政府与国民有密切之关系之理也。

若夫中国设立政府，亦以代民谋之，胜于民之自谋之意也。然自胚胎时代，递至膨胀时代，以下皆为压力所制服。而吾侪小民，何敢妄预国事，以致国家当此多故之秋，事变之日，吾华地有瓜分豆剖之渐，吾黄种有澌灭流亡之势，而人民犹若漠不关心者也。载笔者于此，所以口欲缄而心不忍，言将道而泪先流也。

然则今之政府，问以中外交涉之故，皆茫然不知其窍要也；问以中西强弱之原，皆瞠目不能以实理对也。动曰此国家大事，尔无知小民何得参预？然仆试问：去吾百姓而求其所谓国者，国安在也？去吾国民之事，而求其所谓国政者，国政又安在也？是故以亿万人谋之一二人则有余，以一二人代亿万人谋之则不足，此其理不待智者而后知也。观于此日，诚危急存亡之秋也。吾愿上而政府、下而同胞，速思自由自立之权，竭力挽回极要极急之事。若当此犹不存忧国爱民之心，自安为人鱼肉，任人刲剔，恐他日虽欲忧国爱民，而亦无国可忧，无民可爱也。

《大公报》，光绪二十八年八月十五日（1902年9月16日）

民权之界说

光绪二十八年九月初一日

邵阳 李振铎

二十世纪之世界，国国图自立，人人图自立。国何以能自立？以其民能自立也。民何以能自立？以民有自立权也。统计历史，纵览宇蛤，孰文明，孰野蛮，孰优胜，孰劣败，靡不视民之有权无权、国之有民权无民权为因果矣。

顾以近世泰西，虽浅识妇孺，下流社会，亦神明视而香花祝之民权；而吾中国冠带衿缨之伦闻之，瞠目蹙额而不敢信，钳口结舌而不敢道，且云西国本无所谓民权，系中土译者强立是名，不自欺欺人，自误误世，而为丛垢积辱之媒耶。然其狐疑狼顾，怙私见而蔑公理，务抑塞而畏昌明者，亦正有故。一则以民权与君权为反对之极端，谓民权惟民主国可有，君主国不可有，泰西诸国可有，中国不可有，若中国倡兴民权，必将破坏君权，破坏君权之朝廷，而国乱愈亟。此一误也，一则以各国君相被刺之案，习见不怪，秘密会社，纵横辇毂，大抵以无君无政府为目的，因谓西国误用民权，致如是结果，为中国万不能行之证据。此又一误也。有此种种谬误，遂畏民权如洪水猛兽，诬民权为非法不道。其所以畏之诬之，虽不免出于阴私忌嫉，皆系误解民权故也；其所以误解之原因，皆以不明民权之界限故也。

今欲强中国，绵华种，鼓爱力，结群谊，非兴民权不可；欲兴民权，非先明民权之界限不可。君权有君权之界限，否则流于专制主义；民权有民权之界限，否则陷于暴烈举动。凡人稍有权利思想者，均能辨其分类，守其范围。然吾特鳃鳃言民权，断断言民权之界限，何以故？凡世事之反动力，必视其原动力之程度为比例差。近世各国民权日益发达，其高潮直侵涌我国学界，将见法律上、经济上、社会上、外交上皆有民权之运动。然下之兴起者甚力，上之钳制者亦甚力；反动不已，其谋所以倾踣摧覆之者即无弗至。吾知政府将来倾踣民权，摧覆民党，必以无君、无政府为其罪名，为其谳案矣。且古之权奸逆阉，兴大狱、杀志士者，靡不深文罗织，加以莫须有之罪名。如汉钩党之狱，宋元祐之变，明东林、复社之祸，不过曰朋党、曰怨望、曰讪谤，犹且藉此诛锄，善类为空。矧无君、无政府之罪，较朋党、怨望、讪谤十倍乎！故处兹时代，既不可不言民权；然言之不慎，未得利益，转萌患害。唯有正其权限，明其界说，使彼无所藉口。不必繁征博考，姑即民权与君权之界限，及民权与无君、无政府党之界限，各各划清，而后民权可昌言无忌焉。

何为民权与君权之界限也？国有君无民不能成国，有君权无民权亦不能成国。民者国之原质，民权者君权之根基，非有民权即无君权也。自古民权弱者，莫如波兰、印度，乃其国邱墟，其君俘虏，未见无民权而君可常保。今之民权盛者，莫如英、德、日本，乃其国安富，其君尊荣，未见有民权而君遂降黜。故西哲之解“自由”曰：凡人之自由权，以不侵人之自由权为界。夫侵他人之权犹不可，况君权乎。君权以扶助个人、培养国魂为方针，民权以组织政党、服从法律为义务。不相争乃相济，不相妨乃相保。民权与君权之界限，本如是也。

何为民权与无君、无政府党之界限也？今日亟当决正之问题，莫若以民权与无君、无政府党混合。日后朝野之争、党祸之起，必藉端于此。不知无君、无政府党，专以破坏为主义，遇路易十四之君不自容，即遇林肯、麦荆来之主亦不两立。若民权则以选举参政为依据，遵守国法，不逾尺寸，即革命之举，亦为民权之变局，民党不得已之苦衷，而非其宗旨。世慎勿谓民权为紊乱秩序、蹂躏和平之名词，以卢梭、弥儿、孟德斯鸠、福泽谕吉为乱党之人物也。

论者谓民权之界限既明，可有利益而无患害，然中国宪法未立，民权仍不可行。岂知宪法之于民权，犹堤之于水耶？防水之泛滥而立堤，斯防民权之泛滥而立宪法，非先有宪法而后有民权也。英国民权发达最蚤，其宪法多由习惯，谓之为不成文之宪法，其初何尝兢兢言立宪法哉？然宪法实限制权利之要典，国有宪法，而后民权之界限定，君权之界限亦定。中国欲用无弊之民权，亦必自立宪法始矣。

《新民丛报》第十七号，光绪二十八年九月初一日（1902年10月2日）

论中国君权、民权实际

光绪二十八年九月初九日

谈中国之社会者，有两言焉：曰君主压力太重，曰民无自主之权。是说先倡于中国（注：如梨洲、定庵等），而未加以组织。及与欧美通，而此说风潮乃大至。壬午、甲申、甲午、戊戌、庚子，时事益迫，中外益通，而此说风潮益大至。试执此说以验中国之实事，夫谁得谓其不然。虽然，天下之事，不厌求详，成说之外，岂无别理。往往有一事焉，久已目为定论，及再三考之，而知此定论之外，别有新论者。（注：如天文家言多禄某诸天绕地之说，至歌白尼地球绕日之说出而废。）亦有再四考之，而知此定论之外，更有定论者。（注：如天文家言歌白尼地球绕日之说，至刻白尔三例奈端□力之说出而定。）生也有涯，而知也无涯，固如是哉。况乎人群社会者，为天壤间至繁复之因果，本不易言；而中国之社会又为各国社会中繁复之尤，尤不易言者也。以如斯繁复之因果，而不求其端，不询其末，鳃鳃然引外人之成说以为定论，欲一概而相量，无怪乎欲创事而无入手之方，欲成事而无预算之表。闭门造车，出不合辙。材力虚捐，志业堕地，为他人所悯笑而已。亦不知其何故者也，则知西而不知中之过也。欲发己箧者，必有钥焉，不能用他人之钥也；欲疗己疾者，必有药焉，不能服他人之方也。彼欧美之谈治化也，盖尝经无量数之高才硕学、学问精深、阅历广远之人，观察其本国之地形、之天时、之物产、之人种、之风俗、之性质、之宗教、之内政、之外交，而后有以深明其天然所必有之因，确然所莫逃之果，得以徐商其所以进之、退之之方。既得己箧之钥，以发其箧，斯箧启焉；既得己疾之药，以疗其疾，斯疾已焉。而与他人无与也。甲不可移之乙，乙不可移之甲也；丙不能喻之丁，丁不能喻之丙也。今者以我与彼较，则彼族之地华离，吾族之地方整，一地形不同；彼族之人亚利安，吾族之人支那，二人种不同；彼族之习躁动，吾族之习安静，三风俗不同；彼族之教一神，吾族之教多神，四宗教不同；彼族之内治贵自由，吾族之内治贵干涉，五内治不同；彼族之外交素开港，吾族之外交素闭关，六外交不同。惟天时、物产以同居温带故，尚不大异焉。然而，其反对者已如此其大且多矣。所谓历史者，由此六者而成者也；所谓前途者，亦由此六者而生者也。六者不同，则一切不同矣。盖分拆组合，以发明其本国之原因与果效者，乃本国国民之天职，非他人所能代者也。虽然，欲考中国之事则极难矣。其难之故，俱有多因。

其一，简策拙滞；其二，国史疏漏；其三，报告虚伪；其四，社会涣散。

简策拙滞者，古人削竹为册，点漆为字，书写极迟，价值极巨，迁移极重，朽毁极易，常人不得见，传以口耳，以故书不多有，有亦不传，有亦不信。六艺九流，已疑信参半矣。而欲更求详焉，其道何从？此难者【考】者一也。

国史疏漏者，我国马迁以降，无国史也，朝史而已；亦无朝史也，朝帐而已；并无真帐也，诳帐而已。此非作者之激论，盖中国至不足凭者为官书，此固人人得而知之，人人得而信之，而史官则例据官书以集事。一姓未亡，例不修史，盖自处于必亡，以留待后人之修也。及待者既至，亦不广收文献，以求传信，惟据其成稿，刈芟之，润饰之。史官之高者，移易古人之事实，以就一书之文章（注：如欧阳修）；其卑者，扩张一己之利权，以改古人之贤否（注：如魏收）。二十四史中，或汉朝姓刘、唐朝姓李，为当时真事耳，其他则皆不知所云。此难考者二也。

报告虚伪者，中国定制，凡闾阎要事，每日俱由该管官书之册，十日一报告其上，以备钩稽。由佐贰达之州县，由州县达之府，由府达之道，由道达之布政司，布政司达之督抚，督抚撮其要达之部。其式晴雨有报告，盐价有报告，米价有报告，银价有报告，田产、丁口有报告，各巡检司、各州县、各府、各道、各司、各督抚莫不然，数不符者有督责。是国中之民政已纤屑无遁矣。而商业之营运，则又有各关、各厘卡以簿录之。然则举国中各种社会之情形不已如观掌上哉，而无奈其陆绎旁午、汉牛充栋之文书，均与海市蜃楼相去无几也。此难考者三也。

社会涣散者，中国各行各业，其在通商口岸者，以与外人交通相逼而来，不得不稍成团体；其在内地者，则草略异常，绝无组织。故躬亲其事者不过见其一隅，而旁观考察竟无从得其毫末，欲如外人之凡业皆有历史可稽则大异。此难考者四也。

由一二两说是知古难，由三四两说是知今难。夫此四者，即非难知，亦尚为表面，而非内面，而况即表面亦难知哉。百千万年之历史，数百万里之面积，游其境者，徒见其生齿之繁，憧扰之甚，蛛丝马迹，草蛇灰线之密，足使观者舌乔而不下、目眩而不瞑，而终不能言其故。言者亦不真，即真亦不备，各以其所得以相支拄，互以为愚，而各是其所是。而言论日歧焉，而政策日棼焉，而危亡日甚焉。非言者之过也，所据势使然也。是以今者本国之箸书与外人之觇国，其刻意以明中国政教之根源者众矣。立言分二支：一由古以及今，一由大以概小。由古及今者，则自民皇帝伯以至今时；由大概小者，则据地形人种以及宗教。其所得者多矣，所未及言者亦少矣。而平心论之，合者固多，不合者亦所时有，此其中必有遗理焉可知也。夫天下之事如水然，如木然，由一而二，由二而四，由四而八，由八而十六。其初分者，肖其生者也，因也；既分之后，他力入之，则不肖其生矣，缘也。据水之源以测其流，据木之本以求其枝，其果必不能密合也，而况其所据以为源与本者其质性亦未能确切也，则其为非实又何疑乎。今试易一途焉，由近以征诸远，由小以验诸大，可乎？夫小且近者，即人人所寻常日用者是也，与所问君权民权之大问题无与也。然个人者，即全国民人之一。此民人之一，一举一动、一食一衣，无不各有其欲得之境；而一举一动、一食一衣，又皆有物焉以制限之。此欲得一举一动、一食一衣之境者，我之自由也，即民权也；此制限者非他，即法律也，此法律者出于一人之旨，即君权也。是中国国民无一人之室中，无室中之一日，而无君权民权竞争剧烈之时代也。欲观中国君权民权之孰胜孰负，即可观一人之寻常日用中之孰得孰失，使其一室之实物、一身之言动、一心之思想，与会典律例悉相应，则可谓之曰中国有君权而无民权；使一室之实物、一身之言动、一心之思想与会典律例半相应半不相应，则可谓之曰中国君权与民权平例；使一室之实物、一身之言动、一心之思想与会典律例悉不相应而无碍，则可谓之曰中国有民权而无君权。是说也，至实而不可诬，至切而不可遁。诸君其以此说为然乎？否乎？

奚以明其然也，今试执途人而问之曰：尔欲甘其食乎？华其衣乎？高其宫室乎？众其姬妾乎？庸夫愚妇奔走骇汗乎？使非甚矫情，必对曰：甚愿。然此数事非难致也。试即游于上海之地，租界之间，中西之食品列于市也，五洲之织物□于肆也，园林窈窕、栋宇雄丽之洋房夹于道也，姚娥□条、粉白黛黑之姬姜列于屋也，至于可以备奔走骇汗之材料则其数之多更至不可纪极。是数物者，可以一呼而集，崇朝而致，宜乎致身于此境者之多而去而不愿者鲜矣。而何以备其选者乃寥落若此，此非他故也，各为财力所限而已矣。夫财力之足以限人之起居日用，尽有人群之地皆然，道通为一，不足以证中国人民之不自由。设为中国人民者，一旦而拥不可纪极之资，又无道德之尚、名誉之念、积财殖产之性情，而惟挥霍之是务。则中西之菜、满汉之席，备极四方之珍错，无过而问者焉；朝僭乎王公，夕效乎欧美，颠倒天下之衣裳，无过而问者焉；家屋之度大逾数里，妾御之数多于盈百，亦无过而问者焉。非仅不过而问，且从而健羡之、模范之，以为此有财者所应享之利权。外察清议，无所为不容；上观朝论，无所为防制，有极其力之所至而已。不宁惟是，使此人者一旦翻然猛醒，以为吾之所为大不合国家会典律例之制，乃覆其食、裂其衣、毁其宫室、谴其姬姜、解散其徒众，而束身司败，以请其前此之罪。吾知此人非但不为天下之所许可，方将群指而笑之曰：呆子、呆子。夫此呆子之界说，即指其认会典律例为实有而言，故即以此字为认会典律例为实有者之谥号也。天下之人呆者常少，不呆者常多；乐居呆之名者常少，乐去呆之名者常多。将同认会典律例以为假设焉，及起而视之会典律例亦诚哉其假设也。于是乎天下无呆子，天下无会典律例。此就民之一方面而言也，必合君之一方面以对勘之。中国为君权无上之国，君以外皆为民，故其政体君与民对待而已。然君至一，民至多；君至贵，民至贱；君至逸，民至劳；民至神圣，民至愚下。君与民万不可以直接也，不得不设一物以间接之，而职官之制立焉。大小臣工有司百职事者，非以治事，所以为君与民之间之过脉尔。其过脉之式，如代数之理。凡二项将乘除，其中必有此二项之合，一项渐减，一项渐加，而各与其本项相配。中国之制，皇帝百姓为二元，以军机大臣直接于皇帝，以下皆渐近百姓者也；以州县官为直接于百姓，以上皆渐近皇帝者也。故自皇帝视之，则军机大臣以下皆百姓也，百姓有亲疏贵贱之别而已；自百姓视之，则知县典史以上皆皇帝也，皇帝有大小强弱之别而已。故官者可以为代表民权之具，亦可以为代表君权之具，乃一切办事机关之所寄也。今试劝州县以办某事、办某事，必谢曰办不动、办不动。诚哉其办不动也，则以有府道在。试劝府道以办某事、办某事，必谢曰办不动、办不动。诚哉其办不动也，则以有督抚在。试劝督抚以办某事、办某事，必谢曰办不动、办不动。诚哉其办不动也，则以有政府在。试劝政府以办某事、办某事，执政者亦必应曰办不动、办不动。夫执政而曰办不动，此其说固已可诧矣。浸假而以办某事、办某事之说奏之朝廷，朝廷亦未尝无长虑却顾之意，而以办不动、办不动为宵旰之忧焉。异哉！将以此办不动之说，为在上者实不欲办，而以此为托辞乎。夫以为托辞者，未始无之，然以为欲办即皆能办到，则凡稍明会社之现状者，皆知其不然矣。客有难者曰：如子言是，言中国君不能必之于臣，父不能必之于子，而为臣工为子弟者，乃无所不可于其君父。君之压力尽失，民之自由已极。天泽易位，冠履倒置，以是为中国有民权无君权之证。则试问中国之律例，国民之所公定乎？非也，由刑部奏请而已。中国之职官，国民之所投票乎？非也，由御笔圈出而已。中国之宣战议和，国会可决乎？非也，政府数人之意见而已。中国之赋税、厘捐，议院所承认乎？非也，户部片纸之咨行而已。而且衣服有制焉，饮食有制焉，宫室有制焉，车马有制焉，箸书有制焉，议论有制焉（注：律凡妄布邪言，书写张贴，煽惑人心，为首者皆斩立决，为从者皆斩监候，若造纤微妖书妖言，传以惑人不及众者，改发回城，给大小伯克及力能管束之回子为奴），藏书有制焉（注：律私藏妖书、隐匿不送官者，杖一百，徒三年。按：妖字均无界说，不知何指，想可随意出入也），思想有制焉（注：禁妖书妖言即禁思想也），信仰有制焉（注：科场条例不遵朱注者贴出）。推之不能养马，不能畜藏武器，不能聚众至二十人以上一。事之疑似囊头关五木，匍匐于公庭，屈辱不可言喻，笞杖枷押，惟其所命。不幸而不见察，虽实无罪，死亦徒死也；即幸而察，其无罪释之归，而辱其身，伤其体，倾其资产，将何赎乎？官固负责任者也，无可理论者也。所以在上者有大谬不然之举动，饰非强辩，无能与之置辩者也；在下者有覆盆不照之苦况，呼天号诉，无有为之垂念者也。反之，则在上者有一言一行稍近乎人情，此逾量之恩也；在下者苦其身，劳其心，拂逆其志意，以成上之事，此当然之事也。是故纤屑微密，在下者不能自专生杀予夺，在上者一惟其意。中国之压力若此，尚得谓之曰有民权无君权乎？此颠倒之甚者矣。答曰：吾谓中国之君权不足者，正由于纤屑微密，在下者不能自专生杀予夺，在上者一惟其意来也。盖古者由酋长政体变为元首政体，由元首政体变为封建政体，由封建政体变为藩镇政体，由藩镇政体变为督抚政体，其中央集权之制日益加密，即幅员之度日益加广，人民之数日益加众，财赋之数日益加厚。夫专制之君者，其国愈大，其人民愈众；其财赋愈多，则其位愈贵，而自待愈尊，此必然之理也。至中央集权之制大进，北带大漠，西肘雪山，东南襟溟渤，如此者以为其户庭；炎黄之裔，秀杰之民，襟缨弦诵，如此者四百兆以为其臣妾；金石皮革，珠玉孔翠，罄竹难书之宝藏，以供其挥霍。君主之富贵亦极矣，君主之尊荣更不可言矣，而君主之事亦不期然而然而日益多也。盖欲此大地众民之能久伏于一权之下，则不能不为微密之制。欲督此微密之制，则命官不能不简放焉。一人之罪，不能不请旨焉；一钱之计，不能不奏请焉。小者如此，大者无论也；常者如此，变者无论也。所以为君主者，必如秦始皇以衡石程书其有程度，蔑不中程者而后可尔。然而以此至尊至贵之人，而日任此劳心劳力之事，必不能无倦者，情也；倦则必至一切委而弃之者，又势也。情与势之所交，而事大变矣。君主以之为劳也，属其事于大臣而已，则朱圈而已；大臣以之为劳也，属其事于曹司而已，则画诺而已；曹司以之为劳也，属其事于书办而已，则署名而已。书办无可推诿，不得不日亲其事。书办以日办而日习，书办以上官以日不办而用疏，而办事之实权，遂归于书办，此京官积渐所成之情势也。君主以之为劳也，属其事于督抚，事至则付部议而已；督抚以之为劳也，属其事于州县，事至则一出奏而已；州县以之为劳也，属其事于吏胥，事至则为傀儡而已。吏胥无可推诿，不能不日亲其事。吏胥以日办而日习，吏胥以上官以不办而日疏，而办事之实权，遂归于吏胥（注：幕友家丁皆外官之主权者，但二者有更易，吏胥无更易，弊不及胥吏之甚，故单言吏胥），此外官积渐所成之情势也。而君主之权失，虽然，君主之权纵失，终非书吏所能得也。盖君主之名分至尊高，而书吏之名分至猥下；君主之职任至合并，而书吏之职任至分离。以众贱分一贵之权，权在君主时，以一而见强；权在书吏时，即以分而见弱。极其所往，但有作弊之权，而无兴利之权；但有阻挠之权，而无振作之权；但有上下其手之权，而无明目张胆之权。所以书吏之权，对一事言之，则或有权，或无权；对一国言之，则有权仍与无权等。故一国之中，立法、行法、司法之人，皆不能有其法而受治者（注：中国人民）。向无立法、行法、司法之任，而适值立法、行法、司法之人之不职，得日逍遥于法之外，而不复为法所拘。是中国之君权，非不用压制也，失其专制之力也；中国之民权，非得以自由也，乘其法律之弛也。于是专制之法律，与放任之社会，居然同时出现于一国中。专制之法律，则在纸片之上；放任之社会，则在实际之上。州县之禀、司道之详、督抚之奏、部臣之议、皇帝之谕旨，皆纸片也。观之天下之事，千支万条，顷刻百变，若无不与此牛毛□丝之例相应也。百姓之起居日用，言议思想，以至有功而赏，有罪而诛，皆社会之事也，无一不与此汗牛充栋之纸片相反者也。盖至此而全国皆无权矣。夫权者，主动之机关也。全国之人失此主动之机关，则皆痿痺涣散，而不能举，必有外人焉拾得此放弃之物，以利用之者，此外患所以不能弭也。君权之极盛时，虽不可知，大约在上古酋长之世，书契以来，则但见主权之日削矣。夏商周之际，天子不能有其权，则归之诸侯（注：昆吾大彭豕韦偃王齐桓晋文皆是）；周秦之际，国君不能有其权，则归之大臣（注：齐田氏晋韩魏赵氏皆是）；秦汉之世，皇帝不能有权，则归之小民（注：汉高祖光武陈胜吴胜新市平林以及昭烈孙吴皆是）；晋宋以下，中国不能有其权，则归之别族（注：刘渊、石勒、慕容、拓拔、契丹、女贞皆是）。其初也，元首不能主动，诸侯犹能主动也；其继也，元首诸侯不能主动，大臣犹能主动也；其后也，元首诸侯大臣均不能主动，小民犹能主动也；其末也，全国均不能主动，则此主动之机，自不能不归之外人。盖中国有专制之名，无专制之实。有专制之名，故聚众之罪极重；无专制之实，故压抑之苦极轻。夫孰甘以至轻之苦，犯至重之罪，则反者动之力，无自而生（注：近人有以英、法、美、日、义事相校者，此殊不然，当另论之），而安于无事，日安日久，日久日萎，倏一旦有异种之外人横然施其专制之实力，斯时即欲反抗焉，亦不能矣。此因果之可得而言者也。

结论曰：中国者，专制之国也。今则失其专制之力，民不见有专制之累也。不见专制之累，自无有易其专制之政之心，而改良进步之图，均非其所喻焉。此致弱之因，即致亡之果也。论者不察，乃滔滔以英、法、美、意为言，此无论地形、人种、天时、地气、性质、俗尚、宗教之不同也，盖亦观欧美当专制时代时，为何等之专制哉。

《时事采新汇选》，光绪二十八年九月初九日（1902 年 10 月 10 日），录自当年八月二十四日《中外日报》

国体及政体总说

光绪二十八年十月十四日

凡国家必有统治之机关，其机关之组织及举行之迹象，即名之曰政体。故政体者，因其机关之组织及举行之迹象，而不同者也。博观历史中各国之兴衰治乱，其政体决无一定，亦无有至善至美，历百世而不弊者。

昔英人矮利斯托路氏分政体为三种：曰君主政体，曰贵族政体，曰平民政体。更推政治之本质，将此三种政体分为善恶两性。其意以为无论何国，其最初之政体，一人之主权者在上，以强力举行政治，立为政体，传之子孙。久而久之，专制之弊生，专以压抑人心为主，卒至于激而生变，叛乱相寻，其中有二三渠魁杰出者，复出而掌握政权，于是乎君主之政体遂转而为贵族政体矣。所谓贵族政体者，专以破君主专制之虐政者也。其初未尝不为国民图福利，及其后则旧法渐复，亦专行贵族专制之政，以害国民之自由，以妨社会之进步，与君主专制之政毫不相异。于是乎革命家遂驱平民而起革命，其结局遂倒贵族之政而为平民之政矣。然平民政体岁月积久，亦不免流于压制，以法律为废物，以公德为敝屣，遂成一无政府之形。然而天心久乱则思治，人心久危则思安，社会久于浊乱混淆，亦不得不有回复之势。于是乎平民之政体，复变而为君主之政体矣。旷观历史，其政体之变迁，由君主而贵族，由贵族而平民，一起一仆，循环无已也。

然而矮利斯托路氏之论政理，与近代政治历史之相背者甚多，又吾人所不可不知者。第一，近代之君主政体，如古代之用专制力至极点者亦甚少。除俄国、支那、土耳其数国外，大抵皆以宪法为主，开设国会，与国民以参政之权，令国民之代表者（民选之议员也）出而议法律，或令其监督行政，故易而言之曰近代之君主政体，专依代议（即由议院议政，名之曰代议）制度而存立，发达者亦无不可，其制度一切大与古代君主不相同。所以，如俄国、支那、土耳其等数国之专制政体，在今日已可称为各国例外之政体，将来亦不得不变。然则专制政体一变，仍如古代之专制之后，复有贵族政体起而代之乎？曰：不然。何则？古代之贵族政体，乃少数之贵族相与组织而成国家，不过君主专制之后易而为贵族专制。自代议制度一兴，其一般人民脑筋之思想，与昔日大不相同。兼之今日之世界，专制政体居十分之一，立宪政体居十分之七八，专制已败，立宪已胜，故专制之后，必成立宪也，无疑矣。然则民主之政体又若何？吾人谓矮利斯托路氏之论民主政体，亦与近代之所谓民主政体又不同，兹姑举其质点及形体而言之。古代之民主政体，虽名为人民选与参政之权，其实人民并未参政。即就人民选举之执政官而论，亦何曾为人民代表而为人民议政，不过欲为执政官时，藉人民选举之力以谋之，及既得执政官，则又擅用其权，往往有不法非理之为，并其执政之时，无论何人，不能进而弹劾其非。至于近代之（名）〔民〕主政体，则依代议政治组织而成，其大统领或内阁执政者，苟稍有过误，代议院即可起而与之反对，又可以有不认之权（立宪国政府有受议院之劾而政府全行辞职者）。所以矮利斯托路氏之论政体分类法，可与近代历史中事迹相反之处参观之。

近代历史政体只有两种：一名专制政体，一名立宪政体。一人主权在上，乾纲在握，万机独断，是之谓专制政体。设立宪法，以组织国家统治之机关，谓之立法、行政、司法，是之谓立宪政治。然而执专制政体者，只有俄国、支那、土耳其等数国，以文明诸国，则概用立宪政体，此盖天运人心递推递嬗自然而成之结局也。然无论其国之政体若何，要其断断不可少者，在于政府强大之权力。政府之权力不强大，则不能统治一国。其政府之权力，欲使之强大，古时则全恃兵力，至近代则全恃国民之精神及国民之意想协于一致，然后可以为国家强大之原力也。反是者，其国力决不能强大，并不能统治一国机关。此近代文明诸国有鉴于此，所以皆设宪法而行代议之政治也。然同一立宪政体，有因其政体之不同，而其统治机关之组织亦不同者。有民主国体而中寓立宪政体者，有君主（政）〔国〕体而中寓立宪政体者。然而，民主国体之中有美与法之不同，君主国体之中亦有英与奥之不同。因之而其统治之机关及主权之所在，亦不能以一定之理相论。吾人今姑就列国之国体及政体而考察之。（政治学提纲）

《时事采新汇选》，光绪二十八年十月十四日（1902年11月13日），录自第九期《政艺通报》

答某君问德国、日本裁抑民权事[①]

光绪二十八年十月十五日

梁启超

（问）盛丞堂近奏有云：“德意志自毕士麦以来，尊崇帝国，裁抑民权，划然有整齐严肃之风。日本法之，以成明治二十年以后之政绩。日、德国体，与我相同，亟宜取法。”其说然否？且所谓尊崇、裁抑之实若何？乞登报示复，以祛疑窦。（赘侬）

（答）此诚我国今日第一重要之问题，亟宜研究者也。虽靡盛公之奏，虽无足下之疑，固应发摘其底蕴，以与我国民共相商榷。今承明问，其敢有所隐，请竭所闻以对焉。虽然，鄙人今在旅行中，经月未读内地报纸，于盛奏原文未获见，未知其全体命意如何，仅就足下所征引数言析驳之耳。抑鄙人闻之，凡论事理者不可挟意见，苟挟意见，则其论虽是，而人不乐闻。鄙人论此，不欲专持吾素昔所持之宗旨，为一笔抹煞之言，惟平心观察德、日两国政体所由来，及其国政之实状，以与我中国国体相比较。想盛丞堂此折主稿之人，必曾稍读他国历史者。鄙人此文所征引，无一字无来历，在彼当能知之，则请平心一静察，傥鄙言亦有可采者乎？如不谓然，请赐驳义。若有一二可采也，则请其以后慎于立言，勿徒执偏端，为模棱疑似之语以误国计也。且吾尤望盛丞堂及当道中与丞堂同地位同意见者，一读此焉。苟其无爱国心，徒借此以保位固宠也，则吾亦何责焉？苟真欲于国家前途有所布置也，则刍荛之言，固不可以不留意也。

论德国之政治，不可不先明德国国体之特色。德意志者，联邦之帝国也，故向论德国政治者，必分为帝国政治、联邦政治二项。联邦二十余，而普鲁士最大，今以普代表联邦，以下请分德意志帝国政治、普鲁士王国政治两种而论之。

---

① 《新民丛报》（第二十号）原题《问答》，此据梁启超《饮冰室合集》（文集之十一）改。

德意志帝国之皇帝，语其实际，虽谓今世列国中元首之权之强盛者，以彼为最可也。何也？彼非如英国皇帝之徒拥虚位，彼非如美、法各国之大统领对于议会而负责任，彼实掌握全帝国大小政务一切实权者也。虽然，此权何自而来，及其权限之有无，不可不证诸彼国之宪法。德意志宪法，首证明其为联邦国 Federal State，所以示别于合众国 Unitary State 也。故德意志帝国之主权，非在皇帝，而在其联邦之诸王侯及三自由市府，皇帝不过其政治团体之长官，此德国宪法精神所明示也。故其君权非无限而有限也。限之者何？即其宪法之意，明言德意志帝国，非以皇帝之特权而统治之，实以法律之力而统治之也。（鄙人今在旅行中，箧中无各国宪法正文，故不能具引原文加以解释，惟就所记忆而略述之耳。他日更当据正文而补论之，读者谅焉）法律何自始？即各联邦之公意是也。然则德国固亦有限君权之国，而其皇帝之权，实由各联邦赋畀之明也。然则其皇权以何因缘而能得如此之强大？曰：是有颇奇妙不可思议者。德国之主权，全在其“联邦参议院”Bundesrath。而皇帝实以普鲁士王之资格（德国皇位由普王世袭，读史者当能知之，不必赘述），为此参议院之议长（皇帝非亲为议长，实委大宰相为之），而因以行用此主权者也。联邦参议院者何？由各联邦政府派出代表人，以结成此团体也。其议员共五十七人，内普鲁士十七人，巴巴里亚六人，索逊及华丁比尔各四人，巴典及黑逊各三人，迷克灵卜、梭威灵、布兰士域各二人，其余十七邦各一人。凡议事时之投票，不论其邦议员之数为一人为多人，但一邦之投票皆须同一样，盖以其合体以代表本邦政府也。以此之故，故普鲁士邦之意见，常得制胜于参议院。何以故？联邦参议院之议长，必以普鲁士王国之宰相（即德意志帝国宰相）充之，议事时，若可否投票，两两相等，则取决于议长。而议长一人之意见，即普鲁士代表员十七人之意见也。故议长（即帝国宰相兼普鲁士宰相）所发议，不待开议时，而赞成之者已定有十七人。此普鲁士所以能握大权于此参议院，而亦即德皇皇权所以独巩固之由也。一国之主权在联邦参议院，联邦参议院之权在帝国大宰相所兼任之议长，而任免此大宰相之权在皇帝，故德国皇帝得以此间接力而握一国之实权也。但观于此，亦可知其权之有所受之，而非如古代所谓天赋神权者之无理取闹亦明矣。德国大宰相之职权，与其余各立宪国之宰相大有所异。其名虽为“责任大臣”Responsibile Minister，其实非如英、法等国，有所谓“对国会之责任”Pariamentary Responsibity 者存也。英、法之政府大臣，其所建政策，必须求协赞于国会，若国会反对者居多数，则大臣不可不引责而辞职。德国不然，政府之政策，虽不可不报告于国会，然国会虽反对，而宰相可以不去其位。质而论之，则德国宰相乃对于法律而负责任，非对于议院而负责任也。世人所谓德国君权特强者，即在此点。然德国何以如是，何以不得不如是，则亦有故。德意志帝国者，新造之国也，前此固未尝有此国存也。前此日耳曼皇帝之位，屡为异族所据。而十九世纪上半纪，奥大利犹握其实权。至毕士麦起，始屏奥大利于日耳曼国（即德意志）以外，而新造此雄邦。德意志帝国之所以能立，皆普鲁士王国之力也，故普鲁士人常欲占大权于此国之中。苟其皇与宰相对于国会而负责任，则为宰相者安能保其必为普鲁士人，如是则普鲁士之威权将渐坠矣。故德国之所以独尊君权，为普鲁士计也。然则普人私乎？曰：以正理论，不得不谓之私（吾意数十年或一二百年之后，德国主权必有变动，但今非其时也）；以今日国势论之，义固不可不出此。何也？无普鲁士，则无德意志也。（自）〔其〕余各国，若非藉普鲁士之余荫，则至今仍为他族所轭制，终不能为一独立国，又安能坐享“世界第一等国国民”之资格也！故诸联邦之所以得有今日也，诸联邦之公民所以得有今日也，皆食普鲁士之赐也。故普鲁士宜握帝国之大权者，一也。又使今日普鲁士而将此特权抛弃，让与他小邦，则他小邦无可以保持此庞大帝国之力量，则帝国将被侵削，而仍复千八百六十六年以前之旧观。固非普之利，亦岂他邦之利也！故普鲁士宜握帝国之大权者，二也。由此言之，则德国君权所自来可以见矣。

盛奏谓德国尊崇帝国，斯固然矣。至谓其裁抑民权，则吾不知何据也。凡其国苟无国会者，则民权必裁抑；其有完全之国会者，则民权未有不能伸者也。今且勿论其联邦，仍论其帝国。德意志之立法部，以联邦参议院及代议院 Reichstay 两者组织而成，即所谓国会者也。据其宪法所规定，则代议院者，实代表德意志全国人民，以监督政府者也。监督之道奈何？凡帝国大臣，不可不对于法律而负责任；而法律之颁定，不可不仰代议院之赞成，是即监督权之最大者也。一国民但得有此权，则他权之得与不得，犹无害也。吾闻德意志之民权，可以裁抑政府矣，未闻政府可以裁抑民权也。至宰相之去就，非议院所能左右，此其权固稍逊于英国。然彼有特别原因而出于此，前节言之详矣，而岂毕士麦以裁抑民权为治国之策也！

至语其联邦政治，则虽谓德国民权，不让英国焉可也。据其帝国宪法言，德意志帝国有立法上之主权，联邦各州惟有自治 Antonomy 之权而已。虽然，征诸实际，其帝国虽承各联邦赋与此重大无上之权，然其实行之者，不过一小部分耳。小部分者何，即监督诸邦是也。帝国所布之法律，诸联邦所以实行之者，其范围如何，其方法如何，一仍听联邦之自为也（据宪法，则凡民法、刑法，皆由帝国颁立实则，今者私法上立法之大权，仍由各邦自掌之）。联邦之自为奈何，一皆取决于其本邦之议会。实则德意志帝国，除外交、军事、邮运、财政（专指帝国政府之财政）数大端外，其余政权仍皆在各联邦政府之手；各联邦政府之权，又在各联邦公民之手。于此而犹谓德意志公民之权被裁抑也，吾不得不骇此折捉刀人之固陋，而疾其武断矣。

抑民权之有无，不徒在议院参政也，而尤在地方自治。地方自治之力强者，则其民权必盛，否则必衰。法国号称民主，而其民权反远逊英国者，以其地方自治之力微也。至于德国，则今日全世界上号称地方制度最完备之国也，余邦勿遍论，请专论普鲁士。日耳曼人素以自由种子著闻（西人常言，自由种子从日耳曼森林中发荣滋长出来，逐渐遍于全世界），其历史上之成绩，既历历不可掩。及士达因 Baronvon Stein 相普（十九世纪初叶），而制度益巩固；及一千八百七十二年之改革，而权力益扩张。今请言其略。普国地方机关分为五种：一曰“蒲罗温士”Pronince（假名曰省），二曰“的士得列提”Districts（假名曰府），三曰“梭克里”Circles（假名曰县），四曰“伦治米因德”Landgemeindo（假名曰乡），五曰“士他治米因德”Stadtgmeindo（假名曰市。案：此省、府、县、乡、市之名，非确译也，但假以为名，下文便于措词耳，读者勿泥）。此五者之中，惟府非自治体，其余皆自治体，而县实统于省，乡、市实统于县。一省之中，其政治机关有二：一曰专掌行政，代表国家及其监督权者，巡抚（原名 Superor President，今亦假中国之名以名之耳，读者勿泥）主之；二曰专掌立法，代表本省及其自治权者，省长及省立法院 Provineial Randtay 主之。二者权限划然，丝毫不能侵越。普鲁士宪法云：“省也者，一省之人相结合，而凡关涉于本省之事务，皆得有自治权利者也。”其语意可谓分明。一省之立法院（即议院），自其省中各县之人，分区选出议员而组织之；又由此立法院公举省长（一省之长），及省行政会会员（此专理自治范围内之行政者）。其民权之完备如此。其余县、乡、市之制度，亦大略相同，特有大小之殊耳。由此言之，普国地方自治之权，与英国殆不相上下矣（其余各联邦亦大略相类）。夫地方自治者，民权之第一基础也。今德国之尊重自治权也如彼，而盛折乃谓其裁抑民权，吾诚不知其所指者何事、而所据者何史也。

至于日本，其文明程度殊属幼稚，远下于欧洲数等，但今且勿具论。日本之崇拜德国，固也；虽然，亦未见如盛折所云云也。谓日本尊崇君主则可，谓日本尊崇君权，有语病矣；至谓其裁抑民权，又梦呓之言也。日本之君权稍优于英国，而远逊于德国。何以言之？君权之轻重，一视其政府大臣对于议院所负之责任何如。英国政府大臣，对于议会而负完全之责任，苟不能制多数者，决不得尸其位，大臣去就之权一在议院，故英之君权几无。德国反是，故德之君权为各立宪国君主之冠（若普王之权则已不如德皇矣。同一人也，其所代表者异，故其权限亦异）。若日本宪法，则英国之类，而非德国之类也。日本之例，凡政府政策，如在议院被反对者，则可以请天皇解散议会，命再选举。再选举而再被多数之反对，则可为政府大臣不孚舆望之证，必引责辞职。此英国之先例，各国所踵行，而日本亦无以易者也（英国旧例，必待再选举开院后，果遇反对，然后大臣辞职。自格兰斯顿、的士黎里两大政治家抗争时代，每于解散议会后，待其再举时，视议员中属于我党者几何人，苟察其不能制多数，则不俟再开院，便先行辞职，此后以为常例。日本当明治三十一年，伊藤博文为宰相时，以还辽之举，大为议院所反对，伊藤乃解散之。及再选举时，而民间自由、进步两党合而为一，以抗政府，改名宪政党。伊藤察其必再被反对，遂引责去，而宪政党首领继为宰相，即行英国格、的两相之成例也）。宰相及各部大臣为一国行政之长官，而黜陟此长官之权，一在代表民意之议院。于此而犹谓之裁抑民权，吾不知如何而始为伸也。但日本民智尚狭，民德未醇，故其民间所立之政党殊未完备，不能与藩阀老辈代兴，此其所以下于英国一等也。虽然，此由其自力不足使然，优胜劣败之公例，不得不尔，而非在上者从而裁抑之也。彼其自开国会以来，至今凡为政党内阁者两次：一曰明治三十一年宪政党之大隈内阁，一为明治三十三年立宪政友会之伊藤内阁。然皆不过半年，遽尔崩溃。其崩溃也，皆非由反对党推倒之也，其党内自讧使然也。此可以为日本政党内力不完之明证矣。政党不完，亦即民智民德不完之表记也。故日本民权之不逮欧美也，非有裁抑之者也，初萌始达，而未能一蹴以臻于完备之域也。然其民日斯迈而日斯征焉，吾信其此后必有能如英国之一日也。彼为盛捉刀者，徒见日本宪法有“天皇无责任”、“天皇神圣不可侵犯”、“天皇有种种特权”之文，面遽曰日本尊崇君权，裁抑民权，抑何不考其立法之精神、察其现行之情实也？

又彼有“以成明治二十年以后之政绩”一语，吾不知其所指者为一何。推其意，殆以明治二十年以前，法国学派极盛；二十年以后，德国学派代兴也。果尔，则此公必尝稍读日本书，略知其情者也。则吾更欲与彼一言。公所谓明治二十年以后之政绩者，则孰有过于二十三年之开国会者乎？开国会为伸民权乎，为抑民权乎？公当能自辨，无待余喋喋者。公必以为二十年以前则民气嚣张，以后则民气驯靖，以是为德国学派之明效也。不知前此之嚣张，为求民权耳。求而既得之，更何嚣张之与有？虽无德国学代兴，犹之驯靖也。抑前此之嚣张，其为益于日本乎，其为害于日本乎？吾则曰其益无量也。苟非有此，则日本至今犹未开国会焉，未可知也。自板垣退助、副岛种臣等请立议院，不报（旅行无书可查，不能确记其年份，大约在明治十年前后），全国议论汹涌，卢梭《民约》等类之书，几于家弦户诵，政府至将民党中铮铮者十余人放逐于外，而明治十三、四年间，其风潮正达最高点。政府亦不得不从民欲，遂于十四年下诏，许以二十三年开国会。自是以后，举国晏然矣。故明治二十年以后之政绩，实由明治七、八年至十三、四年间所鼓吹之、孕育之而得此者也。而要其最大关目，则不过定君权使有限、伸民权使同治而已。而盛折之为此言，抑何其与情实正相反背也？

盛折又谓日、德国体与我相同，吾滋惑焉。德为联邦之国，我为大一统之国；德为新造之国，我为四千年古国。是皆正相反对者，其相同之点在何处，吾苦不能得也。日本宜稍相近者，然日本之王室，自二千五百年来，未尝易姓（吾昔尝戏号为地球第一大世家）。彼都人士日沾沾焉翘以示人，自谓皇统万世一系，其国体为地球万国所无。而我国则四千年来征诛篡禅，自秦以后，未有五百年无新王兴者。谓其与日本国体正同，谁能信之？推盛折之意，必以为同为君主国，故曰相同。然世界中君主国亦多矣，何必偏举此绝相反对之德、日以为比例。且公之意欲尊君权耳，然则何不举俄罗斯？俄罗斯国土之大与我同，王统之屡易与我同，专制之久与我同。诚哉，其同也！然公殆知俄罗斯政体之野蛮，不敢举、不忍举也。是则盛丞堂之差强人意也。然则何不举英吉利？吾以为君主之尊荣者莫如英吉利，君位之巩固者莫如英吉利。故欲尊其君者不可不学英吉利，欲安其国者不可不学英吉利。吾国国民程度，虽与英吉利大相远，至如公之所谓国体者，则与德、日大异，而与英吉利不甚相远，公胡不举英吉利？

至所引盛折末一语，谓亟宜取法德国、日本，则富哉言矣！群公如皆同此心，我后而肯采此言，斯真中国之福也。虽然，苟其法之，必当似之。法其一二而遗其十百，法其小节而遗其大端，而曰我法日本、我法德国，日、德不任受也。法日、德奈何？亦曰法其伸民权以护君权而已。盛折之不言法俄罗斯也，盖犹知俄罗斯之君权，非可高枕为乐之君权也。言国体而知日、德之当法，不可不谓思想之一进步。炙手可热之当道而有此思想，此吾所欢喜无量也。虽然，其必标明“裁抑民权”四字则何也？得毋以民权与君主不两立耶？今且勿论英国，即以彼所举之日本、德国论，证以鄙人所征引，其两立耶，其不两立耶？是亦可以鉴矣。平心论之，谓民权兴而君权必无所损，此自太过之论。在专制政体之国而兴民权，则必不可不将前此固有之君权割出一部分以让之于下，虽鄙人亦无容为讳者也。然究其实，则所损者果为君权乎？是亦不然。专制国之君主，实非能有完全之大权也，其权或在朝臣，或在外戚，或在宦寺，我国数千历史如貉一邱矣。即在今日，君权之蚀于官者几何？君权之蚀于胥吏者几何？质而言之，则一国之主权，君主所能有者不过十分之二三耳。苟开国会、兴民权之后，而君主所能有之主权断不止二三也（大抵今日德国君主有一国主权十之六七，日本君主有一国主权十之四五）。所割出之一部分，不过自朝官胥吏之手而移诸民，非自君之手而移诸民也。然则虽谓民权，而君权反增可也。虽然，其所异者，在一有限一无限。君权而无限也，则有英明仁武、雄才大略之主出焉。而善用之，可以骤进其国于富强。虽然，此等君主间世而不一遇者也，苟易叶焉，传诸其子孙，则必有滥用此权，而致一国之民不聊生者。虽然，此又岂君主之利也？既以一身揽其全权，则不可不以一身负其责任。虽法律上无责任之明文，而一国人民心目中，固不得不以此责任科君主。此事所必至，理所固然，欲避而不能避者也。责任既集于一身矣，其有失政，则怨毒归之，此革命之祸所以不绝于四千年史册中也，而君主究何利焉？故人臣之爱其君者，苟能保其君之子孙，人人皆放勋重华，代代皆汉文唐太，则虽不言君权之有限可也。而不然者，则惟其限之，乃所以保之。为君者亦然，苟欲自爱护其大位以传诸无穷也，舍伸民权以自限而限其子孙。其奚术哉？其奚术哉？且人亦奚必以无限之权为乐。若今日英国之君主、日本之君主，岂非享尽天地间第一奇福者耶？以视俄罗斯皇之朝避猛虎、夕避长蛇何如哉？此义今在我国青年学界中，稍知外事者，皆能言焉。而当道有力者犹梦梦然，语及

“民权”二字，则畏之如蝎如蛇，是真可叹、可怜者也！至如盛丞堂此折之主稿者，谓其绝不知外事焉不可也。度其人必尝游日本，或尝读日本书数种，而乃为此影响失实之言，以惑人心而阻一国之进步，吾不知其诚何心也。其不知而误会耶，是可恕也，读鄙人兹篇，请君改之；其不肯服耶，请君驳之。而不然者，则必昧良心，造谣言，媚当道以取富贵者也，是则可诛也。吾且更为当道诸公一言：公等而有一二分之忠君爱国心也，则宜速掷弃其“裁抑民权”一语，勿使置之念头。不然，民权之大势，终非公等之所能敌也。昔鲁仲连亦一匹夫耳，犹言“吾宁蹈东海而死，吾不忍为之民”。今国中四万万人，宁无鲁仲连其人者？公等其熟思之、善处之。

辱承下问，本拟略复数语以释尊疑，但一执笔则如有鲠在喉，非吐之不快。故不觉缕缕数千言矣，想不厌其词费也。十月初三夜九点钟属稿，写至此已子正两点，尚未尽言，姑止于斯。(饮冰)

再者，盛折又有“划然有整齐严肃之风”一语，甚然，甚然！非整齐严肃，则无以为国也。然整齐严肃，岂俟裁抑民权而后得此乎？吾中国现今无民权，所谓整齐严肃者安在乎？英国民权最盛，其整齐严肃又岂让德、日乎？惟“法治国”为能整齐严肃。法治国者，一国之人各有权，一国之人之权各有限之谓也。故无宪法之国，断不能整齐严肃。有法焉，则自由固可也，专制亦可也。人民行其自由于法律之下，则自由而非暴；政府行专制于法律之下，则专制而非苛。专制而非苛者有诸乎？曰有古代之斯巴达是已。斯巴达专制若彼，而民无怨者，上下有权限，而政府一切举动皆在法律范围内也。中国如能有法乎，有权限乎，则虽学斯巴达可也。岂惟日本？岂惟德意志？十月四日晨起，缀此数言。(饮冰)

《新民丛报》第二十号，光绪二十八年十月十五日（1902 年 11 月 14 日）

君权、民权释义

光绪二十八年十月十八日

君有权乎？曰：君有权矣。民有权乎？曰：民有权矣。君有权，则君必总摄夫民，而民不得各伸其权；民有权，则民必漠视夫君，而君不得独行其权。二者盖适相反而不相成，讵非以矛陷盾之说乎？曰：是不然。君之权无限量，而民之权有范围。何以言之？君者，凡民所受治者也。其权能行于一国之大，万民之众。民有忠君爱国者，君得而优异之；民有敦伦饬纪者，君得而奖励之。民有作乱犯上者，君得而诛锄之；民有梗顽不率教者，君得而惩治之，教育之。胥天下士、农、工、商，智、愚，贤、不肖，无一非君之黎庶，即无一不当听君之设施。故曰君权无限量也。民者，大君所宰制者也。其权至只及于一身一家，而不能推行罔外。我身而欲为士，则君不得禁之，使不读书；我身而欲农，则君不得禁之，使不力穑；我身而欲为工、为贾，则君不得禁之，使不居肆成事，操奇计赢。推之家长得约束其妻孥，家主得督课夫奴仆。凡在一身一家之内，足以举动自如，而万不能越分妄干，施其权于限外。故曰民之权有范围也。然则何以今之少年游学海外者，创为平权自由之说，动曰君无权而民有权，曰此特窃取佥人之譥言，意盖欲逞其私谋干名犯分也。

今夫泰西之行民权者，莫美利坚若。然美之民果能事事自由乎？考美为（名）〔民〕主之国，一切经管施设，皆须议院集议而后行。然惟议之，以觇众志之从违耳；行与不行，仍听命于百里玺天德。是议院只有立法之权限，而行法必出自朝廷。以故议院有纷争，百里玺天德得解散之；而百里玺天德有举措，议院决不得执持之。谁谓身居民上者，竟不克行其权于国中乎？况泰西虽有行民权者，而最不得自由者，莫不如泰西之百姓。西制全国人民皆入学，有及岁不就传者，罪其父兄；全国人民皆服戎，有及岁不入营者，治以刑法。至于著书、作报，皆须禀请版权；传教、行医，例应考取凭证。是其民无一毫可自私自便矣。

何尝如游学海外少年所云，凡事胥任其泯泯棼棼，而无尊卑上下之别耶？

抑又闻今之讲民权者每谓中国君权重，而事皆出自朝廷，专制民居专制之下，未有不受其压迫，困苦难宣者。噫！曾是中国朝廷而有专制之事耶。夫所谓专制者，惟暴戾若桀纣，恣肆若秦政，喜功好大若汉武则然耳。其在《书》曰：尔有嘉谟嘉猷，则入告尔后于内，尔乃顺之于外。即泰西国有重大事，由上下两议院聚议，而后上之朝廷，画诺颁行之善政也。《孟子》曰：左右皆曰贤，未可也。诸大夫皆曰贤，未可也。国人皆曰贤，然后察之；见贤也，然后用之。左右皆曰可杀，勿听。诸大夫皆曰可杀，勿听。国人皆曰可杀，然后察之；见可杀也，然后杀之。此即泰西君有举动询之上下两议院诸议士，必议士评其善否，而后由君上抉择施行之良规也。曷得谓君之凡事专制乎？曷得谓民之受其束缚而下情举不得宣乎？矧各国之重民权者，民固得自如矣，而其害亦何可限量哉？法以民权著于欧，而民人各树党援，时闻仇杀；美以民权著于美，而百里玺天德中贤如林肯、麦根来者，皆不免被弑于乱党。以彼君权未尽凌替，而民已纷乱如斯，尚得谓君不必操其权，惟民可以行共和之政治乎哉？

偶阅湖北本科闱墨，多有指君权为专制者，因诠释权字之义，著为是篇。世有铺张君民平等之邪说者，请得以两言决之，曰：小民咸恪守夫范围，斯大君不自专其威福。

《申报》，光绪二十八年十月十八日（1902 年 11 月 17 日）

俄主专制、英主立宪、美主共和政策之宗旨不同，国民之感动顿异，试抉其利病得失之数策

光绪二十八年十月二十日

湖北乡试第一名 汪咿鸾

国于天地，必有与立。与立者何？政体之范围是也。旷观地球万国，竞争其

范围乎。斯民者，无不基于政体。政体完结，国之强弱即随之。然而未可一概论者，则五洲之风尚有异，列国之宗旨顿殊，人种之类即不同也。必榷而为言，约有三类：专制政体为一类，立宪政体为一类，共和政体为一类也。宗共和之旨者，美之南北两洲皆是，惟美为之最；宗立宪之旨者，欧之全土皆是也，惟英为之先；宗之专制旨者，莽莽之亚洲，无国不然也，惟俄为收其利。是故欲验三洲之得失，不得不即三国之政体一论之。

俄起西欧，广袤东亚，天下大势，强莫如之。然而，俄专制世袭之帝国也。其立法、司法、行政三大权，皆操之皇帝，未尝旁落于下也。其委之于下者，不过大政议院、元老法院、圣教院、参议院四者而已。以此宗旨牢结于民，故民旨贴就范围，而俄遂得以实行其侵略之政策。此专制之利也。

至若以海军横行于海洋、以商务拓土于陆地者，非近世所谓立宪之英国乎？考英国之立宪也，七百年前，已有其机，中更祸乱，殆将转为专制，又殆将转为共和，波澜起伏，卒成今日无缺之立宪政体。而行政、立法、司法三大权则又鼎立而不可侵轶，以故议事议政，上下咸能一心，而英遂得以实行其外交之政策。此立宪之利也。

若夫美之合众也，合众之为言，岂合一民族而成者哉。有英人焉，有法人焉，有德人焉，凡列国之创党自主不能行于专制、立宪之国者，皆藉此为逋逃薮焉。则共和之政体，美固不得不然者也。行政、立法、司法三大部，而各有其权，美亦不得不然者也。以此宗旨深入于人心，欲地球之国民尽为所感动，而美遂得以实行其和平之政策。此共和之利也。

虽然，此特即其利言之，未言其弊也。特即一时之盛观之，未穷其衰也。俄主专制固利矣，而近世何以有私结党会，反对政府者乎？见之于去岁日报者，又何以有创乱之学生数百人乎？英主立宪固利矣，而黜陟大权，何以旁落于巴律门乎？行政、立法二权，全归国会之手，而英谚又何以有国会何事不可为之语乎？美主共和固利矣，而美人之来华者，何以恒言其国议院挟私之弊乎？又何以平权之说盛行于欧洲，而欧洲蒙其害乎？请有以释其故。大抵专制之国权，常集于君，君权愈（种）〔重〕，则国之利病，民之安危，其隔膜也必多，隔膜甚而激烈之祸起，俄其已事也。立宪之国权，常集于国会，国会之权愈重，则国家之势力、朝廷之黜陟，其侵占也必大，侵占甚而跋扈之患起，英其前车也。共和之国权，常集于民，民权愈重，则先王之刑制、圣人之经典，其侮弃也必夥，侮弃甚而邪僻之徒起，美其殷鉴也。

故国无政体则已，政体无宗旨则已，有政策之宗旨，即有国民之感动，势所必至，理有固然。惟神明于政治者，乃能乘其弊而变之。若俄、若英、若美皆一世之雄，固未足以语此也，必抉其利病得失之数，不亦较然可睹矣乎。

《时事采新汇选》，光绪二十八年十月二十日（1902年11月19日），录自当年十月一日《新闻报》

自由论

光绪二十八年十一月初二日

最得自由者，中国之民；最不得自由者，东西洋各国之民。难者谓：自由之说，起自泰西，延及日本，中国无有也。今乃谓：中国之民能自由，而东西洋各国反不然，毋乃过为是矫情之论乎？则应之曰：否，不然。东西洋各国政多繁琐，每以制度律例钤束其民。通国民人尽为兵，则民必听主帅之征调，不得自由也；通国子弟必入学，则民必受学校之裁成，不得自由也。刊一书，必先请版权，则著作家无自由之权也；出一报，必讲准照，则议论家无自由之权也。公司有定章，则商贾不得操自由之权也；婚姻须报部，则男女不得操自由之权也。且也印花有税，而售物不得自由；招牌有税，而设肆不得自由；牛马有税，而豢牲畜者不得自由；丁口有税，而育子女者不得自由。甚至议员须公举，总统须公举，而治理地方、君临天下者，亦胥不得自由。夫谁谓东西洋各国之民能自便其身，图自专其私利，而无人焉为之压制，为之整理，一任其从心所欲，自轶范围哉？

若中国之民则不然，薄海遐陬，日游于天高地厚之中，长养涵濡，绝无拘束。兵由于召募，而子弟不必荷戟从戎；饷出自公家，而闾阎无事输刍挽粟。业田产者只纳赋课，从无丝毫苛征；操会计者既输税厘，并不稍事禁约。士、农、工、商各业，任人自定从违。水、旱、虫、□遍灾，由官量予振抚。凡各国所谓丁口税、房屋税、田亩税、牲畜税、舟车税，我中国皆无之。故虽连年用兵，叠岁遭歉，而民仍得安居乐业，绝无愁苦嗟怨之声。由是以观，而谓各国之民能自由乎？抑我中国之民能自由乎？我中国之民既若是之自由，而尚忍侈言平权，扰扰纷纷，如泰西之结为无君无政府私党乎？

虽然，今中国人民其误解“自由”二字之义者，亦正不少。夫自由与纵恣异。纵恣者，野蛮之习，无酋长，无官吏，无律法，无伦纪，狉榛固陋，如禽兽然。劫物杀人，习为常事，如藏民，如台番，如阿洲之黑人，如美洲之红种。凡若此者，俱不得号为文明。若自由之民，则皞皞熙熙，顺帝之则，各遵分范，共矢天良，不矜奇吊诡以惑人，无邪说暴行之间作。文明之极，小民自手足宽闲也。抑今之好乱选事者，往往欲操自由之权，而转不得自由。彼夫俄之墨斯科学生，群起为非，驿骚市肆。叩以故，曰：欲自由也。而大兵一至，瓦解冰消，能自由乎？美之匪人投间□隙，谋弑总统麦荆来。叩其故，曰：欲自由也。而一经就缚，俯首受刑，能自由乎？至我中国，则梁逆启超，首唱自由之义者也，而事败逃匿，如豕在牢，安得而自由？唐逆才常，阿附自由之说者也，而肆诸市曹，身首异处，安得而自由？凡若此者，始则误自由为纵恣，继则过纵恣而反失其自由。而奈何各处新学堂肄业生，欲与督办、总理、总教、分教争自由权，而逞其暴戾恣睢，蔑礼悖义，或挥刃，或毁物，辱侮其师长，破坏其学规，卒之小则记过示惩，大则斥逐出学，任督办、总理、总教、分教之自为政，学生无一毫可行其权。试为清夜思维，自由之道果若是乎？

要之，国无论中外，人人皆得握自由权，而人人实各有自由权之界限。君守君权之界限，而残虐不作，则自不碍民之权；民守民权之界限，而法度是遵，则自不侵君之权。夫如是，而国以永奠，民以永安，邪慝不兴奋，俯仰自适“诚何必逞其嚣张凌兢之气，日诩诩然号于众曰“自由，自由”，而反仿效最不得自由之东西洋各国哉？

《申报》，光绪二十八年十一月初二日（1902 年 12 月 1 日）

筹国平议

光绪二十八年十一月十二、十三日

今之讲维新者，痛国势之衰颓，恨政府之腐败。于是日号于众曰："共和，共和。"闻者亦遂从而应之曰："共和，共和。"予喜甚，喜其志气之发扬也。予又虑甚，虑其不足以成大事也。何则，有守者然后有为。古今中外大人物，未有己不立而能立人、己不达而能达人者。盖凡一举一动、一言一行，先必须真诚、恳切、识见高超，然后斟酌至当。揆之时势，揆之民情，熟察夫全球各国成立之原因，以推测我中国将来之结果，非可以卤莽为也，非可以血气胜也。今之讲维新者，除二三豪俊学有心得、见能独到、植品励行可以服人外，其余攘攘扰扰、邪僻乖张，或缘为终南捷径以便私图，或穷促无所归聊托义愤。利世未能，害群屡见，似此自欺欺人者流，多一人维新，则中国加一分败坏也。考环球各国之政体，皆各有特别之处，英、美不相肖，德、法不相肖，即日本维新以来国势之强，追踪欧美，而一考其政体，实自有一种特别之处，亦不与欧美各国相肖。夫以日本变法而后，进步之速，一日千里，民性之活泼、人才之众多，夫岂不可以仿美、法之成式，建一民主之国，其力足以倾累代专擅之幕府？夫岂不可以并天皇之位而削之？然而势有不可也。我中国之政体必须改良，是为天下之公言，予亦为主张此议者，其将来结果成为一何种之政体，则视乎其人，今尚不敢下此断语。要之，共和（致）〔政〕体万不可立，而亦万不能立。此非予一人之私言也，予尝观历史地理而有见于此。

就历史论，欧洲各国数百年来之变乱，实为我中国数千年历史上未有之惨剧。民心思乱，煽动极易，故其革命之事相望于册。究其所以如此者，盖彼时君之待民，其压制束缚之策，实出自有心，其力日增，无有底止。压制之力愈大，则民间之疾苦愈甚；束缚之力愈紧，则民间之毒害愈深。久而久之，民皆知君实与民为敌，始而甘心忍受，继而积不能平。于是遍国中皆视其君为国民之公敌，乃起而颠覆政府，重奠邦基。美之自立，法之革命，其已事也。我中国压制力、束缚力之极大，而出自有心者，惟一秦始皇。自秦而后，其力递减，民已相安。延至今日，虽尚不免，然其非有心与民为敌，予敢断言。而且本朝定鼎以来，凡十数传，卒无一贪淫暴厉之政，所除前明之酷刑弊政凡数事，其恩德之及于民者，乡间小民尚皆称道弗衰。故予谓今日中国之败坏，其过不专在朝廷，而政府诸臣实多尸其咎也。谓予不信，试观往事。我皇上鉴于国家之危亡，于是有戊戌更新之举，凡以为国也，凡以为民也。至八月之变，论者固罪有所归，而其事之实败于顽固诸臣之挑弄，予敢断言。谓予不信，试观近事。自拳乱以后，皇太后颇有悔心，于是下变法之诏，复谋更新，亦凡以为国也，凡以为民也。乃迟之既久而不见起色者，非朝廷之过，实承行诸臣有以遏其新机也，果使当道诸巨公热心爱国，锐意改革，广引新人以相辅助，则皇太后必不能掣其肘，予敢断言。故建共和政体者，与朝廷为敌也。朝廷既不与我为敌，我何必与朝廷为敌？与我为敌者，顽固诸臣也。诸臣与我为敌，我即视诸臣为国民之公敌而已，何必倡言共和？此共和政体之不可立，鉴于历史已有然矣。

据地理论，欧洲之地理实别具一种活泼之状态。其地不及他洲之大，而海岸线特长。强大之国比肩而立，盛衰起伏，变乱频仍，故民尽知兵，有衅即动。而且其间最著名之大国，尚有不及中国一省之地者。即如法兰西，仅及中国二十五分之一；英吉利仅及中国四十二分之一；德意志仅及中国二十四分之一；意大利仅及中国四十四分之一。国土既小，号召自易。一旦有事，则檄文朝发，而全国之雄兵夕集矣，便何如也。不宁惟是，其地理既别有一种活泼之状态，故其民亦各有一种活泼之性质，习于竞争，易于感动。而法国位于欧洲之南，其间地势高崇，空气清淑，于天然界独占优胜。其民受天时地气之薰染，更有一种活活泼泼、不可羁勒之情。故革命之事亦以法国为多，盖其地理使然也。我中国之地，东西长约七千八百余里，南北广约五千四百余里，面积约五百一十万五千四百八十四方里，殆占亚洲全土三分之一，比之全欧殆或过之。地大物博，人性沉实，习于安逸，惮于变动。而又江河以限之，山岭以亘之。南北之风气不同，东西之情景各异。交通不便，铁路无多。苟欲一旦撞自由钟、举独立旗，吾恐同时起而应者，未必如欧洲各国之便易耳。或曰：美利坚小于中国才六十万方里，何以竟能同起而抗强英？殊不知其与英相抗时，实十三邦相合而举兵，各怀同仇敌忾之心，以为一劳永逸之计，及和议成，乃更联合西南各地，合四十六邦而成今日之一共和国。较之我中国之地理，实不能一概而论也。而且我中国今日之稍明时局者，通国约计亦不过千之一二，无论其不能同起而应之也；即或有起而应之者，亦不过等于乌合之众，其能如欧美各国之举义旗、立新国、共患难、共甘苦、同心协力以底于成者乎？而况民智未开，一见有非常之举动，则群以反叛目之，协助者少，抵敌者多，空流许多之热血，徒蒙大逆之罪名。我为爱国爱民而冒险以赴之，恐国民且不我恕也。共和之政体未成，百万之头颅空掷，死不足惜，独惜其虽死亦无功耳！或曰：本朝何以取之明？前明何以取之元？以次上溯，我中国实亦屡有改革者，何独难于今日？殊不知彼一时，此一时。试问：三百年前我国之外患若何，有如今日之列强环以相伺乎？我国之四境若何，有如今日之险要多不我属乎？或曰：与外国立约，或得资其臂助。殊不知外国所以不即实践瓜分之议者，以我中国目前之和平犹可以保其商业之进步也。苟乱自我生，则鹬蚌相持，渔人得利，有不捷足先登以各种利益者乎？或曰：先从一省办起，然后渐及各省，有何不可？殊不知处今之世界，当今之时局，无论我十八省中无可以自立一国之资格也，即或有之，然当外人肘腋之下而自相分裂，是徒与外人以瓜分之柄，以促其灭亡，谅亦非有心人之所忍为也。即或天从人愿，得成为一完全之共和国，然能保有不觊觎神器，反背盟约，划疆分治以自立为王者乎？此共和政体之不能立，鉴于地理又有然矣。

予汉人也，亦讲维新者也，非有所偏袒也，亦主张改良政体之议者也。然而予之意见未敢与他人之讲维新者苟同，盖尝斟酌乎时势，斟酌乎民情，斟酌乎我中国之历史，斟酌乎我中国之地理，确见夫共和政体万不宜于我中国。苟心醉西风，不权利害，但取泰西之政法生吞活剥，奉为我中国维新不二之法门。美洲立新国也，吾亦立新国；法国大革命也，吾亦大革命。势不至于全体糜乱，举数千年文明之古国，断送于他人之手不止。非故为是过激之言也，亦其势有驱之使然者耳。甚矣！学术之宜纯也。甚矣！识见之不可偏也。以中国人之眼，读东西各国之书，当使书为我用，不可使我为书用。当别择泰西各国之政体，以取合乎我国之历史、地理，视其何种适于我国之用。不可胶执泰西各国之历史、地理，遂茫茫然决定我国亦可立某国之政体，一一悉仿效之。试观日本维新诸豪杰，固尝读西书、通西法者，彼岂未熟闻夫美、法两国之政体然？而其政体之改良，则不取诸此，此其间盖有深意存焉。我中国之讲维新者，亦可以知所鉴矣。

《大公报》，光绪二十八年十一月十二、十三日（1902 年 12 月 11、12 日）

书本报纪议员格斗事后

光绪二十八年十一月十八日

今天下之谭国事者，愤下情之不能上达也，众谋之不能合一也，莫不奋然曰：欲祛其弊，宜仿西法，兴议院。呜呼！是言也，殆所谓知其一而不知其二者哉。夫上下之情贵乎通，君民之心贵乎合，此固中国古昔圣贤之成法，而其说并非创自泰西。《洪范》之言曰：汝则有大疑，谋及乃心，谋及卿士，谋及庶人。《王制》之言曰：杀人于朝，与士共之；刑人于市，与众乘之。《孟子》之言曰：左右皆曰不可，勿听；诸大夫皆曰不可，勿听；国人皆曰不可，然后察之。周制国有大事，若国危，若国迁，若立君，则必聚通国之人一一咨询，始行定议。降及秦汉，犹有博士议员之名，藉以参酌国家之大政。夫卿士、诸大夫以及博士议员，皆有官职于朝，即西国之上议院也。庶人、国人，则《诗》所谓询于刍荛，即西国之下议院也。是则中国古时虽不立议院之名，而行一事必察民之好恶，立一政必视民之从违，固尝以专恣为能，有意拂舆情而违众志。惜乎后之宰天下者，不能体察此意，上与民日远，民与上日疏，延至于今，而壅塞锢蔽之风益固结而不可解。论者徒见末流之弊，遂谓非仿泰西议院之制，不足救痼习而挽颓波。呜呼！是亦知泰西之有议院，固亦利弊参半者欤！

夫泰西之立国也，有君主，有民主，有君民共主。君主之国，政令出自一人，非在下者所能干预。若民主，若君民共主，则一切政治之改革，皆须先由议院议定，然后奏闻国主，见诸施行。此固势之所趋而无可异者。然尝考之西籍，各国收议院之效者固多，亦有因议员各挟意见，互分党徒，遂至因之滋乱者。从前德相毕司马克佐德皇威廉第一时，曾有罢遣议员之事。亦可见此事在西国，亦未尝一无流弊矣。兹者法国下议院，于西历十二月七号，众议员聚议时，民党中人多所辩论，议员答不如法，于是民党与急进党两次互相格斗，摩拳擦掌，势甚汹汹，旁观排解不开，议事竟至中辍。

夫议院之名，泰西行之已久。上议院议员固皆出自贵胄，识见超卓，气局恢张，迥非卤莽灭裂者可比。即下议院虽皆庶民，然当民智既开，议论亦应多可取。议而彼此相合，固足见大道之公；即或意见偶歧，亦宜酌一中以定可否。而乃计不出此，徒知意气用事，竟以口舌起干戈，是则弊端之生，在西国已不能免，而况中国人心，多虚骄之气，存观望之私，伐异党同，往往而是。倘中国而果兴议院，吾恐昔之病在壅塞者，今必病在嚣张；昔之病在痼蔽者，今必病在杂乱。发言盈庭，谁敢执咎？利未兴而害已见，其理固有不待明哲而后知者。

夫学堂与议院，固治国者至要之事也。然学堂在西国则为富强之基，中国偶一仿行，滋事者已纷然而起；议院幸犹托之空言耳，设竟决意行之，则其弊必较学堂为更甚。诚以中国朝野上下凡举一事，皆但骛其名而不求其实，故虽意美法良，犹不能仿行以收其益，况其事本未必有利无弊者耶。吾愿世之君子正其本清其源，不慕一时之虚名，而徐复古时之成法，斯则中国之大幸也夫。

《申报》，光绪二十八年十一月十八日（1902年12月17日）

立宪法浅说

光绪二十八年

《胶州报》

天下各国之政体大要有三，从前译本称之，曰君主政治，曰民主政治，曰君民共主政治。君主政治，中国之外如俄是也；民主政治，如美如法等国是也；君民共主政治，如德如英等国是也。近人译本，以谓君主、民主、君民共主等称，似与原义仍有未安，改称之曰专制政体、共和政体、立宪政体。专制政体者，一人专其权于上，以制万民万事者也；共和政体者，凡事由民间建议，而政府从令而行者也；立宪政体者，公立法律，君民皆相遵守者也。斯说一出，于是而中国政府，乃归入专制之属。

虽然，以予言之，中国亦何尝能专制哉？名为收其权于一人，实则一人乃退处于无权之地，徒受此专制之名而已。专制之义，一人指挥于上，万众慑伏于下，出令如轰雷，奉令如流水，乃今而后，可以尽专制之分量。然而一人独处，其势最危，吸力稍弱，扶挟稍疏，塌然溃矣。中国君主，或称曰孤，或称曰朕，以谓其尊无二，其大无方也。不知孤者，孑然无耦之义；朕者，无形无影无端之义。由此言之，危乎不危？况复万国注射，四面受敌，而欲以一人旨意之所可否，以当其冲，能耶否耶？譬诸疾病，元气既伤，外邪复中，攻邪则元气并陷，补元则伏邪愈坚，虽有华扁，犹知难矣。况病者方自为主持，妄订方药，而求其病之能愈哉？历代以还，外交之纷纠，未有如今日者也。

有秦之世，专制斯起，然以秦政雄谲，而不能制其后赵高马鹿之谋、陈涉鸿鹄之志；以汉高之雄略，而不能制其后诸吕人彘之惨、赤眉铜马之祸；以光武之雄伟，而不能制其后群狼之宦官、钜鹿之人妖；以唐祖之神武，而不能制其后无渔阳之鼙鼓、马嵬之风云；以宋祖之沉雄，而不能制其后之不缚束操纵于宦官、称侄称臣于敌国。自余朝代，忽起忽落，约计不百数十年间，即有一场争长争雄，干戈血战，以大地为杀戮之剧场，以人命为赌博之资本，驱万民于锋镝，没肝脑于泥涂。天地生人之心，吾知其必不若此也。此无他，皆专制之一念累之也。

虽欧美各国未尝无大战争，民主之君未尝不遭轰击，然而文明发达，日渐弥沦，弭兵思想，已萌芽蘖，且推求其争杀之故，如以同部民人而互相残杀者盖寡。惟中国自来皆以本国之人，争杀本国之人者为多。且推求其故，皆为一人之效力以杀彼一人，又为彼一人之效力以杀此一人。使善于诙谐者设譬以问诸其人，实则两边人皆无所谓也。此等杀戮，亦杀得可笑矣乎？然犹谓憔悴虐政，濒于死亡，逃避无法，故用是不惜身命，以争将来一日之太平。不知祸乱方终，而专制之义仍踵起。毕竟循环往复，久则百数年，速则数十年，仍以其昔日之所以杀人者，终归必为人所杀，然则几自杀之也。彼一人何足惜，其如苍生何！其如人群何！

然则何以谓专制之一念累之也？大凡专制政体，其初念亦非有意害人也。惟其视此国为彼自有之物，而此物又为人人所窥伺而贪得之者。即或无贪得之心，而凡于此物中稍得尺寸假手皆可以操纵，当时睥睨一世，此中委曲，弊窦良多，吾无法以制驭之，此弊乌能已乎？此物乌可久乎？慢藏犹能诲盗，冶容犹能诲淫。况此物之足以动人，不知比财与色，其相去几千亿万倍。而又千方百孔，弥缺良难，竭力攫拿，稍纵即逝，自非尽其制驭之力，穷其制驭之方，不足以语于斯矣。此专制之所由起也。乃知专制之起，由于视国家为私有之物。夫既视国家为私有之物，是故凡诸制度，无所谓国政也，防弊之术焉已耳；无所谓官常也，箝制之术焉已耳；无所谓民治也，镇压之术焉已耳。一私既起，万弊业生，是故以言夫君，君有权也，亦有限也，专之则为无限之权，而宁可大权之旁落，主权之外移；以言夫官，官有权也，亦有限也，专之则迫而严为之限，而重分其权，而宁可窃权于奸邪，寄权于妇寺；以言夫民，民有权也，亦有限也，专之则严促其限，而尽夺其权，而宁可潢池之弄权，不许善良之自主，穷其私之所至。于是而黜陟不必由公评，当官则限以回避利弊，不许其上陈，设官不必其有用，经费可出以勒派，国用不必其共知。宁购炮械于外人，而不准民间之制造；宁驱无赖以送死，而不能编民以为兵；宁失刑于权所不及之地，而必严刑以治其绝不外向之民。种种弊端，良难尽述。大要言之，则日断无兴利，惟有防民而已矣。

然苟当锁港之世，海内一家，虽不能治，犹曰苟求无事，即可以坐享太平也。今则万蛸丛钻，群雄冲突，自非群策群力，不足自全。而仍欲以一人之智力，以当其冲，只见其不知量矣。本原既乱，百事皆非。故即以学堂言之，学生成学，转多受佣于外人，智识渐开，乃竟苦苦于谋叛。而所谓平民者，又视国事为于我无所关，匪斯人之天良素昧，盖束缚既多，抑压太过，大背公理，又加之以愤极之时艰，故其胸中之所蕴积，乃不可以复遏。而蚩蚩者民，平日既不令其参知国事，至是而语以国家之急，故亦漠然置之，若以为亦于我所关也。然则何以谓锁港之世，海内一家，虽不能治，犹之可也。今试有巨家于此，其平日之训其子弟也，遵循而已矣，恭顺而已矣。苟其无事，衣租食税，未尝不足以保家也；一旦天昏夜黑，剧盗猝至，呼徒啸侣，明火治械，以入其家，则强梁子弟，健仆豪奴，乃转适用。盖时异而势不同，至是而所谓遵循恭顺者，乃窜缩战汗，一任倾筐倒匣，饱其所欲而去耳。然窃以为今之能见及此者，盖亦不一其人。然而不得稍为变计者，无他，盖恐将以败吾之私产也。若曰是固吾所私有之物，强盗攘夺，乃无可如何之事，而惟恐其播弄于家人之手而已。呜呼！由此言之，而谓其尚可挽救乎？即具绝大爱心，绝大能力，亦所争者旦暮迟速而已矣，况于泄沓如故也。是故因而任之则已濒死，道荡而决之则扰乱太平，二者俱不可论者，于是主立宪之法。

夫立宪之法，试为略而言之，而利已不可胜言矣。凡诸利害，与众共之，人心自一，内乱以消，外侮自解，疆宇可以保全，大位于以永固，利一。建官行政，大众得而参预之，则公多而私少，官常自肃，集事自易，利二。事令参知，便觉关切，既有关切，乃肯出钱。试观民间办一公事，倡一善举等，而至于演剧赛会，何以一倡百和，筹集巨资而无难，何至于房捐之类，则威之迫之，而仍有弗恤，则关份与不关份之分也。可知君民通气，筹款自易，利三。事参众议，则国家行政，不至临时棘手，利四。猝有事变，随地可决，不至观望，坐误时机，利五。事与众定，即有敌患，恫喝自难，利六。众之所利，众与争之，众之所害，众与除之，利权既保，元气斯固，利七。争为国争，死为国死，民气自奋，乃可图强，利八。钻营无益，贿赂不行，修行立名，便可出众，从此我国始有好人，利九。若求出众，必创美举，各出才力，以争上游，从此我国始有好事，利十。民生之初，无所统纪，众所归往，斯谓之王，事为民设，斯谓之政，帝王本意，于以不坠。若劫之威，使人慑伏，此剧盗之所优为，非盛德也。苟能师古，万世称盛，利十一。与众守法，子孙而圣，国固大治，子孙而愚，国不至乱，利十二。出入警跸，扈卫以兵，历代帝王，有何乐趣，君民通气，无复顾忌，而后君主乃确较乐于众人，利十三。秦仅再传，汉长四百，据为己有，终有已时。每至易代，不忍卒读，岂惟累民大遭惨死而已，贵为天子，至是乃手刃子女，而后随之而亡者有之。自祝生生世世不生帝王家者有之，自缢者有之，王位既失，种裔并绝，惟公之与民，自免此祸，可以永世，可以万年，利十四。此外利益之相因而起者，殆不可以笔舌罄。余甚矣惫，不能更复终所言。

嗟嗟！日暮途远，人间何世，违时之论，徒托空言，然而若不能已者，悲黄族之将沦惨祸也。若夫词语鄙俚，不事修饰，则余方刻意通俗，不暇咬文嚼字以求工。

《清议报全编》卷二十五，附录一“群报撷华通论”，第94—99页，横滨新民社辑印，光绪二十八年（1902年）

君民通义

光绪二十八年

汕头《岭东日报》

一、论君主民主之义皆本于《易》

君民之义有二：其一为上下之分，其一为上下之交。上下不辨，民志不定，天下之所由乱也。故必严天泽之分，此《易》之所以取其象于履也。而君主专制之义，本之上下不交，民志不通，亦天下之所由乱也。故必忘贵贱之等，此《易》之所以寓其象于泰也。而民主之义似之。圣人序《易》，二卦相次，具有深意，后人不察，偏主一义，则流弊不可胜言。不明辨之，各执一说，持之有故，言之成理，托于圣贤之大义经训所昭垂。差之毫厘，谬以千里，自谓为正谊明道，而为祸于天下，且不知其伊于胡底也。

夫泰之彖象曰：上下交而其志同；否之彖象曰：上下不交而天下无邦。而孔子申之曰：天地交泰，后以裁成天地之道，辅相天地之宜，以左右民。是明明君之裁成辅相，皆以民为主义也。上下交而民志同，则天下有邦；上下不交而民志不同，则天下无邦。是明明邦国之有无，视民志之同异也。后世于君民之分，则日日申明之；于君民之通，则日日膜视之。岂知至于天下无邦，虽家喻户晓，日聒人以至尊无上之义，谁其信之？外人之言曰：支那人无爱国性。即中人之言，亦往往目击世变，太息而痛恨曰：吾国人于国家之存亡，若秦越人之视肥瘠。嗟乎！此岂中人之果不外人若哉？上下不交，而天下无邦；皮之不存，毛将安傅？虽欲爱之，其孰从而爱之哉？

二、论君臣皆为民而设

厥初生民，以人有争心，无人以平之，则人人将危而不安，而不得自由也，而君臣之制起焉。君臣者，就为民行政之人，随其上下而立之名者也。有民人而后有邦国，有邦国而后有政府，有政府而后有君臣。若为之君与臣者，所行之政，残民以逞，奴隶之，斩艾之，涂毒之，使天下之人，嚣然丧其乐生之心，则又焉用是为哉？《易》曰：上下不交，而天下无邦。盖指其实而言之也。按《墨子·尚同篇》云：天下之乱也，如禽兽然。无上下长幼之节，父子兄弟之礼，而天下乱。明平民之无正长，以一同天下之义，而天下乱也。故选择天下贤良圣智辩慧之人，立以为天子，使从事乎一同天下之义。自三公国君以下，至乡里之长皆同。今王公大人之为刑政，则反此政以为便僻，宗于父兄故旧以为左右为正长，民知上置正长之非以治民也。是故皆比周隐匿，而莫肯尚同其上。是故上下不同义，而赏誉不足以劝善，刑罚不足以沮暴，则是不与向吾所言民始生未有正长之时同乎？此言君臣之由至为明确。曰上下不同义，则上下不交，而其志不同也。曰与未有正长之时同，则上下不交，而天下无邦也。

英人陆克生于一千六百三十二年，以一千七百四十年卒，明末清初时人也。欧洲各国倡自由之说者，无虑百数，以陆为最著。一见法人阿勿雷脱之近代哲学，一其言曰：君主视民如寇雠，则民视君亦如寇雠。此即孟子所谓君之视臣如犬马，则臣视君如寇雠也。所谓上下不交，而其志不同也。又曰：众人所以设立邦国之宗旨，盖举性命财产自由权，人人所贵者，而设一公权以代为保护也。若君主奋其威力，妄有诛求，是君主与众民之间，初无一定之制度，毕竟与野蛮未立邦国者无以异。此墨子所谓与民始生未有正长之时同也。所谓上下不交，而天下无邦也。

当周之季，七雄并峙，封建之制，日即销亡，有君无民，其势已渐流于专制。孟子忧之，知贼仁贼义之独夫，将起而为天下祸也。大声疾呼，特申民贵君轻之义以救之，卒不可得。秦并六国，尽采其尊君抑臣之仪，自名为皇帝。汉兴，叔孙无识，遂承其弊，所谓吾今而后知帝之尊也。自是以还，君日以尊，臣日以卑，廉远则堂高，一人端拱，如在天上。臣怜师友之义亡，都俞吁咈之风息。驯至明代，以奴仆待其臣，而其臣亦以奴仆自待，而天下于是无邦。此黄梨洲《明夷待访录》之原君、原臣二篇所为特申孟子之义，以开一世之愚蒙也。

《原君篇》曰：古者以天下为主，君为客，凡君之所毕世而经营者为天下也；今也以君为主，天下为客，凡天下之无地而安宁者为君也。此孟子民为贵、社稷次之、君为轻之义也。此义不明，而为民上者遂坐视斯民之水深火热，呼号宛转，以求其生而不可得，曾莫之或惜矣。

《原臣篇》曰：有人焉，视于无形，听于无声，以事其君，可谓之臣乎？曰否。杀其身以事其君，可谓之臣乎？曰否。夫天下之大，非一人之所能治，而分治之以群工，故我之出而仕也，为天下，非为君也，为万民，非为一姓也。吾以天下万民起见，非其道即君以形声强我，未之敢从，况于无形无声乎？非其道即立身其朝，未之敢许，况于杀其身乎？又曰：为臣者轻视斯民之水火，即能补君而兴，从君而亡，于臣道未尝不背。此孟子君不向道，不志于仁，而求富之，为之强战，是助桀辅纣之说也。此义不明，而为民上者，但知为之仆隶，逢迎容悦，以取富贵，涂炭斯民，以从君之令，而曾莫知其非矣。以韩昌黎之学识，其为《原道篇》犹曰：君者出令者也，臣者行君之令而致之民者也。岂非君臣之义久不明于天下乎？

三、论民主为万世之通义

或曰：梨洲之说，不可为训；孟子民贵之言，为当时涂炭生民，以纵一人之欲者而发，非万世之通义也。故泰西近代哲学家，以民主之义，为世界之公理，谓君主贵族之治，终不能久，究必归于民主而后已。独吾国士大夫，多视为詟言，谓是为夷狄之俗，去人伦无君子之说也。不知所谓主者，犹云以是为主义云尔；非谓无君臣上下之分，而人人可以为主也。所谓人人有自主之权者，犹云人人皆得自由云尔；非谓民主为人人自主，而无君臣上下之分也。夫上下之分，与上下之交，道并行而不相悖，苟其无贵贱尊卑之等，虽一家且不可以治，况一国乎！五尺童子，犹知其不可。曾谓欧美二洲之豪杰，独不知君臣之义，无所逃于天地之间哉。诚如或之所虑，则西人代兰德借以篡位之说也（西史称借民权之名以窃君位者为代兰得），罗马屋大维、法皇拿破仑第一之流是也。苟民主之国，即人人得以自主，则美利坚固明明合众之民主国也。彼无政府党人，何必与其伯理玺天德麦坚尼为难哉？若以奸人之雄，得借其说以惑人，遂谓其不可为训，则尧舜之禅让，汤武之征诛，奸人之借其说以窃位者多矣。其可因噎而废食哉？

孟子曰：有大人之事，有小人之事。又曰：或劳心，或劳力，劳心者治人，劳力者治于人。治于人者食人，治人者食于人。天下之通义也。夫大人之事非他，治民之事也。劳心以治民之事，而食民之食，非即梨洲所谓天下为主，君为客，君之毕世而经营者，为天下之义乎？又非即西人所谓国为民之公产，王侯将相，为通国公仆隶之义乎？孟子以是为通功易事，即卢骚《民约论》所谓公益之所在，可以一己之权利，使匹夫上侪于君主，而使君主下伍于庶民也。何者？通功易事，固匹夫匹妇彼此立约以相交之义也。曰天下之通义，则其为万世之通义可知矣。

四、论君臣不同于父子

或者又曰：于礼，子之于父，臣之于君，皆以至尊斩衰三年，君与父一也。今梨洲乃谓臣与子不得并称，父子一气，君臣之名从天下而有，吾无天下之责，则吾在君为路人。又曰：臣之于君，名异而实同。背礼违经，安可为训？不将率天下以为无耻之长乐老人乎？按英儒陆克之言曰：世人动以父权为政权之本者，此大谬也。父权由自然之责任而生，政府之权由官民之契约而生，二者不得相混。夫梨洲所谓父子一气，即陆克所谓父权由自然之责任而生也。梨洲所谓君臣之名从天下而有，即陆克所谓政府之权由官民之契约而生也。梨洲《明夷待访录》成于康熙二年，与陆克同时。地之相去七万余里，而其言君臣之义如出一口。此陆象山所谓推而至于东海之人、西海之人，此心同，此理同也。二人之去孟子世之相后二千余岁，而其言君民之义，若出一辙。此象山所谓推而至于百世之上，百世之下，此心同，此理同也。然则礼经之义何居？曰此义孟子言之矣。礼为旧君有服，而孟子曰：三有礼则为之服，否则寇雠，何服之有？斯义也，即孔子君君臣臣父父子子之义也。己所不欲，勿施于人，所求乎人，先责之己，恕之所以终身可行也。为君者诚能尽父母斯民之责，养之教之，以作君兼作师之任，则为之臣民者，以服父母之服，服之固其宜也。若夫视其臣如犬马，待其民如土芥，而徒以如父如天之空名，责其我尊，否则以大不敬之罪罪之，揆诸先王制礼之精意，所谓礼以义起，顺人情而为之节文者，其为道固若是乎？

五、论民权不伸之由

民贵既为天下之通义，则治天下宜以民为主；以民为主，则民权不可不伸矣。严氏几道《原强》言新民德之事曰：居今之日，欲进吾民之德，于以同力合志，联一气而御外仇，则非有道焉，使各私中国不可。顾处士曰：民不能无私也，圣人之制治也，在合天下之私以为公。然则使各私中国奈何？曰设议院于京师，而令天下郡县各公举其守宰，是道也，欲民之忠爱必由此。欲教化之兴，地利之尽，道里之辟，商务之兴，民各束身自好，而争濯磨于善，无不由此。圣人复起，不易吾言。夫守宰公举，则各郡县皆有议会矣，其言民权之当伸也如此。

乃其《原富》第三篇丙部论罗马解纽时，城邑利权所由起云：欧洲议院之制，其来至为久远，民习而用之，国久而安之，此其所以能便国而无弊也。今中国言变法者，徒见其能，而不知其所由能，动欲国家立议院，此无论吾民之智不足以与之也；就令能之，而议院由国家立者，未见其为真议院也，徒多盈廷之莠言，于国事究何裨乎？然则彼日本何以能之？曰：彼日本之君，固新自无权而为有权者也。权孰与之？曰：民与之。其民之得议不亦宜乎？虽然，彼日本之议院，至今犹未为保国之制也。继今以往，渐为善制，则未可知耳，其言议院之未能开也又如此。

按严之《原强》，乙未刊于《汉报》，则作于光绪二十一年之前；其《原富》为光绪二十七年南洋公学印本。先后二说，自相矛盾。某氏之《议院考》，登于《时务报》者，亦主中国民智未开，未可立议院之说；乃其大同学校之所演说，见于《清议报》者，及《论立法权》见于《新民丛报》者，其言民权不可不伸，则又似议院议会当亟开。按二说皆有所见。

昔英人行平税之法，多方譬喻，立为书说，使学塾诵之，编氓解之，深悉默验，然后行之。盖恐教而未化，则立政虽善，人犹或有违言也。而英国今日商务之雄，为天下甲，实由平税之功。此先开民智而后可开议院之证也。英国议院尝有一税至今传为美谈，议员一日相谓曰：吾辈之得为议员，以行政于国中者，所谓民之仆夫也，而举吾辈者则主人也。今仆夫学而主人未学，如之何其可？乃广立学校，以有今日（见《泰西十九周大事记》）。此先开议院而后开民智之证也。

《诗》云：谋夫孔多，是用不集，发言盈廷，谁执其咎？人之所见，各有不同。道不同之不相为谋，无论也；乃有同道合志之人，百所言不同。一人之言，亦往往前后自相违异。则以前后二说，皆持之有故，言之成理，故其思想不能不变迁。严子之自谓圣人复起不能易者，旋且自易之也。然则此一问题之难决也，固若是乎。

今环球各国，皆有议院。虽以俄之专制，亦有议会。俄西伯利各总督有公议会，各抚台有公议院，大事必由公议院定。其在欧罗巴内者，每部有工部局会理事之官，皆由本部人公举，议员亦由本部人公举。其芬兰仍存旧政，有公议院，除兵车归兵部，外事归外部，余事皆公议院管理（见《俄国新志》卷六）。独中国无之，而以最大之疆土，最众之民族，乃至为最弱之国，此必有其故矣。求其故者，莫不知由于内治之坏；求内治之所以坏，莫不知由于上下之不通。夫欲通上下之情，则莫如开议院。设议会，而于立法行政用人之权，公之国民矣。而论者顾鳃鳃过虑，虽以严子之明达，且先后二说，自为矛盾者，则以民愚之说为之障也。

六、论民智已开而后伸民权之非

民之智愚，何常之有，视用之者何如耳。孔子曰：斯民也，三代之所以直道而行也。又曰：尧舜帅天下以仁而民从之，桀纣帅天下以暴而民从之。桀纣之民即汤武之民，汤武之民即桀纣之民，即尧舜之民也。夫岂必易民而后治哉？孔子以知为君难，为臣不易，为一言兴邦，言莫予违，为一言丧邦。是则知为上之难，而以民智为智，一言之所以兴邦也；不知为上之难，而以己智为智，一言之所以丧邦也。今不能从民之欲，而思以专制之权临其民，顾诿之曰民愚，岂非欲其言莫予违而甘心于一言丧邦乎？圣帝明王之不敢轻视其民也，曰匹夫匹妇，一能胜予。又曰千人之智，智于尧禹。中国今日之沦胥，正以二千余年专制之君主独智其智，而不以民智为智之故。而欲救今日之天下，则除以立法行政用人之权公诸天下人之外，虽神圣复起，亦断无以救斯人于水火之中。论者不察，顾犹忍张民愚之说以助其阻力也，独忍乎哉？且夫以民智为智，此非一人之私言，天下古今不易之公理也。

上古之事，荐绅之所难言，删书断自唐虞，今姑就见于经传者言之。尧之畴咨师锡，用民智也；舜之辟门明目，通民智也；舍己从人，收民智也。禹之罔咈百姓，以从己欲；汤之好问则裕，自用则小，能自得师者王，谓人莫己若者亡；文之视民如伤，望道而未之见；武王不泄迩，不忘远。莫非不敢以己智为智，而以民智为智也。然此犹可曰，是但言其不自用耳，未见谋诸国人而等于今日议院之制也。若夫《洪范》一书，箕子以为天之所以锡禹，因武王之访道而述之者也，则此书为三代奉行不刊之典可知，其言曰：尔则有大疑，谋及乃心，谋及卿士，谋及庶人。尔则从龟从筮，卿士从，庶民从，是之谓大同。身其康强，子孙其逢吉。孟子论用贤去不肖，论用刑，皆决诸国人之可否，然后可以为民父母。此非今日议院，凡立法用人行政之权，一一决于公论之谓乎？

今必以为民智未开，议院不可设，是谓古人皆智而今人独愚也，是谓西人皆智而中人则愚也。夫以进化之理，天演之论，优胜败劣，生存竞争之故言之，则古人必不如今人之智；以古人得书之难，后人得书之易言之，亦应今人胜于古人。如西人自十五世纪得印书之法，而后民智为之一变；中国自五季时得印书之法，而后伊洛关闽之学相继而起，孔孟之道大明，此其明证也。今即不谓今之民智胜于古人，反谓今之民愚远不如古人，致侪之不可与言之列，有是理乎？

七、论中国之民不愚于西国

若谓西国民智、中国民愚，则尤有大不然者。等此耳目，等此心思，必无西智而中愚之理。合古今而通论之，则中人之智，尤远出西人之上。《新政变通》曰：中国民智之开，先于泰西各国者，盖数千年，以中华立国早于泰西者数千年也。帝德始于伏羲，请首言之，以破民智未开之说。伏羲距今四千八百五十四年，而考其在位百年之间，如观河图而画八卦，结网罟以教佃渔，养牺牲以充庖厨，纪官职以命上相，作书契以察万民，为甲子以定日月，制嫁娶以别男女，造瑟琴以成乐章。孔子系易称之曰：万国咸宁。夫曰万国，则其互相资益之道，必有可观；曰咸宁，则其往来交际之情，必有可纪。是其制治之规，实无异于今天下寰中之各国。神农因之，沿德纪官，教民树艺，犹复味草木之滋，辨温凉之性，作方书以疗疾病，察水泉以知趋避，使物效工能，人无夭札，则是今日格物致知之圭臬也。煮海为盐，日中为市，致天下之民，聚天下之货，使交易而退，各得其所，则是今日通商互市之滥觞也。黄帝因之，其时有暴虐而恣凭陵者，则征师诸侯以征诛之，此即今日之同盟联卫也。有蚕食而侵土地者，则画野为邦域而区分之，此即今日之各守疆宇也。至其为六书，制八阵，作器用，造货币，以治内外，以利国民，则是举今日所谓内政外交理财经武格致考工之智，无一不在其范围中矣。然伏羲、神农、黄帝其所以治天下之智必出于此者，何也？曰此尽人所同具之知，圣皇无以加，平民无所损也。孟子所谓圣人先得我心之所同然也。使民本无智，如犬马之不与人同类，而强以此智凿斯民之浑沌而纳入之，则三皇所为开物成务，以前民利用者，又安能延延绵绵，传至今日而不坠哉？以此知民之智无时无地而不有家给人足，无待于开也，此中之智于西，其证之见于立国之早者也。

若夫西人议院之创，始在希腊时，已有所谓长者议会，由君主召集贵族，制定法律，颁之于民；又有所谓国民议会，凡君主贵族所定法律，为告于此会，使民各出其意以可否之，然后施行。而其学校之兴，则仅数十年之事。此岂先开民智而后立议院乎哉？当十五世纪之先，路得之未改教也，买赎罪之票，信变体之说，举欧洲之众，君民上下，皆为教皇所愚。十字军之起，杀人以数百万计，其第二次十字军，以第一次之全军覆没也，则谓其人皆有罪。今若悉选童子以为军，幼年无罪，可操必胜之算。是役杀童子之多，至以十万计。因争教之故，祸及童子，与前年拳匪之以童男女从军者事同一辙。孰谓西人之智，智于中人也？然此犹可曰中古以前事也。即以近二三百年之事言之，自十五世纪时（当明嘉靖间），哥伦布寻得美洲地，而后始盛讲天文地理之学。路德创行新教，而后能免教王之钤制。当一千五百五十二年（明嘉靖三十一年），英人犹毁天算测量诸书，及仪诸等物，疑其妖妄。英人得来格之以舟行绕地一周，三年而反也，在一千五百七十五年（明万历五年）时也。英人造户口册，自千五百七十九年（万历七年）始也。造自来水，自千五百八十一年（万历九年）始也。吉利巴电气之用，自千五百八十六年（万历十四年）始也。英之行新闻纸，自一千五百八十八年（万历十六年）始也。其用远镜（万历十七年），与印度通商（万历十九年），设官银号（万历二十二年），立东印度公司，造寒暑表（万历二十八年），皆十六周之末，十七周之初，五十年中之事，不过三百年前事耳。一千六百一十七年（万历四十五年），英人始行教于苏格兰，自是新旧二教之战，凡三十年。至一千六百四十七年（清顺治四年），英人犹鬻其君于叛民。又二年，而叛民弑其君查尔士。至一千六百六十一年（顺治十八年），英人又焚旧律以灭国人自主之权。其时英国大乱，英人始多讲求实学。由是言之，今日盎格鲁撒逊民族，近人所推为最优之种，至强之国，第一智之人也。乃其在二百年前，则弑其君、逐其君也如此，其新旧教相争、相屠杀至三十年也如此，焚天算测量仪器而疑其妖妄也如此，焚律以争国人自主之权也如此。以视我中国之民，其为智愚贤不肖何如也？英人争选举之权，而大行民权之说，正二百年前之事。其君之叠招弑逐，正以与民争权之故，幸而予权与民，民始贴然以安，否则路易第十六之祸，已先法人而见之矣。夫西人之民智未开，可予以权，可开议院，今于中国独谓其民愚而不可与议国是也，此岂得为公论也哉？

八、论议院

天下事理有明知其为善，及措之于行，则又动辄得咎者，非事理之无定也。

事理之曲折变化，不可胜穷，而一人之智力，庸有所不及也。姑就一县言之。周官以一卿治一乡，限于万二千五百家之数。汉代民户千二百二十三万三千六十二，而县邑千三百一十四，其数亦略相当。似汉时之一县，即三代之一乡。今天下合各行省州县及直隶厅散厅土州之数计之，都凡一千七百四十四属，而海内人数乃四万万有奇，则一县之人，已得二十万有奇。封建之治，载于《周礼》，其于百里之土地，万户之人民，其山川原隰邱陵坟衍土宜之利病，士农工商四民产业之息耗，与夫人才之盛衰，风俗之得失，至纤至悉，无不周知。此岂一人之耳目所能及哉？是故五家有比长，二十五家有闾胥，百家有族师，五百家有党正，二千五百家有州长，以达于乡。其遂之制，五家为邻，五邻为里，五里为酂，五酂为鄙，五鄙为县，五县为遂，制亦仿之。其设官之多若此。其学校教养选举爵禄师旅田役联为一事，下至老幼废疾征役施舍祭祀饮食禁令及其六畜车辇，无不周知。此其族师于每月之吉，党正于四时孟月之吉，州长于岁正月之吉，属民而读法者，必有类于议院议员之制。如《洪范》之所谓谋及庶人，是谓大同者，为三代通行之法，以分其治于一乡之人，可以意揣而知，周公之所以致太平，而成康之世，所以刑措不用也。今海内之地土不加多，而人民之数二十倍于周汉之时，则人之所以谋生，与上之所以为人谋者，必二十倍于古人，而后其力乃足以相及，况乃高坐深居，其视斯民如隔十重云雾，如秦越人之视肥瘠，奈之何天下不沦胥以溺也？西人议院之制，于地方之利病、钱谷之收支，预筹来岁之应供、考核政教之得失，意苟在是。任人折驳，绌者自谢不敏，优者必底于成，而其纤悉，极类于成周之治，而与吾国事事相反，此盛衰强弱之根由也。今者日言效西法，行新政，乃独置此事而不言，是何异不揣其本而齐其末，买人之椟而还其珠也？

难者曰：庚子拳匪之乱，举国若狂，当是时而用议院，从其多数之法，则二十二行省州县之人，其主张拳匪以拒洋人者，不止十之八九。必至如普法之战，在法国有识之人，未尝不知其不能与普敌也，然议院之人，主战者十之八九，虽有一二远识之士，无如之何。则是法之为普所蹶，议院之制为之也。庚子之役，幸中国未有议院之法，故东南各行省，得立互保之约，以有今日。否则，必蹈顺天直隶之覆辙，而天下之糜烂，更有不堪设想者矣。民智未开，可轻言议院乎哉？

释之曰：议院之益在立法、在用人、在行政，若夫外交之事、用兵之事，则诚非蚩蚩之氓所得与。日本熊泽纯君曰：外交兵事多者，其国必政府之权盛，如德如俄是也。若议院之权胜，则于外交时有不能伸力之处，如法国是也。以英之强大，其外交犹往往有失算之时，亦以议院之权胜于政府故也。近来各国议院权力日衰，政府权力日盛，以环球七万里，有若比邻，交涉日多，一国大事，皆在外交，视昔时一国大事，皆在内治，迥不相同。内治之时代，议院不可无权，议院无权则政府之压制不除，而斯民无由登于衽席；外交之时代，政府不可无权，政府无权，则盈廷之论、朋党之争，往往反足以夺豪杰之特识，而无以出于庸流之上，此散议院、易议员所以在西人亦往往有之，则又非专以众议为凭也。是故议院之设，当分别民事、兵事、内政、外交言之。若但以民智为言，则民智之开与未开，其适当乎议院与否，初无一定之形，可以操为左券。议院所议为内政、为民事，则三代之直道而行，虽今日中国之斯民，未尝不可与议。且今日天下正苦，内政不修，此举尤为要着。若所议为外交、为兵事，则虽今日西人之智，亦往往多失机之时。

信如论者之说，必俟中国之士民，知环球之大势，国家之经制，外国之立政立教，制器治兵，无不洞悉，而后与议。则中国之人，将于此终古，而议院永无可开之时矣。且中国之士民，诚已人人洞悉如是，则又焉用议院为哉？

《清议报全编》卷二十五，附录一“群报撷华通论”，第111—126页，横滨新民社辑印，光绪二十八年（1902年）

君权之界说

光绪二十八年

上海《新闻报》

国非权不立，权非人不行。人人皆有行权之责分，而君为重；人人皆有应得之权利，而君权为重。君权者，即一国主权之所寄，而统一全国散著之权，代表人民公共之权者也。

中国素称君主，凡五千年之历史，专叙君主一姓之兴亡；四百兆之人种，专归君主一人之辖制；二万万之方里，专为君主一家之领土。宜乎君权之尊，雄峙寰宇；乃一败再败，受人凌辱。人之待我，可恃强权以侵逼；我之对人，不能藉君权以抵制。举一切政权、兵权、教育权、用人权、理财权，莫不为人把持干涉。以最古名誉之帝国、文明发达之团体，独见屏于公法，而待我以半主，则君权之运用何在耶？且外侮既亟，内变益滋，数月之间，川滇豫粤，叛者叠起。以专制习惯服从根性之民，而敢为斩木揭竿，破坏和平之举，则君权之名实又何在耶？故就表面上观之，中国之君权最专；就实际上论之，中国之君权最弱。其所以致弱之由，非不用君权之过，乃误用君权之过。

盖君权含有自私与大公、放恣与调和数义。中国自古有自私之君权，无大公之君权；有放恣之君权，无调和之君权。自私之弊，务以通国之权，收揽于一人。然能塞天下之耳目，不能防一二人之盗弄。宰辅如莽、卓、操、懿，宦寺如仇士良、魏忠贤，外戚如贾充、武三思，藩镇如李师道、朱全忠，皆盗弄君权之人也。至放恣之弊，则视君主如神天，视人民如草芥，尊而不亲，重重压制。国之休戚，民无与也；国之存亡，民弗问也。昔英国儒士弥儿曰：独裁国无爱国之人，即有之，亦其君主一人耳。此自私、放恣之结果也。故吾不患中国无君权，而患无大公、调和之君权。

欲得大公、调和之君权，当明君权之界限。试详证之。其一，对于官权之界限。官者，奉行君权之人也。然官自有特别之官权，虽君主亦不能侵夺者。如英国权利法典第一条云：不经国会许可，而停止成法者，以违法论。第二条云：国王自谓有停止成法之权者，以违法论。普鲁士联邦宪法第五条云：帝国立法权由联邦议会及帝国议会行之，帝国法律，必经两议会之议决赞成。此官所特有之立法权也。普国宪法第六十二条云：关于财政之法案，及岁计豫算案，应先在众议院提出之。日本宪法第六十四条云：国家岁入岁出，每年以豫算，经帝国议会之协赞。此官所特有之监财权也。以上官权运用之方针，及组织之异体，初不受君主之拘束。然英、德、日本能造成完全之国家，实行帝国之主义，则以君权与官权均秉大公，互相调和，而不争官权以自私，剥官权以自恣也。其一，对于民权之界限。论者谓君权、民权不能并立，此谬见也。如英、德、日本诸国，人人喜自由，人人讲平等，而爱戴君主，出于至诚。如英国曩岁行女皇即位五十年之庆典，通国欢腾，皆祝王万年。他若德国联邦之豪杰、日本尊王之党员，时时以拥护君权为心，即时时以扶植民权为心。如法之昔日皇家能知斯义，则不逞毒焰于巴士的狱，而革命可以不起；意皇飞蝶南能知斯义，则不播浮威于民党，而内乱可以不成。盖善用君权者，当以保护人民身家性命为目的，不当以困窒人民手足耳目为得计也。故吾之所谓君权，非嬴政、杨广、叔孙通、刘歆所谓君权，亦非悟鲁写、弗克儿、霍布士、斯布洛柴所谓君权，盖为有界限之君权也。夫君权之界限既明，有何君权之不可言？又有何君权之国之不可自立哉？

《清议报全编》卷二十六，附录二“群报撷华专论”，第3—5页，横滨新民社辑印，光绪二十八年（1902年）

君民权平议

光绪二十八年

上海《中外日报》

环球六十余国，有专制政治者，君主是也；有共和政治者，民主是也；而调停其间者，厥有立宪政治，是为君民共主国。此三类者，以立宪为较多，而专制、共和国，则各居十之三。

君民之权，除专制政治外，其君权皆有限制，而国之大政，无不询谋佥同，三占从二，此固东西国之大凡矣。

惟是君权民权，俱有流弊，大都草昧之世宜君权，文明之世宜民权。当暴君代作、毒痡淫虐之际，宜制以民权；当议论蜂起、叫嚣攻击之际，宜济以君权。第环球无共主之国，则君与民争权，民与君争权，听其自为运会，自相递嬗，而无人焉司其柄以剂其和，此又东西各国君民相争之大凡也。

今中国当创钜痛深后，政府之贪庸如故，官吏之疲玩如故，于是驰外观抱通识者，类主张民权自由之说，以为改革之纲领、政治之本源，诚知所先务矣。然而有层累焉，有梯阶焉，不可得而越也。

中国人民墨守旧俗，除通商口岸及其较近外，类榛榛狉狉，不知不识，如无怀葛天之氓，试与议轮、电、邮、矿诸大端，其是之者百中无一二。于此而欲予以权也，可乎不可乎？

而膺高官尸厚禄者，则又煽似是而非之谬说，一若民权为民主之渐，自由无裁制之理，大声疾呼，深占士大夫脑界，流风所被，酿为不痛不痒之议论，窃谓其两失之也。

盖欲兴民权，必先开民智，而通国民智，断非一二志士之力所能以愚公移山、精卫填海者开之也。当三千年积压禁锢后，天赋人权，几忘为固有。一纸诏书，贤于万人之演说；片言温奖，逾于生我之劬劳。则君权之可用，视草野之力相天渊矣。

俾斯麦克，近三十年伟人也。生平政策，专扶君权，抑议院。其目光之所注，则以统一日耳曼列国为宗旨。非不知民权也，有尤要者在也。日本覆幕之功，成于志士，然议论所在，则以尊皇攘夷为目的。及明治即位，初有万机决于公论之诏，而议院草创卒迟至二十年后。非不知先务也，有宜缓者在也。

改革之初，欲鼓舞国民之精神，变换国民之脑质，全恃圣君贤相，毅然决然，下令如流水，而后通国乃翕然靡然偃之如春草。则君权之重，尤为今日中国之要义也。

今之议者，动以尊君权为忠，抑民权为正。而涣汗之所出，卒成为权奸之政府、刑余之政府。潜龙勿用，不能扶也；训政创举，不能谏也；立嗣阴谋，不能阻也；阉宦恣横，不能禁也；贿赂公行，不能言也；国是淆乱，不能匡也。惟是侈谈忠孝，自任气节，而所谓权者，上不在天，下不在田，皮之不存，毛将安傅矣！

故今日之尤要者，以撤帘亲政为第一义。夫太后削平粤捻，非不圣明也，然春秋已高，日暮途远之余，智识既有所未周，机宜即未能悉协。而愚悍之子，胸怀叵测之流，复交搆其间，以离间宫廷，乃至仓卒出奔，大局几危。则训政之效，亦可其睹矣。自播迁以来，官吏之升迁、宦寺之跋扈、跸道之供张，尤出人意计之外。当素衣将敝豆粥难求后，而安常狃故，绝不改乎此度，则他时之政策，亦可逆料。窃愿匡时自命之大吏，相率请以全太后之懿德，以安本朝之宗社，勿空言君权为顽固诸臣之孝子顺孙也。

然则民权可缓乎？曰：胡为其可缓也。夫今日中国之民，与蹶法时之普鲁士，覆幕时之日本，相提而并论，则文野之征，无殊黑白。况今日之大弊，厥惟壅塞。壅塞之源，萌于朦蔽。由乎上言之，则人人为独夫；由乎下言之，则人人皆媚子。虽有精明强干之大吏。岂能如仓公之洞见脏腑？故由今之道，无变今之官，则以之治内，而内不可治；以之交外，而外不可交；以之理财，而财不可理；以之育才，而才不可育。而惟是赘旒于人民之上，横梗于君民之中，纵有良法美意，亦不崇朝而弊。与其察之自上，何如察之于下。盖朦蔽一二人易，朦蔽千万人难。使果能朦蔽千万人，则其才其品，究胜于奴颜婢膝，以朦蔽一二人。是民权之重，尤今日补偏救弊之药石也。

窃谓民智宜力开，民权亦宜渐予。先于各州县各设下议院一区，令各乡各举明正通达者优给俸银入院为议士。而复令共举一人为院长，凡为院长者，或函或电，可径达都察院，白之于政府。凡官吏之贤否，地方之利弊，一视议员之从违为黜陟与革之标准。议士入议之先，必先议于其乡，以乡人之多少，为议院依违宗旨。则地方之兴利除弊，州县不敢掣其肘。而州县欲固位，亦不得不求惬于舆情，自不得不移向之所以謟上者媚下，内治之修，无要于此。议院既设，内治既修，君臣上下，呼吸相属，则休戚亦相关，夫而后利乃可以兴、财始可以理。

惟议院初设时，必须颁行议院律。凡谕旨条约，均须实力遵守，不得有隐抗明违等事。凡身为议士而营私舞弊者，则加等治罪。俟数年之后，民智大开，然后将东西各国之民权次第兴之。十年之后，期与东西人士同享天赋人权之利益，则学术政治，其庶几乎！其庶几乎！

《清议报全编》卷二十六，附录二“群报撷华专论”，第12—16页，横滨新民社辑印，光绪二十八年（1902年）

观《申报》所登日皇解散议员事率笔书此

光绪二十八年十二月十四日

日本上下两议院议政不合，日皇两次敕停，旋复诏令解散议员，迟至明年三月中，再行选举。执笔人阅此，不禁怃然有间曰：噫吁嘻，危乎哉！民权之说之祸人家国，竟若斯哉！

夫日本本无议院也，有之自明治二十三年始。盖以维新之初，日皇曾率公卿诸侯誓于天地神祇，以五事相约：一曰广兴议会，万几决于公论；二曰上下一心，成行经济；三曰文武两途，下至庶民，各遂其志；四曰破旧时之积习，基天地之公道；五曰求智识于世上，大振起皇基。一时朝野上下间，咸欣欣然各抒尊君亲上之心，寤寐胥知感戴，至是乃定期聚议国事，藉以宣上德而达下情，而民权之说乃渐兴，而党人之祸乃渐炽。夫日本之开议院，岂真欲委其权于下民哉？而民气嚣张，以为人既生而有自主之权，何可受人约束？于是彼立自由党，此立宪政党，彼立改进党，此立国民党，大张旗鼓，迭相称雄。而向之患民气郁而不宣者，今乃转而患民气之凌兢奋厉矣。

虽然，民果能自行其权乎哉？观夫泰西议政院章程，下议院以所议各条上之上议院，是下议院仅有议政之权，而未尝有行政之权也；上议院准下议院所陈议定从违，陈之君主，是上议院虽有行政之权，而未尝有布政之权也。惟君主得握全权，察核上议院所上条陈，或驳或准，其有意见不合者，仍下上、下两议院议之，设竟与之抗衡，则下诏解散议员，另举贤良以代。如日本今日之事。观此而谓民之权得行乎？抑君之权得行乎？奈何一孔之儒，尚诩诩然曰：不行民权，国势即不得而振作乎！抑今之欲行民权者辄谓：君权重，则事皆专制，而民志不得伸。夫民志之贵乎能伸，诚千古不磨之论。然亦知彼所谓欲行民志者，果伸其忠君爱国之忱乎？抑恣行作乱犯上之事乎？且古惟桀、纣、幽、厉侈然专制，以虐其民，自余历代贤圣之君，从无有□智自雄，视其民如犬马、土芥者乎。

我闻日本之民，虽门户各表，显分党类，而其爱戴君上，则万众一心。故君上欲解散则解散之，万岁之声闻于远近，从未有一人敢起而抗违者。设中国而亦□其成规，创兴议院，我恐人自为说，各视异己者如寇仇，祸起萧墙，诚意中事。而谓议政之举行之他国而有效者，行之中国而能保其不变故频仍耶？或曰：欲兴议院，当先开学堂，人必学识渐充，始不至误解民权之义，而公理乃由是而昭。则今之学堂，中国固已肇其基址矣。而苏州则群哄戏园，湖北则攒殴门子，绍兴则因煮饭而庖丁被击，南浔则因讲学而教习被攻，此外如杭州逼令易总教，日本则群聚闹节辕，上海南洋公学诸生尤结队成群，肆无忌惮。问其故，大都曰：我有自主之权，何肯受人管束！于是有伣伣伈伈者，别订学堂规例，准学生与教习平行。噫吁嘻！学识如此，嚣陵如此。假令若辈得充议院人员，不酿为倒行逆施者几希。而为何犹一任其倡为平权之说也？抑又思之，日皇之以五事誓众也，其曰决于公论，曰各遂其志，似乎授权于民矣；然必继之以上下一心，求智识于世上，是仍求贤以辅朝廷，初未尝以朝廷而反受裁于黎庶，然且议论不一，以致一再敕停。设竟如主张民权者所言，是惟议院得行其权，而君上转无从宰制矣，有是理乎？

请得以数言决之，曰：专制固不可为，而民权必乱天下。若议院者，日本行之且未尽得法，安可行之于我华？我侪小民，惟各安其耕田凿井之当，共矢此报国效忠之志而已矣！议政云乎哉？

《申报》，光绪二十八年十二月十四日（1903年1月12日）

民权平议

光绪二十八年十二月十六日

呜呼！欧洲近百年来，福禄特尔、蒙德斯鸠之所诵述，卢梭、陆克之所咏叹，万流同声，如海如潮，孰不曰：民权哉！民权哉！夫以域外可珍之名，列雄粲著之绩，西方美人罄咳之馨烈，我国少年瞻傍之泰斗，承学之士，宜共护持，复何有于播唇焦笔建一先生之是非，以召毁树敌于时贤乎？

虽然，吾恶吾国之言民权者。恶之奈何，曰恶其名也。恶其名之足以祸天下，并其实之美而亦亡之也。吾尝诵习诗书孔孟氏之言矣，曰媚于庶人，曰民情大可见小人难保，曰有人此有土，曰民为贵。凡此诸义，皆我古哲先圣之精神，历二千年光景烂然常若中天者也。此之不求，沾丐他氏之余沥，盛气博辩以自矜尚，何耶？或曰：子于己国之说则右之，于西哲之说则屏之，入主出奴，果在外非由内也。曰：不然。子亦常考西国近世史策，以与我国一证其同异焉，否乎？当彼所谓十六、十七世纪之间，英则轩利八世纵豪侈以恣蹂躏，法则路易十四逞骄盈而肆苛虐，食苦之氓，重□苟活，不辜之囚，连头受戮，仍叶加厉，每下愈况，列国尤效，兢为民贼，瓦解鱼烂，不可复完。至于士焦压路易十六之朝，而放流篡杀，遂以不免，此何如之景象乎？彼诸贤者，生丁惨酷之会，而无呼天之路；空怀吊伐之愿，而有偕亡之痛。公义所激，风起泉涌。单辞讲演，则群喙雷动；片简流布，则千夫敝舌。浸淫渐渍，厘然有当，于人人如饥得饱，卒能摧廓清陷，为今日欧洲文明新世界之根源。诚因时制宜，言不虚立，故能收效如此也。四序之理，成功者退，急进不已，流弊渐生。诸家论断，不少訾议。今世纪来，欧士之言政学者，由民约而唱强权，由强权而建帝国，其说愈新，其理愈密，其成就愈宏大。前贤复起，将畏后生。昔日天赋人权诸说，遂无有过而问者。岂欧民好恶之不常哉？灼知此理之不能适用于今日，故决然舍去之云尔。

夫由前之言民权之始创也如彼，由后之言民权之代谢也如此。沿流溯源，差见崖略。顾我中国汉唐以降无甚暴之君，有大纯之民，前王至圣之遗泽，犹足以轨范，人主其间，一姓兴废，大抵奸回弄枋人□食耗使然，亢龙之悔，史不多见。故虽五德代嬗，迄未有合齐民群力为南巢牧野之事者，此在前代业与欧洲大异。我朝世宗纯庙之时，海宇雍雍，登春台而忘帝力，贤圣六七，继事述志，虽臣非蹇蹇，而君皆恭已，膏泽沦浃，忠爱弗渝。风不激则不鸣，水不搏则不躍，民之性善固如此矣。

至于近数十年，外侮凌逼，日蹙百里，辛有伊川之叹，卫玠神州之恨，正以国维孱弱，使苍生赤子愁苦，九重宵旰，天颜有蹙。为臣子者方当群策力，翌赞乾断，振阳刚之威，兴作民气，与彼太蒙骄子，争存兢智于元黄大陆之野。岂宜述造谬悠之辞，提倡无政府之说，以自解其肌络，自戕其命脉哉？此诚思之悼心，言之瘏口，而先觉异等后生才士可为回面自责幡然改图者矣。吾国中有治伯伦知理、达尔文之学者乎？窃欲与之戴元首、鼓群动、循进化之公例，集宪法之大成，以新此丰镐之旧邦也。

《时事采新汇选》，光绪二十八年十二月十六日（1903 年 1 月 14 日）

康南海官制议（节录）

光绪二十九年正月[①]

康有为

序

政治之原起于民，纪纲之设成于国，设官分职以任庶事，此万国古今之公理也。然较其得失，凡有四端：一曰设官之为人君与为国民；一曰分职之多与寡；一曰中央集权与外藩分权；一曰一统之所自由与立国之主干涉。《书》曰："设侯王君公，承以大夫师长，唯以乱民。"则设官以奉民事，非以奉君也。康有为曰：据乱专制之世，君权过尊，则官制多为奉君而设；平世则民能自治，君长皆以民而立，不设多官以事君。故为民事之官制，优于为君事之官制。康有为又曰：野蛮之世，国治简略，故分职可少；文明之世，政治繁剧，故分职宜多。故多职优于少职。康有为又曰：据乱之世，道路难通，故不得不听外藩之分权；文明之世，道路通机尤捷，故行中央之合权。故合权胜于分权。如今日之中国乎，民治不兴，政法太略，外藩操财兵之权，中政府不能运动之，几成多国。盖皆一统之余弊，而与诸国并立之时势最相反者也。一统之世，不忧虞外患，不与人竞

① 此日期据康有为《序》文。

争，但统大纲，以清净治之，一切听民之自由，而无扰之，虽不期治而期于不乱。此中国秦汉二千年来之政术也。其政术如此，自萧何立法，曹参随之。曹参者，奉老子学者也。老子之治术曰："为者败之。"曰："以无事治天下，故曰闻在宥天下，未闻治天下也。"在宥之说，在一切听民之自由，而勿干涉之。此在地球一统之时，民智大开，民德大化，则诚可矣。而其术又曰："为治非以用民，将以愚之，使民安其居，乐其业，美其服，老死不相往来。"如放鹅鸭于大泽中，听其飞鸣饮啄而已。若施于诸国并立之时，穷精角力，各视其团体之凝散，与提（絜）〔挈〕之宽严，以为强弱之对取。如以一统之漫无提【挈】，团体散涣，而与诸国之团体结凝提【挈】精严比较，犹驱市人乌合之众，而当百链节制之师也，鲜不知败矣。曹参之言治也，曰："慎勿扰吾狱市，日饮无何，而天下号称治安。"后世称为良相，以为法则，以为美谈。呜呼！中国之以萧、曹为美谈，为法则，此中国二千年所以败坏而不进也。夫其治法在勿扰，在日饮无何，则纯取在宥不治之说，专以不干涉而听民之自由为义，故二千年民颇得自由之乐，而百事丛脞，疏阔粗略，苟且简陋，愚冥乔野，但求不乱而不求治之效，自致此矣。此种瓜得瓜之理也。治术之原如此，故官制之疏阔粗略亦因之，而又无立法之议院，以时加修治，一朝既立，虽颇鉴前朝之失而小改之，则又有祖宗成法以限之，务以率由旧章为主。士人以法必不变，知此事之不切于用，故讲求者少，以屠龙之技学成无所用也。此二千年官制之疏略，而未能臻美备者之由也。今既当诸国竞争之时，非复一统卧治之世，万事之治，纲举目张，皆在官制。则大大更张，小小补苴，损益从时，斟酌合势，今日为治之始，所当有事矣。光绪二十九年正月，康有为记于印度大吉岭。

官制议卷一：官制原理

夫国之所以为国者，合多民数积结而成一体。虽非有约，而不能无政治以维持之，振兴之，分以保民生，合以强国体，任此政法，是为官司。国以民为本，则以治民事为先。民事之先，莫若民身。民身之事，一曰户籍，二曰卫生，三曰救恤。户籍者，凡民之生皆察焉。既有生矣，则当保卫，不能自养者则救恤之，此国家之责任也。在吾中国，古属司徒，汉魏以来，属之民曹民部，但分职不清耳。今各国立内部以司其政焉。

民身既保，则当育民德而教民智，既使人能成才自立，亦使国得人才以自立。各国则有文部、教部、美术部立焉，吾中国则有司徒、礼部、乐正、国子之官。

民身既保，则民生当厚。民生之业，曰农、工、商、矿及一切生财、分财诸业也。务阜其生财之源，而去其分财之事，则农、工、商、矿部立焉。我中国教稼、共工、司市、井人既极其古，而司农、工部之设久矣。

民身既成，当保护之。凡民之身命、财产、权利，皆公立之国所当力为保护，勿使丧失者也。保护之官有（六）〔二〕：一曰司法以防奸宄，一曰警察以防盗贼。中国在古既有司寇，而后世大理司隶法曹、刑曹，皆分设二官，而各国以司法当为独立，俾其不挠，而警察必付地方官，令其便于行政也。故警察无专部而隶于内部焉。

凡此生民、教民、阜民、保民四官，皆民政之必须者也。

违此者谓之不能保民，不能爱民。大体不备，何以为国？古今各国之政，可以是断其得失矣。唐虞九官，无一国官，皆民官也，真太平之政哉！

多民既结合为国矣。夫行一国之政，有事必须财，于是有府藏、度支之官；有地当设防，于是有陆军、海军之职。足食足兵，国政之大。故财、兵二司，立国所重，古今中外各国所必不可乏者也。

既有己国，又有人国，两国相际，则有交涉之事，于是有外务部焉。古者只有聘问，只有主客之司，而今则竞争更炽，小则通商争利，大则觊国思启，更为重大之司矣。

凡此财、兵、外交三官，皆国政之必须者也。

又有下之便民之交通，上之便国之呼吸，可以便民兴利，可以为国殖财者，则邮政、铁路、电信、银行是也。此则为国为民为兼两者而便利之政。各国或立专司，或隶财政，或属内部，而要不可少者也，总谓之交通部。德国盖四官并立矣。

以上八职，皆立国长民之政，其职不可缺，其序不可紊者也。八职之中，每职分为数部，如阜民之农、工、商、矿、渔，可分为五部；理财之度支、收税、铁道、银行、公债、会计，可分为六部；兵之有陆军、海军、参谋部，可分为三部；教之有文部、教部、美术部，亦可分为三；法之有司法、行政、裁判，可分而为三；民政之有内部与地方事务，专讲卫生、恤贫，亦可分为二；又一内务之中，若英分为英伦、阿尔兰、苏格兰、印度殖民地五部矣。故一职之中，愈分详则职弥举。若并八职而不能分明，又将八职而统合之，则必粗疏紊乱，而不能举矣。今中国只有户、礼、兵、刑四官，合八为四，立国只有财、兵，为民只有教、刑。粗疏甚矣！粗疏甚矣！何以为民？何以为国？

行政之本，必先资议论，而后能讨定。盖有知而后有行，有虚论而后有实事，有立法而后有行政，乃理之自然也。且出自众议，则公而可久大；出自独断，则私而难周详。各国未立宪法、未有议院之先，则英先有枢密院数十大臣议政，而各国从之。即俄亦有元老院，以七十大臣议政。及百数十年来立宪法大行。各国皆有上、下议院，其先仅为议财政以便公民担荷，民权日盛，则兼及庶政，民出其利，君酬以权，于是遂为立法之司，一国政事之本焉。中国古者谋及卿士，谋及庶人，即上、下议院也。汉时大夫议郎诸郎有千人，皆备顾问议论。其后之御史台学士院，皆百数十人，亦皆备谋议，供顾问，职献纳弹劾，亦议院之比也。虽中国民权不昌，议官选于上，不能行其志，立法非出国民之公意，然此职之不能缺则一也。但议员举于民而数多，有立法大权者，则法良而国昌；议员不举于民而数少，无立法大权者，则法拙而国弱耳。中国行政之官，分职本多，设职本详，远在数千年之前，先出于欧洲远甚，所最阙乏者，在议政一司。不特无民举百数之议员，乃至无枢密元老之数十议员，惟君相一二人独谋独断而施行之，故谬误百出，不协事理，不中人心。即或有大事大疑，谋及大臣者，亦不过仰体重臣权相之意旨，与一君一相之密谋独断无异。中国官制之大败在此，中国政化之退缩不进亦在此，不可不以为大戒也。

故宪法当用亟亟立，议院当亟亟开。若民智未辟、议院未开、议员未立之前，亦当先立一院，招聚四方百数十名士以议庶政，且备顾问，即名以议大夫议郎。比之日本变法之初，立法制院，而俄罗斯之元老院，英之枢密院，亦不得已权宜之法哉。

供奉之官，民主之国无之，非大地必然之公义也。而今各国有君主者，皆有宫内省以供奉之，亦有若必需矣。惟各国皆仅设一司，不如中国设十数司以为供奉之繁夥也。外朝官自礼部司朝会祭祀宾丧之礼，工部供百膳之事，此外则有太常司仪、光禄司膳、太仆司驾、宗正司族、鸿胪司朝、通政司奏、太医司医，凡九司。内廷官自领侍卫大臣司护卫、内务府司起居服食、銮仪卫司仗、奉宸院司苑、上驷院司马五司，共十四司。而诸营卫、诸内侍、诸苑囿、诸陵、盛京诸司不预焉。甚者名为海军巨要之职，而实为颐和园供奉之官，尤中外所骇闻，而无道不可解者矣。夫以百司之设，国民仅得其四；而供奉之司，乃至十四而不止焉。夫以二万里之国、四万万之民，此其政事之繁，倍于各国者，何啻以十倍，而为国为民之职，仅得供奉畸零之数，不过四分之一焉。欲治职而举事，民盛而国强，岂非欲南行而北其辙哉？夫治国民之职多，而治供事之官少者，其国强，欧美是也；治国民之职少，而治供奉之官多者，其国弱，突厥、波斯及吾国是也。

政则自国张，治则从民起，故内设群司以总大纲，外有疆吏以振枢纽，皆万国必然之理也。而疆吏官大地广而级数多者，治必疏；疆吏官小地狭而级数不多者，治必密。汉、宋之守令二级，地小官适，气疏以达，是也。各国略同之。今之中国，有督抚、司道、府、县四级，则疏阔壅塞甚矣。古者有乡遂之官，皆乡官自治，故能纤悉皆举。各国同之。英国则大至县官，亦民举而自治。而中国则隋后尽去乡官，相反甚矣。凡自下起者，自治之制盛，则民治昌；自治之制不行，则民生瘁。

总行政之权立最高之位，则君主亦官也。故孟子曰："天子一位。"《白虎通》曰："天子者，爵也。"各共和国大总统实统万机，为官之一。若君主之国，则宰相实总政权，或一相执政，或数相秉钧，或以近臣赞枢机，或以亲藩受衡鼎，或以群司赞政，或以元老谋议，其体不同，皆宰相之任也。中外各国，不出此途。近英国有合议内阁之法，始由枢院议员少数为之，既分领群司，又合谋大政，犹以军机大臣六人分筦六部也。今各国以其便于行政从之，虽俄、土、波之专制，亦行其法。若立宪之国，则有政党合议内阁，而总理大臣执其政焉。中国已有枢臣领部之制，正可行合议内阁之法也。

官制议卷六：中国今官制大弊宜改

中国地大人众，皆过于英、法、德、日、奥、意十倍，又道路不通，其至西藏、伊犁以数月，即云南为内地，近江海，通轮亦须两月，乃至其设官分职，而欲其呼应灵通，运动敏捷，事情昭晳，职业能举，诚无术以致之也。脉管不通，故多败血。败血既多，故积成臃肿偏枯不仁之病。此古今所无如何者也。夫英、法、德、日、奥、意诸国，全境四达，汽船、铁路，无有出二日之外者，此吾国一县之境耳。而又分职繁详如此，安得不治。吾今铁路未成，以地之大，十倍于各国如此，路之不通，百数十倍于各国如彼，而人数又繁密十倍如此，地方自治不举又如彼，政府之设官分职，无论若何精详繁密，要皆不足以运动振兴之如各国矣。英国属地虽多，而其治法之疏，比于本国殆相反十倍也。盖治属地之法，除镇乱、理财而外，皆不及经营者也。至于本国尺地一民，则爱惜郑重，周到纤悉，靡所不至也。今中国之所以为治，不过如各国之治其属地，求镇乱、理财而已，则不爱其本国何其甚也。若其官职，大都疏阔闲冗。在政府百司之设，其为国民之职者，仅户、刑二部，握枢密之任者，惟军机数人，外此则诸部只见纸册，千官皆同闲人；疆吏则督抚专辖数千里，有同一国；州县独断数百里，无一佐司。民无自治之权，则不能纤悉皆举；政无中央之运，则不能操纵合宜。此不独远逊于欧美，亦大不若乎汉宋。考其原因，去乡官，分六部，皆远出周隋；分行省，用督抚，皆根因于元明。周以苏绰泥古今，误信刘歆六卿之说；元以混一全亚，故分割数千里行政之区。然中间唐宋设司，尚多补救；明世用人，多不循资。至国朝则尽收历朝之弊政，如六卿分职之疏，督抚专省之大，司道府层累冗隔之侈，乡官裁撤之害，资格年劳抽签之滞，捐纳杂途之众，科举空疏之甚，兼有而病更加甚焉。而治此万里莫大之国，四万万众多之民，宜其一病不起，不能曲伸也，而以当各国细小精悍全力交通之政，安得不大败哉？今者累加以赔款，民贫日甚，国病日深，不亟改革，病将难救，而变政之事，下手必从官制始。官制有三：一曰为民，一曰为国，一曰为国与民之交关。不从民起，则国无基，无基者虽高而必覆；不从国民交关处变，则脉不通，不通者虽美而不行；不从国之全局整顿，则体不备，体不备谓之不成人，国制不备谓之不成国也。为民制者莫如公民自治，为国与民交关制者莫如析疆增吏，为国制者莫若多设分职，中央集权，因今大地之势，对于中国之策，虽有圣者不能易此矣。三者举一失一，皆不能治。先此后彼，亦不能行，于三者之中。其尤要之旨，则为民莫如地方自治，为国莫如中央集权矣。

中国既地大人众，物产繁多，十倍于英、法、德、日、奥、意，而道里不通，且百倍之。则其分职设司，必不能如英、法、德、日、奥、意之简，不待言矣。古者九官六卿，亦不过为千里之王畿立制，岂为万里四万万人之大中国立制哉？故今者变法，古无可依，各国可法者也。且各国皆行立宪之定法，有政党之相攻，有宪法之相维，各有权限，而不能相侵。故小官下吏，皆得自举其职，而不忧压制，有对党则彼此互攻，日窥瑕隙，而不敢少失，故必拣职慎选，俾不致于乏才，而因致颓败，此各国分职设部之所以不必繁多也。中国未立宪法，未定权限，大官必侵下权，属吏罕能行志，故设一总督，则巡抚无权，不论司道，而全省之人才，同归于一督之意见而已。设一筦部，则尚书无权，何论侍郎，而全部之人才，同归于一筦部之意见而已。故中国虽有百司千官，实不过军机数人、督抚二十余人而已。又资格久定，堂属太分，郎官在古既为华选，司道于昔实居方面，而今此不得进见，不许上折，等于末僚，有同冗秩。故当今中国能达于上者有权，不能达于上者无权。则当官不能举，国家等于无官，而其为军机、督抚二十余人，久历大位，而不暇问学，不知中国之旧学，更不识欧美之新法。加以累资乃至耄老而荒，而以丛杂之大政，乘疲弊之精神，故望案牍而心惊，见陈书而生畏，望才士而先谢，闻立事而先疑，安于丛脞，而畏于率作，实不得已也。而国家又兼差任之，以一七八十老人而柄国家大政之数职，内政外交，理财整兵，皆归其手，日不暇给，神不及经，即使忠贤，亦惟有糊涂误败覆悚而已。试审其致病之由，则所以医药之方，即在此矣。

若夫大权不集，皆分于外，欲运动而不能，欲振发而不可，犹夫废疾之人，其国殆可知矣。夫立国之道，兵食为先，而财政、兵政皆散在各省，如何筹饷、如何练兵、如何开制造局、如何开军械局、如何开银行、如何铸钱币，一皆听各省督抚之各自为谋。为者听之，不为者亦听之。故江宁创自强军，湖北有恺字营、护军营，直隶因袁军之旧，而增军政司之万人。凡此三人者，皆纯用德、日之兵制，而各省则皆无也。又如各省时添营练勇，或如广西则除苏军外，内地防勇寥寥数营，而朝廷皆不恤也。兵部除绿营之外，各省勇数且不能知。若一旦有警，各省皆自顾疆宇，不能恤人。其所责成，唯本省督抚。于是被警之地，大吏虑战备之不足，乞助兵于他省，乞军械于他省，乞协饷于他省，有若借兵异国，乞籴邻邦。而隔省督抚，或坐视不恤，或婉言辞谢，不谓本省不足，无从援助，甚且攻劾讥笑，腾之书奏。至不得已请旨严饬邻省，立助军械，协以饷需，则各自陈奏，兵械无多，饷需告竭，实不能助。即有严旨申饬，亦不过循例遣员带兵至境，或薄资数万，施即中止。自非其师弟姻亲，交义至笃者，罕闻有邻省助兵助饷之事。上观咸同军兴诸帅书函奏牍，下观近者兵兴省分，其乞助兵饷者，书札之哀恳，奏疏之严厉，旨意之峻切，可见其概矣。故曾文正之以钦差驻江西，而巡抚不肯馈饷。曾文正令郭嵩焘抚粤，筹其军饷。左文襄督师入粤，郭不助左饷，左至劾罢之。又曾文正督两江，荐沈文肃抚江西，而曾取江西厘金，沈自夺之，至与曾互劾。曾文正之言左、沈，至谓同室起夫戈矛，石交化为豺虎，皆因争饷之故。其各抢各得，自顾恐后之情，真令人怪叹诧异。而事势实情如此，虽以圣人处其地位，亦无如何也。惟胡文忠以湖北兵饷分借邻省，而出攻安徽，当时论者谓督抚出兵助邻省，规大局，自胡始，叹为盛事，如《春秋》美齐桓之封卫救邢焉。盖督抚以守土为事，疆土以外，非其责任，即非其所顾，天下大局，非其所预也。夫就一私之才志而论，吾不能不叹美胡文忠之恢宏忠义，为今之齐桓。然就天下大计言之，则失政不纲，至群帅争饷，可笑已甚也。故庚子之祸，征兵勤王，而观望不前，多寡不一。微论当八国之强敌，而此十八小国之援师，素无统驭，勇怯不一，枪械异式，何以为战乎？夫以宋时兵力之弱，而百二十余万人之禁军，九十三将之帅臣，独统于朝廷，而不隶于州郡，别有粮料院以给军，即南渡张、韩、刘、岳及张浚、吴玠，亦皆统禁旅而出师，每一命将，辄遣大臣驻军，为措置财用，以给军粮。各省虽为分治，然有分土而无分民，皆中国之财也。一督抚安得自私之？咸同之际，诸帅争饷争兵，不相顾恤如此。幸而忠义之说，积于人心，洪秀全内乱，得乘其败耳。不然，其成功亦难矣哉。是故听督抚自专兵财，彼以辛苦经营自卫之物，必不肯出以助人之功名，乃自然之势也。即如广西久乱，岂闻张之洞、袁世凯、刘坤一肯以精兵利器助之乎？如使皆为国家之兵，则陆军及军机处，朝发一符，夕已平乱久矣。观钜鹿广宗之立灭，可见其概。此各省有兵无兵之别，而即中央不集权之失也。苟非糜烂已甚，大局震动，特派大师统兵，则无有邻兵入境之事，其失谬可笑为何如哉！且夫各省督抚之自为练兵，非易易也。张之洞之练勇不及二万，而其所以筹款负累至三百余万。又以湖北自备外国之债，自开富签之赌，苦心负谤，乃仅得之。盖将以自卫而已，岂肯分以与人哉？故督抚即能练兵者亦不过自卫，不能如德法之战尽出之以济国家之急也。则国家何利焉？往事亦可鉴矣。故其筹饷也，广东自行台炮经费，各行厘捐，而他省不与焉；江、楚、浙、粤自行房捐，而他省不与焉；湖北、广东自行赌税，而各省不与焉；湖北自开铁冶、织布，而各省不与焉；直隶、山东、厦门、江西自开银行，而各省不与焉；其他江、楚、山东兴学，而各省坐视焉。凡此者皆视其督抚之好尚。一国中政体，各省皆互异同，政府如教皇然，但高高在上，一听各国之自为政，求不悖吾名分，若不悖教而已。夫方今欧美各国，无论强弱大小治乱，而无不中央集权，举兵、财二者统之于政府矣。而吾国分张散漫失纪如此，其何立于竞争之世哉？

虽然，中国土地辽旷，道路隔绝如此，而欲言集权，谈何容易。政府大臣欲以一人运动之，但以兵言，如何而能知天下将帅之才？如何而能知饷糈兵额虚实之数？如何而能察天下军械利钝良楛存亡之实？以今日一督抚励精图治，稽察一省，亦已良难，况夫二十余倍于一省之地乎？欲大集而阅之，则道远数月不能至，徒费无益；不大集而较练，亦何以合吾军而知其优劣、振其气识乎？即以筹饷言，二十余年省各地肥瘠迥异，钱帛度量不同，出产迥殊，欲如各国一以税之，万不可行。其工商制造贸易舟车之情，亦处处大异，情弊深阔，有如山海，欲以一人钩稽而得其当，此更万难矣。其山林渔产兽猎之博深浩大，亦难以一人博综之。若学堂之得失，教习之可否，学生之才智学业，亦皆难以一人稽核之。况铁路未通，故吾各部之大臣，必皆有数十倍于英、法、德、日、奥、意各部大臣之才而后可也。不然，则虽欲集权，徒更丛脞而已。且今各部大臣之才，岂有以异于各省督抚者哉？其循资格积年，动自诗赋八股端楷而至者皆是也。求如一二督抚之剔历中外，阅历尚深，办事尚熟者，盖多不如矣。然则是数部大臣使谁为之？将使京中故旧大臣为之，则既如是矣；将拔督抚为之，则彼不能胜一省之任，况于二十余省之任哉。故在中国之大，言集权难；在铁路未开之时，为尤难。虽然，岂得已哉？若使治法全举，大纲小纪，次第并布，先有地方自治以为之基，使纤悉皆悉，又有各种政会学会多人以请求日明，铁路、电信、邮政急急为之开通，而政府部长各选才臣以分督其职，则于万难为之中，亦有若纲在纲，有条不紊之美，必胜于今之散漫分张、若有若无之政体也。鉴斯二者，为之增置职司，集权中央，亦有道矣。

官制议卷七：开议院

今中国制官之弊，承数千年一统之俗，其为治也疏；当数千年专制之风，其及民也少。以此而当各国狼鸷竞争之制，民权发扬蹈厉之时，其亦不能不议更张矣。虽为政在人，不在乎官制，而有是制，乃有是权，弊极如斯，则亦不得议全局整顿矣。今者内裁詹事通政之司，外裁河漕二督之任，及并裁同省之巡抚、冗员之道厅佐贰，其亦有意于整顿矣。然不于本原之地大体之间改革之，而枝节为之，无当也。今略酌古今、贯中外、择其要、酌其宜而为之，以备方今之采择施行焉。此但具大体，若其条理之繁，及随时增损者，尚有待焉。

自亚里士多德发立法、行政、司法三权鼎立之说，而孟德斯鸠大发之，于是以议院为立法之地。议院者，合一国之民心，举一国之贤才，而议定一国之政，诚官制第一之本原也。

议院者，为公民议政之地，黄帝之合宫、唐虞之衢室、殷之总章、周之明堂是也。盘庚之命众至庭，孔子所谓"谋及卿士，谋及庶人"也，以国者合民而为之。议院者，合民心舆论以立法收税至公者也，无论君主、民主之国皆行之。有议院者公而安，无议院者私而危，此大地万国已然之效。中国今日亟宜行立宪法，亟宜开议院，此议官制有一无二之要政也。开议院则人有政权，民气得伸，民愿得达，民隐皆周。人有参政之责任，则民智日开，民才日长，民力日厚，国民之资格进，而国之资格自进矣。议院为官制第一法，即吾国民人格未备，未能议政，亦当行之。但日本明治元年变法，至明治二十二年乃开议院，似民格进步不可一日而几。然既有议院之开，则民格自因此而日进。斟酌其宜，则如日本例，于其明治初年，预悬明治廿二年定开议院之旨，俾人民得以请求万国宪法之良，斟酌议院立法之例，采择至善，变通尽例，取其极宜于吾国者而用之。人知宪法之必立，议院之必开，则民气自奋，人才自出。经累年之讲求，则宪法自善，议例自宜，然后举而实施，自无窒碍龃龉之患，又胜于仓卒施行，徇虚名而贻实害者也。若夫议院之宜有上、下与否，议员人数多寡，几年一易员，举议员年数、籍贯、资格如何，暗举明举孰善，人人得举抑有限制，代表与不代表，议院权限体例如何，何时日开院闭院，此则在临时公议，非今所预断也。若夫兼备上、下院之制，则为各国通例，互相控制，其法殆不可易矣。

今中国民智未开，不能骤立议院，而各省、乡、县必当先举议员以自治，俟风气稍开，民智日明，而后开议院焉。盖政党人才不足，则流弊宏大，如日本变法三十年，而政党人才犹有不足之虑，可为鉴也。然中国当今百法当变，其得失利弊之所悬系，后先缓急之次序，所关至大也。外之当采万国之良法，内之当存四千年之美意，合乎大地之势，切于中国之宜，令民生得厚，国势可强，民气得昌，庶政得举，措施得要，而不流烦苛，精细入微，而不生弊害，诚非易易也。此事体大，诚非老大官数人所能任也。若如今者政务处之所规画，则徒生更张之弊，而不受其益也。盖天下万事，皆有知而后有行，有虚论而后有实事，有宏议而后有美政，论之反覆，辨难极明，然后行之，宣布设施鲜弊。故非合举国之人才，各地之贤智，聚之一院，提议辨难，必不能得宜也。盖同一法也，施之南方而合，施之北方而不合，施之海滨而合，施之山僻而不合，比比然也。故必合各地千百之贤才，为昼夜岁月之讨论，折衷中外，穷极细微，行舍少从众之公义，然后议定施行之，乃见其可也。俄无议院而有参议院，员六十人，以议大政，分立法、行政、教务、财务四局而讨论之，未有如吾国行政之卤莽粗疏者也。或泥守旧学，笃惑故俗，而大事所关，不能不力为扫除者。故当有大臣总裁以定之，人君称制以临之，当大变方始之时，际人心未明之候，以君权行之。有如雷霆之震，万物昭苏，其效更速也。故当两者兼用之，即今各国议院亦行两者合定之意也。今请令每府地方议令公举议员一人，以学识通明、志行高洁为合格，不论已仕未仕，皆得充选。其首府举三人，繁府得举二人，每直隶州中亦得举一人。如虑人多，则每道一人，首道三人，繁道倍之，皆送置京师。凡议员至京师必赍所著之书，在五万言以外者，进呈天子，亲临轩而合试之，又分别而召见询问之。京官五品外官四品者，授议大夫，体视京卿；余授议郎，体视御史；未仕者授议士，体视庶吉。其未立地方会时，令大臣举人才如上例。其有地方徇情误举者免归，其中外大商镇设有商务局许举大商一人，大矿、大制造厂皆许举一人。大概人才出于各地公举、大臣荐举二者，乃立法制局置于禁中，简派群臣数十人为议定，大臣为总裁，凡各议员全数入局。其分类纂修官，或由众公举，请旨简派，或由大臣公商，请旨简派。皆选专门精深之学，而又通中国掌故者，每类数人，谓之分案主稿。主稿者会典则例、大清律例为底，而以古经今史九通，及日本之法规、各国之政律章程参之。每一事发明其理论，条举古今中外之故事，叙成一案，以七例定之。一曰旧有可存者，二曰旧有宜删者，三曰旧有宜修改者，四曰旧有宜损益详略者，此议国朝现行之典例者也；五曰古有今无宜增者，六曰古有今无可采者，此议中国自古之典例也；七曰各国所有而中国所无然不适于中国可不采者。纂稿者既撮其故事理论，附以己见，以定去取增损焉。草案既定，是为初稿。议员又公举讨论官磨勘官，或大臣荐之，并请旨简派，必选熟于中外，曾游历外国，或任实官办事多年者充〈充〉之。讨论官辨其得失而增损之，磨勘官专究其谬误而攻难之。案既定，乃集众读而视其去取，著其多少之数，议定官乃议定而大臣总裁之，然后请上亲裁决而施行之。其局员兼以备顾问，资献纳，赁弹劾，惟上所擢用。两年缺员，则命其地再举，或大臣荐拔，以补其数。其才者则特留之，俟宪法立、议院开，然后不行，举员归并政府焉。如是屡经众议而后施行，其或免冥行擿殖之谬乎。或曰法制局员何必百数之多。岂知中国待治孔急，而法制之繁多如牛毛，譬分为五十案，一人为纂修，一人为讨论，已须百人，何况尚有磨勘公议议定之职哉！

凡法制局议员，日轮二十人，以备顾问。皇上亲与请求天下之事，访问地方之宜，民生之疾苦，要塞之形势，生产之出耗，风俗之得失，人才之盛衰，既可广见闻，亦可知其才识。凡四方之使任、牧尹之要职，即可于议员简放，试之职事，以效其才，不次拔任，以风其众，则人才争自磨厉，辐辏并进，以济时艰矣。其顾问皆在便殿，图书大集，茶果并设，霁威去严，披图搜书，从容谈议，以尽人才，随意指问，以知所学。若是集思广益，亦今不得已之举哉。

官制议卷八：公民自治

举中国万里之土地，四万万之人民，内治外交之繁夥剧赜，而人人不分任，惟政府一二人任之，虽圣人亦有不周者矣。士民睹国政之不善，则叹惜痛恨，曰此地方官之不善也。外而守令，内而诸曹，睹国政之不善、国体之削弱，则又叹息痛恨，曰此大官之不善也，吾辈小臣不得与焉。若京卿司道，近于大官矣，则又叹息痛恨国政之不善、国体之削弱，曰公卿督抚之责任也，吾辈闲曹何与焉。其大学士尚书侍郎督抚睹国政之不善、国体之削弱，则叹息痛恨，曰此枢臣之责也，吾辈何与焉。其枢臣睹国政之不善，国体之削弱，亦痛心蹙额，叹息痛恨，曰此首辅之责也，吾辈随班何与焉。吾自与公卿士大夫游而习闻之，乃以四万万之大国，无一人有国家之责任者，所谓国无人焉，乌得不弱危削亡哉？呜呼！岂不异哉！虽然，此非其不忠之诿托也。本朝之法，钳制其下，上下隔绝，官民隔绝，其权限实有然也。而所谓首辅者，则类皆以亲王国戚旗人为之，身未尝学问，足未出国门，其才仅足以奉君上之意旨，而以尊宠弹压百僚而已。故中国虽有四万万人，而实得一二人，且得一二瞽聋瘖跛心疾之人，以此政体投之季世乱时，已不能立矣。

夫今欧美各国，法至美密，而势至富强者何哉？皆以民为国故也。人人有议政之权，人人有忧国之责，故命之曰公民。人人皆视其国为己之家，其得失肥瘠皆有关焉。夫家人虽有长幼贵贱，而有事则必聚而谋之，以同其利而共其患。今以此一二瞽聋瘖跛心疾之人，而负荷万里之广土众民，以与彼数千万人分任极轻者斗，其成败不待计算矣。孔子之经义曰："天视自我民视，天听自我民听。"又曰："灵承于旅。"又曰："谋及庶人。"又曰："媚于庶人。"孟子曰："国人皆曰贤然后用，国人皆曰可杀然后杀。"此不易之经也。然此犹言义理，吾姑为言事势可乎？夫以一人任重任易乎？抑众人分其重任易乎？必曰众易矣。同舟遇风，则胡越同心，一人专利，则至亲袖手，与众人同忧乐易成乎？抑一人独忧乐易成乎？必曰与众同忧乐易成矣。为人谋与己自谋孰周乎？则必曰为人谋不如为己谋之周矣。夫欧美日本各国之立公民也，使人人视国为己，而人人公讲其利害而公议之。故上之有国会之议院，下之有州县市乡之议会，故其爱国之心独切，亲上之心甚至。昔法之偿德兵费也，十五万万，限期三年，法人年半而偿之。此非公民而能得是哉？盖其分责一大任于数千万人也，乃所以陶融铸冶数千万人而为一体也。夫以数千万人而共担一任，其政安得不美密易举哉？以数千万人共治一体，则其力安得不坚固洪大哉？以人人自谋，安得不亲切哉？故弊无不克去，而利无不能兴，事无不能举，而力无不能入，此今大地各国致富强之成效大验，而非儒生空言引经之迂说也。故有公民者强，无公民者弱；有公民虽败而能存，无公民者经败而即亡。各国皆有公民，而吾国无公民，则吾国孤孑寡独而弱败。若吾国有公民，则以吾四万万人选公民至多，以多公民与少公民者较，吾国必较列国而尤强。故今之变法，第一当立公民矣。

今中国民智未开，虽未能遽立国会，而各省府州县村之议会，则不可不立矣。且今各省府州县，常有公局，有绅士聚而议之，又有大事则开明伦堂而公议，有司亦常委人焉，是议会中国固行之矣。吾粤尤久行之，特制未明宣，法未详密，任数绅士之盘踞争倾，而未尝有国法以为之监定，故未见其大益，而所以助有司之治而通小民之情，为功已大矣。但在立定律，举公民以为之，则长官劣绅不能武断，而公民为公益，得以自为谋焉。故人人与之俱死，而后可与俱生；人人与之俱亡，而后可与俱存。公民哉！人人与之同忧，而君可免忧；人人与之同患，而国可免患。公民哉！人人与之同权，而君权益尊；人人与之同利，而君利益大。公民哉！夫英之维多利亚、德之威廉第一，其威名尊荣，与亡国奔走或被杀逐者亦远矣。故康有为曰：今中国变法，宜先立公民哉。

凡公民之制，美国则男子年二十无过犯，人人得为之；德则有租三千，纳税十二马克；英则纳四十喜林；奥则百金；其法、意、瑞、荷、琏、挪各国皆数十金不等，日本则纳六元者得为之。皆取有名誉无过犯，许为公民。公民者，担荷一国之责任，共其利害，谋其公益，任其国税之事，以共维持其国者也。既有公民之资格，则可被选举为乡县郡国之议员乡官，可自举乡县郡国之议员乡官。若无公【民】之资格，则不得举充乡县郡国之议员乡官，亦不得自举乡县郡国之议员乡官。夫凡人皆有耻心，皆有好事心。况合举国大众而驱之，如风潮之怒涌也，其声必大；有报馆而鼓之，如钟铎之激撞也，其响必应。人之有耻心、好事心、进上心，必日增而大长。既耻不列于公民，尤乐预于选举人，尤望己之可为议员乡官，而发论议而舒其意志也。盖举国之人，苟非贫极无聊者，无不发扬陷厉而争为公民矣。

凡既为公民有四益：一爱国之心日热，一恤贫之举交勉，一行己之事知耻，一国家之学开智。加以报馆之终日激扬，大众之互相鼓励，日进而愈上。行己知耻，则风俗日美，而犯罪者少；恤贫交勉，则仁心日长，而贫民有托；爱国热心，则公益日进，而国事有赖；学识开进，则才能日练，而人地升进。是以举国之民而进化之，而后能以举国之政事风俗而进化之。昔者普为法弱，几不成国，自立公民，而国骤强，此其明效也。是故今欧美日本各国，乃至专制之俄，无不立公民者，虽少分等级，而其不能不立公民，则一也。故昔者之国，争在一君一相一将之才；今者之国，争在举国之民之才气心识，与其举国之政之学，及其技艺器械。即以中国之大，而昔者败于蕞尔之日本者，非吾将相之才之必远逊于日本也，乃吾无公民之不如日本也。以无公民，则散四万万而为数人；有公民，则合数千万而为一人。此其胜败之数也。夫万国皆有公民，而吾国独无公民，不独抑民之资格、塞民之智慧、遏民之才能、绝民之爱国、导民之无耻已也。且人有寥寥之寡民，而善待而用之，其民日进，其国日强，其主日荣；吾有地球第一之众民，乃不善待而善用之，其民日退，其国日削，其主日辱。孰得孰失，不待再计而决矣。抑且举万国皆有公民之资格以贵其民，而吾乃遏民使贱。昔者一国闭关而立，钳制之余，民智未开，犹之可也。今万国比较，日视各国之民如此其通贵，其国因以致富强也；吾国之民如此其辱贱，而国日以削弱也。枭桀之民，将自求之。夫使民自求之，则有土崩瓦解之忧，有主弑国乱之祸。英、法、意、奥，百年内乱，可为鉴也。孰若君自与之，则有尊君亲上之美，有爱国奉公之益。普之威廉、法之拿破仑之盛强，可为法也。戊戌之秋，我圣主尝欲开议院以同民矣，此所谓自君与之者也。然且吾民未尝有求之，而圣主慨然行谋及庶人之典，此大地所未有，而绝出于万国者也。虽今民智未开，未能遽行。若夫州郡乡邑之议院，则虽俄之钳压专制，独行之矣。今变法第一，当令省府州县乡市遍举公民，选举议院而公议之。

今中国举公民之制，凡住居经年，年二十以上，家世清白，身无犯罪，能施贫民，能纳十元之公民税者，可许为公民矣。凡为公民者，一切得署衔曰公民，一切得与齐民异，如秦汉之爵级然矣。既为公民，得举其乡县之议员，得充其乡县府省之议员，得举为其乡市县府之官。不为公民者，不得举其乡之议员，不得举充乡县府省之议员，不得举充乡市县府之官，一切权利，不得与公民等。如此则荣辱殊绝矣。民将皆发愤为公民，民将皆自爱而期为公民，民将皆务施舍而为公民，民将皆以清白贻子孙而为公民，民将皆勉输十元而为公民，民将皆好学而期为议员、为乡官之公民。其未能为公民者，皆将有进愤愧耻之心；其已为公民者，皆将有爱国施舍自重好学之心。夫民抑之则无耻，冷之则自守，塞之则蠢愚，扬之则进上，热之则摩厉以须，导之则开明通达。况以中国之夙昔教化，而生质敏慧者乎。一举公民，则举国四万万之民，进于爱国，进于公益，进于自重，进于好施，进于学识，踊跃磨濯。如大海之鼓潮，如巨风之之振山也，其孰能御之？

且今内外汲汲忧贫，司农之终日仰屋也，疆吏之终日持筹也，群吏之分途搜括也。摸金都尉，搜粟中郎，无不遍及矣。间架推酤，卖赌鬻爵，无不入微矣。裁职事之官，停群臣之俸，绝勋烈世爵之禄，无所不至矣。而无如百执胸中，只知中国之旧法，而不知东西之新法。甚且政务处只知节流之死法，不知开源之生法，宜其极力搜刮聚敛而无所补也。夫以旧制之坏若彼，执政之谬若此，吾不敢以新法理财告之以累吾民矣。惟今姑以立公民之一法告之，或不以为爱民同民之义行之，姑以为筹款之法行之可乎？自道光二十九年，普计民数四万二千六百七十三万。以东西各国例之，五十年人数当倍，自道光二十九年至今，五十余年矣，人数当倍至八万万五千万。吾中国养育之法未至，或不能倍，且咸丰时大乱，或丧其十之二三，或数未能确。然以各国公理推之，必五六万万矣。但未尝核算，人引旧文而忘之耳。即以少数五万【万】推之，男子当二万五千万。吾粤人也，且以粤论，顺德、新会、番禺、南海、香山、东莞之大乡，如九江、沙头、两龙、容奇、桂洲、外海、沙湾、潮连等乡，男子数皆十数万，过于东西一大郡矣。英、德、法之盛，以二三万人以上为大都会，比于吾粤之大乡，曾不足齿数。故吾粤人数数千万，可比英、法、德、奥、意、日本者也。而户口亦多给足，人民有气好进上。虚衔翎顶之无用，而争输重金以捐之也，以炫荣于乡众。若有公民之实权利，若税仅十金，其将耻于不齿而争为之也。壮男必十逾大半矣。故即以广州一府论，人口千余万，男子不止六七百万，老壮男子三四百余万，公民必可得百万人。纳公民税十元，是即一府岁人千万矣。其余九府四直州，当近得百数十万公民，亦可得千数百万，其他江、浙、四川之富庶，亦略与粤近，当得千余万。如此已得五六千万。此外十八行省，应合得四五千万。故但以公民一事论之，已可岁筹万万。因人心之乐输，而未尝有分毫强之，既可同民，又可集大款。然则为今日计，一举而数善备者。虽孔、孟、管、葛、拿破仑、俾斯麦复生，亦何能舍公民？何能舍公民？

为人代谋者之不如自为谋也，人治之者之不如自为治也，此天下之公理矣。以一人为十百人谋，智犹不暇给；若以一人为百数十万人谋，无有能给者矣。既不能给，而欲因时制宜，周密纤悉，无不至也，无不举也，未之有矣。未能因时制宜，周密纤悉，而欲其无利不兴，无弊不去，所欲必成，有事皆举，无一夫不得其所，未之有矣。假而能四目四聪，因时制宜，周密纤悉，兴利除弊，率作兴事，人民皆被泽矣。然贤吏千百而一见，且未必能久任，则循吏煦哺于前，而酷吏坏之于后，假而久任终身，举国二千余县令皆吕父杜母，永永代任皆贤圣，如阳城元紫芝，民不识不知，含哺而游，以乐闭关之国可矣，以当竞争之国，犹之愚弱而亡也。盖以民之徒受治于官也，无议政之权，则无政事之思虑也，无政事之学识也，无大众之讲义也，无得失之激射也，无美恶之法戒也，无进退之比较也。是故其民俗朴而愚，乔而塞，蠢而野，耕田凿井，长子抱孙，没齿老身，自幸承平而已。以此之故，民有六害：学问不进，智识不开，技艺不新，器械不巧，心思不发越，志意不踔胜。夫进化开发者，提携互进，日升而无已；守旧闭塞者，扶同沈溺，日下而无已。以日下之民，与日升之民较，日退之国，与日进之国较，其胜负不待决。故挟此旧制以较今日，而遍国郡县，永永得人。如阳城元紫芝吕父杜母者，国必亡。此非矫激之言也。比较之数也。若夫今者令长之官百数十万，人民之所寄，而选之极轻、养之极薄、责之极重、课之极繁、待之极贱、佐之极少。此虽周公之才之美，所不能以空饿而独任数百里百千万人刑狱催科抚守教养之责者。况于法网之密，束缚手足，风俗之坏，败损人才，籍地之远，如客入主家，迁移之多，视官如传舍。而又屠伯市侩，纨绔孩婴，朝输金货，夕绾铜墨。或文字不识，国土不知，若阳城元紫芝者，乃古今天下不一二数者也。而其下仅佐杂数人以供奔走，且无乡官以分治之。以此之制，而与万国自治日进之民角，其胜负不待决矣。且即内不为兆民计，外不与各国角，而今之言变法者，亦未始不知措意于学校农商之业，制造选兵之事，及其日夜忧贫，思所以为聚敛民财之法。然以今地方治法之疏，以一切非常变法之大政，责之于未尝学问耄老穷困捐钠钻营之令长，于其簿书刑名钱谷之余行之。是何异使蚁负山也？

夫以万里大国之大，而江鄂大都会，乃始有一二学堂，则其余为自割地鬻民已甚矣。若欲望之令长，遍举新政，以是法制人才，学校如何而能兴？农商如何而能劝？制造选兵如何而能精？且即设印花房屋之税，如何而能遍逮于民？俾差役不害，而隐匿不行。假即令长能举之，而何能令普国乡市遍举之？夫国何以成，非成于民耶？治何以起，非起与乡耶？故古者之治起化于乡，自州党族里，其法至纤悉而皆举。今者各国乡邑之治，自户籍、死生、婚姻、产业、警察、保卫、治安、审判、议税、印花、劝办中小学校，专设石路及县路、乡路、市场、广场、桥梁、筑室、防火、消水、救贫、医生、病院、狂院、选兵、公债、山林、桥梁、铁路、银行，以及激其爱国之心，进其学业之识，劝其技艺，长其精神，凡此皆一乡所有之政。其繁密纤悉，精详琐细，几同小国之体。各国何以能然，盖皆听民自举人而治之。故其自为谋也，至当且周；其趋公也，至勇且热。故其民志意腾踔，心思发越，神气王长，学识开明，技械精巧，政体皆随时议决。故其气象新而体理生，租债皆量力公定。故其输将乐而作事举，民安而乐之，动而翔之，进而扬之。以视闭关守分受治之民，循死法而窒心思，抑志意而闭学识，风俗阻闭蒙塞，神气萎靡颓散，政事芜荒疏绝，财用困匮乏短，技械苦窳钝朴。是故其民新旧日相反相远，愚智日相反相远，闭塞日相反相远，板活日相反相远，鲜腐日相反相远，神识志意日相反相远。以此而与万国自治日进之民角，其胜负不待决矣。夫民者国之本，乡者治之本。本立则基固，基固则虽拱把之小树，亦能干枝坚劲，而花实繁荣；若本根萎弱，则虽参天大树，枝叶亦应时悴落，况求其着花结实，何可得哉？是故小国民本能立，其国亦强；大国民本不立，其国弱亡。观于英三岛之臣印度，日本三岛之败我国，其已然之迹矣。呜呼！以今日地方之制，而按之孟子同民之理，既相悖驰，而敢不懲不竦，投之于列强竞争优胜劣败之时，则是恐四万万民之太安而自涂炭之，虑万里地之不速割而急自鬻之也。惨愚若此，而举国谋臣智士不知所以救之，岂不大可哀哉！

救地方之术若何？曰知病即药。今吾中国地方之大病，在于官代民治，而不听民自治也，救之之道，听地方自治而已。欧美之日强，人民之日智，地利之日出，学校之日盛，技械之日精，宫室桥梁道路之日修，警察保卫之日安，赋税之日多，医病恤贫之日仁，铁道银行之日广，山林渔泽之日辟，因以整其兵备，精其航船，以横于大地，剪灭东方。此其本非在国政也，非在政府及疆吏令长之一二人也，乃由于举国之公民，各竭其力，尽其智，自治其乡邑，深固其国本故也。非惟欧美而然也。日本明治维新以来，行地方自治而骤强矣。又非惟日本为然也。专制威权无上之君权若俄者，亦已行地方自治矣，故其民才足用，而乡政克修，地利尽举。夫俄与我国之专制同，而强弱异者，由地方代治与自治异也。此又非今各国之新制也。我三代汉晋六朝实行之周官乡遂之制，一万二千五百家为乡而有大夫，二千五百家为州而有长，五百家为党而有正，百家为族而有族师，二十五家为闾而有闾师，五家为比而有比长。设官若此之多，而职事若此之少，此非朝廷所命也，盖亦民自举而官许之耳。以其自治，故能登其夫家众寡，辨其贵贱老少废疾，辨其弛舍及其六畜车辇，以令贡赋听讼移民，治其祭祀丧纪冠昏饮酒师田行役相保相受刑罚庆赏之事。岁时读法，兴贤举能，书其孝友睦姻有学敬敏任恤，其间简兵器、教稼樯、正地域、列沟树，行其下剂药昏土宜以利民，且能大说众志，以开议会。其纤悉若此，故其自治至密，过于东西矣。汉人十里为亭则有长，十亭为乡有三老，啬夫游徼以掌教化、讼狱、盗贼之事，则今欧美之学校、警察、审判官也，亦皆民自举而官命之，故政虽疏而未失。至隋尽收小吏之权，薄尉皆命于天子，而吏部数人安能察万里之地？官守令以上，已行崔亮停年之格、孙丞扬抽签之制，安能及乡？故乡政由是尽隳，乡官由是不举，自治之法废，而地方不修，民治不举，国本不立。职是之由，自上言之，则督抚司道守令，层级累重；自下言之，则乡州党族里闾，无一官焉。有大官而无小官，有国官而无乡官，有国政而无民政，有代治而无自治。故政事粗疏芜荒，人才不进，地利不辟，而财用匮乏。盖立法之意，但以为国，非以为民，但求不乱，非以求治。故即有循吏，至于桴鼓不鸣，庞吠无警，余粮棲亩，讼狱少囚，则以为治效之至矣。故自来地方政论，皆以清净无为、宽简不扰为主。曹参曰："勿扰狱市，乃千古治法之极则。"此皆老子愚民之法，所谓常使民无知无欲，安其居，乐其业，美其服，老死不相往来。夫所求不过如是，乃与今竞争之理相反。故谓举国守令皆吕父杜母阳元而国必亡也。盖将南其辕而北其辙，则愈疾行而去愈远；起点既异，则测线之相反，差以毫厘，而谬不止百千万里者。故天下之患，莫苦于举国习为固然。以古自证而不知察，则其病不可救也。

虽然，地方自治法，吾中国固已行之，而吾粤尤盛矣。盖一县之地为里数百，为口百数十万，多者乃数百万。此盖东西一小国之地。加拿大万里之国，人数不过四百万耳，顺德几几比之矣。仅以一令及八九品数佐杂治之，此必不给之势也。故地方之讼狱，以辽远不及赴诉于令。地方之保卫，不能不民自为谋；学校、道路、桥梁、博施院、医院，不能不民自为理。于是有绅士乡老族正以断其狱。选人为更练壮勇以卫其乡，以及堤堰、庙堂、学校、道路、桥梁、公所、祭祀一切，不能不自为私敛以成之。或特别捐抽，或常行征税于尝业田亩室屋人口，事毕布告其数于公所。其重且大思垂久远者，则请之官得许而为例。乡县处处不同，各因其俗而人安之，虽私税之无间言。至咸丰之乱起，绅士各团练自卫其乡，以一乡力薄，则联数乡或数十乡，因其地势以成之。或一大乡自为一团，号之曰局，则常有征税，而有乡官治事其间。即以南海同人局言之，其治下凡三十六乡，男女约五万，局有长二人，以进士、举人诸生充之。乡人有讼断于是，局勇二十人，有武官统之，犹警察官也，有书记一人、司会一人。其一切诸局，或大如九江，则男女三十余万人，小则数千人，休裁详略不同，而大体不外是。

粤中几遍省有之。局绅皆由绅举而官允许者，亦有不请于官者，有大事则凡列绅士者得预议焉，甚类于各国议员。其大局则规模章程具备，纯乎地方自治之制矣。但国家未为定制，而议员局长不由民举。故时有世家巨绅盘踞武断之弊，而小民尚蒙压制愚抑之害，而不得伸，此盖贵绅遗制之害。盖旧俗之源出于国治，而非出于民治，故虽美而未尽善。若国家有公民议员之制，则民气之激扬可一朝而勃发也。盖乡官、公民、议员之义，出于天然之公理，国不为立，而民自立之。各直省虽不能然，然乡落皆有绅士主持之，有事则有司咨之小民请命焉。犹然地方自治之意，此则举国皆然矣。今若就广东先行之，为定乡官议员之制，粗定大律，而听令各乡斟酌其枝条细目，则可立为施行矣。因其地之本有而润色之，至易为功；纾其民之积气而利导之，至易为德。夫万国自治之效若彼，中国故事自治之善制如此，察之现时之民俗自治已具。故以势言之，中国不能不改地方自治；以俗言之，中国已行地方自治在一转移间耳。

且夫自治之制，天理也，自然之势也。无论如何专制之国，不能钳绝废止之也。凡民一家之中，听其父兄自治之。故古经名曰家君，而今律名曰家长。国法虽极密，亦万无代治及其家者；君权虽极专，亦未尝虑家权之分之者。盖国者大团体也，家者小团体也。凡一大团体必积无数小团体而后能成，此物之公理也。故人积无数血点然后成身，天积无数星球而后成天，国积无数之家、乡、土司、县邑、州、厅、府、省之小团而后成国之大团。故大团之国权患其不集，而小团之民权患其不分。故兵事与外交集权之益最大，民治与竞争集权之害最大。今夫人之为身也，固患脑魂不强大，心血不丰足，而若无万千微细脑气筋，九十余里之微丝小血管，以遍周而营卫之，则手足指爪眼舌，亦何能开合屈伸，便捷机警，以为言语、饮食、动作、行持之用乎？舌之脑气筋不能自主开合，则一日而饮食绝，人死矣。其他目筋不能自主则盲，耳筋不能自主则聋，手足指爪筋不能自主，则不能持行而百事废。有此者号之曰废疾，命之曰废人。故国之无地方自治者，其国臃肿颓败不生活，虽庞然大物，亦号之曰废国。有废疾者小儿得而欺弄之，为废国者小国得而割灭之。盖体不备者谓之不成人，机不备者谓之不成器，法不备者谓之不成国，不成国者大何恃乎？

且今大地民立铁道，民立汽船，民立矿山，民立学校，民立保险，民立工商农业各种公司，皆听其自为立法，自为行政。其大公司用人十数万，上下百司，同于小国，等于古之封建矣。英以一商业公司而辟万里之印度及南洋各岛，若德之克鲁伯炮厂之宏大，工人数万，绵地数十里，是皆中国人所耳热而艳称之者，而皆由民权自治法得之。即中国工商百业善堂，皆有行有公所有总理值理之人。如今上海之广帮、浙帮、苏帮、徽帮、闽帮，则以地聚众而自治，钱业、丝业及广东之七十二行，则以业聚众而自治，皆在国家法律之下，而国家听其自立，未尝分毫挠之，此工商业所以盛也。故凡集国之大权者惟恐其不一，而民之分小权者惟恐其不多，分之愈多愈细则愈灵活，否则臃肿蹒跚而不能行，故集权与分权相反而相成者也。古者以封建，而治民可以纤悉；后世不能行封建，故遂疏阔不修。唐行口分世业之田，其制至善，由无封建之故，故旋踵不能行，然儒生开口言三代即及封建井田学校。夫地方自治，即古者之封建也。但古者乱世，封建其一人，则有世及自私争战之患，此所以不可行也。今者升平，封建其众人，听民自治，听众公议，人人自谋其公益，则地利大辟，人工大进，风俗美而才智出。若美国之州郡并听自治，此则古公侯大国之封建，与德国联邦同矣。法、英、德、日本之例，但听乡邑自治，此则子男小国附庸之制矣。德之籀斯乌衣孖路人二十九万，税乃八千万。呼路咩悟自立市方里九十九，不过中国三十里，当附庸之地耳，人口十四万，而男子八万，然立外务、文部、司法、大藏、警察、医务、卫生、陆军、商船、港津、铁道、土木、殖产、救恤十六部，凡十六长官，其议员用大学卒业者十四人，商四十二人，工二十二人，上判院一，下判院二，岁入至二千三十三万二千二百八十马克。吕伯雷地积政体略同，人仅六万，乃有高等学生五百人，工学一，商学一，女高等学一，中学一，高等小学一，小学十八，学生六千七百人，报馆三，警察费至十六万，其繁盛如此，深得古封建之意故也。今吾粤九江、沙头、龙山、外海、容奇、桂州各乡皆二三十万口，比之古者大国廿四万口已过之，则即今之俗，其地方自治，已合古者封建大国附庸之制而尽兼有之。但国家不为定律，而乡官不入典章，无以增其荣而予其权，故治效不著。且无公民以担国事，则民自安于愚贱，而不与君国分其忧，共其任，其所以颓败而失其本也。德国自治之法行之，则一乡而可税数千万，立多官群学矣。今若此小团者数十百万，鼓其志而发其识，大地何有焉？故通地方自治之制，知古人之所以胜于今者，在有合乎封建之意；欧美之所以胜于中国者，在以民自治而不代治之也。

美国州县之自治，今不能行于中国，可无论矣。法、德、英、日地方自治之法，有都市镇之治，有乡村之治，其制略同，但繁简少异耳。日本纯采法国之制者也，由公民中举议员，议员中举乡市长，有正有副，有参事会员，有议会名誉员，有收税役，有医长，有常委员，有特委员，数千之口，官多若此。德国自治制尤密矣，凡人口五百至三百，方能任公事具费者，可为一区，其力弱者，合五村为一区，五乡长有参事会、会计院，议员治焉。凡人口一万以上之都邑堡，皆设都府，凡二千五百为市，凡千六百口以上之区，设警察，由大地主举之，立判审官、警察官，设户籍局。判审官、警察官，小者英、德、美皆由民举，大乡镇由官命，法则悉由官命，今亦多民举矣。然警官纯乎官体，法乡会员十人至三十人，可议乡税，管财产，可建议于政府。法除乡外皆官掌之；德则官民划然，即大区亦民赞之。法则乡之团体可直通于州郡；德则乡上于县邑，由县邑乃上于州郡，村长之上有邑长，而德制以大团包小团，而小团之中皆有独立之权，生活之体，尤得古者封建之意，而助民人发扬之力也，于中国俗为近。法则国税、乡税同收，令乡必需之款，先输其地之物，名曰间税，不足则国补助之，分两度征税，得手工数两次为益；德、英则国与乡分收乡税，有普通，有特别，听其自定，然亦两法并行。英限乡税不得过国税十之五，日本限乡税亦不得过五之二，德则有人税、独立税、犬税、赁屋税、收入税、舞蹈税，其手工数则自卖买免许，死生、婚姻、产业、凭照、墓地照、学校照、道路照、度量、权衡、抚赏照，皆惟乡治举，乃能纤悉若是。德制凡由公民举议员及乡长官廿岁以上，居一年，贫民受恤，未尝一年纳税，未尝犯罪者，有产业若干，土地若干者，得被举焉。美国收租五百以上，乃得为判官，其破产受人救助伤损公权者，皆不得举。举人有明有暗，而论者以暗为是。凡四百口者可举一人，以次类推。其被举之人，第一须有学识，曾经阅历实事者，分担事务；第二须有德行高志，以求公益；第三生计饶裕者，即尽力助公。此乡官之选裕也。其都会之制，自府长以下，皆同乡制，惟分百数十区，巴黎、日本分二十区，伦敦、伯林皆分二三百区，各设区长焉。区长位议员下，从其命令，凡都市乡官皆以荣誉劝职，都人士以有职为荣。除长及建筑技师、法律士有俸外，余皆无之。德之伯林从事者二万人，皆以荣名效职而无俸者也。其年限六年，留三之二，或九年、十二年不等。都市举议员，凡二千五百人举十二人，万至二万举三十人，十万下则举六十人。

各国虽有不同，略皆相近也。

今中国举行地方自治，因乡邑之旧俗，而采英、德、法、日之制，可立推行矣。请略以万人以上地方十里者为一局，或名曰邑，不得过多阔矣。每局立局长一人，总任局事，兼理学校；设判官一人，审讼狱，用古名曰士、曰啬夫皆可，或名曰乡正；警察官一人，巡捕奸宄盗贼非常；税官一人，收赋税，管户籍；邮官一人，主通信兼印花，邮官或专，或兼摄，皆由议员中公举。设议事会，五官共之，而长官为议长决焉。其长官之下，设文案杂役数人，酌其地之大小立焉。下为议例会，众议员聚议决一乡之政制赋税大事，上以应国事，下以增公益为义务。其议员视其地之大小、民之众寡，以三四百人举一人，由公民公举之。凡公民中有学识及能捐助贫民，有行未尝犯罪为乡里不齿者，曾办过乡国之事，实有阅历及身家富厚者，皆得充焉。其有犯不孝、不弟、不睦恤及有不齿之事者，摈不得举。如此则清议所在，汝南月旦之评，九品中正之制，而风俗知耻矣。其有职官、绅士、举贡诸生向有位于乡者，除其行不齿于众外，皆许预议，名之曰绅议员，如各国上议院之制，日本所谓名誉员也，则绅士不失其荣矣。而议之决否，以议员人数多少为定，如是则劣绅不能武断矣。其职事惟五官支薪水，余皆不支。大都市宜皆以荣誉体面为劝，如善堂然，则诸官不支俸可也。每都市邑局之中，分各村约，以千数百人为度，立正、副二人，董任其事。其大乡则增设警官判官分治焉，地方大者其判官或多设数人同审判焉，乃言乡官之职。

第一职：立警察。简禁盗贼奸宄，有风火大灾皆当救之，以保卫闾里。

第二职：修户籍。凡生死婚姻葬埋及礼乐吉凶歌舞之事。

第三职：修道路。分国道、县道、乡道，分别敷设石路，俾远近易通。其有水利开浚，修桥梁，筑堤堰坡塘；其有民所走集，设市场，筑广场，以合民众；其有可为铁道、马车道者，皆议开通焉。以及种植树木之事。

第四职：凡人民通信及电报、电话之事。

第五职：收赋税。凡土地、舟车、烟酒、出产、制造、营业、卖买，因其旧俗地宜，随时公议。

第六职：学校。凡男、女中、小学塾及工艺院之募开，增长鼓励，令凡民七岁皆入学，否则罪其父母。

第七职：劝农业。凡耕地、种植、山林、原野，酌土宜，觅新种，开农会，以劝垦辟。

第八职：助工商。开劝工场、技艺院，以鼓励百工，振兴商务，而设法资金以补助之。其有民间乞丐，驱入技艺院教之，俾其糊口。不听者判官禁之圜土，其穷老者付之恤贫院。

第九职：讲卫生。洁净室屋道路，俾免疬疫，疾病则设公医院医之。

第十职：开善堂。举恤贫养病癫狂之会，开院养之，拓增经费，收禁乞流，无使有乞丐颠连者，并开讲堂以诱导愚蒙。今江粤已大行，每乡局推广之。

法以三万人以上者为都会，然举国亦不过四十七耳。德以五万人者为都会。法有邑二万六千百四十，然过万人者不过二百三十二，故法之邑真吾粤乡局之比也。若数万人之都会，则吾国不可以数算。其都会若顺天、广东则百余万人，此外各省会及上海、天津、汉口、宁波、厦门、重庆、潮州、九江，凡诸通商之口，及诸府城、大县城及大市如佛山、景德及大乡数十万者，尚不胜数，皆宜以地方自治行之，采用伦敦、伯林、巴黎、横滨之法，酌其地之大小，分为各段，每段皆用乡官之制，而立总局以总之。省府县城名某城总局，市镇曰某市镇总局，每局设总办、会办、帮办。凡赋税、工程、邮政、印花、监狱、学校、慈善，皆当每事设司令，纤悉皆至。德伯林执事者至二万人，其繁密可知也。立议事局以会办、帮办及诸长官为之，而总办为之长而决焉。由各段举公民为议员，三万人以下，凡五百人举一人；十万人以上，千人举一人；三十万人以上者，二千人举一人；五十万人以上者，三千人举一人。其贵官绅士皆为上议员，别自公举，皆以人数多寡决从违。其职事皆如乡制，而增加繁密，以适事宜，皆如善堂之制，不设薪水。其长及五官有俸，其长皆由议员公举，告诸官。其诸官皆由其长与众议各举半数，其长及诸职无官衔者皆给职衔，万人以下者，长给正九品乡正下士衔，诸职给从九品从下士衔；万人以上者，给正从八品乡中士职衔；三万人以上者，给乡上士职衔；五万人以上者，给六品乡大夫职衔；十万人以上者，给五品公大夫职衔。日本东京之制，可采用之也。其市长之下，有助役四人，收入役一人，长技师长一人，皆副长也；有名誉参事会十二人；内局有事务员十人，分四部，曰总务部，曰土木部，曰水道部，曰会计部，各有部长一人，事务员百数十人；土木、水道部则有技手数十人，总务部则有扫除巡督长一人，监督十人，巡视数千人。分十五区，每区有长一人，书记数十人，有养育院、病院、医院医员数人，其警察裁判皆隶于官焉。可全用日制而行之，其长有遗爱者以半俸终其身。

其县皆开议会，令一县之公民举议员。凡公民住居一年，二十五以上，大农、大工厂商，家产万金，或曾游历外国，或在大学卒业诸生、士人有学者，能创学校、工艺院、医院、善堂者，一市一乡选一人，大者或二三人，每七十万人议员三十人，过百万者每五万人加一人。其绅士自知县举人以上，许大县别为选举，皆以人数之多寡决从违。其县官之议事局，得用议员二人，余悉同乡制。其道或皆开议会，以大农、大工、大商业家产十万或曾游历外国，及大学卒业若士人之著书有学名者，暨能创学堂、工院、医院、善堂者，一县一人，大县或二三人，每百万人议员二十人，过百万者每十万加一人。绅士自道府郎曹进士以上，许为绅议员，其道府官之议事局得用二人。其各直省皆开议会，以大农、大工、大商家产百万或曾游历游学外国，若大学卒业及名士学问有名著书传世者，及独力捐资成一学堂、医院、工院、善堂者，一县一人，大县二三人，每十万人选一人。其省官之议事局，用议员二人，余皆用乡制。议员皆以三年为限，一年去二留四，以资谙练。凡一县一道府一省之政，例在国律范围之中，凡赋税、公积、警察、户籍、学校、农工商、道路、桥梁、市港、山林、川河、医病、卫生、慈善、教化，皆由议会议定，地方长官许可，则施行之，其大事则许省道府县之议会公详政府。

夫举民有乡举里选之遗，集议得公是公非之见。地不阔则直接而易得其情，生其地则熟习而周知其故。国当其冲，而乡行其密。人人有言事执政之权，人人有爱国爱家之意。诱其同心，长其神气，开其知识，发其志意。联官民之交，而审其结合，无有阻碍；谋公益之事，则自为受用，争自激励。官仅为之监督，律粗为之范围，而一切听之。输赋、筹饷、起债为百事之原，则出自公议，必度民力所能、民心所乐者乃为之，皆有决算出入表，以告于众。各议员自议之，而告于所举之人。人人知自为自益也，知身家营业之增长也，知官未曾取之也，知强绅不得独占强夺之也。人自鼓舞，虽有大举，而事无不成，观于各善堂之大举而可见矣。故欲养警察之卒而卒可养，欲修道路、桥梁、场所则工可立修，欲经营学校、医院、贫院、狂院则事可立集，欲劝工、辟地、植农、惠商则策可立举。人慕作乡官、议员，皆知自爱，重犯法，争于恤民，奋于爱国，务于公益，则仁惠之风行，廉耻之俗成，风俗美而大进矣。学校多而才智出，农工商盛而财用足，国乃于是取其材，用其气，收其财用，所谓百姓足君孰与不足也。以四五万万人之众，成城断金，谁能御之？必若此而后富强之基可立。故行地方自治之制，而民不富乐，士不智勇，而中国尚弱者，未之有也。

康有为:《康南海官制议》,上海广智书局,光绪三十一年五月二十八日(1905年6月30日)再版

自由辨

光绪二十九年正月九日

自由何说也？其知者曰：对于奴隶之谓，能独立之谓，不受压迫之谓，自信力之谓，有界之谓。此一义也。其不知者曰：利己之谓，惟我所欲为之谓，横行之谓，无忌惮之谓。此一义也。夫道一也，仁者见之谓之仁，知者见之谓之知。水火一也,或瓢饮釜熟以养其生,或灭顶烂额以贼其躯。自由一也,或由前之说而为天民大人,或由后之说而为乱臣贼子。然而水火之性不任恩怨,自由之义不居功罪者,是其生质既定,名词初立之时,固已含有生死祸福之两途,听人之自择也。

夫自其外焉观之，欧美之民，毁齿而学，国家干涉之，游惰弗许也；及岁而兵，国家使令之，免避无术也。其居处、行动、交际、财产之事，至纤至悉，莫不服从于主治法律之下，可谓不自由矣。然其民欣欣然皆有自得之色，掉臂游行，若履康衢。中国之民一反其所为，都会之大，隘巷之细，苟无恶于官吏，虽御人做奸，无不可行其意者。至于饮食日用，一无所问，可谓自由矣。然其民嚣嚣然若不可终日，若是乎自由，果非也。抑各国之熙熙皞皞者，举不足以与于斯耶？吾尝窥行星矣，昼夜不息，如环无端，莫或尼之，自由之极也。然其距离之率，循一定之躔度，而不然者，则有陵历斗食之灾矣。吾又尝考汽机矣，洪纤相衔，动静自如，山止霆运，惟所欲适，自由之极也。然其作息迟速，有不易之轨

轫，而不然者，则见倾危覆裂之祸矣。吾思之，吾重思之，欧美人之自由也，是以国人为行星，而以国家为太阳也；是以国人为机轮，而以国家为蒸釜也，犹乎有机之说也云尔。故能收敛才雄枭桀之气，一纳诸道德之域。夫有所忍于细，必有所成于大；有所屈于己，必有所伸于人。有所谨守于内族，必有所横肆于外群。跆藉六洲，此其根本也。不深考其性质，而贸贸然曰自由自由，亦速其陵历覆裂而已，乌足以语自由。

今吾国少年，自由之声，洋洋乎盈耳矣。不知自治为何义，而敢越乎礼法；不知公德为何事，而先丧其伦纪。卢、蒙、斯、赫之学，未涉其藩篱；文、周、孔、孟之书，相嗤为朽腐。羊质虎皮，乱天下之妄人耳。以此罪自由，自由不任受也。大抵天下至美之物，多有一近似者以乱其真。必尽灭其近似者，而后真者乃出。灭之云者，非执而真于理也。我研究其真者之体段焉，我锻炼其真者之精神焉，我提倡此精神体段以为之教育焉。择善固执，而奉以为正鹄，则民德日进，伪以滋灭，而一二焉，而什伯焉，而千万焉，未为甚难也。若不务其实，断断争胜于齿牙，恶声之报也指顾矣，而是非终末由大白于天下。此则非著者之志也。见《北洋官报》。

《申报》，光绪二十九年正月初九日（1903 年 2 月 6 日）

宪政平议

光绪二十九年二月初一日

综观世界大势，近百余年来，其足为过去之历史及方今之社会上生特色者，莫不曰蒸汽之发明也，机械之普兴也，电气之应用也，及其他种种发达，不一而足。虽然此皆所谓物质的文明也，是有其导火线焉，指南针焉，为发达中之发达、特色中之特色，而实为孕育文明之母者，则宪法政治是也。质而言之，即法治国之政治。

茫茫大陆，剖为五洲。洲或数十国焉，或十余国焉，或数国焉。国于其间者，各从其历史上之关系，造成种种国体。其政治之组织也，东西学者，类皆自法理上分为二大别：一曰独裁，即专制政治。专制政治者，依一人之意旨，而行国家之主权者也。一曰立宪，即制限政治。制限政治者，据规定之明文，而行国家之主权者也。实则无宪法即为专制政治，有宪法即为制限政治。法理上如此，形式上亦无不如此。无论为君主国，为民主国，为君民共主国，国体未可强同也，而政体则可以二者概括之。

宪法政治者，因其一定之国体，与其特有之性质，上下一心，斟酌完善，垂为定章。合君主臣民共守之立法、司法、行政，则设为国家独立之机关，分司三部，立国会，使人民之贤而智者，参与立法之大权，元首经机关之协赞，以行其统治焉。详而言之，由人民中选其代表者，组织立法部，而取决于此，统治者裁可，即为法律，宣布于众，司法者即所以司此者也，行政者即所以行此者也。宪政之定义，如是而已。

宪政之发生于世界也，以英为起点。但英之宪法，迄无专条，不过散见于大宪章及诸法典之中，其他或因其习惯而成，或据其法律而定，所谓不成文之宪法，为尤多焉。故至今言宪政者，必首英国。而求所谓英国宪法法典之专书，卒不可得。盖英之宪法，所谓精神上之宪法，而非形式上之宪法也。今之（歌）〔欧〕美列国，由精神上宪法，定而为形式上宪法。考其历史，盖起源于十八世纪之末叶。当是时也，欧洲列国中央集权之制达于极点。其君主多恣睢暴戾，逞其压制之手段，奴隶其人民，无所不至。“朕即国家”一语，实足为其时君主之代表。人民苦之，方当痛心疾首，无可如何之时，适有持哲学的理论者，大声疾呼，宣言于众，曰：“人与人平等者也，故不可不享有平等之权利。”又曰：“民之声，神之声也。”简明之理论，印入国民之脑中，投其机会，新其思想，作其精神。于是法国大革命之风潮，直如千军齐发，万马奔驰，勃然不可遏抑，而全欧宪法政治之基础定矣。盖虽以命世之硕学大家，其发为理论也，苟不合于时代之趋势，与社会之风潮，纵陈义甚高，世之人不过以空论存之，而不甚介意焉。惟时势既如彼，而理论复如此。卢梭乎！卢梭乎！民约论乎！革命军乎！使欧洲压制政治一变而为法治政治，且影响于全球焉。则虽理论也，其实力亦巨矣哉。

法国之大革命也，其主动力虽曰政治界、经济界相激而成，然其所以演出至惨极烈之大活剧，而为历史上留污点者，半由当时学者误以国体为政体，以为非民主国必不能行宪法政治也，故其势不至放逐其主权之君主不已焉。后之学者渐知国体政体，画然两途，政体可变而至于善者也，国体则不能遂变者也。今欧美各国，除俄罗斯、土耳其及其他一二小国外，凡所谓文明先进国者，无不后先继起，争言立宪。日本效之，尤能不动声色，而措其国于泰山之安。宪法政治者，真二十世纪世界大势之所趋也。大凡人民以其公共目的所汲汲焉企望于君主者，苟拒之过甚，适足为人民之怨府，以致弱者侧目，强者揭竿，一人孤立于上，万乘之危，曾不敌夫匹夫之安，至欲求其结果，舍实施外无他策焉。观于宪政发达之历史，其所以不得不然者，盖人文进化之阶级，与政界激射之潮流，所影响者大也。

今世界国民欢迎宪政，几成一普通思想、普通名词。究之宪政云者，其定义同，其原理同，而其组织则必不同。自英国行之，则见为独立不羁之宪法政治焉；自法国行之，则见为精神活泼之宪法政治焉；自德国行之，则见为整齐严肃之宪法政治焉。若日、若美、若墺、若伊、若兰、若伯、若西、若葡，莫不各有其固有之特色存乎其间，此其不可强同者也。独是欧洲国民洒尽同情之泪，流遍大陆之血，企望之不已而要求之，要求之不已而抗争之，千辛万苦，千苦万辛，以购得此宪法之政治，则所谓宪政之价值必其实足以偿此者也。吾愿与天下学者一解剖此问题。

天下事凡苦乐利害得失，恒互为对待，以成其自然之因果焉。宪政之发起也，国民不惜出其重值以购之，及其已成，则又不得不负担损失，以供其牺牲焉。抉其大者，盖有数端：一则选举之竞争也。既有议院，即不可无议员，每一选举，竞争之数，恒数倍于议员之数，政府苦于防御之方，人民供其运动之具，有用之光阴，无限之费用，坐是不以惜焉。一则国务之迂缓也。国务大臣，恒视国会之操纵向背，以为施政之方针，外交政策与内治政策，不能于通过国会之外，漫有所施措焉。一则政党之冲突也。国会所恃以抵抗政府之手段，厥惟政党，而政党之意见，亦不能尽合，或甲党与乙党生冲突焉，或乙党与丙党生冲突焉，或甲乙丙成一联合党而与政府生冲突焉，国民之损益视一党胜负之数以为冲者，其势然也。凡此数者，吾非欲故事吹求，谓立宪者之必有斯弊，第宪政中应有之问题，乌可不与我国民商榷之也。

主张宪政之说者曰："自宪政发达以来，人民之生命财产，保护其安全，而自由平等之理想，得见诸施行，使共得沐太平之恩泽，而图国家之进步。”执是说者，鉴于野蛮压制之政治，其顶礼膜拜于宪政也，匆亦一腔热血，发现于不自禁乎。独是夫立宪云者，乃君与民共守之条例也。使非出于国民之公意，而由于权贵一二人之私见，虽曰立宪，亦不过为粉饰太平之具，君主之压制，与其社会之腐败，依然成积重难返之势。近如朝鲜之宪法，适足为世界增一笑柄而已，何足道哉？虽然，今日文明先进国，凡所为保护人民之权利，发达人民之自由，增进人民之幸福者，其间经种种变迁，自成历史。而此一段历史，乃依宪法之制定，告其完全之终结焉。则所谓宪法者，要亦此历史上之纪念标，而法治国之保证书也，其常存于国民之记（臆）〔忆〕也亦宜。

今日专制政体，几成一文明之公敌，其遭厌忌于天下也，不曰野蛮手段，即曰奴隶性。吾质谓其从形式上言，而非探源之论也。夫宪政之与专制，其优劣之岐点，当视其人民之程度而定。苟不问其程度何如，而执非洲之黑奴、美洲之土人，欲以大同主义，尽纳之于宪政之中，得乎？否乎？英之治三岛也，与治印度不同。日之治本土也，与治北海道土人及台湾领地不同。此犹曰有种族之观念，或殖民之观念，存乎其中焉。顾何以同一俄罗斯也，虽曰专制之国，而治欧洲之俄，与治亚洲之俄亦不同，此其故可深长思也。吾得断言之曰：世界国民，欲言自由，必先能自治；欲言权利，必先知义务。政治者，随人民之程度而异其价值者也。欲使野蛮夷狄，沐开明之恩泽，其最初决不可无专制政治，是何也？人类之初，类皆狰狞蒙昧，不解服从为何事。夫并服从之义而亦不解焉，求其能为国民，乌呼可得？专制政治者，使野蛮夷狄之人民，求其文明开化之资格，教之以服从义务，使渐悟夫权利之所在，所谓秩序的进化也。今列国之定教育方针也，中学以下则曰义务教育，又曰强迫教育，中学以上则曰保护教育。夫无论如何开明，如何发达之空前绝后大国民，不闻以放纵主义，施之于三尺童子者，亦其程度然也。惟政亦然。

虽然，专制政治者，为一时权宜之计，而必非万年有道之长，盖可暂而不可久者也。人智日开，开明之度，日益发达，日束缚之于专制政治之下，骐骥之足，抑而不骋，鷞明之翼，垂而不飞，所以折其天然之气力者，岂浅鲜也。夫既教之以服从之义务，即当导之以自由之范围，俾天下咸晓然于国家所以强迫之压制之者，无非为国民于权利义务上，造预备工夫而后可也。苟其不然，则人民但知有奴隶之苦，而不知有国民之乐，苟稍有公共心者，其谁忍出此也？弥鲁氏之言曰："欲为人民定一适宜之政体，先当研究其性质，而不使为人民进化之阻力。盖政体苟不适宜于其国之人民，纵善治之，必无进步。即曰进步，不过蹒跚之进步而已。治初级之人民，教之以服从之义务则可也，陷之于奴隶之悲境则不可也。"谅哉斯言。

然则通观天下之大势，合较人民之程度，究以何者为适宜之政体乎？则曰仍惟宪政而已。宪政者，虽非完全无缺之政治，然其适用于今日之国民，则固合东西学者异口同声所乐为赞成者也。今世界中，白人以天纵之骄子，其视自由进步也，若吾家故物。通商贸易，觅地殖民，日向大千世界散播文明种子，足迹所到之区，白人则膨胀其势力，他种则吸收其文明。久而久之，所谓开明程度者，不过高低多寡之有殊，而必非白人之所专有也。故欲行宪政，必不患无国民。日本之立宪也，岂不忧其国民程度之不足哉？当明治十四年，诏期以十年开国会，此十年中，其殆养成国民之时代乎？

或者曰：与其得数百凡庸之代议士，聚讼盈庭，何若得圣君贤相，相辅而治，事权一而成功多也。然独不思夫尧、舜、禹、汤、文、武君也，而桀、纣、幽、厉亦君也；马加斯君也，而加利机拿与太俾利斯亦君也。国无一定之成宪，其所谓政治者，不过因君主之圣明为圣明，因君主之暴戾为暴戾，而适成君主之一附属物也。况国与天地，其面积之大者或数百万方里，小者亦数万；其人民之多者或数万万人口，少者亦数万焉。一人君临天下，一日而万几，求其无毫发之遗漏，亦必不可得之数也。当今日生存竞争之时代，内无以厚其团结之力，而使人人有家国天下之思想之能力，即外无以厚其抵抗之力，而使人人有家国天下之对待之防御，故政治的教育尚焉。夫政治之起，凡以为国民也，由国会以至府、县、市、乡、村会，其所议者，非国民己族之事，即国民对待外族之事也。天下惟利害切于身者，其筹画最详。耳目身体发肤之爱，有密接之关系存焉。父子兄弟夫妇之亲，有最近之观念存焉。宪法政治者，结合国民之智识，使之影响于实际之政治，而发达其爱国心，其密接之关系与最近之观念，印入于国民之心脑中，自不觉天下国家之念，油然而生也。古人尝谓专制政治之国，只一人爱国，专制君主即其人也。呜呼！痛哉！吾为此哉惧。

《湖北学生界》第二期，光绪二十九年二月初一日（1903年2月27日）

自由出于安分说

光绪二十九年三月十二日

今之谈新学者，日诩诩然号于大庭广众之间，曰自由自由。嘻！此真不安本分之甚者哉。仆则以为人必先安分自守，而后举动得以自由。盖自由者，日相忘于优游自得之天，而非暴戾恣睢、不遵约束之谓也。

或曰：今者民人自由之权，以美利坚为最重，日本次之，俄与我中华皆国君专制者也。嗟乎！嗟乎！化日光天之下，安容此召乱之言？如谓美之民得自由，何以弑伯里玺天德麦根来之罪囚，秋曹科以缳首？今且增订律例，凡犯上作乱及戕害邻邦驻使者，皆不得免于极刑矣。如谓日之民得自由，何以昔年行刺文部省大臣森有礼之凶徒，竟至身首异处？厥后剑击俄太子、枪伤我中国李文忠之乱党，一律监禁终身。近则教科书一案甫□成重禁锢，及罚金者多至数十辈；而农商务省得贿案，又多主名搜捕，几同瓜蔓之抄矣。至俄之民虽不得自由，而入其国中，皞皞熙熙，不闻有暴虐甚无道之政。我中国则历圣深仁厚泽，浃髓沦肌，合二十一行省林林总总之□，谁是不共沐皇仁□□寤寐者，而尚得以专制目之乎？

抑今之谈自由者，非自由也，惟是躁妄耳，矜张耳，跋扈飞扬恣行狂悖耳。曷尝明自由之理，而妄欲操自由之权？嗟乎！嗟乎！以若所为，必致愈求自由，而愈不得自由，蹈昔者林旭、康广仁及近岁唐才常、傅慈详履辙而后已。曾见有不安本分者，而不身膺显戮，能终其身手足宽闲者哉？徒见欲革命而自丧其命，欲平权而自失其权而已矣。故必自安其分，而后为官者奉公守法，秉正无私；为士者笃志埋头，研穷不懈；为农、为工、为商者耕田凿井，服贾牵车，俯仰俱宽，登春台而歌夏屋；而肄业于学校、留学于外洋者，更大之深明修身、齐家、治国，平天下之经，小之研求化电、声光、交涉、法律之学，无坚僻志，无回邪心，无吊诡矜奇之谈，无惑世诬民之说。夫如是，则学成效用，为国栋梁，国家且珍之重之，登进而信任之，而事权既属，举动胥得自由矣。我故曰：凡人之欲自由，必先出于安分守己也。

抑又闻之泰西先儒有著为《自由驳议》者，大旨谓：自由二字，惟上帝得而称之，人皆归上帝主宰，无一可以自由者。仆则以为不然，夫人亦何尝不可自由哉？国无论中东西，苟素号文明者，从无有禁锢其民人之事，特自由中各有界限所宜遵守不逾；逾其限则蹈非□矣，干法网矣，甚且舍其本分而作奸犯科，无事不可为矣。而朝廷乃得而诛戮，官吏乃得而拘囚，虽欲求一毫自由而不可得，至此而始悔向之日以自由自由诩诩然号于大庭广众之间，已无及矣。人奈何酷慕美利坚、日本二国纵民自由之风，而效行弑麦根来之罪囚、行刺森有礼之凶犯哉？呜呼，噫嘻！

《申报》，光绪二十九年三月十二日（1903 年 4 月 9 日）

专制辨

光绪二十九年五月十七日

今之自命为维新党中人者，辄以朝廷专制相诟病，放言高论，肆其狂悖之词。噫！中国朝廷初何尝有专制之政术哉？稽之上古，尧则辟门询岳；汤则审象旁求深宫，虚己求贤，万不乐独断独行，擅作威福；迨成周继起，景运维新，其诰君陈曰：尔有嘉谋嘉猷，则入告尔后于内，尔乃顺之于外；箕子之陈《洪范》，则曰：汝则有大疑，谋及乃心，谋及卿士，谋及庶人。夫必入告而后施其谋猷，与今泰西议院章程凡事必奏请朝廷批准施行之例相吻合；至谋而及于庶人、卿士，则即国有大事下诸议院以觇众志之何如也。专制云乎哉？孟子之告齐宣王曰：左右皆曰贤，未可也；诸大夫皆曰贤，未可也；国人皆曰贤，然后察之，见贤焉然后用之。推之去一人，而必察诸左右诸大夫、国人之言；杀一人，而必察诸左右诸大夫、国人之言。盖深恐时君恣意妄行，坠渊加膝，故不惮危言悚论，乘间而进箴规也。

虽然，中国亦何尝无专制之君哉？桀、纣之失国也，日以杀人为儿戏，囚正士，戮忠臣，作福作威，毒痡四海，其制可谓专矣。幽、厉之不道也，信媚子，宠艳妻，逞其饰非拒谏之才，时以忠言为逆耳，其制可谓专矣。下逮秦政、汉武，不恤民命，罔顾天灾，焚书坑（书）〔儒〕，求仙访道，自以为帝王万事之业，断不至自我而隳，究之一则甫及二世而丧邦，一则误服金丹而殒命。专制之祸，炯鉴可遥，更何待今之新党中人指此以为诟病哉？

我圣清抚有函夏，圣圣相承，厚泽深仁，沦浃寰宇，而犹圣不自圣，虚己下人，每遇重大事机，必下六部九卿会议，即寻常奏案，亦必令该部议覆而后斟酌施行，或则诏令各省封疆大臣各抒所见，封章入奏，俾得有所折衷。臣工入觐天颜，准造膝敷陈，密筹国是；言官有所弹劾，虽风闻无据，亦不加以谴责，致缄默不复敢言。此岂特桀、纣、幽、厉、秦政、汉武诸君所得相提并论？即方之尧、舜、汤、武，亦无以尚之，而尚窃窃然诋之曰专制专制。试问专制果何在而竟放言高论肆其狂悖之词乎哉？

或曰：今之诟朝廷为专制者，讵不知我圣清并无专制之政，实欲纠集羽党，阴行其革命之谋耳。彼所谓爱国者，岂有爱我圣清大一统之国，殆欲创新造自立之国于东南耳？彼所谓保皇者，岂欲保护我至圣至仁、乃武乃文之圣清皇上，殆欲保逆酋为伪伯里玺天德耳？独不见彼党指我圣清为逆胡乎？独不见彼诟我列祖列宗为游牧之族乎？独不见彼之詈我发祥之地为贼满洲乎？独不见彼之对朝廷竟称以尔汝乎？独不见彼妄谓中国之亡已二百数十年乎？独不见彼自称为共和二千几百几十年乎？彼岂真病朝廷之专制，而冀开设议政院，以觇民心之趋向，众志之从违哉？执笔人则正颜以告曰：若是则狗彘且不食其馀，我辈曾读圣贤书，稍明顺逆之理，乌屑污我唇舌，与狗彘不若者断断然相争哉？我亦维固结我忠爱之气，永为食毛践土之民而已矣。于是援笔而做《专制辨》。

《申报》，光绪二十九年五月十七日（1903 年 6 月 12 日）

中国人奴隶性之平谈

光绪二十九年闰五月二十六、二十七日

十九世纪之末、二十世纪之初，忽发现一奴隶之新名词焉。奴隶云者，受佣于主人，而遂委身于主人，以听其指挥，以任其驱遣，申饬之而顺受，鞭挞之而亦顺受，俯首贴耳，天然有一种服从性质之谓也。自五洲战争之局开，弱者不能不为强者所并，而弱者遂服从于强者势力之下，而不克昂然以自存。故论国事者，于弱国之民，谓其为奴隶之资格，盖以其有服从之性质也。今者欧美剧烈之风潮，共趋于东亚之一隅，而我中国即为欧美潮流汇归之地。故无论我为优种、为劣种，而急流奔赴，所向披靡。我中国人势不能支，自不能不入其势力圈中，受其种种之辖制。又兼以内界之束缚、之压迫，民气已久不得伸，而外界之侵蚀更易为力。故我中国人对于内界而为奴隶，对于外界而亦为奴隶，固无往而非奴隶也。虽然，亦无可忧。苟得其道以驾驭之，因其势而利导之，则今日之奴隶，且可为将来高贵之民族。请略言之。

中国人向主排外，而今日则一变而为媚外。排外姑无论，而媚外则确系发自服从之劣根性，而甘心为外人之奴隶也。而近又一变，既非排外，亦非媚外。排外者存仇视之心，而此则翕然相合；媚外者现谄事之态，而此则绝不自卑。惟一进于外人之前，则举动即为之一肃。故各学堂之学生多嚣竞，苟教习聘用外人，则嚣竞者必转而贴服；各工厂之工人多怠惰，苟艺师聘用外人，则怠惰者必转而精勤。此外一切诸事亦莫不然。盖无外人则约束不行，有外人则俯首听命，我中国人有天然为外国人奴隶之性质固如是也。然此实不足为人格之玷，善教民者即藉此以鼓动其进取之精神，增长其国家之思想。民既欢迎外国人，我即利用外国人以输入文明之实业。苟无此一点奴隶性，则蛮野豪暴仇视外人，不但文明之业无由得，而保清灭洋之拳匪且将通国蔓延而为中原之祸。故不自上进而甘仰鼻息于外人者，此为真奴隶。若能争自琢磨，以服从外人之管教、吸取外人之精髓者，数十年后，则文明之种子且将遍布于国中，而为强国之要素。又何有于奴隶？又何有于为外界之奴隶？

中国人向不知国家为何物，糊涂茫昧，苟且图存，既无自立之精神，又无自治之能力，举其身家财产一一待治于人，自认为天然之定例。治我者善，则我可蒙其福；治我者不善，虽受其害而仍不知自争。盖中国向为一王专制之政，小民崇拜一人之心甚坚。积习相沿，遂不知国家为国民之公共物，竟甘为治我者之奴隶，而不嫌我中国人奴隶之名乃飞腾于大地之上，而为文明国之所同诋。愤国事者刺激欧美之风潮，熟闻美、法之政体，思欲力反其所为，一洗国民之大耻，于是有以共和民主倡者，甚至有以无政府倡者。究之东西之情势不同，黄白之民气各异。我中国立国数千年，民只知有一王之尊，其推戴朝廷之热心几于举国同，然已固结而不可卒解。共和民主虽为良政体，然行之于中国，则有凿枘而不相入者。盖中国人无自立之精神，故无自治之能力；既无自立之精神与自治之能力，故无自主之资格；既无自主之资格，故不得不待治于人。不然，革命者不一国，而何以得革命之良结果者，只寥寥一二国也？故革命实为医国之良药，而用之不当，适以促国之生。而况革命之举动不慎，其弊必流为无政府党，行之于中国，徒致扰乱和平，万难收其实益也。或曰中国人奴隶性成为文明国之所不齿，不改民主，将焉脱其奴隶之劣根性？而不知中国如改立民主，其国必不能一日立。中国人有特别服从之性质，亦有特别疏懒之性质。无人以干涉之，则百事废；有人以干涉之，则百事成。中国人有奴隶性，固如是也。若能因其势而利导之，则风俗可改良，学术可改良，政治亦可改良。盖中国人极顽固，亦极易开通。苟无诏书以倡之，无文告以督之，虽私立之社会遍国中，其利益终不能普及。中国人有服从朝廷之特性，固如是也。故予尝谓中国变法极易，政府诸公苟能一变其方针，锐意改革，立宪法，伸民权，则新政之谕旨迭颁，民间无不一一欢迎而奉行无替。由此而求富，由此而图强，英、德当不能专美于西欧，日本亦不得独雄于东亚。惟中国人甘为内界之奴隶，故内界之设施自易为力也。倘与时势作反对，固守其一孔之见，死守其老朽之方，而不求国家之进步，则会党之起骚动、图暴举，固为可虑。吾恐国民之奴隶性终不得脱，且恐内界将不得而奴隶之，而永为外界之奴隶，终不能以自拔，尤为可悲也。当国者可以深长思矣，愤国事者亦不必蛮骂中国人之有奴隶性矣。

《大公报》光绪二十九年闰五月二十六、二十七日（1903年7月20、21日）

政治学大家伯伦知理之学说

光绪二十九年八月十四日

中国之新民[①]

按：此题已见本报第三十二号中。[②] 以其所叙述尚简略也，且夫著者之所感触别有在也，故不避骈枝之诮，再撰此篇。读者谅之。

发　端

日日而言政治学，人人而言政治学，则国其遂有救乎？曰：嘻，仅矣！言而不能行，犹无价值之言也。虽然，理想者实事之母，而言论又理想之所表著者也。则取前哲学说之密切于真理而适应于时势者，一一介绍之，亦安得已。

卢梭学说，于百年前政界变动最有力者也，而伯伦知理学说，则卢梭学说之反对也。二者孰切真理？曰：卢氏之言，药也；伯氏之言，粟也。痼疾既深，固非恃粟之所得瘳；然药能已病，亦能生病，且使药证相反，则旧病未得豁，而新病且滋生，故用药不可不慎也。五年以来，卢氏学说稍输入我祖国，彼达识之士，其孳孳尽瘁以期输入之者，非不知其说在欧洲之已成陈言也，以为是或足以起今日中国之废疾，而欲假之以作过渡也。顾其说之大受欢迎于我社会之一部分者，亦既有年。而所谓达识之士，其希望之目的，未睹其因此而得达于万一；而因缘相生之病，则已渐萌芽、渐弥漫，一国中现在未来不可思议之险象，已隐现

① “中国之新民”，即梁启超。

② 署名“力人”。

出没，致识微者慨焉忧之。噫！岂此药果不适于此病耶？抑徒药不足以善其后耶？

伯伦知理之驳卢梭也，以为从卢氏民约之说，则为国民者必须具有三种性质，反是则国不可得立。三种者何？一曰其国民皆可各自离析，随其所欲，以进退生息于此国中也；不尔，则是强之使入，非合意之契约，不得为民约也。虽然，人之思想与其恶欲，万有不同者也。若使人人各如其意，乃入此约，则断无全国人皆同一意之理。以此之故，亦断无全国人皆同一约之理。若是乎则国终不可得立。故从卢氏之说，仅足以立一会社（即中国所谓公司也，与会社不同）。其会社亦不过一时之结集，变更无常，不能持久，以此而欲建一永世嗣续之国家，同心合德之国民，无有是处。二曰其国民必悉立于平等之地位也；不尔，则是有命令者，有受命者，不得为民约也。然熟察诸国之所以建设，必赖有一二人威德魏魏，超越侪类，众皆服从，而国楚始立。即至今日，文明极进，犹未有改。若使举国无智、无愚、无贤、无不肖，皆以同等之地位决议立国，无有是处。三曰其国民必须全数画诺也；苟有一人不画诺，则终不能冒全国民意之名，不得谓之民约也。然一国之法制，势固不能有全数画诺之理，岂待问也。卢氏亦知之，乃支离其说，谓多数之意见，即不啻全体之意见。夫服从多数，虽为政治家神圣不可侵犯之科律，而其理论独不适于诸民约主义之国家。盖盟约云者，人各以其意而有愿与此约与否之自由权者也。彼不愿与此约之少数者，而强干涉之，谓其有服从多数之约之义务，无有是处。此三义者，伯氏于国家起原论，取卢氏之立脚点而摧陷之者也（参观本报第十一二号卢梭学说）。

伯氏又言曰：民约论之徒，不知国民与社会之别，故直认国民为社会。其弊也使法国国础不固，变动无常，祸乱亘百数十年而未有已。德国反是，故国一立而基大定焉。夫国民与社会非一物也。国民者，一定不动之全体，社会则变动不居之集合体而已。国民为法律上之一人格，社会则无有也。故号之曰国民，则始终与国家相待，而不可须臾离；号之曰社会，则不过多数私人之结集，其必要国家与否，在论外也。此伯氏推论民约说之结果，而穷极其流弊也。

中国号称有国，而国之形体不具，则与无国同。爱国之士，睊睊然忧之。其研究学说也，实欲乞灵前哲，而求所以立国之道也。法国革命，开百年来欧洲政界之新幕，而其种子实卢梭播之。卢氏之药，足以已病，无疑义矣。近则病既去，而药已为筌蹄，其缺点率见是正于后人，谬想与真理所判，亦昭昭不足为讳也。独吾党今日欲救吾国，其必经谬想而后入真理，以卢氏学说为过渡时代必不可避之一阶级乎？抑无须尔尔径向于国家之正鹄而进行乎？此一大问题也。卢氏之说，其有功于天下者固多，其误天下者抑亦不少。今吾中国采之，将利余于弊乎？抑弊余于利乎？能以药已病，而为立国之过渡乎？抑且以药生病，而反失立国之目的乎？此又一大问题也。深察祖国之大患，莫痛乎有部民资格，而无国民资格，以视欧洲各国，承希腊、罗马政治之团结，经中古、近古政家之干涉者，其受病根原，大有所异。故我中国今日所最缺点而最急需者，在有机之统一与有力之秩序，而自由平等直其次耳。何也？必先铸部民使成国民，然后国民之幸福乃可得言也。如伯氏言，则民约论者适于社会而不适于国家。苟弗善用之，则将散国民复为部民，而非能铸部民使成国民也。故以此论，药欧洲当时干涉过度之积病，固见其效，而移植之于散无友纪之中国，未知其利害之足以相偿否也。夫醉生梦死之旧学辈，吾无望矣。他日建国之大业，其责任不可不属于青年之有新思想者。今新思想方始萌芽耳，顾已往往滥用自由平等之语，思想过度，而能力不足以副之。芸芸志士，曾不能组织一巩固之团体，或偶成矣，而旋集旋散，诚有如近人所谓“无三人以上之法团，无能支一年之党派”者。以此资格，而欲创造一国家，以立于此物竞最剧之世界，能耶？否耶？此其恶因虽种之薰之在数千年，不能以为一二人之咎，尤不能以为一学说之罪。顾所最可惧者，既受彼遗传之恶因，而复有不健全之思想，以盾其后而传之翼也。故人人各以己意进退，而无复法权之统属，无复公众之制裁，乃至并所谓服从多数之义务而亦弁髦之。凡伯氏所指卢氏学说之缺点，今我新思想界之人人，皆具备之矣。夫以今日之中国，固未有所谓统属，未有所谓制裁，未有所谓多数，则吾国民之踯躅焉、凌乱焉而靡所于从，夫亦安可深贵？顾所贵乎新思想者，欲藉其感化力以造出一新世界，使之自无而之有云尔。若徒恃此不健全之新思想，果能达此目的否耶，是不可以不审也。吾非敢祖伯氏而薄卢氏，顾以为此有力反对之一大学说，为有志建国者所宜三复也，作伯氏学说。

（附注）此论与革命论、非革命论无涉。盖无论革命不革命，无论革命前、革命后，皆必以统一秩序、组成有机团体为立国之基础。伯氏之反对卢氏，非反对其鼓吹破坏，谓其于建设之道，有所未惬云尔。建设云者，则兼破坏之建设与平和之建设而两言之者也。

（又）伯氏略传，已见本报三十二号，不再述；其遗像揭于本号卷首。

一、国家有机体说

伯伦知理曰：十八世纪以来之学者，以国民为社会，以国家为积人而成，如集阿屯以成物质似矣，而未得其真也。夫徒抹五彩，不得谓之图画；徒堆瓦石，不得谓之宫室；徒集脉络与血轮，不得谓之人类。惟国亦然。国也者，非徒聚人民之谓也，非徒有府库制度之谓也，亦有其意志焉，亦有其行动焉，无以名之，名之曰有机体。

然国家之为有机体，又非如动植物之出于天造也。尽藉人力之创作，经累叶之沿革，而始乃得成。而其沿革之所自来，厥有二端：一曰由国中固有之性习，与夫外界事物之刺激而生者；二曰由君长号令所施行，与夫臣民意志所翊赞而生者。此所以异于天产物也。虽然，造者不同，而为有机体则同。试即国家与寻常有机物相类之点而比较之。

一、精神与形体相联合（按：国家自有其精神，自有其形体，与人无异）。

二、肢骸各官（原注：即其体中各部分）各自有其固有之性质，及其生活职掌（原注：指政府各部分及议院）。

三、宜联结此等肢骸以结构一全体（原注：谓宪法。按：肢骸不联属，则不能呈其用，国家之各部分亦然）。

四、先自内部发育，然后长成以达于外部（原注：谓国家之沿革）。

由此观之，国家之为物，与彼无机之器械实异。器械虽有许多零件，纽结而成，然非如国家之有四肢五官也。故器械不能发育生长，而国家能之。器械之动，循一定轨，不能临时应变，现一新象；国家则自有行动，自以意识决之。故曰国家非成于技工，成于意匠也。此伯氏国家有机体说之崖略也。

按：此说不起于伯氏，希腊之柏拉图亦常以人身喻国家，伯氏前之德国学者亦稍发之，但至伯氏而始完备耳。国家既为有机体，则不成有机体者，不得谓之国家。中国则废疾瘸病之机体也，其不国亦宜。

又按：自国家有机之说出，而知凡人造物与国家相类者，无一不属于有机，即法律上所谓法人者皆是也。故欲组一团体而不具其机，未有能成者也。

二、论国民与民族之差别及其关系

伯氏以为学者往往以国民与民族混为一谈，是瞀见也。彼乃下民族之界说曰：民族者，民俗沿革所生之结果也。民族最要之特质有八：（一）其始也同居于一地（非同居不能同俗也，后此则或同一民族而分居各地，或异族而杂处一地，此言其朔耳）。（二）其始也同一血统（久之则吸纳他族，互相同化则不同血统而同一民族者有之）。（三）同其支体形状。（四）同其语言。（五）同其文字。（六）同其宗教。（七）同其风俗。（八）同其生计。有此八者，则不识不知之间，自与他族日相阂隔，造成一特别之团体，固有之性质，以传诸其子孙，是之谓民族。

伯氏乃更下国民之界说为二：一曰国民者人格也，据有有机之国家以为其体，而能发表其意想，制定其权利者也；二曰国民者法团也，生存于国家中之一法律体也。国家为完全统一永生之公同体，而此体也，必赖有国民活动之精神以充之，而全体乃成。故有国民即有国家，无国家亦无国民，二者实同物而异名耳。

故夫民族者，有同一之言语风俗，有同一之精神性质，其公同心渐因以发达，是固建国之阶梯也。但当其未联合以并刃一国之时，则终不能为人格、为法团，故只能谓之民族，不能谓之国民。

伯伦知理曰：古代之国，渊源于市府；中世之国，成立于贵族。十八世纪专制时代，认政府为国家；法兰西大革命之时，同国家于社会。凡此皆与民族之关系甚浅薄者也。自千八百四十年以后，而民族建国之义乃渐昌。虽或间遇抵抗，或稍被制限，而其势力之不可侮，则固已为有识者所同认矣。虽然，或持之过偏，以谓民族为建国独一无二之源泉。推其意，一若地球上之邦国，必适从于民族之数而分立。此又阔于实际之论也。伯氏乃据历史上之事实，述民族与国家之关系如下：

（甲）凡一民族既有其固有之立国心，且有能实行之之势力，有欲实行之之志气，夫然后可以创立国家。虽然，苟持此主义以立国，则当以保存族粹为第一义，凡祖宗传来一切制度，苟非有妨害于国家之发育者，不可妄事破坏。

（乙）民族之立国，非必举其同族之部民，悉纳入于国中而无所遗也。虽然，必须尽吸纳其本族中所固有之精神势力，而统一之于国家。

（丙）合多数之民族为一国家，其弊虽多，其利亦不少。盖世界文明，每由诸种民族互相教导，互相引进而成，一国之政务，亦往往因他民族之补助而愈良。如铸币然，不徒用纯质之金银，而反混加一二贱金类之物，则肉好较完，纹彩愈美也。然此等多族混合之国，必须以一强有力之族为中心点，以统御诸族，然后国础乃得坚。

伯氏又言曰：民族与国民固异物也，然其性质颇极密接，故于政治上常有相互之关系，以故民族大而国境小者，则其结果之现象，有两极端如下：

（一）国家化其人民而别造成一新民族，自本族而分离。如古代雅典、斯巴达之于希腊，中世威内萨、佛罗棱志挪亚之于意大利，近世荷兰、瑞士之于德意志，是其例也。

（二）合并同族诸邦而成一大帝国。如法国当路易第十一以后之政略，意大利、德意志千八百四十八年以后之政略，是其例也。

若国境大而民族小，境内含有数民族者，则其国势之所趋如下：

（一）谋联合国内多数之民族而陶铸之，始成一新民族。在昔罗马帝国，及今之北美合众国，是其例也。

（二）国内诸族，心志各殊，互思分离。如第九世纪法兰西人与德意志人分离，十六世纪奈渣兰人与西班牙人分离，十九世纪比利时人与荷兰人分离，是其例也。

（三）诸民族之言语风俗等，悉放任之，使仍其旧，惟于政治上谋所以统合之道。此策也，瑞士善用之，而收其效者也。

（四）政府教唆各民族，使彼此相阋，乘间抵隙，以谋合一。此极危险之道也，奥大利用之，几覆其国。

按：由此观之，伯氏固极崇拜民族主义之人也，而其立论根于历史，案于实际，不以民族主义为建国独一无二之法门。诚以国家所最渴需者，为国民资格，而所以得此国民资格者，各应于时势而甚多其途也。两年以来，民族主义稍输入于我祖国，于是排满之念，勃郁将复活。虽然，今吾有三问题于此，曰：汉人果已有新立国之资格乎？此吾不能无疑之第一问题也。伯氏论民族建国之所恃者三：（一）固有之立国心。（二）可实行之之能力。（三）欲实行之之志气。其第一事，则吾固具之矣。其第三事，则在今虽极少数，而不能谓之无也。独其第二事，则从何处说起耶？日言排而不能排，犹无价值之言也。即使果排去矣，而问爱国志士之所志，果以排满为究竟之目的耶？抑以立国为究竟之目的耶？毋亦曰目的在彼，直借此为过渡之一手段云耳。苟遂不克达于目的地，则手段何取也。吾非谓我民族终不能有此能力，然吾信其今日犹未有此能力。此论也，虽持最急激主义者，当以无以为难。而难者则曰：惟其未有此能力，则当以排满炼造之。然徒排满，而遂能炼造此能力与否，则吾别有所欲陈，今且勿于此枝蔓也。曰：排满者以其为满人而排之乎？抑以其为恶政府而排之乎？此吾所不能无疑之第二问题也。如以其为满人也，且使汉人为政，将腐败而亦神圣之也。如以其为恶政府也，虽骨肉之亲，有所不得私，而满不满奚择焉。夫今政府与满洲有二位一体之关系，憎政府而及满人，亦固其所。然以是为鼓舞之手段则可，以是为确实之理论则不可。何也？今日之中国，实非贵族政体，而为独裁政体。其蠹国殃民者，非芸芸坐食之满人，而其大多数乃在阉婀无耻媚兹一人之汉族也。而其所以为媚者，非媚满人，媚独裁耳。使易独裁者为汉人，其媚犹今也；媚独裁之汉人，其蠹国殃民亦犹今也。故今日当以集全国之锋刃向于恶政府为第一义，而排满不过其战术之一枝线。认偏师为正文，大不可也。《大学》曰：人于其所贱恶而辟焉。此古今之通蔽矣。今之论者，或乃至盗贼胡曾，而神圣洪杨，问此果为适于论理否耶？且使今日得如胡曾其人者为政府，与得如洪杨其人者为政府，二者孰有益于救国？而论者必将倔强而曰：毋宁洪杨。此吾所不敢苟同也。章炳麟氏之言曰：不能变法当革，能变法亦当革；不能救民当革，能救民亦当革。嘻，此何语耶！夫革之目的，岂以快意耶？毋亦曰救民耳。如曰能救民而亦当革，则是敌视此目的也。假曰信今政府之必不能救民而革之也，斯可谓健全之理论矣，而犹当视其所以代之者何如。如章氏言，能毋使国民迷惑耶？默察两年来世论之趋向，殆由建国主义一变而为复仇主义。问：建国与复仇孰重？其在一人一家之仇，而曰身可杀，家可破，仇不可不复，是所宜言也。其在一国之仇，而曰国可亡，仇不可不复，则非所宜言也。我不敢知曰复仇可以亡国，我不敢知曰复仇可以兴国，顾吾特不欲吾民族于建国、复仇两主义，倒置其轻重也。以谓此不健全之理论，为造成国民资格之道一魔障也，曰：必离满洲民族然后可以建国乎？抑融满洲民族乃至蒙、苗、回、藏诸民族而亦可以建国乎？此吾不能无疑之第三问题也。伯伦知理所述异族同国之诸款，与中国今日情事，皆不相应。盖各国发育之不同，如人面焉。未有可以他国之历史，为我国之方针者也。而伯氏下民族之界说曰：同地，同血统，同面貌，同语言，同文字，同宗教，同风俗，同生计（地与血统二者，就初时言之，如美国民族，不同地不同血统，而不得不谓之一族也，伯氏原书，论之颇详），而以语言、文字、风俗为最要焉。由此言之，则吾中国言民族者，当于小民族主义之外，更提倡大民族主义。小民族主义者何？汉族对于国内他族是也。大民族主义者何？合国内本部属部之诸族，以对于国外之诸族是也。中国同化力之强，为东西历史家所同认。今谓满洲已尽同化于中国，微特排满家所不欲道，即吾亦不欲道。然其大端，历历之迹，固不可诬矣。大抵北虏之同化于我也稍难，而东胡较易。金、元、清之比较，盖昭然矣。元则九十年率其游牧之俗，金、清则一入中原，而固有之特质顿丧焉。今关内之满人，其能通满文、操满语者，已如凤毛麟角，他无论矣。故如伯氏之说，虽谓满人已化成于汉民俗可也；即未能然，苟汉人有可以自成国民之资格，则满人势不得不融而入于一炉。此则吾所敢断言也，姑勿具论。今所欲研究者，则中国之能建国与否，系于逐满不逐满乎？抑不系于逐满不逐满乎？实问题之主点也。自今以往，中国而亡则已；中国而不亡，则此后所以对于世界者，势不得不取帝国政略。合汉合满合蒙合回合苗合藏，组成一大民族，提全球三分有一之人类，以高掌远蹠于五大陆之上。此有志之士所同心醉也。果有此事，则此大民族必以汉人为中心点，且其组织之者必成于汉人之手，又事势之不可争者也。独今日者，欲向于此大目的而进行，其必将彼五百万之满族先弃之而再吸集之耶？抑无须尔尔，但能变置汉满同病之政府而遂有可望耶？欲研究此问题之真相，不可不取狭隘的民族复仇主义，暂搁一边，平心静气以观察焉。当预备时代，将排满而能养汉人之实力乎？抑用满而能养汉人之实力乎？当实行时代，将排满而能御列强之侵入乎？抑合满而能御列强之侵入乎？当善后时代，将排满而得国础之奠安乎？抑利满而得国础之奠安乎？此三者不可不察也。夫自今以往，有汉满同奴耳。否则，汉族必为国中之主人。今不务养成可以为主人之资格，而徒曰吾不愿奴，不愿而奴遂可免耶？一言蔽之，吾若有建国之能力，则以小民族成一国民可也，以大民族成一国民亦可也。若其不能，亦安所往而有合哉？吾因读伯氏书有所感触，不觉其言之长而与著述体例不相应也。吾又知吾之此论，必非新学界青年诸君所乐闻也。虽然，吾道吾今日之所信，所信之为进步为退步，不敢计也；以其所信与一世之舆论挑战，不敢辞也。若夫预备乎，实行乎，则各应于其地位之可得为者而孳孳焉，非笔舌之范围所宜及也。

三、论民主政治之本相及其价值

伯氏博论政体，而归宿于以君主立宪为最良，谓其能集合政治上种种之势力、种种之主义而调和之。其说繁，今不备引。谨介绍其论共和政体者，而以鄙见发明之。

伯氏以为主治权与奉行权分离，是共和政体之特色也。主治之权，掌之于多数之选举者（即国民）；奉行之权，委之于少数之被选举者（即大统领及官吏）。以故奉行者虽为臣仆，而反常治人；主治者虽为主人，而反常治于人。以牵制之得宜，故无滥用国权之弊，而多数国民得所庇焉，此其所长也。虽然，坐是之故，而国权或渐即微弱，侪国家于一公司。加以众民之意向，变动靡常，而国之基础，因以不固，此其所短也。故行此政体而能食其利者，必其人民于共和诸德，具足圆满，不惜牺牲其力其财，以应国家之用，且已藉普及之学制，常受完备之教育，苟如是，其庶几矣。若其人民浸染衰废之俗，务私欲而不顾公益，气力微弱，教育缺乏，而欲实行此政体，则未睹其利，而先已不胜其弊矣。其甚也，必至变为阿里士多德所谓暴民政治者，而国或以亡。

伯氏乃详考共和政体之沿革，述美国、法国、瑞士三者之成败，而指其得失之林。其言曰：美国之能变英国政体而为今政体者何也？彼其未离母国羁轭之时，而共和之原质已早具也。当其初年，其民之去本国而移殖于他乡者，于祖国之议院制度、自治制度，固已久习熟练，怀抱政治心以去。及其至新大陆，又不能复倚赖贵族及本国官吏之力，不得不以自助及相济两主义为安居乐业之本原，共和政治之精神实根于此。及其自助相济之既久习而成风，一旦而欲再加以束缚，其势自不乐受。且所居新辟之地，广漠无垠，任其所之，稍有不适，褰裳去之耳。故当千六百六十九年，英国法理学大儒洛克氏者，曾为殖民地草一新宪法，欲以英国所固有之君主贵族政体，传其种于美洲，百计经营，竟成画饼。职此之由，故美国之共和政体，非出现于独立之后，而出现于殖民之时，其植根如此其深，而发源如此其远也。

此政体之播植于欧洲也，自法兰西始。法人以千七百九十三年，立革命后之新政府，其规模略仿美国。惟一切政权不以畀诸一人之大统领，而以司诸数名之行政委员，虑其权之在一人，而将滥用之以复于君主也。乃曾几何时，而拿破仑第一之帝国出现。及千八百四十八年，再为共和，置大统领，一如美国。然此第二次之试验，亦不见效。拿破仑第三旋起而盗之，再建帝国。今者第三回之试验，旋行于千八百七十年，而此新共和国之能否永年，识者犹疑之。（按：伯氏国家论，成于千八百七十四年，其时值法国新造之后也。今民政完备，虽不及美，然久经陶冶，国民之资格渐备矣）

考法人之政治思想，当人权论出世之时，始大发达。其国民爱平等，尊自由，彻始彻终，心醉共和主义。虽然，其国民之性情，乃与共和主义最不相容。昔西士罗（按：罗马之为人也）尝评高卢人（按：法国民族所自出也），云："其性好新易迁，无论为压抑为自由，久之皆不能忍受。"夫孰知当千数百年以后之今日，而法人此性竟不克改也。不宁惟是，自治者，共和政治最切要之条件也，而法人曾无所练习，百事皆仰赖政府。故读法国建国以来之历史，其治国之道，常以中央集权制度相贯彻，全国之运命，悉系于巴黎一城，此自古及今，未或有改者也。夫欲行中央集权，使圆满而适当，则必有强大之主权、精悍之官吏、有力之军队，若此者，惟君主政治为最宜。故法国虽当两拿破仑及麦马韩为大统领之时，其表面则装示共和政治之美名，其实质则与君主政治无毫厘之异也。

若夫瑞士则异是。其人民自数百年以来，既于村落而有自治体裁，其市府之旧宪法，皆略带贵族政治之性质。无论何市府，皆于行政小会议之外，别有立法之大会议；其在村落，人民皆有直接参政之权，每年集会，以多数之决议，制定法律，任命高等官吏。以故千八百九十五年创建共和以后，虽蒙外界之影响，未能实行，而历时未久，遂克改良，传今不替。盖其先天所受者，与法国殊异也。

伯氏又曰：共和政体之优于他政体者有五端：（一）养成国民之自觉心，使人自知其权利义务，且重名誉也。（二）使人民知人道之可贵，互相尊重其人格也。（三）以选举良法，使秀俊之士能各因其材，以得高等之地位，而因以奖励公民之竞争心也。（四）凡有材能者，不论贫富贵贱，皆得自致通显，参掌政权，以致力于国家也。（五）利导人生之善性，使国民知识可以自由发达，而幸福日增也。以故苟为国民者，能于共和所不可缺之诸德，具足圆满，则行此政体，实足以培养爱国心，奖励民智，驯至下等社会之众民，其政治思想，亦日发达以进于高尚。美哉共和！

虽然，天下事之结果，每不能如其所期。虽以最适于共和之美国，而其政治社会之趋势，犹有与此诸德适相背驰者二事：一曰贱视下级之国民也。同为公民，同有自由平等之权利，但使其教育程度在社会水平线以下者，一律蔑视之。不独待烟剪人、黑人为然也，凡与彼辈在同等之位置者，莫不有然（按：观其待华人可知矣）。此亦平等主义万难实行之征证也。二曰猜忌非常之俊杰也。凡国民之门第、学识、聪明、才力、资产，挺出于社会水平线以上者，率为公众所嫉忌，而不得自效于政界，惧其含有君主贵族之余质，而将以倾覆国宪也（按：此论最确。凡美国第一等人物，皆不入于政界，此其原因甚多，伯氏所言，不过其一端耳。吾所著《新大陆游记》，研究此问题颇详，今不先赘。但现在帝国主义之风潮渐急，虽美国亦渐革此恶习矣）。故共和政体者，最适于养中等之人物，齐国民之程度而为一者也。

伯氏又曰：共和政体，为国民谋普通之利益则有余，谋高尚之幸福则不足。如设学校、治道路、奖慈善等事，共和政体所最优也。至如文学、哲学、美术等高尚事业，虽百计奖励，而发达总不能如其所期。夫此等无形之文明，寻常政治家，或不措意焉，而不知此乃导进人格独一无二之法门。如美国者，崇拜实利之主义过甚，国民品格之堕落，亦滔滔滋可惧也。

伯氏又曰：共和政体之最缺点者，使其政府如一机器然，循轨自动，几无复有活泼之意识行乎其间。彼以防弊故，不能不用牵制之法，故选举更迭，为此政体所不可缺之一要具。以屡更迭故，执政者之地位，常不巩固。以不巩固故，无余裕以练习政务，以通览大势，以养成完全大政治家之资格。何也？凡入政界者，必经一二年后，乃能增进其政治能力，渐有所擘画，为国家百年大计；而实行此计划，又往往非数年之力不能，而瓜代之期已至矣。后任者之能否继吾志而竟吾业，非所期也。故人人各存五日京兆之心，而于国家有机体之永续发达，所窒实多矣。

伯氏又曰：置多数之常备军，此共和政体之所大禁也。夫常备军者，外之以发扬国权，内之以保维秩序，实国家之要素也。而在共和政之国，以嫌忌专制故，惧此兵权所属，将为多数人民自主之蟊贼也，故其势不得不代以民兵。民兵者，其于警卫守御之力，虽不可侮，然以视素练之常备军，固有间矣。故他日者，世界进于大同，战争之迹绝于天壤，则共和政体诚为立国之极轨，今则犹非其最适而最优胜者也。

按：伯氏所论，大半就美国现状而评骘之，其语固动中肯綮，但末两条，则今日情状大变矣。美国自麦坚尼以后，实行帝国主义，至重新解释宪法，增加中央政府之威力，于是社会中最高流人物，渐投身于政界。而西班牙战争以来，扩张军备之志日以锐，今年总统罗斯福巡行全国，所至演说，皆注重军实。于是此两缺点皆渐去矣。此亦共和政体之一进化也。

又按：伯氏所论共和政体之价值，可谓博深切明，然犹有未尽者。顷读德国柏林大学教授波伦哈克所著《国家论》，有足以相表里者，附译如下。波氏者比较法制派之钜子，原书以千八百九十六年出版，日本早稻田大学校于三月前译出，实最新之学说也。

波氏曰：国也者何也？以平衡正义调和社会上各种利害冲突之一团体也（按：其意谓社会各种小团体，其利害势不免冲突，必赖有一大团体，超然立于其外以调和之，即国家是也）。而在彼共和国，则其统治之主体（按：即国家），与其统治之客体（按：即国民），同为一物，舍人民以外，则国家之要素，他无复存（按：君主之国，亦非不以人民为要素也，而人民之外，尚有他要素。若英国则合君主贵族平民三要素而成国者也。原文词简意赅，翻译殊窘，读者谅之）。夫无论何国，其社会上、宗教上、民族上及其他种种关系，莫不错综分歧。此之所利，或彼之所害，利害抵触，而必有冲突。此等冲突，即由人民本体而发生者也。以本体所发生之冲突，而还欲以本体调和之。是无异使两造之斗讼者，而自理曲直也。天下困难之事，孰过于此。君主者，则超然于此等种种利害关系之外，而代表大团体之国家，以调和之者也。所贵乎有国家者，其目的莫大于是。而君主国之达此目的，与民主国之达此目的，其难易判然矣（按：古今政治学者，论国家之目的，言人人殊。波氏谓国家为正义平衡之源泉，以调和国内种种利害而融合之为目的，是其创见，亦笃论也。学者不可不深察）。以是之故，凡共和之国家，大率革命相寻，使法制失其永续之性，而几于不国，殆非无故（按：此指南美洲各共和国言也，详见下文）。

共和政体，惟有一种结构特别之国家，可以行之而无弊。其结构云何？则奉同一之宗教，集同一之民族，其社会上各种利害之关系，不甚冲突，而其最要者，曰国境甚狭。苟具此资格而结成一小共和团体者，夫然后可以持久。瑞士之各村落、各市府，美国独立以前之各州，是其模范也（按：今之美国，国境甚辽阔，而仍能行者，其根柢全在各州也。吾所著《新大陆游记》，言其性质颇详）。在此等结构之国，其国家自减缩其行动之范围，而一以放任之于私人，其人民之监督公共事业也，亦无鞭长不及之患，而自治制驯致巩固，则共和可以行之数百年，而大纷扰不起焉。而不然者，种种阶级，互相悬隔，贵族与平民阋，资本家与劳动家阋，甲族与乙族阋，甲省与乙省阋，于此之国，而欲行共和政以图宁息，是无异蒸沙以求饭也。

夫共和国者，于人民之上，别无独立之国权者也。故调和各种利害之责任，不得不还求之于人民自己之中，必无使甲之利害能强压乙之利害，而诸种之关系，常克相互平等，而自保其权衡。若此者，惟彼盎格鲁撒逊人种，富于自治性质，常肯裁抑党见以伸公益，以故能行之而绰绰有余。若夫数百年卵翼于专制政体之人民，既乏自治之习惯，复不识团体之公益，惟知持个人主义以各营其私，其在此等之国，破此权衡也最易。既破之后，而欲人民以自力调和平复之，此必不可得之数也。其究极也，社会险象层见叠出，民无宁岁，终不得不举其政治上之自由，更委诸一人之手，而自贴耳复为其奴隶，以图性命财产之安全，此则民主专制政体所由生也（按：民主专制政体之原因结果下文详之）。

又别有一种之国家，其于享受共和政体之资格，虽一不具，以多数土著人种为基础，而少数之欧罗巴人，立于其上。而此少数者，亦未尝有政治思想及其能力，纯然为一不秩序之社会。若此者，自当以君主专制政体为最宜者也。虽然，以其为殖民地之故，欲置立君主，而无历史上之基础，乃不自量而妄效美国，侈共和之美名（按：此指南美洲、中美洲诸国也）。虽然，彼高尚完美之共和制，与此等之国程度不相应，以故累冲突以冲突，重革命以革命。而彼之所谓革命者，又非起于人民之万不得已也，徒为二三霸者之私斗而已。一胜之将，假共和之形式以笞畜其民，不旋踵而他将代之，起仆兴亡，迄无宁日，国民进步之障碍，莫大于是。

波氏又曰：因于习惯而得共和政体者常安，因于革命而得共和政体者常危。请言其理。夫既以革命之力，一扫古来相传之国宪，取国家最高之目的，而置之于人民仔肩之上矣。而承此大暴动之后，以激烈之党争、四分五裂之人民，而欲使之保持社会势力之平衡，此又必不可得之数也。于斯时也，其势力最猖獗者，即彼鼓吹革命率先破坏之一团也。而此党派，大率属于无资产之下等社会。其所举措，往往不利于上流。作始犹简，将毕乃钜。其力既无所限制，自必日走于极端，而遂取灭亡。彼曷为而致灭亡？夫既已自紊历史上之权利，自伤政权之神圣，一旦得志，而欲以我新获之权利，造成历史之根柢，虽百般拥护，未有能济者也。于是乎社会阶级之争夺，遂相互迭起而靡有穷（按：自此以下数节，大率皆借法国立论，其性质与南美诸国略异）。

争夺之极，其得最后之胜利者，则彼从梦中惊起之富豪阶级也。然彼等虽胜利而已厌政权，何也？当彼之时，其握政权者常危殆也。彼等欲得政治上之权利，不过以保其生命财产之安全云尔。其既得之也，则必孳孳然复自营其生计，不惜出无量之代价，以购求和平，而社会棼乱疲敝之既极，非更有独立强大之主权，则终不能以奠定。故君权思想之复活，实剥复之道所必至也。然历史上之国家，既已覆灭，今欲使一姓再兴，重复其旧，则其结果更酿百弊，欲别拥新主，而无一人可认其固有之权利，即勉戴之以行君主议院制度，终觉其主权微弱，不足以救济沉痼疮痍之社会也。于是乎民主专制政体，应运生焉。若此者，于古代之罗马见之，于近世之法兰西见之。

民主专制政体之所由起，必其始焉有一非常之豪杰，先假军队之力，以揽收一国实权。然此际之新主治者，必非以此单纯之实力而能为功也，而自顾已所有之权利，以比诸他国神圣不可侵犯之君主，而觉其浅薄无根柢也。于是不得不求法律上之名义，即国民普通投票之选举是也。彼篡夺者（按：即所谓一非常之豪杰），既已于实际掌握国权，必尽全力以求得选。而当此全社会渴望救济之顷，万众之视线，咸集于彼一身，故常以可惊之大多数，欢迎此篡夺者。而芸芸亿众，不惜举其血泪所易之自由，一旦而委诸其手，又事所必至，理所固然也。何也？彼时之国民，固已厌自由如腐鼠，畏自由如蛇蝎也。

此篡夺者之名，无论为大统领、为帝王，而其实必出于专制。彼时之民，亦或强自虚饰，谓我并非以本身之权利，尽让于此一人。而所定宪法，亦常置所谓国民代议院，谓以此相限制也。而实则此等议院，其权能远在立宪君主国议院之下。何也？君主国之议院，代表民意者也。君主而拂议院，是拂民也。此等之议院，则与彼新主权者（即篡夺者），同受权于民，而一则受之于各小部分，一则受之于最大多数，故彼新主权者常得行长官之强权。不宁惟是，议院之所恃以对抗于彼者，赖宪法明文之保障耳。而彼自以国民骄子之资格，可以随时提出宪法改正案，不经议会而直求协赞于国民，权利之伸缩，悉听其自由。故民主专制政体之议院，实伴食之议院也。其议院之自由，则猫口之鼠之自由也。

君主专制国，其诸臣对于国民无责任，惟对于君主有责任（按：君主对于国民，本非无责任也，然其责任不分明，故驯至于无）。君主立宪国，君主无责任，惟议院政府诸员（按：如英国之制，政府即议院之多数者也，故两者并举），对于国民而代负责任。独民主专制国不然，惟民主（按：波氏所谓民主者兼大统领及帝王言之，拿破仑两帝亦此类之民主也，读者勿误）对于国民而负责任，他皆无之。虽然，所谓责任者，亦不过宪法上一空文耳。夫既已以永续世袭之最高权，委托之于彼，此后而欲纠问其责任，则亦惟视其力所能及，更破坏此宪法，而移置其主权耳。质而言之，则舍再革命外，无他途也。要之，此专制民主犹在，而欲与彼立宪君主政体之国民，与纯粹共和政体之国民，享同等自由之幸福，势固不能。

译者曰：吾心醉共和政体也有年，国中爱国踸踔之士之一部分，其与吾相印契而心醉共和政体者亦既有年。吾今读伯、波两博士之所论，不禁冷水浇背，一旦尽失其所据，皇皇然不知何途之从而可也。如两博士所述，共和国民应有之资格，我同胞虽一不具，且历史上遗传性习，适与彼成反比例。此吾尚所不能为讳者也。今吾强欲行之，无论其行而不至也，即至矣，吾将学法兰西乎，吾将学南美诸国乎。彼历史之告我者，抑何其森严而可畏也。岂惟历史，即理论吾其能逃难耶？吾党之醉共和、梦共和、歌舞共和、尸祝共和，岂有他哉？为幸福耳，为自由耳。而孰意稽之历史，乃将不得幸福而得乱亡；征诸理论，乃将不得自由而得专制。然则吾于共和何求哉，何乐哉？吾乃自解曰：牺牲现在以利方来，社会进化之大经也。吾尽吾对于吾子孙之义务，吾今之苦痛，能无忍焉。而彼历史与理论之两巨灵，又从而难余曰：南美诸邦人之子孙，藏其自由铁券于数十层僵石之下，谁敢定其出世之当在何日也？曰：法兰西自一七九三年献纳牺牲以后，直至一八七〇年始获飨焉，而所飨者犹非其所期也。今以无量苦痛之代价，而市七十年以后未可必得之自由，即幸得矣，而汝祖国更何在也。呜呼痛哉！吾十年来所醉所梦所歌舞所尸祝之共和，竟绝我耶！吾与君别，吾涕滂沱。吾见吾之亲友，昔为君之亲友者，而或将亦与君别，吾涕滂沱。吾见吾之亲友，昔为君之亲友而遂颠倒失恋不肯与君别者，吾涕滂沱。呜呼！共和共和，吾爱汝也，然不如其爱祖国。吾爱汝也，然不如其爱自由。吾祖国吾自由其终不能由他途以回复也，则天也；吾祖国吾自由而断送于汝之手也，则人也。呜呼！共和共和，吾不忍再污点汝之美名，使后之论政体者，复添一左证焉以诅咒汝，吾与汝长别矣。问者曰：然则子主张君主立宪者矣。答曰：不然，吾之思想退步，不可思议。吾亦不自知其何以锐退如此其疾也。吾自美国来，而梦俄罗斯者也。吾知昔之与吾同友共和者，其将唾余。虽然，若语于实际上预备，则不在多言，顾力行何如耳。若夫理论，则吾生平最惯与舆论挑战，且不惮以今日之我与昔日之我挑战者也。吾布热诚以俟君子。

四、论主权

主权者，一国精神所由寄也，故论国家者必明主权。伯伦知理之论主权，其要有五：

一、主权者，独立不羁，而无或服从于他种权力者也（原注：独立不羁与无限殊科，勿混视）。

二、主权者，国家之威力也。宜归于人格之国家及国家之首长，其余地方团体及法院、议院等，皆隶于国家之一机关耳，于主权无关也。

三、主权者，至尊者也。“主权者”据之以立于国内所有一切权力之上。

四、主权者，统一者也。一国中不能有二个主权（原注：主权之统一，在君主国最为易见，即在他种政体，亦莫不然。如共和政体，则国民全体为其主权者；贵族政治，则贵族会议为其主权者；英国之立宪政治，则国王与议院连合而为其主权者。是其例也）。

五、主权者，有限者也。主权有受成于国法之权利，即有受限于国法之义务。

伯氏之论主权，所以驳正平丹、卢梭二氏之谬，而求其真相者也。其有功于国家学也最钜。平丹（法国人，生十六世纪）之言曰：“主权者，无穷无限之国权也。”又曰：“法律依于‘主权者’（即运用主权之人）而得其效力，‘主权者’非依于法律而得其权能。”此说也，以国家之首长，与国家之全体，混为一谈，路易第十四“朕即国家”之谬论所从出也。其说久已吐弃，兹不待辨。卢梭之言曰：“主权不在于主治者，而在于公民，公民全体之意向，即主权也。主权不得让与他人，亦不得托诸他人而为其代表，虽以之交付于国会，亦非其正也。社会之公民，常得使用其主权，持之以变更现行之宪法，改正古来成法上之权利，皆惟所欲。”伯氏以为卢氏之说，欲易专制的君主主权，而代以专制的国民主权也。然专制君主主权流弊虽多，而犹可以成国；专制国民主权，直取已成之国而涣之耳。外此更有所得乎，无有也。夫谓主权不在主治者而在公民全体，公民全体之意见，既终不可齐，终不可睹，是主权终无著也。主权无著，而公民中之一部分，妄曰吾之意即全体之意也，而因以盗窃主权，此大革命之祸所由起也。公民之意向屡迁而无定，寖假而他之一部分，又妄曰吾之意即全体之意也，而因以攻攫主权，此大革命之祸所由继续也。伯氏所以龂龂焉与卢氏为难者，其意在是。乃更为申言主权之原则如下：

一、主权既不独属君主，亦不独属社会，不在国家之上，亦不出国家之外，国家现存及其所制定之宪法，即主权所从出也。

二、或谓社会为私人之集合体，主权即为私人之集合权，其言谬甚。主权者公权，非私权也，虽合无量数之私权，不能变其性质使成公权。

三、或谓一民族相结合，虽未具国家之体裁，亦可谓之有主权，此说亦非也。彼民族者，未能成为一“法人”（谓法律上之人格），未有形不具而脑先存者也。故有主权则有国家，无国家亦无主权。

五、论国家之目的

伯伦知理曰：自昔论国家目的者，凡有两大派：其在古代希腊、罗马之人，以为国家者，以国家自身为目的者也。国家为人民之主人，凡人民不可不自牺牲其利益以供国家。其在近世日耳曼民族，则以为国家者，不过一器具，以供各私人之用而已。私人之力有所不及者，始以国家补助之，故国家之目的，在其所属之国民。由前之说，则谓民也者为国而生者也；由后之说，则谓国也者为民而设者也。伯氏则曰：两者之说皆是也，而亦皆非也。夫天下之事物，固有自一面观之，确为纯粹之器具；自他面视之，又确有其天然固有之目的者存。即如男女婚媾，其显证也。就其夫妇相爱之情欲言之，则婚媾实一器具也；就其居室大伦传种义务言之，则婚媾实有其至大之一目的在。惟国亦然。

以常理言，则各私人之幸福，与国家之幸福，常相丽而无须臾离，故民富则国富，民智则国文，民勇则国强，是此两目的不啻一目的也。虽然，若遇变故，而二者不可得兼，各私人之幸福，与国家之幸福，不能相容。伯氏之意，则以为国家者，虽尽举各私人之生命，以救济其本身可也，而其安宁财产更何有焉？故伯氏谓以国家自身为目的者，实国家目的之第一位，而各私人实为达此目的之器具也。

虽然，伯氏之论，常无偏党者也，故亦以为苟非遇大变故，则国家不能滥用此权。苟滥用之，则各私人亦有对于国家，而自保护其自由之权理云。

案：天道循环，岂不然哉！无论为生计，为政治，其胚胎时代，必极放任；其前进时代，必极干涉；其育成时代，又极放任。由放任而后为干涉，再由干涉而复为放任，若螺旋焉，若波纹然。若此者，不知几何次矣。及前世纪之末，物质文明发达之既极，地球上数十民族，短兵相接，于是帝国主义大起，而十六七世纪之干涉论复活，卢梭、约翰弥勒、斯宾塞诸贤之言，无复过问矣。乃至以最爱自由之美国，亦不得不骤改其方针，集权中央，扩张政府权力之范围，以竞于外，而他国更何论焉。夫大势之所趋迫，其动力固非在一二人，然理想之于事实，其感化不亦伟耶。若谓卢梭为十九世纪之母，则伯伦知理其亦二十世纪之母焉矣。

《新民丛报》第三十八/三十九号，光绪二十九年八月十四日(1903年10月4日)

说　公

光绪二十九年八月十七、十八日

天道一公，德所推演也。世界一公，理所弥纶也。惟天道之公也，故优者必使之胜，劣者必使之败。物竞之剧烈，尤难逃天择之严明。惟世界之公也，故弱者能进步，必仍使之存；强者甘堕落，必渐即于亡。欧美之文明，非独占世风之高点。天生人类，使在全世界物类之中，为一种最高贵之物类。由一身而家族，由家族而社会，由社会而国家，参伍错综，事理纷繁。若者为君，若者为官，若者为民，分而言之，名目不一；合而言之，则皆人也。惟观其人之所自造，而后名目因之而判定，如普通之称则皆人，即皆为民也。有能代民理事者，于是乎别而称之曰官；有能为国民之代表者，于是乎优而异之曰君。以言国民，则属之全国之人类；以言君，则特属之朝廷；以言官，则特属之政府。朝廷者，国民公共之所立也；政府者，亦国民公共之所建也。吾于是乎就朝廷、政府而说公。

一曰朝廷之公。朝廷既为国民所公立，自非一人所得而私。国民优异一人而尊之为君，原以为国民之代表，而此为君者，即当本国民之公心以行其公道，不得少徇其私意。国民有所乐也，则乐民之乐；国民有所忧也，则忧民之忧。国民所众好也，则用之；国民所众恶也，则去之。不以万民徇一己，而以一己徇万民。惟其如此，故输全国之产物以供养一人，特以酬其劳，并非过乎分；倾全国之税厘以专属一人，原以取之民者仍以用诸民，并非属于己者即可私于己。其于民也赏罚宜有权衡，不得以偏陂而拂舆情之正；其自奉也俸银宜有定数，不得以挥霍而蒙奢侈之名。是之谓君，是之谓朝廷，是之谓朝廷之公。

一曰政府之公。政府既为多数之民所公建，自非少数之官所得而私。所谓官者，实因其为代理国民之事者，故别而称之，非较民之种类为独高也。惟其有代理民事之责，故凡有所动作，皆当先从国民着想，尤当从全国之国民着想。为国民而举贤才，必其真贤才，而果有益于民者乃可举，不得以官缺为私相授受之物。为国民而兴事业，必其实为兴事业，以利国民者，其事业乃可兴，不得巧立名目，为私自沾润之谋。其理讼事也，是自是，非自非，不得以贿赂之有无为向背。其于朝政也，当行者行，当驳者驳，不得以君主之喜怒为从违。须知官者为国民之公仆，民者为一国之主人。博采舆论，以定我办事之方针；俯察民情，以为我行为之标准。是之谓官，是之谓政府，是之谓政府之公。

虽然，朝廷果能无愧于公哉！政府果能无愧于公哉！朝廷必如何乃可无愧于公哉？政府必如何乃可无愧于公哉？查国之政体分三大类：曰专制，曰立宪，曰共和。极公者为共和之政，极不公者为专制之政。我中国一王代嬗，由来已久，几忘公私之大别。国民之不满于朝廷政府者，动诋曰“专制、专制”。于是欲图改良政体，奔走而狂呼曰“共和、共和”。夫共和之政体固属极公，若国民之程度低浅，则一经改立共和之政，则极公可变为极私。试以美、法两国而易以我中国之人，不旋踵而国基必坏矣。故居今日而图改良中国之政体，以求化其私而合乎公，则惟有立宪乎！盖宪法一立，则有所范围共相遵守。君不得自私，而朝廷公；官不得自私，而政府公。上无不讲公德之事，下无不讲公理之人，国民亦自不敢不公。吾于是乎作《说公》。

《大公报》，光绪二十九年八月十七、十八日（1903年10月7、8日）

中国立议院利弊说

光绪二十九年九月二十二日

议院设而民权伸，民权伸而国本固。略读翻译书者，类能知之，而未审其因之所由起，果之所由成，辄欲仿行之于中国，谓变法之始，宜首立议院，使人人有言事之权，且谓议院中国古已行之。在《书》曰“询谋佥同”，曰“谋及卿士，谋及庶人”。在《孟子》曰：“国人皆曰贤，然后察之，见贤焉然后用之；国人皆曰可杀，然后察之，见可杀焉，然后杀之。”此即古议院之意也。特泰西诸国有其名，而中国则有其制，而未立名目耳。按论者所言意诚美矣，惜与中国时势有未洽耳。

夫议院之法宜于古而戾于今，宜于西而戾于中。盖果实所以养生而不时不食，植物可以获利而迁地弗良。夏裘而冬葛则伤，人以寒暑饥饮而渴餐，则遗害于口腹。上古之世，民气淳厚，同心共济，终始如一。故有害于国者，一国之人皆逐之；有利于国者，一国之人皆保之。洎乎后世风俗陵夷，奸伪百出，人心不一。欧洲哲学家之言曰：“凡民之能为上分理者，必其人能守法，且能禁其所犯法，而民受益必多；民无定见，而政出多门，虽绳之以律，仍事事掣肘，而大乱随之。”呜呼！吾今日之中国近之矣。

中国至不一之国也，农私其旧，商私其财，工私其艺，士私其八股、策论，各获其所私，各秘其所利。故善举立公堂矣，而弊端百出；开矿创公司矣，而有初鲜终。一旦责以变法之事，使舍旧而新是谋，彼必怫然不悦，瞿然而怒。此其私者一也。西国之举议院也，人人有共为其家，即人人有共为其国之志。故其举议员也必慎，必欲利于家，并利于国；设举之非人，固不利于国，亦不利于家也。中国则不然，视国与家异，国之兴衰无关乎家之安否，家只安否不系乎国之兴衰。故其举议员也不慎，非平日以小恩小信结民欢而得之者，则用其私人，不必问其人之可否。以可否之人行可否之事，小则便其私图，大则偾其公事，以之集事则不足，以之败事则有余。此其私者一也。设议院开矣，守旧者不曰伊川被发，则曰用夏变夷，固结于心，牢不可破，坐视其因循废弛，耑漠然无所动于中，国可亡而法不可变，种可灭而法不可改。维新者挟一民主之成案，以匪党为义军，不曰英一千四百年之革命，则曰法十九世纪之革命，不曰太受朝廷压制，则曰流血以成大业，人人有大者王小者侯之思想，人人以家揭竿户斩木为义务，飞律宾义旗将举，南非洲独立已成，祸乱相寻，伊于胡底。此其私者一也。

议院之开，欲其公一国，欲其利一国也，今则不公而不利。盖无大公之德，而谬袭大公之迹，诚大乱之道也。议院之法，泰西行之而大治，中国行之而大乱。上古行之，自足以治国；今日行之，适足以乱国。天道之推移，人事之进退，有不得不然者，岂独一区区议院也哉！若诚欲开议院，则当先学校；学校设，则议院自可开。《易》曰“定民志”，《孟子》曰“正人心”。人心正，则一切拂经狂诞之说息；民志定，则各有所趋，各专其艺。学校诚善，民志自定，人心自正。民志定，人心正，有议院治，无议院亦治；民志不定，人心不正，虽有千百议院不能治。故强国以议院为本，议院以学校为本。

《时事采新汇选》，光绪二十九年九月二十二日（1903年11月10日），录自当年八月十六日《新闻报》

论立宪之要素

光绪二十九年十月初三日

世界无开通而不成立之国，世界亦即无不开通而可成立之国。无他，开通不开通之征，一视诸宪法成立不成立，而即以觇国家之成立不成立也。宪法不立，则虽其国强盛，终滋危殆之忧，如今日之俄、土是。宪法苟立，则虽其国狭小，已固雄富之基，如今日之德、日是。若是者，知宪法之与国家，诚所谓不可一日或离者。虽然，彼宪法奚若是之关系重大乎？盖宪法之成立，上不能侈其强权以威制于下，下亦不得肆其抵力以对抗于上，合朝野上下间共守唯一之法律，以各尽当然义务，他如一切人格、主权、职任等，皆赖此宪法以保守而恢张之。所谓进化之极点、文明之精神，莫宏且真于此矣。惟享此自由立宪之幸福，当思所以自由立宪之原因，推厥要素，殆有三端。请试为略述之。

一、无国民资格者，不能立宪。国家本无数有机团体而成，团体亦本无数有机元质而立。所谓有机者何？即开通是也。开放自由之花，则文明前途皆吾所制造结果事；大释民权之旨，则竞争剧局皆吾所决荡胜负资。宪法既立，举斯民自由民权之天然格一一开通，而任其出张，不使有一毫之压制，所谓世界之福利，莫福利于此矣。倘其程度低浅，劣性沉埋，有此天然福利，而不知所以进化而保持之，且犹得肆其野蛮自由横侈权任以撞扰于国中，无裨国家之势力，徒资社会之隐忧。一人如是，全国可知。是其奴隶根深，何如不开通，犹稍就范围于一二焉。故无国民资格者，不可以立宪。

一、无政治思想者，不能立宪。国家有立法、司法、行法之人，国家亦即有立政、司政、行政之属。所谓国民者，人人有立政之责任也。议院为会议政治机关之地，非国民万无以组成。课税为政治辅助之资，非国民万不能担荷。他如征兵以护卫政界之敷布，海运以扶持政策之进行，移民以恢张政略之远拓等，皆一般依赖国民，发其爱国之热心，以相与扶持于不坠者。是政治与国家有直接之影响，而亦国民与政治有密接之关系也。所以，凡在政治施设之事，国民皆宜认与分内以相关。一事之失败，国民必有以任其愆；一举之偶乖，国民不得辞其责。盖国民与有立政之资格，更与有进退司政、行法之权任，其必宜宏政治思想，是势有不得不然者。而乃宪法既立，幸福饱储，日游于文明开化之极乐世界中，绝无休戚成败之关念；且于国际间一切公法私法之组织，一任其得失优劣，坦然不动于中怀。一人如是，其害尚在个人；同群如是，其患则贻忧社会。世界宁有是与政治隔别之团体，而可成立宪法以恢张国势乎？故无政治思想者，不可以立宪。

一、无学术程度者，不能立宪。宪法为已进化国之运动，万非未经开化可拾他人一二唾余，即嚣然狂叫于国中，播弄立宪新名词，辄欲达非常事业之目的。凡在宪法成立之国，莫不程度高尚，学术深宏，始足以副立宪之本意，而巩固其邦基。而一般受专制压迫之国民，见彼人胥自由互相关爱，莫不惊艳赞扬，恨不立举己国组织一一破坏改革，骤臻彼之境遇而后快。岂知彼等之享自由相亲切者之非无本可以骤臻其境哉？试举其一般言之。教育之制度，小学已树独立之基，则大学之完备深宏，不遑深问。制造之方法，女子亦备高等之格，则男子之渊博精深，不辨而知。其他盲哑之必使执业，凶顽之必化其劣根等，皆所以普及实学，使人人与国家宏亲爱之思，而绵密接关紧者。故其所发为实事，言乎内政，则上下出其高尚学术相与组织而设施，既无职任之不备于学术，亦无学术之不称其职权，所谓内政者如是。言乎外交，则臣民奋其共持政略出而运动以雄飞，既群思力扬其国威，更不敢稍损其国体，所谓外交者如是。以言乎社会，则民群固其共和互相结合而维持，匪惟无程度低浅而起叫嚣浮薄之虑，且亦有学术共勉日期高出世界之思。以言乎个人，则夙夜保其一己自由以慎为组织而运动，既不至野蛮放任贻国家元气之隐忧，且复能发达日膨为世界进化之影响。所谓立宪国国民之学术如是，所谓立宪国国民学术之程度如是。如是而谓有不巩固国家，保守此宪法于亿万年者乎！若夫不开化之国，则异是。学术与内政漠然而不相关，程度与外交厘然而不相接。所谓关于社会之学术，有锢蔽脑筋之教育，而无扩充灵敏之方规。所谓关于个人之程度，有扰害国家之隐忧，而无范围法律之实效。以如是之国民，加以如是之程度，以此谋国，何国可兴？以此行政，何政可立？况在最平均最文明之宪法乎！故无学术程度者，不可以立宪。

以上三要素，皆一般立宪之要领，为今日万不可缺乏者。至立宪之详细组织，非万言所能尽。各国成法具在，要在当事者贯通取法神而明之存乎其人可也。总而言之，立宪必有立宪之宗旨，宗旨不立，万不可以图存；立宪必有立宪之方针，方针不真，万难呈其结果。故今日世界各国中，有共和之宪法，有君主之宪法，宗旨虽同而方针各异，即结果亦大不相同。使苟处共和之国，而执君主国之方针以行，则其宪法之不固可知；又处君主之国，而认共和国之方针以立，则其宪法之难久可必。惟本同一开通之宗旨，各就其适宜方针，以组织而运动，俾其渐次以进行，则民族帝国主义时代何不可一变而为世界大同时代乎！不然，虽号称立宪，是直与无宪法等，诚为世界文明国所不取也。

《时事采新汇选》，光绪二十九年十月初三日（1903年11月21日），录自当年九月十五六日《大公报》

君主之国、民主之国、君民共主之国得失利弊论

光绪二十九年十月十一日

专制之国君主之，共和之国民主之，立宪之国君民共主之，此泰西之通义也。国以专制而君权尊，国以共和而民权重，国以立宪而君民之权适相平，此泰西国制之不同也。主专制之说者曰：天下惟权操之一人而莫于违耳，民为主则心不一，而安得和，干戈必因之以起，其尊君权宜。主共和之说者曰：民为贵，社稷次之，君为轻，君苟不以民之心为心，则民且起而纷争，而国将不可以为国，其重民权宜。主立宪之说者曰：君之与民皆为法律所范围，而不可过，君轶夫法则暴戾，民违其法则嚣陵。专制与共和，太过犹不及也；惟君民共主之，而理乃当。

仆则以为是三说也各有所宜，而亦各有所失。专制者君权固尊矣，然必君为尧舜之君，斯民乃不识不知，相安浑穆；否则，威福自擅，独断独行，时日曷丧

之嗟，因之而起，而民遂离德离心矣。共和者民权固重矣。然必蹈德泳仁，民皆纳于轨物斯可耳；否则，强暴蜂起，太阿倒持，执政不敢违，百里玺天德若疣赘，甚至贤如美之麦根利者，亦且饮刃于乱民，而戾气弥漫至无纪极矣。立宪者，议政之责寄自人民，行政之权操之内阁，而君祇拱手而总其成，然必朝野上下间咸遵礼教，而不凌兢斯可耳；否则，君曰俞而民曰咈，议院时与君长抗，而解散议员之事时有所闻，必致国纪凌夷而威权渐替矣。仆请以数语断之曰：专制、共和、立宪三者，迥乎不同，而各有所宜，实各有所弊。惟我中国合君主、民主、君民共主而一之，斯斟酌得中，行之万世而不坏。

今之论中国者，动曰数千年专制之国，然惟暴悍如桀、纣，昏庸如幽、厉，残虐如秦政、隋炀，始得谓之专制耳。观夫唐尧之求言也，辟四门，询四岳；周武之访范也，谋及卿士，谋及庶人；孟子之告齐宣也，左右、诸大夫、国人皆曰贤，然后用之，左右、诸大夫、国人皆曰不可，然后去之。谓非共和之意乎？《易》曰：天尊地卑，乾坤定矣；卑高以陈，贵贱位矣。周秦以下，非循例之事，台谏得以力争，必下内外臣工会议，有不合之举，大臣得将诏书封还，台谏得直言极谏，务使君臣上下，同为法制所拘限，而不能任意妄行，则立宪之意也亦越。我朝体天出治，未尝有专制之号，而一人端拱，万姓风从，涣汗之颁，如纶如綍，则君主之规制崇隆也。未尝有共和之号，而凡百政令，务顺民情，朝廷举措更张，必下六部九卿会议，即下至一郡一邑，遇有兴作，亦必咨询绅耆士庶，而后施行，诚暗合于民主国之制度也。凡百兵刑、礼乐、吉凶、嘉宾，载在《大清会典》、《大清律例》、《六部则例》、《皇朝通典》诸书者，自天子以至王公、卿大夫、庶民，罔不恪恭遵守，无敢或逾。虽以九五之尊，亦为法令所维持，无或有任情喜怒者，则君民共主之政，中国固未尝不相符也。

今者少年无识之徒，辄心醉平权、自由诸邪说，诩诩然欲斥君主，改民主，一若天下国政之美，无有逾于美洲者，殊不知势宜民主则民主为佳，势宜君主则君主为善，势宜君民共主则君民共主为得中。使以俄而效美之共和，则有天命者任自为之，必至无君党中人，益将揭竿而起；使以美而效俄之专制，则华盛顿之成规顺废，而暴君肆虐，民必徒绝生机；使以俄、美而共效英、德诸国之以立宪为邦，则必政教参差，开上下争权之渐，而太平之局且不能保全。则何若我中国之不共和而共和，不专制而专制，不立宪而立宪，庶君上行法，民皆奉法，熙熙皞皞，同游于光天化日之中，而非泰西所能望其项背哉？彼病专制，而欲以立宪民权为国者，乌足以知之。

《申报》，光绪二十九年十月十一日（1903 年 11 月 29 日）

三、关于立宪与革命的初步论争（1900—1904）

中国积弱溯源论

光绪二十六年

梁启超

呜呼！中国之弱，至今日而极矣。居今日而懵然不知中国之弱者，可谓无脑筋之人也。居今日而恝然不思救中国之弱者，可谓无血性之人也。乃或虽略知之而不察其所以致弱之原，则亦虽欲救之而不得所以为救之道。譬有患痨病者，其脏腑之损失。其精血之竭蹶，已非一日。昧者不察，谓为无病。一旦受风寒暑湿之侵暴，或饮食消养之失宜，于是病象始大显焉。庸医处此，谓其感冒也，而投辛散之剂以表之；谓其滞食也，而投峻削之剂以攻之。不知伏于新病之前者，有旧病焉；为外病之导线者，有内病焉。治其新而遗其旧，务其外而忽其内，虽欲治之，乌从而治之。其稍进者，见其羸□瘠瘵之亟当培养也，而又习闻夫参苓术桂之可以引年也，于是旁采旧方，进以补剂。然而积痾未除，遽投斯品，不惟不能收驱病之效，且恐反为增病之媒，虽欲治之，又乌从而治之。是故善医者，必先审病源。其病愈久，则其病源愈深而远；其病愈重，则其病源愈多而繁。浅而近者易见，深而远者难明。简而单者，虽庸医亦能抉其藩；多而繁者，虽国手亦或眯于目。夫是以医者如牛毛，而良者如麟角也。医一身且然，而况医一国者乎。

嗟乎！吾中国今日之病，顾犹未久耶。吾中国今日之病，顾犹未重耶。昔扁鹊过齐，齐桓侯客之。入朝见曰：君有疾，在腠理，不治将深。桓侯曰：寡人无疾。后五日，扁鹊复见，曰：君有疾，在血脉，不治将深。桓侯曰：寡人无疾。后五日复见，曰：君有疾，在肠胃间，不治将深。桓侯不应。扁鹊出，桓侯不悦。后五日，扁鹊复见，望见桓侯而退走，桓侯使人问其故，鹊曰：疾之在腠理也，汤熨之所及也。在血脉，针石之所及也。其在肠胃，酒醪之所及也。其在骨髓，虽司命无奈之何。今在骨髓，臣是以无请也。后五日，桓侯体病，使人召扁鹊，鹊已逃去，桓侯遂死。嗟乎！吾中国今日之受病，有以异于此乎。夫病犹可也，病而不自知其病，不可为也。不自知其病，犹可为也；有告以病者，且疑而恶之，不可为也，呜呼！吾国之受病，盖政府与人民各皆有罪焉。其驯致之也非一时，其酿成之也非一人，其败坏之也非一事。易曰：履霜坚冰至，所由来者渐矣。浅识者流，徒见夫江河日下之势，极于今时，因以为中国之弱，直此数年间事耳。不知其积弱之源，远者在数千百年以前，近者亦在数十年之内。积之而愈深，引之而愈长。夫使蚤三十年而治之，则一汤熨之劳耳。使早十年而治之，亦一针石之力耳。而乃蹉跎蹉跎，极于今日。夫岂无一二先觉，怀抱方术，大声疾呼，思欲先时而拯之者。其奈举世梦梦，昊天悠悠，非特不采其术，不听其言，直将窘之逐之，戮之绝之，使举国之人，无不讳疾忌医以图苟全，至于今日，殆扁鹊望而退走之时矣。虽然，孟子不云乎，七年之病，求三年之艾。苟为不蓄，终身不得。今日始知为病而始谋医之，虽曰迟乎，然使失今不为，更阅数年，必有欲求如今日而不可复得者。我同胞国民，夫岂无怵惕恻隐于其心者乎？抑吾尤惧夫所称国手者，不审夫所以致弱之原因，不得其所以救之之道。处今日危急存亡间不容发之顷，而犹出庸医之伎俩，摭拾目前一二小节，弥缝补苴，药不对症，一误再误，而终断送我国于印度、埃及、土耳其之乡也。故于叙述近事之前，先造此论，取中国病源之繁杂而深远者，一一论列之，疏通之，证明之。我同胞有爱国者乎？按脉论而投良药焉，今虽瞑眩，后必有瘳，其慎勿学齐桓侯之至死不寤也。

第一节　积弱之源于理想者

国家之强弱，一视其国民之志趣品格以为差。而志趣品格，有所从出者一物焉，则理想是已。理想者何物也？人人胸中所想像，而认为通常至当之理者也。凡无论何族之民，必有其社会数千年遗传之习惯，与其先哲名人之所垂训所传述，渐渍深入于人人之脑中，涤之不去，磨之不磷，是之谓理想。理想者天下之最大力量者也，其力能生出种种风俗、种种事业。凡有一旧理想久行于世界者，而忽焉欲以一反比例之新理想夺而易之，非有雷霆万钧之力不能。中国人脑中之理想，其善而可宝者固不少，其误而当改者亦颇多。欧西日本有恒言曰：中国人无爱国心。斯言也，吾固不任受焉。而要之吾国民爱国之心，比诸欧西日本殊觉薄弱焉，此实不能为讳者也。而爱国之心薄弱，实为积弱之最大根源。吾尝穷思极想，推究其所以薄弱之由，而知其发源于理想之误者，有三事焉。

一曰不知国家与天下之差别也。中国人向来不自知其国之为国也。我国自古一统，环列皆小蛮夷，无有文物，无有政体，不成其为国，吾民亦不以平等之国视之。故吾中国数千年来，常处于独立之势，吾民之称禹域也，谓之为天下，而不谓之为国。既无国矣，何爱之可云。夫国也者，以平等而成；爱也者，以对待而起。诗曰：兄弟阋于墙，外御其侮。苟无外侮，则虽兄弟之爱，亦几几忘之矣。故对于他家，然后知爱吾家；对于他族，然后知爱吾族。游于他省者，遇其同省之人，乡谊殷殷，油然相爱之心生焉。若在本省，则举目皆同乡，漠然视为众路人矣。惟国亦然，必对于他国，然后知爱吾国。欧人爱国之心所以独盛者，彼其自希腊以来，即已诸国并立，此后虽有变迁，而其为列国也依然，互比较而不肯相下，互争竞而各求自存，故人人脑中之理想，常有一国字浮于其间。其爱国也，不教而自能，不约而自同。我中国则不然，四万万同胞自数千年来，同处于一小天下之中，视吾国之外无他国焉。缘此理想，遂生二蔽：一则骄傲而不愿与他国交通；二则怯懦而不欲与他国争竞。以此而处于今日交通自由竞争最烈之世界，安往而不窒碍耶？故此为中国受病之第一根源。虽然，近年以来，此理想有迫之使不得不变更消灭者矣。

二曰不知国家与朝廷之界限也。吾中国有最可怪者一事，则以数百兆人立国于世界者数千年，而至今无一国名也。夫曰支那也，曰震旦也，曰钗拿也，是他族之人所以称我者，而非吾国民自命之名也。曰唐虞夏商周也，曰秦汉魏晋也，曰宋齐梁陈隋唐也，曰宋元明清也，皆朝名也，而非国名也。盖数千年来，不闻有国家，但闻有朝廷。每一朝之废兴，而一国之称号即与之为存亡。岂不大可骇而大可悲耶？是故吾国民之大患，在于不知国家为何物，因以国家与朝廷混为一谈，寖假而以国家为朝廷之所有物焉。此实文明国民之脑中所梦想不到者也。今夫国家者，全国人之公产也；朝廷者，一姓之私业也。国家之运祚甚长，而一姓之兴替甚短。国家之面积甚大，而一姓之位置甚微。朝廷云者，不过偶然一时为国民中巨擘之巨室云尔。有民而后有君，天为民而立君，非为君而生民；有国家而后有朝廷，国家能变置朝廷，朝廷不能吐纳国家。其理本甚易明，而我国民数千年醉迷于误解之中，无一人能自拔焉，真可奇也。试观二十四史所载，名臣名将，功业懿铄，声名彪炳者，舍翊助朝廷一姓之外，有所事事乎。其曾为我国民增一分之利益，完一分之义务乎。而全国人顾啧啧焉称之曰：此我国之英雄也。夫以一姓之家奴走狗，而冒一国英雄之名，国家之辱，莫此甚也。乃至舍家奴走狗之外，而数千年几无可称道之人，国民之耻，更何如也。而我四万万同胞，顾未尝以为辱焉，以为耻焉。则以误认朝廷为国家之理想，深入膏肓而不自知也。夫使认朝廷为国家，而于国家之成立无所损，吾亦何必断断焉。无如国家之思想不存，即独立之志气全萎。但使有一姓能箝制我而鞭箠我者，我即从而崇拜之拥护之。驯至异种他族，践吾土而食吾毛，亦□然奉之为朝廷，且侈然视之为国家，若是者盖千余年于兹矣。推此理想也，则今日之印度，岂尝无朝廷哉？我国民其亦将师印度而恬不为怪也。中国所以永远沉埋之根源，皆在于此。此理想不变，而欲能立国于天地之间，其道无由。

三曰不知国家与国民之关系也。国也者积民而成，国家之主人为谁，即一国之民是也。故西国恒言，谓君也，官也，国民之公奴仆也。凡官吏以公事致书于部民，其简末自署，必曰汝之仆某某。盖职分所当然也，非其民之妄自尊大也。所以尊重国民之全体而不敢亵，即所以巩护国家之基础而勿使坏也。乃吾中国人之理想，有大异于是者。唐韩愈之言曰：君者出令者也，臣者行君之令而致诸民者也，民者出粟米麻丝、作器皿、通货财以事其上者也。君不出令，则失其所以为君；臣不行君令，则失其所以为臣；民不出粟米麻丝、作器皿、通货财以事其上，则诛。嗟乎！愈之斯言也。举国所传诵，而深入于人人之脑中者也。嗟乎！如愈之言。吾壹不解夫斯民之在斯世，竟如是其赘旒而无谓也。吾壹不解夫自主独立之国民，为今世文明之国所最尊重者，竟当尽诛而靡有孑遗也。今使有豪奴于此，夺其主人之财产为己有，而曰主人供亿若稍不周，行将鞭挞而屠戮之。虽五尺童子，未有不指为大逆不道者。今愈之言，何以异是乎？而我国民守之为金科玉律，曾不敢稍生疑议焉，更无论驳诃也，是真不可解者也。孟子曰：生于其心，害于其政；发于其政，害于其事。盖我国民所以沉埋于十八层地狱，而至今不获见天日者，皆由此等邪说，成为义理，而播毒种于人心也。数千年之民贼，既攘国家为己之产业，絷国民为己之奴隶，曾无所于怍，反得援大义以文饰之，以助其凶焰，遂使一国之民，不得不转而自居于奴隶。性奴隶之性，行奴隶之行，虽欲爱国而有所不敢，有所不能焉。何也？奴隶而干预家事，未有不获戾者也。既不敢爱、不能爱，则惟有漠然视之，袖手而观之。家之昌也，则欢娱焉，醉饱焉；家之败也，则褰裳以去，别投新主而已。此奴隶之恒情也。故夫西人以国为君与民所共有之国，如父兄子弟，通力合作以治家事，有一民即有一爱国之人焉。中国不然。有国者仅一家之人，其余则皆奴隶也。是故国中虽有四万万人，而实不过此数人也。夫以数人之国，与亿万人之国相遇，安所往而不败也。

以上三者，实为中国弊端之端、病源之源。所有千疮百孔，万秽亿腥，皆其子孙也。今而不欲救中国则已耳，苟欲救之，非从此处拔其本、塞其源，变数千年之学说，改四百兆之脑质，虽有善者，无能为功。乃我同胞之中，知此义者既已如凤毛麟角矣；或知之而不敢言，或言之而行不远。此所以流失败坏，极于今时，而后顾茫茫，未知税驾于何日者也。

第二节　积弱之源于风俗者

今之论国事者，每一启齿，未有不太息痛恨，唾骂官吏之无状矣。夫吾于官吏，则岂有恕辞焉。吾之著此书，即将当局者十年来殃民误国之罪，一一指陈之，而不为讳者也。虽然，吾以为官吏之可责者固甚深，而我国民之可责者亦复不浅。何也？彼官吏者，亦不过自民间来，而非别有一种族，与我国民渺不相属者也。故官吏由民间而生，犹果实从根干而出。树之甘者其果恒甘，树之苦者其果恒苦。使我国民而为良国民也，则任于其中签掣一人为官吏，其数必赢于良；我国民而为劣国民也，则任于其中慎择一人为官吏，其数必倚于劣。此事有必至，理有固然者也。久矣夫聚群盲不能成一离娄，聚群聋不能成一师旷，聚群怯不能成一乌获。以今日中国如此之人心风俗，即使日日购船炮、日日筑铁路、日日开矿务、日日习洋操，亦不过披绮绣于粪墙，镂龙虫于朽木，非直无成，丑又甚焉。故今推本穷源，述国民所以腐败之由，条列而论之。非敢以玩世嫉俗之言，骂尽天下也，或者吾国民一读而猛省焉，庶几改之，予日望之。今将风俗之为积弱根源者，举其荦荦大端如下。

一曰奴性。数千年民贼之以奴隶视吾民，夫既言之矣。虽然，彼之以奴隶视吾民，犹可言也。吾民之以奴隶自居，不可言也。孟子曰：人必自侮，然后人侮之。故使我诚不甘为奴隶，则必无能奴隶我者。嗟乎！吾不解吾国民之秉奴隶性者何其多也。其拥高官籍厚禄盘踞要津者，皆禀奴性独优之人也。苟不有此性，则不能一日立于名场利薮间也。一国中最有权势者，既在于此辈。故举国之人，他无所学，而惟以学为奴隶为事，驱所谓聪明俊秀第一等之人，相率而入于奴隶学校。不以为耻，反以为荣。天下可骇可痛之事，孰有过此者？此非吾过激之言也。诸君未尝游京师，未尝入宦场，虽闻吾言，或不信焉。苟躬历其境，见其昏暮乞怜之态，与其趑趄嗫嚅之形，恐非徒怵惕而有不慊于心，更必且赧怍而不忍挂诸齿。孟子曰：人之所以求富贵者，其妻妾见之而不相泣者，几希矣。诚至言哉！诚至言哉！夫居上流之人既如此矣，寻常百姓又更甚焉。乡曲小民，视官吏如天帝，望衙署如宫阙，奉缙绅如神明。昔西报尝有戏言，谓：在德国为俾士麦，不如在中国做一知县；在英国为格兰斯顿，不如在中国做一县丞。非过言也。然则官吏之所以骄横暴戾，日甚一日者，未始不由民间骄纵之而养成之也。且天下惟能谄人者，为能骄人；亦惟能骄人者，为能谄人。州县之视百姓，则奴隶矣；及其对道府以上，则自居于奴隶也。监司道府之视州县，则奴隶矣；及其对督抚，则自居于奴隶也。督抚视司道以下，皆奴隶矣；及其对君后，则自居于奴隶也。其甚者乃至对枢垣阁臣，或对至秽至贱宦寺宫妾，而亦往往自居奴隶也。若是乎，举国之大，竟无一人不被人视为奴隶者，亦无一人不自居奴隶者，而奴隶视人之人亦即为自居奴隶之人。岂不异哉？岂不痛哉？盖其自居奴隶时，所受之耻辱苦孽，还以取偿于彼所奴隶视之人。故虽日日为奴，而不觉其苦，反觉其乐；不觉其辱，反觉其荣焉。不见夫土豪乎，皂役乎？彼入而见长官也，局蹐瑟缩无所容，吮痈舐痔无不至；及出而武断乡曲，则如虎傅翼，择肉而食，而小民之畏彼媚彼奔走而奉养彼者，固自不乏人矣。若是乎，彼之所得者，足以偿所失而有余也。若是乎，奴隶不可为而果可为也。是以一国之人转相仿效，如蚁附羶，如蝇逐臭，如疫症之播染，如肺病之传种。昔有某画报，绘中国人之状态者，图为一梯，梯有级，级有人，级千百焉，人无量数焉。每级之人，各皆向其上级者稽首顶礼，各皆以足蹴踏其下级者。人人皆顶礼人焉，人人皆蹴踏人焉。虽曰虐谑，亦实情也。故西国之民，无一人能凌人者，亦无一人被凌于人者。中国则不然，非凌人之人，即被凌于人之人；而被凌于人之人，旋即可以为凌人之人。咄咄怪事，咄咄妖孽，吾无以名之，名之曰奴性而已。故西国之民，有被压制于政府者，必群集抗论之抵拒之，务底于平而后已。政府之压制且然，外族之压制，更无论矣。若中国则何有焉！忍气吞声，视为固然，曰惟奴性之故。嗟乎！奴隶云者，既无自治之力，亦无独立之心。举凡饮食男女，衣服起居，无不待命于主人；而大赋之人权，应享之幸福，亦遂无不奉之主人之手。衣主人之衣，食主人之食，言主人之言，事主人之事。倚赖之外无思想，服从之外无性质，谄媚之外无笑语，奔走之外无事业，伺候之外无精神。呼之不敢不来，麾之不敢不去。命之生不敢不生，命之死亦无敢不死。得主人之一盼，博主人之一笑，则如获异宝，如膺九锡，如登天堂，嚣然夸耀侪辈以为荣宠。及撄主人之怒，则俯首屈膝，气下股慄，虽极其凌蹴践踏，不敢有分毫牴忤之色，不敢生分毫愤奋之心。他人视为大耻奇辱，不能一刻忍受，而彼怡然安为本分，是即所谓奴性者也。今试还视我国人，蚁民之事官吏，下僚之事长官，有一不出于此途者乎。不宁惟是而已，凡民之受压制于官吏而能安之者，必其受压制于异族而亦能安之者也。法儒孟德斯鸠之言曰：民之有奴性者，其与国家交涉，止有服役纳税二事。二者固奴隶之业，自余则靡得与闻也。故虽国事危急之际，彼蚩蚩者狃于历朝亡国之习惯，以为吾知纳税与服役，尽吾奴隶之责任耳；脱有他变，则吾亦纳税与服役，尽吾奴隶之责任耳。失一家更得一家，去一主更易一主，天下至大，主人至众，安所往而不得奴隶。譬犹犬也，豢而饲我，则为之守夜而吠人；苟易他主，仍复豢而饲我，则吾亦为之守夜而吠人。其身既与国家无丝毫之关系，则直不知国家为何物，亦不必问主国家者为何人，别辟一浑噩之大地，别构一醉梦之日月，以成为刀刺不伤火热不痛之世界。呜呼！有如此性，有如此民，积之千岁，毒遍亿身，生如无生，人而非人，欲毋堕落，恃奚以存？匪敌亡我，繄我自沦，斯害不去，国其灰尘。此吾不能不痛心疾首，而大棒大喝于我国民者也。

二曰愚昧。凡人之所以为人者，不徒眼、耳、鼻、舌、手足、脏腑、血脉而已，而尤必有司觉识之脑筋焉。使四肢五官具备，而无脑筋，犹不得谓之人也。惟国亦然。既有国形，复有国脑，脑之不具，形为虚存。国脑者何，则国民之智慧是已。有智慧则能长其志气，有智慧则能增其胆识，有智慧则能生其实力，有智慧则能广其谋生之途，有智慧则能美其合群之治。集全国民之良脑，而成一国脑，则国于以富，于以强；反是则日以贫，日以弱。国脑之不能离民智而独成，犹国体之不能离民体而独立也。信如斯也，则我中国积弱之源，从可知也。四万万人中，其能识字者，殆不满五千万人也；此五千万人中，其能通文意、阅书报者，殆不满二千万人也；此二千万人中，其能解文法执笔成文者，殆不满五百万人也；此五百万人中，其能读经史，略知中国古今之事故者，殆不满十万人也；此十万人中，其能略通外国语言文字，知有地球五大洲之事故者，殆不满五千人也；此五千人中，其能知政学之本源，考人群之条理，而求所以富强吾国、进化吾种之道者，殆不满百数十人也。以堂堂中国，而民智之程度，乃仅如此，此有心人所以睊睊而长悲也。而吾所最悲者，不悲夫少特达智慧之人，而悲夫少通常智慧之人。盖特达智慧者，人类中之至难得者也，非惟中国不多有之，即西国亦不多有之。若夫通常智慧，则异是矣。西国之民，自六七岁时，无论男女，皆须入学校，至十四五岁，然后始出校。其校中所读之书籍，皆有定本，经通儒硕学之手编成。凡所以美人性质，长人志趣，濬人识见，导人材艺者，无不备焉。即使至贫之家、至钝之童，皆须在校数年，即能卒业数卷，而其通常之智慧，则固既有之矣。故无论何人，皆能自治其身，自谋其生。一寻常之信，人人皆能写；一浅近之报，人人皆能读。但如是，而其国脑之强，已不可思议；其国基之固，已不可动摇矣。且天下未有通常智慧之人多，而不能出一特达智慧之人者；亦未有通常智慧之人少，而能出特达智慧之人者。以天赋聪明而论，中国人岂必让于西人哉？然以我国第一等智慧之人，与西国第一等智慧之人比较，而常觉其相去霄壤者，则以乏通常智慧故也。今之所谓缙绅先生者，咿哑占毕，欺骄乡愚，曾不知亚细、欧罗是何处地方，汉祖、唐宗系那朝皇帝。然而秀才、举人出于斯焉，进士、翰林出于斯焉，濅假而州县监司出于斯焉，军机督抚出于斯焉。我二十余省之山河，四百兆人之性命，一举而付于其手矣。若以此为不足语耶，舍而求之于市廛之商旅，乡井之农氓，更每下愈况矣。何也？我国固无通常智慧之人也，以此而处于今日脑与脑竞争之世界，所谓盲人骑瞎马，夜半临深池，天下之险象，孰有过是者也。虽然，明知其险而无以易之，此所以日弱一日而至于今也。夫今日拳匪之祸，论者皆知为一群愚昧之人召之也。然试问全国之民庶，其不与拳匪一般见识者几何人？全国之官吏，其不与通拳诸臣一般见识者几何人？国脑不具，则今日一拳匪去，明日一拳匪来耳。而我二十余省之山河，四百兆人之性命，遂将从此而长已也，是不可不深长思者也。

三曰为我。天下人亦孰不爱己乎，孰不思利己乎。爱己利己者，非圣人之所禁也。虽然，人也者，非能一人独立于世界者也，于是乎有群；又非能以一群占有全世界者也，于是乎有此群与彼群。一人与一人交涉，则内吾身而外他人，是之谓一身之我；此群与彼群交涉，则内吾群而外他群，是之谓一群之我。同是我也，而有大我、小我之别焉。当此群与彼群之角立而竞争也，其胜败于何判乎？则其群之结合力大而强者必赢，其群之结合力薄而弱者必绌，此千古得失之林矣。结合力何以能大，何以能强？必其一群之人，常肯绌身而就群，捐小我而卫大我。于是乎爱他利他之义最重焉。圣人之不言为我也，恶其为群之贼也。人人知有身不知有群，则其群忽涣落摧坏，而终被灭于他群，理势之所必至也。中国人不知群之物为何物、群之义为何义也，故人人心目中但有一身之我，不有一群之我。昔日本将构衅于中国，或有以日本之小，中国之大，疑势力之不敌者，日相伊藤博文曰：中国名为一国，实则十八国也。其为一国，则诚十余倍于日本；其为十八国，则无一能及日本之大者。吾何畏焉！乃果也战端既起，而始终以直隶一省敌日本全国，以取大败，非伊藤之侥幸而言中也，中国群力之薄弱，固早已暴著于天下矣。又岂惟分为十八国而已，彼各省督抚者，初非能结合其所治之省而为一群也。不过侥幸战祸不及于己辖，免失城革职之处分，借设防之名，以观成败而已。其命意为一己，而非为一省也。彼各省之民，亦非能联合其同省以为一群也。幸锋镝未临于眉睫，而官吏亦不强我，使急公家之急，因饱食以嬉焉，袖手而观焉。其命意亦为一己也。昔吾闻明怀宗煤山殉国之日，而吾广东省城，日夜演戏，初吾不甚信之。及今岁到上海，正值联军入北京之日，而上海笙歌箫鼓，熙熙焉，融融焉，无以少异于平时。乃始椎胸顿足，痛恨于我国民之心既已死尽也。此无他，为我而已矣。谚有之曰：各人自扫门前雪，不管他人瓦上霜。吾国民人人脑中，皆横亘此二语，奉为名论，视为秘传。于是四万万人，遂成为四万万国焉。亡此国而无损于我也，则束手以任其亡，无所芥蒂焉；甚且亡此国而有益于我也，则出力以助其亡，无所惭怍焉。此诚为我者魑魅魍魉之情状也。以此而立于人群角逐之世界，欲以自存，能乎不能？

四曰好伪。好伪至极，至于如今日之中国人，真天下所希闻，古今所未有也。君之使其臣，臣之事其君，长之率其属，属之奉其长，官之治其民，民之待其官，士之结其耦，友之交其朋，无论何人，无论何事，无论何地，无论何时，而皆以伪之一字行之。奏章之所报者，无一非伪事；条告之所颁者，无一非伪文；应对之所接者，无一非伪语。举国官缺，大半无事可办，有职如无职，谓之伪职。一部律例，十有九不遵行，有律如无律，谓之伪律。文之伪也，而以八股墨卷，谓为圣贤之征言；武之伪也，而以弓刀箭石谓为干城之良选。以故统兵者扣额克饷，而视为本分之例规；购械者以一报十，而视为应得之利益。阉寺名分至贱，而可以握一国之实权；胥隶执业至丑，而可以掌全署之威福。凡兹百端，皆生于伪。然伪犹可疗也；伪而好之，不可瘳也。世有号称清流名士者流，其面常有忧国之容，其口不少哀时之语。读其文，则字字皆贾生之痛哭涕零；诵其诗，则篇篇皆少陵之孤忠义愤；而考其行，则醇酒妇人也；察其心，则且食蛤蜊也。夫既无心爱国，无心忧国，则亦已矣，而为此无病之呻吟何为焉？虽然，彼固不自觉其为伪也。因好之深而习惯之，以为固然也。尤有咄咄怪事者，如前者日本之役，今兹团匪之难，竟有通都大邑之报馆，摭拾残唐水浒之谰语，以构为刘永福空城之计、李秉衡黄河之阵者，而举国之人，靡然而信之。夫靡然而信之，则是为作伪者所欺也，犹可言也。及其事过境迁，作伪情状，既已败露，而前此之信之者，尚津津然乐道之。叩其说，则曰过屠门而大嚼，虽不得肉，且快意焉。是则所谓好伪也，不可言也。呜呼！中国人好伪之凭据，万绪千条，若尽说者，更仆难尽。孔子曰：民无信不立。至举国之人，而持一伪字以相往来，则亦成一虚伪泡幻之国而已。本则先拔，虽无外侮之来，亦岂能立于天地间耶？

五曰怯懦。中国民俗，有与欧西日本相反者一事，即欧日尚武、中国右文是也。此其根源，殆有由理想而生者。中庸曰：宽柔以教，不报无道，南方之强也。孝经曰：身体发肤，受之父母，不敢毁伤。孟子曰：好勇斗狠，以危父母，不孝也。凡此诸论，在先圣昔贤，盖有为而言。所谓言非一端，各有所当者也。降及末流，误用斯言，遂成锢疾。以冒险为大戒，以柔弱为善人。至有好铁不打钉，好子不当兵之谚。抑岂不闻孔子又有言曰：能执干戈以卫社稷，可无殇也。吾尝观欧西日本之诗，无不言从军乐者；又尝观中国之诗，无不言从军苦者。甲午乙未间，日本报章所载赠友人从军诗，以千亿计，皆祝其勿生还者也。兵之初入营者，戚党赠之以标，曰祈战死。以视杜甫《兵车行》，所谓“车辚辚，马萧萧，行人弓箭各在腰。爷娘妻子走相送，尘埃不见咸阳桥。牵衣顿足拦道哭，哭声直上干云霄”。其一勇一怯，相去何太远耶？何怪乎中日之役，绿旗湘淮军数十万，皆鼓声甫作，已弃甲曳兵而走也。夫兵者不祥，圣贤之无义战，宁非至道欤？虽然，为君相者不可以好兵，而为国民者不可以无勇。处今日生存竞争最剧最烈、百虎眈视、万鬼环瞰之世界，而荼然偷息，酣然偃卧，高语仁义，宁非羞耶？诗曰：天之方蹶，无为夸毗。传曰：夸毗谓柔脆无骨之人也。夫人而柔脆无骨，谓之非人焉可也。合四万万柔脆无骨之人而成一国民，吾不知其如何而可也。中国世俗，有传为佳话者一二语，曰百忍成金，曰唾面自干。此误尽天下之言也。夫人而至于唾面自干，天下之顽钝无耻，孰过是焉。天生人而畀之以权利，且畀之以自保权利之力量，随即畀之以自保权利之责任者也。故人而不思保护其权利者，即我对于我而有未尽之责任也。故西儒之言曰：侵人自由权者为第一大罪，放弃己之自由权者罪亦如之。放弃何以有罪？谓其长恶人之气焰，损人类之资格也。犯而不校，在盛德君子，偶一行之，虽有足令人起敬者。然欲使尽天下而皆出于此途，是率天下人而为无骨、无血、无气之怪物，而弱肉强食之祸，将不知所终极也。中国数千年来，误此见解，习非胜是，并为一谈，使勇者日即于销磨，而怯者反有所藉口。遇势力之强于己者，始而让之，继而畏之，终而媚之。弱者愈弱，强者愈强，奴隶之性，日深一日，民权由兹而失，国权由兹而亡。彼当局之人，日日割地而不以为怍者，岂非所谓能让者耶？岂非所谓唾面自干者耶？无勇之害，一至于此。彼西方之教，曷尝不曰爱敌如友，降己下人乎？然其人民遇有压力之来，未有不出全力以抗拒之者。为国流血，为民流血，为道流血，数千年西史不绝书焉。先圣昔贤之单语片言，固非顽钝无耻者所可藉以藏身也。吾闻日本人有所谓日本魂者，谓尚武之精神是也。呜呼！吾国民果何时始有此精神乎？吾中国魂果安在乎？吾欲请帝遣巫阳而招之。

六曰无动。老子有言曰：无动为大。此实千古之罪言也。夫日非动不能发光热，地非动不能育万类。人身之血轮，片刻不动，则全身冻且僵矣。故动者万有之根原也。易曰：天行健，君子以自强不息。论语曰：逝者如斯夫，不舍昼夜。动之谓也。乃今世之持论者则有异焉。曰安静也，曰持重也，曰老成也，皆誉人之词也；曰喜事也，曰轻进也，曰纷更也，皆贬人之词也。有其举之莫敢废，有其废之莫敢举。一则曰依成法，再则曰查旧例。务使全国之人如木偶、如枯骨，入于隤然不动之域然后已。吾闻官场有六字之秘诀，曰多叩头，少讲话。由今观之，又不惟官场而已，举国之人皆从此六字陶镕出来者也。是故污吏压制之也而不动，虐政残害之也而不动，外人侵慢之也而不动。万国富强之成效，灿然陈于目前也而不动；列强瓜分之奇辱，咄然迫于眉睫也而不动。谭浏阳先生《仁学》云：自李耳出，遂使数千年来成乎似忠信似廉洁一无刺无非之乡愿天下。言学术则曰宁静，言治术则曰安静。处事不计是非，而首禁更张，躁妄喜事之名立，百端由是废弛矣；用人不问贤不肖，而多方遏抑，少年意气之论起，柄权则颓暮矣。陈言者则命之曰希望恩泽，程功者则命之曰露才扬己。既为糊名以取之，而复隘其途；既为年资以用之，而复严其等。财则惮辟利源，兵则不贵朝气。统政府六部九卿督抚司道之所朝夕孜孜不已者，不过力制四万万人之动，絷其手足，涂塞其耳目，尽驱以入乎一定不移之乡愿格式。夫群四万万乡愿以为国，教安得不亡？种类安得而可保也？呜呼？吾每读此言，未尝不废书而叹也。抑吾又闻之，重学之公例，谓凡物之有永静性者，必加之以外力而始能动也。故吾向者犹有所冀焉，冀外力之庶几助我乎。顾近年以来，中国受外力之加者，亦既屡见不一见矣，而其不动也依然。岂重学之例，犹有未足据者耶？抑其外力所加者尚微弱，而与本性中所含之静力，尚未足成比例耶？虽然，外力而加强焉，加重焉，窃恐有不能受者矣。若是乎，此无动为大之中国，竟长此而终古也，是则可忧也。

以上六者，仅举大端，自余恶风，更仆难尽，递相为因，递相为果，其深根固蒂也。经历夫数千余年年年之渐渍，莫或使然，若或使然。其传染蔓延也，盘踞夫四百兆人人人之脑筋，甲也如是，乙也如是，万方一概。杜少陵所以悲吟长此安穷；贾长沙能无流涕？呜呼！我同胞苟深思焉，猛省焉，必当憬然于前此致弱之故，有不能专科罪于当局诸人者；怵然于此后救弱之法，有不能专责于当局诸人者。吾请更质言其例。今日全国人所最集矢者，在枢臣之中，岂非载漪乎，刚毅乎，赵舒翘乎？在疆臣之中，岂非裕禄乎，毓贤乎，李秉衡乎？夫漪、刚、赵、裕、毓、李之误国殃民，万死不足蔽罪，无待言矣。今以漪、刚、赵为不可用，屏而去之，而代之以他之亲王、大学士、尚书、侍郎，其有以愈于漪、刚、赵乎？吾未见其能也。以亲王、大学士、尚书、侍郎为皆不可用，而代以九卿学士，其有以愈于尚侍以上乎？以九卿学士为皆不可用，而代以科道编检部员，其有以愈于九卿学士乎？吾未见其能也。今以裕、毓、李为不可用，屏而去之，而代以他之将军、督抚。其有以愈于裕、毓、李乎？吾未见其能也。以将军、督抚为皆不可用，而代以藩、臬、道、府，其有以愈于将军督抚乎？以藩、臬、道、府为皆不可用，而代以同、通、州、县，其有以愈于藩、臬、道、府乎？吾未见其能也。充其类而极之，乃至以现时京外大小臣工为皆不可用，屏而去之，而代之以未注朝籍之士民，其有以远愈于现时大小臣工乎？吾未见其能也。何也？吾见夫举国之官吏士民，其见识与漪、刚、赵、裕、毓、李相伯仲也，其意气相伯仲也，其性质相伯仲也，其才能相伯仲也。盖先有无量数漪、刚、赵、裕、毓、李之同类，而漪、刚、赵、裕、毓、李，乃乘时而出焉。之数人者，不过偶然为其同类之代表而已。一漪、刚、赵、裕、毓、李去，而百千万亿之漪、刚、赵、裕、毓、李，方且比肩而立，接踵而来。李僵而桃代，狼却而虎前，有以愈乎，无以愈乎。吾请更以一言正告我国民：国之亡也，非当局诸人遂能亡之也，国民亡之而已；国之兴也，非当局诸人遂能兴之也，国民兴之而已。政府之良否，恒与国民良否为比例。如寒暑针之与空气然，分秒无所差忒焉，丝毫不能假借焉。若我国民徒责人而不知自责，徒望人而不知自勉，则吾恐中国之弱，正未有艾也。

第三节　积弱之源于政术者

然则当局者遂无罪乎？曰：恶。是何言欤？是何言欤？纵成今日之官吏者，则今日之国民是也；造成今日之国民者，则昔日之政术是也。数千年民贼，既以国家为彼一姓之私产，于是凡百经营，凡百措置，皆为保护己之私产而设，此实中国数千年来政术之总根源也。保护私产之术将奈何？彼私产者，固由紾国民之臂，而夺得其公产以为己物者也。故其所最患者，在原主人一旦起而复还之。原主人者谁？即国民是也。国民如何然后能复还其公产？必有气焉而后可，必有智焉而后可，必有力焉而后可，必有群焉而后可，必有动焉而后可。但使能挫其气、窒其智、消其力、散其群、制其动，则原主人永远不能复起，而私产乃如磐石苞桑而无所患。彼民贼其知之矣，故其所施政术，无一不以此五者为鹄。千条万绪而不紊其领，百变亿化而不离其宗。多历一年，则其网愈密；多更一事，则其术愈工。故夫今日之政术，不知经几百千万枭雄险鸷敏练桀黠之民贼，所运算布画，斟酌损益，而今乃集其大成者也。吾尝遍读二十四朝之政史，遍历现今之政界，于参伍错综之中，而考得其要领之所在。盖其治理之成绩有三：曰愚其民，柔其民，涣其民，是也。而所以能收此成绩者，其持术有四：曰驯之之术，曰餂之之术，曰役之之术，曰监之之术，是也。

所谓驯之之术者何也？天生人而使之有求智之性也，有独立之性也，有合群之性也，是民贼所最不利者也。故必先使人失其本性，而后能就我范围。不见夫花匠乎，以松柏之健劲，而能蟠屈缭纠之，使如盘、如梯、如牖、如立人、如卧兽、如蟠蛇者，何也？自其勾萌茎达之时而戕贼之也。不见夫戏兽者乎，以马之骏，以猴之黠，以狮之戾，以象之钝，而能使趋跄率舞于一庭，应弦合节，戢戢如法者，何也？自乳哺幼稚之日而驯伏之也。历代政治家所以驯其民者，有类于是矣。法国大儒孟德斯鸠曰：凡半开专制君主之国，其教育之目的，惟在使人服从而已。日本大儒福泽谕吉曰：支那旧教，莫重于礼乐。礼也者，使人柔顺屈从者也；乐也者，所以调和民间勃郁不平之气，使之恭顺于民贼之下者也。夫以此科罪于礼乐，吾虽不敢谓然，而要之中国数千年来，所以教民者，其宗旨不外乎此，则断断然矣。秦皇之焚书坑儒，以愚黔首也，秦皇之拙计也。以焚坑为焚坑，何如以不焚坑为焚坑。宋艺祖开馆辑书，而曰：天下英雄，在吾彀中。明太祖定制艺取士，而曰：天下莫予毒。本朝雍正间，有上谕禁满人学八股，而曰：此等学问，不过笼制汉人。其手段方法，皆远出于秦皇之上，盖术之既久而日精也。试观今日所以为教育之道者何如？非舍八股之外无他物乎。八股犹以为未足，而又设为割裂戳搭、连上犯下之禁，使人入于其中，销磨数十年之精神，犹未能尽其伎俩，而遑及他事。犹以为未足，禁其用后世事后世语，务驱此数百万侁侁衿缨之士，使束书不观，胸无一字，并中国往事且不识，更奚论外国，并日用应酬且不解，更奚论经世。犹以为未足，更助之以试帖，使之习为歌匠；重之以楷法，使之学为钞胥。犹以为未足，恐夫聪明俊伟之士，仅以八股试帖楷法不足尽其脑筋之用，而横溢于他途也。于是提倡所谓考据词章金石校勘之学者，以涵盖笼罩之，使上下四方，皆入吾网。犹以为未足，有伪托道学者出，缘饰经传中一二语，曰惟辟作福，惟辟作威；曰天下有道，则庶人不议；曰位卑而言高，罪也；曰生斯世也，为斯世也，善斯可矣；曰既明且哲，以保其身。盖圣经贤传中有千言万语，可以开民智、长民气、厚民力者，彼一概抹煞而不征引，惟摭拾一二语足以便己之私图者，从而推波助澜，变本加厉，谬种流传，成为义理。故愤时忧国者则斥为多事，合群讲学者则目为朋党，以一物不知者为谨悫，以全无心肝者为善良。此等见地，深入人心，遂使举国皆盲瞽之态，尽人皆妾妇之容。夫奴性也，愚昧也，为我也，好伪也，怯懦也，无动也，皆天下最可耻之事也。今不惟不耻之而已，遇有一不具奴性、不甘愚昧、不专为我、不甚好伪、不安怯懦、不乐无动者，则举国之人，视之为怪物，视之为大逆不道。是非易位，憎尚反常，人之失其本性，乃至若是。吾观于此，而叹彼数千年民贼之所以驯伏吾民者，其用心至苦，其方法至密，其手段至辣也。如妇女之缠足者然，自幼而缠之，历数十年，及其长也，虽释放之，而亦不能良于行矣，盖足之本性已失也。曾国藩曰：今日之中国，遂成一不痛不痒之世界。嗟乎！谁为为之，而令我国民一至于此极也。

所谓餂之之术者何也？孟德斯鸠曰：专制政体之国，其所以持之经久而不坏裂者，有一术焉。盖有一种矫伪之气习，深入于臣僚之心，即以爵赏自荣之念是也。彼专制之国，其臣僚皆怀此一念，于是各竞于其职，孜孜莫敢怠，以官阶之高下、禄俸之多寡，互相夸耀，往往望贵人之一颦一笑，如天帝、如鬼神然。此语也，盖道尽中国数千年所以餂民之具矣。彼其所以驯吾民者，既已能使之如妾妇如禽兽矣，夫待妾妇禽兽之术，则何难之有。今夫畜犬见其主人，摇头摆尾、前趋后蹑者，为求食也。今夫游妓遇其所欢，涂脂抹粉、目挑心招者，为缠头也。故苟持一脔之肉以餂畜犬，则任使之如何跳掷，如何回旋，无不如意也。缠千金于腰以餂游妓，则任使之如何献媚，如何送情，无不如意也。民贼之餂吾民，亦若是已耳。齐桓公好紫，一国服紫；汉高祖恶儒，诸臣无敢儒冠。曹操号令于国中曰：有从我游者，吾能富而贵之。盖彼踞要津、握重权之人，出其小小手段，已足令全国之人载颠载倒，如狂如醉，争先恐后，奔走而趋就之矣。而其趋之最巧得之最捷者，必一国中聪明最高、才力最强之人也。既已铦得此最有聪明才力者，皆入于其彀中，则下此之猥猥碌碌者，更何有焉，直鞭箠之、圈笠之而已。彼蚁之在于垤也，自吾人视之，觉其至微贱、至么麽而可怜也，而其中有大者王焉，有小者侯焉，群蚁营营逐逐以企仰此无量之光荣，莫肯让也，莫或怠也。彼越南之沦于法也，一切政权土地权财权，皆握于他人之手，本国人无一得与闻，自吾人视之，觉其局天蹐地，无生人之趣也，而不知越南固仍有其所谓官职焉，仍有其所谓科第焉，每三年开科取士，其状元之荣耀，无以异于昔时，越人之企望而争趋之者，至今犹若骛焉。当顺治、康熙间，天下思明，反侧不安，圣祖仁皇帝一开博学鸿词科，再设明史馆，搜罗遗佚，征辟入都，位之以一清秩、一空名，而天下帖帖然，戢戢然矣，盖所以铦民者得其道也。此术也，前此地球各专制之国，莫不用之，而其最娴熟精巧而著有成效者，则中国为最矣。

所谓役之之术者何也？彼民贼既攘国家为己一家之私产矣，然国家之大，非一家子弟数人，可以督治而钤辖之也，不得不求助我者，于是官吏立焉。文明国之设官吏，所以为国民理其公产也，故官吏皆受职于民；专制国之设官吏，所以为一姓保其私产也，故官吏皆受职于君。此源头一殊，而末流千差万别，皆从此生焉。故专制国之职官，不必问其贤否、才不才，而惟以安静谨慎愿朴，能遵守旧规服从命令者为贵。中国之任官也，首狭其登进之途，使贤才者无自表见，又高悬一至荣耀、至清贵之格，以奖励夫至无用之学问，使举国无贤无愚，皆不得不俯首以就此途，以消磨其聪明才力，消磨略尽，然后用之。用之又非器其才也，限之以年，绳之以格。资格既老，虽盲瘖亦能跻极品；年俸未足，虽隽才亦必屈下僚。何也？非经数十年之磨砻陶冶，恐其英气未尽去而服从之性质未尽坚也。恐一英才得志，而无数英才，慕而学之，英才多出，而旧法将不能束缚之也。故昔者明之太祖，本朝之高宗，其操纵群臣之法，有奇妙不可思议者，直如玩婴儿于股掌，戏猴犬于剧场，使立其朝者，不复知廉耻为何物，道义为何物，权利为何物，责任为何物，而惟屏息踧伏于一王之下。夫既无国事民事之可办，则任豪杰以为官吏，与任木偶为官吏等耳。而驾驭豪杰，总不如驾驭木偶之易易，彼历代民贼筹之熟矣。故中国之用官吏，一如西人之用机器，有呆板之位置，有一定之行动。满盘机器，其事件不下千百万，以一人转捩之而绰绰然矣；全国官吏，其人数不下千百万，以一人驾双之而戢戢然矣。而其所以能如此者，则由役之得其术也。夫机器者，无脑无骨无血无气之死物也；今举国之官吏，皆变成无脑无骨无血无气之死物，所以为驾驭计者则得矣。顾何以能立于今日文明竞进之世界乎。

所谓监之之术者何也？夫既得驯之餂之役之之术，则举国臣民入其彀者，十而八九矣。虽然，一国之大，安保无一二非常豪杰，不甘为奴隶为妾妇为机器者？又安保无一二不逞之徒，蹈其瑕隙，而学陈涉之辍耕陇畔，效石勒之倚啸东门者？是不可以不监。是故有官焉，有兵焉，有法律焉，皆监民之具也。取于民之租税，所以充监民之经费也。设科第，开仕途，则于民中选出若干人而使之自监其侪也。故他国之兵，所以敌外侮；而中国之兵，所以敌其民。昔有某西人语某亲王曰：贵国之兵太劣，不足与列强驰骋于疆场，盍整顿之？某亲王曰：吾国之兵，用以防家贼而已。呜呼！此三字者，盖将数千年民贼之肺肝，和盘托出者也。夫既以国民为家贼，则防之之道，固不得不密。伪尊六艺，屏黜百家，所以监民之心思，使不敢研究公理也。厉禁立会，相戒讲学，所以监民之结集，使不得联通声气也。仇视报馆，兴文字狱，所以监民之耳目，使不得闻见异物也。罪人则孥，邻保连坐，所以监民之举动，使不得独立无惧也。故今日文明诸国所最尊最重者，如思想之自由、信教之自由、集会之自由、言论之自由、著述之自由、行动之自由，皆一一严监而紧缚之。监之缚之之既久，贤智无所容其发愤，桀黠无所容其跳梁。则惟有灰心短气，随波逐流，仍入于奴隶妾妇机器之队中；或且捷足争利，摇尾乞怜，以苟取富贵雄长侪辈而已。故夫国民非生而具此恶质也，亦非人人皆顽钝无耻也。其有不能驯者，则从而餂之；其有不受役者，则从而监之。举国之人，安有能免也。今日中国国民腐败，至于斯极，皆此之由。

观于此，而中国积弱之大源，从可知矣。其成就之者在国民，而孕育之者仍在政府。彼民贼之呕尽心血，遍布罗网，岂不以为算无遗策，天下人莫余毒乎？顾吾又尝闻孟德斯鸠之言矣：专制政体，以使民畏惧为宗旨，虽美其名曰辑和万民，实则斲丧元气，必至举其所以立国之大本而尽失之。昔有路衣沙奴之野蛮，见果实累累缀树上，攀折不获，则以斧斫树而捋取之。专制政治，殆类是也。然民受治于专制之下者，动辄曰：但使国祚尚有二数十年，则吾犹可以偷生度日，及吾已死，则大乱虽作，吾又何患焉！然则专制国民之苟且偷靡，不虑其后，亦与彼野蛮之斫树无异矣。故专制之国所谓辑和者，其中当隐然含有扰乱之种子焉。呜呼！孟氏此言，不啻专为我中国而发也。夫历代民贼之用此术以驯民、餂民、役民、监民，数千年以迄今矣。其术之精巧完备如此，宜其永保私产，子孙帝王万世之业，顾何以刘兴项仆，甲攘乙夺，数千年来，莽然而不一姓也。孟子曰：天下之生久矣，一治一乱。以吾观之，则数千年之所谓治者，岂真治哉？特偶乘人心厌乱之既极，又加以杀人过半，户口顿减，谋食较易，相与贴然苟安而已。实则其中所含扰乱之种子，正多且剧也。夫国也者，积民而成，未有以民为奴隶、为妾妇、为机器、为盗贼而可以成国者。中国积弱之故，盖导源于数千年以前，日积月累，愈久愈深，而至今承其极敝而已。顾其极敝之象，所以至今日而始大显者，何也？昔者为一统独治之国，内患虽多，外忧非剧，故扰乱之种子，常得而弥缝之，纵有一姓之兴亡，无关全种之荣瘁。今也不然，全地球人种之竞争，愈转愈剧，万马之足，万锋之刃，相率而向我支那，虽合无量数聪明才智之士以应对之，犹恐不得当，乃群无脑、无骨、无血、无气之俦，偃然高坐，酣然长睡于此世界之中，其将如何而可也。彼昔时之民贼，初不料其有今日之时局也，故务以驯民、餂民、役民、监民为独一无二之秘传。譬犹居家设廛者，虑其子弟伙伴之盗其物也，于是一一梏桎之，拘挛之，或闭之于暗室焉。夫如是，则吾固信其无能为盗者矣，其如家务廛务之废弛何。废弛犹可救也，一旦有外盗焉，哄然坏其门、入其堂，括其货物、迁其重器，彼时为子弟伙伴者，虽欲救之，其奈桎梏拘挛而不能行，暗室仍闭而莫为启，则惟有瞠目结舌，听外盗之入此室处，或划然长啸以去而已。今日我中国之情形，有类于是。彼有司牧国民之责者，其知之否耶？抑我国民其知之否耶？

第四节　积弱之源于近事者

以上三节所言，皆总因也，远因也。虽然，尚有分因焉，近因焉。总因、远因者，譬之刑法，则犹公罪也；分因、近因者，譬之刑法，则犹私罪也。总因、远因之种根虽深，然使早得人而治之，未尝不可以奏效；即不治之而听其自生自灭，不有以增其种焉，培其根焉，则其害犹不至如今日之甚。所最可痛者，旧病未去，新病复来，日积月深，纳污藏垢，驯至良医束手，岌岌待亡。吾尝纵览本朝入主中夏以来二百余年之往事，若者为失机，若者为养痈，若者为种祸，若者为激变。每一循省，未尝不椎心顿足，仰天而长恸也。略而论之，有四时代焉。

其一为顺治、康熙时代。满洲之崛起而奄有华夏也，其时天潢之英，从龙之彦，彬彬济济，颇不乏才，以方新之气，用天府之国，实千载一时之机也。然当发端伊始，有聚六州之铁铸成大错者一事，则严满汉之界是也。摄政睿亲王，旷代之英才也。入关甫一月，即下教国中，使满汉互通婚姻，此实长治久安之计也。使当时诸臣，其识皆如睿王，行其意遵其法以迄今日，虽子孙亿万年可也。乃便妄无耻如洪承畴，骄恣昏暴如鳌拜之流，渐握大权。睿王一薨，收孥削爵，尽反其所为，以快其忮嫉之私，基础败坏，实起于是。揆当时之情形，岂不以满洲仅数十万人，而驭汉人数万万人，惧力薄而不能压服之也。乃禁满人不得为士、不得为农、不得为工、不得为商，而一驱之以入兵籍。既有猜忌于汉种，自不得不殊而别之，殆亦有万无得已者存耶。不知汉人沐栉而耕之，满人安坐而食之，其中固久含有抑郁不平殆哉岌岌之象。而满人资生日绌，智慧不开，亦安睹所谓利者耶。故中叶以后，而八旗生计之案，已为一大棘手之问题矣。

不宁惟是，界限之见，日深一日，生于其心，害于其政，发于其政，害于其事，终必有承大敝而受大创之时。逮于近年，遂有如刚毅辈造出“汉人强、满洲亡，汉人疲、满洲肥”之十二字诀，以乱天下者。追原祸始，不能不痛恨于二百年前作俑之人也。今夫国也者，必其全国之人，有紧密之关系，有共同之利害，相亲相爱，通力合作，而后能立者也。故未有两种族之人，同受治于一政府之下，而国能久安者。我汉人之真爱国而有特识者，则断未有仇视满人者也。何也？以日本之异国，我犹以同种同文之故，引而亲之，而何有于满洲？且吾辈所最切齿痛恨者民贼耳，使其为贼民之君也，岂能因其为汉人而徇庇之？彼秦始皇、魏武帝、明太祖，非汉人耶？吾嫉之犹蛇蝎也。使其为爱民之君也，岂必因其为满人而外视之？若今上皇帝，非满人耶？吾戴之犹父母也。故有特识而真爱国者，惟以民权之能伸与否为重，而不以君位之属于谁氏为重。彼欧洲列国，常有君统乏嗣，而迎立异国之公族以为君者矣。然则中国积弱之源，非必由于满人之君天下明矣。然使人不能无疑于此者何也？则因满人主国，而满汉分界，因满汉分界，而国民遂互相猜忌，久之而将见分裂之兆也。此则顺治诸臣不能辞其咎者也。康熙初元，三藩削平，海内宁息，圣祖仁皇帝，以英迈绝特之资，兼卄创守成之业，与俄前皇大彼得，同时并生，其雄才大略，亦绝相似。彼时固尝垂意外事，召西儒南怀仁辈入直南书房，颇有破格之行，非等拘墟之习，百废具举，灿然可观。顾何以俄国自彼得以后，日盛月强，驯至今日为世界第一雄邦；中国自康熙以后，日腐月败，驯至今日为世界第一病国？则以当时困于满汉界限之见，急于为满洲朝廷计利益，而未暇为中国国民谋进步也。是则大可惜者也。

其二为乾隆时代。当乾隆改元，满洲入中国殆百年矣，民气既静，外侮未来，以高宗纯皇帝之才，当此千载一时之遇，我国民最有望者，莫彼时若矣。乃高宗不用其才，为我中国开文明政体之先河，乃反用其才，为我中国作专制政体之结局。是则有天运焉，有人事焉。识者不特为中国惜，且为高宗惜也。高宗以操纵群臣，愚柔士民，为生平第一得意事业。六十年中，兴文字狱以十数。如胡中藻、汪景祺等之狱，毛举细故，株连满廷。盖立于乾隆朝之大臣，其始终未曾一入刑部狱者，不过一人而已。使举国臣民慄慄慴伏于其肘下，而后快于心。不宁惟是，又开四库馆以奖励伪学，手批通鉴以诋諆名节，驱天下人使入于无用，习于无耻。不宁惟是，又四征八讨，南扫北伐，耗全国之财，涂万人之血，以逞一己之欲。盖至乾隆末年，而海宇骚然矣。高宗自撰《十全老人记》，以为天下古今未有之尊荣。诚哉其尊荣矣！然日中则昃，月盈则亏。君权之盛，至乾隆而极，国权之替，亦自乾隆而开也。窃尝论之，东方之有乾隆，犹西方之有路易第十四也。路易第十四，藉法国全盛之业，在位七十余年，骄侈满盈，达于极点，遂有朕即国家也一语，为今日全世界人所唾骂，及其崩殂，而法国无宁岁矣。一千七百八十九年之大革命，演出空前绝后之惨剧。尔后君民两党，转战接斗，互起互仆，流血盈野，殆数十年，法国之民，十死八九，皆不啻路易第十四握其吭而断其项也。而其子孙以万乘之尊，卒送残魂于断头台上，路易一姓之鬼，亦从兹其馁。而法国民主之局，亦从兹而大定矣。然则其所以为志得意满者，岂不即为一败涂地之先声耶？其所以挫抑民气压制民权者，岂不即为民气民权之引线耶？中国自乾隆以后，四海扰扰，未几遂酿洪杨之变，糜烂十六省，蹂躏六百余名城，其惨酷殆不让于法国之一千七百八十九年矣。吾诚不愿我中国自今以往，再有如法国一千八百三十年、一千八百四十八年之革命者。顾吾尤惧夫我中国自今以往，欲求得如今日之法国，而渺不可睹也。独居深念，俯仰感慨，不禁于乾隆时代有余痛焉耳。

其三为咸丰、同治时代。洪杨之难既作，痡毒全国，以十余年之力，仅克削平。而文宗显皇帝，复为英法联军所迫，北狩热河，鼎湖一去，龙髯不返。此实创巨痛深，而无以复加者也。曾、胡、左、李诸贤，咸以一介儒将，转战中原，沐雨栉风，百折不挠。吾每按其行迹，接其言论，有加敬焉，断不敢如今之少年喜谤前辈也。虽然，援《春秋》责备贤者之义，则除胡文忠中道殂陨不预后事之外，吾于曾文正、左文襄、李合肥，以及其并时诸贤，有不能为讳者，以其仅能为中国定乱，不能为中国图治也。夫豪杰之任国事也，非徒使之不乱而已，而必求国家之光荣焉，求国民之进步焉。苟不尔尔，则如今日欧洲文明政体之国，永绝乱萌者，其将永无豪杰之出现乎。彼俾士麦、格兰斯顿何人也？乃我中国数千年来，惟扰乱之时有豪杰，而治平之时则无豪杰，是一奇也。呜呼！吾知其故矣。中国之所谓豪杰者，其任国事也，不过为朝廷之一姓，而非为国民之全体也。故或为一姓创立基业焉，或为一姓拥护私产焉，或为一姓光复旧物焉，数千年豪杰不出此三途矣。若曾国藩、左宗棠、李鸿章之徒，亦犹是也。故诸公者，其在大清朝廷，可谓有莫大之勋；而其在我中国国民，则未尝有丝毫之功也。孟子曰：有事君人者，有安社稷臣者，有大人者，有天民者。若曾、左、李之徒，可谓之事君人，可谓之社稷臣，若夫大人、天民之道，则瞠乎未有闻也。吾所云云，非谓欲劝诸公离朝廷而别有所建树也。当是时，半壁江山，岌岌不可终日，盈廷昏庸衰谬之臣，既已心灰胆落，失所凭藉，惟依阃外诸将帅以为重，此实除旧布新一大机会也。使曾、左、李诸人，有一毫为国民之心，乘此时，用此权，以整顿中央政府之制度，创立地方自治之规模，决非难也。果尔，则维新之业，与日本同时并起，迄今三十余年，雄长地球矣。而诸公何以无闻也？或为之解曰：当三十余年前，与欧洲交通未盛，诸公不知西法，不解维新，亦奚足怪。不知吾之所谓维新者，非必西法之谓也。西法者，不过维新之形质耳。若维新之精神，则无中无西，皆所同具，而非待他求者也。彼日本三十年前之维新，岂战船之谓乎？岂洋操之谓乎？岂铁路之谓乎？岂开矿之谓乎？并无战船、洋操、铁路、开矿等事，而不得不谓之维新者，有其精神也。若中国近日，曷尝无战船、洋操、铁路、开矿等事，而仍不得谓之维新者，无其精神也。当同治初元，虽不能为形质之维新，岂不能为精神之维新？但使有精神之维新，而形质之维新，自应弦赴节而至矣。当时曾、左、李诸贤，岂不知官场之积弊？岂不知士风之颓坏？岂不知民力之疲困？苟能具大眼识，运大心力，不避嫌怨，不辞劳苦，数贤协力，以改弦而更张之。吾度其事体之重大，未必如日本之勤王讨幕也；阻力之扞格，未必如日本之废藩置县也。而日本诸公能毅然成之，我国诸公乃漠然置之，是乃大可惜也。吾尝略揣诸贤之用心，曾则稍带暮气，守知足知止之戒，惮功高震主之患，日思急流勇退，以保全令名，而不遑及他事也；左则稍带骄气，其好战之雄心，已发而不可制，思贾其余勇，立功名于绝域，而不遑及他事也；李则谦不如曾，骄不如左，略知西法之美，思欲仿效，摭其皮毛，而不知其本源也。吾持高义以责备之，则诸贤者皆有负于国民者也。曾之谦也，中老杨之毒也。大臣既以身许国，则但当计国民之利害，不当计一身之利害，营私罔利，固不可也，爱惜身名，仍不可也。不见格兰斯顿乎，为爱尔兰自治之案，至于党员亲友，尽变敌国，而气不稍挫焉。曾文正其有愧之也。左之骄也，意气用事也。彼其以如许血汗，如许心力，而开拓西域十余城之石田，何如移之以整顿内政也。李之误也，亦由知有朝廷，不知有国民者也。彼之所效西法各事，仍不过欲为朝廷保其私产，而非为国民扩其公益也。自余并时诸勋臣，除滥冒骄蹇粗悍者不计外，所称高流者，其性质亦不出于此三途矣。以当时大乱初定，天下颙颙望治，千载一时之机会，及诸贤分绾兵符，勋业赫赫，可以有为之凭藉，失此不为。时会一去，驷追不及，荏苒荏苒，蹉跎蹉跎，任其腐败，听其凌夷，此实千古之遗恨也。虽然，吾以此责望于曾、左、李诸人，吾固知其不伦矣。何则？彼诸人之思想见识，本丝毫无以异于常人也。彼方以其能多杀人而施施自豪，方以能徼宠荣于一姓之朝，而沾沾自喜。语以国民之公义，豪杰之责任，彼乌从而知之。闻李鸿章之使西欧也，至德见前相俾士麦，叩李以生平功业，李历述其平发平捻之事，意气颇自得。俾氏曰：公之功业，诚巍巍矣，然吾欧人以能敌异种者为功，自残同种以保一家，欧人所不称也。李闻之有惭色云。嗟乎！吾惜李公闻此言之太晚也。吾更惜曾、左诸贤之终身未闻此言也。虽然，区区数人何足惜。吾愈惜以中国之大，而所谓近世第一流人物者，乃仅仅如是也。

抑尤可痛者，同治戡乱之后，不惟不能起中国积弱之病，乃反窒中国图强之机。盖自兹以往，而彼势利顽固者流，以为天命永存，富贵长保，益增其骄侈满盈之气，更长其深闭固拒之心。故自英法破北京，无所要索，仅订盟通商而去，彼等于是觉西人足畏而不足畏矣。自戈登助攻，克复苏、常诸名城，遂定江南，彼等于是忘外人之助，而自以为武功巍巍莫与京矣。自俄罗斯定约，还我伊犁，彼等不知他人之别有阴谋，而以为畏我之威矣。自越南谅山一役，以主待客，小获胜仗，于是彼等铺张扬厉之，以为中国兵力，足挫欧洲强国而有余矣。坐是虚骄之气，日盛一日，朝野上下，莫不皆然。如井底蛙，如辽东豕，如夜郎之不知汉大，如匈奴之自谓天骄。遂复歌舞湖山，粉饰藻火，仍出其数千年祖传秘诀，驯民、恬民、役民、监民之手段，汲汲然讲求而附益之，精益求精，密益求密，而岂复有痛定思痛，存不忘亡之一念，来往于其胸中者耶？于是而近十年来之局成矣。于是而近十年来之难作矣。

其四则最近时代。今上皇帝以天纵之资，抱如伤之念，藉殷忧以启圣，惟多难以兴邦，天之生我皇也，天心之仁爱中国而欲拯其祸也。其奈道高一尺，魔高一丈，有西太后那拉氏者梗乎其间。那拉氏垂帘三次，前后凡三十余年，中国之一线生机，芟夷斩伐而靡有孑遗者，皆在此三十年也。中兴诸勋臣，所以不能兴维新之治者，虽由其识力之不足，抑亦畏那拉氏之猜忌悍忍而不敢行其志也。以肃顺为先朝顾命大臣，湘淮诸将，皆所拔擢，而那拉以莫须有之狱，一旦骈其党而戮之。以恭亲王之亲贤，身当大难，仅安社稷，而那拉挟私愤而屏逐之。况于诸臣之起自疏逖而威权震主者耶。故曾国荃初复江南，旋即罢职闲居，曾国藩之胆，于是寒矣。左宗棠班师入觐，解其兵权，召入枢垣，虚隆其礼，阴制其肘也，故甫及一月，而已不安其位矣。自余百端，所以驾驭诸臣者，无不类是，亦何怪其灰心短气，而无能为役也。今夫专制之国之钤辖其民，以自保私产，古今恒情，吾姑无责焉。虽然，保之则亦有道矣。如彼俄罗斯者，现世最专制之国也，而其任百官也，则必尽其才、尊其权，政府之方针有定向，施政之条理有定程，盖虽不知有民，而犹知有国焉，其君其臣，一心一德，以务国事，此其所以强也。若那拉后者，非惟视中国四百兆之黎庶如草芥，抑且视大清二百年之社稷如秦越也，故忍将全国之大权，畀诸数阉宦之手，竭全国之财力，以穷极池台鸟兽之乐，遂使吾中国有所谓安仔政府，有所谓皮笑李政府者，盖二百余年来京师之腐败秽丑，未有甚于那拉时代者也。今上皇帝，忍之无可忍，待之无可待，乃忘身舍位，毅然为中国开数千年来未有之民权，非徒为民权，抑亦为国权也。那拉氏之仇皇上，其仇民权耶？其仇国权耶？仇民权则是四百兆人之罪人也，仇国权抑亦大清十一代之罪人也。呜呼！我　部近十年史论，那拉氏实书中之主人翁也。使三十年来无那拉氏一人梗乎其间，则我中国今日，其勃兴如日本可也，其富乐如英美可也，其威张如法俄可也。故推原其所以积弱之故，其总因之重大者，在国民全体，其分因之重大者，在那拉一人，其远因在数千年之上，其近因在二百年以来，而其最近因又在那拉柄政三十年之间。诗曰：乱匪降自天，生自妇人。朊朊周原，茫茫禹壤，其竟如斯而长已矣耶？其未然耶？此吾所以中夜拔剑起舞，而涕泪弥襟矣。

结　论

以上所论列，中国病源，略尽于是矣。吾之所以下笔二万言，剌剌不能自休者，非如江湖名士之傲睨一世，使酒骂坐，以快其口舌意气也；亦非有所抑郁不得志，而诋其当道，以浇其胸中块垒也。谚曰：解铃还须系铃人。又曰：心病还得心药医。故必知其病根之伏于何处，又知酿成此病者属于何人，然后治疗之术可得而讲焉。国也者，吾之国也，吾爱之，不能坐视其亡而不救也。今既无救之之权，则不能不望于有权者；吾一人之力不能救，则不能不望于众人之与吾同心者。吾所以著此书之意在是，吾所以冠此论于全书之意亦在是。抑闻大易之义，剥极则复，否极则泰。吾中国今日之弱，岂犹未极耶？思之思之，鬼神通之，雷霆一声，天地昭豁。亦安知夫今与后之不殊科耶？亦安知夫祸与福之不相倚耶？

嗟夫嗟夫，天胡此醉，叩帝阍其难闻。人之无良，览横流其未极，哀莫大于心死。逝者如斯，祸已迫于眉然，泣将何及。莽莽千载，念来日之大难；茫茫九州，见夕阳之无限。岂一治一乱，昆明无不劫之灰；抑人谋鬼谋，精卫有未填之海？卷欧风与亚雨，惊咄咄其逼人；营菟裘与冰山，羌梦梦而视我。嗟夫嗟夫，千年辽鹤，望人民城郭以怆神；何处铜驼，向棘地荆天而长涕。不辞瘏口，聊贡罪言。父兮母兮，胡宁忍予，墨耶泪耶，长歌当哭。知我者谓我心忧，不知我者谓我何求。悠悠苍天，此何人哉！

《饮冰室合集》文集之五，第12—42页，中华书局1989年版

正仇满论

光绪二十七年六月二十六日[①]

章炳麟

梁子既主立宪政体，又为积弱溯源论，曰真有爱国心而具特识者，未有仇视满人者也。呜呼，梁子迫于忠爱之念，不及择音，而忘理势之所趣，其说之遍宕也亦甚矣。夫今之人人切齿于满洲，而思顺天以革命者，非仇视之谓也。屠剑之惨，焚掠之酷，钳束之工，聚敛之巧，往事已矣，其可以仇视者，亦姑一切置之。而就观今日之满人，则固制汉不足亡汉有余，载其呰窳，无一事不足以丧吾大陆。今夫官吏之溺职者，则取而废黜之，非有所仇视于官吏也；人民之杀人行劫者，则执而断斩之，非有所仇于人民也。今满人之阘茸者，进不知政，退不知农商，睢盱榛狉状若鹿豕，惟赖宗室米禄以为养；而一二桀黠者，则一切取吾汉人之善政而颠倒更张之，一切取吾汉人之贤俊而芟薙鉏刈之。然则所谓溺职者与所谓杀人行劫者，其今之满人非耶！虽无入关以来屠剑焚掠、钳束聚敛之事，而革命固不得不行，奈何徒以仇视之见狭小汉人乎！

观梁子所论，以路易十四比乾隆，以拥护一姓私产而不为国民全体罪曾、左诸公，其知满洲全部之当去也明矣，所极不忘者独圣明之主耳。夫其所谓圣明之主者，果能定国是、厚民生、修内政、御外侮，如梁子私意所料者耶？彼自乙未以后，长虑却顾、坐席不暖者，独太后之废置我耳。殷忧内结，智计外发，知非变法无以交通外人得其欢心，非交通外人得其欢心无以挟持重势而排沮太后之权力；故戊戌百日之新政，足以书于盘盂，勒于钟鼎，其迹则公，而其心则只以保吾权位也。曩令制度未定，太后夭殂，南面听治，知天下之莫予毒，则所谓新政者，亦任其迁延堕坏而已。何也？满、汉二族，固莫能两大也。今以满洲五百万

① 此据《国民报》第四期刊载时间。

人临制汉族四万万人而有余者，独以腐败之成法愚弄之锢塞之耳。使汉人一日开通，则满人固不能晏处于域内，如奥之抚匈牙利、土之驭东罗马也。人情谁不爱其种类，而怀其利禄。夫所谓圣明之主者，亦非远于人情者也，果能敝屣其黄屋，而弃捐所有以利吾汉人耶？借曰其出于至公，非有满汉畛域之见，然而新法犹不能行也。何者？满人虽顽顿无计，而其怵惕于汉人，知不可以重器假之，亦人人有是心矣。顽顿愈甚，团体愈结，五百万人同德戮力，如生番之有社寮，是故汉人无民权，而满洲有民权，且有贵族之权者也。虽无太后而掣肘者什伯于太后，虽无荣禄而掣肘者什伯于荣禄。今夫建立一政，登用一人，而肺腑昵近之地，群相欢哓，朋疑众难，杂沓而至，自非雄杰独断如俄之大彼得者，固勿能胜是也。共欢四子，于尧皆葭莩姻娅也，靖言庸回，而尧亦不得不任用之。今其所谓圣明之主者，其聪明文思果有以愈于尧耶？其雄杰独断果有以侪于俄之大彼得者耶？由是言之，彼其为私，则不欲变法矣；彼其为公，则亦不能变法矣。进退无所处，而犹隐爱于此一人，何也?!

梁子又曰，今之民贼，其在汉人者往往而有，非独满人然也。夫汉人之有民贼，固也，彼思今之汉人，判涣无群，人自为私，独甚于汉、唐、宋、明之季者，谁致之而谁迫之耶？吾以为今人虽不尽以逐满为职志，或有其志而不敢讼言于畴人，然其轻视鞑靼以为异种者，此其种性根于二百年之遗传，是固至今未去者也。往者陈名夏、钱谦益辈，以北面降虏贵至阁部，而未尝建白一言，有所补助，如魏征之于太宗，范质之于宋祖者，彼固曰异种，非吾中夏神明之胄，所为立于其朝者，特曰冠貂蝉袭青紫而已，其存听之，其亡听之，若曰为之驰驱效用而有所补助于其一姓之永存者，非吾之志也。理学诸儒，如熊赐履、魏象枢、陆陇其、朱轼辈，时有献替，而其所因革未有关于至计者。虽曾、胡、左、李之所为，亦曰建殊勋博高爵耳，功成而后，于其政治之盛衰、宗稷之安危，未尝有所筹画焉。是并梁子所谓拥护一姓者，而亦非其志也。其他朝士，入则弹劾权贵，出则搏击豪强，为难能可贵矣；次即束身自好，优游卒岁，以自处于朝隐；而下之，贪墨无艺、怯懦忘耻者，所在皆是。三者虽殊科，要其大者不知会计之盈绌，小者不知断狱之多寡，苟得廪禄以全吾室家妻子，是其普通之术矣。无他，本陈名夏、钱谦益之心以为心，固二百年而不变也。明之末世，五遭革命，一命之士、文学之儒，无不建义旗以抗仇敌者，下至贩夫乞子、儿童走卒，抗志不屈而仰药剚刃以死者，不可胜计也。今者北京之破，民则愿为外国之顺民，官则愿为外国之总办，食其俸禄、资其保护，尽顺天一城之中，无不牵羊把茅甘为二臣者；若其不事异姓，躬自引决，缙绅之士殆无一人焉。无他，亦曰异种，非吾中夏神明之胄，所为立于其朝者，特曰冠貂蝉、袭青紫而已，其为满洲之主则听之，其为欧美之主则听之，本陈名夏、钱谦益之心以为心者，亦二百年而不变也。然则满洲弗逐，而欲士之争自濯磨，民之敌忾效死，以期至乎独立不羁之域，此必不可得之数也。浸微浸衰，亦终为欧美之奴隶而已矣。非种不去，良种不滋，败群不除，善群不殖。自非躬执大彗以扫除其故家汙俗，而望禹域之自完也，岂可得乎！

梁子又曰，欧洲列国，常有君统乏嗣，而迎立异国之公族以为君者，故知中国极弱之源，非必由于满人之君天下也。夫欧洲各国，大抵出于日耳曼种、偷通赛而脱等，百种千名所在殊状，而其文明程度大略相等，且其迎立新君往往出于婚媾之国，是非满汉之可与并论者也，乏嗣而迎立新君则其国家已定矣。若夫两种杂居，犷者处上，束钳缚制，使其一种欲为牛马臧获而不可得，我欲以大度容人，而如人之不以大度容我何，则希腊、意大利之自立，有成事矣。梁子颂言欧洲迎君之美，而讳称希腊、意大利自立之事，岂不持之有故、言之成理耶，抑何其偏宕而远于事情也。

呜呼，梁子所悲痛者革命耳，所悲痛于革命而思以建立宪法易之者，为其圣明之主耳！夫所谓革命者，固非溷淆清浊，而一概诛夷之也。自渝关而外，东三省者，为满洲之分地；自渝关而内，十九行省者，为汉人之分地。满洲尝盗吾汉土以为已有，而吾汉人于满洲之土未尝有所侵攘焉。今日逐满，亦犹田园居宅为他人所割据，而据旧时之契约界碑，以收复吾所故有而已。而彼东三省者，犹得为满洲自治之地，故曰逐满而不曰歼杀满人。其地未割于俄罗斯欤，则彼犹得保其主权，尚不失其帝位也；其地果割于俄罗斯欤，东胡大地，旷荡鲜人，水草犹多，牧马犹殖，使夫五百万人者，反其故土，林林而立，总总而居，亦犹是满洲之旧俗也。夫苟奋然切齿于前日屠剑焚掠、钳束聚敛之怨，则将犁其廷、扫其闾、鞭其墓、潴其宫，积骨此成阜，蹀血为渠，如去岁西人之仇杀义和团者，比于扬州十日、嘉定三屠，尚为末减而未有增也，此则合于九世复仇之义，夫谁得而非之。今一切不计，而徒口逐满而已，宅尔宅、畋尔田，各营生计，特不得于吾汉土，是其待之也亦可谓至公至仁矣，其尚得曰仇视欤！乃夫此一人者，诚使不失其圣明，而能与俄罗斯相安，则奴儿哈赤之帝号固未替也。若其渐染华风，乐慕上国，如匈奴贤王之归化者，则封以三恪，处以大第，入朝不趋，赞拜不名，所以酬其百日变政之功者，固自有道，宁有斮以轻吕、悬以大白者乎。呜呼，为说至此，而革命与梁子所谓保皇会者，抑可以无间也。昔之保国者，曰保中国不保大清；今之革命而不废保皇者，曰保生命不保权位。虽梁子躬自革命，而于其忠爱之念，犹若可以无憾，夫何姁姁慈爱以悲痛于此乎！

若夫梁子所谓立宪者，吾又不知其何以能立也。凡一国专制之主，而欲立之权限勿使自恣者，必有国会议院以遏其雷霆万钧之势者也，而是二者皆起于民权，非一人之所能立。方今霾曀屯否之世，顾所谓民权者安在乎？其必睿圣仁强之大人，文能附众、武能却敌者，纠合众志，大鞣大搏，以与凶顽争命，而后可以就事；事之既就，人心所归必在英桀，则此睿圣仁强者虽欲不居帝位，而抑无所遁。苟曰使彼反其初服，而惟以旧日假号之帝王为吾共主，是则选立共主之法不于贤否，而惟于成俗沿袭之虚名也。今夫中国非可以日本为比例者也。彼以二千五百年之旧主，神器相传，无有移易，则臣民之于旧主亦既有其感情，故维新之始，虽以志士号呼搏击，得奠大功，而卒以尊王为成绩。是岂处置异种者所得援以为例者哉！必使民权既成，而犹立宪以保此一人之位，何异汉高破秦而使之尊事怀王，明祖灭元而使之拥戴林儿，微特于义无取，亦事之必不可得者也。吾故曰梁子迫于忠爱而忘理势之所趣也。

案：梁子又言，日本异国，我犹以同种同文引而亲之，何有于满洲。夫自族民言之，则满、日皆为黄种，而日为同族、满非同族，载在历史粲然可知。自国民言之，则日本隔海相对，自然一土，而满洲之在鸡林靺鞨，亦本不与支那共治。且其文字风俗之同异，则日本先有汉字，而后制作和文，今虽杂用，汉字犹居大半，至满洲则自有清书，形体绝异。若夫毡裘湩酪之俗，与日本之葛布鱼盐，其去中国，孰远孰近，然则日亲满疏断可知矣。虽然，以独立自主言，则虽以日本宰制吾土，而犹不欲降心相从，何有于满洲耶！此义既多知者，故今不辩，辩以理势如此。

《国民报》第四期，1901年8月10日。录自张枬、王忍之编《辛亥革命前十年间时论选集》第一卷上册，第94—99页，三联书店1978年版

释 革

光绪二十八年十一月十五日

中国之新民[①]

“革”也者，含有英语之 Reform 与 Revolution 之二义。Reform 者，因其所固有而损益之以迁于善，如英国国会一千八百三十二年之 Revolution 是也，日本人译之曰改革、曰革新。Revolution 者，若转轮然，从根柢处掀翻之，而别造一新世界，如法国一千七百八十九年之 Revolution 是也，日本人译之曰革命。“革命”二字，非确译也。“革命”之名词，始见于中国者，其在《易》曰“汤武革命，顺乎天而应乎人”；其在《书》曰“革殷受命”。皆指王朝易姓而言，是不足以当 Revo.（省文下仿此）之意也。人群中一切有形无之事物，无不有其 Ref.，亦无不有其 Revo.，不独政治上为然也。即以政治论，则有不必易姓而不得不谓之 Revo. 者；亦有屡经易姓而仍不得谓之 Revo. 者。今以革命译 Revo.，遂使天下士君子拘墟于字面，以为谈及此义，则必与现在王朝一人一姓为敌，因避之若将浼已。而彼凭权借势者，亦将曰是不利于我也，相与窒遏之、摧锄之，使一国不能顺应于世界大势以自存。若是者皆名不正言不顺之为害也。故吾今欲与海内识者纵论“革”义。

Ref. 主渐，Revo. 主顿；Ref. 主部分，Revo. 主全体；Ref. 为累进之比例，Revo. 为反对之比例。其事物本善，而体未完、法未备，或行之久而失其本真，或经验少而未甚发达，若此者，利用 Ref.。其事物本不善，有害于群，有窒于化，非芟夷蕴祟之，则不足以绝其患，非改弦更张之，则不足以致其理，若是者，利用 Revo。此二者皆大易所谓革之时义也。其前者吾欲字之曰改革，其后者吾欲字之曰变革。

① “中国之新民”，即梁启超。

中国数年以前，仁人志士之所奔走所呼号，则曰改革而已。比年外患日益剧，内腐日益甚，民智程度亦渐增进，浸润于达哲之理想，逼迫于世界之大势，于是咸知非变革不足以救中国。其所谓变革云者，即英语 Revolution 之义也。而倡此论者多习于日本，以日人之译此语为革命也，因相沿而顺呼之曰革命革命。又见乎千七百八十九年法国之大变革，尝馘其王、刈其贵族流血遍国内也，益以为所谓 Revo. 者必当如是。于是近今泰西文明思想上所谓以仁易暴之 Revolution，与中国前古野蛮争阋界所谓以暴易暴之革命，遂变为同一之名词，深入人人之脑中而不可拔。然则朝贵之忌之，流俗之骇之，仁人君子之忧之也亦宜。

新民子曰：革也者，天演界中不可逃避之公例也。凡物适于外境界者存，不适于外境界者灭，一存一灭之间，学者谓之淘汰。淘汰复有二种：曰“天然淘汰”，曰“人事淘汰”。天然淘汰者，以始终不适之故，为外风潮所旋击，自澌自毙而莫能救者也。人事淘汰者，深察我之有不适焉者，从而易之使底于适，而因以自存者也。人事淘汰，即革之义也。外境界无时而不变，故人事淘汰无时而可停。其能早窥破于此风潮者，今日淘汰一部分焉，明日淘汰一部分焉，其进步能随时与外境界相应，如是则不必变革，但改革焉可矣。而不然者，蛰处于一小天地之中，不与大局相关系，时势既奔轶绝尘，而我犹瞠乎其后。于此而甘自澌灭则亦已耳，若不甘者，则诚不可不急起直追，务使一化今日之地位，而求可以与他人之适于天演者并立。夫我既受数千年之积痼，一切事物，无大无小无上无下，而无不与时势相反，于此而欲易其不适者以底于适，非从根柢处掀而翻之，廓清而辞辟之，乌乎可哉！乌乎可哉！此所以 Revolution 之事业（即日人所谓革命，今我所谓变革），为今日救中国独一无二之法门。不由此道而欲以图存欲以图强，是磨砖作镜、炒沙为饭之类也。

夫淘汰也，变革也，岂惟政治上为然耳，凡群治中一切万事万物莫不有焉。以日人之译名言之，则宗教有宗教之革命，道德有道德之革命，学术有学术之革命，文学有文学之革命，风俗有风俗之革命，产业有产业之革命。即今日中国新学小生之恒言，固有所谓经学革命、史学革命、文界革命、诗界革命、曲界革命、小说界革命、音乐界革命、文字革命等种种名词矣。若此者，岂尝与朝廷政府有毫发之关系，而皆不得不谓之革命。闻革命二字则骇，而不知其本义实变革而已。革命可骇，则变革其亦可骇耶？呜呼，其亦不思而已！

朝贵之忌革也，流俗之骇革也，仁人君子之忧革也，以为是盖放巢流彘，悬首太白，系组东门之谓也。不知此何足以当革义。革之云者，必一变其群治之情状，而使幡然有以异于昔日。今如彼而可谓之革也，则中国数千年来，革者不啻百数十姓。而问两汉群治有以异于秦，六朝群治有以异于汉，三唐群治有以异于六朝，宋明群治有以异于唐，本朝群治有以异于宋明否也？若此者，只能谓之数十盗贼之争夺，不能谓之一国国民之变革，昭昭然矣。故泰西数千年来，各国王统变易者以百数，而史家未尝一予之以 Revolution 之名。其得此名者实自千六百八十八年英国之役始，千七百七十五年美国之役次之，千七百八十九年法国之役又次之。而十九世纪，则史家乃称之为 Revolution 时代。盖今日立于世界上之各国，其经过此时代者，皆仅各一次而已。而岂如吾中国前此所谓革命者，一二竖子授受于上，百十狐兔冲突于下，而遂足以冒此文明、崇贵、高尚之美名也。故妄以革命译此义，而使天下读者，认仁为暴，认群为独，认公为私，则其言非徒误中国，而污辱此名词亦甚矣。

易姓者固不足为 Revolution，而 Revolution 又不必易姓。若十九世纪者，史家通称为 Revo. 时代者也，而除法国主权屡变外，自余欧洲诸国，王统依然。自皮相者观之，岂不以为是改革而非变革乎；而询之稍明时务者，其谁谓然也。何也？变革云者，一国之民，举其前此之现象而尽变尽革之，所谓“从前种种譬犹昨日死，从后种种譬犹今日生”，其所关系者非在一事、一物、一姓、一人。若仅以此为旧君与新君之交涉而已，则彼君主者何物，其在一国中所占之位置，不过亿万分中之一，其荣也于国何与？其枯也于国何与？一尧去而一桀来，一纣废而一武兴，皆所谓“此朕家事卿勿与知”，上下古今以观之，不过四大海水中之一微生物耳，其谁有此闲日月以挂诸齿牙余论也。故近百年来世界所谓变革者，其事业实与君主渺不相属，不过君主有顺此风潮者，则优而容之，有逆此风潮者，则锄而去之云尔。夫顺焉而优容，逆焉而锄去者，岂惟君主，凡一国之人，皆以此道遇之焉矣。若是乎，国民变革与王朝革命，其事固各不相蒙，较较然也。

闻者犹疑吾言乎？请更征诸日本。日本以皇统绵绵万世一系自夸耀，稍读东史者之所能知也；其天皇今安富尊荣神圣不可侵犯，又曾游东土者之所共闻也。曾亦知其所以有今日者，实食一度 Revolution 之赐乎？日人今语及庆应、明治之交，无不指为革命时代；语及尊王、讨幕、废藩、置县诸举动，无不指为革命事业；语及藤田东湖、吉田松阴、西乡南洲诸先辈，无不指为革命人物。此非吾之谰言也，旅其邦、读其书、接其人者所皆能征也。如必以中国之汤武，泰西之克林威尔、华盛顿者，而始谓之革命，则日本何以称焉？而乌知其明治以前为一天地，明治以后为一天地，彼其现象之前后相反，与十七世纪末之英、十八世纪末之法无以异。此乃真能举 Revolution 之实者，而岂视乎万夫以上之一人也！

由此言之，彼忌革、骇革、忧革者，其亦可以释然矣。今日之中国，必非补苴掇拾一二小节，模拟欧美、日本现时所谓改革者，而遂可以善其后也。彼等皆曾经一度之大变革，举其前此最腐败之一大部分，忍苦痛而拔除之，其大体固已完善矣，而因以精益求精、备益求备。我则何有焉？以云改革也，如废八股为策论，可谓改革矣，而策论与八股何择焉？更进焉他日或废科举为学堂，益可谓改革矣，而学堂与科举又何择焉？一事如此，他事可知。改革云，改革云，更阅十年，更阅百年，亦若是则已耳。毒蛇在手而惮断腕，豺狼当道而问狐狸，彼尸居余气者又何责焉。所最难堪者，我国民将被天然淘汰之祸，永沉沦于天演大圈之下，而万劫不复耳！夫国民沉沦，则于君主与当道官吏又何利焉？国民尊荣，则于君主与当道官吏又何损焉？吾故曰：国民如欲自存，必自力倡大变革实行大变革始；君主官吏而欲附于国民以自存，必自勿畏大变革且赞成大变革始。

呜呼，中国之当大变革者岂惟政治，然政治上尚不得变、不得革，又遑论其余哉！呜呼!!

《新民丛报》第二十二号，光绪二十八年十一月十五日（1902 年 12 月 14 日）。录自张枬、王忍之编《辛亥革命前十年间时论选集》第一卷上册，第 242—246 页，三联书店 1978 年版

致梁启超函[①]

光绪二十八年十一月

黄遵宪

今日乃洒泪雪涕为公言一事，即保卫局之事也。自吾随使东西，略窥各国政学之要，以为国之文野，必以民之智愚为程度。苟欲张国力、伸国权，非民族之强，则皮之不存毛将焉傅？国何以自立？苟欲保民生、厚民气，非地方自治，则秦人视越人之肥瘠，漠不相关，民何由而强？早夜以思府县会会议，其先务之亟矣。既而又思，今之地方官受之于大吏，大吏又受之于政府，其心思耳目，惟高爵权要者之言是听。即开府县会，即会员皆贤，昌言正论。至于舌敝唇焦，而彼辈充耳如不闻，又如何？则又爽然自失，以为府县会亦空言无益。既而念警察一局，为万政万事根本。诚使官民合力，听民之筹费，许民之襄办，则地方自治之规模隐寓于其中，而民智从此而开，民权亦从此而伸。此管子作内政、寄军令之意也。怀此有年而未能达，入湘以后，私以官绅合办之说告之义宁，幸而获允，则大喜。开局以来，舆论翕然无异辞，则又大喜，谓此后可以扩充如吾之所大欲矣！乃不幸而政变遂作，虽以成效大著，群情悦服之故（鄂督入告之言云尔），不能昧良心而废众论，此局岿然独存，然既已名存而实亡矣！

团拳乱起，乘舆播迁，警察之说盛行于国中。近日奉旨，饬各省照袁世凯所奏，不准不办，岂非幸事。以经济家所许为要需，政治学所认为公益，以及中外商民，同心希望之善政，似宜大用大效，小用小效矣。而湖北一局啧有烦言，乃至京僚联名会请裁撤，则又何故？盖警察者，治民之最有实力者也。苟无保民之意贯注于其中，则以百数十辈，啸聚成群之虎狼，助民贼之威，纵民贼之欲。苛

① 《新民丛报》第二十四期（光绪二十九年一月十三日）节录此书，题名“水苍雁红馆主人来简”；张枬、工忍之编《辛亥革命前丨年间时论选集》（第一卷上册，第330—337页）据以转录，标题“驳单命书”。

政之猛，必且（躯）〔驱〕天下于大乱。仆以为警察善政不归于乡官区长之手，而归于行政官，此亦泰西文明美犹有憾之证也。仆以为以民卫民、以民保民，此局昉之于中国，他日大同之盛，太平之治，必且推行于东西各国也。而今之中国遂无望矣。悲夫！悲夫！（仆怀此意，未对人言。无端为复生窥破，仆为之一惊，恐此说明而挠阻之者多耳。今密以告公，然仍望公勿布之于世。一息尚存，万一犹得，藉乎以报我国民亦未可定。苟不幸，事终不成。仆遂赍志殁，愿公作一传，详述此意以告天下，或者东西大国采而行之，仆虽死亦必瞑目矣。仆告义宁父子曰："今者时势，即将古今名臣传、循吏传中之善政一一举办，亦无补于民，无补于国。"伯严愕然问故，仆徐告之曰："今之督抚，易一人则尽取前政而废之，三十年来所谓新法，比比然矣。必官民合办，费筹之于民，权分之于民，民食其利、任其责，不依赖于官局，乃可不撤，此内政也。万一此地割隶于人，民气团结，或犹可支持。即不幸，力不能拒，吾民之自治略有体制，扰攘之时祸患较少，民之奴隶于人者，或不至久困重僮，阶级亦较易升。譬之为家长者，令子若孙，衣食婚嫁之资，一一仰给于父兄，力又不能给，不如子若孙之能自成立明矣。"议遂定，然仆于此寓民权，终未明言也。此段上三纸勿刊布为恳。）

自尧舜以来逮于今日，生长于吾国之民，咸以受治于人为独一无二之主义。其对于政府不知有权利，实由对于人群不知有义务也。以绝无政治思想之民，分之以权，授之以政，非特不能受，或且造邪说而肆谤诬，出死力以相抗拒。以如此至愚极陋之民，欲望其作新民，以新吾国，其可得乎？合群之道，始以独立，继以群治，其中有公德，（《新民说·公德篇》云："吾辈生于此群之今日，当发明一种新道德，求所以固吾群、善吾群、进吾群之道，未可以前王先哲所罕言，遂自画而不敢进也。"至哉言乎！）有实力，有善法，前王先圣所以谆谆教人者，于一人一身自修之道尽矣，于群学尚阙，然其未备也。吾考中国合群之法，惟族制稍有规模，古所谓"宗以族得民"是也。然仁至而义未尽，思谊明而法制少，且今日无论何乡何村，其聚族而居者并不止一族，讲画太明，必又树党相争，其流弊极于闽、粤械斗而犹未已。故族制之法，施之今日，殊不切于用。（吾又尝思之，中西风俗同异者多，将来保吾国粹以拒彼教者，必在敬祖宗一事。今姑不具论，附识于此。）其他有所谓同乡者、同（寮）〔僚〕者、同年者，更有所谓相连之姻戚、通谱之弟兄者，大抵势利之场、酬酢之会，以此通人情而已，卑卑无足道也。其稍有意识者为商会（即某某会馆，潮州人最有规模，会馆馆长颇近于领事），为业联（吾粤省最多，如玉工、缝工、纸花工之类，近颇有力，有欧洲工党举动），然亦不足自立。其合群之最有力量，一唱而十和，小试而辄效者，莫如会党。自张陵创立五斗米教以来，竟以黄巾扰破季汉。

其后如宋之方腊，明之徐鸿儒，近日之洪秀全，皆愚妄无识之徒，而振臂一呼，云合响应，其贻害遍天下，其流毒至数世而犹未已。彼果操何术以致此哉？其名义在平等，其主义在利益均分，忧患相救而已。法可谓良，而挟之仅以作贼，则殊可痛也！吾以为讲求合群之道，当有族制相维相系之情，会党相友相助之法，再参以西人群学以及伦理学之公理、生计学之两利、政治学之自治，使群治明而民智开、民气昌，然后可进以民权之说。仆愿公于此二三年之《新民报》中，巽语忠言，婉譬曲喻。三年之后，吾民脑筋必为一变，人人能独立、能自治、能群治，导之使行，效可计日待矣。即曰未能人人知独立、知自治、知群治，授之以权而能受，授之以政而能达，亦庶几可以有为。至于议院之开设，仆仍袭用加藤弘之之说，以为今日尚早，今日尚早也！

公之所唱民权、自由之说皆是也。公言中国政体，征之前此之历史，考之今日之程度，必以英吉利为师，是我辈所见略同矣。风会所趋，时势所激，其鼓荡推移之力，再历十数年、百余年，或且胥天下而变民主，或且合天下而戴一共主，皆可未知。然而中国之进步，必先以民族主义，继以立宪政体，可断言也。

公所草《新民说》，若权利，若自由，若自尊，若自治，若进步，若合群，皆腹中之所欲言、舌底笔下之所不能言。其精思伟论，吾敢宣布于众曰：贾、董无此识，韩、苏无此文也。然读至冒险、进取、破坏主义，窃以为中国之民不可无此理想，然未可见诸行事也。二百余年，政略以防弊为主，学术以无用为尚。有明中叶以后，直臣之死谏诤，党人之议朝政，最为盛事。逮于国初，余风未沐，矫其弊者，极力刬削，渐次销除，间有二三骨鲠强项之臣，必再三磨折，其今夕前席、明夕下狱，今日西市、明日南面者，踵趾相接，务催抑其可杀不可辱之气，束缚之，驰骤之，鞭笞之，执乾纲独断之说，俾一切士夫习为奴隶而后心安。其文字之祸、诽谤之禁，穷古所未有。由是愚懦成风，以明哲保身为要，以无事自扰为戒，父兄之教子弟，师长之训后进，兢兢然伸明此意，浸淫于民心者至深。故上至士夫、长吏、官幕、军人，乃至吏胥、走卒、市侩、方技、盗贼、偷窃，其才调意识，见于汉唐历史、宋明小说者，今乃荡然乌有。总而言之，胥天下皆懵懵无知、碌碌无能之辈而已。以如此无权利思想、无政治思想、无国家思想之民，而率之以冒险进取，耸之以破坏主义，譬之八九岁幼童授以利刃，其不至引刀自戕者几希！

公又以为英国查理士第一国会之争，法国路易第十六革命之祸终不能免。非不知此事之惨酷，而欲以一时之苦痛，易千万年之和平。吾之以民权、自由之说鼓荡末学，非欲以快口舌。吾每一念及，鼻酸胆战，吾含泪而道也。嗟夫！至矣哉仁人之言。吾诵公言，亦为之鼻酸胆战也。虽然，欧洲中古以来，其政治之酷、压制之力，极天下古今之所未见。赋敛之重、刑罚之毒，不待言矣。动辄设制立限，某政某事为某种人不应为，某权利为某种人不应享。至于宗教之争、社会之禁，往往株连瓜蔓，死于缧绁，死于囹圄，死于焚戮者，盈千累万，数至不可胜计。校之中国，惟兴王之待胜朝，霸者之戮功臣，奸雄之锄异己，叔季之兴党狱，间有此祸，他无有也。教化大行，民智已开。固压力愈甚，专制力愈甚，其反动力亦愈甚。彼其卢骚民约之论入于脑中，深根固蒂，不可拔矣。一旦乘时之会，遂如列风猛雨、惊雷怒涛之奋激迅疾，其立海水而垂天云，固其宜也。

吾不敢谓中国压制之不力，然特别之事恒有之，普通之力不如此其甚。吾非不知中国专制之害，然专制政体之完美巧妙，诚如公语。苟时非今日，地无他国，无立宪共和之比校，乃至专制之名习而安之亦淡焉忘。今以中国麻木不仁、痛痒不知之世界，其风俗之敝、政体之坏、学说之陋，积渐之久，至于三四千年，绝不知民义、民权之为何物。无论何事，皆低首下心，忍而不辞；虽十卢骚、百卢骚、千万卢骚至口瘏手疲，亦断不能立之立、导之行也。日本之开国会也，享其利而未受其害，东人以为幸事。然吾考其原因，将军主政六七百年，及德川氏之季，诸藩联合，以尊王讨幕为名，王室尊矣，幕府覆矣，而一切大政，仍出于二三阀阅之手。于是，浮浪之士，失职之徒，乘间抵隙，本万机决于公论之誓，以法国主义为民倡，深识远虑者从而和之，当局者无说以易此，迁延展转，国会终不得不开。其事之成也，有相因而至之机会也。然其得免于祸也，亦足见断头之台，长期之会，非必不能免之，阶级不可逃之天蘖也。

二十世纪之中国，必改而为立宪政体。今日有识之士，敢断然决之，无疑义也。虽然，或以渐进，或以急进，或授之自上，或争之自民，何途之从而达此目的，则吾不敢知也。吾辈今日报国之义务，或尊主权以导民权，或唱民权以争官权，一致而百虑，殊途而同归，迹若相非，而事未尝不相成。嗟夫！吾读公“以乙为鹄，指甲趋乙”之函，吾读公“不习则骇，变骇成习”之说，有以窥公之心矣。以公往往过信吾言，怀此半年未与公往复者，虑或阻公之锐气，损公之高论也。而今日又进一言者，以无智不学之民，愿公教导之、诱掖之、劝勉之，以底于成，不愿公以非常可骇之义，破腐儒之胆汁，授民贼以口实也。公之目的固与我同，可无待多言，愿公纵笔放论时，少加之意而已。天祚中国，或六五年，或四三年，民智渐开，民气渐昌，民力渐壮，以吾民之明，得贤相良佐为之辅弼，因势而利导之，分民以权，授民以事，以养成地方自治之精神。征论英法，即日本二十年来政党相争之情。况吾亦乌有焉，真天下万国绝无仅有之事也。

踔厉奋发，忧勤兢惕，以冀同心协力，联合大力，以抗拒外敌。即向来官民之界、种族之界，久存于吾人心目间者，尚当消畛域，泯成见，调和融合，以新民命而立国体。而反纷纷然为蛮触之争、鸡虫之斗，何其量之狭而谋之浅也。彼之纵横交错，布其势力范围于我之各行省、各属地、各外藩者，既俨然以地主人自命，其视吾政府犹奴隶，视吾民人犹奴隶之奴隶，有识之士所为痛心疾首者也。今不自因为奴隶之奴隶，又未能养成地主人之资格，学为地主人之本领，乃务与奴隶争；彼或者左袒奴隶，以攻击奴隶之奴隶，抑摧灭奴隶之奴隶而并驱奴隶，患不可胜言也。譬之一家，舆台皂隶，日喧呶于左右者之侧，有不勃然大怒、挥而斥之乎？有能默尔而息、置之不问者乎？

日本当明治二十七八年，政党互讧，上下交争，几酿大祸。及与我开战，乃并力一向，忽变阋墙而为御外。初不愿过取之民，舌剑唇枪，两肆攻击。马关会议，反责成国民力筹二万万银元，以充战费，众无异辞。诚知今日大势，在外患不在内忧也。今五大洲之环而伺我者，协而攻我者，不独日本日夜伺吾隙，以徼吾利。而爱国之士反唱革命分治之说，授之隙而予之柄，计亦左矣。今之二三当道，嚣嚣然以识时务自命者，绝不知为国民，由国民之为何义，天赋人权之为何物，民约之为何语，谬以为唱民权必废君主，唱民权必改民主。积其科名官职，富贵门第，腐败不堪之想，一意恢张官权，栽抑民权，举一切政事，沟而画之，别而白之曰：此官之权，于民无与也。果若人倘若不幸，彼政府诸公顽固如故，守此不变，靳固不予；而民智既开，民力既壮，或争之而后得，或夺之而后得，民气日张，民权亦必日伸。以物竞天择、优胜劣败之理推之，其变态吾不知，其结果吾敢断言也。公以播此理想，图报效于国民，冀以其说为消弭祸患之良药。仆以为由此理想而得事实，祸患因而不作，此民之幸，即公之功也。又虑其说为制造祸患之毒药。仆以为民已有智，民既有力，而政府固勒之权，祸患未由而弭，此政府之责，非公之咎也。吾辈唯自尽国民一分子之义务而已。

若夫后生新进爱国之士有唱革命者、唱类族者、主分治者，公亦疑其非矣。吾姑无论理之是非、议之当否，然决其事之必幸无成也。西乡隆盛之起师也，斩竿木、荷耰锄而从者数万人，全国之民响应者十之二三，归向者十至七八。而以一少将扼守熊本，卒不能越雷池一步，展转而困毙，是何也？政府有轮船、有铁轨、有枪炮，而彼皆无之也。故论今日政府之弱可谓极矣！而以之防家贼、治内扰，犹绰有余裕也。事无幸成，徒使百数十英豪、万数千良儒，血涂原野，骸积山谷，非吾之所忍闻，反诸爱国者之初心，亦必悔其策之愚拙、事之孟浪也。即幸而事成，而取一家之物，而又与一家；畏一路之哭，而别行一路。以今日之愚族，亦万不能遽跻于强台。以暴易暴，不知其非，吾恐扰攘争夺，未知其所底止也。且吾辈处此物竞天择至剧至烈之时，亟亟然图所以自存，所以自立者，固不在内患而在外攘。今日之时，今日之势，诚宜合君臣上下、华夷内外（此四字用古代名词），言势必所谓官者，绝不取之于民，族如上古封建之世卿，欧洲中叶之贵族，印度四种之刹帝利而后可。果若人言，又必今日为民听其愚昧，明日入官即化为神圣而后可。果若人言，又必以二三千神圣之官，率此四百兆愚昧之民，驱之出生入死，安内排外，无所不能而后可。果使普天之下胥变为牛马世界、犬鸡世界、虫蚁世界也，彼其说可行也。若犹是人民世界也，吾知此蚩蚩无知之民，始居于无民之国，继变为无国之民，是不啻为渊驱鱼，为丛驱（爵）〔雀〕也，是直为天下列强之虎之伥、之鬼之魔也，是中华之罪人，是大清国之乱臣贼子也。虽然，今之新进后生、爱国之士，知彼辈之必误天下。恶彼辈之说，矫彼辈之论，铤而走险，急何能择？乃唱为革命、类族、分治诸说，其志可哀，其事可悲。然以今日之民，操此术也以往，吾恐唱革命者，变为石敬瑭之赂外，吴三桂之请兵也；唱类族者，不愿汉族、鲜卑族、蒙古族之杂居共治，转不免受治于条顿民族、斯拉夫民族、拉丁民族之下也；唱分治者，忽变为犹太之灭，波兰之分，印度、越南之受辖于人也。吾非不知时危事迫，无可迁延，持缓进之说者，将恐议论未定，而兵既渡河，揖让救火，而火既燎原。虽然，此壤劫、此厄运，由四五千年积压而来，由六七大国驱迫而成，实无可如何也。公以为由君权而民政，一度之破坏终不可免，与其迟发而祸大，不如速发而祸小。仆以为由野蛮而文明，世界之进步，必积渐而至，实不能躐等而进，一蹴而几也。吾不征往事，征之近日，神拳之神，义民之义，火教堂、戮教民、攻使馆之愚，其肇祸也如此；顺民之旗，都统之伞，通事之讹索，士夫之献媚，京师破城之歌舞，联军撤退之挽留，（共）〔其〕遭难也如彼；和议告成，赔款贻累，而直隶之广宗，湖南之辰州，四川之成都、夔州，又相继而起，且蔓延于一省，其怙恶也复如此。以如此之民，能用之行革命、类族、分治乎？每念中国二千年来专制政体，素主帝天无可逃、神圣不可犯之说，平生所最希望专欲尊主权，以导民权，以为其势（校）〔较〕顺，其事稍易。戊戌新政，新机动矣，忽而变政，仍以为此推沮力寻常所有也。既而团拳祸作，六飞播迁，危急存亡，幸延一发，卒下决意变法、母子一心之诏，既而设政务处，改科举，兴学校，联翩下诏，私谓我辈目的庶几可达乎。今回銮将一年，所用之人、所治之事、所搜刮之款、所娱乐之具、所敷衍之策，比前又甚焉！展转迁延，卒归于绝望，然后乃知变法之诏，第为（辟）〔避〕祸全生，徒以之媚外人而骗吾民也。设有诘于我者，谓公之所志，尚能望政府死灰之复（然）〔燃〕乎？抑将坐视国家舟流而不知所届乎？仆亦无辞可答也。茫茫后路，耿耿寸衷，忍泪吞声，郁郁谁语！而何意公之《新民说》遂陈于吾前也，罄吾心之所欲言、吾口之所不能言，公尽取而发挥之。公试代仆设身处地，其惊喜为何如矣！已布之说，若公德、若自由、若自尊、若自治、若进步、若权利、若合群，既有以入吾民之脑，作吾民之气矣；未布之说，吾尚未知鼓舞奋发之何如也。此半年中，中国四五十家之报，无一非助公之舌战，拾公之牙慧者，乃至新译之名词、杜撰之语言、大吏之奏折，试官之题目，亦剿袭而用之。精神吾不知，形式既大变矣；实事吾不知，议论既大变矣。嗟夫！我公努力，努力本爱国之心，绞爱国之脑，滴爱国之泪，洒爱国之血，掉爱国之舌，举西东文明大国国权、民权之说输入于中国，以为新民倡，以为中国光，此列祖列宗之所阴助，四万万人之所托命也。以公今日之学说、之政论布之于世，有所向前之能，有惟我独尊之概，其所以震惊一世，鼓动群伦者，力可谓雄，效可谓速矣。然正以此故，其责任更重，其关系乃更巨。举一国材智之心思、耳目专注于公，举足左右，便分轻重。彼之恢张官权，裁抑民权者，公驳击之、指斥之可也。听其自消自灭、自腐自朽、自溃自烂，亦无不可也。公所唱自由，或故为矫枉过直之。然使彼等唱自由者，拾其唾余，如罗兰夫人所谓天下许多罪恶，假汝自由以行，大不可也。公所唱民权，或故示以加倍可骇之说。然使彼等唱民权者得所借口，如近世虚无党，以无君、无政府为归宿，大不可也。一言兴邦，一言丧邦，芒芒禹城，惟公是赖。求公加之意而已。

吾草此函，将敛笔矣。吾哀泪滂沱，栖集笔端。恍若汉、唐、宋、明之往事，毕陈于吾前，举凡尽忠殉国，仗义兴师，无数之故鬼新鬼，亡魂毅魄，乃至亡国之君、亡国之君之妃后、亡国之君之宗族，呜呜而哭，一齐号咷。若曰："吾辈何不幸，居于专制之国，遭此革命之祸也！"吾热血喷涌，洋溢纸上。又若英、德、日、意之新政，毕陈于吾前，举凡上下议院、新开国会，无数之老者少者，含哺鼓腹，乃至吾国万岁、吾民万岁、吾君万岁之声，熙熙而来，一片升平。若曰："吾辈何幸，而生于立宪之国，享此自治之福也！"吾亦不自知若何而感泣，忽辍笔而叹也；若何而蹈舞，遂投笔而起也。嗟夫！孰使我哀哀至于此，吾憾公；孰使我喜喜至于此，吾又德公。书不尽言，吾复何言？

新民师函丈

老少年国之老少年百拜！

列国纵横六七帝，斯文兴废五千年。黄人捧空撑空起，要放光明照大千。

青者皇穹黑劫灰，上忧天堕下山积。三千六百钓鳌客，先看任公出手来。

此丙申四月赠公诗六首之二。此纸未尽，仿《新民报》例，附识于末。

陈铮编：《黄遵宪全集》上册，第443—450页，中华书局2005年版

答南北美洲诸华商论中国只可行立宪不可行革命书

光绪二十八年

康有为

顷得书，以回銮半年，皇上不得复辟，西后、荣禄仍柄大权。内地纷纷加税，民不聊生，以赔荣禄通拳匪、围使馆之款。广西变起，众情积愤，怒不可

遏。恐皇上长为荣禄所挟，永卖中国。且吾会备极忠义以保皇，而政府反以为逆党，反以为匪会，捕逮家属，死者数人，监者累年。以竭忠为逆，以保皇为匪，今虽再竭忠义，亦恐徒然矣。事势如此，不如以铁血行之，效华盛顿革命自立，或可以保国民。览书惶骇，何乃至此！想诸君热心太盛，以为回銮之后，西后必归政，荣禄必逐故也。一旦失望，愤怒交并，忧国诚切，迫而出此。近者天下纷纷怨怒，皆在此事，岂独诸君哉！夫以荣禄为通拳匪、围使馆之罪魁，而能欺弄八国，不独不杀，且柄政如故，此由各国公使因其曾馈瓜果所致。荣禄巧营两面，一面命董福祥围使馆，一面馈使馆瓜果，于事成则受其功，若事败时则不受其过。今竟得售其奸，脱然事外，挟权加税，以虐吾同胞，伪为变法，以欺各外国。今则并不变法，逍遥高卧而执政权，诸君之愤之怒之宜也。然愤激之余，遽欲为革命自立，独不念舍身救民之圣主乎！不独与保皇会宗旨相悖，而考时度势，则蒙窃以为不可。盖有数说焉，唯仁人志士察之。

今欧美各国所以致富强，人民所以得自主，穷其治法，不过行立宪法，定君民之权而止，为治法之极则矣。其先起者莫如强英，自崇祯十五年争乱，至康熙二十七年，始立议院，予民权，凡四十八年而后定。然尚未有选官之权，至道光十二年、二十八年，伦敦民党大变两次，大将军威灵顿调兵二十万，仅而获成。故英国之民权，二百年而后得。中间虽杀一君，流血无数，然不过求民权、定立宪，英君主之世守如故，未尝革命也。奥国自道光二十年，禁报纸，禁私会，不予民权，民党大起，求议政权，逐奥王，围奥相，又遇普法侵割，乃始予民议政权，至同治十年，凡二十三年而大定。然虽逐王，奥君之世守如故，亦未尝革命也。法国则自巴喳利亚国民逐其宰相罗拉蒙退丝而求权。普鲁士则自道光二十八年民求变法，大乱作，既得议政权而止。然毕士麻克尚以伸王权，开尊王会，而合二十五邦，为一霸国，强于大地，更未尝革命也。意国则自嘉庆时，拿破仑予民权后，复遭维也纳约之压制，民党积数十年，凡七十万人，乃起大变。萨谛尼王独主张民权，大为民所归，于是合十数小国而成意国，且立帝权，更未尝革命矣。西班牙自嘉庆二十三四年，民变求权，至今君主之世守如故，亦未尝言革命也。他若葡萄牙国、琏国、荷兰国、瑞典国，皆累经民变，皆得议政自由之权，而君主皆世守如故。日本虽日言民权自由，而君主世守如故，亦未尝有革命者。统计欧洲十六国，除法国一国为革命，实与俄之一国为专制者同，皆欧洲特别之情。其余十余国，无非定宪法者，无有行革命者。然法倡革命，大乱八十年，流血数百万，而所言革命民权之人，旋即借以自为君主而行其压制，如拿破仑者，凡两世矣。然使法国之制独善，法国之力独强，法民之乐更甚，由之可也。今各国之宪法，以法国为最不善，国既民主，亦不能强，能革其君，而不能革其世爵之官。其官之贪酷压民甚至，民之乐利，反不能如欧洲各国。此则近百年来，欧洲言革命不革命之明效大验矣。然各国民党之起，皆在其京师，故能迫其君相而成大事，其间有自边省起者，亦皆去京师不远，然不过少为势援，大要不在是也。若不在京师起者，则调大兵立平之，未见一国民权党能在边省成功者，此不可不取以为鉴也。

若夫民主大国，惟美与法。美为新造之邦，当时人民仅四百万，与欧洲隔绝，风气皆新，无一切旧制旧俗之拘牵。其后渡海赴之者，皆厌故国，乐自由，故大更大变，事皆极易。故法革命而无效，美自立而见功。若我中国，万里地方之大，四万万人民之众，五千年国俗之旧，不独与美迥绝不同，即较于法亦过之绝远。以中国之政俗人心，一旦乃欲超跃而直入民主之世界，如台高三丈，不假梯级而欲登之；河广十寻，不假舟筏而欲跳渡之，其必不成而坠溺，乃必然也。夫孔子删《书》，称尧、舜以立民主；删《诗》，首文王以立君主；系《易》，称见群龙无首，天下治也，则平等无主。其为《春秋》，分据乱、升平、太平三世。据乱则内其国，君主专制世也；升平则立宪法，定君民之权之世也；太平则民主，平等大同之世也。孔子岂不欲直至太平大同哉？时未可，则乱反甚也。今日为据乱之世，内其国，则不能一超直至世界之大同也；为君主专制之旧风，亦不能一超至民主之世也。不然，国者，为民之所积者也；国者，民之公产也。孔子言天下为公，选贤与能，固公理也。欧洲十余国，万战流血，力争而得民权者，何不皆如法之革命，而必皆仍立君主乎？必听君主之世守乎？甚且无君主则迎之异国乎？此非其力之不能也，有不得已之势存焉。故礼时为大，势为大，时势之所在，即理之所在。公理常与时势相济，而后可行。若必即行公理，则必即日至大同，无国界、无家界而后可，必妇女尽为官吏而后可，禽兽之肉皆不食而后可，而今必不能行也。仆在中国实首创言公理，首创言民权者，然民权则志在必行，公理则今日万不能尽行也。盖今日由小康而大同，由君主而至民主，正当过渡之世，孔子所谓升平之世也，万无一跃超飞之理。凡君主专制、立宪、民主三法，必当一一循序行之，若紊其序，则必大乱，法国其已然者矣。既当过渡之时，只得行过渡之事，虽有仁人志士欲速之而徒生祸乱，必无成功，则亦可不必矣。不然，以欧洲十余国之志士才人万亿千计，累更百年，何以皆至君主立宪法而即止，不复更进至民主大革命哉！乃者英君后之丧，民戴之如此，英新皇之加冕，民尊之如彼，凡有礼会，必免冠起立，同颂祝其君。彼欧人之明智，岂伪为如是哉？诚以审时势而为义理，不可不如是也。若使百年来欧洲十余国之亿兆志士才人，皆愚冥也，则是不足称也；如使积百年欧洲十余国之亿兆志士才人，稍有知也，然而彼十余国不为革命而国日强，但求立宪而民日乐，则是岂可不深长思也。故百年来欧洲十余强国，亿兆才人志士，但求立宪法，定君民之权耳。虽别称君主、民主之国，其为立宪民权无异，但得自由自主之乐斯已矣。君主、民主皆虚位耳，民之实权不可失，故必求之君主、民主之虚位，无关要事，则可听之。实考欧美治强之故，人民之权利若此，若未尝深思其故，反复其势，绎按其时，徒见美国独立之盛，但闻法国革命之风，而慕之行之，妄言轻举，徒致败乱，此仆之愚所未敢从也。

今日天下滔滔，志士发愤，或舍弃身命而为之，岂非欲中国变法自强，不受分割哉？岂非欲吾旅外同胞，不受欺辱，独立不羁哉？岂非欲吾国民自由，有立宪法，有议政权哉？凡此皆天下之公理，万国之大效，而仆生平之素论定志，舍身为之，与天下志士有同心者也。故仆昔在京师，曾及直省举人与京师士夫，而开强学会、保国会争民权矣。盖不得于上，则欲争于下也。然前言英、法变争百数十年，流血数百万而后得之，其余各国虽不至是，然皆几经争变，流血而后得。惟戊戌之年，皇上赫然变法，百日维新，薄海额手而望自强，万国变容而为起敬，已然之效，天下所知，非同虚想也。皇上既云一夫失职，自以为罪，亟亟欲与民议政之权、自由之乐；亟亟欲开议院，使国民咸操选举之权，以公天下。满学士阔普通武，新学爱民者也，首请开议院，予民权自由，上即擢为侍郎，立令开院。大学士孙家鼐谏曰："若开议院，则民有权而君无权矣。"上曰："吾但欲救中国民耳，君权有无何与焉。"张之洞力言未可，乃少待而后行，然已令天下上书，官吏有格不上者，谕旨称必革惩之。礼部尚书怀塔布六堂官，卒以格上书获罪，上亦因是幽废。夫上不顾己之害，不待民之请，又非鉴万国之变，而以救民之故，亟亟予民权自由，其心至仁如天，至公如地，其公大卜而尢少私，视天位如敝屣，此欧洲各国所未有，中国数千年所未闻也。夫万国力争流血所不得者，而皇上一旦以与民，我四万万人不待流血，不待力争，而一旦得欧洲各国民自由民权之大利，此何如其大德哉！有君如此，岂忍负之？皇上以救民变法，不幸被废，事竟不行。然以寻常言之，人以救我而至大祸，我民乃不能救之，于报施之礼，已为不公。况因恩人不幸在祸，被缚于贼之时，而反戈攻之，曰革命，曰扑满，是以怨报德，以仇报恩也。吾国人岂可出此？夫皇上有虚位而无实权者也，今之割台、胶、旅大者，非皇上也，乃西后、荣禄也；推翻新政以虐我民者，非皇上也，乃西后、荣禄也；通拳乱国，赔款加税以虐我民者，非皇上也，乃西后、荣禄也。吾国人之恨政府，卖我辱我，奴隶我，剥削我，而仇而怨之宜也。然今之政府，是皆幽废皇上之贼也，吾国人恶贼逐贼杀贼可也，是则宜勤王敌忾而讨贼者也。奈之何不辨皂白，不择人类，因恶西后、荣禄之故，而概攻之曰满清政府，是岂非并舍身救民之皇上而攻之乎？因恶西后、荣禄之故，而概言革命，是岂非并舍身救民之皇上而并革之乎？人有恶鼠之窟其室，而自焚其屋；恶贼之质其子，而并杀其子，尚为不智。何有于恶虐我之贼，而牵及救我之恩人哉！西后、荣禄，满人也，皇上亦满人也，汤、武之革命，乃诛无道之桀、纣耳，非诛有道之夏启、武丁也。以一二人之罪而恶及一国，乃并其爱我恩我之人并除之，此岂为公理乎？故仆实不欲闻革命扑满之言，非徒为感皇上之知遇也，非为曾仕国朝也，实以公理不安，不忍闻也。又假皇上既不幸遇变，吾民绝望于自强自由，则不能不思所以自救，则不能不思所以自立，则援汤、武诛暴之义，用欧美求权之争，由之可也。今皇上虽尚无权，然数年以来，经历万劫，履险如夷，至今无恙，溥儁立而复见废，旧党乱而几尽亡，不可谓非天命矣。始则囚于瀛台，郊庙朝觐，皆不得预；今则复能郊庙朝觐，比之向者，已有进矣。凡此弑而未成、幽而复出者，皆天命也，吾保皇会诸公之心力之为之也。内地四万万人，莫不同戴，而或者谓天命不存，人心尽去，足证其谬矣。太后、荣禄年六十余，危于朝露；皇上年仅三十，春秋鼎盛，相较显然。一旦有变，皇上可复辟，一也。荣禄自知通拳匪、围使馆，为罪魁之罪魁，得罪各国，岌岌不保。虽用诡谋，假于以瓜果馈公使，仅以自免，然其部将董福祥犹在，荣禄督董围使馆，乃董革而荣全，董甚怨之，若各国诘问之，实情终露。奸雄诈术，岂能久存，不久当败露。荣若败露，上即复辟，二也。又各国咸知皇上圣明，今惑于荣党之言，以为皇上复能朝觐，已复权矣。故各报纷纷言上复权，久之知上并未复权，太后仍复专政，必请归政矣，皇上即可复辟，三也。即不然，而各国咸认皇上、敬皇上，诸贼亦必不敢复行废弑，是皇上尚可以容而待复辟，四也。皇上一复辟，可立行变法自强，立与民权议政，立与国民自由自主，诸君何不少俟之。与其忍公理，肆自屠，求革命而必不能成，甚者且以资敌，何如仍誓保皇，发愤敌忾，以冀皇上之复辟，而民权自由为必可得耶?

夫革命非一国之吉祥善事也。就使革命而获成矣，为李自成之入燕京矣，为黄巢之破长安矣，且为刘、项之入关中矣。然以中国土地之大，人民之众，各省各府，语言不相通，各省各府，私会不相通，各怀私心，各私乡土，其未大成也，必州县各起，省府各立，莫肯相下，互相攻击，各自统领，各相并吞，各相屠灭，流血成河，死人如麻。秦、隋、唐、元之末季，必复见于今日。以加枪炮之烈，非及古者，是使四万万之同胞，死其半也。董卓既除宦官，则吕布杀卓，郭催、樊稠、张济，更迭相争相杀，曹操、袁绍、袁术、公孙瓒、孙权、刘备，更迭并争。或如晋八王之互攻，而五胡乱华，中国偏安者三百年；或如尔朱乱魏，而高欢、宇文更迭竞争。名分不定，则逐鹿并起，争杀无已，血流如糜。以中国今日之人心，公理未明，旧俗俱在，何能如欧洲民变之公？势必大者王，小者侯，如恒河沙自攻自残，日寻干戈，偷生不暇。何能变法救民？何能整顿内治？夫欧美一切之美政、美学、美术，皆承平暇豫，而后能为之。岂有国内乱剧仓皇，民不聊生，工商俱废，奔走不暇，而能兴内治乎？法国之地与民，不得中国十分之一，而革命一倡，乱八十年。第一次乱，巴黎城死者百廿九万。中国十倍其地，十倍其民，万倍于巴黎，而又语言不通，山川隔绝，以二十余省之大、二百余府之多、二千余县之众，必不能合一矣。若有大乱，以法乱之例推之，必将数百年而后定，否亦须过百年而后定。方列强竞争，虎视逐逐，今方一统，犹危殆岌岌。若吾同胞相残毁，其能待我数百年平定而后兴起内治乎？鹬蚌相持，渔人得利，必先为外人有矣，若印度是也。谁生厉阶，演此惨剧。夫今志士仁人之发愤舍身命而倡大变者，其初岂非为救国民哉？乃必自杀数万万人，去中国人类之半而救之，孟子言杀一不辜，而得天下不为，况于屠戮同种数万万人哉！且杀子而救其孙，既为不智，况并孙而不能救，终于相持而赠它人。试问中国同胞何仇于彼，而造此无量之苦海恶孽乎？庄子言："作始也简，将毕也巨。"能发之者，谁能收之？若火之一发既燎于原，不可扑灭。有救民圣主在，乃不小待而妄发此巨焰，焚人以自焚，且焚及其同胞数万万人焉。有仁人志士，而如此乎？孟子曰："贼人者，谓之贼。"托于救国者，岂愿为民贼乎！夫始为变法自强而来，终为内乱自亡而去；始为救国保种而来，终为鬻民灭国而去。在妄发者，亦岂料其末祸至是！然放火之人，无能知火之所止者。彼放小火耳，风之所来，谁能定之？测火风犹若是，而况倡革命者。放大火燎炸药，以烧中国，又当四邻窥伺之时，彼虽号为智者，能料其所终乎！即智者妄谓能料之，其可信乎！方印度诸自立国，倡言背蒙古朝时，岂料不数十年国种全灭而隶英哉！言革命者，必谓非经大杀戮，不能得大安乐。故杀人数万万，乃其本怀，原不足动其心，然使杀之而必能救中国犹可也。然自相屠杀，剪其种族数万万，而必至鹬蚌相持、渔人得利也，志士仁人何忍出此？

何谓中国革命，内乱相残，必至令外人得利也。闻今之言革命者，动引法军助美国自立之例，或言托外人运械，或言请外人练军，或言与外国立约，或言与外国借兵，盖无不操是说矣。然吾阅历已久，测验已多矣。夫欲假外援，亦必己能自立，人乃援之。今闻请外人运械者，则外人据其资；请外人练军者，则言语不通，土地无所，而糜费已巨矣。若请外国借兵，与外国立约，则试问洪秀全之时，英国之戈登助谁乎？波兰欲自立，无助之者。埃及以藩镇自立，英、俄、法、普、德且助土耳其而攻埃。必将如俄人之据伊犁、据东三省，藉口保护其商人，藉口定乱，因而据之耳。国朝入关，平李自成而取明鼎，亦用此法。此实为中外古今公理定例矣。各国皆堂堂大国，可取之则取之，谁肯与乱党结盟哉？何必待与乱党结盟哉？以台湾观之，当时欲以与英、法，尚不肯取，此最近事矣。又吕宋之阿坤鸦度，始与美国立约相助，乃发兵称自立，以拒西班牙，及阿坤鸦度既背西班牙，美即背约而取阿坤鸦度矣。夫阿坤鸦度之至诚得民，才略绝众，苦战累年，其精诚才志，真可倾服者矣。然究其成就，不过代吕宋人作中人卖与美国耳，于美诚有功矣。虽能脱西班牙之轭，而终不过涂炭其种类，以卖吕宋之土地人民与美国耳，究何益乎。此乃最近而可鉴者也。又近者，波亚欲脱英国之轭，立国既固，苦战累年，德皇尝致电贺胜，荷兰益以同种而哀之，法总统首见其统领古鲁家矣。而前后数年，各国未闻一兵之助，卒以致灭。近观吕、波，远观埃、兰，可为殷鉴矣。吾审查各国之情已熟，公法具在，国交甚严，必无立约借兵者，若其有之，则如美之与吕宋耳。况革命之军动者，必于江海之间，各国通商之地，或在某范围之域，即军令甚严，而西商之未易保，及教堂之必易扰，此实将兵者必无暇保全之也。外人必以保护商旅为名，教士必以教堂被扰为名，警报一动，兵船纷至，即以定乱为名而据之矣。既无英、法之相忌，岂肯听吾国人从容自定之乎？故今之言革命扑满者，其极不过如菲律宾之阿坤鸦度、波亚之古鲁家而止。顷德国以俄学生之在德谋乱俄也，且逐其党十人。近者广西之变，法人已告外务部，谓于其安南商务有碍，如六月不平，必遣兵代平之。而西抚丁振铎已电告法马兵闯入龙州，而革命自立者，犹望外人之助，岂不哀哉！故无论革命者能假外国之力与否，要终于自鬻国民，以速其割亡而已。以救国之故，而终至鬻国，又岂仁人志士而甘出此乎？

且倡革命者，必以民权自由为说，公举民主官吏为言，近引法、美，切乎时势，合乎人心，当水深火热之余，莫不信之望之。夫民权自由之与革命，分而为二者也。欧洲十余国，皆有民权，皆能自由者，除法国革命外，余皆有君主，然则必欲予民权自由，何必定出于革命乎？革命未成，而国大涂炭，则民权自由，且不可得也。是故真有救国之心、爱民之诚，但言民权自由可矣，不必谈革命也。然则革命者之言民权自立，不过因人心之所乐而因以饵之，以鼓动大众，树立徒党耳。假令革命果成，则其魁长且自为君主，而改行压制之术矣。不见法之拿破仑乎？始则专倡民权，每破一国，辄令民背其主，既为民主，事事皆俛顺民情，而挟其兵力以行之，于是复自为君主矣。又不见拿破仑第三乎？始为议员，则事事必言利民，新为民主，则誓守旧章。三年之先，凡卫民、厚民、保民、利民之事，无不力行，且补旧章之不及，以买人心。已而夜宴，一夕伏兵，擒议员百数，民党头目及知名士千数，尽置于狱，流于而美嵌监绝地中，拥兵五十万而称帝矣。盖能以革命成大事之人，其智术必绝伦，又必久拥兵权者。中国枭雄积于心脑者，人人有汉高、明太之心，吾见亦多矣。古今天下，安得遇尧、舜、华盛顿？法国累更革命，积化百年，定章极严，而拿破仑第三犹如此。况中国向来本无此议论，更无立宪定章，彼枭雄能指挥十八省者，其拥兵权何止五十万，如此则何为不可。夫华盛顿之时，美国人仅四百万，中国乃百倍之，其人之才能控制十八省四万万人，破万里之全国者，非有秦政、刘邦、曹操、刘裕、朱元璋之枭雄术略，好杀自私，必不能也。大秦政、刘邦、曹操、刘裕、朱元璋再出，方出新法以大肆屠戮，以行其压制，而立其君权，其先言民权者，亦不过为拿破仑第三之买民心耳。今所见革命之人，挟权任术，争锱铢小利而决裂者，不可胜数，如此之人，使其有天下，而望其行尧、舜、华盛顿之事，是望盗跖之让国也。故即有华盛顿之仁，其人亦只能抚四百万人，而必不能定四万万人。盖以人心未化之国，非极枭雄术略之人，肆其杀戮专制之权，必不能定之也。故今日中国，必无骤出华盛顿之理，不必为此妄想也。孟子曰：有伊尹之志则可，无伊尹之志是篡也。故子哙之禅让，岂非绝世高义哉！而孟子日称尧、舜，而不许子哙者，以人心未至，时候未及，徒酿篡夺之祸也。故尧、舜之为民主，大同之公天下，孔子倡之，而不能即行之。今民主之法，大同之道，乃公理之至义，亦将来必行者也。而今中国实未能行民主也，世界实未能行大同也。譬人方婴孩，将来必至壮老。然方当婴孩之时，当有父母抱育之、师长教督之，实未能待以壮老之礼也。今中国新论甫萌芽，乃当童年就傅之时，尚非七十老傅之日，一二文学好异求速之人，日读法、美之书，而不审中国之势，妄为此说，此以四万万之人命为戏场也。余人不深审本末，但乐闻其民主自立之说、改革新政之言，而嫉于西后、荣禄之割地暴民，遂发愤而从之，徒弃身命、沉宗族，而自鬻其宗邦，即幸于万一，必无而仅有之事。至于有成，亦不过助秦政、刘邦、曹操、朱元璋之帝业，然则岂其本心哉！善乎满人瓜尔佳之言也。瓜尔佳曰：民主者，天下公理也。能爱民变法，天下莫如皇上，若举民主，莫如皇上也。吾以为今之言革命民主者，糜烂四万万之人，大战数十百年，而必不能成革命，必不能保中国。假而有成，而得一秦政、刘邦、曹操、朱元璋、拿破仑为民主，则益水深火热矣。即不可谓薄待天下人，或冀幸于万一，而有华盛顿者出，然与其望之空虚必无有未可信未出现未著效之华盛顿，何如望之已有已现已效之皇上乎！皇上天生仁圣之美质，爱民如子，又有变法之大力，推破旧习，少即帝位，与人间绝，翁师傅教之数十年，无丝毫满人议论在其胸，且深恶满人之守旧不通，而又身历艰难，视天位如敝屣，久习富贵，则忘而生厌，故有天下而不与，不如起自田舍者有艳大位之心。刘邦曰："今日乃知天子之贵。"曹丕曰："舜、禹之事，吾知之矣。"杨再思曰："但得一日为天子，死亦无憾。"今士人为诸生时，动谈高义，克己厉行，及一登第筮仕，即尽变面目，只谈宦达，不言学行。吾自田间至立朝，阅人久矣。其有穷达一节，不变塞焉，盖有之矣，我未之见也。孔子亦称隐居求志，行义达道。吾闻其语，未见其人。区区科第，微末官位，犹足变易志士之素志，况于统一天下手定山河者乎！曹操自称身死之后，墓文为汉故将军，而赞大业之荀文若，则以争受九锡赐死矣。此与议员之朝拥戴拿破仑第三，而夕则下狱远流正同矣。言革命者乎，果能翊赞成功乎，不为斗鹌鹑者之互相斗死，即为勾践、刘邦、曹操、朱元璋之诛戮功臣而死耳。故望之必无之华盛顿之民主，不如望之已效之华盛顿之皇上也。以皇上之仁圣英武，通于外事，足以变法而强中国；以皇上之久历艰难，能公天下，足以立宪而与民权。天生皇上之圣仁，令其阅历变难，正所以救中国生民者也。夫使众议纷纭，革命大乱，而后能变法，则待之数百年而后成。夫中国为黄种之独国，与法、美迥异，方今外人侵压之力，岂能从容以百年之乱待之乎？若欲速变，非君主之权不能。即如八股之案，建自王安石，行之千年；漕运之案，始自萧何，行之二千年。若非以君权行之，岂能一朝而扫除之哉？吾昔游英京伦敦，未到则极慕之；及游其中，则尚未有电灯、电车也，盖以众议办事之难也。若以君权变法，则举欧美至美之政器艺术，可数年而尽举之。故吾尝妄谓以中国强犹反掌，三年而规模立，十年而治化成，实藉数千年君权之力而行之。戊戌之时，上未有权，然百日维新，成效如此。此仆亲办之事，天下公认之效，非以美言欺人者也。加以是时，太后本不愿变法，有事必待臣下陈奏，而后请于后而裁可之。皇上不能自出一新意，吾所请开之十二局，四下军机外部议，而皆驳之，故制度局、律例局皆未立。刚毅日挟太后之力，以尼新法；荣禄日造谣言，以耸人心；各督抚累经严旨，皆观望而不办。皇上乃无逐军机督抚之权，一革礼部六堂而帝位即废。以此无权，尚能转移浩大如此。若使皇上有全权以行之，法例先草定全体而后颁行，诛窜一二守旧之大臣以耸其余，则令下如山，风偃如草，不期月而举国上下皆变矣。故论政法之理，莫不善于君主专制，莫不善于民权公义。而当中国沉疴深重之时，望黄种独立之日，上适有舍身救民之圣主，则莫善于用君主专制之权以变之，如雷霆霹雳，天地昭苏。药莫善于参术，莫毒于天雄，而起沉疴，而泻积疾，则天雄大黄，乃为最效，及既泻之后，乃以参术补之。今有圣主而用专制之权以变法，乃今日最适时之灵药，曾效之验方。吾亲服之而至效，亦天下所共见也；亦愿抄此验方，与诸君共服之。故为保皇之会，实所以保国保民也。皇上既早欲开议院、与民权矣，先以专制之君权变法，徐以公议之民权守成，不待革命糜烂之争，而可安享民权自由、变法自强之乐。吾为中国计，为四万万之同胞计，妄谓莫善于此。盖因水陆而行舟车，视病情而施医药，地各有宜，物各有适，有宜于彼而不宜于此者，有适于前而不适于后者。今革命民主之方，适与中国时地未宜，可为理想之空言，不能为施行之实事也。不然，中国之人，创言民权者仆也，创言公理者仆也，创言大同者仆也，创言平等者仆也，然皆仆讲学著书之时，预立至仁之理，以待后世之行耳，非谓今日即可全行也。仆生平言世界大同，而今日列强交争，仆必自爱其国，此春秋据乱世，所以内其国而外诸夏也。仆生平言天下为公，不可有家界，而今日人各自私。仆必自亲其亲，自私其子。此虽孔子，亦养开官夫人伯鱼，而不能养路人也。仆言众生皆本于天，皆为兄弟，皆为平等，而今当才智竞争之时，未能止杀人，何能戒杀兽。故仆仍日忍心害理，而食鸟兽之肉，衣鸟兽之皮，虽时时动心，曾斋一月，而终不戒。此阿难所以戒佛饮水，而佛言不见即可饮，孔子所以仅远庖厨也。仆生平言男女平等、婚姻自由、政事同权，而今日女学未至、女教未成，仆亦不遽言以女子为官吏也。仆生平言民权，言公议，言国为民公共之产，而君为民所请代理之人，而不愿革命民主之事，以时地相反，妄易之则生大害，故孔子所以有三世三统之异也。医生之治病，不能持独步之单方以行之；志士之治国，亦岂可以革命民主之单方行之乎？《中庸》曰："溥溥渊泉，而时出之。"故孔子既广张三世以待后人之审择而用之。仆亦兼学多方，而细审病情而发之，尽备冬夏裘葛之衣，以顺时令而服之，非称狐貉之美而五月尚必披裘，称丝络之美而九月尚必衣葛也。故审时者，无皇上之圣仁，而绝望于西后、荣禄，言革命可也；有皇上之圣仁，则不必言也。有皇上之圣仁，而已遭毒弑之大变，而绝望于高邱之无女者，言革命犹可也；有皇上之圣仁，而历劫不坏，则犹有可望中国自强、生民自由之日，则不可言也。

谈革命者知大事之本难，则又言割据自立。夫观于台湾之割与他人也，旅顺、大连湾、胶州、广州湾之割与他人也。夫国者民之国也，地者民之公地也。朝廷不能保，则民自保之。即在朝廷，与其馈之外人，岂若还之吾民乎！故言自立者，义较可行。诸君之所居在美，其所感触亦在美，以属地成自立者，惟美一国最著也。然考其事势，与中国大相反者有三焉。第一，则迁美之民，本由不乐故国政府，好行自由而迁新地，已有与本国反对之心。是时英重税既苛，压制既甚，而十三州本有议院，事可自立，故一旦独立，合十三州而公布之，即成敌国之体。若中国人服从政教，结合为一，已二百年，除一二秘会外，内地官民，皆戴服朝廷，间无异志。各省郡县，皆无议院，言自立者，盖无尺土一民，与作乱者无异。从何布告？从何对抗？此地势、人心、政体之殊也。第二，则法深怨英，与美结盟，遗兵赠械，以抗英军，而拉法伊脱之徒仗义助战，西班牙、俄、丹、瑞、兰、普、奥、葡，皆与美结同盟而助之，故华盛顿得以成功。试问中国边方自立，无地无械，安得有此众大国遗兵助械，皆结同盟乎？第三，则美洲远隔英伦，重洋万里，当华盛顿时，未有轮船，英国仅藉帆船为渡，调兵运饷，事势甚难。中国则十八省皆为内地，江海相通，轮船飞渡，一处有警，旬日即调兵到，其与美国时势、地势，至相反者也。且假令华盛顿生美国今日而称兵，事亦难成。不观于非洲之波亚乎？力战四年，流血千里，而今卒亡。不观于菲律宾乎？力战四年，流血千里，而今卒亡。夫以波亚之古鲁家，菲律宾之阿坤鸦度，其人可谓忠义诚勇，才略绝人矣，而华盛顿之功效如彼，古鲁家、阿坤鸦度之败亡如此，非必其才有高下也，时势之殊故也。又更观欧美各国自立之情，皆与中国相反者也。葡萄牙、西班牙、琏、荷兰各国，皆立于拿破仑既流之后，此则见灭数年，各复故国，不与中国同。若道光四年，比利时之自立，因与荷兰教不同、权不等之故。荷兰立国，仅十余年，其基础浅，其地四五百方里，地又极小，欧洲各国视之，本甚平等，法方逐君，未暇兼顾，故一动而英、法、俄、奥、普皆认之，故独立得成。今满之与汉，故同教也。自沈文定、李文正、曾文正、左文襄、翁常熟、孙毓汶以来，汉人常秉政权。同治时疆臣几尽汉人，无几微之芥蒂也。立国二百余年，结合为一，地广万里，岂与荷兰比哉！自立者若起，英、法、俄、奥、德，其肯认之乎？此又不能引比利时为例也。希腊之能自立也，以欧人感为文明之始基故也。既咸馈军资，而俄方欲挫土耳其之势，与英、法同盟，以兵船助之。俄军深入土境，于是三国立王而认之。若中国与欧人异种，言语文字不通，有何感动而助军资，又安得三大国遣兵船相助？若果得此，事固可成；然必不可得也。南美秘鲁、墨西哥等各国之自立也，则以西班牙、葡萄牙既灭于拿破仑，殖民不服，各自立国：拿破仑既不能越数万里海岛而征之，立国既定，及西、葡复立，亦不复从。乃其自然之势，非别谋自立者也。近者罗马尼亚、门的内哥、布加利牙之自立，则以耶、回之教不同，而耶教被杀，俄、英、奥、法、德、意六大国，以同教而助之，故能有成。若今言自立，必无督抚之自起，又无同教之六大国相助，更安得成乎？埃及之自立，缘藩镇，因战功，拥大兵，而后成之。此与吴三桂无异矣。其力能连破土耳其，至于土国乞兵诸大，英、俄、奥、普且助土而攻埃及矣。今欲自立，既无藩镇，然其成也，且犹有英、俄、奥、普之攻，然则以自徒倡义，安可得成？匈牙利虽自立矣，然奥合俄而攻之，不及数月卒败。又至近者波亚欲自立也，蓄力十余年，密购枪弹，埋地如山，其同种人亦暗助之。吾见一英官自非洲战还者，称波亚人之蓄积坚忍，苦力苦战，以散队避炮弹，英兵出则没，英兵去则出，地险而多山谷林箐，人自小儿，皆习枪法，善能命中，愤不畏死，真不可及也。故能以小国抗英累年。然德皇虽尝发电贺之，荷兰虽暗哀之，法总统虽尝见之，然何尝能出一兵救助之哉！彼有同种者犹若是，况中国黄种自斗，异种之人，正可坐视之而取渔人之利，其何助乎！又若吕宋之阿坤鸦度之脱西班牙而自立也，精诚果毅，苦战累年，而卒见卖于美，夷为隶属，徒死国民百数十万而已。波兰自有议院，民多秘会，新被灭于俄，因法之变，举国上下，发愤同心，然累起累败。印度当蒙古末造之时，亦尝各省自立，不数十年而尽属英人。今英守其孟买、加拉吉打、密者士三大镇之海，别严禁枪械，印人二万万贴然受治，无复能为。台湾自唐薇卿谋自立矣，民心新灭，其热心至甚，更及简大狮之徒累起，皆自桧以下，无庸议也。夫以远之波兰、匈牙利之热心而不能成，近之波亚、吕宋之已成国体，蓄力苦战而不能成，若印度之背蒙古莫卧尔朝而各省自立，适以召英人而自灭矣。至考之欧美之能自立有成者，则与中国无一而相类。其地势既非航海之绝域，其植基又无藩镇之厚力，三百余年，人心未变，团合久一，有所动作，内外皆视为乱民。今人之开口，辄慕美洲言自立自立，而考之各国，情势无一似者，何其谬耶？此岂儿戏乎！且能起者，必在南方通商之地，有兵事必扰西商及教堂，虽极力保护，而乱事既起，必不能保。西商岂肯为一日之亏，教堂岂肯听风火之惊哉！若其起事之难、党争之情、军械之乏、兵队之散，亦如上所言矣。以区区一地，而敌万里全国，其力必不逮。既乱通商之地，外人必不肯认，当必仍借定乱以取之。狡焉思启，何国蔑有？故起难，成尤难。事即成矣，亦徒资敌国，如印度而已。

又今真能自立，则必各省相争；即令不争，而十八省分为十八国。此日本人之所常言，而旅日者之所深惑者也。然使果分十八国，则国势不过为埃及、高丽而已，更受大国之控制奴隶而已，如印度之各省自立而授之外人而已。比为今日大中国之民，犹有所望者，其相去亦远矣。夫今地球竞争为何时乎？自吾长大所见，弱小之邦，岁月被灭，不可胜数。若琉球之灭于日本，若安南、突尼斯、马达加斯加之灭于法，若缅甸、波亚之灭于英，若霸科尔、土尔尼特之灭于俄，若古巴、檀香山、小吕宋之并于美，皆近二十年间事。非洲既全分矣。二十年中，变灭之急如此。自尔之后，霸国之义大倡，日人称为帝国主义者也。小国必为大国所并，殆于必然。观春秋时二百余国，至战国所余仅七国耳。虽有鲁、卫、中山，不过如安南之隶于藩属。盖自今以后，第二等国以下，亦必不能存。弱肉强食，鲸之吞鲵，乃理势之自然也。计百数年后，所存必仅数大国，自英、美、俄、德、法五国外，其余皆不可知者矣。我中国人民之众，居地球三分之一，土地等于欧洲，物产丰于全美，民智等于白种，盖具地球第一等大国之资格，可以称雄于大地，而自保其种者也。吾同胞何幸生于此文明之大国，当如何自喜自奋自合自保，以不至侪于高丽、暹罗之列，而为印度、安南、缅甸之续乎？凡物合则大，分则小，合则强、分则弱，物之理也。毕士麻克生当欧洲盛言革命之后，近对法国盛行革命之事，岂不知民主独立之事哉？而在普国独伸王权，开尊王会，卒能合日耳曼二十五邦而挫法，合为德国，称霸大地。嘉富洱乃力倡民权者，而必立萨谛尼为共主，备力设法，而合十一邦以为意国，故能列于众大，为欧洲之强国。使二子者但言革命民主，则日耳曼、罗马，纷乱数十年，必永为法、奥、俄所分割隶属而已，岂能为强霸之国哉？夫普、意本以小国，而毕士麻克、嘉富洱则苦心极力而合众小为大，以致强霸。吾中国本为极大国，而革命诸人，号称救国者，乃必欲分现成之大国，而为数十小国，以力追印度，求致弱亡，何其反也！使毕士麻克而绝无知识也则可，使毕士麻克之合众小而得霸而为有识也，则革命者力为分裂，其愚何可及也！使印度各省自立而能保全也，则可法也；印度不数十年而全灭，则是岂不可鉴也！人不分割我，而我自分割之；天不弱亡我，而我自弱亡之。奈之何号称志士救国者，而出此下策哉？幸于一时之自立，而忘同种之分崩；顾于目前之苟安，而不计百年之必灭。何其无远虑也？宁攻数百年一体忘怀之满洲，以糜烂其同胞，而甘分数千年一统大同之中国，以待灭于强国。若此之谋，一何与毕士麻克、嘉富洱相去远也？发愤舍身不为大中国，而为小埃及、布加利牙乎！以仆之愚，窃爱大中国、爱一统。若其如印度焉，分为众小以待灭，此则仆之愚所不敢知、不敢从也。与强国合者昌，与亡国合者亡。仆宁从毕士麻克之后耳，安能法印度乎？且假如自立乎，亦必当四境沸腾之时，而后可为割据之事；又必当外敌未侵之日，而预为风雨绸缪之谋，然后可也。未有四境无虞，而喧然唱此；百事未备，而径欲举行。此无论理势之何如，而仆之愚又不敢闻也。诸志士而果忧外国之来分割，恐临时政府之不能保也，实情理之至也，当为波国之预蓄远谋，预筹大款，预办军械，以十年之力，密密谋之，舍家为之，待时乃动，乃为成事之人。岂有如此大言高唱，无端举行，少有所捐，即日望办事，日责成效，而能成大事乎？此又仆所不敢附和也。

谈革命者又谓中国积弊既深，习俗既久，静性既甚，守旧实深，虽皇上复辟，亦难大变之。非大震雷霆，大鼓风雨，以洗荡扫除其旧人旧性，如法之大举革命然，必不能真变也。故不望其成，但欲其大动大变以警醒之，甘为大火，甘为炸药，甘为大疫，宁杀三分有二之人，以望将来之大乐。若其筑室以庇之，行医以药之，则将来自有其人，今不暇计也。远引法、美之效，近法欧洲之风，谓变法自强，必无安然可致之理，一统大同，不如鼎峙竞争之各出智力，各出议论。此其决裂破坏，无所顾虑，但求欲速以成功名，可谓勇锐残忍以图事者矣。蒙以为易动而难静者，民之性也，岂中国人独不然哉！方当地球大通，东西互遇，文明交易，新旧相搏之时，在天运为穷变之日，在大地为进化之秋。变亦变，不变亦变；顺变亦变，逆变亦变；上变亦变，下变亦变；内之自变亦变，外之迫变亦变。时机既动，人心已迁，无论如何权力，必不能以遏天机，逆时运。如转石于高山之上，经危崖蹂林曲，或小停移缩，要之必至麓而后止焉。如沸泉于星宿之源，为涓流，为小川，为伏流，为倒流，要之必入海而后止焉。近观数年之变，自甲午败后，变法议倡，积极而有戊戌维新之事；其反潮则翻新政、废君上、诛党人，而积极成庚子拳匪之祸；及都邑破、乘舆出、巨款赔，积极而复有近者勉强变法之诏。然而学堂既开，报馆既出，译书既盛，游学既众，民智日开，新说日出，即如戊戌之春，湖南已发自立易种之论，幸而皇上赫然维新，故异说稍释。及己、庚之间，溥儁立，京城失，人心骚动，革命之说复起。及去年旧党渐诛，回銮日闻，天下人人侧望，咸以为皇上立即复辟，异说渐静。及回銮后，不闻复辟，至今半年，天下复嚣然愤然而谈革命自立矣，广西之乱又起矣。顷闻撤帘有信，而贼臣阻之。呜呼！此皆李联英、荣禄二人并力以亡国也。各宗室大臣、各疆臣环视而不动，是助荣禄、李联英以亡之也。夫人心之变，岂有极哉！民主之制，出自公举，可谓公之至矣。美国之治效，可谓盛矣。麦坚尼之总统，东定古巴，西定菲律宾，可谓殊勋矣，而尚有无君党以刺之。近年工党之变日起，均产之论日多。夫论转石流川之势，则千数百年后，必至太平大同之世，群龙无首之时，公产平均之日。若在今日，则无君均产之事，中国固未萌芽，而欧美亦岂能行哉！夫美之不能遽行无君均产，犹中国之未可行革命民主也。欧洲须由立宪君主，乃可渐致立宪民主；中国则由君主专制，必须历立宪君主，乃可至革命民主也。自夏徂冬者，必历秋之凉和，乃可由盛暑而至严冬，岂有一日能成者哉？若夫异说之倡，新说之出，则四万万人之众，困于八股则已耳。既浸以欧美之说，导以自由之路，则为人心之趋。好异厌常，人之情也。聪俊特达之士，魁奇足斤弛之人，既乐脱范围，又喜树名誉，其必好奇语怪，标新领异，无所不至，乃必然也。荀卿纯儒者也，而其弟子李斯，乃至焚诗书、坑儒士；韩非乃至以孝弟贞廉诚信为虱。吴起，曾子弟子也，杀妻以求将。好奇立功名之士，亦何所不为。不待十年五年之内，极奇之异论，必横出无数，可逆料也。深识之士，当反复其利害，比较其得失，斟酌而维持之，变则当变，新则当新。保全国粹，扶翼大教，养育公德，岂如浅夫一得自矜，一切不顾，维新是求，惟异是尚哉！是乡人初游五都之市，矜诧异闻，而侈谈之耳。今之极新极异之说，吾廿年前，皆已先穷思之，然而不敢张言之者，诚以不必教猱升木也。又未至其时，言亦无益，而徒生大害也。且既动之后，不能复静，变乱滋生，不可复止。不观于法国乎？法之初革命也，废尊称，更新历，起尊崇道理之教，举旧政旧俗，扫弃而尽改之，举国若狂，言愈发而愈激，愈激而愈偏。限行政之权，至于事不能举，行空想之论，使人皆无产，献工金之半于政府，既无名分以统一之，于是诸党争权而相杀，各省称兵而反斗，其革命裁判所，自王后以下，乃至杀戮名士贵爵数十人。遍派侦探，疑似辄杀，人人疑惧，此则秦始之坑儒、桓灵之钩党、魏忠贤之诛东林，凡帝国专政之酷政，无此惨矣。已而异党复起，展转相攻，党魁数百，皆被诛戮，凡各党之争，甚类晋八王故事，死者百廿九万人。名为公议，而其专制过于无道之帝政；欲求治安，而其毒乱过于列国之互攻。盖革命之余，必至如此。诸党大乱之后，惩艾其乱，则压民主之说，于是拿破仑复立为君。拿破仑既逐，布尔奔继立，法议员则公议严刑，以罚民主之说。既而有七月二日两大革命，连逐两君，复思拿破仑而立其后。及拿破仑第三见擒于德，乱民争位之时，前后三次，巴黎扰乱，死亡载道，贸易皆无，工贾俱绝，谋食无所。其幸生者，或贫穷而无归，或积郁而致乱。于是相与为乱，劫掠官民，盘踞宫殿，流血成渠，积骸成山。故民党之意，虽日唱自主平等同胞，终无济而益乱也。英国鉴之，故宁迟迟变法，而力戒革命民主之说，果得渐进之益。夫以区区之法、区区之巴黎，一唱革命，变乱无厌已如此，况于十倍法国、万倍巴黎之中国者哉！其惨状变态，益难思议矣。且谓中国安然变法亦非也，戊戌篡废之举，庚子拳匪之祸，皆始自京师，已从流血百万而来矣。各国皆变自京师，岂必边省并变哉！若暹逻以君权变法，则未闻有一人流血之事，又岂必引法事为变法铁案乎？吾则恐大动之后，湍流直奔，大火延烧，不知几百年而无以善其后也，况敢作俑乎？

谈革命者开口必攻满洲，此为大怪不可解之事。夫以开辟蒙古、新疆、西藏、东三省之大中国，二百年一体相安之政府，无端妄引法、美以生内讧，发攘夷别种之论以创大难，是岂不可已乎？革命之义，出于孔子之称汤武，而孟子以诛纣为诛贼，不谓之弑君。此法之杀路易，英之杀查理士，号称国之公敌者也。故君而无道虐民，虽在汉人乎，逐周厉王于彘而立共和，诛纣于太白而封亳社，可也。英之查理士，法之路易，岂非英、法之人乎？若其有道，舜为东夷之人，文王为西夷之人，入主中国，古今称之。《史记》称匈奴之先祖田淳维夏后氏之苗裔。张晏注曰：淳维以殷时奔北边，逐水草，随畜移徙，故中国谓之匈奴。然则北方之人，皆吾同种。若泰伯为周太王之子，以居吴断发、文身，则不以为诸夏耳。楚之先鬻熊为文王师，以在楚百蛮之中，筚路篮缕以启山林，故亦不以为诸夏耳。其实春秋之所谓夷，皆五帝三王之裔也。及战国时，无以楚为夷者。汉高祖亦楚人也，而亡秦为帝，天下古今，无斥其为夷狄异种者，盖楚行华夏之礼久矣。然则满洲、蒙古，皆吾同种，何从别而异之，其辫发、衣服之不同，犹泰伯断发、文身耳。且中国昔经晋时，氐、羌、鲜卑入主中夏，及魏文帝改九十六大姓，其子孙遍布中土，多以千亿。今中土之姓刘、姓石、姓符、姓高、姓姚、姓容、姓杨、姓段，乃若侯莫陈崇分为陈姓、侯姓、莫姓，纥狄于之分为狄姓、于姓，库连之为连姓。若此之姓，不可胜数。又大江以南，五溪蛮及骆越、闽、广，皆中夏之人，与诸蛮相杂，今无可辨。当时中国民数，仅二三千万，计今四万万人中，各种几半，姓同中土，孰能辨其真为夷裔、夏裔乎？若必并此而攘之，恐无从捡姓谱而行之也。若如此，则莽、曹革命，可攻汉高为楚夷；而北省引义，可鄙江浙荆广之人为蛮种矣。夫夷夏之别，出于《春秋》，然孔子《春秋》之义，中国而为夷狄则夷之，夷而有礼义则中国之。故晋伐鲜虞，恶其伐同姓，则夷晋矣。郑伐许，恶其伐丧，则夷郑矣。鲁伐邾，恶其凌诸夏之小国，则并夷鲁矣。楚庄王入郑不取，邲之战则夷晋而中国楚矣。《春秋》当此之时，惟德是亲。然则孔子之所谓中国夷狄之别，犹今所谓文明野蛮耳。故中国夷狄无常辞，从变而移。当其有德，则夷狄谓之中国；当其无道，则中国亦谓之夷狄。将为进化计，非为人种计也。楚先称荆而后称楚，定哀之世，吴子爵而不殊。盖据乱之世，内其国而外诸夏；升平之世，内诸夏而外夷狄；至于太平之世，内外大小若一。故曰王者爱及四夷。又曰王者无外。又曰远方之夷，内而不外也。国朝入关二百余年，合为一国，团为一体，除近者荣禄、刚毅挑出此义，已相忘久矣。所谓满汉者，不过如土籍、客籍籍贯之异耳。其教化文义，皆从周公孔子，其礼乐典章，皆用汉、唐、宋、明，与元时不用中国之教化文字迥异。盖化为一国，无复有几微之别久矣。若衣服、辫发，则汉人化而同之，虽复改为宋明之服，反觉其不安。又历朝皆少失德，无有汉桓灵、唐高玄、宋徽光、明武熹之昏淫者。若夫政治专制之不善，则全由汉、唐、宋、明之旧，而非满洲特制也。然且举明世廷杖镇盗、大户加税、矿政之酷政而尽除之。圣祖仁皇帝定一条鞭法，纳丁于地，使举国四万万人数百年子子孙孙，永覆徭役，无复有车辚马萧，弓箭在腰，爷娘妻子走送，哭声直上千霄之苦。此则唐虞至明之所无，大地各国所未有也，亦可谓古今至仁之政矣。夫所谓奴隶者，若波兰之属于俄、印度之属于英、南洋之属于荷、吕宋之属于西班牙。人民但供租税，绝无政权，不得为高官长吏，国民一切不得平等者耳。否亦如元朝之置南人于色目汉人之下（元谓契丹为汉人，宋为南人），贱其流品，不得为宰相，不用中国文字，是则不能不愤而求自立耳。若国朝之制，满汉平等，汉人有才者，匹夫可以为宰相。自同治年来，沈文定、李文正、翁常熟迭相柄政，曾文正、左文襄、李文忠则为外相，倚畀极重。而若孙毓汶之奸邪，独当国十余年，满人侧目，无可如何。除近年荣禄以预废君之谋，独专大政外，举国四十年政权，皆在汉人之手。恭、醇二邸，位虽最高，但拱手待成耳。即今除荣禄、庆邸外，何一非汉人为政乎？军机除荣禄外，王文韶、鹿传霖、瞿鸿禨三相，皆汉人也。若袁世凯、刘坤一、张之洞三督之权，至于朝廷不敢去之。若将兵之权，尤国所倚，则袁世凯、马玉崑、宋庆、苏元春、张春发，何一非汉人乎？满人无一统大兵者，即为总督者，仅一崧蕃耳。其极边将军大臣之用满人，则以用满蒙文字，为汉人不识之故，而将来亦必改之，观新疆改省可见。即今步军警察改用汉人，东三省亦拟改行省矣。故除京官满汉并设，满籍人少，迁移较易，似为占优，然当时分设满汉者，已自有故。乾隆时，舒赫德曾请删除满汉，谓开国时圣祖本欲删除，后恐满大臣权大，至使汉人无官，有若无时，故特分满汉之缺。然则所以分之之故，盖专为汉人计也。且江苏、广东人才相等，而广东进士，额少至十数。天下事原不能极平，岂广东可以此攻江苏欤？若外官则惟才是视，绝无满汉之分。至海关、织造等官，明世原用阉人，而士人不屑为之。今满籍者之贪横，尚不如明世宦官之甚也。然若东三省、新疆、西藏、蒙古为本朝开辟之地，而汉人今得官其间，此宋明汉人之所无，亦足以少相补矣。此外惟八旗兵饷数百万，独为虚糜。然自满大学士舒赫德、松筠等，皆尝欲改为屯田以养之。袁太常昶亦尝言之。昔盛祭酒伯熙与吾言，满兵挟弓箭坐食，日益穷，不如改业农工商贾，反足自谋，除选练精强，仍充兵籍，余听为民籍谋生。则满籍人亦知其弊，以为宜改矣。仆昔亦言之，皇上然之，则此事之改必矣。皇上复辟，必妥筹良法安置而改之。然则国朝之开满洲、蒙古、回疆、青海、藏卫万里之地，乃中国扩大之图，以逾汉唐而轶宋明。教化既益广被，种族更增雄厚。俄罗斯所以为大国者，岂不以旁纳诸种之故？然则满洲之合于汉者，那大有益于中国者也。苟未至民主之时，帝室统系，必有一家，终非人人所能为，亦不过为前朝之汉刘、唐李、宋赵、明朱耳。且惟满蒙乃称奴才，汉人则与宗室并称臣，皆比肩事主，无所屈下。今微论圣主变法自强，能公天下，即使西后、荣禄，或后之当国者，更肆专横，亦岂能禁四万万人，而不听其开议院参政权哉？以戊戌推翻新政，而辛丑已复行之，近且有满汉通婚之谕。然则大势所趋，即顽固权强，亦不能不俯首而移变。然则吾四万万人之必有政权自由，必可不待革命而得之，可断言也。夫以平等权利如此，英、普、奥、意、荷、琏、班、葡、日本人自为国政，不过如是，但不如法、美人之得为大统领耳，是岂可以奴隶言之哉？今者割地鬻民，赔款剥民，诚可痛恨。然此但太后、荣禄一二人之罪耳，于满洲全籍人无与也。且舍身救民之圣主，去千数百年之敝政者，亦满人也。其余仆所识宗室之英、士夫之秀，通达大义，乐于维新者甚多，何为因太后、荣禄、刚毅一二人之故而尽攻之哉？文明之国，科罪不及妻孥；野蛮之刑，株连不过十族。今革命者日言文明，何至并一国而坐罪株连之；革命者日言公理，何至并现成之国种而分别之，是岂不大悖谬哉？夫以太平之理、大同之道言之，无论黄、白、棕、黑之种，同为天生，皆为兄弟，并宜亲爱之。今虽未能然，而大地既通，万国合较，凡蒙古、回部、西藏之人，言语未通，教化未同，犹当在内其国之列，与之加亲。吾游印度北边，遇廓尔喀、西藏、哲孟雄人，待吾加亲，开室以居吾，煮麦以食吾。凡遇中国人，尊之曰叔而敬礼之。以不通言语、不同教化之人，缘念同国，且及藩属，其敬恭亲爱如此，悠然动吾内其国之想，何况满人之合为一朝，同化中国，教化礼乐，言语服食，无一不同者乎？故满洲在明时则为春秋之楚，在今则为汉高之楚，纯为中国矣。或者动引扬州十日之记，两王入越之事，皆当时之荼毒，若思复九世之仇者，此盖古时文明未开、敌国相攻之常。项羽、白起亦中国人也，而项羽坑秦新安降卒且二十四万，白起坑赵长平降卒且四十万矣。故在开国之时，万国未通之日，分别内外，犹之可也。方今大地既通，诸种并遇，匈牙利、土耳其者，说者方引而亲之，以为同宗。况满之与汉，虽非谓同母之兄弟，当亦比于同父异母之兄弟，犹为一家也。然以同父之子，乃恶异母之兄弟之袭爵，当群盗环伺之时，乃恶而欲逐之。且实因袭爵者之妾母之管家擅权，私自盗卖田舍于邻家，乃并其袭爵之兄弟，及其异母之群季，一概欲尽诛逐之。不顾外患，惟事内讧，同室操戈，他人入室，无端生此大波，立此乱说，于伦理为悖而不顺，于时势为反而非宜。翩其反而，何未思也。夫今日中国积弱，众强环视，苟汉之与满，割而为台湾，亡而为印度、波兰，则必不得政权平等自由之利，是则可忧也。然既非其比矣，则国人今日之所当忧者，不在内讧，而在抗外也。欲抗外而自保，则必当举国人之全力，聚精会神而注于是，或可免也。方当同舟共济之日，若为内讧，则兄弟阋墙，外御其侮，恐为阿坤鸦度之能脱于西班牙，而适利美国之渔人，至时则永为奴隶，永无自立，求如今者，不可得也。乃国之志士，不能审此，而颠倒误用之，吾恐若印度真奴之不远也。昔戊戌在京时，有问政体者，吾辄以八字言之，曰“满汉不分，君民同体”。皇上甚韪之。因言魏文改姓迁都事，皇上决将满汉二字删除，凡官之分满汉缺者亦删去。其任官惟才，不问何籍，各地驻防，皆附其地，听其谋四民之业。其满洲旧姓，皆取一字而行之，如魏故事。故只有所谓中国，无所谓满汉。帝统宗室，不过如汉刘、唐李、宋赵、明朱，不过一家而已。不筑堤防，何有水涨？虽欲攻满洲，何从攻之？近者粤督陶模，曾上满汉不分之折。吾今论政体，亦是“满汉不分，君民同体”八字而已。故满汉于今日无可别言者也，实为一家者也。且即以为别种，欧洲各国且有迎君于异国者，不可胜数。盖欧洲但求民权自由耳，若君则如一大席位耳，终有人领之，不必其同国也。如一省之官，不必本省绅士为之也。孟子所谓天子一位者耳，若其无道则去之，何为并其全国一律攻詈之乎？揣革命者之必为此言，外引华盛顿印度波之拒英，阿坤鸦度之拒西班牙自比，以谓保全其种，不为人奴也。今上推满洲种族，则出于夏禹；下考政教礼俗，则全化华风。帝位只如刘、李、赵、朱，满族类如南阳丰沛，其余无不与汉人共之，与汉人同之。岂得以奴比之哉？汉人科第仕宦权任，亦与唐、宋、明同，岂若英之与印度，西班牙之与菲律宾，种族、教化、礼俗、服食、言语无一同者比哉？政权大官无一分授，权利自由无一平等者比哉？岂与美国本出各国合众者比哉？岂与波斯灭比哉？岂与罗马尼亚、门的内哥、布加利牙不同国教比哉？而妄引比例，情事不同。君而无道，不能保民，欲革命则革命耳，何必攻满，自生内乱乎？实推其意，不过为起兵动众藉口耳。然则革命自立皆不可，而西后、荣禄常柄政，则吾同胞当安坐以待灭亡鬻卖乎？是又不然。试观数年以来，推翻新政，禁报馆，捕党人，停学堂，止译书，其暴横之举，与前百年欧洲诸国之压制其民相等。今不二三年，已废八股、弓刀、漕运，开学堂，译西学，派游学，满汉通婚矣。风潮所卷，正反相承，其后不能复止。皇上而复辟，固能维新自强，以与民权；皇上而有变，必有变乱相随，焉有伪朝篡乱而可久者乎？况西后、荣禄皆已老乎。昔戊戌之时，吾开保国会于京师，合京朝士夫及各省举人为之，首言民权，以上无变政之心，则当由下变之，由下迫之。己亥上之几废弑也，以海内外四十余电而不敢行矣。若能大集巨力，及开国会，多派游士，多开报馆，大启民心，大明民权，积以月日，民必风从，尽易内地，起自京师，然后为英国五十万人递禀而请议政之权可也！为英、奥、意杀相逐君之例，以迫君后，定立宪法可也！为皇上复辟可也！夫考之欧洲之事，则各国皆行立宪而国势安固，民权自由之乐如彼；法国独为革命，印度分省自立，而国势陵夷，丧乱灭裂之害如此。审之中国之故事，则必秦、隋、蒙古之无道，又无洋枪、轮船、电线之精巧，乃有匹夫革命之事。今求之时地事势而皆非，考之人心义理而不协，而妄听一二人之辨言，以搆滔天之大祸，而斩削分鬻四千年一万里之国土，毒戕涂炭四万万之同胞，此则仁人志士所不为，而仆万不敢闻者也。仆已破家沉族，无所不可为，而终以为不可者，时势事理，皆非宜也。诸君何苦沉七族、捐父母，而为此鬻国害种，必不成之事乎？保皇之会，开之累年，遍于百埠。己亥救主之电，凡四十余，贼臣因以震慑。皇上赖以保全，此亘古莫大之功也。今累塔至尖，覆山欠篑，而变节于中途，失忠于末路，舍保皇已成可望之功，而图革命必不成之举，甚非策也。若夫仆者，受圣主之知遇，赞百日之维新，亲受衣带之诏，躬承筹救之责，数年以来，与诸公戮力，勤王无成，罪宜万死。夫朋友之交，犹贵久要不忘，安有君臣之际，受人之知遇，因人之危难，中道变弃，乃反戈倒攻者乎？

来书频谓开保皇会，累电救上，可谓忠矣，而举朝咸目为逆党，指为匪会，逮捕相仍、谁能白之，虽忠无益。夫忠义者，人之自靖自献耳，岂顾人之指目哉？且事实之真，可蔽乱于当时，未有久而不白者也。日本维新元勋，莫不数西乡隆盛矣。而当时咸目以叛徒，今则上野公园，铜像巍然。人之立志，当贯初终，岂因外之寒暑燥湿而少变之哉？某君来书，谓刘元德亲与董承，奉献帝衣带诏，而乃经营荆襄蜀汉，以立王业，天下不非之，盖以存汉祚为大也。若使垂手坐望献帝之复辟，则是终为曹操所有，是存小忠而失汉业也。今皇上挟于西后、荣禄之手，虽回銮而无权如故。荣禄自挟天子而令天下，于今五年矣。若如汉献故事，是中国永割，而吾黄帝四万万神明之胄终亡，则是不行革命所致也。夫君与国孰重？一人与四万万人孰重？孟子曰："民为贵，君为轻。"岂可循小谅而忘大事哉？是其说甚辩，而亦不然也。当献帝时，群雄割据已成，大势瓦解已定，献帝必无复权之理；即使复权，而献帝既非英主，群雄既皆立定，亦无恢复之望，故先主不得不取荆益以图存汉祚。若今者各省有已割剧者乎？大势有已瓦解者乎？不过六十老翁之西后、荣禄二人擅朝耳。举国大小臣工，下及民庶，外及友邦，莫不归心皇上。一旦归政，天子当阳，焕然维新，以上定立宪之良法，下与民权之自由，在反掌耳。皇上既非献帝之比，今亦岂汉末之比哉！时事迴殊，亦不能傅会古义也。愿诸君审度时势，力终其忠义，厚蓄其实力，姑少待之，无误于异论，无鼓动于浮言，无惑乱于少变，坚守保皇会义，圣主必复，中国必全，幸福必至。刻心写腹，幸察鄙言，不胜卷卷惓惓之至！

康有为既告美洲各埠，其书既布，乃书其后曰：当国之权臣，及保位之疆臣，无以吾言为喜幸也，无以革命者难举，无所惮而益肆也。夫自割台而不能保，而人心变矣，则有发革命者；及割胶旅也，则湖南有独立之说。幸有圣主维新，大慰人心，天下归之，人望自强，万里之中国，二百年之宗社，仅赖圣主而传一线耳。庚辛大变，皇上无恙，人望回銮，可以复辟。今回銮数月，不闻复辟，薄海内外，骚然失望，即向之竭忠于本朝者，多已翻然改变矣。盖以变法自强，非皇上复辟不能。今政府既经半年，无复辟之事，无变法之心，向之望之复辟者，既不可得，遂绝自强之望，则不得不思变计以谋自保也。月来所闻，消息绝异，加以广西、直隶之乱，人心大变，不独四年来所无，实二百年来所未有。盖向者人犹望复辟之自强，今则别谋革命自强矣；向者不过变自小民，今者变自士夫矣。此其大变，又洪秀全之时所无也。以大变如此，而彼昏不知，一醉日富。荣禄方且以拳匪罪魁，幸八国不请杀革，受其愚弄为得计；方且以复揽国权，结姻亲王，纳贿卖官为得计。深宫方且以息肩颐和，复能临朝为得计。各疆臣方且以和约幸成，竭力剥民，坐保高位为得计。庚子之惨，仅阅弥年，而举朝酣嬉，竟如无事。上之不闻触詟狄仁杰之谋，下之不闻平勃未虚五王临淄之策。遂无一人，为二百年祖宗血食之谋，社稷保全之策，中国安存之计，力图皇上复辟，以维系人心，固存宗社，奠安生民者。夫所以为国者民也，所以扶立者人心也。水能载舟，亦能覆舟。至于人心尽变，则有土崩瓦解之患。若法国之伏士倒戈，亲臣首难，祸起萧墙，衅启腹心，人皆敌国，五步溅血，岂待远边之弄兵乎！夫以数月之不复辟，大变已如此，再迟年月，岂复可言！岂复有人能调解之乎！岂复能以兵力弹压之乎！岂如外国有和约可订定乎！人心已尽变，敌国已隐成，辽沈蒙古，皆无可归。至时不独太后有路易、查理士之祸，荣禄有井伊大老之惨，各宗室之英必为法阿旁拿破仑之族，徬皇奔走，身死无所；各从龙之裔亦恐蹂躏翦绝，屠戮净尽，各老大疆臣同归于尽。至是乃悔，即使皇上复辟，亦无济也。夫民不畏死，深愤大怨之所注，岂复有成败之计哉！以万里四万万人之怨恨忿怒，同注入于京师，以四万万人之怨恨忿怒，同注毒于一人一族，万弩齐发，同射一鹄，此岂复有以御之者哉！夫外患犹可避也，内讧无可避也；边乱犹可平也，近变不能御也。法、奥、意之君相被逐，其前车矣。勿谓戊戌以来，四年之变之不急，而轻视之，而傲很之也。后此四年之变，乃积前四年之变而乘之，又积前十年之毒而发之，其厚大急激，久经阅历，得要以图，真不可量也。勿恃重刑严兵，可以恐之而绝之也。则法王路易鳟礼、奥王飞蝶南、奥相没透泥，所以严兵重刑者至矣，而适足以杀其身亡其国而已。呜呼！吾甚痛列祖列宗艰难缔构之业，而顷刻亡于此一二贼臣之手也。吾尤痛千万亿宗室之英、从龙之彦，为屈忍于一二人之权力之故，而甘卖祖宗之大业，自翦其数百万之种族，自杀其身，自祸其家以从之也。是以庚子惨祸为未足，而必求国亡种绝而后已也。即为太后计，与其久不归政，而致杀身亡国，是以热河、陕西之幸为未足，而更求渐台之惨也。孰若以归政皇上，犹得保全暮年，而见中国之自强、陵庙之血食也。即为荣禄计，彼固甘心亡国而不顾矣。然固忧其身，故骑虎难下也。与其久窃一日之柄，而身家必不能保，孰若早归大权，远游外国之犹可自免也。寝薪火之上，而自以为安；无一日之谋，而偷以为乐。噫嘻！安有为国为身而如此者乎？要而言之，及今速请皇上复辟，以强中国，则国朝二百年之社稷，犹得与英、日帝统而并存，从龙数百万之裔胄，犹得列华族之富贵，中国四万万人，犹得以安全，万里土地，犹可以自保也。再过一二年乎，则人心尽变，神州陆沉，天地惨黩，虽有圣者，无如之何。是则荣禄首其祸阶，而同时宗室之英、从龙之彦、封疆之臣，所共甘心发愤，以赞助亡国灭种者乎！在诸人之心，或谓吾年已老，可幸苟免也。而祸患之来，速于风火。李文忠七十，难免甲午之辱；徐桐八十，难免庚子之惨。苏威遭王世充之廷辱，王衍遭石勒之排墙。呜呼！愿我王大臣，无忘庚子京师之祸，无忘元世庚申之变，无忘明世甲申之剧也。呜呼！愿临朝执政者，读英国杀其王查理士，法杀其王路易，逐其王鳟礼布尔奔，奥逐其王飞蝶南之书也。摩娑坛庙之鼎钟，披视开国之牒记，其存乎？其亡乎？皆视一二岁之复辟否乎！光绪戊子之冬，吾上书言日本、朝鲜事，举朝笑之，及甲午乃不幸而言中。今吾复言此，若又不信，大祸复见，重不可救。独痛舍身救民、变法自强之圣主，而无权无力，坐视亡国之惨，此则谁之罪夫？其惟奉诏孤臣死罪死罪而已。

据《南海先生最近政见书》全录。说明：汤志钧先生所编《康有为政论集》，节录此文，并据上海博物馆所藏康有为手稿校勘，可参阅

与同学诸子论印度亡国由于各省自立书

光绪二十八年

康有为

得书及报，极发自立之事，远援法、美，近引吕、波，备极繁详，以为鼓动。呜呼！何为出此亡国奴种之言也。呜呼！何为吾人乃发此亡国绝种之念也。义理事势之不可，昔已详之。然诸子自以多读欧美之书，有法、美之事理深入脑中，以为各国已然之事，大地必趋之势，故敢毅然决然为之，以为事可必成，故不可以空言虚义折也。嗟乎！诸子之误引法、美，乃诸子之大谬也。盖由于但读欧美之新书，而不能考亚洲之故事也。诸子之自以为博新学者，岂知其大谬乃由乎不学也。夫各国之为国，皆有其特别之情，万不能妄引他国为比例者也。夫自立之举，若吕宋、波亚、匈牙利、波兰之不成，既不足称矣。若夫南北美、荷兰、比利时、西班牙、葡萄牙，及近者罗马尼亚、门的内哥、塞尔维亚、布加利牙、埃及之国自立，皆远在万里重洋之绝海，或近有同洲诸大均势之扶持，或新灭不久，或宗教不同，各国助之，故能有成。其地势情事，皆与吾国绝不相同，无丝毫之类也。夫以绝异之事势，而但闻革命自立之事，则艳慕之，而不审己国之情实，乃遂妄言轻举，以酿滔天之大祸，以亡国绝种。呜呼，岂料不学而误读书之毒乃至如是哉！夫吾国内变之情实未著，其得失成败利害，不可逆知也。故人人得妄羡法、美而妄援之，妄附和之。若有与吾国同处亚洲相若，同为大陆数千里相若，同为襟海之半相若，人民繁众相若，教化甚深相若，文明甚古相若，乃至律例风俗相若，人性和柔相若，甚且由北地入主中国相若，一统其国相若，专制政治相若。夫以十相若如是之甚，此实地球所未有，不可得者也。幸有一国为此而先发之，以为吾明镜，以为吾前车，其亦足征信，而与法、美诸国之不类不切者迥异矣。吾国人而鉴之，可为吾国行事得失之准矣；吾国人鉴之以为行事，其亦不至大败亡绝矣。甚类吾国之国维何？则大地中之印度是也。夫印度之亡，人皆知之，而印度之所以致之，而至今日之奴隶贱辱，则合中国之书，无有言之者，宜举中国人无所鉴而妄引证也。吾居印度久，粗考其近世史，乃得其所以致亡之由，即诸子所日慕之、望之之自立也。吾译《印度致亡史》，其书繁夥未成，先述《印度亡国由于各省自立考》一编，编犹长冗。今粗举其大端，以呼告吾同胞曰：革命乎！自立乎！乃其所以致亡国奴隶乎！吾四万万之同胞，而欲亡国奴种也，其速为印度各省之独立也；吾同胞而不欲亡国绝种也，其无效印度之各省之革命自立也。

昔印度共主，盖出蒙古。有帖木儿者，元之婿也，为布哈尔王。以孔子一千九百三十六年，即明洪武三十一年，督兵三万，攻印度，破灭北境，至中印度，得回帝舍卫京而王之，十二年而亡，其子孙复还王布哈尔。至五世孙婆伯尔，有雄武大略，以明正德十四年，复攻印度，袭克什米尔王，而取其地，次年取干达巴尔，又四年南下取罅诃，逾年得舍卫京，为孔子二千八十三年，当嘉靖四年，遂为印度皇帝，建国号曰莫卧儿。此亦类世祖章皇帝之入关定鼎矣。以回教兵力，平靖婆罗门，人心大定。建国五年，而婆伯儿殂，子遮哈基路立，兄弟争国，危而复定。孔子二千九十五年，即嘉靖十六年，其子尼巴路年十四嗣位，英武无敌，平北、中两印度，遂征服南印度，天竺全境，皆为一统。减田赋，罢诸税，禁吏贿，定律例，立新教，以印人与回教人同掌政事，设乡官，令乡官收农税，不由吏手，农工皆盛，国大富强，民心归怀。其武功文德，亦庶几近我圣祖仁皇帝焉！

尼巴路殂，沙之汗立。沙之汗殂，儒般祇尔立。儒般祇尔殂，儒般立。儒般殂，四子争位，澳兰具塞布立，暴虐无道，强民从回教，焚烧婆罗门教寺庙，不从者处以极刑，民心大怒。于是，南印度麻剌加种人民党诸窝诗首先自立，仍为澳兰帝所灭。至康熙四十五年，澳兰帝殂，三子争立，国大乱，子牟亚士立。传三世至马罕默德时，波斯王那爹路以兵来攻破舍卫京城，屠戮无数，取其重宝，国势遂衰。南印度德干者，地数千里，如中国之大江以南，其总督尼参，桀骜谋自立，而麻剌加种人复自立称王，是为第一自立国。莫卧尔朝，土地大削。马罕默德殂，子亚摩度立。麻剌加自立日强，因思革命，乾隆二十五年，攻舍卫京，掳莫卧尔朝之蒙古帝亚摩度，而立亚兰祇尔为相以制帝，帝乃请波斯保护，然卒为亚兰祇尔所弑，太子亚利约弗尔奔依英人于孟加拉，帝位遂虚。麻剌加人立其别子，英人乃拥立太子，称亚兰帝。帝室既乱，各省纷纷自立，莫卧尔朝遂衰。亚兰帝既而恶英之制已也，复拒英而败，于是孟加拉婆巴路呵哩沙割属于英矣。莫卧尔朝，起自明嘉靖四年，混一印度，历二百三十五年，至乾隆二十五年，乃始弱乱，帝位则卜世十三传，国统则卜年二百余，其统一印度之久，亦与我朝之一统深相类矣。创乱者，自麻剌加人，而灭印者英人，然则实麻剌加人自灭印也。夫以数百年一统之万里大国，二万万人之众，而与远英斗，虽使割地，然犹未易亡也，惟各省各求自立，则各成小国，势分力薄，其必不能御欧洲之强国，可不待计也。况各省分立，则如晋末之十六国，如五代之十国，虽同种族，其以争地辟土，日寻干戈，同胞相攻，兄弟阋墙，乃势之自然也。因阋墙之故，反依护于外人，外人既玩视群小，则从而弄之掌上，携离而卵育，因而取之，亦势之自然也。故印度之亡，其始由于莫卧尔朝之不纲，其卒由于各省之自立也。故印度之亡，非英人能亡之，乃印人背莫卧尔朝而自立亡之也。

当波斯破舍卫京之役，麻剌加种人陆梁，德干总督桀骜，是两国首先自立。于是孟加拉总督噫拉衣哈爹华拖，亦乘机自立，背莫卧尔帝而立国称王矣。是为第二自立国。

孟加拉当恒河下流，支派百千，以灌稻田，一岁三熟，市场广大，工商繁衍，人民三千万，地方数千里，为全印第一富饶之地。今英人以其城卡拉吉打为都会焉，盖吾国两江、粤东之比矣。以之立国，尚大于英伦本境，人民有加焉，何为不可哉？然乾隆二十一年，孟加拉自立国王士喇牙特拉，忿英商会之侵权也，囚死英人百余。英商公司举书记克雷飞为将，统英兵九百、土兵千五百，飚然攻之，出其不意，遂破孟加拉，走其王，据其地。于是孟加拉地数千里、人民三千万，首属于英矣。若使广东自立，将为孟加拉之后尘矣。当是时，莫卧尔帝都舍卫，被幽于乱臣，英由孟加拉调兵拥立新帝亚兰，而废麻剌加人所立帝，英人遂挟莫卧尔帝而行政焉。于时回教人乘乱审时，深结英人，乃据支拉省、亚拉拔士省而立国，英人认之，遂公背莫卧尔帝，而为独立国。是为第三自立国。

回教之乌屠人极众，亦结英人，亦得英认之而立国。是为第四自立国。

宰相副王士喇牙特拉，以英人之有大权也，亦深结之。时莫卧尔帝有亲军，为鲁比拉士人，兵勇而地饶，为全印所畏，至今印人之勇者，皆称鲁比拉士也。时克雷飞死，任孟加拉总督者，哈士丁斯也。克、哈皆以不世之才，手定印度。

今铜像巍巍，立卡拉吉打大道中，策马天半，气象峨然。吾曾瞻仰之。克雷飞以勇略开基，哈士丁斯以机谋定国者也。哈尤善捭阖，能抚纳印人，能携离印人，能令其自立，能令其相斗。印宰相士喇牙既睹莫卧尔之衰，私欲代之而自立，乃极意媚哈士丁斯，以金四十万磅为谢，求哈士丁斯，请鲁比拉士之地以为军，哈士丁斯为请于帝而得之。于是所谓宰相副王者，内练鲁比拉士之军，外借英兵，攻取各州郡，而夺领膏腴要地，凡蹂躏其同胞十五万而自立焉。是为第五自立国。

宰相副王既自立，于是各省望风景从，皆有割据之心矣。若唐安史之乱后，藩镇势强，各谋自立，一时同变。莫卧尔朝力不能制，因而听之。时莫卧尔朝麻喇加犹有总督也，以地介僻远，如吾国之云贵，乘乱先自立。是为第六自立国。

布拿尔总督闻风而起，别开政府而独立。是为第七自立国。

巴依拉乌哈诸拖总督，亦自立。是为第八自立国。

又麻喇加西边一种民党，别自新建国，为孟斯拉士家国。是国起自民间，军队雄健剽悍，为印人之冠。四面征略，遂领伯拉亚之广土。是为第九自立国。

机哥瓦之牧者，割据保尔加尔、盛牙、马尔瓦三地，而治加日喇土，亦为新建独立国之规模焉。是为第十自立国。

自尔之后，曰立国纷纷，各据地土，小如麻豆，凡为二百余国焉，不可胜数矣。是时麻喇加宰相争权，哈士丁斯助之，于是麻相归心于英，哈士丁斯又深抚孟斯拉士家之酋长，与之亲密，并结同盟焉。

有拜提尔耶厘者，回教名将，豪瞻神勇，征服四方。是时莫卧尔帝国四分五裂，诸方割据。耶厘以其武略，横断南印度，自卖索尔略定地至一陵而称霸焉，如中国之横据长江矣。因进攻英人，尽破南部英兵，英将为之瓦解。哈士丁斯乃深结麻喇加以携贰诸国，藉以攻耶厘，攻战累年，于是孟加拉财政困乏，以兵事久，益不能支。当是时，印度中都会之最富，人口之最多者，莫如比尼里斯。比尼里斯因莫卧尔朝之分割，亦遂别为独立国，而服于乌屠及副王，受其压制，故其君西埃士威克，依英人为保护，岁奉贡金焉。哈士丁斯事势既穷，乃出比尼里斯之不意，密举兵袭取其国。于是岁得二十万磅，其后三十年，岁得五十万磅以饷军。英人于是并有二国，力加厚矣。乾隆四十九年，印度商会改归英廷，益有治国之法，逾年耶厘死，其于地破斋与英结约，战事少已。地破斋后复抗英，乾隆五十七年，英将袭之，破其都西林伽巴坦乃与英结约，割其国土之半，输金块三千五百万磅，质其二子焉。嘉庆四年，英人再袭之，地破斋战死，于是南印度德干之地，尽为英有。德干为印度之南部总名，如中国大江以南也。英人既得东印度、南印度，几尽印度半国，于是渐而经营中西印度、恒河、新头河之全地矣。当乾隆末三十年中，印度全国，上自宰相督抚，下至民间雄桀之士，议论心意，经营结搆，惟知愤莫卧尔朝之失政，咸欲乘蒙古运之微弱，人思脱蒙古之轭，家思恢印度之基。一方自立，诸方效之。既得自立矣，又不为联邦之计，而各思为辟地强国之图，各国互攻，弱肉强食，日寻干戈，岁月益甚，生民涂炭，同族仇雠。且不独不知联邦结约之自保也，但内相屠戮，以自大自肥而已；不独不思外族侵凌之可忧也，且皆藉外人以叛立内攻焉，其用心颠倒如此。有印度完全万里之大邦而不安，而必欲分为千里百里之小国；有二万万繁众之同胞而不欲，而必蹂躏减小之为千百万之寡民。而又鹬蚌相持，徒令渔人得利。虽有雄霸之国，志欲联邦以拒外，凭藉既小，内争已多，又为人所携间，且以未更化之国，器皆钝楛，终归败亡。故印度人之叛蒙古而自立，适以供英人之取资而已。分立既成，大势遂定，次第供英人之削除，至于是时，印度无复存之理矣。日本北村紫山之诗曰："我有热血洒无地，寒窗青摇灯一穗；感极中宵不得眠，抽架印度亡国史。诸侯分裂国势危，鹬蚌徒招渔人窥；已无英雄联邦国，甘将山河付狞狮。狞狮当年乘势入，特里城头鬼昼泣；厥角稽首一亿人，乱后草木血痕湿。"可谓切中印度致亡之故矣。《泰西新史揽要》徒言英人得印之故，不详言印度各国自立内争致亡之事。然亦言印度诸小国，星罗棋布，日寻干戈。印度族类繁多，其部落之强者，恃其凶悍，以欺良懦，此异族之害也。各国壤地褊小，贪心孔炽，邻国稍蓄积，必思有以夺之，此异国之害也。其内争可见。但未言诸国出于新叛自立，故阅者无从动心焉。

于是英将乌噫路哩□沙衣队兵十万，大张声威，称为各部保护，禁止互攻。凡各国都会，皆置英兵监守，其资粮扉屦，皆由各国供给之，若违约则攻之。各小国畏英之强，唯唯受命。至是英人隐以礼乐征伐皆自其出，弹压全部，全印皆在英掌握中矣。盖距得孟加拉时四十年耳。

麻剌加人种强劲，类我湖南人，好言拒外。嘉庆五年至十年，英以其为南印度强国负隅，乃大发兵破麻剌加种人三小国：一曰极了哩阿路，一曰衣吾诸路，一曰拿木匝楷路，皆结约隶英属，供贡役焉。嘉庆十九年至二十三年，凡五年间，英人先攻拿布尔之瞿尔喀斯，遂取恒河北岸之地。英之视藐兹小国，取携惟意，不欲劳大兵也。各国至是以恐以惧，虑外族之永灭同胞，乃降心遣使，欲言合从。麻剌加大王遂联合各邦，以攘逐英人。然大势既去，区区数小如群羊逐虎，岂能有成，卒为所败。麻剌加大国遂灭。英人沿恒河，略定各自立国，皆俯首结约，请隶英藩。于是北自须弥山，尽隶英版，凡有人民一万六千余万。英人乃尽收其权，代取其税，惟给岁俸，比于关内侯焉。其大国十有一，稍名独立者，亦皆受英之统御矣。自印度各省倡自立以来，至此六十年，而皆夷为奴隶，而麻剌加人始之终之。呜呼，何其速哉！

西印度新头河间，尚有两大国，南曰身提，北曰罗尔。二国人民强悍，勇敢善战，戮力拒英，其地如我新疆、西藏矣。然以酋长争权，道光二十二年，大败于英，遂隶藩。西哥国在北印，地近冷带，人尤悍鸷，气象伟硕，熟于战事，建都于本若，其王林日星才武能治其国，又能延欧洲各国及法人练兵，兵力甚强，侵略其同胞各小国，莫不畏之，境土日大。林日星死，子马蟠拉幼，兄弟争权。而国人恃其兵力，以兵六万攻英，英人大败之，追至其都，置镇将守兵焉，乃先灭略其邻小国。于是西哥南部毛尔舟之民，起兵抗英，且约阿富汗同攻英，而西哥人大败，遂灭之，以其兵强，编于军队中。于是全印诸自立国遂尽。

咸丰六年，即西历一千八百五十六年二月七日，英人既尽灭诸自立国，乃废印度莫卧尔帝于舍卫京，尽取其地，全印度遂灭，而统于英矣。逾年，印民不服，印兵二十五万，一夕忽起，屠戮英人，苦战二年。夫以大全印而不能御外，乃于既全失后，而求自立，其必不能成，不待言矣。死亡千万，遍地流血，而卒不能自立。至孔子二千四百有八年，即咸丰八年，乃合印度各藩王，尊英王维多利亚为印度后帝，而印度永为奴隶国焉。此吾生于大地之岁也，兴亡之故，可以感矣！

呜呼！六千年文明之古国，六千里沃野之大地，二万万开化之众民，上下数十年间，夷为奴隶，数千里宝藏之须弥山、恒河、新头河，绝好江山，一旦赠人，此何以故？则以各省自立故。吾国人昔无书记，未能知之，若其知之，能不动心？吾乘汽车，行印野七千里，睹茫茫之大陆，见朊朊之原田，览古教之坏庙，抚残破之城垒，见神神之印人，来尝不哀而吊之。非吊印度也，私忧窃恐吾国之为印度也。尚幸完全万里之中国未分，舍身救民之圣主无恙，犹有一线之望；而今者乃闻爱国志士，纷纷欲愤起步印度之后尘，日倡革命自立之新说者。嗟乎，则吾真为印人也！未知印事者，岂不以生长中国，顾盼自喜，以为中国土地之大、人民之多、开化之早、工艺之精、文学之美、商务之盛、人才之多、田野之大，迥非印度可及。虽析一二省为之，可比于英、法、普、意、奥、日本而可自立矣。是譫言也。今且以印度与中国事事比较之，当瞿然惊矣。以地言之，吾国四百二十万八千四百又一英方里，若十八省内地，仅一百三十三万六千八百四十一英方里。今台湾、胶州各地既割，尚不及此数。而印度一百五十五万余英方里，若如革命攻满者之意，不计本朝开辟之东三省、新疆、西藏、蒙古，但计十八省欤，则割去三百万方里，尚小于印度二十二万英方里。计吾内地各省，若浙江、江苏、安徽不过四万余英方里，山西、福建不过五万余英方里，即广东地滨山海，兼有琼岛，亦不过七万余英方里。印度自须弥山而下，平原万里，至海乃始有山，寸寸膏腴，处处人民，鸡犬满野，桑禾铺菜，绝无吾云、贵、四川、广西、甘肃崎岖山谷荒凉之地。其多于吾地二十二万里，实多于吾国江苏、安徽、浙江、福建、广东五省之地。吾南五省，实居一国膏腴之要，其势若半国。而印度之大于吾国者，乃五要省焉，而忽尔亡之，岂不可惊！实以分省分土，则其小已极也。若谓吾大而足恃、印小而易亡者，大谬也。况吾又分为各府自立，则其细必已甚，安能不从印度之后乎！

若谓吾国人多而印度少欤。则印度人民二万万五千六百万，计《东华录》乾隆初时，吾国人民不及二万万，至乾隆末年，尚不及三万万。今所云四万万者，乃道光二十七年所言四万万二千六百七十六万之数。然十八省内地，不过三万万五千万耳。既经咸丰大乱后，不过二万万八千二百万耳。虽非确数，然大概可见。印度当莫卧尔朝，各省自立，但孟加拉一省，已三千万人，正当吾乾隆时，同为二万万余人。故吾国与印人相比也，并足当全欧之民，为大地人民至多之国。印以各省自立，战争数十年，又与英战，而求自立，苦战两年，死亡无数，故民数骤缩。吾以为洪秀全之乱，死亡无数，故吾民数亦缩，但战日较少，保全稍多耳。今吾国久不稽户籍，然计近年之兵事疫事，死亡繁数，但以内地十八省论，人民之数，与印度正复相等耳，虽多亦无几。印度二万万余人之亡，若扫黄叶，良以各省分裂之故。每小国当不过千数百万人，多不过千万，则寡民甚矣，安得不亡？印以分为小国寡民而亡，若吾国人之分裂为众小而不亡，其谁信之？

若谓吾国开化最早、教化最深、文明最高、制作最精、智慧最开，迥非印人之比。则印度开化在六千年前，欧洲人种且自印度移出，十进之数学，则希腊自印度传来，其教化之早，四千年前，已有婆罗门四韦陀矣。其书自养生、缮性、祷祠、祭祀、礼义、占卜、兵法、军阵、术数、技艺、禁咒、符印，其精博伟异，已类吾六经诸子，而且多有出吾六经诸子之外者矣。其太古日种月种之王所传，或近荒诞，若罗摩征服印度，实当舜、禹时，而诗人婆路摩奇，颂其功德，称王宫前门穹形，上立旌旗，从风旖旎，门扉银铰，雕刻精丽，王宫有七廷，国政分七部，其制度整然，文德武功，比吾虞夏矣。玛斯为印度前圣，当周初时制作礼律十八卷，其书名《那婆陀缕摩差斯多度》，一教，二律，三礼政，至今三千年，印度奉行之。此如孔子之制《春秋》，以为宪法，作《礼经》以为典仪矣。身世之法既备，人民之富多暇，其学既精，乃进求之物理灵魂，则有九十六道者，并出周时。其先则有地水火风教，反之则出无因教，继之则出方论师，又继之则出时论师、声论师，继之出声生论师，反之则出非声论师，以无言离相为说，已极精深矣。然皆就外形求之，后师乃反求于内，于是出识论师，继之出阿赖耶论师，则以意识能含藏天地万物也。继之出知者论师、见者论师，则言五识五根者。又进之为能执论师，以离识心，乃为真我。又进为所执论师，以我为一切圆满者也。又进为摩纳婆论师，以我为身心中之灵妙者也。又进为常定生论师，以我为常住不破坏者也。又进为补特伽罗论师，以日造业趣而不随流转者也。又进为瑜伽我论师，以真性湛然，能离因果者也。又进为四大道，如数论师、胜论师、尼犍之、若提子，理益精深，而佛集其成。今三藏之经，精深奥妙，久行中土。凡此物理灵魂之学，博大精微，即希腊诸贤，亦从印学而出，实多为吾中国所未有。且印学大行于吾国，下及塔利幡幢、铙钹丧仪、祭礼名品，吾国多行印度之法，从印之俗，而印度无一毫用吾国者。吾国人之为僧奉佛观音者，遍国中数千年，而印度无一尊崇吾国人者。故以开化之早，则逊于印度。若言教学文明之盛，则益不若印度远矣。今虽灭国百年，举国二万万人，皆婆罗门教，守教至坚，绝不为耶教所夺，绝不为英国所变，遍国学人无数，婆教大德博士无数，况在未灭前哉。吾国人守教未坚，学士皆事科举，从富贵，不暇为学，各僻郡邑，乃无一学人，比之婆罗门教人之尊贵专笃，遍于全国，相去不可以道里计。若以此比较，吾国人益惭耻无地容矣。然而印度文明之盛、人才之多、自守之坚，而以分省而即灭，况吾国文明之下、学人之少、人才之乏、自守之脆，抑为下矣。若北五省及黔、滇、川、桂诸边之蔽塞愚蒙，乃至一省，或无几通才，无几学士，无几师儒，而欲比之印度，犹印度比之欧美也。印度以分省自立而犹促灭，吾国若分省自立，则不能待六十年，且不能及十数年矣。

若谓吾国物产至丰，过于它国，则亦不考之印度矣。印度自须弥山而下，万里无山，平原沃土，藉河浇灌，一岁三获。米、麦、麻、豆、玉、黍、棉花、蓝靛，蓬蓬遍野，弥望数千里。木棉之大利，则大销于中国。即于鸦片一物，毒我中国，而实由其地肥饶，乃能产之，移植吾国，质即不如，此则吾国人所熟知矣。故印度全土，皆吾两江之比，岂如吾国余省，崎岖山谷，壤地褊隘哉！其北印度长于畜牧，骆驼、牛、马、羊无数。若须弥大山，横绝数千里，五金、煤炭、硼砂、药材、珍木、嘉葩、异禽、怪兽、奇虫充牣其中，松柏、石楠、竹杉、桃栗、枫树、麝香、山羊、熊、豹、狐、鹫、鸢、雉、竹鸡尤其著也，如孔雀与象，其所独产矣。果则榴栗、芒果、荔枝、梨、桃、龙眼、瓜、菜，凡中国所有者，无不有焉。故欧人航海而到，惊为天府。德博士著书，诧为沃土。若谓沃土民淫，饱食而惰则有之；若谓不如中土，则其事正反。吾遍游印度，往返七千里，甚恨中国之多山少原，逊于印度万万也。南北东西，沃野六千里，皆平原无山，地球实无第二地。以我国比之，是犹黔、桂之欲比沃于吴、越也。欧人羡吾国与印度，并称天府。吾国实惭之，岂能比印度哉！印度之肥沃如此，而以分省自立即亡。若以中国之贫瘠，而欲各省自立，其尤速亡，可不待论也。

若谓中国凭藉海利，商贾盛大，则吾尝游欧美矣，吾华人之旅外，皆为工人，若其为商，不过贩运华货，取吾工人之余利，未尝与欧人争商战者也。若印度自东印之卡拿吉打，至南印之密他喇士，又转至西印之孟迈，海疆袤远，过于广东之至天津远矣。其商务之兴，乃为大地海商创始。当时未有罗盘针，而印人视飞鸟而泛海，远至非洲之东岸。希腊海商，亦皆学之。亚历山大之略取印度也，欧洲皆受印度之货物；及罗马之强，亦赖印度之物品奇巧，以生文明奢侈之风。其土产金铜、宝石、大珠、象牙、香料、翠羽尤有名，佛典已屡见之。内地则江河之漕运，外埠则大舶之泛海。其大陆沙漠，则以骆驼运亚喇伯、埃及，入尼罗河，至非洲北岸，及地中海，沿岸数万里，数千年皆用印度品物。即张骞凿空西域，亦于大夏见印度运转之邛竹杖枸酱，吾国之货物，赖之以通远。印度之商学精邃，其过于吾国不待言矣。

若谓文学工艺，中国独美，以此夸比于印度，抑可谓过班门而弄斧也。文学工艺，尤印度所擅长者也。其哲学、物理学、道德学、论理学、声学、诗歌文章，为大地文化最古。今欧人已译其书数百种矣。吾邻之英人，为全印度耶教大监督，博学通梵文二十种，日以译印书为事者。吾频与语，常叹印度古昔文学之盛。梵语之文法造句，典雅精微，实世所稀。凡希腊、罗马、日耳曼，皆从印度出者。吾审英文及波斯、亚喇伯造句调音，皆出印度。除中国外，大地无不师印文者矣。其音学则僧守温之字母，唐古忒蒙古及辽金、国朝满洲之音，亦皆从印度出。此尤近而易知者也。至其工艺，尤为冠绝大地。其建筑之精工伟大，间架奇诡，皆为中国人梦想所未到。吾游印地无多，而所见舍卫了竭喇莫卧尔朝沙之汗故宫及陵殿，崇巍数十丈，浴室卧房，千门万户，皆纯白石雕成，刻花镂采，青琐连钺，玮丽精奇，不可思议。不知秦阿房、隋西苑何如？若今内府离宫，则去之万万也。勒挠道中，所见宫室，皆崇高十数丈，屋顶以石为巨人，巍柱小亭围塔，凡千百，相望于道，虽昔之游伦敦远不能比也。其藩王宫室，瑰玮精丽，亦不可思议。今其一已为德国大酒店矣。就中聊举亚思不刀拉亚厘王一殿言之，其殿门大门凡三，每门台上为三门，前列四亭，凡三层为平台，横列十九门，每三大门间十小门，二小门又夹一大门。第四层台，横列三十一门，前后四小亭，廿二拱户。正殿广数十丈，凡三室，中室七门，高广数丈，每门上作七户，共九十一户。上为平台，每下一门，其台上为一横门，每拱四柱，五小门间以三户，夹以二亭。顶作大平台，广数十丈，横列八十八门，每门四柱圆拱，皆刻花，中左右皆间以亭，末峙四高柱。左右后制同。四周环廊，亦百余户。旁有密室，石阶百余级，可登殿顶。殿崇十四丈，加殿基三十八级，可俯全城。殿顶密室重楼，复道四达，凡六十余，窈窕周折，洞房沟通，奥诡阴深，不可测识。不知阿房能比之否也？即其左门楼之瑰怪崇伟，亦已大异矣。门楼二层，横列数十门，顶为大平台，台上又有楼二层，每层横列数十门，台上作半月形，上又作半月平台，台上楼又三层，作半月六角形，上又作平台，台上顶层作一大亭，自第三层之大平台，左右有崇阶数十级，为梯斜上顶亭，旁护铁栏，高长丈余，具左右端起两大柱，高圆周数丈，柱顶作亭，柱下为三角台，台下为楼三层，壮丽奇诡，得未曾有。印度宫室如此者，不可胜数也。为今欧洲皇宫大学所自出，即所游舍卫霸那拉士揩亚之佛寺殿塔，乜刀喇之婆罗门古天神庙，皆二三千年旧构，其制度瑰诡，雕刻精工，皆令中国人惊骇舌挢而不下者。若天文寺之壮丽瑰伟，尤著名于人耳目矣。天文寺台备列日月诸星月日时之转旋，大皆丈余，实为时表之本，而壮大无比。若霸拿拉士之黄金寺瓦板皆纯黄金为之，板厚八寸，长四尺余，柱丈余，屋广四丈，顶用圆塔丈许，皆纯黄金。地球上惟此与缅甸二寺，吾尝摩挲焉。其他民间，苟非极贫，用竹屋者，屋宇皆崇大有楼，皆纯用石，尺寸皆刻镂，房屋瓦地皆以石，坚牢窅深，皆非中国人所梦见。始到印时，以为英人化印人以用欧制；久行其国，乃知门户玲珑，铁石纵横，欧人实法印度也。若夫书之用厚皮作夹，写用蟹行，亦欧人法印度者。其他雕刻之精，须眉俱现，织绣之丽，金银相错，舍卫最工，吾亦购得其一二，此皆过于中国人者。其余席毡染造，略同吾国，则博物院所陈，可一览而得者也。故印人之地产工艺，百物已足，无取资于中国者，而中国人则多资于印度。其胜负优劣，不待论矣。以印度人文学、美术、工商之精工如此，然分省自立即灭。若中国且不如之，而分省自立，其灭之速，当不可言。若谓印人信神恶杀，民性柔弱，故累见灭于他种，不与吾国相比，此益误也。印人数千年，一见略于亚历山大，再见灭于摩诃末回部，三灭于蒙古耳。岂与我国五胡乱华，经刘、石、慕容、苻、姚、元、高、宇文数百年比哉！及辽、金、元之来，其见灭尤多矣。吾国人崇信老佛，柔弱亦甚，而儒教言仁，亦复恶杀，宋儒以后，益复柔缓，故向来无武侠之俗，其弱与印正同。印度以各省自立而亡，而吾国岂能以分省自立，即能与英、法、德、奥、意、日比美哉！若其人民之雄健，则北印尤著名，其兵甚强，且信回教。今印兵之到中国，若北京、上海及香港、澳门者，其长身雄俊，虬髯纠纠，高六尺余，此又吾国人所共见而仰视之，惊而骇之者也。然而为英兵矣。盖以分省自立，则虽有雄兵，寡不敌众也。吾国人可不惧哉！

若夫律例、风俗、礼制，吾细考之，则吾国几同印度八九。此则鲁卫兄弟，莫能上下矣。夫以印度土地之大，过于吾国；开化之早，过于吾国；哲学之盛，过于吾国；美术之奇、工艺之精，过于吾国；商务之远，过于吾国；物产之沃、土地之饶，过于吾国；而律例、风俗、教化、礼俗，则与吾齐。有八不如而无一胜之，而印度以分省自立而即亡，吾国乃欲分省自立而不亡，岂非颠倒妄想乎！然则中国有胜印者乎？地兼寒带、温带，气候温和，人质较劲，过于东南印人之地热而性惰者。中国坐有几桌，食用匕箸，衣有裤袴，裁用针线，此则其智有过于印人者。然日本之强，亦席地坐矣。此无关立国之事，惟气候和而气质劲、资性勤。惟自孔子改制后，人皆平等，不如印度之分人级十等，似较有得，亦与北印同耳，进化较难，此中国所最胜者。故印人之短在沃土之民淫，沃土之民惰耳。使其合一，则以南中印之沃富智巧，辅以北印及南印宾杂之强劲，以六千里之大国、二万万之人众，夫岂能亡？惟其分立，故北印之强悍劲骜，而不能用之，故立灭于英。若我中国，合苗疆甘回楚勇之劲卒，加江浙川粤之智巧殷富，练民兵则有二千万之多，拓财源则有七十万万之富，若以数年译书游学，增其智巧，虽以称雄大地而有余，而何至于亡？若其各省自立，则殷富智巧而不强劲勇猛，或强劲而无文明，凡此皆犯印度之弊，将以区区之一省而敌地球诸大国，必不免矣！况复各府互分，各党互攻，各私其乡，语言不同，会党互异，人各欲为总统，势必瓜分豆剖，日寻干戈。其小无伦，其争无已，加以自由之风炽，统一之事难，起自民间，绝无立足，无一旅一成之业，无尺土一民之基。其与印度起自封疆，或立从宗教，统一既固，人有同心，绝无自由之说，实行合群之义，故立国坚固，乃能相持数十年。中国若言自立，其去印度，尚不可道里计，况欧美哉！然而印度虽成自立，不旋踵而即亡，况中国乎！

夫亚洲陆海大国，皆称中华、印度、波斯、突厥，若日本者，岛国后起，仅比十一，不得齐焉。此四国者，其开化至古，皆有文教。吾昔游英伦大会，见所为波斯、突厥宫室、衢路、人物、工艺、金珠、织绣，真为吾国齐等者也。而政治专制，亦复相类。其能合数十封建小国为一统而变法者，则小如日本，亦复强盛；其散一统以分为数十小国者，虽大如印度，亦即败亡。今日人则与英同盟，连馬镳并辔；而印人则不得与英人通语，俯首就缚。呜呼！观日、印分合之故，而强盛弱亡如此，可以耸矣。观俾土麻克之合日耳曼诸小而霸德，嘉富洱之合罗马诸小而强意。呜呼！分合之故，可以观矣。波斯土地人民，尚不及印度之半，然合而不分，虽以专制之乱，不肯变法，然能久立于强欧而能自存；印度土地之广大肥沃，地球莫之与京，然分而不合，即早灭于百年前矣。呜呼！观波、印分合之故，而存亡之异如此，可以鉴矣。突厥小地小于印，虽分立数国，而其乐本种回教人数繁多，故犹能自固，虽分而不亡。若印度则蒙古人少，印人自立，故分而即亡。鸣呼！观突、印分合数之多寡，以为亡之迟速，可以畏矣。我中国亦幸咸丰时大乱不成耳。假令洪秀全能割据江南，则杜文秀割据云贵，白彦虎割据陕甘、新疆，张总愚割据山东、河南，石达开割据四川，则两广、福建亦必有人割据之。以洪、杨之交，犹内相攻，其中必分立为数十小国，不可计矣。夫以中国万里之天府，欧人所与印度共称而艳羡者也。若诸小相持，日寻干戈，或借欧兵，欧人真可唾手而得之。至今日中华全土，早已奴属欧人久矣，不得与欧人之女仆通语矣，不能持寸刃矣，犹能仰手伸眉高论自立乎！夫公司之有义律，即克雷飞之武也；公使之有巴下礼，即哈士丁斯之才也。义律、巴下礼不幸而遇支那自立之不成，克雷飞、哈士丁斯幸而遇印度之自立。在欧人中，克雷飞、哈士丁斯之才，固不可胜数也。若使印人不倡分立，则以全印之帝国力持之，虽使甚微弱，犹不失为波斯，不失为支那也，虽至今存可也。虽有百克雷飞、哈土丁斯，何能为乎？且英商会之在当时，图取商利而已，无意取印地也，而因诸国内争之故，遂乘机而取之矣。若中国之今日乎，则长江为英范围之地，山东为德范围之地，福建为日本范围之地，东三省为俄人范围之地，广西、云南为法人范围之地，尤非印度当时之比乎。然则各国自立乎，则欧人虽不欲取之，英、日或欲保全之，而时机既熟，亦有不能已者乎。故印度之不幸，乃处茫昧之时，无所取戒，冒妄而言自立，以自取灭亡。吾国今幸见印度之覆车，而尚欲遵其遗轨乎。是明知鸩酒而故饮之，明知崩崖坏墙而故立之也，是恐死亡之不及而求速也，岂不谋哉！

吾国于亚洲人种政教风化，皆与亚洲诸国小异而大同。将欲比例乎，惟于印度、波斯、突厥取例，而乃相类耳，则印度、波、突之故如此矣。而言革命自立者，动引欧洲自立之国，谓其土地之小、人民之寡，仅与吾国之一二省同，以之自比，以之动人，则未考欧洲立国之故，固与亚洲相反甚矣。乡曲之富人，只可与乡曲之中资斗富，若见石崇之富，而折王济之珊瑚；羸老之人，只可与瘫病之夫较力，若见乌获之勇，而为秦武之举鼎，则家败而刑，气绝而死，非徒不免，亦可笑甚矣。

且夫欧洲十余国，皆立国千年，日相竞争，少不自振，立即败亡。故国土虽小，皆尚武事，其精神意气，日提振而不敢懈，武备既已竞修，彼此互知而不敢妄发，乃于其文学工艺，日竞美而不敢劣。既各皆小国，难于吞并，故能有立。其至小者，又有诸大之相牵相忌，立均势之法以维持之，故能久而不灭。积此千年，国界久定，国势久立，人心久坚，故能历久相持。近乃有商战学战而无兵战，凡此皆惟欧洲千年之老国能之。若中国各省真能自立，则基址浅薄，国界不定，国势未立，人心未坚，争乱未已，尚未能比印度各省藩臣之自立，而乃妄比欧洲千年之老国，岂不谬哉？况其必不能成而徒取乱乎！且人民才智未开，北地西边，闭塞尤甚，无其人才而妄立国，而欲以欧洲诸国自比，何其傎也！且荷、比、瑞、琏诸小之于欧洲，惟白种均势能之。若在亚洲黄种未定之国，而欲妄为引例，则为吕宋、波国而已，为印度、安南、缅甸而已。无论如何妄例，无论如何结援，终亦必亡而已。或者又谓日本之地，不过吾四川一省，而能变法自强，日本固吾同洲同种，人智相若也，日本能强，安在吾分省自立之不能立国也？是又未思其故矣。日本之立国二千余年矣，偏处海东之岛，不与陆接，其地势胜也；久积八百年武门之争，风俗尚侠，人习战斗，勇不畏死，家知爱国，而政教皆有可观，其俗胜也。故元、明之世，以大国新立之全力临之，而无如何。夫积二千年之种族风化，骨坚而体完，岂与新造未定，势若团沙者比哉？且其变法之时，欧人犹尚内争，未暇专心远东，故得从容自立而变法，岂与今日欧美之心思目力大势全注我国比哉？岂与我今日旅大、胶、台、广湾已割，四境迫于诸大比哉？岂与我今日欧美之铁路、矿地、船航，交织于内地比哉？然日本亦幸同倡尊王，同成排幕，故得合为一统，以得自强耳。使至今日长门、萨摩、土佐、肥贺犹在，亦倡革命自立，而八十余国继之，弱肉强食，内相并吞，与德川氏分成诸小国，吾知江户、岚山之美胜，已遍树俄、法之旗，而逐琉球、缅甸之后矣。庸得南定琉球，东取台湾，联盟强英，与诸大颉颃哉？而不知者，妄言广东自立，与欧洲、日本相类，犹以团沙而比之坚金，以新生之婴而比之壮俊之夫也，其谬惑甚矣！或以中国政府纷乱，必不能保全中国，思有以振倡人心，则不得不借扑满革命为名以耸之，犹日本之变法，先借排幕为名，实不得已也。呜呼，其悖谬益甚矣！夫日本大将军之拥权，犹今之西后、荣禄耳，排幕之后，乃以尊王，故日本能变法自强。今合举国之力，日以攻荣禄、请归政为事，则既倒伪政府之后，皇上复辟，即定宪法、变新政而自强。是则与日本同轨，而可望治效耳。今乃移而攻满洲，是师法印人之悖蒙古而自立耳，则其收效亦与印度同矣。认题不真，指事相反，何至如此！夫日本之兴，由排幕而至尊王，由尊王而复古，由复古而变法，由变法而立宪，前后凡三十年，至明治二十二年，乃始实行立宪法。呜呼！虽以立宪法之美，日人求治之速，犹待五变，卅年乃至，岂有一蹴而能至革命自立民主者乎？乱次为此，何其谬也！且凡大地之例，以野蛮之国，入文明之国，则为文明所化，合而为一，如马基顿之入希腊，俄特狄之入罗马，鲜卑、氐、羌、契丹、女真之入中国，蒙古之入中国、印度是也。以文明之国，入野蛮之国，则为文明所奴绝，如欧人之得美洲、非洲，定南洋、取印度是也。今使中国而见灭于欧美人，则吾国文明程度不如欧美，其必如印度人之不得预政权，不得为高官长吏，不得与欧人齿，不得与女仆语，乃真为奴国，真可畏也。况既灭之后，不见哀怜，且以多见忌，甚者如檀山、美国、澳洲之土人，日就微灭，则全种久而至亡，尤可惧也。若夫国朝入关，礼乐政教，悉从周、孔，法度风化，悉同宋、明，政权利权，汉人与满人无异，一切平等，帝统皇室，不过如刘、李、赵、朱耳。今除荣禄一人外，枢臣疆臣，兵权使权，皆汉人为之，与英、德、意、奥、日本人之自执其国政无异。即吾之不才，亦能预闻政事，其事既见于前书矣。且我中国若无东三省、蒙古、新疆、西藏三百余万方里之地，则我国一百三十一万方里，在大地亦小国耳。适幸得国朝之力，得以并有东三省、蒙古、新疆、西藏，以为地球莫大之国。其人种既同化矣，是满洲之入关，无损于中国，而适扩大中国，天以应大地交通之运，而为万国竞长之图，是有大功于中国也。吾国人生当今日，宜如何私自喜幸，适逢满汉合会之时，而有候补万国首领之资格乎。乃恶国人之合化而必欲摈之，恶国土之广大而必欲拆小之，自生内讧，以利渔人，以祈灭亡，吾夙夜寤思，真不解国人忽有异想也。是不欲野蛮国之进化于吾国而合一之，而必欲文明国之灭亡吾国而奴隶之也。比例颠倒，思想奇谬，谓其大愚欤，则又非也，真令吾十日思而不得其故也。吾恐如印人之已倒蒙古而自立，而即输之强英也。至是印人复欲如蒙古朝之得为宰相疆臣，得为公侯博士，得为长吏，尊荣平等，权利平等，亦不可得也。吾国人若同心扑满而自立，即步印人之后矣。岂天运欲吾中国四万万之为奴绝种乎？何国人乃有欲亡国绝种之颠倒悖谬之思想也？呜呼！此则吾所日夜恐惧者矣。且印度之自立，皆出疆臣宰相或同教宗，犹得坚持数十年，多者或百年。若吾国则文臣武将尚无异心，疆吏大臣更无异志，徒起民间，自生扰乱，徒攘攘欲为黄巾、黄巢、张献忠、李自成之起，犹不可得。即使幸成，亦不过争乱相杀有如吕宋之阿坤鸦度耳，即授外人以定乱而取之矣。满洲已倒，自主未成，而国土全属他人矣。日人之论印度自立，以为为渊驱鱼，为鹯驱雀。言扑满自立者乎，徒为欧美驱除难耳，盖欲得印度自立数十年而必不得也。

或者又言广东自立，详论之至二十七篇，则广东尚不能如印之孟加拉也。当孟加拉自立时，安有门户咫尺之地而有香港、广洲湾两大国处其间哉？安有汕头、梧州两埠穿其胸胁哉？一有变乱，半日之顷，异国五色之旗，战舰万礅之炮，已翩翩珠江上流矣。是欲为孟加拉之自立二十年，坚固其势，而又必不可得者也。故今日惟攻废立首贼、拳匪罪魁之荣禄，请复辟、求民权、定宪法而已。舍是而发妄想，皆恐中国寿命之不长，而促其灭亡之命也。

夫亡国之后，其情状若何哉？吾又见之印度矣。吾初至卡拉吉打时，英巡抚招吾茶会，吾到少迟，则署门陈兵千数，乃引自后门入。吾时与女同璧俱，巡抚夫人接吾与女入诸贵夫人座旁观礼。则见重门洞辟，百官衣礼服，东西陪列。其南则印王百数，后立者，则印王之贵臣也。其堂中陈宝座，高尺许，方广丈许，上设银几，下铺虎皮。巡抚衣金绣衣，南面端坐其上，后立红衣兵十二人，执金殳，威仪严整如王者。其书记长官旁坐，起立呈印王名册于巡抚。巡抚乃诵誓词，一官领印王次第朝谒。印王皆衣其故王服，冠冕诡异，国国不同，北面由中道趋进，至宝座前，三鞠躬，一举手，引见官赞某王朝见。其大王者，巡抚起立，小王则坐受之。每王朝礼毕，一官呈二银碗于巡抚，一贮小银钱，一贮糖果。巡抚亲赐诸王，每人银钱一角、糖果一枚、誓词一纸。印王鞠躬，以巾或手敬受赐物，额手谢而退。以次朝毕，则因王官，其朝礼容尤肃，巡抚皆坐受之不答。引见毕，巡抚立演说，诸王皆起立听演说毕。巡抚南面立点首，诸王百官皆起肃立。巡抚下坐，与吾周旋矣，百官诸王乃散。于是吾心恻恻然，非痛印王也，痛吾国也。夫英人之待印王，不杀其身，不夺其爵，且厚予以岁俸，待亡国之王者，恩至厚矣！文明之至矣！若吾国而各省自立乎，他日虽遇至文明之国，至厚之典，北面朝觐其长吏，得一银钱、一糖果而已，种族亿兆，河山壮丽，皆付他人矣。今印王之大者，地租千数百万，驯象数十，精马数百，从官侍卫百数，皆英国之厚泽也。然皆无民权，颇与日本诸故藩同。吾与数印王游，宫室、园囿、服食、器用，皆用英式，打波饮酒，如一纨绔，英人皆不任以政事，不过长安一富翁而已。其或时献其私十数万于长吏，则长吏报于朝加礼貌之，足以见贵于其族。又其王大富者，能游伦敦，娶英女，以接英之贵游，则最上者矣。然英巡抚又尝延吾观跳舞会，客数百皆英人，印王乃无一焉。亡国之王者，固如是哉！苟非王者，则不能与英之齐民齿矣。印度虽有学于伦敦者，学成归印而仕，不过至佐贰官、小审判官、小警察官。若全印之司道守令长官，则皆英人为之，印人不得与焉。凡印人百戏，英人皆不屑预之。吾尝约一英人观印戏，辞以吾英人，例不看印戏也。吾命印仆传言于一英人，印仆辞以不能。吾诧其妄。既而吾子同吉生而病，延一西女看护人，亦仆妇之等耳，使印仆译言，英女看护不答，谓吾不与印人语，吾乃信。呜呼！以一英女仆，尚不肯与印人语，况其上焉者哉！亡国之民，固宜若是哉！吾始至印，携六打士十五响长枪三杆、短枪六杆、日本刀三口，以吾之为英保护也，所游各地，皆听吾自如。至印则须经警察长官、经海关长官、经总督书记长官，经孟加拉长官四衙门，查验行文而后能得携焉。及挟以行游，所至又须告地方官查验给文，而后携焉。英待吾厚犹如此，则其余可知矣。闻印人室壁，颇好挂刀，经自立大变，则尽为英吏拔去，凡藏刀枪者，罪诛死，故印人无携寸刃者。吾国人在印者，好勇斗狠，然虽大忿，结党相战，不过手携铁尺而已。然则举全印不得有兵械可见矣。印之海船往还，只有卡拉吉打、密他喇士、孟买三大口。严搜此三口，则兵械无从入矣。方今军械日精，既非民间所能私制，故断无复斩木揭杆之日。故虽以舍卫摩缊提为印故都，而英人驻兵，不过二百，盖坦然知其无能为也。不然，以六七万英兵，制六千里二万万人之印度，何以绰有余裕哉？日本人著书，颇言印度将来自立事。吾则断言之曰：印人千数百年，虽生数百华盛顿之才，断无复自立之日矣！印人之婆教博士，既已日少，其异言异志，摇荡人心者，英人警察严密，立行捕逮，而流放之。故印人久以奴隶自安，无复有异志，苟得为小判官、小警察官，或小吏，以多俸夸其族，或挟势以鱼肉其同胞，以攫多金，此则印人之至上等者矣。哀哉！其他故俗，英人除收税外，一切不变之。此固英之恩厚，而法度之密，实有以制之也。

呜呼，若吾国各省自立之后，必旋即灭。吾同胞即遇至文明之国，苟非王者，至不能与其民齿，至于不得与其女仆通语。其秀才者，高官长吏既不可望，国权更不可得。得为小吏，则欣欣自喜，自夸其族类，或日挟异族之势，鱼肉其同胞，以攫多金为事，若庚子北京之译人，其已然矣。苟同胞忿斗，则持铁尺以从事，斯亦可因印度而见影矣。吾见印人而哀之，而不暇自哀也。日人之哀吾国人也，犹吾之哀印也。革命自立者乎，苟欲吾万里之土地悉与人，苟欲吾黄帝神明之子孙四万万之同胞，永为奴隶，永不齿于人类，永不得与欧人女仆通语，则速谋各省革命自立可也。呜呼！凡此印事，皆吾国之明镜，吾国之前车也。若明知而故蹈之，则乐于绝吾种而亡吾国，卖鬻涂炭吾四万万人，以图其一日王者之荣，而求异日糖果、银钱之赐者也。若怀此心，吾如之何哉？不然，而稍有爱国之心也，当闻之而汗流浃背，目瞪不闭，亟谋合全国大群之不暇，岂尚敢言革命自立乎？岂尚敢妄援欧美乎？使印之事而非也，则可他言也；若印度之事是也，不知言革命自立者，更操何说也。言革命自立者，若能有说以难印度致亡之事，吾犹将从之，吾急愿闻之；若无说以难印度致亡之事，则吾愿革命自立者，降心易意，相与保全国而合大群，求民权而立宪法，以祈天永命也。呜呼！数千年完全宏大之神州中国，吾同胞何为有分裂自立之思想，而求速灭亡之哉？真可为大变异，与大不可思议矣。吾所为披肝沥血，而愿吾同胞考印度以为鉴也。虽然，吾剖心之言，为至诚爱国人言之。然海滨有逐臭之夫，墨翟有非乐之论，人之性质好尚多矣。主父偃曰："生不五鼎食，死当五鼎烹。"或有欲窃一日之王号，聊以自娱，则不惮以四万万人命为戏，以博银钱一角、糖果一枚者，彼以为尤胜于枯槁黄馘于穷苍也。人之为计，各有然也，是固有之，非吾所敢议也。若余子者，必无成名，必不能博银钱一角、糖果一枚，徒捐身家，沉宗族，卖宗国，灭同种，以培成他人一日之大名王业，其亦择所从事乎！

据《南海先生最近政见书》全录

驳康有为书

光绪二十九年

章炳麟

长素足下：读《与南北美洲诸华商书》，谓中国只可立宪，不能革命，援引今古，洒洒万言。呜呼长素，何乐而为是耶？热中于复辟以后之赐环，而先为是龃龉不了之语，以耸东胡之听，冀万一可以解免，非致书商人，致书于满人也。夫以一时之富贵，冒万亿不韪而不辞，舞词弄札，眩惑天下，使贱儒元恶为之则已矣。尊称圣人，自谓教主，而犹为是妄言，在己则脂韦突梯，以佞满人已耳，而天下之受其蛊惑者，乃较诸出于贱儒元恶之口为尤甚。吾可无一言以是正之乎？

谨案长素大旨，不论种族异同，惟计情伪得失以立说。虽然民族主义，自太古原人之世，其根性固已潜在，远至今日，乃始发达，此生民之良知本能也。长素亦知种族之必不可破，于是依违迁就，以成其说，援引匈奴列传，以为上系淳维，出自禹后。夫满洲种族，是曰东胡，西方谓之通古斯种，固与匈奴殊类。虽以匈奴言之，彼既大去华夏，永滞不毛，言语、政教、饮食、居处，一切自异于域内，犹得谓之同种也邪？智果自别为辅氏，管氏变族为阴家，名号不同，谱牒自异。况于戕虐祖国，职为寇仇，而犹傅以兄弟急难之义，示以周亲肺腑之恩，巨缪极戾，莫此为甚！近世种族之辨，以历史民族为界，不以天然民族为界。借言天然，则褅袷海藻，享祧猿雌，六洲之氓，五色之种，谁非出于一本？而何必为是聒聒者耶！

长素又曰：氐、羌、鲜卑等族，以至元魏所改九十六姓，大江以南，骆、越、闽、广，今皆与中夏相杂，恐无从检阅姓谱而攘除之。不知骆、越、闽、广皆归化汉人，而非陵制汉人者也。五胡、代北，始尝宰制中华，逮乎隋、唐统一，汉族自主，则亦箸土傅笈，同为编氓，未尝自别一族，以与汉人相抗，是则同于醇化而已。日本定法，夙有蕃别；欧美近制，亦许归化。此皆以己族为主人，而使彼受吾统治，故一切可无异视。今彼满洲者，其为归化汉人乎、其为陵制汉人乎？堂子妖神，非郊丘之敌；辫发璎珞，非弁冕之服；清书国语，非斯邈之文。徒以尊事孔子，奉行儒术，崇饰观听，斯乃不得已而为之，而即以便其南面之术，愚民之计。若言同种，则非使满人为汉种，乃适使汉人为满种也。长素固言大同公理，非今日即可全行。然则今日固为民族主义之时代，而可混淆满汉，以同熏莸于一器哉？时方据乱，而言太平，何自悖其三世之说也！

长素二说，自知非持之有故，言之成理，不得已，复援引春秋，谓其始外吴楚，终则等视。不悟荆、扬二域，禹贡既列于九州，国土种类，素非异实。徒以王化陵夷，自守千里，远方隔阂，沦为要荒，而文化语言，无大殊绝，世本谱系，犹在史官。一日自适于上国，则自复其故名，岂满洲之可与共论者乎？

至谓衣服辫发，汉人已化而同之，虽复改为宋、明之服，反觉不安。抑不知此辫发胡服者，将强迫以成之耶？将安之若性耶？禹入裸国，被发文身，墨子入楚，锦衣吹笙，非乐而为此也。强迫既久，习与性成，斯固不足以定是非者。吾闻洪杨之世，人皆蓄发，不及十年，而曾左之师，摧陷洪氏，复从髡剃，是时朋侪相对，但觉织首锐颠，形状噩异。然则蓄发之久，则以蓄发为安；辫发之久，则以辫发为安。向使满洲制服，涅齿以黛，穿鼻以金，刺体以龙，涂面以垩，恢诡殊形，行之二百有六十年，而人亦安之无所怪矣。不问其是非然否，而惟问其所安，则所谓祖宗成法不可轻变者，长素亦何以驳之乎？野蛮人有自去其板齿而反讥有齿者为犬类，长素之说，得无近于是耶？

种种缪戾，由其高官厚禄之性，素已养成，由是奉豭尾为鸿宝。向之崇拜公羊，诵法繁露，以为一字一句皆神圣不可侵犯者，今则并其所谓复九世之仇而亦议之。其言曰：扬州十日之事，与白起坑赵、项羽坑秦无异。岂不曰秦、赵之裔，未有报白、项之裔者，则满洲亦当同例也。岂知秦、赵、白、项，本非殊种，一旦战胜而击坑之者，出于白、项二人之指麾，非出于士卒全部之合意。若满洲者，固人人欲尽汉种而屠戮之，其非为豫酋一人之志可知也。是故秦、赵之仇白、项，不过仇其一人；汉族之仇满洲，则当仇其全部。且今之握图箓、操政柄者，岂犹是白、项之胤胄乎？三后之姓，降为舆台，宗支荒忽，莫可究诘，虽欲报复，乌从而报复之？至于满洲，则不必问其宗支，而全部自在也；不必稽其姓名，而政府自在也。此则枕戈封刃之事，秦、赵已不能施于白、项，而汉族犹可施于满洲，章章明矣。明知其可报复，犹复饰为瘖聋，甘与同壤，受其豢养，供其驱使，宁使汉族无自立之日，而必为满洲谋其帝王万世祈天永命之计，何长素之无人心，一至于是也！

长素又曰：所谓奴隶者，若波兰之属于俄、印度之属于英、南洋之属于荷、吕宋之属于西班牙，人民但供租税，绝无政权，是则不能不愤求自立耳；若国朝之制，满汉平等，汉人有才者，匹夫可以为宰相，自同治年来，沈、李、翁、孙迭相柄政，曾、左及李倚为外相，恭、醇二邸但拱手待成耳，即今除荣禄、庆邸外，何一非汉人为政？若夫政治不善，则全由汉、唐、宋、明之旧，而非满洲特制也；然且举明世廷杖镇盗、大户加税、开矿之酷政而尽除之，圣祖立一条鞭法，纳丁于地，不复差徭，此唐虞至明之所无，大地万国所未有，佗日移变，吾四万万人必有政权自由，可不待革命而得之也。夫所谓奴隶者，岂徒以形式言邪？曾、左诸将，倚畀虽重，位在藩镇，蕞尔弹丸，未参内政。且福康安一破台湾，而遂有贝子、郡王之赏；曾、左反噬洪氏，挈大圭九鼎以付满洲，爵不过通侯，位不过虚名之内阁。曾氏在日，犹必谄事官文，始得保全首领。较其轻重，计其利害，岂可同日而道！近世军机首领，必在宗藩。夫大君无为，而百度自治，为首领者，亦以众员供其策使，彼恭、醇二邸之仰成，而沈、李、翁、孙之有事，乃适见此为奴隶，而彼为主人也。阶位虽高，犹之阉宦仆竖，而赐爵仅同者，彼固仰承风旨云尔，曷能独行其意哉？一条鞭法，名为永不加赋，而耗羡、平余犹在正供之外；徭役既免，民无恶声，而舟车工匠遇事未尝获免。彼既以南米供给驻防，亦知民志不怡，而不得不借美名以媚悦之。玄烨、弘历数次南巡，强勒报效，数若恒沙。已居尧、舜、汤、文之美名，而使佞幸小人间接以行其聚敛，其酷有甚于加税开矿者。观唐甄之《潜书》与袁枚之《致黄廷桂书》则可知矣！庄生有云："狙公赋芧，朝三暮四，众狙皆怒，朝四暮三，众狙皆悦，名实未亏，而喜怒为用。"此正满洲行政之实相也。况于廷杖虽除，诗案史祸，较诸廷杖毒螫百倍。康熙以来，名世之狱、嗣庭之狱、景祺之狱、周华之狱、中藻之狱、锡侯之狱，务以摧折汉人，使之噤不发语。虽李绂、孙嘉淦之无过，犹一切被赭贯木以挫辱之。至于近世，戊戌之变，长素所身受。而犹谓满洲政治为大地万国所未有，呜呼，斯诚大地万国所未有矣！李陵有言："子为汉臣，安得不云尔乎！”

夫长素所以不认奴隶，力主立宪，以摧革命之萌芽者，彼固终日屈心忍志以处奴隶之地者尔。欲言立宪，不得不以皇帝为圣明，举其诏旨有云“一夫失职自以为罪”者，而谓“亟亟欲开议院，使国民咸操选举之权，以公天下，其仁如天，至公如地，视天位如敝屣，然后可以言皇帝复辟，而宪政必无不行之虑”。则吾向者为《正仇满论》既驳之矣。盖自乙未以后，彼圣主所长虑却顾，坐席不煖者，独太后之废置我耳。殷忧内结，智计外发，知非变法，无以交通外人得其欢心，非交通外人得其欢心，无以挟持重势而排沮太后之权力。载湉小丑，未辨菽麦，铤而走险，固不为满洲全部计。长素乘之，投间抵隙，其言获用，故戊戌百日之政，足以书于盘盂，勒于钟鼎，其迹则公，而其心则只以保吾权位也。曩令制度未定，太后夭殂，南面听治，知天下之莫予毒，则所谓新政者，亦任其迁延堕坏而已。非直堕坏，长素所谓拿破仑第三新为民主，力行利民，已而夜宴伏兵，擒议员百数及知名士千数尽置于狱者，又将见诸今日。何也？满汉两族，固莫能两大也。

今以满洲五百万人临制汉族四万万人而有余者，独以腐败之成法愚弄之锢塞之耳。使汉人一日开通，则满人固不能晏处于域内，如奥之抚匈牙利、土之御东罗马也。人情谁不爱其种类，而怀其利禄。夫所谓圣明之主者，亦非远于人情者也，果能敝屣其黄屋，而弃捐所有以利汉人邪？借曰其出于至公，非有满汉畛域之见，然而新法犹不能行也。何者？满人虽顽钝无计，而其怵惕于汉人，知不可以重器假之，亦人人有是心矣。顽钝愈甚，团体愈结，五百万人同德戮力，如生番之有社寮，是故汉人无民权，而满洲有民权，且有贵族之权者也。虽无太后，而掣肘者什伯于太后；虽无荣禄，而掣肘者什伯于荣禄。今夫建立一政、登用一人，而肺腑昵近之地，群相欢哓，朋疑众难，杂沓而至，自非雄杰独断如俄之大彼得者，固勿能胜是也。共欢四子，于尧皆葭莩姻娅也，靖言庸回，而尧亦不得不任用之。今其所谓圣明之主者，其聪明文思果有以愈于尧耶？其雄杰独断果有以侪于俄之大彼得者耶？往者戊戌变政，去五寺三巡抚如拉枯，独驻防则不敢撤，彼圣主之力与满洲全部之力，果孰优孰绌也。由是言之，彼其为私，则不欲变法矣；彼其为公，则亦不能变法矣。长素徒以诏旨美谈视为实事，以此诳耀天下。独不读刘知几载文之篇乎，谓魏晋以后，诏敕皆责成群下，藻饰既工，事无不可，故“观其政令则辛癸不如，读其诏诰则勋华再出”。此足以知戊戌行事之虚实矣。

且所谓立宪者，固将有上、下两院，而下院议定之案，上院犹得以可否之。今上院之法定议员，谁为之邪？其曰皇族，则亲王、贝子是已；其曰贵族，则八家与内、外蒙古是已；其曰高僧，则卫藏之达赖、班禅是已。是数者，皆汉族之所无，而异种之所特有，是议权仍不在汉人也。所谓满汉平等者，必如奥、匈二国并建政府，而统治于一皇，为双立君主制而后可。使东三省尚在，而满洲大长得以兼统汉人，吾民犹勉自抑制以事之。今者满洲故土既攘夺于俄人，失地当诛，并不认为满洲君主，而何双立君主之有？夫戴比失地之天囚以为汉族之元首，是何异取罪人于囹圄而奉之为大君也。乃曰：朋友之交犹贵久要不忘，安有君臣之际，受人之知遇，因人之危难，中道变弃乃反戈倒攻者。诚如是，则载湉者固长素之私友，而汉族之公仇也。

虽然，如右所言，大抵关于种类，而于情伪得失未暇论也。则将复陈斯旨，为吾汉族筹之可乎？长素以为：革命之惨，流血成河，死人如麻，而其事卒不可就。然则立宪可不以兵刃得之邪？既知英、奥、德、意诸国数经民变，始得自由议政之权；民变者其徒以口舌变乎？抑将以长戟劲弩飞丸发旝变也？近观日本立宪之始，虽徒以口舌成之，而攘夷覆幕之师在其前矣。使前日无此血战，则后之立宪亦不能成。故知流血成河，死人如麻，为立宪所无可幸免者。长素亦知其无可幸免，于是迁就其说以自文，谓：以君权变法，则欧美之政术、器艺可数年而尽举之。夫如是，则固君权专制也，非立宪也。阔普通武之请立宪，天下尽笑其愚，岂有立宪而可上书奏请者？立宪可请，则革命亦可请乎？以一人之诏旨立宪，宪其所宪，非大地万国所谓宪也。

长素虽与载湉久处，然而人心之不相知，犹桎一体而佗体不知其痛也。载湉亟言立宪，而长素信其必能立宪。然则今有一人执长素而告之曰，我当酿四大海水以为酒，长素亦信其必能酿四大海水以为酒乎？夫事之成否，不独视其志愿，亦视其才略何如。长素之皇帝圣仁英武如彼，而何以刚毅能挟后力以尼新法，荣禄能造谣诼以耸人心，各督抚累经严旨背观望而不办，甚至章京受戮，已亦幽废于瀛台也！君人者，善恶自专，其威大矣，虽以文母之抑制，佞人之谗嗾，而秦始皇之在位，能取太后、嫪毐、不韦而踣复之。今载湉何以不能也？幽废之时，犹曰爪牙不具，乃至庚子西幸，日在道涂，已脱幽居之轭，尚不能转移俄顷，以一身逃窜于南方，与太后分地而处，其孱弱少用如此！是则仁柔寡断之主，汉献、唐昭之俦耳！太史公曰："为人君父而不知春秋之义者，必蒙首恶之名。"是故志士之任天下者，本无实权，不得以成败论之，而皇帝则不得不以成败论之。何者？有实权而不能用，则不得窃皇帝之虚名也。夫一身之不能保，而欲其与天下共忧，督抚之不能制，而欲其使万姓守法，庸有几乎？

事既无可奈何矣，其明效大验已众著于天下矣，长素则为之解曰：幽居而不失位，西幸而不被弑，是有天命存焉，王者不死，可以为佗日必能立宪之征。呜呼！王莽渐台之语曰："天生德于予，汉兵其如予何！"今之载湉，何幸有长素以代为王莽也。必若图录有征，符命可信，则吾亦尝略读纬书矣。纬书尚繁中庸一篇，固为赞圣之颂，往时魏源、宋翔凤辈，皆尝附之三统三世，谓可以前知未来，虽长素亦所笃信者也。然而中庸以"天命"始，以"上天之载无声无嗅"终。天命者，满洲建元之始也。上天之载者，载湉为满洲末造之亡君也。此则建夷之运终于光绪，奴儿哈赤之祚，尽于二百八十八年。语虽无稽，其彰明较著，不犹愈于长素之谈（无）〔天〕命者乎？

要之，拨乱反正，不在天命之有无，而在人力之难易。今以革命比之立宪，革命犹易，立宪犹难。何者？立宪之举，自上言之，则不独专恃一人之才略，而兼恃万姓之合意；自下言之，则不独专恃万姓之合意，而兼恃一人之才略；人我相待，所依赖者为多。而革命则既有其合意矣，所不敢证明者，其才略耳。然则立宪有二难，而革命独有一难。均之难也，难易相较，则无宁取其少难而差易者也。虽然，载湉一人之才略，则天下信其最绌矣。而谓革命党中必无有才略如华盛顿、拿破仑者，吾所不敢必也。虽华盛顿、拿破仑之微时，天下亦岂知有华盛顿、拿破仑者？而长素徒以阿坤鸦度一蹶不振相校。今天下四万万人之材性，长素岂尝为其九品中正，而一切检察差第之乎？借曰，此魁梧绝特之彦，非中国今日所能有。尧舜固中国人矣，中国亦望有尧舜之主，出而革命，使本种不亡已耳。何必望其极点如华盛顿、拿破仑者乎。

长素以为：中国今日之人心，公理未明，旧俗俱在，革命以后，必将日寻干戈，偷生不暇，何能变法救民，整顿内治。夫公理未明，旧俗俱在之民，不可革命，而独可立宪，此又何也？岂有立宪之世，一人独圣于上，而天下皆生番野蛮者哉？虽然，以此讥长素，则为反唇相稽，校轸无已。吾曰不可立宪，长素犹曰不可革命也。则应之曰：人心之智慧，自竞争而后发生，今日之民智，不必恃佗事以开之，而但恃革命以开之。且勿举华、拿二圣，而举明末之李自成。李自成者，迫于饥寒，揭竿而起，固无革命观念，尚非今日广西会党之侪也。然自声势稍增，而革命之念起；革命之念起，而剿兵、救民、赈饥、济困之事兴。岂李自成生而有是志哉，竞争既久，知此事之不可已也。虽然，在李自成之世，则赈饥济困为不可已，在今之世，则合众共和为不可已。是故以赈饥济困结人心者，事成之后，或为枭雄；以合众共和结人心者，事成之后，必为民主。民主之兴，实由时势迫之，而亦由竞争以生此智慧者也。征之今日，义和团初起时，惟言"扶清灭洋"；而景廷宾之师，则知"扫清灭洋"矣；今日广西会党，则知不必开衅于西人，而先以扑灭满洲、剿除官吏为能事矣。唐才常初起时，深信英人，密约漏情，乃卒为其所卖；今日广西会党，则知己为主体，而西人为客体矣。人心进化，孟晋不已。以名号言，以方略言，经一竞争，必有胜于前者。今之广西会党，其成败虽不可知，要之继此而起者，必视广西会党为尤胜，可豫言也。然则公理之未明，即以革命明之，旧俗之俱在，即以革命去之。革命非天雄大黄之猛剂，而实补泻兼备之良药矣。

长素以为：今之言革命者，或托外人运械，或请外国练军，或与外国立约，或向外国乞师，卒之堂堂大国，谁肯与乱党结盟，可取则取之耳。吾以为今日革命，不能不与外国委蛇，虽极委蛇，犹不能不使外人干涉，此固革命党所已知，而非革命党所未知也。日本之覆幕也，法人尝通情于大将军欲为代平内乱，大将军之从之与否，此固非覆幕党所能豫知，然以人情自利言之，则从之为多数，而不从为少数，幸而不从，是亦覆幕党所不料也。而当其歃血举义之时，固未尝以其必从而少沮。今者人知恢复略有萌芽，而长素何忍以逆料未中之言，沮其方新之气乎？呜呼，生廿世纪难，知种界难，新学发见难，值人心奋厉时难。前世圣哲，或不遇时，今我国民，幸睹精色，哀哀汉种，系此刹那。谁无父母，谁无心肝，何其天阏之不遗余力，幸同种之为奴隶，以必信其言之中也！且运械之事，势不可无，而乞师之举，不必果有。今者西方数省，外稍负海，而内有险阻之形势，可以利用外人，而不为外人所干涉者，亦未尝无其地也。略得数道为之建立政府，百度维新，庶政具举，彼外人者，亦视势利所趋耳。未成则欲取之，小成则未有不认为与国者，而何必沾沾多虑为乎？

世有谈革命者，知大事之难举，而言割据自立，此固居于一隅，所谓井底之蛙，不知东海者，而长素以印度成事戒之。虽然，吾固不主割据，犹有辩护割据之说在，则以割据犹贤于立宪也。夫印度背蒙古之莫卧尔朝，以成各省分立之势，卒为英人蚕食，此长素所引为成鉴者。然使莫卧尔朝不亡，遂能止英人之蚕食邪？当莫卧尔一统时，印度已归于异种矣。为蒙古所有与为英人所有，二者何异？使非各省分立，则前者为蒙古时代，后者为英吉利时代，而印度本种并无此数十年之国权。夫终古不能得国权与暂得国权而复失之，其利害相越岂不远哉？语曰："不自由，毋宁死！"然则，暂有自由之一日，而明日自刎其喉，犹所愿也，况绵延至于三四十年乎！且以印度情况比之中国，则固有绝异者。长素论印度亡国书，谓其文学工艺远过中国，历举书籍见闻以为证。不知热带之地，不忧冻饿，故人多慵惰，物易坏烂，故薄于所有观念。是故婆罗、释迦之教，必现于印度，而不现于异地。惟其无所有观念，而视万物为无常，不可执著故。此社会学家所证明，势无可遁者也。夫薄于所有观念，则国土之得丧、种族之盛衰，固未尝慨然于胸中。当释迦出世时，印度诸国已为波斯属州；今观内典，徒举比邻诸王，而未见波斯皇帝，若并不知己国之属于波斯者。厥有愤发其所能自树立者，独阿育王一家耳。近世各省分立之举，亦其出于偶尔，而非出于本怀，志既不坚，是故迁延数世，国以沦丧。夫欲自强其国种者，不恃文学工艺，而惟视所有之精神。中国之地势人情，少流散而多执著，其贤于印度远矣。自甲申沦陷，以至今日，愤愤于异种者，何地蔑有？其志坚于印度，其成事亦必胜于印度，此宁待蓍蔡而知乎！

若夫今之汉人，判涣无群，人自为私，独甚于汉、唐、宋、明之季，是则然矣。抑谁致之而谁迫之邪？吾以为今人虽不尽以逐满为职志，或有其志而不敢讼言于畴人，然其轻视鞑靼以为异种者，此其种性根于二百年之遗传，是固至今未去者也。往者陈名夏、钱谦益辈以北面降虏贵至阁部，而未尝建白一言，有所补助，如魏征之于太宗、范质之于艺祖者，彼固曰异种非吾中夏神明之胄，所为立于其朝者，特曰冠貂蝉袭青紫而已，其存听之，其亡听之，若曰为之驰驱效用而有所补助于其一姓之永存者，非吾之志也。理学诸儒，如熊赐履、魏象枢、陆陇其、朱轼辈，时有献替，而其所因革，未有关于至计者。虽曾、胡、左、李之所为，亦曰建殊勋博高爵耳，功成而后，于其政治之盛衰、宗稷之安危，未尝有所筹画焉，是并拥护一姓而亦非其志也。其佗朝士，入则弹劾权贵，出则搏击豪强，为难能可贵矣；次即束身自好，优游卒岁，以自处于朝隐；而下之贪墨无蓺怯懦忘耻者，所在皆是。三者虽殊科，要其大者不知会计之盈绌，小者不知断狱之多寡，苟得廪禄以全吾室家妻子，是其普通之术矣。无佗，本陈名夏、钱谦益之心以为心者，固二百年不变也。明之末世，五遭倾覆，一命之士，文学之儒，无不建义旗以抗仇敌者，下至贩夫乞子、儿童走卒，执志不屈而仰药剸刃以死者，不可胜计也。今者北京之破，民则愿为外国之顺民，官则愿为外国之总办，食其俸禄，资其保护。尽顺天一城之中，无不牵羊把茅甘为贰臣者；若其不事异姓，躬自引决，缙绅之士，殆无一人焉。无佗，亦曰异种非吾中夏神明之胄，所为立于其朝者，特曰冠貂蝉袭青紫而已，其为满洲之主则听之，其为欧美之主则听之，本陈名夏、钱谦益之心以为心者，亦二百年而不变也。然则满洲弗逐，而欲士之争自濯磨，民之敌忾效死，以期至乎独立不羁之域，此必不可得之数也。浸微浸衰，亦终为欧美之奴隶而已矣。非种不锄，良种不滋，败群不除，善群不殖。自非躬执大箠，以扫除其故家汙俗而望禹域之自完也，岂可得乎！（以上录旧著《正仇满论》）

夫以种族异同明白如此，情伪得失彰较如彼，而长素犹侈言立宪而力排革命者，宁智不足识不逮邪？吾观长素二十年中变易多矣。始孙文倡义于广州，长素尝遣陈千秋、林奎往密与通情，及建设保国会，亦言“保中国不保大清”，斯固志在革命者。未几，瞑瞒于富贵利禄，而欲与素志调和，于是戊戌柄政，始有变法之议。事败亡命，作衣带诏，立保皇会，以结人心，然庚子汉口之役，犹以借遵皇权，密约唐才常等，卒为张之洞所发，当是时，素志尚在，未尽澌灭也。唐氏既亡，保皇会亦渐溃散，长素自知革命之不成，则又瞑瞒于富贵利禄。而今之得此，非若畴昔之易，于是宣布是书。其志岂果在保皇立宪邪？亦使满人闻之而曰：长素固忠贞不贰，竭力致死，以保我满洲者，而向之所传，借遵皇权、保中国不保大清诸语，是皆人之所以诬长素者，而非长素故有是言也。荣禄既死，那拉亦耄，载湉春秋方壮，他日复辟，必有其期，而满洲之新起柄政者，其势力权借或不如荣禄诸奸，则工部主事可以起复，虽内阁军机之位亦可以覬覦矣。长素固云穷达一节，不变塞焉，盖有之矣，我未之见也。抑吾有为长素忧者，向日革命之议，哗传于人间，至今未艾。陈千秋虽死，孙文、林奎尚在；唐才常虽死，张之洞尚在；保国会之微言不箸竹帛，而入会诸公尚在。其足以证明长素之有志革命者，不可件举，虽满人之愚蒙，亦未必遽为长素欺也。呜呼，哀哉！南海圣人，多方善疗，而梧鼠之技，不过于五，亦有时而穷矣。满人既不可欺，富贵既不可复，而反使炎黄遗胄，受其蒙蔽，而缓于自立之图。惜乎！己既自迷，又使他人沦陷，岂直二缶钟惑而已乎？此吾所以不得不为之辨也。

若长素能跃然于祗悔，奋厉朝气，内量资望，外审时势，以长素魁垒耆硕之誉，闻于禹域，而弟子亦多言革命者，少一转移，不失为素王玄圣。后王有作，宣昭国光，则长素之像，几立于星雾；长素之书，尊藏于石室；长素之迹，葆复于金塔；长素之器，配崇于铜柱；抑亦可以慰荐矣。借曰死权之念过于殉名，少安勿燥以待新皇，虽长素已槁项黄馘，卓茂之尊荣，许靖之优养，犹可无操左契而获之。以视名实俱丧，为天下笑者何如哉！书此，敬问起居。不具。章炳麟白。

章炳麟：《驳康有为书》，《黄帝魂》，光绪二十九年（1903年）。录自张枏、王忍之编《辛亥革命前十年间时论选集》第一卷下册，第752—764页，三联书店1978年版

政体进化论（节录）

光绪二十九年四月初一日、闰五月初一日

竞　盦

绪　论

天择物竞，最宜者存，万物莫不然，而于政体为尤著。政体者，因时而异趣，视民而为之高下。梅因氏所谓："世运之进无穷期，政体之变无已时，即今

日所谓至美大善之民主政体，亦未必为变迁之终极，后必有不可思议者在。”诚揆之事势有必至，按之理法而无疑，虽有勇者不能与天抗也。而方变之际，若者为鼓之舞之之学子，若者为任劳任怨之民党，若者为发纵指示之英雄，一若尽出于斯人之好事也者。呜呼，斯人岂果好事哉！盖特为天演力所驱使，迫于不得不然之势已耳。

虽然，政体之变也，其道不一，或变于民，或变于敌。故化有不进而政无不变。何也？使其国得天然之地势，无强敌之争雄，因民族之竞存，而久安于统一，则民气孱弱民俗媮惰，好胜之心不生，勇敢之气不作，以侈靡为尚，以卑顺为德，虽数百千年文化不能进，政体亦固可随之而不变。然世界大势迁流靡定，我得境遇之静而守成不革，人或得境遇之动而日进无疆，我在酣睡之乡人已登大舞之台。生存竞争天演公理，我虽梦长夜，其如人之虎视耽耽其欲逐逐何！我虽负嵎恃险，其如人之跨山超海相逼而来何！科学日新，制造日巧，山城海池有所不足畏；争机益启，优胜劣败，地大物博有时不能保。殆哉岌岌乎！以强凌弱，以文攻野，易如反掌，我不自变人将代我而变也。其变异，其所以变则同，归天演而已矣。亚洲群国，文化不进者良多，而守其祖制绵绵翼翼传之无穷者，果安在乎？呜呼！忍言哉，变于民正式之变也，变于敌变式之变也。变于民，政变而国犹是也；变于敌，政变而国随亡也。吾一不解，夫不欲变政而心甘亡国者多也。

是以政学之家又有公言曰：政体之变，固贵因时，然先时则弊少，后时则弊多。此非有所偏徇也，良以先时则政善于民，民可因法而日化于善，不若彼穷而不变，政恶于民者，不令民驰骋于法之外，即与法俱老朽耳。国于今日之世界，而犹袭千百年来之旧治，其民之愚可想见矣。民未进而政欲其进，吾固知其早也，然就一国而言则尚早，通世界而言则已迟。二十世纪之天地，盖断不容专制余威稍留其迹。若俄罗斯、若土耳其虽残喘尚存乎，不及五十年，俄必变于民，土或变于敌，虽欲吾言之不验，终不能如天演何也。引领西望，唏嘘以悲，茫茫禹甸，孰为厥主，俄兮土兮，吾将安从。吾握管以论列，诚不知涕泪之零落也。

第一节　论政体进化之标准

政体之不能一成而无变既如前述，虽然，将以何者为标准乎？曰：政治者，社会最大之组织，求有以达吾人栖息于此社会之目的者也；吾人之目的在幸福，而社会之究竟为极乐，此进化家所唱道，抑亦凡为人类者所公认矣，然则政体之变也亦准是则已耳。以此政体与彼政体较，彼之于民所增幸福为多，则民虽立于此政体之下而心常在彼，早夜以求之，不变焉不止。既变矣，而他日又有人焉，发明更善之政体，所增幸福较前益多，则又舍其故而谋其新。爱幸福之念无厌，求进步之势力亦无穷。试读欧史，在昔野蛮时代，幸福所在亦甚隘耳，几经竞争乃自最少数而进于次少数，自次少数而进于次多数，自次多数而进于大多数，今且自大多数而进于最大多数矣；然学士大夫犹不以为足，新法新论且日出而未有艾，则他日幸福之范围，必更扩而充之无疑也。梅因氏之说岂不然哉。

新旧交迭之际，欲依旧政体而享幸福者，必挟必死之心以守旧；欲依新政体而获幸福者，必鼓无前之气以求新。纷纷扰扰，各竭其能，血流盈野，糜时无算，此其终也，或新胜而旧败，或两败而俱伤，若新败旧胜，则自古迄今未之闻也。何也？天生人即与之以应有之幸福，一国之幸福固非数人所可私也，必有人自弃其幸福而后吾能滥得幸取。向者人智未进胆力薄弱，始仰英雄如天帝，继视贵人为英雄，甘心自薄，不知己亦国中之一人与有享幸福之权，故我能取诸人而自肥耳。使世运日进，主人既觉，从前之悔恨与后此之希望，并为一谈，集矢于我，则虽欲挟已往之成势，保持旧治，求与之终古，岂可得乎！专制之国，恒欲愚民，彼盖审知夫智识之必与幸福皆来也；然人生既以幸福为目的，人之爱之谁不如我，摄缄縢固扃鐍以禁人之窥伺，适以速其垂涎耳，宁有济哉。

第二节　论政体之得失

国立所以为民，化既进政体亦不得不进，其理既言之矣。然政与民互为因亦互为果，政因民而日修，民亦因政而日化。政体之善者，必适合国民之程度，而又能谋将来之发达，使民日进于文明。故穆勒氏之论政体也，一则曰能使人民发达其智识道德及活动力者为善，否则为恶；再则曰设适宜之机关利用其智识道德及活动力者为善，否则为恶。呜呼，尽之矣！

政体之种类，可大别之为二：曰少数政体，曰多数政体。前者之政权，或在一君，或在贵族，或君与民共之，幸福所被至为隘狭者也；后者之政权，或在民，或君与民共之，幸福之范围亦广被多数人者也。孰优孰劣，虽因时而异，世运既进之后，则自以后者为优。何也？后者能发达多数人之智识道德及活动力而利用之也。大凡人之幸福必自谋之，必不容他人代谋之，微论人各自私必不为我谋也，就令能为我谋亦不如我自谋之为愈，就令人为我谋一如我之自谋，亦不如我自谋之为快。无他，人贵自立，受欺于人可耻，受保护于人而己无所事事亦可耻耳。垂髫童子喜烹自钓之鱼，白发老翁爱食手植之蔬，俗情如是，理可悟矣。《诗》曰："自求多福。"《记》曰："待文王而后兴者，凡民也。"古语且然，今更无论矣。多数政体者，不论为民主、为君民共主，民皆有参政之权者也，即不能人有其权，亦得各举所信以自代者也。以民之意为民之事，无论其利也，即有害亦无所憾。自非丧心病狂，孰得议其非乎！

要之，为政所以求治，求治必先使人爱国。然天下有自爱之人，而无所谓爱国之人，爱国者亦自爱耳，爱其与己有关系耳。故爱国心与参政权，相为广狭。参政权及于少数者，爱国之人亦少数；参政权及于多数者，爱国之人亦多数。此一定不易之理，无可隐讳者也。使离国与民为二，民绝无参政之权，则一二有志之士，固不至因人夺其国而并被夺其爱，辍耕太息自有爱之之道；然习焉不察，自甘放弃谓己与国诚绝无关系者，盖亦有焉矣。如纳税、如从军，在多数政体之国，民皆视为职分所当然，人生之大乐，而在少数政体之国，则无不以为至苦之事。非此民之庸顽陋劣，有生来即特异于彼也；财为己用则毁家无悔，财为人用则锱铢必较，身为己役则虽死无憾，身为人役则一毫可宝，亦犹夫人之情耳。多数政体之国，即国即民，即民即国，民纵不爱国，亦必自爱，自爱即所以爱国也；少数政体之国，国为国，民为民，国为少数人所私有，彼多数人亦何苦为少数人鞠躬尽瘁保其私产乎。多数政体与少数政体之得失，不亦大可见耶。

…………

第五节　结　论

呜呼！吾书至此而以喜以悲。吾悲夫吾国人志短气促，坐视人独立自由，而己永无见天日之望也；吾又喜夫政体进化为天下之公理，愿获幸福为人类之恒性，而冀吾国人之莫能外也。吾爱吾国，吾多奢望，吾姑忍泪强颜，而述吾希望之词。

吾望吾国之政体，不十年一跃而列于吾上所罗列之诸类，吾又望其一跃而至诸类中之最胜者。诸类虽同为多数政体，君权、民权犹有强弱大小之不齐也，君权与民权互为消长，此有所伸，彼必有所诎。而君权之强弱，恒视君主见机之早晚；民权之大小，恒视人民竞争之烈否，盖惟争为能致胜。而世运愈进，则助纣为虐者日以少，为民致死者日以多，故为君者必见机甚早，善避竞争之祸，始得赖天祖之重，乞怜兆众，稍留其权；而为民者，则众志成城，自由自在，愈竞愈胜，不厌其酷也。吾望吾国之政体，一跃而至最胜者，吾望吾国人合力一心，任重致远，为最酷烈之竞争而已。

竞争将以求幸福也，而竞争之际不能无所苦；故徒知幸福之可爱者，不必即能有事于竞争。天下人之爱幸福，盖未有如吾国人之甚者也，爱之而不获，良由其爱之不得其道耳。有精神之幸福，有躯体之幸福、有目前之幸福，有将来之幸福。知精神爱将来者，不徒以安乐为幸福，劳苦亦幸福也；不徒以勋名富贵为幸福，死亡流离亦幸福也；不徒知幸福之不能无价，勉偿以竞争之劳，且直不知竞争之可苦也。而吾国人急不暇择，限于目前，局于将来，安逸之外，不复知人间有可乐事；欲速见小，习惯自然，宁弃其无穷之幸福，而必不愿弃其旦夕之安。为语平等、自由、民权等理，且惟恐其扰己，而仇之攻之尤甚于民贼独夫。呜呼！民权者民之利也，而民自攻之，天下尚有可救之民乎！哀哀在釜之豆，一朽木已足使汝糜烂，吾诚不忍见更益之以萁也。

然而必谓吾国人甘自残贼，亦诬言也；彼其心未尝不在幸福，特不知求之之道而误入歧途耳。使一旦晓然于如此不徒不能获幸福，且适以促生机，而能以爱目前之幸福者爱将来之幸福，爱躯体之幸福者爱精神之幸福，则物极而反，前途亦未可限量也。吾之希望，终不因此而绝也。

幸哉吾国！吾国实有由专制而变为民主之大希望者也。如吾前所举民主政体成立之四因，吾国实有其三焉：（一）十八省得天然之地势，远胜美之十三州，以地理论可独立而为民主也；（二）专制之毒受之独久，反动力当独强，以物理论可独立而为民主也；（三）同胞四亿万，同文同风同利害，群策群力何事不成，以民族论尤可独立而为民主也。要之，具此三因，旧染之污必去之净尽，而新国既立人皆平等，更无人敢出而独揽大权，二十世纪中，必现出一完全无缺之民族的共和国耳。

欲达此莫大之目的，必先合莫大之大群；而欲合大群，必有可以统一大群之主义，使临事无涣散之忧，事成有可久之势。吾向者欲觅一主义而不得，今则得一最宜于吾国人性质之主义焉，无他，即所谓民族主义是也。吾国人最敬先人，最重血统，编户之民，家无长物，无嗣而求子于外者，其族必群起而攻之；况以千余万方里地，三百八十余兆人之一大族，而其中主位，为他族所篡取乎！养子者求之而来，同族者犹且誓死逐之；况彼以强力凌我族人，而入篡大统者乎！是以种族之念，吾民独富，虽有时力蹙势穷受人羁绊，而中心饮恨无日或忘，彼利欲熏心、忍坐视父母之邦沦于夷狄者，特二三肉食之徒耳。故政界、学界，虽往往讳莫如深，除一二独行之士外，莫敢倡言大义，而野老、村夫、妇人、孺子，则未尝有一人认贼作子也。呜呼！吾生发未燥，即饱闻种族之义，蛮夷猾夏引为大戚，私通外国，乡党羞称，国贼之名，以名食物（食物中有名油炙桧者，因秦桧不知民族主义，故日日处以炮烙之刑，深恨之以示不忘也），异类之状，以状玩具（小儿玩弄之人形有状鞑子者），事虽琐屑，要皆吾祖若宗痛心疾首，为吾曹留亡国之纪念者也。爱种若此，而往往累百十年，不克光复旧物，亦有由矣；知己知彼，百战百胜，天下之公理也，而吾族有自爱之诚无知人之明，失之骄夸，而自卫之力不足以付之。自古惟以黄农血裔为万物之灵，而异族悉置之不齿；及其既至而不能即胜，则委为天命坐唤奈何，愚夫愚妇或且馨香而崇奉之。然其痛之疾之之念，初未尝绝迹于胸中也，而顽儒懦夫，往往以一异族在吾国势力范围已定，而有投鼠忌器之思，蛤蚌渔翁之虑；呜呼，是何异见盗入女室，而戒女以同室操戈乎！污于一盗，谁保他盗不蜂拥继至，即不然而安居无事，终身归命于一盗，亦何面目复上父母之丘墓乎！贞女死耳，不可为不义屈；民族歼耳，亦安可为异种奴。轰轰哉，烈烈哉，四亿万黄帝血系之大国民，其将朝秦暮楚，长此依人乎？抑将卧薪尝胆以俟时也？

以我民族建我新国，全权在我，克日可成，杀人流血，固皆无所用之；然此仅理想，事势全异。异族盘踞既久，早成反客为主之势，而同族之人，亦难保无一二廉耻道丧，以妾妇自待，且以妾妇待人，乘人有所作为，媚彼伪主，以为固宠地者。故吾欲实行吾民族主义，对内对外，均不可不妥为之备。对内当广施教育，发扬其固有之性，斩除其浇漓之习，纵不能使人人皆热心于国于种，必令凡我同族略具同情，有参差而不至背驰；纵不使能人人皆为美之华盛顿、意之三杰，必令凡我同族人人皆愿为同族之公仆，而不愿为异族之元勋，使吾中国独立史留污点于无穷；纵不使能人人有完满之政才，一跃而与欧美并驾齐驱，必令新国告成之后，凡我同族各知何者为国民之义务，何者为国民之权利，齐齐整整，不为向所束缚吾之恶政府笑。言之匪艰，行之维艰，即此数事，已非竭吾民族中先觉之脑之血不能成。以先觉自命者，其责任固重且大如此也。至若对外则艰难险阻，尤非浅薄者所能胜。尝考各国独立之已事，大抵可划为三时期：首言论，次暗杀，终乃大举。言论时期同志无多，二三先觉，不胜愤愤，欲有以寒奸贼之心，醒国民之梦，势不能不有事于笔墨。然我有笔墨，敌有刀斧，志士之血终不足饱民贼之刀也，而欲图大举又苦羽翼未丰，于是不得已而先之以暗杀。盖敌之仇我而出于至诚者不过一二人，其余爪牙仅为荣利，彼心乎利，我力阻之，不特阻之且加害焉，则彼亦何苦忠于一二人而以身殉之乎；俄之民党，能使君相左右贰于己者，即此理耳。故堂堂正正之国民军出现以前，未有不以如鬼如蜮之侠客壮士为先锋者。吾国人言论思想，今已渐达高点，苟能循序而进焉，吾知其必有功也。勿馁勿躁，幸各勉旃。

呜呼！建民族之国家，立共和之宪章，凡我同胞，其矢斯志。事机易失，岁不我与，瓜分豆剖，不出数年。夫以四亿万人栖息于一异族之下，犹不敢动，况分属于六七强国之后乎！时哉时哉，鼓勇前行，成则建民族的新国，败则为民族的雄鬼，国也鬼也其为民族的则一也。吾知使吾国吾身为民族的而已矣，吾焉知其他。

《江苏》第一、三期，光绪二十九年四月初一日、闰五月初一日（1903年4月27日、6月25日）。录自张枬、王忍之编《辛亥革命前十年间时论选集》第一卷下册，第540—547页，三联书店1978年版

革命驳议

光绪二十九年五月十三、十四日

吾辈生于今日，所深望于当世者，上之则望政府，深观大势之所趋，广揽群情之所向，奉皇上亲大政，取二百余年来之积弊扫除而更张之，取六七强国之壮猷择其善者而从之。次之则望胜衣就傅之儒、负笈远游之士，降心壹志，研究实学，于西人富国强兵之术，确能撷取其精华，而融会旨趣，以为异日辅佐君国，兴起宗邦之用。此则吾辈之所望也。若夫革命之说，言者轩眉攘臂，闻者惊心动魄。窃谓诸君如仅资此为谈柄，用相张扬，则亦已矣。如竟欲见诸实事，则未免暗于大势，昧于近情，但知他国行之之有利，而不悟我国行之万无一利，必有大害也。是不可以不辨。

革命之说，非自今日始。然从前持此议者，仅三数人而已，近则其数渐多，血气未定、膂力方刚之少年，辄易为所惑。又从前持此议者，仅自与其徒党议之于私室而已，近乃明目张胆于稠人广众之中，公言不讳，并登诸报章，以期千人之共见。是则主革命者，必以其说为不可易矣。执笔人则以为今日而言革命，于理于势，皆有所未可。然就理言之，则此一是非，彼亦一是非，未足以相难也。今请专就事势言之，并就内情、外情分言之，以与言革命者相商。

一、就外情言之，而知我国今日万不可以言革命也。夫起革命之师者，必有所凭借，故必当占据一地以为起事之基。大约北则天津，南则广州，中则长江上下游，数者有一得手，乃可徐及其他。然欲占踞此数地，必当与官兵攻战，既与官兵攻战，则即可目之为乱匪。以今日官军之魄力而论，御外侮固不足，戡内乱则尚有余。庚子大通之役一战而败，汉口之役未战而败，此其明验也。然使或官兵竟败，革命党竟胜，则彼此相持之顷，西人必出而干预。或助官兵，则官兵必胜，革命党必一败涂地。而西人既已平乱于前，即必索酬于后，而其地之管辖权，即永不复为我有。东三省之已事，其前鉴也。或助革命党，则官兵必败，革命党必胜。而革命党得手后，其地必终为西人所有。非律宾之已事，其前鉴也。故无论孰胜孰败，不啻我为鹬蚌，而让西人之坐待其毙，而取我之地以为己有；又不啻我为前驱，而引西人入内，使瓜分吾地也。且推揣大势，如官兵与革命党互战，西人彼时，必仍是辅助官兵之意为多。不观发匪之乱，英法诸将，皆效用于官兵乎？又不观今岁元旦，广州城内埋伏炸药之举，先期为香港英官及驻粤德领事所告发乎？以今例后，较然可知。盖以西人而助官兵以与革命党战，不啻扬洪水以扑星火，张巨网以弋微禽，本属易事。而事后索资，无论得若干利益，得若干土地，皆可借官之号令以压制平民，使听己之驱使，莫敢有异意。较诸辅助新党，先须借新党以驱官兵，继又借己兵以驱新党者，实远胜之。故知彼西人，必助官兵之意为多，而助革命党之意为少，理势然也。又知中国今日，必不可以言革命，一言革命必启内乱，一启内乱则外人必乘虚而至，将借保护财产之说，以行其扩张权利之计，而大地陆沉矣。此正如乡村富户，值群盗在门之时，其主人与仆从，惟有齐心协力，抵御外侮。若无端内哄，则两造同室操戈，先已筋疲力尽，迨至群盗破门而入，即更不复能抵御，此固一定之理矣。或谓西国之强，无不由革命而起，则其于我国之革命党，宜有同情，似不致有左袒官兵之事，更不致有为德不卒，先助之而后弃之之事。不知西人之谋人国，惟利是视而已，苟有可以利于其国者，则固将权其轻重，而行其弃取之政策。中国如君民相争，或启内乱，必非数年、十数年所能了结，其为害于西人商务者必非浅鲜，西人岂能坐视？官兵名较顺，力较厚，以视革命党之新起，附从不多者，固自胜之，其必辅助官兵，以期平定乱事可知。若官兵不足辅，则固将直取为己有，安肯容革命党之坐守其间，以为彼之骨鲠哉。且现值群雄争竞，虎视眈眈之时，各西国亦咸有天与不取反受其殃之虑，苟其有隙可乘，即断无徘徊观望，坐让他人捷足先登之理，此可断其必然者也。言革命者，奈何欲自启乱机，而勾引外人，使其瓜分吾宇也？

一、就内情言之，而知我国今日尚未可以言革命也。夫西国革命之初起，必先由其政府蔑视其民，挫之抑之，凌之辱之，以至于无可复加之地，而后全国之民，咸愿舍其性命，出万死不顾一生之计，以与政府争权，前者既仆，后者继之，必求遂其志愿而后已，初非一二人所能为力，一二日所能了事也。中国今日之现象，如民教之外相敷衍、内实猜忌，赔款之数巨期迫征求无已，皆足以致乱。然欲煽以革命之说，则未见其有济。盖中国自古至今，闾巷小民，初不知有争自由之说，即不知有革命之说，彼但求饱食暖衣而已。惟其然，故以凿井耕田为本分，输租纳税为常职，受教养于君父为人民之当然，苟不致饥寒交迫，穷极无赖，即断不生作乱之思想。至于何者为自由，何者为不自由，彼初不知之。故以自由之说，诏中国细民而导其革命，是由享爰居以钟鼓，衣沐猴以文绣，徒觉其无益而已。今所惧乎中国者，谓夫捐税重叠，竭泽而渔，小民之生计朘削殆尽，将有不支之势，难民不铤而走险。然使朝廷翻然改图，将现今之财政大加整顿，则公私交受其利，而大乱可以不作，今犹未至其时也。又各国未革命以前，其所横施于民而使之困厄者，往往千人一律，有如握权柄皆得大利益，无权者非特无利益之可冀且咸将受其剥削，则无权之人自丛怨于握权之人而咸与之为公敌。若中国则不然，往往一隅之地，此方怨咨交作，彼乃讴歌频兴。一人之兴，今日方憔悴虐政，明日乃感激皇仁。以至浅之事譬之，则如乡会试放榜后，不中者方痛诋主司之无目，房官之作弊；而中者即称考官之公正，科举之得人。是故厘金病商矣，而与农、工无涉；亩捐病农矣，而与工、商无涉。则一方之内，谤誉各半，民心已大不齐，何从而劝其革命？且近年以来，朝廷所施于民者，虽已渐灭其生计，而犹未尝不留其余地。惟渐灭其生计也，故日复一日，必有情见势竭之时，亦惟尚留余地也。故若辈虽被剥削，犹复徘徊瞻顾，尚存得过且过之想，苟非迫不得已，无有顿时决裂者。故近日政府之训谕、官场之文告，必有国家深仁厚泽、浃髓沦肌之语。此固习用之陈言，然使集乡民而问之，则若辈纵不遽言国家待我甚厚，要未必即言国家待我甚薄。既无怨尤之念，又乌从而煽以革命之说？此可想而知者矣。近惟大江南北，及两广地方之会匪，已处于跼天蹐地侧身无所之地步，或者有革命之思想，可以引为我有。然此等人殊不足恃。观哥老会党在长江一带滋事多次，终无一成，事可知矣。若引为心腹股肱，是取败之道也。拳匪之乱，其先之帕手持刀，树扶清灭洋之旗者，其后联军入京，即相与持顺民旗，作乞怜之状。前后两截，不以为惭。故知中国无知之人，虽易为我所怂恿，而当利害交关之时，亦最易立时变计，以误我之政策。今如执途人而劝以革命，固未尝无人焉为所驱使，然既非出于本心，而又非迫不得已，则其中途之易辙，固可悬揣而知。又何可恃为党援，以虚张声势哉？夫以多数之乡民，既未能煽以革命如此，散处各地之会匪，又不可恃如彼。仅恃此数十人高掌远跖，日以革命之名词，集徒党而演说，冀有起而应之者，果何益之有欤？今请以一言蔽之，就今日之政府及大局而论，吾党言维新，诸君言革命，均几于无可希望。然使天眷中国，圣主当阳，内修政治，外联邦交，中国犹有可为也。若革命之说一起，则举足之顷，已即酿乱，已即必败，而内讧未已，外侮踵至，中国即非复我有矣。不亦可以已乎！

《中外日报》，光绪二十九年五月十三、十四日（1903年6月8、9日）。录自张枬、王忍之编《辛亥革命前十年间时论选集》第一卷下册，第692—696页，三联书店1978年版

驳“革命驳议”

光绪二十九年五月十七、十八日

汉种之中一汉种

昨读某报“革命驳议”，自谓主张维新，而不主张革命。大致以今日革命之难，一在外界干涉，一在内容腐败，故不如降心壹志，研究实学，以为异日辅佐君国、兴起宗邦之用。语多鹘突，未能分析明了。不知“异日获用”，将以立宪政体辅佐君国、兴起宗邦乎？抑将小小变法补苴罅漏，而遂可以辅佐君国、兴起宗邦乎？若仅变法而已，康有为戊戌之事，成鉴未远。诚使胡牝就戮，明辟当阳，百日新政延至百岁，而外人之侵犯国权，要求割地，果能御之与否？若言立宪，某报既知人心腐败，以凿井耕田为本分、输租纳税为常职，初不知何者为自由、何者为不自由矣，而欲其决议税则，规复权利，此又必不可得之数也。夫小小变法，不过欺饰观听，而无救于中国之亡；立宪足以救中国之亡，又非不知自由者所能就，然则研究实学，果安所用耶？

然而维新之极点，则必以立宪为归矣。彼所以侈陈维新，讳言革命者，非谓革命之举，必伏尸百万、流血千里、大蹂大搏，以与凶顽争命，而维新可从容晏

坐以得之耶？夫各国新政无不从革命而成。意大利、匈牙利之轰轰烈烈，百折不回，放万丈光芒于历史者，无论矣。英伦三岛，非以不成文宪章与宪政祖国之名，自豪于大地者乎？然一千二百十五年之革命何如？一千四百八十五年之革命何如？一千八百三十二年之革命又何如？使英人而不革命，则一土耳其耳。东睨日本，非以皇统绵绵，万世一系，贡媚言于其君主者乎？然萨长二藩，尊王复幕之革命何如？西乡南洲鹿儿岛之革命又何如？使日本而不革命，则一朝鲜耳。然则革命与维新，又何择焉。

某报言论洋洒万千，而莠言荧听，最足破众庶之胆，而短英雄之气者，则曰外人干涉而已。夫干涉亦何足惧，使革命思想能普及全国，人人挟一不自由毋宁死之主义，以自立于搏搏大地之上，与文明公敌相周旋，则炎黄之胄、冠带之伦，遗裔犹多，虽举扬州十日、嘉定万家之惨剧，重演于二十世纪之舞台，未必能尽歼我种族。不然，逆天演物竞之风潮，处不适宜之位置，奴隶唯命，牛马唯命，亦终蹈红夷棕蛮之复辙而已。菲立宾前事，尤吾党所捶胸泣血、饮恨终夕者也。虽然，以阿圭拿度之英杰，菲国国民之义愤，今虽茹辛含苦，暂为强敌所屈伏，而仰视天俯视地，咄咄书空之情态，殆不可以一日已。黄河伏流，一泻千里；大地风云，朝不谋夕。吾敢昌言曰，十年以后，太平洋中无复美利坚人之殖民政略矣。即不然，而当日义旗一指，千里从风，西班牙九世之仇，亦既扫荡无余，不犹愈于伈伈伣伣，长为奴隶者乎？

彼谓乡村富户，值群盗在门之时，其主人与仆从，唯有齐心协力，抵御外侮，若两造同时操戈，先已筋疲力尽，迨至群盗破门而入，即不复能抵御，此固一定之理矣。吾不知彼之所谓主人与奴隶者，将何所指乎？夫中国国民固为全国之主人翁，若今之政府，不能尽公仆之天责，而反摧夷辱戮我民以为快，直群盗之尤无赖者耳。内盗不去，盘堂踞奥，而嚣嚣然曰拒外盗、拒外盗，缚手足而与人斗，乌可胜乎？

且彼既排革命而主张维新矣，而维新终未可从容晏坐以得之，则仍不得不望诸民党之崛起。彼政府之仇视我也，见我民之稍有气节，稍有举动者，莫不欲得而甘心，又岂知革命与维新之有别哉？唐才常昌言勤王，而伏尸鄂市；日本留学生以服从政府为主义，而下诏大索海内；况维新、革命，相去不能以寸乎？吾知一旦宪政党出现于中国，而政府之追讨、外人之干涉，犹如故也。夫低首下心，以求所谓维新者而终不成，何如昌言革命，反有万一之希冀哉！

彼谓中国之民未有怨政府之心，不可以言革命。夫我国民岂生而具奴隶之性质、牛马之资格，任政府之食吾毛、践我土而不动于心哉？毋亦智识未开，浸淫于四千年来之邪说，而号称提倡民权如某报者，复从而益之，上天下泽，名分等严，虽有怨尤，莫如之何耳！使有人决此藩篱，昌明大义，二十世纪之中国，何讵不如十九世纪之欧洲乎？然则彼所谓“明目张胆，于稠人广众之中，公言不讳，并登诸报章，以期千人之其见”者，正以中国国民未知革命，而求所以知之之道耳。彼谓联络会党殊不足恃，而引拳匪为鉴。夫拳匪之事，岂可与革命党同日语哉？彼挟一“扶清灭洋”之宗旨，既可以皇汉之贵种而面见然自称大清之顺民，帖耳俯首受治异族无复廉耻矣，又何不可以为大英、大法、大日本之顺民乎？能为张氏奴，亦必能为李氏奴，性质如此，无足怪者。而遽以区区少数，并多数之未必如是者，而同类并讥之，亦譬言而已。

抑今日之主张革命者，虽词严义正，不必如某报所谓彼亦一是非、此亦一是非，而阳和之韵，不入里耳，逞臆为谈，犹多歧路。无已，请比较革命立宪之难易，还以商榷之义，与海内外人士质之可乎？革命之举，虽事体重大，然诚得数千百铮铮之民党，遍置中外，而有一聪明睿知之大人，率而用之，攘臂一呼，四海响应，推倒政府，驱除异族；及大功告成，天下已定，而后实行其共和主义之政策，恢复我完全无缺之金瓯，则所革者，政治之命耳；而社会之命，未始不随之而革也。若夫维新，则必以立宪为始基。立宪则必以人人能守自治之法律，人人能有担任宪政之资格，然后得以公布宪法，为举国所同认。今以数千年遗下懦弱疲玩之社会性质，俯首屏息于专制政体之下，一旦欲其勃焉而兴，胥人人而革之，以进于光明伟大立宪国之国民，吾恐迟之十年数十年后，仍不能睹效于万一，而中国之亡，已亟不能待。况满清政府之初无立宪思想乎！夫对此扞格不谋之敌体，出此迂远无补之希望，如醉如痴，如梦如寐。外人乃朝换一约，暮索一款，伺我内情之懈弛，徐行其扩张权利之计，使我膏涸血竭，财穷智绌，遍国人无能为抵御之策，而彼乃印度我、波兰我，支那大陆永永陆沉，吾不知行立宪主义者，尚足以救波兰、印度之亡否耶？无奋雷之猛迅，则万蛰不苏；无蒲牢之怒吼，则晨梦不醒。无掀天揭地之革命军，则民族主义不伸；民族主义不伸，而欲吾四万万同胞，一其耳目，齐其手足，群其心力，以与耽耽列强，竞争于二十世纪之大舞台，吾未闻举国以从也。

彼又谓中国一隅之地，往往彼焉怨咨，此焉讴歌，至证以科举之丑态，厘金亩捐之弊政。是真大惑不解者矣。科举者愚民之术，有志之士，不入其彀中，即以常人言之，获者不过少数，而不获者仍是多数，是固讴歌少而怨咨多也。厘金亩捐，凿损元气，举国皆蒙其害，况于生物成物运物之农、工、商，随在有密切之关系。吾未闻工商受厘金之酷虐，而农者讴歌于野；农者受亩捐之勒派，而工商讴歌于市。虽有讴歌，亦如哭泣痛苦之中，暂而饮酒以慰无聊而已；及其既醒，则怨咨如故也。此何足为独倡寡和，不能革命之证哉？

总之，国民与政府，立于对待之地者也。革命之权，国民操之，欲革命则竟革命；维新之权，非国民操之，不操其权，而强聒于政府，亦终难躐此革命之一大阶级也。悲夫，放弃国民之天职，而率其四万万神明之同胞，以仰一异种胡儿之鼻息，是又昌言维新者所挟以自豪乎？无量头颅无量血，即造成我新中国前途之资料，畏闻革命者，请先饮汝以一卮血酒，以壮君之胆，毋再饶舌，徒乱乃公意。

《苏报》，光绪二十九年五月十七、十八日（1903年6月12、13日。录自张枬、王忍之编《辛亥革命前十年间时论选集》第一卷下册，第688—692页，三联书店1978年版

反面之反面说

光绪二十九年五月二十八日

凡寄于大地之上，芸芸莘莘，举凡目所能见，手所能触者，何莫非具体之物乎？物有其体，必有其上下左右，而于以生正反面者也。几何家所谓点乘成线，线乘成积，自积而下。既有其形之可睹，即不能逃反面、正面之公例。

广大如山，有山阴、山阳之别；微薄如纸，有光面、毛面之分；□嵚如三角体，有所谓顶底；圆转如正圆体，有所谓上下。夫阴阳云云者，举一以为正，则

其一必反；举一以为反，则其一必正。此固天下人所公认而不以为谬论也。盖世之所谓优劣也、善恶也、短长也、黑白也，皆无可证据而无所限制者也。举一物焉，以为优也、善也、长也、白也，则人孰信之，必有所谓劣也、恶也、短也、黑也，两两相形，而于是乎见。物之有正反面者，亦犹是也。举此为正则彼即为反，举此为反则彼即为正，相形之下，理无可逃。

虽然，有形之体，则见有正反两面；无形之事，则有正面之反面、反面之反面存焉。夫所谓正面、反面者，既言之详矣，而所谓反面之反面者虽不一，要可于党派中见之。汉末宦竖弄权，贵族起而反对之，则贵族者宦竖之反面也；而贵族之中，又各分裂相争互形冰炭，则各路诸侯又董氏之反面。诸侯之对董氏为反面，董氏之对宦竖又为反面，则诸侯直接而对宦竖，谓非反面之反面乎？宋时理学家与各学派相竞也，理学家中又有所谓苏、程之判，其所谓反面之反面，亦若是而已矣。大抵党派分争，势难纯然两立，则反正二者，不能概之，于是有反面之反面生焉。

论贵切近，请勿以已过之党派而论，即今日中国之惨酷现象，挥泪而言之。

中国之贫，至于公私扫地，非中国自贫之乎？中国之弱，至于国无一兵，非中国自弱之乎？不待智者而后知也。夫既自贫之、自弱之，有不思以自救之自振之乎？吾知四万万同胞，具有人心，无不均怀此苦心也。所以通铁轨、开矿山、办学堂、置邮便，凡西国所以致富强之道，无不极意模仿，以为挽回利权之计；而知其一、不知其二，务其末、不务其本，所以卒成画虎类狗之叹也。然则此辈固无望矣，所可望者谁？志气激厉，呼号奋发，舍身急公，不畏腥风血雨，以求达其目的之现在少年、将来英雄也。

虽然，英雄乎！英雄乎！所求达之目的固同乎？吾不必为公等讳，恐不免有反面之反面也。嗟乎！嗟乎！公等为中国开幕之人也，势力犹微，羽毛未备，以与多数之顽固竞，虽天演公例可援，而一仆再仆，势难即成。以质公等，以为然否？而又以少数之中，另分数派，虽不致自相矛盾，而势分力弱，恐亦非计之得也。

抑尝以理度之，以势揣之，党派之不能无分立，意见之不能强合，证之吾历史往事而然，即证之今泰西各国而亦然，则亦何容虑此也。不知分流不妨异，意见不妨殊，而宗旨之归源，则不得或有所异也。今之现象，谓非足未站定，而左右已背趋者乎？举其所显而易见者言之。曰革命党也，曰立宪党也，皆所谓政府党之反面也。亦宗旨既不合，则蚌鹬相争渔人得利，政府党之所朝夕祈祷而互相庆幸者也。呜呼，吾同胞奈何不一思及此也？

革命者曰：中国者，中国人之中国，非满洲人之中国也，吾已为满洲人之奴隶，满洲人又复自奴奴人，不使中国人沉于重重奴隶狱中不止。熙熙哉，美利坚之人民也！皞皞哉，法兰西之人民也！我亦具有方趾圆颅之象，何得使美、法独擅其幸福也！

立宪者曰：世界民族，共有五种，我与满洲人，谓非所谓黄种者乎？同种为帝，何奴之云？吾非不知革命之说将大表扬于二十世纪之世界也，然事当行其易。革命则外人必干涉，是我自坏之而召瓜分也，所以不若立宪之可行。

之二说也，皆能言之成理，则不妨各行其主义；虽然，善恶之无定也，是非固不一也，要贵以利害为定。吾试以二者利害陈之：公等既知分争之不如并力也，当亦涕泣而默许吾言，则反面之反面形迹消，相与并力，以争反正之衡。盖反正相争，天演无可逃之公理也。若立于反面，而更有反面以掣其肘，如罔两之于影，则恐终无成立之时耳。

谓“满人与我皆黄种之人也”，则亚洲大陆，黄种居其大半，日本为最强，使日本人帝我国，公等亦将戴之为君父欤？谓“革命则不免外人干涉”，言非无见。不知立宪者，当与国人共立之，非一二人掩饰国人之举，可以谓之立宪也。君不见泰西立宪之国乎，人民与政府之争，何等惨烈，此则立宪亦须成于兵争之后，谓独能保外人不入而干涉之乎？且夫立宪者，须得政府之许可而后行，何若革命之可独行其民党之意也。二十世纪之世界，民政之世界也。今日运动政府之无望，公等得熟视而无睹乎？

美利坚地土之富腴，法兰西人民之坚强，我国擅有之，特少法之自主、美之独立之一举耳。公等今日，必放弃其民党之一点，恐将来地球面积中，不得有公等立锥之地。哀哀我同胞，皆吾至亲爱之兄弟也，亲戚也。亲爱之中，无端而拥出无数之刀矛，则见仇者必拍手称庆无疑矣。呜呼，凡事无为亲爱者所痛，而为见仇者所快。此吾作反面之反面说之本旨也。

《苏报》，光绪二十九年五月二十八日（1903 年 6 月 23 日）。录自张枬、王忍之编《辛亥革命前十年间时论选集》第一卷下册，第 698—701 页，三联书店 1978 年版

革命其可免乎

光绪二十九年六月初一日

季　子

有妫氏怃然慨息，悄焉参欷，以敬谂于我同胞四万万黄帝之胤曰：乌乎，革命其可免乎！庚子之役，露西亚借征讨之名，乘乱以据满洲，肆威荼毒，三年于兹，期限既臻，宜若可以完璧归我矣，而乃迁延逡巡，冀图鹊巢鸠占之计，内外营结，百出其谋。淫昏之老婢、选耎之摄政、刑腐之余生、骄惰之孽裔，既浸被蛊惑，醉心沉溺，欲北向长跪谨手捧我营州之故壤、全辽之版图，再拜再皈首以进献于尼哥拉士第二之陛下而归其统辖。我黄胤不忍神州之沦陷，深惧大陆之刲割，奋然思起而争之，于是日本留学生慷慨悲啸，编学生军，飞电中外，联合团体，欲捐微躯以捍强敌。考其发表宗旨，一则曰拒俄，再则曰属在政府统制之下，情词卑逊，志气蜷局，屏息乞怜，至可悯念。四海豪杰士之聆诵檄文，侧聆口演，方且腹诽口讥，心疑目笑，以为若此举动犹不脱奴隶依赖根性，而确然其为清国留学生会馆办事之面目手段，曾不足当环球起义英雄之一盼，更曷可冀法朗西之兴革命军、华盛顿之竖独立旗，而欲窃掠微些之名誉乎！何况稂莠杂糅、萧艾盈室，观其状态纷纷然、缤缤然，几若率貙䝙而斗共工，驱三苗而征涿鹿，我轩辕氏之始祖，当日有尝若是行之也者！然则其平时所谓民族主义，于此盖尤烟销熏歇，而绝无有斯须之影响。呜呼，兹马八再之留学生，洵亦可谓伈伈伣伣低首下心者矣。不意满洲朝廷乃斥为党徒，目为悖逆，指为不轨，怒为对敌，且又重诬之以为孙文之党援，康梁之臂助，移文州郡，传电畿疆，罗织搜索，防若寇贼。观其儆戒之情与张皇之态，盖几较俄事有过之无不及者。闻其密札有曰：“名为拒俄其实革命。”夫革命竟革命耳，何借拒俄之词为。今既拒俄则非革命固无疑矣；而端方、而蔡钧，必欲合并而混同之，务极倾陷以为快。呜呼，我留学生何万幸而遽邀革命之名乎！夫有拒俄之诚而即蒙革命之名，吾知自今以往世人之欲效忠于满洲者惧矣。然使昌言革命而徐图拒俄之计，吾转不知彼满洲者于我将奈之何？是故余乃怃然慨息，悄焉参欷，以敬告于我留学生，并以谂同胞四万万黄帝之胤曰：呜呼，革命其可免乎！

客曰：子姑毋怪满洲人之忌我留学生，吾且告子以满人之忌我汉种中之为满奴者。今夫袁世凯，非我汉种中之甘为满奴者乎？戊戌之秋，不惜残忍以戕贼同类，乐为荣禄鹰犬而推翻新政，那拉氏感其恩一瞚而授以鲁抚矣，再瞚而畀以直督矣，三瞚而荣以宫保矣，豢养之隆殆未有艾，而袁氏亦且竭诚效能冀以奉答高厚鸿慈于万一，是袁之于满宜若可以忻合无间矣。乃自荣禄一撒手，而袁氏且败，一夺其财权，再削其兵枋，三且乘机伺隙而欲解其印绶，漂摇臬危兀危危若累棋。冤哉，袁也！忠奴若此，而犹复侧目，然则藐尔诸生敢发高谕，干朕家事，此其侵犯，能不疑之耶！故对镜一袁氏，而决知其忌我殆应然者。呜呼，将军降北中行说未睹殊荣，上学上书欧阳彻徒闻显戮。痛乎哉，革命其可免乎！

虽然，或且谓公路有异志者，其见疑于满也亦宜。若夫张之洞，非尤我汉种中之甘为奴者乎？一飞电而谭、刘六君悬首于藁街，再传檄而唐、何诸英毕命于斧锧，高掌远蹠，文致多方，逮捕株连，惟恐不尽；在汉家方且谓其枭獍之尤，而在满洲允宜宠以刍豆之养。乃兹者北上，中外喁喁，几欲盼其入外部握枢枋以为幸者，其建臣亦至有叩首连请不已者，而那拉氏顾以其主张拒俄之故拂然于心，终不之用。甚矣哉，俄满之交，融若胶漆，虽以至极孝敬之苍奴，一失其旨，竟遭排摈。何况连受此奴之箝制之、戕贼之、摧挫之、斩艾之留学生，昧其俄满一家之意，忘其性命关系之原，一旦乃欲激昂奋发，攘臂以破坏其生死不解之团体，此其触怒于彼，较之张氏有甚焉者，不问可知，以为冒渎若此，而犹不目为革命，将何事而始目为革命乎！因是盛气发愤，怪啼骇呼，以惊相走告曰："名为拒俄，其实革命。"揣其词意，五蕴毕了，盖一若俄即满洲理无可拒，有或非之便为革命也者。乌乎，彼满洲政府，何其饮鸩如饴，濒死不悟竟至此乎！夫俄罗斯本不足患，而驱满洲以逼迫汉族至可患也；抑满洲尤不足惧，而牵俄罗斯以蹂躏中原至可惧也。然则当此之时，我黄帝之子孙，以有至极患惧之祸，而又蒙莫须有事之名，就情势论之，盖几乎革命亦革命，非革命亦革命矣，而况乎来日之方长也。迫乎哉，革命其可免乎！

抑今有至惨极痛而不可不抉摘以告我同胞者，如粤西之事是已。夫我粤西之民困于苛政，迫于饥寒，遏极思奋，乘机窃发。而异族政府以为斯固家贼，不可不防，乃遂出其以汉杀汉之秘策，悉举而责之一岑春煊之身。以为成则家之豪奴悍仆可斩焉以尽，而彼可贪得其私产；不成则并是去之，而别置其亲信。乌乎，酷矣哉，我黄胤之劫运殆又将至哉！夫溯自满洲入关以来，彼韃靼种之戮我帝胄者，亦几万亿不可胜数矣。始焉洪承畴挥刀而大屠；继焉策杨芳、杨遇春横斧而斩艾；三焉萃曾、左、杨、彭、刘、李诸家贼，率其湘淮子弟，以与洪、杨、萧、李、冯、赖、陈、石、张、牛、任、赖诸同族，各奋其大气力、大智术以大轰大搏，活泼搬演其猛虎斗牛、狂鲸吞舟至惊极恐之大惨剧于川、蜀、湘、鄂、滇、黔、交、广、吴、楚、闽、越、齐、鲁、燕、豫之大舞台。血肉灰飞，尸体山积，残骸饱于饥鹰，遗脂润于草野，鬼雄不灭化为青磷，天阴雨晦哀诉天阍，既有然矣；间复用之从事于金川、缅甸、准回、卫藏、台湾，以助成其声誉而拓殖其种类；最后乃欲思保其长高晏安之故，不恤受其愚弄，供其佣役以为之捐躯殒命于欧、亚、美列强之手，而无所于悔。若广州、若法越、若日韩、若近时之义和团，盖无一不中其迷信，被其蛊煽，为之开罪邻邦而无利于己，伤环球之感情，毁黄种之名誉，其关系有大可悲者。而迨今乃又使岑氏临粤，欲续观其自相戕贼之状。乌呼，彼异族之待我黄胤，其刻毒残忍何竟若是之烈哉；而其媚外政策，顾又若彼。惑乎哉，革命其可免乎！

且夫满廷自戊戌以还疑我殆甚，洎经汉口之变猜忌益深，近则兴中诸会势焰如云，学界风潮鼓荡日厉，彼盖未尝不为之寒心者矣。矧值英日诸邦，容留党人，任置不问，而俄独钤制学生，禁遏报馆，严备尼希利党，使不得暴发，设施谋略足表同情，因是方针一变，悉移其欧美各邦之国际，专意以倾向于俄。俄乘其计，乃日夜逞其狐媚之伎俩，鬼蜮之阴谋，动摇荧惑于满清之廷，交通大阉，特立华俄道胜银行，以诱吸其财；复广布间谍，多行贿赂，以曲达其狼贪虎逐之目的而钻营夫大欲。于是铁路权、矿山权、税关权，浸淫至于行政、司法、立法权，一一轻举以畀之而不稍吝。犹且阴缔密约，恃为奥援，以备他日有变，则无论何处即可借俄力以为抵御。呜呼，厚矣哉，彼俄满之交也，呼吸一气，混沌无间，盖决然矣。是故今日之事，在彼不过曰是实践密约之始。而旁观好事，多生枝节，英、日、美既妄致猜疑，留学生更何容置喙，乃竟跳嗥奔啸，不识忌讳，此非所谓作乱犯上而何哉，故曰“名为拒俄，其实革命”。斯言也，殆肺腑之言也，而留学生犹昧昧视之，呜呼，亦何其忠厚之至哉！夫天皇圣明，臣罪当诛，此自古守臣节者所艳称，以为至不可悖。顾吾君而犹是一家圣明之君欤，则即为之屈死而亦无不可；吾罪而犹是确乎当诛之罪欤，则即投畀豺虎而更何退辞。至若君非固有之君，臣无可摘之罪，投袂兴起，大义宣昭，此固环球各邦所当闻而起敬，而吾皇祖在天之灵，以追成汤、周武、汉高、明太诸仁圣先帝，鉴是苦衷，尤将阴降高原，畀之玺剑，指挥神兵，助扑此獠，无可疑耳，而何尚迟回哉！鉴夷狄之有君，羞哉诸夏；眷波兰之无国，痛矣为奴。周文公曰：戎狄是膺，荆舒是惩。念之哉，革命其可免乎！

而况秉节宣淫，羞贻海峤；微行纵侈，事见弹章。万寿由营缮方新，笙歌不彻；颐和园盘游无度，宴会频闻。祝尧母兮千秋，纲征花石；问圣躬兮无恙，癖嗜烟霞。语有之曰：清歌漏舟之中，痛饮焚屋之内。旨哉有味，洵乎岂诬。卧薪尝胆之言，徒蒙黔首；豆觿素衣之诏，总付前尘。吁嗟乎，北望觚棱，赋秦宫而有象；东求仓海，伺博浪兮何年。机会方来，时光不再，勉之哉，狐鸣篝火，步伙涉兮无嫌；勖矣夫，异军苍头，继东阳而特起，革命乎，革命乎，其诸海内外英材杰士，有辍耕陇畔而怃然太息者乎，则予将伏剑从之矣。爰为革命之歌。歌曰：

吁嗟吾黄胤兮，革命其可缓乎！维吾胤之在昔兮，乃最尊贵而有令誉；今何为而自菲薄兮，长怵惕以为奴。惟吾祖之雄伟兮，挥神斧而荡四隅：南登熊耳使三苗窜迹兮，北征涿鹿而排强胡；爰建中而立极兮，宅幽冀以作都。夫固将永永万世以自保兮，宁肯为胡人之所僭居。既朘削而犹未已兮，乃馈贻而弃诸。痛台澎之不复兮，哀胶澳之沦胥；西羌凉其岌岌也兮，东旅大之长徂；抚大陆而四顾兮，恐瓜分豆剖而无余。嗟来日之大难兮，得毋波兰、印度、犹太之不如。呜呼噫嘻，吾黄胤兮，革命其可缓乎！

吁嗟吾黄胤兮，何今吾非故吾；古固擅强权于世界兮，今独何削弱而为奴。夫夏商之不德兮，有汤武之征诛；彼暴秦之专制兮，刘项起而芟锄。此于家庭犹革命兮，况异族之盘踞？昔蒙古之盘踞兮，得朱明而尽驱；缅风盖未远兮，乃何独无攘臂而四呼？呜呼喧嘻，如有其人，吾愿为之徒！

吁嗟吾黄胤兮，何卑屈以自汙；辱初祖之威灵兮，招环球以欺诬。夫欧美之激昂兮，多动人以骇瞿；意收功于三杰兮，法终斥其独夫；美离英而自由兮，犹决战于贩奴，此固彰彰印心脑兮。况如南斐吕宋娄麾犹立之蝥弧，緊螳臂且尚然兮，宁吾拥有七亿方里之舆图，聚有四亿兆民之头颅，乃独不能脱羁绁于羯胡？呜乎噫嘻，迨今不革命兮，后虽噬脐顾何及乎！

吁嗟吾黄胤兮，自今伊始，吾愿吾急起以自图。毋仰人之鼻息兮，毋伺人之咈俞；毋随人之呼叱兮，毋供人之乐娱。必独立以自治，勿依赖而踌躇；惟黄胤其永保，要匪种之必锄。时乎时乎，吾同胞乎，各挥长剑弯强弧，斥逐异族归东隅，扫荡腥毒还清虚，我当横刀趋亦趋。勉矣哉，努力乎，满珠王气今已无，君不革命非丈夫！

《江苏》第四期，光绪二十九年六月初一日（1903 年 7 月 24 日。录自张枬、王忍之编《辛亥革命前十年间时论选集》第一卷下册，第 560—565 页，三联书店 1978 年版

四客政论

光绪二十九年七月二十日

愿　云

东海之上，昆仑之下，有古来之大国一焉。其开化之期，与迦勒底、巴比仑、埃及、腓尼基、希腊诸国相先后；而其衰也，较诸国为独后。虽至十九世纪欧西人种势力膨胀之时，全地球诸古国扫荡殆尽，有名佛教所以出之印度亦已服他人之羁轭，而东大陆一老大之帝国尚巍然独存为世界所注目，其建国气运之悠久，洵非他国所能及者。然而如败椟中之古物，形质尽存，一度杖拨，已消散而无余。盖自十九世纪之末年，甲午一战，庚子一战，骤从一等之大国降而为无足算数之弱国。虽如雷腊星座中第十九星之变光星，以六十一分时间，从九等八七之大星减而为十一等二三之小星，尚无此速率之比例也。不十年间，而数千年之根柢殆尽亦奇矣。虽然，当时之人，亦非尽冥顽不灵，颓然见焚之将及，浸之将

淹，而不以为意也。盖亦有痛哭者、叹息者、叫号者、舞蹈者、发狂热而不能自已者，与夫逞压制者、任屠戮者、鼾昏睡者，相角抗错卒于其间；继而有为奸利相倾轧，出主入奴，朝秦暮楚之徒亦纷然并起；卒之无所补救而底于灭亡。呜呼，彼之抱热诚者可悯也，饕昏虐者可恨也，沉酟愒者可悲也，作奸细者可殊也。莽莽亡国史中，抉擿探索，多有可资后世之寻味者。有逸史氏，尝得其《四客政论》一篇，其当日人士持执之宗旨约不出此，揭而出之，亦足以见此古国末运之一斑。古国者何？则所称为中国者是也。

四客之言，甲曰：中国者，中国人之中国也，孰为中国人，汉人种是也。

汉人之为中国主人翁也，远之不能溯，自（皇）〔黄〕帝以来，踪迹亦最明白。此朊朊大陆一片土，而言文化乎，汉人发布之文化也；言制度乎，汉人组立之制度也；言语乎，汉人系统之言语；风俗乎，汉人化成之风俗也。而其社稷也孰得尸之，山川也孰得主之，号令也孰敢布之，权利也孰敢侵之。谁非黄帝之子孙，有二心而敢以祖宗之产业奉人，或为他人之所得而恬然若忘，是狗彘也，糜烂其肉不足食也。

故夫中国而为五胡人之所有者，必夺之五胡人之手；为契丹人之所有者，必夺自契丹人之手；为蒙古人之所有者，必夺自蒙古人之手；为满人之所有者，必夺自满人之手；为白人之所有者，必夺自白人之手；为日本人之所有者，必夺自日本人之手。我中国之地，昔者有洪水之患也，而我自平之；有猛兽之患也，而我自除之；有异种人别于我种人而称为蛮夷戎狄之患也，古先圣王亦已挞之伐之、惩之膺之，犹以为未足也，著书而诏子孙示来兹，使知有夷夏之防，而异种人之不可腥膻吾土地也。夫洪水者一度治之而已足，猛兽者一度驱之而已宁，惟夫异种人之与我种人也则长相对峙。先王者既竭其力以戡定之矣，而无千秋万岁金石之寿，则以此责贻之子孙，凡我今日皆若受有先王之诰命者也。为孝子乎，此之谓孝子；为英雄乎，此之谓英雄；为勋名乎，此之谓勋名；为事业乎，此之谓事业。夫自卫者人之对其一己之道德也，有国土而不能自卫则无贵有人类矣。

是故忧国之士，发其荡海水、震天窟之大声而叫曰：立国而不以民族为主乎，则以何者为主，请有以语我来！诚哉是言，国者非仅地理上之名词，而含有人种之意味在其中者也。否则虽化其地为锦绣、为宝窟，于我种人乎何有？彼米国者，固世界兴盛之国也，然而人皆知其为白种人之米国，而非其土著烟颠人等之米国。呜呼，此特兰斯法尔之所以与英争，而非律宾之所以与西班牙争、与米国争也。曾我中国而乃不如特兰斯法尔、非律宾耶？

右之言，是发于生人固有之自卫心、复仇心，而又荡之以近世纪蓬勃畅达之民族主义。其对将来之欧美人而言，自立主义是也；对现在之满洲人而言，逐满主义是也。

乙之言曰：今时势之所急者，白人也，非满人。是故拒则拒白人为先，而拒满人为后；抗则抗白人为要，而抗满人为轻。若见之未运，而徒逞汉满之一哄，满之未逐而中国已折而入于白人之手，此蚌鹬失策而渔人得利之故事。且以白人势力之来之巨大，我中国方谋统一以抵御之不遑，而先自分析之，分则势弱，析则力薄，其必为白人之所吞噬无疑也。夫十九世纪新兴之国，若德意志、若意大利、若日本，孰非由分析而归于统一者乎？统一者顺时势，分析者背时势。顺时势则兴，背时势则亡者也。

且夫今日之革命，岂争皇室哉！以民主主义之簸荡于一世，革命若成亦断无能以一人而独居天位者，则以一皇室让之满人而何害？但求其能变法致中国于强盛而已。

且夫我种族之人，亦不必讳言，即言革命，岂是以言文明之革命哉，亦杀戮耳、掠夺耳、扰害耳。其屠灭我同种也，与夫满洲人之入中国，屠灭我汉人者，恐亦略相等耳。况乎所贵乎破坏者，谓有建设之事之在其后也；若破坏之而不能建设，则无贵乎破坏。而还问今之能破坏而能建设之者谁乎？然则毋宁不破坏而图和平之进步之为得矣。若虑人种之不同而未可立国乎，则亦不尽然。若奥、匈者，非双头之政治耶？亦恃宪法以相联络而已。凡国者，固不必言民族国也，言法制国也。

上之说与逐满之言为反对者也，若今之号为保皇派、立宪派者是也。

丙客者闻乙之说而大不为然，怒目裂眥而起曰：夫立国而言民族则已，不言民族，愿满人为君而不愿白人为君，此至不通之论也，百思而不得其故者也。夫白人之文明，非过于满洲人远耶？均之为奴，吾宁戴体面之主人翁矣。且夫为满人所管领之土地，与其与白人所管领之土地，其治理之必不能及白人，可断言之。彼印度者，于已为英人所得以后，与未为英人所得以前，则后者固已胜于前矣，惟失者自主之权而已。且夫白人虽暴，蔑视异种，或不以人理待；然如今者，满人屠戮新党之惨刑，愁天地而黯日月，彼白人者犹以为过，而动其不忍之心。盖不肯以屠戮兽类之道，屠戮人类。此则号为文明国者，尚不能不顾及人道，而非若罗刹之满洲政府此也。又可以住租界者言之。夫住租界者，固已为白人所管辖之地，然而纳巡捕捐者，较之纳厘金与纳新名目之捐者何如耶？对巡捕者，较之对差役者又何如耶？人固有愿出内地而住于租界者，然则满洲政府权力所及之地，固有大可玩味者在耶。顾或者曰：中国而为白人所有也，恐中国人之不得为官。官者可以不学无能而享殊荣膺厚禄，天下事为之之易而得利之厚固无过于是者，宜乎中国人之寤寐不能忘也。虽然，使中国而为白人所有，以吾土地之广、人民之众，而白人之与吾风俗不相同、制度不相习、言语不尽通、性情不尽谙，度必不能不委托中国人，以本国治本国，而彼但总挈其要辖。或且为一方之藩服，如今日蒙之有王、苗人之有土司，否则或为流官归西人之所派遣，弃其今日习八股八韵之工夫，改而习爱皮西提，亦可以得志于一时，又何必患作官局面为白人所搅散，而祝满人以亿万年长有中国哉！

假而曰：满洲黄色人种也、东洋人种人，固与吾相近，非若白人种之与吾殊异也。然果以此言为衡，则黄色人种、东洋人种者，何止满人？日本人也、西伯利亚人也、中亚细亚人、土耳其人也，即所谓印度人也、巫来由人也，亦在亚洲而与吾种类相近，一旦入而为吾之君而曰无不可者，则胡不悉除种界而奉全地球人类为一祖之说，谓无论欧美，孰非吾之同种，而又何劳分黄白种为！

假而曰：满人者吾已奉之为君，彼白人者尚未为我之君也。愿若是，直以一经服从为定衡，而不论其当服从不当服从也。推此例，则在满人宇下者不可起而抗满人，在白人宇下者亦不可起而抗白人。彼庚子之役，京津间居民媚外人之丑态，又岂得而议其非。何也？彼固已服从也。

假而曰：满人者吾易脱其羁辖，若一为白人所有则恢复之日其难，以是不若戴满人之为得也。顾今日者，彼满人不以中国之产业日日割裂以奉彼白人乎，使戴满人而中国者亦非满人之所有，而为白人之所有，其不能恢复一也。故夫戴白人者奴隶也，满人戴白人而我乃戴戴白人之满人，所谓奴隶之奴隶也。不愿为奴隶，而愿为奴隶之奴隶，则又何说之辞？

故夫种不必别而人尽可君言之，则何忧乎亡国？何忧乎瓜分？吾且闭吾之门，高吾之枕，安逸吾之心神，悠游吾之日月，而以待英人之来、法人之来、德人之来、俄人之来、美人之来、日本人之来前。

上之说，无廉耻者也，无气节者也，草投降表者也，插顺民旗者也。安所得而有此无人气之言哉！虽然，以视乙者之说，其相去固几何也，以丙之说破乙之说，而乙直无辞。且起而一视吾国人乎，其立丙说之旗下者，实已不知凡几，然则丙说又何足以为骇也。

若夫丁说则不然。丁之说曰：今之言维新者，其自立名义，固曰将抛苦心、洒热血以救此潦倒晦冥之中国，而扶之以立于强健光明之域也。然夷考其行，则或存弋猎之心，而欲饱其欲壑者也；否则粉饰外观，以邀名誉者也；即不然则又恣睢暴戾，植其党以排击他人之党，怙其党以吞灭他人之党者也。是故言独立者，己之独立而非人之独立也；言自由者，己之自由而非人之自由也。若是者其结局徒日相争夺、吞并、倾轧、残杀已耳，又何有济于事也。

所号为革命者，又岂真以扶又而起，恢复祖宗之疆土于他人之手，而复还之于一族之人。或且今日成功，而明日称专制矣；即不然，而或贵族占领之矣；即不然而又元勋门阀盘据之矣。以少数压多数，不公道、不平等之事，或且变而益甚，于吾民族，果有何等之利益乎？彼印度之始，亦尝言不得谓为吾除蒙古朝而独立矣，然其后卒至相屠杀，或且引人以夷灭其同胞焉，是可为我种人之一借镜也。

夫一国之事，未有不与其一国之之性质相肖者。我国人之性质，而果无铸良之法乎？吾恐今日者，陷于奴隶之行；苟其可以出奴隶之界限也，而又将陷于盗贼之行。夫奴隶之行，不可为也；盗贼之行，又岂可为也！

上之说，其虑深，其思远。虽然，不善用之，则高尚主义、厌世主义，或将之而成者也。

以前四说，综国人而分配之，孰幸孰厌，何去何从，此各视乎其人之性质，与其入世之阅历，及其学问之造诣而分，未能以强同也。虽然，欲算其立于四说之下人数之多寡，则固有法以测之。测之若何？曰：从甲之说，可以杀头；从乙之说，可以做官；从丙之说，可以睡觉；从丁之说，可以灰心。夫杀头者人之所惧，而灰心者人之所不乐也，惟做官与睡觉于人心最易投合。故立于甲、丁两极端之下者，必属少数；而立于乙、丙之说之下者，必属国人之多数。

嘘嗟乎，浮云长没英雄事，芳草谁怜志士心？精卫有恨，岂真大海能填；杞人多忧，未有解人可索。以是写数千年古国，其一族人之性情史可也。后之览者，亦将有惑于斯文。

《浙江潮》第七期，光绪二十九年七月二十日（1903年9月11日）。录自张枬、王忍之编《辛亥革命前十年间时论选集》第一卷下册，第503—508页，三联书店1978年版

中国立宪问题

光绪二十九年八月初一日

亚　卢[1]

十九世纪欧洲民政之风潮，越二十世纪而入于亚洲。震雷一声天地昭苏，阳春一转万绿齐茁，自由平等之名词，始映于我邦人之脑膜。于是遍四万万人中所谓开通志士者，莫不喘且走以呼号于海内外曰：立宪！立宪!! 立宪!!! 其说也，吾深耻之，吾请明辨之。

闻者疑吾言将以吾为丧心病狂专制之迷梦未醒耶？将以吾为低首下心奴隶之孽苗未拔耶？将以吾为沉溺于朕即国家之邪说、摇惑于臣妾亿兆之謷言，而摧折民权公理之萌芽耶？吾何敢然，吾何敢然。吾固崇拜立宪，馨香立宪，神圣不可侵犯立宪者也。虽然，吾独不愿中国言立宪，吾独不愿中国言君主立宪。

论者亦知大地各国君主立宪之政体何自成乎？人心发奋，群思爱护祖国要求权利，而所谓同胞同种之王，亦具聪明文思之姿，鉴查利斯第一、路易第十六之前事，顺其风潮，乘其时势，因成此过渡之政体，西欧列强莫不如是。而东邻三岛以皇统绵绵万世一系之故，立宪之易为天下最，此其明效大验者矣。今我中国复安所得同胞同种之王而奉为无责任之元首乎？蹙蹙卧榻，鼾睡已□他人；沉沉

① “亚卢”，即柳亚子。

昆明，妖灰未苏前劫。波兰、印度二百年于兹，非我族类其心必异，乃欲以变法让权之大典，责诸不同利害、不同感情、不同历史、不同风俗之殊族，是岂非必不可得之数耶！呜呼，立宪乎，立宪乎，空花之幻影耳，睡梦之呓语耳！夫复何言！夫复何言！

不见夫戊戌百日之事乎？参预新政诸君，他人我不敢知，浏阳谭氏，观其《仁学》一书，非以民族主义提倡海内者乎；一旦眩于政府之浮辞，遂不惜降志辱身以一试其救民之手段，乃功业未半，中道摧锄。呜呼，文明公敌岂独荣、刚，彼五百万人固群表同情矣。菜市街头，欧刀相赠，大好头颅如此一掷，吾非不敢以牺牲流血为天下倡，奈合六州铁铸此大错何！往车已矣，来轸方遒，无信人之言，人实诳汝。吾愿言立宪者一自思也。

吾不知今以立宪主义提倡国民者，彼其目示我民族之程度果何如耶。使我民而昏然冥然，仍以服从命令为独一无二之天职，不敢越黑暗地狱一步也，则何从而有要求宪法、拥护宪法、享受宪法之能力！徒使擅权据位之徒，出其狙公饲狙之手段？造成沐猴而冠之政体，于寻常专制腐败法律之中，添一钦定宪法以饰大地万国之瞻听，毋亦崇拜朝鲜而为斯效颦之下策乎，于国民幸福固何有也！不然而谓开明进化来日方长乎？则二十世纪种族观念膨胀达于极点，玛志尼、噶苏士之流风，方将大行于中国。吾闻近世爱国者之言曰：与其臣事异种之华盛顿，无宁臣事同种之朱温。是亦民族主义之代表矣。彼其目示呻吟于异族之下，谓他人父谓他人母，较之呻吟于专制政权之下，其伤心惨目之情状殆尤有甚焉，而谓一立宪足以偿其奢愿乎?！彼西方之大不列颠亦可谓宪章之母国矣，而峨特忒种之爱尔兰，终不愿为条顿人之附属，维多利亚举行祝典之日，树黑旗以志国哀，读其小说，虽妇人女子亦莫不腐心切齿欲剸刃国仇而甘心焉。夫孰谓我神明之胄而不及爱尔兰也！由是言之，民智不开则无所谓立宪，民智既开立宪又非所愿矣。吾见夫言立宪者之进退失据也。

且国家所以成立之元素固何物乎？曰爱国心而已。夫专制政体之所谓爱国者，可以独夫民贼一人之私爱牢笼之，若立宪政体则非人人知自爱其国不为功，环球往事，昭昭明矣。虽然，欲使人人自爱其国必先使人人自有其国，欲使人人自有其国必先使人人自知其国之所在。日耳曼祖国之歌声盈于耳鼓，而德意志联邦之业于是成焉；意大利祖国之观念印于脑筋，而撒的尼亚统一之功于是定焉。

今我黄族之同胞果安所得国而爱之！客星据座，天容变矣，主宰无权，公产沦矣，复宗灭祀数逾二百，奴隶牛马躬受其辱。深墨丧服，哀哉玛志之心；麦秀黍离，痛矣箕子之泪。此亦我四万万人之普遍感情矣。夫国本我有而后可以言爱，若既为无国之民，而漫号他人之国为我国，蒙胡马以汉皮，易华鄮以夷莒，顾犹嚣嚣然曰爱国爱国，愚者将瞠目结舌不知国之何往，其黠者且将以长乐老之遗风，出杨三变之故技，取向之所崇拜大金、大元、大清者，以崇拜夫大英、大法、大俄、大德、大美、大日本矣。呜呼，台湾士庶上睦仁元旦之颂，香港居民献维多利亚圣德之碑，张氏奴乎，李氏奴乎，是可以为立宪之国民乎！皮之不存毛将安附，国既亡矣何有于宪！彼宪其所宪者，诚非吾所愿闻也。

吾敢正告我同胞曰：公等今日其勿言改革，唯言光复矣；公等今日其勿言温和，唯言破坏矣。夫岂不知光复与破坏之难也，然今日而不光复、不破坏，复将何为，虽知其难，将焉避之。不见夫脱突厥腥膻之羁绊，报千年之国仇者有希腊乎？不见夫拒奥地利亚虎狼之干涉，建半岛之雄图者有伊大利乎？我愿我同胞学之，我愿我同胞学之。不然则为匈牙利之噶苏土，则为菲立宾之阿圭拿度，则为杜兰斯哇之古鲁家，扬民族主义之潮流，其犹可行乎！又不然则吾愿为埃及之亚刺飞，吾愿为波兰之高节公。若求为埃及、波兰而不得，则吾将日日焚香礼天，祝其速降大洪水，祝其速爆大火山，以溺尽烧尽我无脑筋、无心肝、无廉耻、无道德之四万万汉种，使足迹不见于地球上；不愿其受千重万重、直接间接、恒河沙无量数异种殊族之南蛮北狄、东夷西戎之压制，为人类馆参考之玩物，为演说家诋骂之材料，为踢天踏地动遭斥逐犹太人之后车也。呜呼，我今日同胞之前途，唯自杀与自立二者耳，请自择之。于立宪乎何有！于立宪乎何有！

《江苏》第六期，光绪二十九年八月初一日（1903年9月21日）。录自张枬、王忍之编《辛亥革命前十年间时论选集》第一卷下册，第594—596页，三联书店1978年版

近时二大学说之评论

光绪二十九年八月二十日、九月二十日

飞　生

发　端

于近学界上有二说焉，为一般学子所闻，而于一切思想界上有影响焉，则新民氏之新民说，与夫东游者所称道之立宪说是也。

立一主义焉，将欲国民闻吾之言而有所警惕焉，有所动作焉，有所改革而进步焉。则不可不于其国民之性质，与夫传来之历史，而最要者，尤莫如其群治根本的组织上下深沉之观察，而得其根本之所在，夫然后可以下药石也。苟不尔者，理非弗精焉，义非弗通焉，而其言不适于其国，不适于其时。或差一级焉，或差一线焉，则无论其言之不行于时，其甚也且将谬以千里而流为祸。故理弗论是非，惟求当于时。今新民氏之言曰：国也者积民而成，未有其民恶陋、怯弱、涣散、混浊，而国犹能立者，故中国之亡、国民之自亡之也。兹说也，吾无以难之也。为立宪者之说者，民权弱者其国危，民权昌者其国强。民权何在？曰议院，曰宪法。夫国未有政纲不立而补苴罅漏能有济者也。兹说也，亦无以难之也。虽然，理则当，义则通矣，然兹说也，其果适于中国之时势与事实与否，其果能于中国群治组织上下适当之观察，而得其根本与否，使我中国国民闻兹说，其果能有所改革进步与否，则吾今日所欲言研究之问题也。嗟乎，此数千年之古国乎，大风忽来，摇摇欲坠。当时之人，非尽冥顽不灵也，则亦号者、叫者、呼者、哭者、辩论者，卒无所补救而底于灭亡。此区区亦不过于历史上添一段余悲而已。读《四客政论》，吾又不知其涕之何从也。

虽然，吾更有说于此。吾今之作是篇，非与新民氏及主张立宪者言也，吾为吾国民之读新民说、读立宪说者告焉。人之见解，各随其历史境遇而异，不可以相强也。且言者之责任与听者之责任又有异：言者但使其言之足以成理其责任已完；听言者则非徒理而已，不可因其理而误解焉，尤不可不自有一主见，立其理之上，而因而读之也，解之也。

第一节　二说之总评

新民也，立宪也，理非弗是焉，义非弗通焉；顾我以为救今日之中国，尚差一间，尚差一间。

使中国之历史，能如日本之成一完全民族国，而戊戌变法能如彼之所谓大政维新，则今日之新民说与夫立宪说，诚可谓根本之理论、切要之政策矣。惜也，理论有进步而事实无进步，故理论与事实愈去愈远也。且论者亦知今日中国之亡其原因果何在？而今日救亡之法其道当何由乎？吾请举其根言之，而二说之价值，乃可得见其真而下评判也。

弱国与病国有分别。今日之中国，病国也，非弱国也。以治弱国之手段治病国，其亡必矣。夫觇一国之成败兴亡之大原，则视其智、愚、贤不肖之位置而已。贤、智在上，愚、不肖者在下，群治组织之公例也。由其贤、智之程度之高下，人数之多寡，而国之强弱以判焉。虽然，即弱也，但使其组织之顺序，果能合乎群治之公例，则未有不可为治，未有不可渐致于强者也。譬之于树，树虽小，而枝叶根本各得其所，未有不生长者也。若今日之中国，则枝叶入乎泥土之下，而根乃曝于空气之中，其位置既全乎倒置，此其所以根本腐败，而非有空前绝后之手段不能救也。（中国贤、智之位置倒置原因，则观云氏之“民习论”言之最切，附录一节以备考）

“当其河山已非、宗社方墟之时，一二秉英雄豪杰之性者，未尝不并志壹气焦虑困心，欲出万死不顾一生之计，紾之于他人之手，而光复我祖宗之旧物。而被捕缚、遭杀戮，徒党屠醢而家祖复灭者踵相接，此皆一一摧伤民族之志气者也。（中略）方是时，其能俯仰新朝，而灾祸不及其身者，必其怵于势、慑于力，改志易虑蠖屈无声气，以求苟全其性命者也。不然，必其入山之深、入林之密，为耕佣野老以藏身，而不愿闻利害治乱当世之事者。不然，必其闷闷汶汶、塞聪堕明，受时势之大震动，而曾不激刺于其脑性，但能行尸走肉饮食男女，以延祀姓者也。不然，必其或有大不得已者，而遂受其衣冠，拜其禄食，行其朝廷，以示无他，而不欲为之设一谋、划一策，行与心违，旅进旅退，以终其身者也。不若是者，则必熏心于富贵利禄，蝇营狗苟，为虎作伥，挟其小知小能、一技一长，与其媚悦迎合之技，以博取功名势力，而不复知天地间有廉耻气节之事者也。夫以一种之人所谓有豪杰英雄之气骨者，既已销亡，不得延其种类而传其性质，而得意当世子孙蔓延者，非黠巧之夫即庸懦之辈，则其人种之不能立于世界竞争之场盖可知也。”

是故治今日之中国，更正其贵贱贤愚为第一阶级；其次，而后进不肖者使贤、进愚者使智之事可得言也；而后立宪议院之制可得行也。今第一级未破，而欲第二层之事治中国，更望其迂回而转至第一级，药非弗善也，其如不能下喉何！此二说之病之同者也。

总而言之，则新民说不免有倒果为因之弊，而立宪说则直所谓隔靴搔痒者也。今将二说分论之，而聊贡其一得之愚如下方。

第二节　新民说之评论

新民氏之言曰：苟有新民，何患无新制度、新政府、新国家。而问其若何而可得新民，则曰：新民云者，非新者一人，而新之者又一人也，则在吾民之各自新而已。兹言也，则吾之所最不敢赞同者也。夫论民族兴亡之原，而归乎其性质。则性质云者，有秉之自天然者，有受之于地理、历史之遗传影响者，远者且在不可穷诘之种性，近者亦积自千年百年之前亦既习之成性矣。一旦而欲改革之，固非一议论之所能奏功，亦断非十年、数十年之所能见效。独不见夫欧洲之改革乎？夫社会者，国家之母也，则社会改良，国家自能变易面目。何以百年来政治之改革，痕迹显然，而社会改良则至今尚百口沸腾而莫得其端倪也。故自理论上言，则有新民固何患无新政府；而自事实上言，则必有新政府而后可得新民也。何者？政府者，民之代表也，代表其群者必其贤智之过于其群者也。贤者教不肖，智者教愚，则政府者固有新民之天职在也。夫使政府而果贤且智焉，则政府之教民也，固当如新民氏之言矣。若曰，尔其自助，尔其自新，今政府既不能担任其天职，而乃不思易而置之，而仍教之以自新，不教之以变少数短年易变之政府，而教之以新多数积重之民俗，吾知其事之万不可期，而又不得代此蚩蚩者向新民氏一诉冤也。夫治治国则当用繁赜之法，治乱国则当用单简之法；教文明强悍之国民则当平心静气以立其远大之基，教野蛮柔弱之国民则当单易直捷以鼓其前进之气。反其道而用之，未有能济于事者也。

新民氏曰：今之动辄责政府者抑何不智。又曰：责人不责己，此中国所以不能维新之大原。又曰：各委弃其责任，而以望诸家长。吾以谓，国民者对于国家而负其监督政府之责任者也，舍此之外，吾未见有责任之更大于此者矣。吾正患其不能责政府耳，苟其能也，则中国何至于今日也。且夫吾中国之政府，则又与外国异。譬之甲、乙二人，有二事焉，甲以事委诸丙，而从而指导之焉、监督之焉；乙以事委诸丁，悉与之权而不顾问也。苟二事悉败，则丙之责任为重乎？丁之责任为重乎？中国之政府，丁之类也，四万万人悉举其权而委之，其责任愈重，则责之宜愈严，理势之必然也。夫变俗之事，亦未始不可期，虽然，有其道也，则有一震撼雷霆之举，足以使沉睡之脑一震而耳目能一新是也。善夫严子《原强》之言也，归其本于智、德、力，而救急则归于一震；盖深知智、德、力之进之有道，而救时之要当在是也。新民氏之宗旨与严氏同，而于篇末一节未有留意焉，所以言焉而不免有病也。

嗟乎，吾今勿言理论矣，请以事实论之。十年以来，吾国民智识之进步奚若？而政府者，割地也、赔款也、矿约也、商约也、路约也，凡兹数端，无一事不可以使我世世子孙永失其立国之资格，而长为奴隶永永沉沦万劫不复者也。而其罪恶尤大者，尤莫如失信用于国民，使之自生亡国之戚。夫以前之种种原因以至今日，则新民氏之言至矣，然循是比例以往，智识自然进步之速率，其能胜异族经营事业之进步与否，吾恐即有新民，终不能自存于天地间也，而况乎其必不可得耶！

要之新民说者，史论也，非政论也；教育家之言，非新闻记者之言也。勿以政论视新民说，则新民说固近今有数之文字也。新民氏闻我言，其以为何如？

是固新民说者，揆之理论而通，合诸事实而违者也。中国之亡其罪万不能不归之于政府，国民之不责政府国民之罪也。归亡国之罪于国民，而又劝其不责政府，则又何说焉！夫轻生死、绝利禄，以殉其己之所信，是说也可以律杰出之士，而不可以责一般社会者也。在上者挟其利禄之途，生死之权，以操纵其下，则亦上好善而民好善耳。今新民氏之言曰："夫官吏之不肖、政府之桎梏，为一国退化之重要根原，亦何待言，而谓舍此以外，一无改革，遂可以尽善尽美，吾见其太早计矣。”固也。然吾必其谓官吏非不肖，政府非腐败，夫然后群俗乃可以改良，乃可以求尽善尽美。若以今日之官吏、政府，任之而不革，而乃欲望民间有所改革，有所兴起，无论其无也，即有之，而独不思彼政府者，固日日以摧伤民气为第一政策乎！刀锯横其后，利禄诱其前，蚩蚩之氓，有何知焉，此吾所以决其事之万不可通，而其说则为倒果为因而不疑也。

论国家兴亡之原，而归乎其民，归乎其民族之性质，以斯言而教我国民，则尤有不可不注意者一事焉。吾国民者，自古以不担责任闻于天下者也。当鼎革之时、衰乱之际，则悉归其命于天，故夫国之亡也，则曰：天实为之，我独奈之胡哉！是曰任天。今将以兴亡之故归其命于人，则国之亡也，彼又得曰：是蚩蚩者实自为之，吾独奈之胡哉！是曰任人。夫任天与任人，其理之是非勿容辨，然其为任则一也。且吾恐不肖者，且将引此言以为卸过之地，以为中国之存亡非吾一人之责。而一二贤者，习闻此说，则睹此蚩蚩攘攘者，冥焉若游梦，教之而无术，呼之而不醒，夫以愚蠢如我民，而教之无术，呼之不醒，则焉有不伤神短气，而为之心灰焉哉。呜呼，立说一不慎，而层层误解，且即从此而生，后有作者，其亦闻此言而三思焉。

第三节　立宪说之评论

怪哉，今日之所立宪说也。夫立宪则立宪耳，而又不敢打破局面，必曰和平而后可济事则何也！和平则和平耳，而又不敢爽快直捷，必欲运动政府而后可得者则又何也！并此奇奇怪怪不可思议之数思想，而总戴一旗帜曰立宪，于是詈之者则曰，是辈实欲做官而已矣，驳之者则曰，以变法让权之大典责诸不同感历史之异族，是实梦呓耳。夫兹数说者，皆所为反对立宪说者也，其持之亦有故，其言之则成理。虽然，吾则以为是说也，皆未足以服其心者也。何则？非立宪者据空理以言。若曰：中国者中国人之中国也，果为中国人之中国，立宪可，专制亦未尝不可，如今日之中国而立宪乎，则我亦犹是奴也，于我乎何有。立宪者据势以立言。若曰：今日之所患者白种也，彼白种之势力既日膨胀，一旦内乱起，是以速外人之来耳，故不如不打破局面，而使政府变法之为愈也。夫据理与据势，则两者各有壁垒，各有矛戈以相抗也，待此议论，争辨至极点，则我中国已不知何处去了。若夫做官之说，则吾今日又不敢横执是说以詈人。吾今日者，平其心，静其气，就实事不就空论，就势不就理，以与诸君论立宪。则分其节为三：曰中国之存亡其果立宪不立宪乎？曰今日之政府其果能立宪乎？曰立宪即可以求和平乎？夫原立宪说者万不得已之苦衷，则亦曰求和平而不打破局面已耳。则论事至和平一点，其亦可以为络结点。

环地球上，宪法成立之国无不强，固也。虽然，问其何至而得之，则曰有自破坏而得之者，有自和平而得之者。破坏者既勿言矣，其自和平而得之者，曰英、曰日。夫英之不能学也，亦既知之矣，则宜莫如日。说者见日人宪法成立之历史，与夫成立后国势之强盛也，则亦从而揺羡之，而欲移之于今日之中国。呜呼，此立宪说者，根本的谬误也。独不思宪法未成以前之日本，亦犹是今日之中国，昏昏在睡梦中乎？当夫庆应之末，明治之初，一二志士，前仆后起，相与建革政之功者，此其人为何如人，此其事为何如事乎！岂以庚子以后之数道上谕，遂可冒之以大政维新乎？先辈未见有西乡隆盛，而今日之志士乃欲做伊藤博文乎？改革之绪，有先后，有次序，勿可越尺寸也。故必先造新政府，然后可以行新制度，断未有求旧政府而可以立新制度者也。夫一国存亡之源，则视其自觉心而已。有自觉心者，则其心向上，有希望，有进取；不然者，其心向下，主因循，主退缩。以数千年因循之古国，而欲振起自觉心，则宜莫如使之耳目一新。譬之是犹人也，宪法参苓也，今日之中国睡儿也，儿未醒，孰从而饮食之，明治初年之日本醒儿也，故能食。今日之中国睡儿也，夫未有酣睡之国，而能立于大地者也，则亦醒之而已矣。不此之务，吾未见其能济也。

假而曰：日本之兴必在宪法，中国现状必不可打破，立宪一策必可以救中国。则吾请更进一问题曰：今日之政府，其果能立宪乎？夫政府今日其所以宁断送此四万万财产、性命于异族者，果何为乎？夫亦曰保稳其几只饭碗头耳。此四万万之性命、财产与此几只饭碗头相碰，乃以成今日之现势，其势之不能两立盖可知也。今日之欲以和平改革语政府也，若曰造反彼之所惧也，吾不可以此言惊之使却走。吁嗟乎愚哉！其不知政府之真相也。彼政府者，又乌知有所谓和平，有所谓激烈，若曰有一物焉，足以倒我之饭碗头者，必出死力以拒之。拒之有其辞，则曰叛逆。叛逆者何？倒饭碗头者是也，岂有定名哉。假使谓之曰：有官把汝做，有钱把汝用，则又世祖章皇帝矣。而独不见夫戊戌之变乎，其名则曰变法也，而杀之，杀之为其不利于己也。而独不见夫庚子之变乎，其名则曰保皇也，而杀之，杀之为其不利于己也。夫变法也，保皇也，岂不和平也哉，而拒之若此。今日言立宪，以为我之说较革命造反为和平，而可以此动政府也，其亦知政府眼光中，又乌有所谓立宪、革命者乎！要之此四万万性命、财产不去，则此几只饭碗头不保。如真欲救中国而求立宪乎，则政府视之亦叛逆也。如曰欲做官乎，则吾又何说之辞。

假而曰：政府必能立宪，政府而不能则我运动国民以要求之。噫，休矣！若是言立宪则立宪耳，又何必借和平之旗帜以为幛也！而独不见夫法兰西乎，大革命以前，何尝无议会，而议会适以为大革命之媒。故论和平不和平，亦视其国之内容何如耳。以今日小民生计之困难，政府财政之紊乱，而又种族之戚深入人心，不许人以言论自由则已耳，苟许之又何能止之，如是而一而二而三，未有不酿大乱者也。是故立宪者，大革命之媒也。世之求和平而又反酿乱者，未有不知是者也。夫日本昔日为争权也，故诏敕一下而即平，盖亦历史之故，而时机之得也。今日中国历史又不同，而其民既争权尤须争命，予其权而不救其命，此大革命之所由来也。且即言日本，公等亦闻江藤新平之事乎？和平何有焉？和平何有焉？

立宪说者乎，岂能解此三问题也，则吾亦降心而随诸公之后。如其不然，则请有以语我来。

抑吾尤有进者，凡英雄之能成大事也，其走路必直线不走圈线，必走一条必不走第二条，光明其宗旨，愿者来，不愿者去。事成乎，则万人拜之，馨香祝之；不成乎，则墓木绕之，秋虫鸣之。其为事也，如博然一掷则中，不着则已者也，是故其精神则快乐也，其心肠则铁石也，其成功则久远也。而不然者，屈曲其言论，暧昧其宗旨，汲汲乎欲自用其才其学，以望人之信我，则所谓屈心以运动人，未有不为人所运动者也。夫我不敢詈人，吾以为诸君者，皆有心于国事者也，特不知今日政府之为何如真相，而又慑于外力不敢打破局面以图将来耳。若曰将以求利禄也，则吾敢决曰：三年以后，必无立宪之声矣，而吾又何为哓哓哉。

第四节　结　论

吾作是，吾未竟也，吾之友汗且喘以走告我曰：俄人占领奉天，而英、而德、而日、而法乃据俄人之故策以为请，瓜分之局定矣，而子犹以文字争，其可已矣夫，其可已矣夫！余闻之神色虽不动，而其心犹上下颤动其未已也。呜呼，此数千年之古国乎，尔终往矣，吾复何言，吾亦将随尔以往耳。夫事虽不实，权苟操诸人，今日、明日吾又何能料也。呜呼，蚩蚩之氓，既不知亡国之惨；而所谓有志者，又迂缓寡断，不肯出万死不顾一生之计，而必待事之临头而始喟然悟。呜呼，此中国所以终亡也夫！此中国所以终亡也夫！

《浙江潮》第八、九期，光绪二十九年八月二十日、九月二十日（1903 年 10 月 10 日、11 月 8 日）。录自张枬、王忍之编《辛亥革命前十年间时论选集》第一卷下册，第 516—525 页，三联书店 1978 年版

敬告同乡书

光绪二十九年十、十一月

孙中山

同乡列公足下：

向者公等以为革命、保皇二事，名异而实同，谓保皇者不过藉名以行革命，此实误也。

天下事，名不正则言不顺，言不顺则事不成。夫常人置产立业，其约章契券犹不能假他人之名，况以康梁之智而谋军国大事、民族前途，岂有故为名实不符而犯先圣之遗训者乎？其创立保皇会者，所以报知己也。夫康梁，一以进士，一以举人，而蒙清帝载湉特达之知、非常之宠，千古君臣知遇之隆未有若此者也。百日维新，言听计从，事虽不成，而康梁从此大名已震动天下。此谁为之？孰令

致之？非光绪之恩，曷克臻此！今二子之逋逃外国而倡保皇会也，其感恩图报之未遑，岂尚有他哉！若果有如公等所信，彼名保皇，实则革命，则康梁者尚得齿于人类乎？直禽兽不若也！故保皇无毫厘之假借，可无疑义矣。如其不信，则请读康有为所著之《最近政见书》。此书乃康有为劝南北美洲华商不可行革命、不可谈革命、不可思革命，只可死心踏地以图保皇立宪，而延长满洲人之国命，续长我汉人之身契。公等何不一察实情，而竟以己之心度人之心，以己之欲推人之欲，而诬妄康梁一至于是耶？

或曰：言借名保皇而行革命者，实明明出诸于梁启超之口，是何谓诬？曰然，然而不然也。梁之言果真诚无伪耶？而何以梁之门人之有革命思想者，皆视梁为公敌、为汉仇耶？梁为保皇会中之运动领袖，阅历颇深，世情（寝）〔寖〕熟，目击近日人心之趋向、风潮之急激，毅力不足，不觉为革命之气所动荡，偶尔失其初心，背其宗旨。其在《新民丛报》之忽言革命，忽言破坏，忽言爱同种之过于恩人光绪，忽言爱真理之过于其师康有为者，是犹乎病人之偶发呓语耳，非真有反清归汉、去暗投明之实心也。何以知其然哉？夫康梁同一鼻孔出气者也，康既刻心写腹以表白其保皇之非伪，而梁未与之决绝，未与之分离，则所言革命焉得有真乎？夫革命与保皇，理不相容，势不两立。今梁以一人而持二说，首鼠两端，其所言革命属真，则保皇之说必伪；而其所言保皇属真，则革命之说亦伪矣。

又如本埠保皇【报】之副主笔陈某者，康趋亦趋，康步亦步，既当保皇报主笔，而又口谈革命，身入洪门，其混乱是非、颠倒黑白如此，无怪公等向以之为耳目者，混革命、保皇而为一也。此不可不辨也。今幸有一据可以证明彼虽口谈革命，身入洪门，而实为保皇之中坚、汉族之奸细。彼口谈革命者，欲笼络革命志士也；彼身入洪门者，欲利用洪门之人也。自弟有革命演说之后，彼之诈伪已无地可藏，图穷而匕首见矣。若彼果真有革命之心，必声应气求，两心相印，何致有攻击不留余地？始则于报上肆情诬谤，竭力訾毁，竟敢不顾报律，伤及名誉，若讼之公堂，彼必难逃国法。继则大露其满奴之本来面目，演说保皇立宪之旨，大张满人之毒焰，而痛骂汉人之无资格，不当享有民权。……亦可享有皇帝之权，吾汉人以四千年文明之种族，则民权尚不能享，此又何说？其尊外族、抑同种之心，有如此其甚者，可见彼辈所言保皇为真保皇，所言革命为假革命，已彰明较著矣！

由此观之，革命、保皇二事决分两途，如黑白之不能混淆，如东西之不能易位。革命者志在扑满而兴汉，保皇者志在扶满而臣清，事理相反，背道而驰，互相冲突，互相水火，非一日矣。如弟与任公私交虽密，一谈政事，则俨然敌国。然士各有志，不能相强。总之，划清界限，不使混淆，吾人革命，不说保皇，彼辈保皇，何必偏称革命？诚能如康有为之率直，明来反对，虽失身于异族，不愧为男子也。

古今来忘本性、昧天良，去同族而事异种，舍忠义而为汉奸者，不可胜计，非独康梁已也。满汉之间，忠奸之判，公等天良未昧，取舍从违，必能审定。如果以客帝为可保，甘为万劫不复之奴隶，则亦已矣。如冰山之难恃，满汉之不容，二百六十年亡国之可耻，四万万汉族之可兴，则宜大倡革命，毋惑保皇，庶汉族其有豸乎！

书不尽意，余详演说笔记中，容出版当另行呈政。此致，即候大安不既。

弟孙逸仙顿

广东省社会科学院历史研究所、中国社会科学院近代史研究所中华民国史研究室、中山大学历史系孙中山研究室合编：《孙中山全集》第一卷，第230—233页，中华书局1981年版

驳保皇报书

光绪二十九年十一、十二月

孙中山

阳历十二月廿九年，檀埠保皇报刊有《敬告保皇会同志书》，此书出于该报主笔陈仪侃之手，而托他人之名，欲间接而驳仆日前之书也。书中所载，语无伦次，义相矛盾，可知作者于论理学（Logic）一无所知，于政治学（Political Science）

更懵然罔觉。所言事实，多有不符；所引西事，牵强附会。本不欲推求详辨，然其似是而非之理最易惑人，故逐条驳之，以塞毒焰而辟谬论。

彼开口便曰“爱国”，试问其所爱之国为大清国乎，抑中华国乎？若所爱之国为大清国，则不当有“今则驱除异族谓之光复”之一语自其口出。若彼所爱之国为中华国，则不当以保皇为爱国之政策。盖保异种而奴中华，非爱国也，实害国也。

彼又曰“中国之瓜分在于旦夕，外人窥伺，乘间即发。各国指认之地，照会政府不得让与别人”云云。曾亦知瓜分之原因乎？政府无振作也，人民不奋发也。政府若有振作，则强横如俄罗斯，残（异）〔暴〕如土耳其，外人不敢侧目也。人民能发奋，则微小如巴拿马，激烈如苏威亚，列强向之承认也。盖今日国际，惟有势力强权，不讲道德仁义也。满清政府今日已矣，要害之区尽失，发祥之地已亡，浸而日削百里，月失数城，终归于尽而已。尚有一线生机之可望者，惟人民之发奋耳。若人心日醒，发奋为雄，大举革命，一起而倒此残腐将死之满清政府，则列国方欲敬我之不暇，尚何有窥伺瓜分之事哉？既识引管子之“作内政以寄军令”，何以偏阻汉人行革命而复祖邦？今日之作内政，从何下手？必先驱除客帝复我政权，始能免其今日签一约割山东、明日押一款卖两广也。彼满清政府不特签押约款以割我卖我也，且为外人平靖地方，然后送之也。广东之新安县、广州湾已然之事也，倘无满清之政府为之助纣为虐，吾民犹得便宜行事，可以拼一死殉吾之桑梓。彼外国知吾民之不易与，不能垂手而得吾尺寸之地，则彼虽贪欲无厌，犹有戒心也。今有满清政府为之鹰犬，则彼外国者欲取我土地，有予取予携之便矣。故欲免瓜分，非先倒满清政府，别无挽救之法也。乃彼书生之见，畏葸存心，不识时势，不达事体，动辄恐逢人之怒。不知我愈畏缩，则彼愈窥伺；我能发奋，则彼反敬畏。岂有逢人之怒之理哉？如其不信，吾请陈仪侃日日向外人叩头，日日向外人乞怜，试能止外人之不照会清朝以索地否？清国帝后今日日媚外人矣，日日宴会公使及其夫人矣；媚外人之中又与俄国为最亲匿矣，然而据其发祥之地者则俄也。不逢人之怒，莫过于今日之清帝后，以仪侃之见解，则必能免于瓜分矣，信乎？否乎？

既知中华亡国二百六十年矣，不图恢复，犹竭力以阻人之言恢复、言革命，是诚何心哉？彼固甘心以殉清朝之节，清亡与亡，清奴与奴，洵大清之忠臣义士矣，其如汉族何？而犹嚣嚣然执“毋宁”二字以骂人为白奴，是真强辞夺理矣！

彼曰：“革命之说，原本大《易》。”又曰：“中国固始终不能免于革命。”其言是矣，乃何以又曰“中国今民智为萌芽时代”？夫大《易》者，中国最古之书。孔子系辞，称汤武革命，顺乎天也。岂由汤武至于今，经二十余朝之革命，而犹得谓之萌芽时代耶？

其所引法国三大革命曰：“经卢骚、达尔文、福禄特尔诸大哲提倡建设。”而不知达尔文乃英人，当法国第一次革命之时，彼尚未出世；当第二次革命之时，彼尚未成学；当第三次革命之时，彼尚未闻名于世。其第一次之著作名曰《生物本源》，出版在一千八百五十九年。当时英国博物家尚多非其说之不经，迨十余年后始见重于英之学者，又十余年后始见称于世人。今该主笔特大书曰：“达尔文有与提倡法国三次革命之功。”彼所指之达尔文，或是达尔文之前身乎？想该主笔必精通三世书矣，否则何以知之耶？又云：“法国死于革命者一千二百万人。”该主笔常讥吾人之革命不起于京师，想亦熟闻法国之三大革命皆发于巴黎矣。而巴黎之外，无死于革命者。试问巴黎当时人口几何，作者知之乎？且巴黎虽经三次之革命，而未遇扬州十日之事，无广州洗城之惨。就使巴黎全城之民皆死于革命，三次计之，亦不足此数。毋乃该主笔以一人转轮数十次计之乎？若此，则非吾所敢知。

彼既曰：“革命之结果，为民主政体也。”胡又曰：“有建设者谓之有意识之破坏，无建设者谓之无意识之破坏，彼等是否建设，吾不敢知”云云。夫革命【者】，破坏也；民主政体者，建设也。既明明于革命之先，定为民主政体矣，非意识（如）〔为〕何？曰“政”曰“体”，非建设（如）〔为〕何？该主笔以一手之笔。一时之言，其矛盾有如是，斯亦奇矣！

彼又尝谓中国人无自由民权之性质，仆曾力斥其谬，引中国乡族之自治，如自行断讼、自行保卫、自行教育、自行修理道路等事，虽不及今日西政之美，然可证中国人禀有民权之性质也。又中国人民向来不受政府之干涉，来往自如，出入不问；婚姻生死，不报于官；户口门牌，鲜注于册；甚至两邻械斗，为所欲为：此本于自由之性质也。彼则反唇相稽曰：“此种野蛮之自由，非文明之自由也。”此又何待彼言？仆既云性质矣，夫天生自然谓之“性”，纯朴不文谓之“质”；有野蛮之自由，则便有自由之性质也，何得谓无？夫性质与事体异，发现于外谓之“事体”，禀赋于中谓之“性质”；中国民权自由之事体，未及西国之有条不紊，界限（轶）〔秩〕然，然何得谓之无自由民权之性质乎？惟中国今日富于此野蛮之自由，则他日容易变为文明之自由。倘无此性质，何由而变？是犹琢玉，必其石具有玉质，乃能琢之成玉器，若无其质，虽琢无成也。

彼又曰：“中国人富于服从权势之性质，而非富于服从法律之性质。”试问无权势可以行法律乎？今如檀岛，若政府无权势以拘禁处罚于犯法之人，其法律尚成为法律乎？夫法律者，治之体也，权势者，治之用也，体用相因，不相判也。今该主笔强别服从法律与服从权势而为二事，是可知彼于政治之学毫无所知也。

彼又曰：“立宪者，过渡之时代也；共和者，最后之结果也。”此又可见彼不知立宪为何物，而牵强附会也。夫立宪者，西语曰 Constitution，乃一定不易之常经，非革命不能改也。过渡者，西语曰 Transition，乃变更之谓也。此二名辞皆从西文译出，中国无此成语也。该主笔强不知以为知，而妄曰 Constitution 乃 Transition 时代，一何可笑也。推彼之意，必当先经立宪君主，而后可成立宪民主，乃合进化之次序也。而不知天下之事，其为破天荒者则然耳，若世间已有其事，且行之已收大效者，则我可以取法而为后来居上也。试观中国向未有火车，近日始兴建，皆取最新之式者。若照彼之意，今日为火车萌芽之时代，当用英美数十年前之旧物，然后渐渐更换新物，至最终之结果乃可用今日之新式火车，方合进化之次序也。世上有如是之理乎？人间有如是之愚乎？今彼以君主立宪为过渡之时代，以民主立宪为最终之结果，是要行二次之破坏，而始得至于民主之域也。以其行二次，何如行一次之为便耶？夫破坏者，非得已之事也，一次已嫌其多矣，又何必故意以行二次？夫今日专制之时代也，必先破坏此专制，乃得行君主或民主之立宪也。既有力以破坏之，则君主民主随我所择。如过渡焉，以其滞（手）〔乎〕中流，何不一（掉）〔棹〕而登彼岸，为一劳永逸之计也。使该主笔若不知民主为最终之结果，其倡君主立宪犹可说也；乃彼既知为美政，而又认为最终之结果，胡为如此矫强支离，多端辨难也？得毋以此事虽善，诚为救中国之良剂，但其始不倡于吾师，其终亦不成于吾手，天下上等之事必不让他人为之，故必竭力阻止，以致不成而后已，是重私心而忘公义也。

彼又曰：“会外人何以图羊城、谋惠州，而利用洪门之势力？”不知革命与洪门，志同道合，声应气求，合力举义，责有应尽，非同利用，如彼等欲暗改洪门之宗旨，而令洪门之人以助其保救大清皇帝也。

又仆前书指以满洲之野番，尚能享皇帝之权，而彼则曰“岂不见各国宪法”云云。仆所指乃当今清国专制之皇权，而彼引各国宪法以答，真强为比例，拟于不伦矣！

彼又曰：“所谓保皇者，自我保之，主权在我，非彼保我也，不得为满奴”云云。此真梦梦也。今光绪皇帝俨然在北京，日日诏见臣工，日日宴会公使，有时游颐和园，有时看西洋戏，何尝受彼之保？其言之离事实，何相远之甚也！

彼又曰：“今则驱除异族，谓之光复旧物，不得谓之革命。”此拾人之唾余，知其一不知其二者也。其书中最得力者，为托某氏之言曰：“弟前十年故为彼会中人，今已改入保皇会矣”云云。其是否属实，姑毋容辨，但据其所述誓词，则知彼非门外汉，亦升堂而索入于室也。不然岂有下乔木而入幽谷者哉？不观其他之入保皇会者乎，多以保皇为借名而误入者也。

该主笔又从而引申其说曰：“蒙古与满洲且不辨”云云。仆等虽目不识丁，而地舆之学，敢信尚不至此。惟见彼有“蒙满东三省诸地在俄人势力范围”云云，蒙者蒙古也，满者满洲也，岂于蒙满之外更有一东三省乎？该主笔自称深通于五洲大势，何以于彼大清国之形势，尚有此言也？可知其平日荒唐谬妄，强不知以为知，夜郎自大，目上无人，真不值识者一哂。

仆非文士，本不欲与八股书生争一日之长，兴笔墨之战；但以彼无根之学，以讹传讹，惑世诬民，遗害非浅，故不得已而驳斥之。倘彼具有天良，当知惭愧，早自悔悟，毋再现其丑也。又其人存心刻忍，观其所论《苏报》之案，落井下石，大有幸灾乐祸之心，毫无拯溺扶危之念，与保皇会友日前打电求救之意亦大相反背，其手段之酷、心地之毒、门户之见、胸度之狭，于此可见一斑。今特揭而出之，以质诸世之公论者。

广东省社会科学院历史研究所、中国社会科学院近代史研究所中华民国史研究室、中山大学历史系孙中山研究室合编：《孙中山全集》第一卷，第233—238页，中华书局1981年版

四、日俄战争与立宪思潮的高涨（1904—1906）

论中国必革政始能维新

光绪三十年正月二十五日

自道光壬寅与英立五口通商之约以来，至于今日，甲子已逾一周矣。自始至今，中国局面已经数变。最初时，政府与疆臣于西国之政体，初无所知，以为西国所以能横行一世，凌蔑中国者，恃其船坚炮精而已。我若有之，自可与之匹敌。故相率设立制造船政等局，期与西国并驾齐驱，而其所译之书，亦以制造工艺为最多。是为浮慕新法时代。此时代中，在野者之议论，若冯氏之《抗议》、若郑氏之《危言》、若陈氏之《庸书》等。其识见自高于当局诸公，能于枪炮船舰外，多所指陈，然仍不离于有形象之举措，而于西国之政体，则概乎未之有闻也。

至于戊戌而局面一变。维时若裁汰冗官，若开经济特科，若改文武科举制度，若立大小学堂，若振兴农学，若奖励工业，若议立商会，若设立农工商局，若定律例，若整顿水陆师。凡西国所已行之事，无不立见诸施行。朝降谕旨，夕责成效，求治之意，急于星火。是为实行新法时代，及乎是年八月以至庚子秋冬，则太后临朝，权臣当国，推翻新政，回复旧观。无论何事，但为戊戌秋夏间所举行者，必革除之而后快。朝野上下，咸仰承风旨，于西政西学不敢有一字之涉及，何论施行？是谓阻遏新法时代。及乎拳祸猝起，两宫蒙尘，既内恐舆情之反侧，又外惧强邻之责言，乃取戊己两年初举之而复废之之政，陆续施行，以表明国家实有维新之意。然而疆臣之于朝廷，从其意不从其令；而朝廷之诏诰臣下，又全以文而不以实。宜乎日日言维新，而去维新固甚远也。是为敷衍新法时代。

至于今日，则似不可谓之敷衍矣。京师大学堂章程颁行已久，复恐其不善，特令张制军重为商榷；又斟酌于科举学校之间，而定为按科递减之法。是注意于育人材也。商部初定，董之以亲贵，副之以名人，命之订商律，又督责各省疆臣，力行保护商人、奖励农工之政策。是注意于辟利源也。其他若财政处、若练兵处，其命意抑可类推。是为近时试行新法时代。

然而起视中国，其果有拨乱反正之气象乎？抑未也。起视中国之民，其果有鼓舞作新之气象乎？抑未也。本馆敢断言之曰：中国之于新法，无论为浮慕，无论为阻遏，无论为敷衍，无论为试行，抑无论其为实行，皆无裨于今日之大局，无救于今日之危亡。是岂新法之不可行哉！抑岂是等新法皆宜于欧美诸国而不宜于中国哉！然而收效异者何也？则由中西之政体截然不同故也。

夫所谓中西之政体截然不同者何也？盖西国之政体以地方为百姓之公共产业，以百姓为一国之主人，而以君主及大小官吏为百姓之代表。是故于一国有利之事，百姓欲兴之，政府不能不兴也；于一国有害之事，百姓欲除之，政府不能不除也。若是者，其政体以民为主人，而政府为百姓之公仆。至于中国则反是，乃以皇帝为一国之主人，以地方为皇帝之产业，大小官吏为皇帝所役使之人，而百姓特为产业上之所有物，等于奴隶犬马。如是则一国之事，惟皇帝得主持之，惟官吏得与闻之，若百姓则惟有束手受治而已，何暇与闻国事？以此一大原因，乃结成二大恶果。

其一，则官吏以为我乃皇帝所用之人，但使不得罪于皇帝，则虽剥削元气，败坏大局，皆与百姓无涉，非百姓所能责问。

其二，则百姓非特不欲与闻国事，且并不知有国事，其于国家之利害安危，皆视为身外之事，极至国亡君死，亦漠不关心，率存一今日属此明日即属彼之意。

试就第一端而极言之，夫以皇帝为一国之主人，孤立于民之上，而统极大之方舆、无数之生灵，此乃至危之道也。既已为一国之主人，则一国之成败，惟皇帝一人任之，他人不能过问。犹之既为一家之主人，则一家之兴衰，惟家主人一人任之，非他人所能过问也。然皇帝亦犹是人耳，一人之聪察，岂能及千万人之共见闻？一人之行赏，岂能及千万人之公是公非？故虽极之庸臣误国，灾害并至，而皇帝皆可不之知；既不之知，即无所施其挽回，而治术穷矣。不得已乃有惩一警百之说，以示威灵之不测。夫误国者百，而被惩者乃止百分之一，而其余九十九人，咸得幸逃法网以害于而家、凶于而国，岂有不贻误国是之理？除弊且不能，况于兴利！彼为臣下者，但自顾其私而已。苟无所利于己，抑更有害于己，则皆可置之不办。即使诏书迭下，督则严切，皆可以敷衍塞责了事，更何新法之能行哉！

《东方杂志》第一年第一期，光绪三十年正月二十五日（1904年3月11日），录自癸卯十二月《中外日报》

祝黄种之将兴

光绪三十年正月二十五日

盛衰之故，当其未至，人心若有无端之感触焉，而后成败之迹随之。及成败已形，而悲愉斯盛，回念未事之先，其感觉何以若斯也。求其故而不得，则曰："气数，气数。"盖其说以吉凶之来，均有一定。方其将莅，虽形迹未彰，而气机已动，虚灵之心，感于此机缄之朕，故有所不自知矣。此理诚否，非常智所能知。若据常理度之，毋亦事之未来，为惨为舒，于实事实物间，必有征兆。能与人之官骸相感触，而此感触之致，则身能觉之，而口不能言之，遂谓动于自然者也。洎乎既有一成见据乎方寸，则所造之事，自渐与其成见相近，而其事遂无效而有效，倒果为因，于斯为烈矣。

自人类战胜诸动物以来，以杂色人与白色人较，则杂色人败；以白色人中之闪弥斯族、含弥斯族与亚利安族较，则闪、含二族败；以亚利安中之拉丁族与条顿族较，则拉丁族败。寻其大例，则一切人不如白人，而白人诸种以后起者胜。于是以支拉夫人为白种中之最后起，彼拉丁、条顿二种人，且岌岌乎有从祧之虑，其他诸侯，不足言矣。俄人既得此历史之诚证，知其种为天下之至优，疑惧既捐，局量自远，筑非常之路，以越悉毕尔举三韩濊貊而臣之，不复为日本地，西窥藏卫以图身毒，俄人殆以为大一统矣。观其百十年间，巧取豪夺，莫或阻之，虽曰师武臣力，毋亦自信其必兴之一念有致之哉！

夫有一自信必兴者，必有一自信必亡者。他人吾勿知，若吾中国，则固自以为黄种之随红种、黑种而去，势已必然。举事建谋，均属诬妄。由是其信益深、其志益隳，而其像益近。黄、白种人之限，非天限之，己限之也。夫彼此之限，使谓出于政教。由于历史，则人尚能竭力以修改之；至谓由于种族，则天之所命，而茫然自失者，固其理也。而不图俄日之战，所发明者，乃黄白之例不可尽信，而君权、民权则在所必争，又不惟政教而已。凡为一种曾为他种所制者，则难为谋；未为他种所制者，则易发愤。亚洲诸国无一不曾受他族制者，而日本则否；欧洲诸国又无一为曾受他族制者，而俄国独然。其诸历史之关系欤，二者皆人事所造者也。既知其为人事所造，人能造之，吾必亦能。吾有以知夫俄日战后，吾国人之理想，必有与今大异者矣。黄种之兴，其可量哉！

《东方杂志》第一年第一期，光绪三十年正月二十五日（1904 年 3 月 11 日），录自甲辰正月《中外日报》

论中国宜改革政体

光绪三十年二月初三日

中国现情非自强不能保存，而非变法不能自强。变法从何始，当对病发药，变其根本为始。今观于日俄之战，有足令中国猛醒者。中国向来军士从征，即视为置身于死地。诗三百篇中若东山采薇诸什，大都发皇蹈厉之意少，而缠绵凄恻之意多，皆不足鼓荡其雄心、激励其壮志。汉唐以后若从军行等曲，又无论矣。日人则不然。当未开战以前，即日以与俄宣战之说，向政府絮聒；及一闻宣战之令，即踊跃奔赴，如恐不及，以战死相励，以败归相戒，甚有因不得与于其役而愤激以自尽者。以较中国，何一勇而一懦也？中国民人向来视国家为两橛，国家若有大军旅、大征役，百姓若不闻知；而师行所至，或有借资民力之处，糗粮刍茭，不能不征及民间，而百姓即啧有繁言，以得免波及为幸，从无有愿国家之开战而罄其所有以供公用者，更无有人人以毁家纾难为常事，国家若有所需用，无不咄嗟立办者。而日本政府则能得此于民，初不闻其一国之中，或虑开战后征发之不已、科敛之无艺，而阻止主战之说也；又不闻军事所需，政府筹款之令既下，而民间不肯奉行也。以较中国，何彼齐心而此离散也？中国历来军务率有逼迫而起，故必赖大有为之君，其气量能涵盖一切，凌厉无前，而后可以言战，而后可以期战胜。否则，遇大敌而不前，临前敌而退缩，皆视为常事。非曰未奉中旨，即曰须候军令。虽极之节节失机，着着落后，而皆不以为惭。问有能因利乘便，置性命于不顾，遇有当下手之处，即尽力向前者乎？问有能万众一心，视军旅之事如己事，苟利社稷死生以之不复有所瞻顾者乎？以较日本，何彼忠勇而此退却也？是则中国之与日本，其殊异之处虽悉数之不能终也，而其大原因则由彼为立宪之国，而此为专制之国而已。立宪之国为国家与百姓所公有，国家之荣即百姓之荣也，国家之辱即百姓之辱也，故遇有外敌相凌，即人自为战，期于战胜而后已。不闻曰此为国家之事，非百姓之事也。若夫专制之国，则一切内政外交皆一人独任之，百姓特不能与闻，抑且若不知有其事，故驱民与敌战，即为置民于死地，征民之财赋以供军事之用，即为竭民之身家产业，以供国家之一掷，是皆非民之本愿，特以为政府之意如此，吾侪小人不能不勉强遵从之云尔。至于因何而有军务，有军务后必如何而后为尽职，则皆非其所知矣。则夫胜败之分，岂待决之于战后哉！专制之极弊如此，则中国今日而言保存言自强，殆非改革政体不可也。

《时事采新汇选》，光绪三十年二月初三日（1904 年 3 月 19 日），录自当年正月初九日《中外日报》

论中国宜及时力行改革

光绪三十年二月十三日

风狂浪急，堤岸被扫而易倾；狼窜虎奔，田禾被伤而枯死。呜呼，险哉！我中国之现象，其何异是！我中国自有历史以来，一治一乱，迭为循环。野战蛮争，亦为常事。其间最剧烈而为历史之最出色者，厥为春秋之世及战国之时。然终不出亚东之一小区域，从未有如今日之战争，动辄牵动全球大局者。欧美之战争姑无论已，而今日东亚之风云惨黯，不能享有平安之福，几隳尽全亚之声名。推厥由来，其责实惟我中国一国任之。何则？东亚之安危，实与我中国之强弱为比例。我中国而强，东亚之全局赖之以安；我中国而弱，东亚之全局因之而危。

甲午以前，我中国如力求上理，奋图富强，何至有甲午之败衄？如无甲午之败衄，何至召列国之轻视？甲午以后，我中国如真心求治，锐意变法，何至有庚子之奇祸？如无庚子之奇祸，何至有俄人占地不还之事？如无俄人占地不还之事，何至有今日俄日构衅之举？俄日战争之结果尚未能预定，吾谓此一战，于东亚有大关系，于全球有大关系，固不仅区区关系于我中国一国之利害也。将来无论俄日孰胜孰负，吾敢谓战局既定以后，东亚之情景必为之一变，各国对我中国之政策亦必为之一变，我中国必因之受大影响。其暗中之亏损，较之亲构战祸者为尤烈。虽曰对于日俄之战，守局外中立之例，此次之战务似属于我无干，然我中国此次之守局外，与其他之守局外者不同。我政府倡议局外中立者，当必亦深明其故。特事机所迫，不得已而出于此途，并非计之万全者。故吾尝谓局外中立，终恐有难保之虞，盖以俄日之战与我中国有直接之关系也。时势既已如此，俄日之战局未能即定，中国之后事亦莫卜如何。吾终恐俄日战局既定，而后我中国愈不能立足于世界，重则召瓜分之祸，轻则遭凌辱之殃，而且恐中立难保，祸患即发于目前，危险甚矣！苟欲于至危极险之际，而筹一侥幸获免之方，其为及时力行改革乎！

或谓庚子以后，朝廷曾下诏力行新政矣，更将何以改革？殊不知今日所改革之各政，不过仅得皮毛之皮毛，而于大本大原之地未尝有所改革，实不足以震动全球之耳目，而使之耸然起敬视之心。今言改革，必须有非常之举动，然后乃可以转移时势。鉴于将来之利害，不可不力行改革。即鉴于目前中立之难守，更不可不急行改革。为中国计，宜趁此战祸犹未剧烈之时、亏损犹未呈露之先，一面调派重兵，慎固边防；一面重颁诏书，誓行改革。总宜令各国信我为真心变法，不徒虚应故事以敷衍目前。须有俄皇大彼得之毅力、日皇明治之精神，破除常见，排斥异议，涤旧染而焕新猷。必如是，我中国之前途或不致陷于危险之地，东亚之大局或犹可避剧乱而就太平。盖今日东亚之安危，即为各国和平竞争之所系。而中国者实为东亚之枢纽，东亚之安否，一视乎中国之安否而定。故欧美各国亦甚望我中国之强盛，以保东亚之和平，即以保世界之安宁。今果毅然行之，已属为时之太晚。倘失今不图，依然胶持旧见，专以弥缝补苴为能，吾恐各国必因我中国之难保和平，将各自分沾其利益。迨利权尽失，政柄外移，我中国虽再欲发奋图强，而亦无机之可乘矣。当轴诸公尚其思之。

《大公报》，光绪三十年二月十三日（1904 年 3 月 29 日）

论今日维新党之派别

光绪三十年二月二十一日

有不平生造于持平先生而问曰：今者新旧交讧，势成水火，旧党姑勿论焉，先生谓新党何如？先生曰：久蛰思启，久郁思嚏，子不见一日之间与一岁之始乎？旭日曈曈，光天之化景也；阳春滟滟，大地之生机也。旧党暮气已深，冬令将尽，不有以更新之势，将为长夜之漫漫，为残年之寐寐，尚有生意存乎？今非新党之望而谁望也。不平生悄乎有思，愤然而言曰：先生之言是矣。设焉向明之际，瘴雾漫围，腥膻遍野，否则尘沙蔽目，惨淡沉霾，而爆竹一声之后，亦复孽龙夭矫，搅雨兴雷，因之连日晦冥，癡云不散。彼自谓新党，而一派葫芦咆哮竟日者，无乃类是。是新党多特别之派，几于暗不见天，孰与夕阳挂树，徐待新月之烨，远岭舒梅，历受霜雪之拥乎？旁有太平生在座，徐起曰：吾侪手无寸柄，天下事自有任之者，何子忧之深而言之激也？试与子携手同行，寻桃源而居之，一听外间之倏新倏旧、倏旧倏新，或两人而一新一旧，或一人而忽旧忽新，吾与若无新无旧、不旧不新，容与徜徉，不复问世间理乱事可矣。先生曰：嘻！彼言诚激矣。子之言亦未有当也。世尽巢由而人可沮溺，不且疑尧舜为多事、诮孔子为自扰乎？剥极则复，是不能无望于维新，彼遇旧则旧、遇新则新。苟保禄位，旧可也，新亦可也者，无论已。若未入士途，辄葫芦而肆咆哮者免，非真新党也。特新党之别，若辈诚占多数，大抵居十中之七，此一派人。其十中之二则虽具血诚，而脆薄浅肤，未经洗伐，血气用事，无补安危，此又一派也。至能窥见本原，痛大陆之将沉，叹狂澜之既倒，知世局非可口舌争，而不能操切求者，必谓十人中而无一人，吾不信也。意惟此一派庶几可与立、可与权乎？而必得大气盘旋，灵光四射，不让土壤，不择细流者，以提倡之。呜呼！安得千万人中生此一人，使维新者如群岳之朝宗，如百川之赴海，而各派均涵育于春风和气之中，陶熔于大度曲成之量，安在不酿目前新气象，而辟异日新世界哉！荆公变法，卒为天下后世诟病，岂尽法之咎，以一时君子不附之，而所用皆小人耳。虽然，党非盛世所有事也。欧阳永叔谓：小人无朋，惟君子有之。亦冀朝廷用人，但当辨君子，非君子不必论朋党不朋党耳。而自来党祸蔓延，卒不为朝廷福，汉唐宋明其前事也。今者旧党之目，亦由新党名之。党之名实起于新党，欲树之敌，则新党之过也。必也去党之名，求新之实，变水火之扞格，成水乳之交融，共济时艰，无分彼此，我国家庶有豸乎！而孤立作愤时之慨，达观兴避世之思，不平、太平两生两无谓也。持平先生之言如此，两生乃唯唯而退。

《时事采新汇选》，光绪三十年二月二十一日（1904年4月6日），录自当年二月十四日《大公报》

论中国前途有可望之机

光绪三十年三月二十五日

自来天下之局，皆以战事成之。未战以前，无人能料之也。往往竭百十年中聪明远识之士，相与讨论之力，仁人志士，相与绸缪之功，当时亦自信其近似矣。而经一大战之后，所成之局，乃无一为前人所及料。此三十年来欧美之形势，则由普法之战而成；此十年来东方之形势，则由中日之战而成。其所关亦甚大矣，然皆无如此次日俄之战之所关为尤为重大也。此战之后，则天下之局，殆将全改。数十年中，东西人士之所思议者，皆成往事，又有一新世界出矣。然此新世界，必须日胜俄败，而后出现。若俄胜日败，则世界不能更新。今则日俄之胜败，其象渐分。而吾人之拟议，亦稍有起点矣。

案此战于世界最大之关系有二：一则黄种将与白种并存于世，黄白优劣天定之说，无人能再信之；二则专制政体为亡国辱种之毒药，其例确立，如水火金刃之无可疑，必无人再敢尝试。此二者改，则世界之面目全换矣。其关系之至重者，则在中国，而日、俄次之，英、法、德、美又其次也。案此十年间，所以天下汹汹，若不可终日者，一由于俄国之弄兵，一由于中国之召侮。今俄国经此挫折，若政体不改，则将为突厥支那之续，其力不复及于他国；若改为宪政，则其政策必与今日之俄国大异，如此则俄国之弄兵改矣。若中国则黄种之专制国也，鉴于日本之胜，而知黄种之可以兴，数十年已死之心，庶几复活；鉴于俄国之败，而知专制之不可恃，数千年相沿之习，庶几可捐。此二者之观念，入人至深，感人至捷，数年之间，必有大波轩然而起，虽政府竭力沮之，吾知其不能也。不见夫甲午乎？当中日战事将毕未毕之时，岂有人能料及将来有戊戌之局？又有庚子之局耶？如此则中国之召侮改。

夫中国者，世界之主人翁也。试观今日因中国之危而举世为之驿骚，即可知他日必因中国之强，而天下赖以安乐。无他，国国可以自存，而无可争也。然而中国则不特不有所观感而兴，今日之事，殆其是矣。吾辈中国人，固当望中国之兴。即他国之人，亦岂不望和平之幸福耶？然而中国人中，尚有以俄胜日败为希望者，吾不知其何心也。虽然，窃料此一派人，数年间必归于自然淘汰之例矣。

《东方杂志》第一年第三期，光绪三十年三月二十五日（1904 年 5 月 10 日），录自甲辰三月《中外日报》

论俄罗斯致败之由（敬告中国当道）

光绪三十年五月初四至初六日

日俄之役，俄罗斯屡战屡败，赫赫积威扫地以尽。寡闻之士瞠目相语，以为大怪。是未审时代之趋势，而于物竞天择、适者生存之大例，有未莹耳。

历观全地球近五十年来之兵事，其在两专制国或两自由国相遇，则胜负之数盖未可定。若夫专制国与自由国相遇，则专制国未有能支者也。其一验诸普法之役，其二验诸美西之役（法兰西、西班牙等诸拉丁民族国，虽号称有宪法，然不能举立宪之实，仍舍焉，制旧性质也），其三验诸中日之役，并此而四矣。夫战胜者，非恃战也，而恃所以为战。所以为战者，非将帅勇敢之谓，非军队强大之谓，非器械精良之谓，非训练精熟之谓，非饷源充实之谓，非地势形便之谓。所以为战者，独一无二，则人人皆自为战，而非为他人战是已。欲人人自为战而非为他人战，非立宪自由国势所不能。夫战之目的不出二端：一曰国家之进取，二曰国家之自卫。故不战则已，战则未有不为全国之利害所关者也。而在立宪自由之国，则国也者，君与民共有之。在专制之国，则国也者，惟君主及其私人专有之。凡人于非己所有之物，必不肯出死力以争其利害，此情之常也。故法儒孟德斯鸠有言："专制国无爱国者，若有之，则惟君主一人耳。"此诚按诸论理而切当者也。故在自由国，全国人皆自为战。而在专制国，则自为战者只有君主及其百数十之私人，而其他皆为他人战者也。《记》曰："寡固不可以敌众，弱固不可以敌强。"夫以一君主与百数十私人，而与彼全国之亿兆众相遇，则孰为众而孰为寡，孰为强而孰为弱耶？就使彼君主与百数十私人咸躬前敌、冒矢石，犹且孤立茕茕，在军队全体中渺若太仓之一粟，而况乎其并不能。乃悉以已之利害，委诸全无关系之路人之手，大岂待交绥而后知胜负所由分也！

今请先论俄国。彼有俄国者为谁氏乎？以全俄人民析分之，若波兰人，若芬兰人，则俄之先帝墟其社稷而俘之者也。若犹太人，则其所虐杀者也。凡此，皆俄之仇也。若亚洲及西伯利亚各人种，亦以兵力略其地而奴畜之者也。其德意志种人，则流寓者也。其与俄国应有最切密之关系者，当为其本族之斯拉夫人，又皆呻吟于重重压制之下，方日日结秘密党而与朝廷为难者也。故全国中视俄罗斯为己所固有之物者，惟俄皇耳，次则其骄泰、横暴、贪残、腐败、怯懦之贵族耳。

还观诸日本。人人皆曰："帝国者，吾之帝国也。政府者，吾之政府也。议会者，吾之议会也。"君主王公之称其帝国、政府、议会也以是语，贩夫嫠妇之称其帝国、政府、议会也亦以是语。人人之在国家，皆具足圆满持法律上之"所有权"。故以战博我之名誉，而非博他人之名誉；以战购我之幸福，而非购他人之幸福；以战捍我之患难，而非捍他人之患难；以战答我之祖宗，而非答他人之祖宗；以战贻我之子孙，而非贻他人之子孙。日本之国情盖若是也。

以此次两造战争之动机论之。彼俄国何为而战乎？则以其侵略之野心而已。且其野心所自发，更非由殖民政略所不得不然，而反以乱机遍伏于内，直借此以泄之于外也。否则，为其贪财利之心所驱也。如部舍富赖沙夫所立朝鲜矿产森林公司，俄皇及诸贵族皆竞投资本是也。否则，为一二私人功名心所驱也。如亚力斯夫之酿成战祸是也。凡此者，皆发于在上者之私欲。于民何与？于兵何与？兵与民皆不欲战，而不能不战。以不欲战者战，既不知战之于我有何利益，而瞢瞢焉矣。不欲战者，而驱之使不能不战，则但知战之于我有直接之苦痛，而睊睊焉矣。若日本不然。为自卫而战，盖深察俄人侵略之大势，知不出数年有俄将无日也。为复仇而战，自干涉还辽以来，吞声饮恨，无一日而忘前耻也。此其所以战之大原因也。而国中之政客、论客复从而张大其词曰："为义侠而战，急邻国之难也。"曰："为文明而战，摧专制之魔也。"若此者，其果为内容之真情与否，所不敢知，然其论固深入于全国之人心矣。故俄之战也，由俄皇及一二嬖人密勿讨议决定之，然后命之于国人；日本之战也，其全国人于演说、于报纸鼓噪战争、要求战争者已将一年，即其不能言、不能文者，亦无日不梦战争、忆战争、幻摄战争、歌舞战争，日日责政府以巽懦、以迟缓者也。故一闻开战，全国人无不以手加额，欣喜满足者。

夫为日本以从事于战者，宁仅此区区数十号之军舰、十余万之将卒乎？彼其全国之政党员，无一非战斗员也，平日虽尽力以反对政府，今则事事协赞，而为其后援也。彼其全国之文学家，无一非战斗员也，以笔以舌务颂军队之威德，以鼓舞全国奉公敌忾之念，且用种种方法以援赞政府也。彼其全国之贵族，无一非战斗员也，竞取其千年祖传之窖金，以充军用也。彼其全国之实业家，无一非战斗员也，当军事公债之募集，而应募者且过原额数倍也。彼其在海外之民，无一非战斗员也，一闻开战，弃其职业远归，以乞服军役，而每月捐军需动数十万也。彼其全国之劳动家，无一非战斗员也，每月勤俭积贮，节衣缩食，以献于国家而助兵费也。彼其全国之妇女，无一非战斗员也，勖夫以从军，教子以必死，竞缝军衣以赠军人，而直接从事看护者，更无论也。彼其全国之儿童，无一非战斗员也，并其父母所给果饵之资亦贮蓄之，而投诸军用也。质而言之，则其直接之战斗员虽仅十余万人，若其间接之战斗员则全国四千万众皆是也。

还观俄国，则除军队之外，无复有从事于战者矣，而军队又皆不欲战而驱之战者。然则俄国之真可称为战斗员者，在内不过彼极少数之贵族，在外不过彼极少数之将校，充其量不过千人止矣。夫以千人而斗四千万人，安所往而不败也。

呜呼，日本何以如是，而俄国何以如是！呜呼，呜呼，可以思矣！

抑专制与自由之得失，又岂徒在战役而已！其与战役相缘而起之影响，更有不可不留意者。日本今胜，故其国人皆舞蹈欢欣，无待言也。脱不幸而败，吾知其必举国切齿怒目，卧薪尝胆，各奋其国亡与亡之热心，而莫或肯自外、肯自逸也。

乃今观俄国，挫败数次，而国中之新闻纸以为当然者，万口一喙。而虚无党幸灾乐祸、歌颂日本者，且所在皆是也。即温和派不欲明言，而亦莫不责政府之失计，竞倡弃辽东、弃西伯利亚之论也。此犹曰托之空言者。若乃据近日西电，则俄人之谋暴动者各地蠢蠢，而密持爆裂弹以事其君相者，且一夕数惊也。凡此皆不以国之败为戚，且以为乐，谓是乃千载一时之机也。呜呼，以何因缘而至于此！夫政府既为一己之私欲而驱民于死地，则民之怨政府失计也，谁曰不宜？夫孰使汝不谋及庶人，而卸其责于大众也。既已揽责任于一己，则有困难谁能与汝分忧，有失败谁能与汝分过也。天下操术之拙，未有过此也。畴昔以赫赫之威鱼肉其民，则民之伺其间隙而欲复仇也，谁曰不宜？蓄怨积怒、吞声饮恨者既已累世，《易》曰："我仇有疾，不我能即，吉。"夫孰不欲攘臂而图一雪也。天下处境之危，未有过此也。故使此次之战而更支一年以外，而俄人之败绩一如今日也。吾恐其国内之大变大警，更有使俄君臣旰食者。甚则彼得之鬼从兹馁而，而芸芸贵族欲求为乞食王孙，而不可得也。嗟夫！吾壹不解俄之君臣何以不善自谋，至于若是，以是为乐耶？博浪之椎日伺于旁，左右近习皆为敌国，称孤道寡，穷而无告，行食不安，梦魂俱颤，亦何乐之与，有以是为尊荣耶？若英国、若德国、若日本之君主、之贵族，何尝不威德巍巍，万方崇拜，锦衣玉食，恣其所好，千秋万岁，与天无极，又岂专制国之君臣所能望也！

呜呼！俄之君臣若稍知自为计者将何择焉？与俄同政体之国，其君臣若稍知自为计者将何择焉？要之，世界进化之运，及于二十世纪，举全地球中万无可以复容专制政体存立之余地，立宪自由主义所向无敌，遇者死，当者坏，苟顽然不知变计者，有归于劣败淘汰之数而已。天特假手于日本，取全地球最大之专制魔王国而惩创之，曰："彼强有力者之末运犹且若此，而他更何论焉！"英人亨利那曼氏之论兹役，曰："俄之败，俄之福也。"盖谓其大梦将从此惊醒，而面目当以一新也。

吾亦以为我国之当道者，若能鉴于俄人所以致败之由，则俄之败，其又中国之福也。而不然者，当今日帝国主义盛行时代，凡国于天地间者，无论何时，皆不能不与各国为有形无形之战。若以公等百数十人，而战他人之全国人，其有幸乎？况更以公等百数十人，而战五六国之全国人，更其有幸乎？我四万万人祖宗之血产，我四万万人子孙之口食，皆断送于公等之手，吾侪之不幸无待言也；而公等以是受责于四万万人，以是结怨于四万万人，其亦何一日之能安也？吾党固甚反对激烈暴动主义者也，虽然，公等当思此等主义，非国民好之，而公等自造之。谚曰："解铃还须系铃人。"今后将解之耶，抑将更结之耶？是亦在公等耳。吾党苟非反对激烈暴动主义也，则亦如俄国中之幸灾乐祸者流，方欣喜之不暇，而岂复为公等垂涕而道也。要之，二十世纪全地球中，既不容有专制政体之存立，则我中国一片大地中，自不容有专制政体之存立。而所以绝此专制之迹者，其途有三：一曰我君我相自绝之；二曰民间起而共绝之；三曰国亡而政体一切无所附也。其出于第一途，则全国之福也。其出于第二途，则国民或有幸，而公等必无幸也。其出于第三途，则吾侪变为沙虫，公等亦变为猿鹤耳。吉凶去取之间，宜何择焉？先哲不云乎："他山之石，可以为错。"又曰："前车之覆，后车之鉴。"俄乎，俄乎，吾其鉴乎！

《时报》，光绪三十年五月初四至初六日（1904年6月17—19日）

恭读五月初八日上谕谨注

光绪三十年五月十一、十二日

中国政体向以专制称。盖一人当国，由来已久，积威所至，公理全无，凡一举一动之间，多半与文明国相反。故论中国政体者多不直之。近以新世界之空气所涤荡，新国民之风潮所鼓动，潜移默化，渐改旧观。恭读五月初八日之上谕，私心不禁为之一快焉。盖以专制国而有此不专制之上谕，是可征文明之进步，我中国之前途实大有望也。欣快之极，特谨注数言以申其义。

恭读上谕："朕钦奉皇太后懿旨：方今时局阽危，百端待理，而财用匮乏，以致练兵要政，筹饷亦尚艰难。中国地大物博，何一非取之于民？国家借资民力，何事不时廑轸恤？"

积人而为民群，积民群而为社会，积社会而为国家。国家者，积民而成也。民无国，或可以本其自治之能力自成一部落。国若无民，即不能成其为国。专制之国不明此理，而亦不认此理。今皇太后懿旨谓"国家借资民力"，是已认国家乃积民而成为国，民所公有，非朝廷所得私矣。

"乃往往泽不下究，皆由上下隔绝，中饱虚糜，积习相沿，牢不可破，则冗员浮费之为害深也。"

中国之大病，即在上下隔绝，中饱虚糜。上下隔绝，则君民之气难通，国之团体不固；中饱虚糜，则出入之间多弊，国之库款以亏。上下愈隔绝，则中饱虚糜之弊愈难清。弊弊相承，上下交受其害。窃以为欲破上下之隔绝，宜立宪法、开议院，以联络君民。上下之间欲防中饱、戒虚糜，宜先行豫计。凡岁入岁出，经常之款，临时之款，皆豫列一表，以昭示大众。源头既已澄清，然后再严贪官之罚，以防其层层之剥削。苟非然者，则上下隔绝、中饱虚糜之积习，虽迟之千百年，亦不能破也。

"朝廷为民司牧，非以天下奉一人。"

民主国之大统领，对于国民自称为国民之公仆。盖国为众民所公有，非一人所得而私。国民既多，事体日繁，于是公举一代表国民者，以代理其事而统属之。究之民为一国之主人，此代表国民者，不过为国民司会计耳。我中国向来不知国家之原理，为君者每视国家为一己之私产，而分配众民于其间，为皇家供其奔走。故对于民间所降之谕旨，往往曰："尔等食毛践土，具有天良。"是盖误于"普天之下，莫非王土；率土之滨，莫非王臣"之古语也。今皇太后能除私心、阐公理，遍谕天下曰："朝廷为民司牧，非以天下奉一人。"大哉，王言！其语气一似民主国之大统领对于国民之自称，是实专制国从来所未有也。彼压制万姓、媚兹一人者，对此谕能勿汗颜乎？

"每念吾民疮痍困苦，祗切心疚。"

朝廷对于民间之疾苦，原未尝恝置而不动于心。特以上下隔绝之故，是以民间之疾苦往往不能上闻。拳匪乱后，两宫回銮时，凡銮舆所经之处，地方官皆预饬商民，各将门户油饰，焕然一新，深恐凋敝之形、破坏之象，一入两宫之目，致伤两宫之心，其事上之诚可谓至矣。奈民间疮痍困苦之真相不能上达何哉？惜无郑侠其人者，详绘《流民图》而献之也。

“平日宫中服御本极省减，常以节俭为天下先。念兹物力之奇艰、积重之难返，尤应痛加整顿，改弦更张，即着先自宫廷始”云云。

近来朝廷屡下躬行节俭之诏，盖以深知国力之衰微，不宜过事骄奢，以大伤元气。但上有好者，下必甚焉；上无以树之表率，下何能知所遵循？故欲使通国节俭，必先由躬行节俭始。无如积重难返。诚如谕中所云，往往托词孝敬，以献媚而邀恩。其所孝敬之物，皆务极华美，为价不资，甚至有以赤金为溺器而为孝敬品者。是历来宫廷之奢侈，非自奢侈也，实彼辈谄媚之小人张其焰耳。今皇太后又降明谕，躬行节俭，为天下先。窃以为须将供献之风深恶痛绝，凡有供献品物者不惟不收，且加之罪，谁复敢以身尝试？此外费之可省者省之、工之可停者停之、人之可裁者裁之，绝不稍为牵就，以示俭德之可风。然后再责内外各衙门，以除虚文、减仪从、汰冗员、绝苞苴，诸端节俭之道，使其一体仿行。谕云痛加整饬，改弦更张。政务处及内务府大臣尚其破除常例，切实议奏，一以成宫中之盛德，一以保国家之元气。此事顾不重哉？

同日奉上谕“朕钦奉皇太后懿旨：本年七旬万寿，迭经降旨施恩，京外臣民无不均沾□泽。因思从前获罪人员，除谋逆立会之康有为、梁启超、孙文三犯实属罪大恶极，无可赦免外，其余戊戌案内各员，均着宽其既往，予以自新”云云。

此事在中国尤为特举，尤有关系，实为意料所不及者，而我朝廷居然行之。何以谓之为特举也？溯戊戌之案，可谓中国历史上之一大变。除孙文不与此案外，其时授首菜市者有人，逋逃海外者有人，革去职衔者有人，通饬缉拿者有人，监禁者有人，交地方官管束者有人。凡案内人员，无不以康党目之。自此“康党”二字，遂成为中国人最畏忌之一种新名词。朝廷恨康党愈深，拿康党愈急，杯弓蛇影，维新之志士皆缘是而惊心。窃意戊戌案内人员永无可以省释之一日矣。乃不意于太后七旬万寿降旨，除康有为、梁启超、孙文三犯不赦外，其余戊戌案内各员俱蒙省释。康、梁、孙三人未能同邀旷典，议者固惜其拒绝之太严。然此事出于今日中国之朝廷，已足为空前之特举矣。何以谓之有关系也？盖中国之党祸即胎于戊戌一案，其后新旧水火两不相容。旧者当权，新者失势。旧恨新为大逆不道，新恨旧为误国殃民。新党以旧党之阻抑新机因疑朝廷今日非真变法，旧者每以康党旧案挟制新党。新党愤怀难下，因激而起革命之风潮。今朝廷降谕：戊戌旧案人犯，除康、梁外而尽赦之。旧党从此不再挟制新党，新旧两党或从此相和而不复争。数年之党祸，一旦解释，其关系夫岂小哉？

噫！中国之将来果成若何景象，进步耶？退步耶？吾不得而知。惟视名实副否，力行何如耳。然观此二谕，我中国之前途似大有转机焉。故喜而谨注之。

《大公报》，光绪三十年五月十一、十二日（1904年6月24、25日）

论中国立宪之要义

光绪三十年五月二十五日

今日中国政府，又将现出一新问题。其机已动，其端已见，其潮流已隐隐然而欲涌出者，厥为何哉？盖立宪之问题是也。夫文明之国，无不制定宪法，以维持于君民上下之间，一以顺舆情之正，一以图社稷之安。无论君主、民主，皆以宪法为立国之要素。故其国君民合德，上下一心，国乌得而不富强。我中国则向来无此观念，每语以宪法，或且斥为乱政之言，诧为不经之说，甚且与高谈革命者，一例以大逆不道视之。盖其不知宪法之性质及所以立宪之利益也。前者忽有驻法孙星使，奏请立宪之举，继又有某某督抚亦以立宪为请。近来课吏校士，亦有以宪法发为问题者。虽未知中国年来果能制定宪法与否，然其机已动，其端已见，其潮流已隐隐然而欲涌出，则显然可见。虽然，制定宪法岂可以卤莽为哉！姑不论其果否制定，吾特指陈立宪之要义，以为中国政府之言立宪者告焉。

一、取法宜审慎也。民主国之宪法，无庸论矣。中国不立宪则已，如立宪，必宜取立宪君主国之宪法，参观而仿效之。然而亦有难者，夫立宪君主国，英、德、日本是也，试问其三国之宪法，皆相同否？盖各有一种特别之性质，存乎其中。宪法分有字法（亦曰成典宪法）、无字法（亦曰不成典宪法）成两种。有字法者，按其事实而规定，以垂为典要者也。无字法者，出于习惯之自然，以沿为成例者也。若英国之宪法，则成于习惯者多，他国万不能强效，而且英国虽亦君主，究其国体之性质，与中国大有不同。至于德国虽系君主，实为联邦，其国体既与中国殊，其宪法自非中国所宜则效。说者谓其种同、其文同、其洲同，其国政风俗与中国相去未远者，厥惟日本。中国立宪，似以取法日本之宪法为宜。讵不知中日两国有一大相反之事，极为耐人寻味者，即日本从建国以来，一姓相承，至今未替，中国则朝代屡易，姓氏迭更，据此以观，则知日本宪法，亦非中国所可呆然取法者。中国苟终不欲立宪，则无庸议矣。倘果欲立宪，则必先研究中国国体之性质，及国民之习惯，以为规定宪法之基；然后再参考各君主国之宪法，以资借镜。政府之谈立宪者，不可不留意于斯焉。

一、议院宜先立也。欲立宪，必有所以维持宪法，而成为辅车之势者，则议院为要焉。盖议院者，实立法权之机关也。宪法之立，以国民公认为准。故必有代表国民者，而会议决定之，乃可以颁行国中，无滞碍难行之弊。宪法、议院二者，不能相离，各立宪国无不皆然。今略举一二以为之证。英国宪法第六十一条云：敬神明，保国安，使朕与诸侯伯之间，互相和睦。故允准以上诸条，且欲永守以上诸条，使无沦替。朕今与臣民约，于英国诸侯伯内，公选二十五名，以其权势，维持本宪章所许之平和与自由。即朕与大法官有犯此宪章之行迹，为人所告发时，亦可由二十五名侯伯中所选之四名议长，将此事诉于朕。或朕不在之时，诉于大法官以矫正之。若此四名议长诉后四十日内，朕不矫正之，或朕不在之时，大法官不矫正之，则此四名议长，可与其余侯伯协议，会同人民，施种种据地、据城、占财产等手段，以掣朕肘，惟不得害及朕身与皇后皇子之身。若诉后而朕即矫正之，则诸侯伯与人民对朕尽忠义如故。凡为施行以上诸权利之故，立誓与诸侯伯协力以掣朕肘者，无论何人，朕不得禁其立誓。德国宪法第五条云：帝国立法权，联邦议院、帝国议院，共同行之。帝国法律，须两院以多数决之。日本宪法第三十七条云：凡法律必经帝国议会之协赞。观英国宪法第六十一条所云，则议院可以维持宪法之说也。观德国宪法第五条、日本宪法第三十七条所云，则议院为立法权机关之说也。虽然，近世政治家，对于议院，有一难决之问题，则主张两院及主张一院两派是也。主张两院之说者，其所执之理，约有三端：一、议院之所以须两院者，在矫轻忽急遽决事之弊；二、为一议院时，议事有流于偏颇之弊；三、议院分为两院，能防政党之诡计，制有力者之专横。主张一院之说者，其所执之理，约有六端：一、联立两院，当举政务，甚费时日，有失政机之虞；二、为二院时弊，亦及于财政上；三、虽分两院，实际与一院无异；四、分为两院，有少数制多数之弊；五、分为两院，则复杂政治之机关，有混乱政务之弊；六、设两院者，背反思想之原理。两派之论，各皆持之有故，言之成理。然中国如果立宪，吾宁主张两院之说，宜兼设上下议院。盖中国政府狃于专制之积习，民间则缺乏对于政府之信心。有两院以调和之，则法立而令行，下不至有疑虑观望之虞，上亦不至有倒行逆施之弊。此亦为中国政府之言立宪者，所当研究之一问题也。

噫！吾之此论，其为睡梦之呓语，而无人听之乎？抑果为政府诸公所寓意乎？吾究不知中国，果有心立宪否？如果无心立宪，则吾之此论，是真如于众人鼾声如雷之倾，而吾独自发呓语矣。如果真欲立宪，则必不宜以此论为卑贱之言而轻忽之。要知此实为中国立宪之要义，为不可或易者，不然则互相告语曰立宪立宪。其结果但择利于朝廷政府之处，由少数之人制成宪典，如部定之各项章程，又何贵有此宪法哉？又何贵有此宪法哉？

《东方杂志》第一年第五期，光绪三十年五月二十五日（1904 年 7 月 8 日）

报界舆论——论日俄之战绝似中日之战①

光绪三十年六月初三日

天下事无独而有偶者，其为日俄之战与中日之战乎？昔人有言，小固不可以

① 副标题为编者所加。

敌大。今也日本虽小，既破我弱大之中，又破彼强大之俄，然则胜败固不在大小间也。前日《中外报》有《论日俄之战绝似中日之战》一篇，比附最切，录之如左：

俄人未与日本开战以前，至为骄蹇，有与之言及日本者，几于不顾而唾。即已经交战，旅顺军舰三艘被沉，俄人骄蹇自若。阿立克塞夫尝指一屋顶为日炮击穿者，谓其客曰："此可留作古迹。"盖其意以为黔驴之技止于穿一屋顶耳。洎乎马哥罗太死，凤凰城失，辽旅之交通绝，乃大恐惧。然仍作大言曰："俄日之战与英特之战同。"夫斯言也，俄人以之自慰则可矣，若以为世界之公论，其如事实之不符何？俄大日小，相去诚远，然不及英特相去之甚。故大小之比已不相符，然犹得曰："俄究大于日耳。"若其他各事，则俄日之局，适与英特之局相反。特国之败，败于无海权，有英人之来攻，无特人之往击，此其所以困也。俄今日海权已失，绝无能攻扶桑三岛之望，惟视熟日人之运陆兵至东三省，此俄似特、日似英之一证也。英特之战皆战于特境，俄日之战皆战于俄境，此日似英、俄似特之二证也。此二者，皆俄似特之大端，惟有一端不似，则俄人必死之志不及特人耳。然则日俄之战将何似乎？其则不远，绝似乎十年前中日之战。请一二数之。

俄皇信阿立克塞夫之张皇，自谓兵力已足，与当年我皇上信李文忠之张皇，自谓兵力已足等，其相同一也。阿立克塞夫漫无布置，而认日本为不敢战，与李文忠之漫无布置，而日日盼议和等，其相同二也。俄使罗善之不以日本备兵预告俄政府，与我使汪凤池之不以日本备兵豫告我政府等，其相同三也。（按：此两使之有负责任，其罪惟钧，而俄使为尤甚。因我国使臣经费极少，故汪为节财起见，杜门不出，外事自无由知之。而俄则外交经费极多，一听公使之布置，而其效亦与杜门不出等，是可怪也）海陆军人之腐败，兵不足额，饷不按期，米麦搀沙，弹药挟土，专喜抢掠，毫无斗志，俄之与我，其相同四也。兵败于外，而将相交谪于内，俄之与我，其相同五也。兵败于外，而党人大哄于内，俄之与我，其相同六也。兵败于外，而报章大言于内，俄之与我，其相同七也。兵败于外，而官吏致富于内，俄之与我，其相同八也。此皆其大者，更有小者。阿力克塞甫旅顺之跳舞会，与叶志超平壤之中秋席，有以异乎？平壤之白旗与九连城之白旗，有以异乎？日兵一登貔子窝，而阿力克塞甫北遁，与日兵一登貔子窝，而龚照屿南返，有以异乎？俄为欧洲第一强国，而何以一旦有事时，乃与我十年前政府极阇之时相等？天下之事孰异于此，吾今而知其故矣。

俄之种类、宗教、地形、历史、军队之多寡、名誉之盛衰，无不与我异，而惟专制之政乃与我同。此其所以见败日本，亦与我同也。然则非我之败于日，俄之败于日。俄之败于日也，乃专制为宪政所败而已矣。

《时报》，光绪三十年六月初三日（1904 年 7 月 15 日）

读五月十四日上谕谨注——殷望立宪[①]

光绪三十年六月十七日

陈玉澍

小臣陈玉澍捧读此诏，始则欣然喜，继则愀然忧，终又不禁殷然望也。泰西诸国与日本之盛强，强于宪政。宪政之精意，在以官制民，使民畏官；亦以民制官，使官畏民。交相畏而后交相爱，使国与民团结为一体。中国则官贵民贱，视元元如土芥，蹂躏斩刈之而无忌惮。民亦遂疾视官长，漠视君国，而各心其心。故虽抚有四万万之众，而不免为人鱼肉，恒惴惴然，有波兰、印度之忧。其在《周易》乾之上九以无民有悔姤之，九四以远民起凶，此之谓矣。

今皇上深知民之为贵，而曰民为邦本，国家用人行政无非为民。恫瘝下民之无辜，则曰深宫廑怀，赤子受此荼毒，每一念及，常为泪下。斥州县害民之积弊，则曰深居简出，玩视民瘼，一切公事，漫不经意，以致幕友官亲朦蔽用事，家丁胥吏狼狈为奸，公款则舞弊浮收，刑案则拖累凌虐，亦可谓详且尽矣。而最要之语，则曰中国官民隔绝，痼习已深，惟隔绝而诸弊乃自此起也。言州县保民之职任，则曰听断明允，缉捕勤能，为地方兴利除害，于学校农工诸要政，悉心

① 副标题为编者所加。

经画，教养兼资，亦可谓大而该矣。而最要之语，则曰州县之设，原期与民相亲，能亲民而职任乃自此尽也。从此牧令仰体圣怀，凛遵大训，湔涤肺肠，各尽责任，民富国强，可坐致也。臣安得不忻然喜然？而约束州县、鼓舞州县之策，不外责成督抚考查。考查之法制，则曰将州县衔名、年岁、补署到任年月、钱粮完欠分数，命盗词讼各案已结未结若干起，监禁羁押若干名，学堂、工艺、巡警诸要政是否举办，年终开列清单，据实详报督抚，分别优劣，开列简明事实，不准出笼统考语，较之向者三年大计之典，可谓密矣。然臣窃虑其难收实效。何也？诏书言州县之设，原期与民相亲。臣谓督抚之设，原期与州县相亲。诏书言中国官兵隔绝，锢习已深。臣谓言中国官官隔绝，锢习尤深。州县之官亲、幕友、家丁、胥吏足以病民，督抚之官亲、幕友、家丁、胥吏亦足以病州县。州县之取于民者非一端，督抚之取于州县者亦非一事。且州县之于督抚，中有藩司间之、臬司间之、道府间之，间隔愈多，壅蔽愈易。偶一上谒，周旋进退之际有常仪，请安拜跪之外无他事。欲多发一语不敢，欲多留片刻不得，文貌相承，情志不通。督抚纵不忍欺皇上，未必州县不多方欺督抚，州县既欺督抚，督抚遂不得不欺皇上。州县欺督抚，如革令张义澍以团练受知戴光，以养蒙学塾得名者多矣。督抚欺皇上，如广西贵县知县陈景华之贪暴，而巡抚王之春且为之请旨嘉奖者亦多矣。责以胪陈实事，不难概以纸上空谈应之。虽以奏单登之官报，使民周知，知其欺又畴敢发其覆哉？牧民者之无忌惮如故也。臣安得不愀然忧然？则考察州县，不责成督抚可乎？曰此必不能也。考察司员，不能不责成堂官；考察营官，不能不责成提镇；考察教职，不能不责成学政；考察盐官，不能不责成都转，此其例也。然而唐虞之治，不徒恃四岳十二牧，而恃明目达聪；岐周之治，不专恃周召分陕，而恃与国人交。今之八督十五抚，较舜文之四岳二公，相去若何？然则皇上欲远民为治难矣。

今诏书不明言民为邦本乎。古者赫胥氏之尊民，尊邦本也；殷高宗之敬民，敬邦本也；周成王之近民，近邦本也。今使重颁戊戌七月二十八日上谕，使士民上书言事。州县欺督抚，民能言之；督抚欺皇上，民亦能言之。督抚畏民，胜于畏言官；州县畏民，胜于畏督抚。有畏惮而怯于为恶，自有肝胆而勇于为善，有何民事之不可举，民困之不可纾耶？臣谨绎诏书言外之意，而知皇上慨中国之官民隔绝，即慨中国之君民隔绝；谓州县之设原与民亲，即谓君主之立当与民亲。

臣知皇上亲政而后，必有如俄皇大彼得、日本明治天皇之降尊纡贵以亲其民，尽撤障蔽以为图治之本，创立宪政以固保民之基者，臣安得不殷然望。

《申报》，光绪三十年六月十七日（1904 年 7 月 29 日）

论满洲当为立宪独立国

光绪三十年六月二十五日

满洲之国体问题，本报昨已僭论之矣。今请更毕其词，满洲归还中国之后，其善后政策，不出数端：一曰官职制度，一切依旧，毫无改变也。二曰全仿内地各行省，置督抚司道府县，而属之于中央政府也。三曰立为藩镇，以亲支天潢王之，如元帖木儿之分王亚洲诸国，法拿破仑之分王欧洲诸国是也。四曰立为特别行政区域，假以重大权力，而仍半隶属于中央政府，如英之印度总督、日本之台湾总督是也。五曰以之为一独立国，而以大清帝国大皇帝兼王之，如奥大利王兼王匈牙利、瑞典王兼王挪威、英王兼王爱尔兰、德皇兼普鲁士是也。今且比论五者之得失。

其第一说，则行之二百余年，至今而情见势绌，其不可复用，殆无待言。其第二说，则现时最有力者，而数月以前，政府已有意举办者也。虽然，各行省制度之有缺点，今亦既经试验，而较然不能掩矣。吾中国督抚之性质，与各国之行政官，有大相异者。谓其无权耶，有时其威力之大，虽立宪国之君主，不能望也。谓其有权耶，而种种掣肘，往往一小事而不能自由，且掣肘者不必中央政府也。中而两司，下而州县，亦或有为督抚所不能左右者。若夫谕旨朝降，印绶夕解，毫不能有自由之权者，更无论矣。今日中国而不改革则已，苟有改革，则此等制度，皆在淘汰之列者也。今者既欲再造满洲，宁当尤而效之，是第二法不可用也。其第三说，亦今日闻诸道路，谓朝廷将欲试行者也。然封建制度，久已为文明社会之殭石，岂其今日而可复用，小之酿成淮厉梁孝骄汰之习，大之或为吴楚燕棣意外之变，即不尔而今后之中国，其主权不可以不统于一，今若为此，是导分裂之渐也，故第三法不可用也。其第四法几善矣。然以中国今日行之，其结果必至变成与第二法无异，欲求真能如英之治印度，日之治台湾，必不可得也。是与各行省督抚，异名而同实也。吾故谓五者之中，惟第五法其至矣。

今欲实行第五法，其纲领奈何？一、以满洲为独立之立宪王国，满洲王位永由大清帝国之大皇帝兼任。二、满洲王国自设议会，为立法部，以上下两议院组织而成，上院由国王所命，以天潢及勋旧贵族任之，下院由国民选举。三、满洲王国自设政府，为行政部，其大宰相由国王任命。四、满洲王国外交、军事之大权，统归国王，即大清国大皇帝之手，故不必别置常备兵，不必别派驻扎各国之外交官。五、满洲王国之财政，纯为独立体，建国伊始，种种设备，以公债办理之，其公债或借诸北京政府，或借诸中国内地各行省，或借诸外国皆可，惟须依文明例偿还。六、满洲王国之税则、货币、邮运诸要政，悉与中国本部联络一体。此其大略也。若夫详细节目，则俟朝廷有欲实行之意，乃更贡之。

问者曰：子之说得毋外满洲于中国乎？得毋导分裂之渐乎？应之曰：不然。此正所以联合之也。夫德之帝位，既已以普王兼之矣。而普国何以仍自有政府、议会？谓此为外普于德可乎？谓此为德与普分裂可乎？夫治大国向非用专制，则几不得治。治大国而不用专制者，必其大国中含小国，大政府中含小政府，大议会中含小议会，若美国是也，若德国、意国是也，即英国亦是也。虽其内容之组织各有不同，而其大体罔不如是。今吾所谓满洲独立王国者，亦如德帝国之中普鲁士、撒逊等，如英帝国中之加拿大、澳洲等耳。何分裂之有？且吾之持此论，非但为满洲之将来、中国之将来之计。即以目前国际问题之关于满洲者，其助力实大也。苟以此方针宣示于各国，则于日俄战役终结时，收还满洲之事，必大得各国之同情，而满洲之永远独立可期。昔在列强有事于非洲之时，特划出一刚果自由国，以比利时王王之，至今独立。故以满洲为一新建之自由国，以大清帝国皇帝兼王之，使永世独立，他国无得觊觎。此实解决东方问题之最妙法门也。惟有责任者熟审而厉行之，则大局之福也。

《东方杂志》第一年第六期，光绪三十年六月二十五日（1904年8月6日）

今上皇帝万寿祝辞——祝速立宪[①]

光绪三十年六月二十六日

今日为我今上皇帝三十有五岁万寿圣节，普天同庆，薄海□欢，瞻望阙庭，齐呼万岁，此盖国家之大庆典。□□□时局艰难，国威损失，回顾东北，满洲能否收还？遥望西南，粤□何时平定？庭户任虎狼之人，陵寝遭狐鼠之殃。国家存亡在呼吸间，尚有何心以贺此圣节哉！虽然，我皇上者为中外所仰望，为我国民所赖以图富强者也，幸值万寿，又安得不祝之？谨援华封人三祝之例而祝以三事。

一祝早亲政。皇上不亲政则无实权，无实权则不能大有所为；不能大有所为，则虽亦名为变法，号曰维新，然所改革之事终属枝枝节节，无补于国家全局。我皇上如果亲政，则实权在握，必有以救国家之危急者。而况我皇上久为外国所钦佩，如果亲政，则外人之谋我中国者，或可一变其方针，不复敢藐视我中国。是皇上之亲政与否，实于国家存亡有密切之关系。前有皇太后于本年七旬万寿庆典后归政皇上之说，敢祝其事之果确也。

一祝速立宪。二十世纪之时代，为专制政体消亡之时代也。日本为东方先进国，其所以能日见富强，行将与欧美各大国匹敌者，厥由和平立宪以坚固其国家基础之故。俄以雄跨两洲之大国，与区区岛族之日本战，迭遭败衄，竟不能支，固由于兵将之不精，实其专制政体有以致之。今俄国内界因东方一战颇有变动，或即惩于此次之丧失而改革其政体，亦未可知。果如是也，则环伺中国者皆立宪国，我中国独以专制之政体孤立于列强之间，其不为各国所分割者几希矣。我皇上戊戌变法已显露改立宪政之基，今之时局较戊戌为尤危急，改立宪政，此即其时。我皇上以三十有五之英年，敢祝其及时以图宪政之成立焉。

① 副标题为编者所加。

一祝中国万岁。今当弱肉强食、优胜劣败之时代，各国之视眈眈欲逐逐者，皆集注于我中国之一点。我中国而能自强，或可以稍为抵制；我中国而不能自强，必至于任人剖分。其存其亡，间不容发。今也朝廷虽下诏维新，并未大事改革，政府仍奉行故事，谁果激发天良？嗟，我中国其能永存于世界而传之无穷乎！未敢必也。故欲求国之富强，必先保国之寿命。欲保国之寿命，必自改立宪政始。欲图改立宪政，是必须皇上亲政而后可。果亲政矣，果立宪矣，其国乃可以存而不亡。故特于祝皇上万岁时，而更祝中国万岁。

《大公报》，光绪三十年六月二十六日（1904年8月7日）

论变法之精神

光绪三十年七月二十五日

昔人有言曰："民之于上，不从其令，而从其意。"精哉斯言，其专制国之天律乎！特怪意之为物，视之无形，听之无声。朋辈之间，且有不暇知者，况君民之际哉！然而古之民知之，不惟古之民而已。今之民亦知之，且不惟今之民而已。吾辈为民之一分子，亦无不知之。惟其无人而不知之，而亦无人能分析其所以知之之故。此人与人相感，所以为神也。试举近来两事之实验言之。

戊戌、庚子二年，皆国家之大事也。每一新令下，国中之人，凡与新令有关者，其便者必大喜，其不便者必大惧。喜之与惧，非徒以其令也，为随乎令后者之实事也。是其时之人心，固群以新令所言为必践之事矣。戊戌、庚子，其政如凫鹄黑白之不可合，而朝廷皆以真意行之，故能动人如此。庚子以后之新令则不然，应喜者不喜，应惧者不惧，相与漠然置之。颇闻变法之初，枢府即微讽疆臣，谓谕旨如此，而上意如彼，必不可认真办理云云。而疆臣之所以预戒其属者，如政府言；其属之所以商榷于绅民者，如疆臣言。故凡事皆应以面目，而不应以精神。久之，遂不必相告戒，遇事辄以此法行之，亦居然无以奉行新法不力而获罪者，于是其言益信。百姓皆曰：新政非上意也。夫上处京师，吾辈处草野，上面且不得瞻仰，遑测上意。而上意云云，所以腾布于天下之口，萦回于天下之心者，得毋即百姓揣守令之意，守令揣督抚之意，督抚揣政府之意。政府则视于无声，听于无形，不知何所见而云然，而以为此乃上之意。由是上下皆成误会耳。至于上下心习已成，牢不可破，无论何事，均设此心以为将迎，则虽太后于学堂等事，屡降明谕，催促赶办，召见臣工时，亦时时以此为言，而诸人之心，已有先入者为之主，终不为动，众见如此。太后果如诸人之所料，斯无论耳。倘其不然，太后亦将何以自明，使诸人一祛其邪见，而致力于实事哉？

本报之愚，以为今日如欲使天下之人，一祛其成见，无有他法，亦惟师戊戌、庚子而已。凡戊戌、庚子天下所最骇诧者，即天下以为上意必行之证也。戊戌王照一妄动，而礼部之六堂官罢。庚子端、刚一妄言，而立、徐、许、袁、联之五大臣诛。此皆事之大过乎中者。然而非如此，不能令天下之知其必从。今者裁淮安关、粤海关、江南织造，其势将进向于实行。近又闻将裁并六部，是益欲实行矣。然此等之事，虽不得不谓之新政，然其程度以戊戌、庚子两次之事较之，亦犹戊戌之裁同城督抚，庚子之饬天下办团积谷耳。于天下之耳目，未有所震骇也。故自本报之意观之，朝廷若果知国势之将危，实力维新，以一破回銮以后小人妄测之邪说，则必有非常之举动。择天下舆论所逆亿以为太后所必不为之事，为其一二，而后其趋向可以大定。不然，虽日下明诏促之，徒见其无益而已矣。遂曰中国人之不可与有为也，岂不诬哉！

《东方杂志》第七期，光绪三十年七月二十五日（1904 年 9 月 4 日），录自当年六月二十日《时报》

论朝廷欲图存必先定国是

光绪三十年七月二十五日

今试泛舟洋海，汪洋浩渺，一望无极，忽焉波涛汹涌，万怪惶惑，则同舟之人，群焉托性命于操舟者之手。而此操舟者，则营栗旁皇，收拾帆樯，转捩机械，矗立舵楼，目不承睫，神不旁注，期与此同舟之众，请命于洪波巨浸之中。然而风急潮涌，如不终日，急取望远镜测之，地平线之距离，尚不知其几千里，其危险之情状，殆有穷于手写、殚于口述者。此何以故？则以此时，舟中之指南针盘，失其功用故。故无论操舟者，有如何爱其同舟之心，出其救获同舟之大力，而终不能达其愿望之目的。

记者观于吾国今日之时势，窃以为政府之望治安，殆与操舟者之用心，无以异也。外患内忧，岌岌焉不可终日。此非泛舟洋海、波涛汹涌、万怪惶惑之景象乎？近顷以来，朝廷屡下维新之诏，期与天下更始。如释戊戌党禁，节皇室经费，裁粤、淮关税，并江宁织局，令各州县钱粮，载入官报，停办万寿供应，凡此数大端，皆可谓以实心行实政。海内望治平者，莫不喁喁向风，田父野老，亦愿缓须臾毋死，以观德化之成。此非操舟者营栗旁皇，收拾帆樯，转捩机械，目不承睫，神不旁注，与此同舟之众，请命于洪波巨浸之中之情状乎？然而外患孔棘，内忧未弭，朝野皇皇，不可终日。瓜分之祸，识者所不忍讳；倾覆之状，巧者所不能摩，此其故何哉？毋亦若彼舟中之指南针盘，失其功用之乎？忧时子曰：然哉，然哉。夫置身于洪波巨浸之中，出生入死，间不容发，所恃者指南针盘之功用。否则逐惊涛，饱鱼龟耳。图存于内忧外患，乱靡有定之顷，时机危迫，稍纵即逝，所恃者朝廷颁赐诏书，先定国是，示天下以今上真意之所在。否则日日言更张，道旁筑舍，多谋少成，亦徒滋俶乱而玩愒时日耳。然则定国是奈何？曰舍改行立宪政体外，其何以哉！

谛视吾国今日社会之现象，朝野上下，殆可谓具同一心醉日本之倾向者矣。

抑曷不观日本明治维新得力之所在乎？考日本维新史载：明治元年三月，天子亲临紫极殿，以五事自誓：一曰广兴会议，万机决于公论；二曰上下一心，盛行经纶；三曰文武一途，下及庶民，各遂其志，使人心不倦；四曰破旧来之陋习，基天地之公道；五曰求智识于世界，大振皇基。大哉王言！讦谟定命，而日本开国进步之方针，遂于是乎大定。

又日本维新，其得力于伊藤侯之扶助力为不少也。伊藤自欧洲归，为维新之主动力，声势隆隆，压倒朝野，而其第一新政，则颁布市町制度，地方自治之制是已。由是观之，日本丕变之精神，在易少数贵族之专制政体，而为多数民族之代议政体，由集权中央惟一之制度，而调和以地方自治之制度而已。乃其效果，则三十年间，由不列等国而进为世界第一等国，文治武功，彪炳一世。岂不懿哉！岂不懿哉！

吾人有言，日本吾同洲、同文、同种之国也。欧美大国，渺焉难跻已。故言变法者，莫不曰：师日本，师日本。然而十年以来，徒得其形式，而不得其精神，东施效颦，益增厌恶，则亦国是不定。而徒恃少数之士夫，呼号喧[illegible]于下，而彼握政权之朝贵，方且倾轧而抑制之不遑也。乃数月以来，吾国有大喜过望，易亡为存之一大纪念，出现于黑幕时代，则吾人宜如何鼓舞而欢迎之也。现此一大纪念维何？曰驻法公使孙宝琦氏上王大臣书，请立宪法是已。

此一事也，吾敢谓可媲美于日本。日本有伊藤游欧洲归，首定市町村地方自治之制。吾国大臣倡言立宪，自驻法公使孙宝琦氏始。事虽未行，然不可谓非朝阳鸣凤已？倘我王大臣据孙使之请，竭力争于朝，皇上圣明，当机立断，或不难朝集廷议，夕下诏书，一阳曜空，群阴匿迹，举一切蒙蔽壅塞之稗政，一扫而空之。吾知自此以往，将民之亲其君也，欢如父母；而君之好其民也，芬若椒兰。合四万万人之心为一心，团四万万人之体为一体，虽谓皇基巩固，熙帝载而振万世可也。

右所陈说，凡以明朝廷欲图存，必先定国是，定国是在立宪法。立宪法之希望，即今日欧美通行之政治学说，所谓最大多数之最大幸福之义也。夫以四万万人公同之义务，使数十百人为之谋，勿论此数十百人者，不能竭忠尽智也。即使能之，以数十百人为四万万人谋，孰若四万万人自为谋。而少数之贵族，与多数之民俗，仍各明其权限，效欧美之良法，师日本之成规，订立宪法，布告天下，咸使闻知以制限主治者之威权，以保护被治者之权利，国家保其安全，人民增进幸福。然后二十世纪之中国，匪惟不即于覆亡也，且也粲文明之花，揭独立之旗。又匪特可媲美于日本也，而且将与东西各大国，携手并立于竞争之新世界。如天空诸行星，各行其轨道，相维相系，永永不坠。殆吾前所谓泛舟洋海，诞登彼岸之一日矣。敬告当轴诸君，往者已矣，来犹可追。通国上下望立宪政体之成立，已有万流奔注，不趋于海不止之势，失此不图，则泛滥为患，祸且甚于古昔之洪水也。夫一转移间，利害若此，谋国是者，奈何不急起而为之所也。

《东方杂志》第七期，光绪三十年七月二十五日（1904年9月4日），录自当年六月二十六日《时报》

论中央集权之流弊

光绪三十年七月二十五日

政府自设立财政处、练兵处后，日与各省督抚，以文牍相往还，近日乃有派铁良南下之事。窥其意，无非欲吸聚各省之财权，归于政府而已；无非欲收集各省之兵权，属诸政府而已。而考其意之所由来，则一言以蔽之曰：中央集权而已。

本馆亦明知中央集权之说，实为经国之嘉猷。然窃谓是说也，可行于各国，而独不可行于今时之中国；可行于立宪之国，而独不可行于专制之国。未可震于其说，遂奉为扶危定倾之不二法门也。何以言之？盖中央集权云者，谓举一国之政权，悉属于政府，而听其调度也。然以一国之大，土地之广，人民之众，政府以一人之身，欲操纵而左右之。则必其人之识见、魄力、才干、学问，实有余于全国，而后能举重若轻，有如身之使臂，臂之使指，而收令无不行，事无不举之效。试问今之政府，能乎不能？中国号为专制之国，而至于今日，则大权所在，究难指实。政府有权矣，而所下之令，或有不便于时者，则各省疆吏，可以抗不奉行，政府无如何也。即或迫于严切之诏旨，不敢据理力争，而其势又不可行，则相率以阳奉阴违了事，以免政府之催督，而政府无如何也。是政府之无权也。督抚有权矣，而用一人必请命于大部，部臣驳以不合例，则不能用也。行一事，亦必请命于大部，部臣如执不许，则亦不能行也。甚至其下之司道，若与督抚不洽，则已可阴抗其意旨，而不为奉行，是疆吏亦无权也。夫疆吏无权，则政府宜有权，然政府实亦无权，则其权竟不知何属，而犹高言中央集权，论其程度，无乃去之尚远。犹幸中国历来以相忍为国，疆吏虽不尽有权，而亦不尽无权。每值王纲解纽，朝廷威灵不绝如线，政府束手无策，无所施其权力之时，督抚之有才干者，尚能凭藉其所有之兵力、财力，起而承匡复之任。外之则翊戴王灵，内之则捍卫土宇，卒以收旋乾转坤之效。往事不具论，即如咸丰之季，联军聚于京师，匪焰张于东南，设非有益阳、湘乡诸名臣，力以平贼自任，则当时之大局，岂堪设想？然设使道咸之间，已如今日之所为，必欲将各省之兵力、财力，搜刮净尽，悉属之京师，则仓卒之间，有能任事之人，而苦于无一饷之可给，一兵之可调，则虽有忠愤，又安所用之？政府此时，恐悔之已晚矣。安得震于中央集权之说，而不为不测之虑也？

抑尤有进者，政府所以震于中央集权之说者，特以为西国现行政体，正是如此，故欲取而效法耳。不知泰西诸国，率为立宪之国，而非专制之国。夫立宪之国，君与民共之者也。政府欲行一事，苟民人不以为然，则不能行之矣。政府所施行之事，皆为人民所许可之事。故民人咸握立法之权，而以行法之权，属诸政府，此所以有中央集权之说，而其法所以无弊也。若夫专制之国，则立法、行法之权，皆在一人之掌握中，亦既令出惟行，言莫予违，其危险实不可思议。使其君若相，尚能明于治国之道、理民之方，则犹有万一之幸耳。若使其毗于刚而为暴虐，毗于柔而为昏庸，不顾民情之如何，而惟率其意之所至，则设施一有不当，而大祸即随其后。此乃必然之理，并无幸免之方。何也？以大权既在其手，则于民所不愿之事，虽至害于而家，凶于而国，亦必逞己意以行之，而无能挽救之人。推其弊之所极，固必至于此也。是故两害相权，则取其轻，则犹不如持分权之说，令各省亦自有其权。其在平时，不见其益，或且憎其遇事掣肘，无以遂其独断独行之愿，而至于存亡绝续之秋，则明效大验，显然可知，观于庚子拳匪之乱，至于宗社为墟，人民涂炭，其后立约赔款，流毒天下，至今为梗，则政府有大权之害也。犹幸其时东南各督抚，力拒伪诏，立互保之约，以待时机，虽难语于勤王之谊，要犹著有保境之功，则各省有分权之益也。假使其时，各省疆吏，无丝毫之权，事事须听命政府，除束手受制、唯诺惟命外，不能为一事，则虽谓至今无中国可也。观于此，则今之论者，幸毋再以中央集权之说为政府告也。

《东方杂志》第七期，光绪三十年七月二十五日（1904 年 9 月 4 日），录自当年七月初二日《中外日报》

再论中央集权

光绪三十年七月二十五日

中国现今之资性，最不宜于中央集权，此理本报已屡言之矣。今更为之探本穷源而论之。案我国行专制之政，已二千数百年（自七国时始，盖三晋田齐均以世卿而盗人国，自鉴于权之不可下移，遂尽削臣民之权以归己，而专制之政以成，非始于始皇也）；行专制之教，亦二千年（自汉武始）。故以专制之资格而论之，天下之国，莫老于我。是中央集权之说，必创始于我国矣。然而求之我国，非惟无此名词，并无与此理可相比附之说。而中央集权四字，直至今日，始从外国输入焉。观此，即可以知中央集权之说之所托始矣。

盖中央集权者，对于立宪国而有之，非对于专制国而有之也。彼立宪国之为物也，人各自治，一村一邑，皆若一国然。如是则其势长涣而不聚，太平之日，固无碍也。然而国家一旦有大征伐、大兴造，则非合极众之力以赴之不可。于是谋平居则得自由之乐，临事又擅专制之长，其道无由，而中央集权之说起。中央集权之于立宪国，犹之众股东集财于一处，使成巨款而能作事也。故中央集权之说，若与立宪之制反对，而理实相成；若夫专制则异是，非真异也，盖适得其理之反也。

考我专制政教，自古之格言，但有分权之说，而无集权之说。此无他，因分权之说，似与专制政体反对，而其理实相成，此与立宪国之讲中央集权，皆天理之不得不然也。何谓分权？盖专制之国，以君为本，一切政治，均谋君身及其子孙，常保此位之而已。然若深求君身及其子孙，可以常保此位之理，则非君之爱民不可，必永不扰害，而又时噢咻之，使民与君相忘，则君位保矣。而其最不相宜者，则干涉民之财政。若专制之君，不明此理，而横干民之财政，则无论其用意之为善为恶，而君位皆不能保。新莽之创立二十六品之货，王荆公之行青苗免役之法，皆欲为民整顿财政也，而天下方且大溃。其䑛糠及米，多为色目，搜索民财者，其立亡更无论矣。惟用分权之法，天子慎择宰相，而责其成焉；宰相之所为，天子勿问也。宰相慎择守臣，而责其成焉；守臣之所为，宰相勿问也。守臣慎择牧令。而责其成焉；牧令之所为，守臣勿问也。如此，则天下可以无事。此非他故，实因专制政体，本为事之不可深思明辨者。故上下相忘，则太平成；上下相求，则革命起。夫天下之言，岂可以一端而尽？立宪之患散，故以聚救之；专制之患偏，故以平剂之。皆其不得不然之事也。

今以专制之国，中央集权久矣，而犹以为中央未集权焉。更求所以集吾权者，是必吾人皆裸而政府有余笥，吾人皆饿而政府有弃肉，而后可以满其意，此非国家之政体也。故本报以为，政府若真欲中央集权，则当先布宪法，而后议此事。

《东方杂志》第七期，光绪三十年七月二十五日（1904 年 9 月 4 日），录自当年七月二十三日《中外日报》

中国立宪之希望

光绪三十年七月二十八日

世界各国皆知中国之危险在于守旧，而大局至此，外人不能不为之挚急者，亦即中国之民心，见其本国之贫弱，犹然永静不动，而不能不为之擎急者也。内外交相擎急，故一闻政府之醒悟，稍稍有所展布，未有不欣然称愿者。盖本国之人固无足异，至外人亦睹东方大局之亟深，冀得是而少纾，以慰其平安之属望而已矣。

本报每言各国不忧中国之富强，而患其贫弱，故中国贫弱之极，而至于瓜分，实非各国之福也，不得已也。今除一二国外，固断无以幸灾乐祸之心，为待中国之方针者，但两利相权、两害相较，则因中国而有碍于本国，亦不能一听诸他人，此世界之公理。然各国者，固中国之友邦，而非其慈母也。呜呼！中国自立则势均力平，而各国共得平安，讵不甚善？即彼狡焉思逞者，要为中国授诸隙耳，其又谁尤？

兹请取中国贫弱之原因，以告中人，而无疑其为西人之言，而非出于忠诚也。窃谓其原因有二端：一为事业不振兴，一为情谊不联孚。事业不振兴，故分利之人多于生利。矿山封闭不待言矣，即能开掘，而资本家之观望如故也。农田荒芜不待言矣，即欲垦辟，而种植家之窳惰如故也。推诸工务、商业，无不日形凋敝，则社会事业之不振兴，岂非贫之原因乎？至情谊不联孚，则以一身一家之计谋太周太密，而公德日媮，致全国如散沙，无复团结凝合之气象，则虽欲不弱其可得哉。

虽然，情谊不联孚，尤为事业不振兴之根。欲取既离散之社会，而团结之、凝合之，非学堂不可。凡学堂之学生，有同一之教科、同一之言语、同一之集会，尔我平等，气味相投，趋向一致，耳目习惯风俗亦随之以转移，而情谊交通于全国矣。故教育普及之国民无不爱国者，斯即国民倾向之一点，所谓公重心是也。惟有公重心，而后一国如一人，其国乃不可得而侮。

今中国之情谊尤不联孚者，莫若其上下隔阂，为古人天泽之分一语所束缚。而自天子以至庶人，其中等级甚远，官吏得操魁柄于其间，故上之美意不能下宣，下之私情不能上达。戊戌、庚子之新政，读谕旨之文，未尝不足以鼓舞，而究之实行者几何？令之而不动，督之而依然，则将奈之何？然则中国所以至此败亡之地位者，上与下固不受其咎也。顾试问上下何以不相合，而必容是以为之亟哉。欲祛此弊，非早立议院不可。议院者，即人民有监督官吏之权，而不使之失其职者也。风闻近日政府颇有立宪之意，其以来日大难不得不出于此为救亡之策耶，是则政府既已知之矣。本馆愿以中国暂行议院之法，为当局一献替焉。

中国今日之上议院，可以曾任督抚之王大臣为之。盖上议院本称长老院，其议员皆老成亲贵之俦，明习群治经历最久者，西名谓之色业，特用以扶助朝廷，而为之耳目，以植出政之根基。故长老院之设，即专制之俄国亦有之。然既有此院而得其人，则国事之丛脞，不致如前此之甚矣。

然仅有一长老院，万不足恃也，不可不更立代表院。就中国现状而言，长老之资格不能骤得，即有历任封疆号为更事者，其实彼不过深处府中，其行政之权一在幕友吏胥之手，于民间情伪固毫不通晓。一旦聚此等之人，而令其商榷，不能优于今之部议，循虚文与守成例两端明矣。民事之若农、若工、若商，安能望诸肉食者流，责之以实行之发起耶？

至此而始觉欲提挈民事，不得不还问诸民，于是有代表院，谓之下议院焉。泰西上下议院之立，其意亦不过如此。而一国之内政，若农业界、若商务界、若制造界、若财货界、若教育界，恐人民之自为谋其切实易见施行，固与深居一室出于拟议之辞者，迥不侔矣。近有某人谓中国即立议院，其如无议院议员何。诚若是言，则中国又谁胜督抚之任者，而皇皇秉旄仗节者，未尝绝其人也。

夫代表下议院之基，非于京师首立之也，立基于州县之地方议会。今试于全国之中先成一市府之制度，令市民每业各举一人或二人代表，其一业之意见约有二种：一、本业之利弊关系于地方者，一、地方之利弊关系本业者。此市府之团体既成，则可以监督州县之行政而定其方针。其州县官之权力所不能及者，由州县议会公举若干人以代表于省府议会；省府官之权力所不能及者，由省府议会公举若干人以代表于京师之下议院。为议员者，既由层累而上其资格，亦可养成足以辅佐上议院之识见，而使之日高此市民代表之法，固较骤行国民公选尤有把握也。将来教育大兴，全国释放，十年而后，而立宪之进步视此矣。

《时事采新汇选》，光绪三十年七月二十八日（1904年9月7日），录自当年七月《万国公报》

敬告政府诸公

光绪三十年八月十三日（1904 年 9 月 22 日）

今日我中国为何如景象乎？殆生死之关头，存亡之分界也。急治之则生，缓治之则死。治得其道则存，治失其道则亡。我政府诸公乎，亦知各自担当一治国之责任乎。就中国之现象论之，外有列国之阴谋诡计，皆欲分一脔以自肥；内有会党之散票揭竿，群欲叛朝廷而自立。纷纭扰攘，险象环生。印度、波兰殷鉴不远，诸公亦知之否乎？如其不知，是为昏聩误国；如其知之，而仍不思所以救之之道，犹且因循敷衍，为自保禄位之谋，是实为国家之大蠹、国民之公敌。生受万人之唾骂，死留千古之罪名。虽享尽殊荣，亦复奚益在？

诸公必曰：此时兴学以育人材，练兵以强国力，文功武备，并力经营，何莫非救国之道？噫，此即为尽其救国之能事乎！兴学、练兵不过为救国之道之一端，须知根本之地未坚，一切均难以奏效。盖民心思变，咸欲抵破专制之藩篱。但兴空谈之学，但练备额之兵，其如民心不附何也。且今日之时局，较戊戌、庚子为尤蹙，一误再误，屡失事机，主权外移，国气不振。此时即大事改革，以急救之犹惧不及，乃仍弥缝掩饰，欲徼幸以图必不可成之功。曾亦思国破者家亦必亡，诸公为己之禄位计而不肯建议改革，亦计及公等之子孙将来亦不免为亡国之虏乎！且也即大事改革，亦未必果于诸公有所不利也。诸公若果热心救国，公而忘私，力行新法，痛除旧弊，则禄位仍可不失。国既可保，家亦自存。后世子孙亦得为强国之国民，昂然扬眉吐气于天下。苟甘与时势作反对，逆万民之情而顺一人之心，是盖为革命军作前驱，倘变乱丛生，仇杀旧党，公等其能泰然而获免乎！今为诸公敬告之曰：今日之时局，为中国生死之关头、存亡之分界。急改革或可生可存，不改革则必死必亡。失此时机，后悔无及。

不见日俄之战乎？在浅识者视之，以为不过两国之构衅耳。岂知此一战，实于我中国之生死存亡有极大之关系。无论日俄两国谁胜谁败，及其战罢之后，我中国必有一大变动。我迎其机而自救之，或犹可保全于万一。倘或不然，则其将来之结果，有令吾人所不忍言者。非幸灾乐祸也。盖既造以前种种之因，必结以后种种之果。诸公试自思之，日俄战事结局之后，我中国当受何等之击刺？我中国政界当受何等之影响？即诸公今日之所谓改革者，自揣能保国家于勿替乎？诸公既担救国之责，假如不认真改革，终至国不能救。试问诸公能辞其误国之罪乎？国民既日望大事改革，假如诸公但以敷衍为得计，试问能维系人心于不变乎？

诸公本以帖括词章、夤缘捐纳而进身，一切政治法律固非素所娴习。然当今海内，庖丁解牛、陈平宰肉其人者，晨星硕果，尚有二三。诸公其亦肯推贤荐能，毋塞贤路乎？诸公如为一国计，为一家计，为一身计，为子孙计，宜各激发天良，急奏请两宫大事改革，勿徒为此舍本逐末之举。而其大事改革之第一着，即奏请宣布天下改为立宪政体。盖当改革者头绪甚多，而政体未定，即大纲未立，一切皆滞碍而难行。而且今之世，一专制政体消灭之时代，不立宪则万不能以自存。诸公试揭升其眼帘，纵览五洲各国之大势，其能勿悚然而惊、憬然而悟乎？诸公，诸公，吾非故为是危言以扰诸公之清梦也。吾盖为一国危，为一家危，为诸公一身危，为诸公子孙危。吾故不能不敬告诸公，以求转危为安之道焉！

《大公报》，光绪三十年八月十三日（1904年9月22日）

论立宪政体必与国会相维持

光绪三十年八月二十三日

先哲恒言：鉴往事，示将来，史家之天职也。报章为现代之史，鉴往事，示将来，不得谓非吾侪之天职矣。今者中国立宪问题，朝野上下公同研究，亟欲达其目的。如驻法星使之上王大臣书，某疆吏之封章入告，吾同侪之上下议论。诚有如庆邸所云：此事重大，自当不厌求详也。浅陋如予，乌足语此。惟尝披各国立宪史，观其组织立宪之际，必与国会相维持，不得不为研究立宪问题者详论之。呜呼！无国会而徒曰立宪、立宪，吾恐政体之驳杂益甚，国势之动摇益急。故盎格鲁撒逊人之英吉利，立宪政体之祖国，为东西各国所模范。其在第七世纪，他文瑟佈勒定地方自治之制，为立宪机关之原位；至贤人会议之时，立宪之基础始建；至十四世纪，模范会议成，立宪之基础始巩。论者虽曰英吉利之立宪，由于君民贵族之互攻，万不得已，赫华始有一切政事其影响有及于国民者，不可不得国民同意之宣示，仿西蒙国会，集国民之代表者，以组织完全之议会，立宪政体臻其极点。岂知执是说者，知其一未知其二也。撒逊人之立宪，实由国民习于政才，地方自治之制早已完密，其情势固与专制政体两不相容，且自由精神之发达，实不能为无限君权所压制。虽曰国会政事导源希腊，而撒逊人之自树团法制，进而为百家团会议，又进而为庶民会议、贤人会议，至于西蒙会议、模范会议，国会规模渐次发达，即立宪政体渐次巩固。君民一体，咸受治于所立之宪章，是立宪与国会相维持之确证也。他若法兰西，亦立宪之前矛也。虽其国会至今嚣然，而在法王腓立时大兴民会，西史称其朝无暴政、野无冤民，逸史氏王韬亦称其所有宪法皆受成国会，君民共治，一秉至公。意大利亦立宪之强国也，其先受教皇之横暴，国民始感法兰西之国会，倡民立主义，卒为立宪。奥大利亦立宪之悍国也，所立宪法由维也纳大会议而成。德意志亦立宪之雄国也，自立良民会以仇拿破仑，始令日耳曼各邦为立宪国。美利坚尤立宪中最发达之国也，国会之制用元老院绅董，元老用三十岁以上，住本土经九年者，一切宪政均由国会详议施行，著为宪典。日本尤立宪国之后劲也，其国会与美制同，故于建议立宪之时，即有凡事决于万姓之诏。由此观之，安有无国会而能立宪耶？安有无美善之国会而能成美善之立宪耶？权利竞争之祸烈，专制将一日不可立于大地矣。然而，立宪必与国会相维持，世之研究立宪问题者，曷亦致意于此欤！

《大公报》，光绪三十年八月二十三日（1904 年 10 月 2 日）

论中国人之宜力求信用

光绪三十年八月二十五日

立国于大球中，从而别之曰民政国、立宪国、专制国；又从而别之曰：某也自由国，某也文明国，某也黑暗腐败国。呜呼，何民政、立宪、专制与自由、文明、黑暗腐败国之名之有？夫亦曰国之尚信用、不尚信用，得信用之效益与不得信用之效益而已。民政、立宪，特所以确立信用之机关；而专制、独裁，又所以破坏信用之蟊贼。得于彼者，故自由而文明；陷于此者，则黑暗而腐败。

故真自由而文明之国，必呈出种种信用之现象，而利获种种信用之幸福。其始也，个人对个人，恐不得其信用，而为之重廉耻，尚气节，昭忠信，去私利；一或不善，终身摈之不齿，乡里奉为大戒。个人对团体，恐不得其信用，而为之尚清节，信然诺，一行不苟，一事不怠；一或不善，则终身为团体所废弃，而不可以一日居。个人对于社会，恐不得其信用，而为之讲求公德，严戒紊乱，重立契约，深尚公论，虽五尺之童、闺阁之妇，不敢不牺牲一己以求社会之效益；一或不善，则全社会皆非笑之，而严刑峻罚，且不足以喻其耻。个人对于国家，恐不得其信用（民政、立宪国以国家为一大群体，无论立法者、行政者、司法者，皆居个人之列），而为之明权利、尚自由、服义务、保秩序，凭选举以授权，立议院以论政，公私不能逾限，出入皆有常表，自大统领以至国民，莫不以此为准；一或不善，公议废弃，全国不容，而权势无所用其能，上下莫或枉其法。久而久之，信用昭著。而于是行其郊外，道不拾遗，夜不闭户，行旅无所苦，居人无不良，民与民相信用；游其都市，艺厂如林，工夫万千，公司巍立，著名远迩，工与工相信用，商与商相信用；入其国门，登其政事厅，刑狱不滥，政度有常，民有常务，官有常职，君有常制，民与官、与君莫不有信用。国之允洽者深，故其结力也坚。一旦遭变故，万夫一心，戮力纾难，无事不成，无敌不摧。呜呼，此东西诸名邦之所以震铄全球也！

黑暗腐败国则反之，盗贼遍全国，骨肉皆嫌隙，尔诈而我虞，尔奸而我伪，尔欲成而我欲败，尔或公而我偏私。创一利也，此竭其平生之心神精力而成之，彼巧其机械变诈而坐享之；兴一事也，此出其口舌财力而苦心经营之，彼以不便于私利习惯而沮止之。以泱泱大国，而竟无三人以上之法团，极其流祸，至一事不可举，一业不能成，全国利薮，日为人据，而农、工、商各事业，皆失败堕落而不能复振。而其间朝廷之于草野，官府之于平民，尤为不信用之尤。民以为是，而朝廷官府以为非；民以为否，而朝廷官府以为然；民以为苦，而朝廷官府偏以为乐；民以为痛，而朝廷官府偏以为喜。政令之变，朝三而暮四；法度之施，阳是而阴非。种种欺饰，种种掊克，民不胜其苦楚，而官府因以为常，朝廷不之过问。久而久之，上下机关遂全相蔽隔，而无丝毫之信用。民有一举一动，朝廷与官府相鹗然疑之曰："此民之欲反对我也。此不测之可忧也。"上欲筹一款、兴一业，平民亦相与鹗然疑曰："此必朝廷与官府又欲计算我也。此特藉斯高美之名，以增其宫廷之费，饱其囊橐之私也，而我之困苦何如也。"虽至极困难、极危险之境，漠然两不相痛痒。上欲胜而下欲败，上欲保而下欲亡。夫至于上欲胜、欲保，而下反冀其败与亡，则其失信用之深为何如？呜呼，孰知黑暗腐败国之实况固有如是者乎！今之俄罗斯殆其证，而我中国今日尤于上一斑之情势，历历不爽者也。

吁嗟乎，危哉！吾朝廷而欲不败不亡乎，其必立布宪法，与民更始，以复其信用之实，而后求存之术可得而讲。吾国民而欲不为外人之奴乎，其必立斩前此败群之性、私利之毒，力求信用，而后自由之福可得而享。朝廷勿视民政、自由为不道之谈，民政、自由实所以为巩固国本计；吾民勿视公德、合群为迂腐之言，公德、合群实所以为保尔身家计也。信用之能复与否，吾中国前途将于此卜之哉！

《东方杂志》第一年第八期，光绪三十年八月二十五日（1904 年 10 月 4 日），录自当年六月二十五日《岭东日报》

论惟立宪而后有教育

光绪三十年八月二十九日至九月初一日

吾国自同光间大难削平之后，先觉诸公知西学之不容已，于是京师有同文馆之设，上海、广州有广方言馆之设，福州、天津先后有水师、武备、制造各学堂之设。顾其所习，宗旨在利交涉、缮军旅、知器械而已。若夫政教学术之大且深，则中自中，而外自外，用夷变夏，学（土）〔士〕盖兢兢焉。自甲午东方之役，师徒不武，见创岛邻，海内有心人乃群起而求其所以然之故，恍然于中西名教是非之不可猝合，而开通民智之说大兴。然而门户洞开，交通日繁，人处于强，我处于弱，知彼知己之事，一切皆资于学而后可为。于是，丁酉、戊戌新法教育之谈，洋洋乎盈耳矣。

东瀛三岛相隔一衣带水耳，士游其土，岁以益多，所首触其心目者，中外政教之大异。故一若中国所不振如今日者，皆其专制之政体为之。毁三纲，进民权，用平等，尚自繇，夫而后乃有豸。倡者其言如纶，和者其言如綍。又况堂社学子屡起风潮，此往者徐、刚诸相所以有天下学堂栽培汉奸之说也。庚子、辛丑城下之盟，甫歃联军，坐索罪魁。当此之时，向之龋龁用事者，廪廪无生人气，其行事建言有可以避顽固之名者，则惟恐后。于是乎停捐输矣，于是乎设政务处矣。诏举经济特科，通满汉婚姻。数月之间，大号涣汗。此虽有为，而为减其价值，然不可谓非开通善政也。而最重者，又莫若令京师、各省、府、州、县遍设学堂。盖人才者，国之根本，惟人才众多，而富强平治之图有以藉手。宋王安石《万言书》即此意也。

顾自车驾还京，三年未满，吾政府于教育一事，宗旨若已变乎其初，而曩日徐、刚之说渐渐又出。颇闻日者某提督入觐太后，言及人才消乏，太息久之。某言：方今朝廷广立学堂，著意培才，如此数年之后，定当辈出不可胜用，可纾宸勤。太后顾曰：即使学堂有效，恐亦多出几个叛逆而已。又近者湖广督臣禁设女学，而御史杜本崇亦疏言女学必不可设。凡此皆二年以前所必无之语，而今日有之，此其故可深思也。

京师大学堂之设在戊戌间，自旧党秉权，其物遂在若存若亡之数。庚子大变甫弭，朝廷即以张百熙为管学大臣，予之以道胜五百万之钜款，此不可谓不重教育也。不幸草创方始，而中间有匿名揭帖之一事。彼匿名揭帖者，意主于撼荣禄也，乃以撼荣禄不足，而以危长沙有余。故俄而荣庆会办管学大臣之命下矣，名曰会办，实以监之。夫两人牵羊，未有不僵于道。教育之事，独任苟不能为，未有共任而克举者，又况长沙方怀谗忧讥之不暇。故自是以还，所斤斤者，卸责任、求息肩而已。学务章程则请张之洞为厘订矣，大学堂则以张亨嘉为总监督矣。此近年学界之历史也。

盖自戊戌以来，中更事变，虽人情于昔为开通，然即今言之，彼京师之人望学堂之发达者十犹不过其二三，而冀幸其事之无成者常十七八。虽然，诸君无惑乎其为此也。夫革命之说兴几何时矣？而自刚毅造为强亡肥瘠之言，而排满逐满之说遂若起以与之相应。此其说虽不尽出于学堂，然不敢谓学堂中无此说也。今夫朝廷者，固满洲之朝廷也；政府者，犹大清之政府也。立学堂者，由朝廷之诏旨；资经费者，出国家之财赋。乃立之资之，而徒为排我逐我，欲革吾命之所丛，揆之情理，则强者未有不怒于言，弱者未有不愠于色。此徐、刚前者所以有培植汉奸之昌言，太后今日所以有多出叛逆之隐恨也。

夫闻民权、平等、自繇之说，而深思其义之所归，凡可予民，将莫不予。此必上有尧舜之为君，下有伊周为之辅，乃或知其言之非逆。即在外国，亦惟华盛顿能之。下此若德之伏烈大力、俄之大彼得、法之拿破仑，虽皆盖世之英，举不逮此。不然，则十八、九二世纪，欧陆君民之讧何由滋焉？孟特斯鸠之为《万法精理》也，其论国民教育（第四卷）大旨，谓教育之宜，在与治制之精神相表里。治制之精神何耶？民主则尚道德也，君主则尚宠荣也，专制则尚刑威也。故其言曰：有一义焉为君主教育之所重者，其必渐摩国民于至深。张皇之以法典可也，缘饰之以宗教可也，诱进之以爵位可也，皆使其民知尊君死长为唯一无二之义务而已。是故君主者托于礼义名教，以扶植其独伸之柄者也。至言专制之教育，则曰专制之国民，家自为政而不相谋者也。顾教育之道基于合群，专制无群，故专制无教育。盖学术本其上之所毒也，而为学又不能无竞争，竞争之于专制又危道也。若夫德育之事，雅理斯多德尝言之矣。专制之民为奴隶，奴隶无所谓德也，以其无所自主，故由此言之。则专制之国虽有教育，亦至隘也。且专制之国家，诚何取于敝精伤财，而被其民以教育乎？将欲使之为疏通知远者乎？是觉悟其民，使蠹然痛所处之桎梏也。将欲使之为爱国乎？则彼之所为，诚莫亟于取其上之压力苛制而去之。夫使为是而不得，然则其身危也；使为是而得，然则其身、其君与其国，皆措之于至危之地也。专制诚无取于教育也。孟特斯鸠之论二制教育如此。

夫中国之治，上之则率由旧章之君主，下之则唯辟作威之专制也。是故学者审于是二者之间，则知所以自处矣；而为上者亦审于二者之间，则知风潮之所由起矣。虽然，吾窃观于近日日本之所为，乃大有感也。辽海之役以将士之忠勇用命，而其皇归美于学校，诏明岁加教育经费若干万（员）〔元〕。彼独非君主之国欤？民间平等、自繇之谈实有甚于吾国，何革命逐君之说独不闻于其间，而吾国乃于是而鳃鳃耶？则其故无他，以日本变法以来，其治既成于立宪故耳；议院代表、地方自治，一切参用民权故耳。有为者亦若是。不然，吾恐学界风潮方兴未艾，政府国民冲突殆将无有穷期，俄罗斯其殷鉴也。又不然，激而反振，他日罢学堂，复八股，又意中事耳。故曰惟立宪而后有教育也。

《大公报》，光绪三十年八月二十九日至九月初一日（1904 年 10 月 8—9 日）

论民权有助于君权

光绪三十年九月初三日

积多民而为一家，积多家而为一村，积多村而为一县，积多县而为一府，积多府而为一省，积多省而为一国。国也者，民群之谓也。积大群之国民，不能不有君以统之。君也者，国民之一也。不有民，何有国？不有国，何有君？

君固以民为重焉。使君贤而民愚，虽有善政，不过终君之世，如冬日之寒暑表，置诸炉上，仅顷刻之骤涨，过此难乎为继矣。使君不贤而民智，虽政不善，亦不过终君之世，如疾风暴雨，不崇朝即散，过此依然承平矣。不见舟乎？虽有新灵之机轮、巧熟之管驾，不有汪洋巨泊，则咫尺难行。不见树乎？虽有耸茸之木，浓郁之枝，植诸沙壤漓区，憔悴立见。君犹舟也，民犹水也；君犹树也，民犹土也。有国于此，学术隆盛，制作精良，尽登文明之域，尽享自由之便，则其国势必富强而无替，其君权必完全而无缺。有国于此，其民风卑鄙，工艺窳陋，尽入野蛮之界，尽受羁制之苦，其国必有外侮之侵迫，其君亦难保自主之权利。是君之有权与否，必视其民何如耳。卑士麦相普，日尔曼列邦未能合一，内治未修，外患交迫，不能不暂行专制之策，以为图存之计。国势既立，如不积群力以辅助，岂能久安长治？卑相为政，前后如两辙，非无深识远鉴者也。三十年前之日本，将军专政，天皇守府，志士倡维新，尤倡尊王。盖幕府不倾不能振皇权，皇权不振不能定维新。况民智未开，不得不倚一人之裁决以避阻挠；民智既开，不可不合众人之群力以固根基。故日本变法八年，而后议院始立也。研其公理如此，征其实事又如此。民权不惟无碍于君权，且大有助于君权。

遍观泰西各国之君，不得以公器为私产，不得以爵赏为恩惠，行一政必采众论，举一事必由公许，上下一体，朝野同情，故其君能有赫赫之名、巍巍之势，振耀于环球者，皆由其民力膨胀而来。至若权奸不得作威，官吏无从为弊，此有民权利益之小焉者也。

《时事采新汇选》，录自《大公报》，光绪三十年九月初三日（1904年10月11日）

惟立宪而后可以救中国

光绪三十年九月初六日至初八日

我中国曩者忽发现一立宪之问题，中外喧传，闻者称快。惜政府诸公多不以为然，此议遂优柔而不能立决。推其所以不决之故，盖不明宪法之性质与其利益也。岂知中国今日之现象，非立宪实不足以救之？何则，中国今日之所忧者三大事：一革命党之仇满，一无治外法权，一筹款之艰难。此三事者，皆足妨害中国之进步。欲救中国，必先祛此三大障碍；欲祛此三大障碍，非立宪不为功。盖立宪可以免革命之祸，可以收回治外法权，且易于筹集钜款。请得而略论之。

革命党之起，于近年为盛。其党以推翻满洲朝廷为宗旨，究其始，实以愤朝政之腐败为发源。朝廷为满洲之朝廷，朝政苟日臻上理，满汉平等，为之君者，奚论其为满为汉？惟朝廷对于满汉，势分两歧，而朝政又不能餍国民之欲，于是满汉倾轧，怨毒日深，积怨成仇，激成反对。试观丁、戊之间，何尝有革命党之名目？自见新政推翻，国民对于满洲朝廷无复有振兴之望，乃公然倡革命矣。今苟宣布天下，曰中国改为立宪政体，以国家公诸国民，不复为朝廷之私产。而且既立宪，则一切平等，满汉不至两歧；满汉既不两歧，则可以平汉人之心，满汉之形迹自必融化，又何必仇满排满，革满人之命哉？是立宪实为延朝祚之不二法门也。试举立宪国之成案以证之。德意志为立宪君主国，而德国皇位为普鲁士王所承袭，德与普厘然而各有政府，与我国之满汉相合为一政府者，情势更自不同。何以普王承袭德皇，不闻德人有仇普排普者？盖其既定宪法，君民皆秉宪法以行权，无得逾于宪法之外，故德人皆不以普王承袭其皇位为介意。我国以满人统一全国已二百余年，而汉人犹不免有仇满排满之心者，盖既无宪法之规定，而朝政又腐败而不堪言，汉人痛国家之将亡，而不能不归罪于当国之满人也。果能制定宪法，以立行政之大纲，而一切新政之设施，皆缘是而日见起色。朝政既无可訾议，满人自无可仇雠，革命党之势将不戢而自杀，大清之国祚将传之亿万年而无穷。岂不懿哉？岂不休哉？此立宪而可以免革命之祸者，一也。

国必有其主权，无主权则不成为国。而主权有二义，一曰对内，一曰对外，皆有最高无上之全权。对内者，以己国宪法为规则；对外者，以万国公法为圭臬。宪法与公法，实表里为用，相济相成。我中国既无宪法，故对于公法亦不能享其完全之权利，此所以治外法权之不我属也。德国那特硁著《政治学》，其宪法编有论国家之主权一篇。第一章论主权之主体，有曰：国家主权之作用，分内部、外部二种。内部者，对于国民及国土之上有最高无限之权利；外部者，对于别国为独立不羁。第二章论主权之客体，其第二节谓：国家与国民有法律之关系，其法律关系即为权利关系。国家有命令之权力，国民有服从之义务。而国民对于国家之服从义务，又有正、负二种。其一为不悖国法之负义务，此义务非独国民所宜遵奉，即外人在境内者亦然。观于此，则国家保有主权，必有治外法权之确证也。然此为宪法所规定，必有宪法，乃可以保有此权而无缺。试问我中国能有此完全无缺之主权乎？能有此完全无缺之治外法权乎？吾何以谓宪法与公法表里为用也？夫宪法规定，国家主权之作用有对内、外二种，今就公法而发明其对外之权利。公法第六十四章曰：国之主权有二，一曰自立者不依赖于他国，一曰自主而不听命于他国。第六十八章曰：邦国之主权有五，一曰自立政体，二曰自定律例，三曰自行治理，四曰自选臣工，五曰自遣使臣。凡此五者，若行之不违公法，他国不得干预。第六十九章曰：邦国既不愿他国在其疆内行权，如管辖人民、审理词讼、征收饷税等事，即不得行之于彼国。合观此三章意义，曰不听命他国，我中国今日几乎并此主权而失之。曰自立政体、自定律例、自行治理、自选臣工、自遣使臣，我中国虽皆不失为自立，然关涉外交事项，无不承外人之意旨以为从违。即如自订商标注册章程，而屡来他国之驳诘，因而不能开办；自派官员，而每为该地洋人所不认；自派使臣，而每为该国所不接待。岂果有违公法乎？不过国弱而权不振耳。是中国今日并此主权而失之。曰他国不得在邦国疆内行管辖人民、审理词讼、征收饷税之权。噫，外人之在我中国者，我中国能援此以为例乎！就外国租界而论，不独租界内之事，中国无权过问，即租界外之中国人，亦有恃外人为护符，而难为中国所自治者。其居留之外国人，不受治于中国，更无庸论矣。果能立定宪法，则中国之主权可保守，即治外法权亦可收回。此立宪而可以收回治外法权者，二也。

我中国今日虽未大事改革，然兴学、练兵等要政，亦已极力图维。奈需款浩繁，而来源不畅，又加以历年赔款，为数更属不赀，故一言兴办某事，即因无款而难以措置。朝廷忧之，而不能别开生财之道，于是尽其力以筹捐。夫国民本有纳捐之义务，第以朝廷作事每不能取信于民，而且凡建一事，只由一二人定议于上，民间茫然而莫测其端倪。但闻官府派员四出，今日捐某业，明日捐某行，至此项捐款果作何用，民间皆不得过问。故捐款兴学，民间不知也，以为苛敛；捐款练兵，民间不知也，以为横征。弱者中怀怨愤，而隐忍不言；强者引类呼群，而揭竿为乱。因其反抗而止捐乎？则待款孔殷，势难停罢。因其反抗而杀戮乎？

则起首者未必果属奸民，只以愚民无知，莫喻朝廷之用意，由猜疑而怨愤，由怨愤而鼓噪，遂至敢犯不韪，聚众抗官。近日各处因捐起变者，频有所闻，大率皆如是耳。夫英、美等国之捐于民者，倍重于我，何以其民甘心输纳，皆无异词？即日本此次之战务，用款不赀，何以每一集款，辄过于所欲捐之数？此其中非无故焉，盖英、美、日等国，皆为立宪之国，凡有所举动，必开议院，以公议之议员为国民之代表，国家兴举各事，议员与闻之，即不啻国民同与闻之。民皆知国家之捐款取于民者，仍皆用之于民，故皆踊跃输纳而不之疑。中国无宪法，故无议院；无议院，故财务无预算；财务无预算，故国家岁出岁入之数，民咸不知；民既不知国家岁出岁入之数，故一闻国家开某捐，辄生猜疑而滋怨愤，因而聚众鼓噪，敢为抗捐之举，此势所必然而不能解免者也。倘长此情形，则筹捐既极艰难，兴革一切要政自必诸多掣肘。苟改立宪政体，行代议之制，通上下之情，国家若有所需，先宣告国民以需用之由，使国民咸晓然于国家筹办捐款实为公而非为私，则抗捐为乱之祸必不复作，而钜款且不难立集焉。此立宪而易于筹集钜款者，三也。

呜呼！中国之可忧者多矣，岂止此三事？然此三事实为可忧之大者，盖此三事为一切之障碍。苟祛此三大障碍，则国家之进步无所妨害，中国乃可以不亡。夫祛此三大障碍，舍立宪其又奚由？当国诸公手握调和鼎鼐之权，身担国家兴亡之责，国家之可救与否，只视宪法之能否成立。而宪法之能否成立，其机关惟诸公操之。诸公如果有爱国之心，但能赞成立宪，即为实行其爱国之道。诸公，诸公，夫亦何乐而不为乎？

《大公报》，光绪三十年九月初六日至初八日（1904年10月14—16日）

立宪平议

光绪三十年九月初八日

今天下竞言中国宜立宪矣，而其事未易遽行。在下者言之，则曰：不立宪无以定国是，而一切变法之事皆无所附丽而为；在上者言之，则曰：吾国之民固犹未具立宪国民之资格，不能卒以立宪之权利相许也。是二说者，盖不可以并立，而要皆持之成理。

虽然，以今日之国民，而遽以立宪之治体相待，固未免欲速不达之忧。然因此遂谓立宪之政不适于中国，又岂非因噎废食之论乎？在上者既以无立宪之资格责民矣，而使吾民应之曰：朝廷既未宣布立宪之旨，则更何从成就此资格？反唇相稽，恐亦难于固执也。窃谓此二说者，既各有所根据，若使互执其一偏，而无他说以折衷之，则相持不决，而其结果皆归于不善。其所以折衷之者惟何？则亦效法日本之成案而已。盖日本以东方之古国，首先立宪，前无所承。乃其立宪之初，独能餍全国之望，而不受当时之弊，则其设施之法，可为中国之先导，固无疑也。按日本实行立宪之治，在明治二十三年，而于十四年之时，已宣布国中，定于二十三年改行立宪。今中国之民诚未可骤跻于立宪，而不立宪又万难语于革政，则莫若仿日本之故事，先行下诏，期以十年立宪（譬如今为光绪三十年，则期以光绪四十年）。如此则通国之人，见立宪之政体已定，益知自重其品格，而求所以克享立宪之权利者。此十年之内，常识渐开，旧习渐改，劘励既久，当不难副此立宪国之风。其在今日既以此定国是，又可使一切变法之事，先循此立宪之旨以行，而诸事易举，成效立见，此诚最便之策也。夫日本当明治十三四年之间，举国嚣然，皆以开国会、立宪法等事，期其政府，此时势之所趋，非速允立宪，则众情且未易遏。而当日民智犹未大开，且法国学派盛行，民间颇染其放任之风。以日本之国体揆之，又不得不为审慎。故其朝廷有察于此，即先允改行立宪之国体，以定民志，而又期之十年，以待详酌，即于其间渐采德国之学说，以改其风尚，而其宪政遂以益得其宜。其情形固与中国今日略近也。且中国若期以十年立宪，则更有允协者。盖立宪则必编定宪法，俾上下共有遵守；而编定宪法，又非详稽博考，不足以言修明。今若猝行立宪，则宪法各条，必与立宪之旨接踵颁行，仓遽出之，曷云美备？固不若宽以岁月，使得以旁谘列国，近察舆情，然后勒为定章之为愈也。

又朝廷之在今日，即使允改立宪，亦必有勉强之心；既有勉强之心，则他日恐致名实不副，而立宪之实际愈无后望。今若期以十年，则此诏一下，士论可平，而民气亦静，一二年内异论当息，而朝廷于此即可知立宪一举实为存祚之基，及时行之，更无疑忌。与一旦出于勉强者，其诚伪必有悬殊，此皆合于事势之善者也。而说者又虑立宪之事期以十年，则天下之人仍不措信，而以近日定期废科举一事例之。不知立宪之事与废科举之事异，科举之当废已无疑义，而政府犹宽以三科，此天下所以多异辞也。立宪为大本，不厌求详，虽朝廷期以十年，而天下不宜有误会也。且使朝廷真有立宪之心，则此诏一下，而从此所行之政事，所持之政策，无一不与立宪之意同符，固当有以确立其基础者。况又有日本之成案在前，亦何致遽启群疑哉。至于所以必待十年之故，则不妨以民智未开一语特为声明，使知朝廷非故为延缓，又可因此语而自相黾勉，以求为十年后之立宪国民，不更两得耶？噫！两说不并立，则必有所折衷，而日本立宪之掌故，又为众人之所熟悉，何以持论者皆未尝援以为例也。

《时事采新汇选》，光绪三十年九月初八日（1904年10月16日），录自当年八月十八日《时报》

地方自治政论

光绪三十年九月初八日

今世之稍具国家观念者，盖莫不知国家者，非君主一家之私物，而凡具个人之资格者，皆含有国家之一分子者也。故知欲强其国家者，必非藉少数豪杰英武强毅之威力，而必恃有多数团体整齐严肃之精神。由前之说，举一国之义务，悉待理于一二人。此一二人贤且圣，则其国治；而其人亡，则政息焉。若是者谓之人治国，中国四千年之历史多用之。由后之说，举一国之义务，分任之于一国之人，而君若相第操司法之权于亿兆之上，期与此多数之团体同受保护于法律之下，则虽其人亡而政亦不变。若是者谓之法治国，近世纪泰西各大国通行之。人治国其流弊为专制，法治国其结果为立宪。

数月以前，吾政府亦曾有拟行立宪政体之集议矣。而忧时之士，群以吾国之群治不进，去立宪时代犹远，昧昧行之，或至于凌躐淆乱，不可收拾。即本报亦尝言之。于是地方自治之说，遂为吾人视线之所集，而群谋之所同。盖救今日之中国，如变法、如维新、如复海军、如兴学校，盖已成为泡影之空相。无论不能实行，即行之亦常有不及之势矣。然则舍地方自治之外，诚何以哉？诚何以哉？今请言其求为地方自治不可少之要素如左：

地方自治之解释，盖欲一国之人，各各能自立，各各尽其国家之一分子之义务也。然而，吾国人数号四万万，而纤弱缠足之女子去其半；其余二万万，羸瘠吸烟之病夫又去其半；自余乞丐、盗贼、僧道、纨绔子弟、土豪乡绅、废疾、罪人、优伎之类、逋群之负者，又去其十之二三焉，而其余利群而不害群于四万万之中，殆不及十分之一耳。今欲反弱为强，宜用何法？

曰第一宜研究卫生学也。吾国贫弱之故，坐受缠足、吸烟之两大恶因，而所以致此恶因者，则由于不知卫生之学也。其余如所云乞丐等逋群之负者，大抵皆受其第二之毒者也。今与之研究卫生之功用，使知其症结之所在而痛惩之，否则用强逼之法以威劫之。若缠足之毒，则近且稍为女流社会所痛恨而谢绝之矣。此两害除，而地方自治之基础以立。

由是进而与之言体育之事，凡所谓生理全体之书、解剖化分之学，无不研究焉。饮食之多寡、衣服之尺度、居宅之面积、工作之久暂，无不厘定规则焉。而又防疫也，有法育婴也，有法保产也，有法务使吾国民有康强坚固之体质，而后有活泼进取之精神。否则，形神颓丧，块然躯壳，女性淫淫，鬼气阴阴，一岁之中，饥寒、水火、疾疫、盗贼之不保其生命者，又不知凡几。即与以埃田之乐园，摩西之天国，且不能一朝居，奚暇淬（厉）〔砺〕神智，组织政体，而为一群谋幸福哉。故窃谓求地方自治，必以研究卫生为第一义者此也。

《时事采新汇选》，光绪三十年九月初八日（1904 年 10 月 16 日），录自《时报》

论日本之强

光绪三十年十一月初五日

日本，东海一岛国也。论其疆域，则广不过三百六十里，长不过七千五百里，面积不过一千六百万方里，地方可谓狭矣。论其人民，则全国不过四千五百七十万，畿内人烟稠密之处，每方里约有六千人，东北部户口渐稀，至北海道则每方里只有九十人而已，其民可谓寥落矣。明治以前幕府擅权，国君守府，外患日逼，见欺强邻，国势寖衰，危若累卵。兆姓忧迫，幡然改图，游学欧西，精研其法，上下一德，遂变旧章。政体则立宪，教育则日盛，军政则日精，商务则日扩，物产则日富，工艺则日良。三十年来，推究实学，孜孜矻矻，惟日不足，国遂进于强盛，可与欧西各大国颉颃。

去岁以高丽故，中国东三省故，与强俄开衅，易玉帛为干戈。当时环球各国，莫不为日本虑，虑俄之大、虑日之小，虑俄之强、虑日之弱，一旦交战，胜负可不言而分。乃相持将及一年，日非徒不败，且能屡胜俄人。海军则毁几全其舰队，陆军则几尽夺其所占之地。俄为虎狼之国，欧西各国莫不畏之。乃日以东亚一小国，竟能搴旗斩将，败其海陆之师，何其强也？论者咸谓日本自维新以后，政体则立宪，教育则日盛，军政则日精，商务则日扩，物产则日富，工艺则日良，非此不能收如是之大效。予以为是诚日本强国之道，然其本原则犹非止此也。日之强也，在人人同具忠君爱国之情，无涣散，无乖乱，竭诚相向，同德同心，其视君与国也如性命相系然，离则即不能生于人世；而国家之所以视百姓，亦有生死与共之意，而时廑一夫不获之辜，用能上与下一气相联，固结莫解，振兴百度，无有弗举，改革旧制，罔弗有效也。

余友张君游学日本，近尝贻书曰：日与俄开战后，全国精神益为振起。男子以全力注重军武，尽行者之职；女子以全力注重教育，尽居者之职。数百万之义务金，咄嗟立办。所谓义务金者，捐以为征人御冬需用之名。尝有一老妇甚贫，其夫殁于中日之役，以上抚恤之金，购一约指常带之，以为荣宠。近闻有义务金之捐，即以约指纳之收捐所。收捐所以其贫，且曰：此上之恩赐，记念也。安忍收汝？老妇归，拔刀断其指，复至收捐所纳之，曰：指已断矣，安用此为？乃收之。又有一小童亦甚贫，尝痛恨俄人，而义务金则贫不能纳，乃卖饼于市，日以其所得捐之。此二事者，载之报章，传之里巷，非无稽之言也。观此知日人忠君爱国之心坚牢不可拔，其所以能抵抗俄人者，在此而已。岂徒维新而后奋兴一切之效哉？

虽然，日本之强，其原在人民之忠君爱国，但不先从事于政体、教育、军政、商务、物产、工艺，则无以鼓其志，而奋其神。此所以立国者，仍宜于政体、教育、军政、商务、物产、工艺立其基，而后始足以感发人民，生其忠君爱国之意。若徒高言忠君爱国，而不先于政体、教育、军政、商务、物产、工艺尽力为之，必不能也。

《申报》，光绪三十年十一月初五日（1904 年 12 月 11 日）

论俄拟改法事

光绪三十年十一月十七日

俄日交兵，瞬逾一载。日则独占胜势，大有日见兴盛之机；俄则迭见败征，渐露难于支持之象。论者异之，咸谓：日之疆域广不过三百六十【万】里，长不过七千五百【万】里，固非如俄之地跨两州，广漠无垠也；日之人民全国不过四千五百七十万，固非如俄之地广人稠，生齿繁殖也；日之地势孤悬海中，无甚险要可守，固非如俄之山海深阻，气势雄厚也。两两相衡，日皆似不及于俄，而乃转战逾年；俄人持以全力，竟不能取胜于日。于是推原其故，谓：俄人虽地广人众，险阻可凭，然政尚专制，民多离畔，固不能如日本万众一心，独得人和之要旨。

盖日自明治维新以后，君臣上下力图自强，全国人民同其忠君爱国之情，无涣散，无乖乱，竭诚相向，同德同心，故能民气振兴，咸怀效死不渝之意，前仆后继，勇往无僑。若俄则素重君权，视人民如奴隶，严刑惨罚，务欲压制其自由，以故全国民心骚然不靖，桀黠者结为虚无党，秘计阴谋，时时思倾覆其政府，上之视下也如盗贼，下之视上也如仇雠，而各学堂学生，又时以革命之说相煽乱，一唱百和，蠢动异常，以是疆域虽广而情势则不能联络也，人民虽多而心志则不能齐一也，险要虽可凭而民情诈伪百出不愿为之死守也。有此种种原因，故两国虽强弱大小悬殊，而默揣胜负之数，终在彼而不在此。

迩者俄国政府中人亦深知其故，因之旧京莫斯科城之官绅会议，所拟将紧要事数端，决意更张：一、保护百姓，以免官吏之酷虐；二、将不合律之法废去；三、报馆、聚会及思想，三项均许自由，不复禁阻；四、地方政治，许百姓得以举人公议。夫此数者，诚俄国受病之原，抉而去之，固足为弭内乱之一助。然俄行专制政体，为时已久，贵族势焰凌厉无前，遽谋改弦，断非易事。且此事甫经宣布，尝有西报谓：得俄京电信称，俄之半官报称诸大臣已将决意扶持专制主义之意奏知俄皇，是前此之所谓会议更张者，不过托诸空言，安能见诸实事？欲求如日本之政尚和平，全国皆具忠爱之意，岂可得哉？岂可得哉？

或曰：国君威福自专，固有足以取祸之道，然当积习相沿既久，忽欲浮慕虚名，非特无望振兴，且将益滋流弊。证之前事，亚德珊德重民权，卒取波兰之祸；理查治英重民权，几遭哗溃之忧。是则本无真意，而阳托维新，未有不立见偾事者。不知立国之道，贵审其机。革命狂悖之气焰，故不可令其鸱张；斯民忠爱之肫，诚不可不有以激发。彼日本之战必胜、攻必取，民气日以振奋，国势日以盛强者，岂皆由纵恣其民，任令肆行无忌哉？夫亦以君之视民，既能饥溺与共，时廑一夫不获之辜；民之视君，自能忠悃各抒，俨有性命相依之势。以天下之所顺，攻亲戚之所畔，此中胜败，不待智者而知。左氏所谓“师克在和，不在众”，孟子所谓“天时不如地利，地利不如人和”者，日人其得此意哉！彼俄人之徒尚虚言，并无实意者，当亦知所返矣。

《申报》，光绪三十年十一月十七日（1904年12月23日）

论俄皇变法事

光绪三十年十一月二十五日

日昨本报纪俄皇变法一事，谓现在俄皇已明降上谕，将所拟变法各端详细开列：一、将限禁农民之律并入常律中，无稍歧异；二、设立万民共守之法，上下通行；三、订定肆行虐政者应获之罪；四、准各公堂得自行断案，不受牵制，并推广地方治事之权；五、修订法外之律，以治违犯罪情之敌；六、修订禁止教会之律；七、修订限禁数处属地居民之律；八、修订报律，使报纸得以尽其责任，启发人之学问智识，以为俄国之利。仆综观以上新例八条，不禁喟然曰：俄皇此举，其殆由专制政体而渐趋于立宪政体之意乎？

夫世界万国国势不同，政体亦异，其大要约分为三：曰专制，曰立宪，曰共和。欧美各国，俄与土耳其尚专制，法与美利坚尚共和，其余若英、若德、若意、若奥、若西班牙，皆为立宪之国。说者尤以英、德之宪法为最美。考英之颁布宪法，在中国南宋时，距今将及七百年。至中国乾隆中叶，美、法大倡共和，英几为之摇动，乃壹意修改宪法以防乱，而国本遂臻坚强。德意志联邦在百年以前宪法废兴无定，迨中国同治年间，与法、奥争强，始列邦上下一心，既分立各邦独用之宪法，又合立联邦共遵之宪法，用能民心固而外侮自除。此英、德两国所以名著环球，邦基巩固也。日本明治维新之初，特祭告天地神祇，宣示五条：一曰广开议会，万机决于公论；二曰上下一心，广行经纶；三曰官民一途，下至庶民，各遂其志，勿令倦怠；四曰破旧来之陋习，基天地之公道；五曰基智识于世界，大振皇基。此日本议变法之始。至明治六年确定为立宪政体，命廷臣详细讨论，布之民间，迄今二十年来，民气大和，国基益巩。然则立宪之有益于国家，其效已彰彰如是矣。

俄国自历代以来君权最尊，治尚专制，国中贵族权势甚崇，俄民处此各国盛行立宪之时，不免心生觖望。近得欧西来电，谓俄国各大书院教习及著名博学士均开会集议，声称俄国若不改行君民共主之日，不行君民共主之政，则一日必无安静之望。听者均赞赏有加。观其情势，是俄国人民之欲求由专制而改为立宪，其机已万难遏抑。俄皇深知其故，于是毅然决然特降谕旨，更改法律，以顺民心。吾知此说一布，俄民闻之，当可暂时安谧，不致再有骚动情形。惟细绎俄皇谕中，谓一国必有一国之定律，为立国之本，万无可更者。则虽改订极要之新例时，亦决不能使祖制纷更。又谓无论如何变更，决不能更动立国之定律云云。是则此时之拟改者，不过就现行之律略予变通。若欲求如英、德及日本各国之尽变旧章，别颁新政，尚恐未能骤见施行。盖俄皇之意本不以轻改旧法为然，特迫于民间嚣然不靖之气，不得不虚与委蛇，以弓耳一时之变。

窃为平心论之，俄皇此次谕言，于允许改革之中，已潜寓诿卸之意。其为巧饰，固尽人而知。俄民之能否因此藉息风波，颇难逆料。然以数千年立国之法，果一旦悉与更张，万一画虎不成，亦殊可虑。俄皇之不肯贸然出此深谋远虑事，亦未可厚非。彼世之徒震外人之富强，若欲举全国而悉更旧制者，其亦为俄皇所窃笑也哉。

《申报》，光绪三十年十一月二十五日（1904年12月31日）

立宪法议

光绪三十年十二月二十五日

今试泛论治天下者，将从一二人之私见乎，抑从千百人之公议乎？则必曰从千百人之公议为是矣。夫天下者，非一己之天下，乃众人之天下也。以天下为众人之天下，则君权不宜太重，必与众人共谋之。故古帝王之治天下也，建一策而不敢自私，行一令而不敢独断，必下其议于公卿、大夫、士庶，可则行，否则止焉。昔者舜咨四岳、咨四牧。《书》曰："谋及卿士，谋及庶人。"《诗》曰："询于刍荛，询于刍虞。"三代以上，曷见有专制之政体哉。

自秦始王以无道得天下，废封建为郡县，于是乎君有权而民无权。汉、晋、六朝、唐、宋、元、明乃相沿相袭，奉为金科玉律。驯至我朝，历二百六十余年，卒无人焉操立宪主义，为之改弦更张。是以民权愈杀，国体愈解。昔也日辟国里百，今也日蹙国百里。呜呼！谁实为之，孰令致之，而至于斯极耶？则固由于守专制之政体而不知变故。

不观之泰西乎？夫泰西各国几绝专制之影迹，以故国无论大小，莫不立宪法、设议院，以图议国事。用能合众策，聚群谋，而日臻富强。

试考诸英吉利。英吉利名为君主国，然凡百制度，必经劳尔得士门士上下两院三次会议，而后国君决之。故谋无不当、计无不得，国势日益盛。而亚非利加、亚美利加、澳大利群岛，数百里地，为其所属。夫非立宪之政体使然欤？不然，当纪元百年前，非犹是削弱衰亡之景象耶，岂果威尔斯根能崛起而建不世之奇勋乎？亦由其君之不以政权自私耳。

进而考之美利坚。美国向为英属，自华盛顿立为民主共和国，其国势遂蒸蒸日上。且挟其膨胀力以战英吉利，而英吉利为其摧；以向非律宾，而非律宾为其并。使英王不敢轻视，待以列国礼。而欧洲富强，遂让美人占居优等。此其故何欤？

更进而考之日本。日本当四十年前，其内政之腐败、内乱之猖狂，史策迭见。故英、美、荷诸国得以乘势称兵而摇撼之。洎乎明治维新，废三职八局，置上下议院，使民人得参谋朝政，而文明之进化一新。近挟其膨胀势力，纵横于海上。迄今列强咸羡慕之，谓东方将出一英国，殆不诬也。

夫泰西以立宪而强，是其彰明较著者也，兹不必深论。第以中国苟能行立宪，其利益岂浅鲜哉！试胪陈其概焉。其一，则能使上下相通也。夫中国民情之壅蔽也久矣。自巡狩之礼废，而岁之丰凶，民之疾苦，君不得而知焉。朝廷托之疆寄，疆寄则必待三年而始有代天子巡狩之举，其能洞悉民隐乎？若设立议院，则人人有官守、人人有言责。凡地方治理之利害得失，靡不从议院中直指而出，自可上达帝听，而无隔阂蒙蔽之患。此立宪之利于中国者一。其次，则能使民教调和也。自海禁大辟，中外混为一家，而各省之教堂林立，往往有民教竞争之案。揣其竞争之原因，由于官吏之不善调和者半，由于民教之分太明者亦半。倘设立议院，择华教士之有品行者，并列议员。一遇民教失和，皆可由议院中调停处置，以期达于和平之目的，而息其竞争之祸，则民与教无所藉口矣。此立宪之利于中国者又一。又次，则能使筹款易于措置也。夫练兵为保国要务，兴学为育才要举，皆其所宜亟亟也。然朝廷每苦于筹饷之无术、经费之不足，于是令地方官以杂捐取之于民。而民则曰："是官吏之中饱也。是非朝廷之本意也。"故近日者有因膏捐而拆毁学堂矣，并有因米捐而罢市矣。若设立议院，则议员皆可代表其故而劝喻之，使之踊跃争先，乐于输将。吾知一人倡于前，而群焉和于后矣。此立宪之利于中国者又一。此数利者，皆就其小者言之。若夫其大者，则能公是公非，万人一心，上下同德。以守则固，以战则克。以谋内政，足以泯偏私之见；以谋外交，足以杜贿赂之原。夫岂非独一无二之政策哉！

嗟夫！嗟夫！十九周之世界，智谋竞争之世界也。而优胜劣败、强存弱亡之机关，皆于是乎动。苟欲守专制之旧规，而不易其方针，吾恐民权日轻、民心日涣、民志日懈，而大局有不堪回首者矣。

故近今评论家，有曰："中国之专制一日不变，则革命之风潮一日不息。"旨哉言乎！诚救时之良箴，而渡世之宝筏也。吾闻是言，为之更进一解曰："中国之专制不变，则新政不能大行。然则中国而不欲兴也则已，中国而果欲兴耶，舍立宪其曷以哉！"

《东方杂志》第一年第十二期，光绪三十年十二月二十五日（1905 年 1 月 30 日），录自当年十月初六日《时敏报》

时事杂感

光绪三十一年正月初十日

驰走生 稿

日本自甲午之役，而国势一振；逮庚子之役，而又一振；今战胜强俄，而又一振。我国则反是，甲午一役，败于小国而一蹶；庚子一役，为野蛮之举动而一蹶；今日俄兴师，衅自我起，而我反不能居于敌国之列，战事之结果不可知，恐有一蹶不可复振之势，至可惧也。

日本以岛国而敌强俄，夫人而知其必败。兵力则俄足，战术则俄精，粮糈则俄富，地形则俄利。然而胜败之结果，适相反者。何也？

日本立宪国，而俄专制国也。立宪国为国民战，将士知有国不知有身，故其气胜；专制国为君战，将士知有身不知有国，故其气馁。且日本士卒有普通知识，俄无有也。日本士卒知开战之原因，俄不知也。况乎日本假至仁至义之名乎。说者谓俄之不能敌，日与中国之不能敌等耳。夫我自视较俄何如耳？政体不变，教育不兴（教育之兴，其本亦在政体，此说甚长，当别为文论之），国虽强大，不足恃也。况于不强大者乎？忧国者可以鉴矣。

日俄开战以来，日本国内见于戏剧、图画、新闻、杂志者，传于闾巷者，莫非战事。而形容我国者为最苦，目不忍视，耳不忍闻。书至此，犹隐痛于心也。他国争斗，而我被恶名，其故可思矣。

日本军旅之出发也，举市民送之。恐后其家族之无告者，则有恤兵会；战而胜，则有祝捷会；负伤也，则有赤十字会；阵死也，则有遗族救济会；振旅而还也，则有欢迎会。此外，则购书报以慰其孤寂者有之，集毛布以燠其苦寒者有之。政府则有勋章、有赐金，有奖励之诏、有慰劳之使。其敬爱军人有如此，以此民战，何战不克。

日俄开战，蹂躏者，我土地也；鞭挞役使者，我人民也。日本某报之论曰：

“苟将士用命，所向无前，虽战事绵亘，十年不愁无军费。”日本素患贫者也，而其言如是。然则果何所取乎？辽东要地，以数万人之血交换而来者，甘拱手而让之我乎？我竟靦颜受之乎？纵令如愿以偿，而此战争中之所失，非国民之膏血乎？噫！

我国人爱国心薄，几为地球上所公认，亦何敢袒护。然以是而欲律全国人，不已甚乎。日本之师再覆辽东，士人之畏也固宜，况僻在边陲，非王化所及，而皆无教育之野民乎。今择其战地特派员通信之一二，以告我国民之热血者。手下存此种报纸甚多，译不胜译，且有已经译传者，故不复译，亦不忍译也。其论我士民，不外“朝送俄队，夕迎日军，贪利忘义，摇尾乞怜，气节轻于生命，生命轻于金钱，目中无清国，无俄国，无日本，只一利心而已”等语。且有论及官吏绅商，直举其姓名者，今皆略之。

大兵之后，必有大疫。此吾国所常言，人所共知也。日本政府尤注意于此，故今年传染病反减于平时。东三省遭兵燹，其灾疫传至内地至易，且至难防也。当局者其虑及之乎？

日本在圣路易博览会得大赏牌百六十一、金牌三百四十三、银牌五百九十七、铜牌五百八十五。固由教育实业诸般之发达，亦以战胜之威也。国之不可以不自强，有如此者。而吾国在此会之价值则何如？

《大公报》，光绪三十一年正月初十日（1905年2月13日）

书强华策后

光绪三十一年三月初四日

树不培其根，则叶必不茂；水不澄其源，则流必不清。物理则然，而治理亦何莫不然。今之爱国诸君子，愤国威之大挫，悲朝政之日非，于是各贡所知，以望当道之采择。读时贤之论著，未尝不窃幸挽救中国之自有道也。他如有建言之责、有秉政之权者，今日上一条陈，明日议一法则，其中亦未尝无尽善之谋。即现在所行各新政，其间亦颇多文明之治。然而行之不果效者，何也？盖根本之地未坚，一切皆虚悬而无著。东鳞西爪，半属皮毛；朝令暮更，漫无规制。朝廷屡下恤民之诏，而今政何一不病民？非政之果病民也，奉行者非其人，善政亦为作弊之地。实缘上下隔阂，君民之情谊不通，君太尊，民太贱，为富者介乎其间，专尚压制，大逞威权，益助专制毒民之焰。故虽有极善之法，民间不喻其意，方窃窃以訾议其非。如此而欲国之强，乌可得哉！

今读某君之强华策，见其征引之富，议论之详，洋洋数千言，颇多切中时要。朝廷若果采而行之，其或可稍补于危局乎？然未敢必也。就其所条列者观之，诚足以为图强之策。但以此种种之法，仍责之于沓沓之臣；以此改革之方，仍行之以专制之力。民不喻其意，官不改其常。利在上而害在民，旧弊除而新弊出。即果将此策采而行之，恐仍无异于今之政令耳。然则将奈何？曰：居今日而欲求强国之道，必以宪法为体，而以诸策为用。宪法立，则君民之情谊可通，中间之隔阂尽去。设议院以重政要，伸民气以保国权。发一令，下无违抗之虞；立一法，上获实施之益。政体既定，国本自坚。尚有何策不可行乎？若不揣其本，而齐其末，虽有良策，犹空谈耳。

呜呼！中国之势危矣。会党哄于内，列强伺于外，稍一不慎，颠覆随之。谋国者苟仍以枝枝节节之政，弥缝补苴，瞻顾迟疑，不肯从根本之地着手。则是自强变法，空负虚名；兴学练兵，终无实济。吾恐时机屡失，而外力日侵，将来虽悔，亦无及矣。质之作者，以为何如？

《大公报》，光绪三十一年三月初四日（1905 年 4 月 8 日）

振兴中国何者为当务之急

光绪三十一年三月初九日

史　彬

今夫振兴中国，亦多术矣。其以富之说进者，则曰辟地利也、开矿山也、整顿农商也、研究工艺也；其以强之策进者，则曰精制造也、购军火也、扩充武备也、恢复海军也。其议何尝不是？然而皆末也，非振兴之本也。

居今日而欲振兴中国，采五大洲之良规，抉四千年之积弊，贫一变而为富，弱一变而为强，其必以君主之国而行立宪之法最为当务之急乎。何言之？中国近数十年来，内讧迭作，外侮交侵，当轴者痛定思痛，未尝不举行富强政策以期振兴国家。顾何以日策富强而其贫弱如故，日求振兴而其衰靡如故？此无他，阻力之所害也。且夫为振兴之阻力者有三：

一曰朦蔽。吾闻之膏肓近心而处阨，针之不达，药之不中，攻之不可，二竖藏焉，是为笃患，其今之上下朦蔽之谓乎。中国虽举行新政，无如有名而无其实，大都为朦蔽所坏。厘捐虽定比较之法以杜侵渔，问有涓滴归公者乎？殆无有也。报销虽申浮冒之禁以昭核实，问有出入核实者乎？殆无有也。练兵则虚额而扣饷，问有能简练军实以致士饱马腾者乎？殆无有也。理财则浮滥而虚糜，问有能明晰度支以期风清弊绝者乎？殆无有也。甚至定例愈严，舞弊愈甚，人心日趋于伪诈，积习日就于卑靡，由上而下，由近而远，悉如入十重云雾，而无不以莅官行政为富贵计、为功名计、为身家子孙计，何尝有一国事、民事在其心目之中？以故凡百政事，皆为朦蔽所丛，即皆为朦蔽所坏，而何有于振，而何有于兴？此为振兴中国之阻力者，一也。

一曰壅塞。自古草郁则为腐、树郁则为蠹、人郁则为病、国郁则危乱不禁，百慝交作。乌乎，今中国之郁可谓达于极点矣！上有阏志，下多忌讳。忠言者诬为诽谤，高论者斥为轻狂。　种牢不可破之积习，已足使英雄短气，豪杰灰心。

刿上下之气不孚，君民之情不惬，要皆为官吏居中壅塞。盖自官贵民贱之说起，则上之德不能下逮，下之情不能上闻。更或严刑以扰之，峻法以迫之，纵胥役以勒索之，勤催科以剥削之，而于民业之兴衰，民生之憔悴，则直秦越之视肥瘠，喜戚不形于其色，利害不动于其心。而今之所谓能臣者，则又苛敛商民，只图一己之功名，不顾万民之膏血，民生纵极憔悴，民计纵极艰难，皆壅塞而不上闻。天下乃滑滑大病，民事何由而振，国事何由而兴？此为振兴中国之阻力者，二也。

一曰泄沓。因循怠玩，粉饰升平，为中国独具之特色。有司视典章为故物，而政事多丛脞之端；将帅视训练为具文，而枪械皆游戏之具。况乎举行一事，文移往返，动辄推诿。州县以不敢自专而诿诸府道，府道以不敢自专而诿诸藩臬，藩臬以不敢自专而诿诸督抚，督抚以不敢自专而诿诸政府。此在下之推诿，而美其名曰不敢自专者也。然而政府以不克亲裁仍诿诸督抚，督抚以不克亲裁仍诿诸藩臬，藩臬以不克亲裁仍诿诸府道，府道以不克亲裁仍诿诸州县。此在上之推诿，而美其名曰不克亲裁者也。是故由上而下、由内而外，举行一事，动辄兼旬累月，议论多而成功少，而委靡不振之习气，滂渤郁积，充塞两间，遂至泄沓成风，酿成否塞晦盲之世界。如此而欲振兴中国，何殊胶柱鼓瑟乖其声，北辙南辕迷其向乎？盖宦途之惯技，独有逢迎谄媚惟恐不工，奔走夤缘惟恐不习，而于分内应尽之义务，则皆淡焉而不加察，茫然而无所能。故治国而国遭其殃，临民而民遭其毒，而天下遂无振兴之望。此为振兴中国之阻力者，三也。

然欲除此三大阻力，则非亟行宪法不为功。盖宪法为振兴邦国之本，举君国之威权，人民之义务，立法司法之权限，行政参政之机关，胥受成于宪法。宪法实国家之精神，而治平之模范也。人第见泰西各国上和下睦，上安下全，析上下之人，任上下之事，而上下各尽其义务，办事不相推诿，上下各安其权限，治事不相朦蔽，以为别有振兴之策；而不知其振兴之根源，实出于宪法之组织。盖自有宪法，而后君民上下之伦，礼、乐、兵、刑之政，胥服从于宪法之下，范围不过，曲成不遗。有议院，则君民之气以通；无弊政，则朝野之情以惬。遂致和亲康乐，事无偏举，功无不成。此宪法之于国家所以有密切之关系也。

况以中国情形而论，有宪法以维持，则大经大法之昭垂，悉无偏无陂之绳度。由是而用宪法以肃官箴，则理财者不能营私，任事者不能舞弊，树惠伐顽以昭其向，修轨辨物以闲其恣，朦蔽之阻力可祛矣。用宪法以开议院，则君民上下无隔阂，权利义务无混淆，内外由是一心，遐迩由是一体，而壅塞之阻力可治矣。用宪法以布国政，则振天下之聋聩，洗天下之颓靡，图治之政法一新，尚武之精神一振，而泄沓之阻力可除矣。然则无朦蔽、无雍塞、无泄沓，而中国之积习犹不能变者，非所闻也；中国之政策犹不能新者，未之有也。

不特是也，中国之所以不振者，其病尤在乎上下之睽隔、内外之涣散，萃什百亿兆之众，咸无忠君爱国之心。一旦设立宪法，而后保护人民之利益，则人民之对待国家，自无不尽其忠诚而以勉其义务，则民心既团结而不涣，国势自坚固而不摇，此实振兴中国之绝大关键也。故其报国之义务，关系宪法之大者有二：一曰服兵义务，一曰纳税义务。

何谓服兵义务？中国之风气，向来重文而轻武，人皆视当兵为贱役，用是兵气不能振，国势不能强。然世界之竞争日烈，非兵不能卫国，有国岂可无兵？在昔西国驱民为兵，人亦视为贱务。自宪法明定服兵义务，民遂视兵为本分，无不以冲锋陷阵为荣。如德国现行宪法第五十七条云：德国臣民均有服兵之义务，此义务不得以他人代之。普鲁士宪法第三十五条云：兵者总括常备、后备诸部，国王于战时可依法律募集国民为军。他国宪法皆略同。上既视为国家之干城，下遂视为国民之责任。盖自宪法均上下之利益，人皆知卫社稷即以卫身家，相率急公仇而缓私仇，先国事而后家事，视国敌为天下之公敌，视主忧为天下之同忧。中国诚颁行宪法，则孟子所谓“乐民之乐者，民亦乐其乐；忧民之忧者，民亦忧其忧”，何难复见于今日？此可见宪法行，而民知服兵义务足以振兴中国者大矣。

何谓纳税义务？有国不能无费。内政有费，外交有费；经常有费，临时有费。用一国之财力，供一国之度支，例必征税于民。然中国之民不明纳税之义务，动辄蜚言四起，酿成乱阶。上既不知为民兴利，下亦不知为国捐财，是惟宪法足以启其迷。义大利宪法第二十五条云：凡国民，各从财产之比例纳税，以供国费。普鲁士宪法第一百一条云：国税不得特免。德国现行宪法第五十八条云：供帝国陆军费之义务，联邦各国及其人民平等负之，不得畸轻畸重。于是，民心既重宪法，遂重宪法所责之义务，而无不奉上急公。吾闻西一千八百五十四年，法国拿破仑第三因用兵而筹饷，下令募民债金钱二亿五十万佛郎，而国民请纳四亿六千万。翌年，复下令募民债金钱七亿五千万佛郎，而国民请纳三十六亿五千万。其人之急公好义，上下一心，要皆宪法以纳税为义务，用能鼓励其爱国之心。今以华人之鄙吝，非亟颁行宪法，则上必不能为民兴利，下必不能为国捐财，安有振兴国家之一日？此可见宪法行，而民知纳税义务足以振兴中国者大矣。

顾或谓宪法行，恐损君权，故中国不敢行。不知以君主之国而行立宪之法，非特无损于君权，而并有益于君权。何则？宪法倡立于君，君以宪法为范围，而即以范围天下；君以宪法为限制，而并以限制万民，非君主无改订宪法之权，非君主无施行宪法之权。而其国之三大权，则行政权独操于君主；立法权虽分掌于议院，而实君主所自分；司法权则分界于法官，而亦君主所特畀。非民所能干其事，非民所能参其权。故立宪之君主，巍然为一国之表，赫然称万乘之尊，悉与专制无殊，何与君权有损？况宪法之重尊亲，又为习惯之公例。如奥国宪法第一条云：皇帝神圣不可侵。义国宪法第四条云：国王神圣不可犯。比国宪法第六十三条云：国王之身不可犯，且无责任，责任由大臣代担。他如英国之法典、普国之宪法第四十三条、荷国之宪法第五十三条、丹国之宪法第一十二条，言国君之神圣为众人所尊亲，义例皆同。而日本宪法第三条，亦有天皇神圣不可犯之语。是可见一国之中，君体独至尊无上。即一国之内，君权更独立不羁，敬之如天帝，爱之如父母，实国民应有之义务，而宪法最重之精神。是宪法行，则足尊君权以振兴中国，而或谓与君权有损，则谬矣。

或又谓宪法行，恐启民权，故中国尤不敢行。不知宪法之纲领在乎均民之利益，而实无太阿倒执之虞。况其予民以利益，亦于保护之中，仍寓限制之义。不特集会自由有限制，而出版自由亦有限制；不特迁徙自由有限制，而尊信自由亦有限制。如以集会自由而论，苟其无所限制，则联盟结党，聚众为非，流弊何堪设想？故普国宪法第二十九条云：凡普国臣民，不带凶器而集会于公众所不滥出入之地者，皆具自由之权。第三十条云：苟其目的不背刑法之旨，即可结立社会。然则不带凶器可许自由，带凶器不许自由明矣；不背刑法可准结社，背刑法不准结社明矣。是集会必有限制。推之出版自由，必以守法律为断；迁徙自由，必以守忠信为衡；尊信自由，必以不妨秩序、不紊纪纲为主。而无一事可纵其欲，而无一人可徇其私。然则中国苟行宪法，则足杜犯上作乱之萌，而驯致国泰民安，上下各尽其义务，人心由是而正，风俗由是而纯，复何虞篝火之鸣？复何虑揭竿之乱？是宪法行，则能抑民权以振兴中国，而或谓与民权有逞，则误矣。

且夫宪法者，全国之法典所在，即全国之利益所在，君与民实共享其成，而无偏无倚者也。况乎全球政体不外三种：曰专制，曰共和，曰立宪。专制者，君权过尊，而民情不免壅塞；共和者，民权太重，而政柄未免下移。独以君主之国而行立宪之法，则有利无弊，推诸万世而可行。是故中国苟行立宪政体，不特新天下之耳目，振天下之颓靡，而且设官分职、行政临民有宪法，则各如其分际，各尽其义务。是不啻鼻之司嗅、耳之司聪、口之司味、眼之司明、肺之司呼吸、肢之司运动，各尽其当行之责任，政治自无不肃，国势自无不兴。而其于人民之利益，则又曲加体恤，非官吏所能抑勒。如英国大宪章第三十条云：地方官不经主人许可，不得使用良民之车马。则民无捉车封船之累矣。英国权利法典第四条云：于国会所许之外妄征租税者，以违法论。义国宪法第三十条云：非两院议决及国王许可，不得赋税。则民无横征暴敛之忧矣。英国权利法典第五条云：凡人民对于帝王，有赴诉鸣愿之权，因其赴诉鸣愿而锢之者，皆以违法论。则民无负屈含冤之弊矣。而其通上下之气，达上下之情，尤莫善于议院。盖有宪法，必有议院。议院之监财立法，遇事皆采诸公论，无不一秉大公。此尤足剔除中国之弊，振兴中国之势，而为富强之绝大根源。然则中国苟行宪法，实上下交益之法。国家遵其法以保护人民，斯尽国家之责任；人民遵其法以捍卫国家，是为人民之义务。故虽堂廉高远，而有宪法以维持，则朝野一心、遐迩一体，而国与民之关系，遂有联络如一之势，而成固结不解之形，此立宪君主之所以强也。

吾故曰：居今日而欲振兴中国，采五大洲之良规，剔四千年之积弊，贫一变而为富，弱一变而为强，其必以君主之国而行立宪之法最为当务之急也。世有深明大体者，当不河汉斯言！

《大公报》千号增刊，光绪三十一年三月初九日（1905年4月13日）

振兴中国何者为当务之急

光绪三十一年三月初九日

效　灵

可喜哉！吾中国为天下最富之土地。可喜哉！吾中国为天下最强之人民。

何言之？天下五洲之大，以亚地为最富；亚洲数国之多，以中国为最富。海岸线延及七省，矿产土货遍于全国，地理其富矣哉！就种族言之，天下五种相较，以黄种为最强；支那种与西比利亚诸种相较，以支那种为最强。其文明发现之早，其性情坚忍耐劳，亦为天下所共认。然而奄奄如今日，反侪于天下最贫最弱之国之列。呜呼，岂地理之咎哉？呜呼，岂种族之咎哉？

十九世纪以前，欧西尚认中国为平等之国。自甲午之役，而法人病夫之喻起矣。自庚子之役，而西人瓜分之手段实行矣。今之所存者，不过所谓“体面”二字而已。其待我，不啻如印度、如土耳其，且将如最野蛮之阿非利加。事机日迫，捷足先登，驯至意、奥、比、丁亦思染指，路、矿、兵三大权，岂复为我有哉？又何平等之可云信哉？达尔文之言曰：天下有强权，无平权。

惟民与国有密切之关系，而痛国权之旁落，反较政府为尤深。故政府受创一次，民智骤升一级，民智恒与政府成反比例。即最近言之，自甲午而后，维新诸志士即以变法倡于天下。其内容不敢议，即一方面观之，未始非我同胞雄飞之先锋也。然未免操之过促，于是有戊戌之一挫。至庚子而后，民智愈升于高度，政府之专制手段无所施，不得已与民委蛇，渐反戊戌之政。

愤时者曰：今之变法，徒形式耳。而我则曰：形式不存，精神安附？天下安有无皮肉之魂魄，无毛羽之飞走者哉？今既形式粗具，可进而求精神。精神为何？曰：予以人权而已。

今之执政者，动曰无人才，无人才。无人才者，不可予以人权之谓也。而岂其然哉？不观夫一姓之兴，其开国之元勋，无非胜朝之败将，岂其人后先顿异乎？亦在用之者能尽其长耳。今强国并立，瓜分之惨，惟实施于无形，终不敢先发其难。日俄之举，列国知难矣，以瓜分告政府，政府且视为乱言而不之信。岂真不信哉？以为无失我富贵即得计也。然而民智不可遏也，其弱者隐忍，而强者思乱。自粤西之乱一起，民气又为之一变，衮衮诸公独不畏乎？与其压之而愈激，何如奖之以造福乎？奖之之道奈何？曰：予以人权而已。

今中国待治者，千端万绪，言不胜言，书不胜书，必曰予人权者，何也？盖庶事之兴废，胥视人权之盛衰。今中国不欲兴则已，苟欲兴之，非以人权为基础不可。固非谓人权可赅夫庶事，实庶事必本乎人权。

欧洲所谓文明之国，其所以保人权者约有二端，一曰参政权，一曰自治权。欲予民以参政权，非改立宪法不可；欲予民以自治权，非扩充商会不可。

今中国之所以受外侮者，以无治外法权也。欲收治外法权，必自立宪法始。今中国之所以不能胜欧者，不能合大群也。欲合大群，必自开商会始。是二者，又不惟自立，且可对外也，可缓为哉？

虽然，斯二者人固多论之，且胥闻之矣。或病其泛而不切，驳而不纯。今特参中外名家论说之最足启发我国听从之要点，综以时势，组织成篇，以为我上下之晨钟，可乎？

宪法者何？欲启国民爱国之心，而保民之参政权也。世界之政体有三大别：曰君主专制政体，曰君主立宪政体，曰民主立宪政体（即共和政体）。今世之强国十数，除俄罗斯为专制政体，美、法为民主立宪政体外，自余皆君主立宪政体也。然则君主立宪者，政体之完全无缺者也。中国不幸而为专制政体，自十余年前，志士即以变政倡言于下，无如执政者以为不利于己，必多方遏之。自癸卯、甲辰间，执政者知专制之不可终其位也，于是立宪之机始渐露于上矣。终狃于俄强之故，遂渐以息。今自日俄交战以来，日屡胜，俄屡北，且内乱迭兴，是胜负之数实寓于政体之中，虽结果不可逆料，然俄必至一蹶而不起。殆至俄蹶，而我政府始翻然改计，不亦晚乎？今为政府告曰：今之世界，实专制、立宪两政体嬗代之时代也。征之列国，知世界必同归于立宪而后已。昔十九世纪以前，欧洲各国，除英国外，皆专制也。压之既极，而法之大革命起，遂波及全欧，民间求立宪者比比皆然。俄、普、奥三帝结盟，以制其民。以奥相梅特涅之狡悍，卒不能敌。至十九世纪后半叶，而全欧皆立宪矣。尚余一土耳其，奄奄一息，其地图之易色，即在旦夕。尚余一俄罗斯，又有近今之效果。专制之苦一至于此，执政者容何乐耶？

即今日各国之迁变，可判为四等。一为普、奥、日本诸国，君安国靖，兵气不兴，而享立宪之福者，此顺时而变者也。二为法国及南美洲，君不肯立宪，民迫而自立，由铁血而以易立宪之福者，以民智而变者也。三为俄罗斯，民知立宪之美，君主不许，而民人无力革命，此不能享立宪之福者也。四为印、波、安、韩诸国，上下昏昏，百政泯泯，君民皆不知立宪为何物，此直不知立宪之福者也。即此四端，孰优孰劣，何去何从，岂待智者而后知哉？夫奥、普君相，未始不以立宪为不利于己而死力争之，及立宪之后，非惟无害，大利存焉，未必不悔改革之晚也。然愈于法路易十六之虽悔无及者多矣。今中国学堂遍天下，苟欲养成国民奴隶之性，则已而不能也。数年之后，民智全开，苟其人有爱国心，而知西国富强之所由致者，未始不以立宪为立国之第一要义也。学堂中多一少年，即国民中多一立宪党，将来之必向政府力争立宪，有断然者。与其今日沮之，俟后起者与吾为难，何如自我图之，犹能诩先辈见几之早之功乎？欲保其高位而得美誉者，其熟察之。（此专就立宪与政府之关系而论，冀易听闻。至立宪之有益于国者，有宪法专书在，不赘及焉。）

商会者，何坚国民合群之力而鼓国民自治之权者也？西人为国之政体有二端：曰中央集权，曰地方自治。中央集权者，一国之政府，综揽一国之大事而画一之是也。地方自治者，自一省一府，以至一乡一里，各合其力，以办其所应办之事是也。二者如辅车相依，缺一不可者也。就万国而比较之，大约自治之力愈厚，则国基愈巩。何以故？盖国者，积民而成者也，积乡里而成者也。如人身然，五官百体并为心用，方为完全之人。一官不灵，一体不动，尚得为完全之人哉？国亦犹是耳。虽然，自治权者，非可一跃而得也，恒因其历史之习惯，积而后成。故法人以雄杰急进闻于世，而其自治之力尚未为完。日本行宪法数十年，而自治之力尚不及英。自治者若是，其难哉？惟我中国数千年来独具自治之特质。每乡有乡约，有事集绅耆而议之，一地方之议会也。议决付里长而行之，一地方之行政官也。乡间有讼狱，可解则共解之，非大事不入公门，一地方之裁判也。有需财力者，则集乡人共纠集之，一地方之租税也。有警则自办团练，一地方之兵制也。大之则一省一郡皆有会馆，一行一市皆有公所，又自治之中央政府也。是此自治之特质，已驾东西各国而上之，特具体而微、习焉不察耳。今政府特立商部，又饬地方各立商会。我国民正可际此以求进步，故曰当扩充商会也。即今当急扩充者，约有二大端：一曰自治之力，一曰联络之法。

所谓扩充自治之力奈何？今我国之弱、外患之亟，夫人而知矣。即今不能自强，后悔可忍言哉？夫民之所以为民者，赖有政府为之保护耳。我国虽于保护之道多不完全，而民尚得藉国旗之虚声以自立。若至国旗不有，势不至如犹太人不□不见。夫犹太之人乎，富商甲于天下，而无国可归。在俄者俄斥之，在欧者欧逐之，颠沛流离，几不能自存于天壤。此犹他国之事，或知之不审。近自辽东开战以来，民为中立，地为战场。俄来索偿，日责犯法。近以俄人贩牛之故，奉省牛行竟认赔四十八万元于日矣。我国之民而见罚于他国，尚得谓之国民哉？且日人之遇我民也，不曰亡国之余，即曰丧家之犬。日人以仁义之师自诩，以种族之战自矜，而遇我尚若是也。若遇他国，堪设想哉？然则今日奉辽之民，正可为全国之殷鉴也。夫虎豹虽厉，人能玩之；蜂蚁虽微，人或畏之。无他，能群不能群故也。一丝易断也，一矢易折也，若合千万丝而为绠，千万矢而成束，刀或顿焉。今我民苟以自治之特质，即商会之基础扩而充之，即俨然一民政府也。合国皆以通商为主义，其藉力于吾商者为多。见侮于人，实先自侮耳。若见为不可侮，敢不礼遇哉！至于自侮不自侮之原因，实即能群不能群之效果。苟能联为一气，利权之失，则合全会之力以争之；外侮之来，则合全会之力以御之，未有不能争、不能御者也。诚能如是，朝廷苟自强也。内而可辅政治，外之可佐邦交，即有不幸，亦可退而自立，必不至如犹太人也。

所谓扩充联络之法奈何？中国虽富于自治力，规模甚狭。此行对于彼行如陌人也，此县对于彼县如陌人也，极而至于一府一省，莫不皆然。不独商民然也，即大吏之政治亦莫不然。此甲午之役，日皇所以谓中国虽大，不过二十余小国耳。所以北洋之败，南洋不曾援手也。兴言及此，羞莫大焉。西国反是。其各乡各邑之自治，规制划一。通国皆联为一气，散之为百体，合之成一身，故能成大业、争大利。今中国既兴商会，自当以规制划一，无任纷歧始。同一中国之银圆也，而北洋之铸不能行于南京；同一中国之银圆也，而此地之平不能符于彼邑。自既纷歧，利斯外溢，此各国银行之券所以通行于中国也。此犹对内之说也。至于对外之事，端绪纷纭。其事既繁，斯费亦钜，其所需者，固非一人一行所能举。（如巡舰、邮船、银行等）此联络之法尤当亟亟者也。夫一家置一更夫，有盗亦难抵御。若百家共置二十更夫，则盗不敢正视，而其费且俭。此虽细事，大事亦犹是耳。所联之人愈多，则所办之事愈多，而所以自保者愈完备。出资有限，而受益无穷，我国之民奈何沾沾于旧习而不猛省哉？

以上二端，实今商会所当留意者也，尤莫谓商会为非急务也。不见夫英之灭印乎？英人以七万镑金之商会规抚全印，至今英王帝五印焉。其余如香港、奥、斐诸岛，其始战亦皆商会主之。今英人辄曰：日所照处皆翻英旗。世皆羡之。岂知其开辟之功，商力十居八九？我同胞素以善贾闻，若急图改良，则将来之势力岂逊彼哉？

而今之谋国者佥曰：练兵，练兵。乌乎！兵固一日不可废，奈何亟亟若是哉？昔李文忠之使欧也，问治国之道于德相俾士麦，答曰：我德所以强，练兵而已。今中国之大患，在兵少而不练，船械窳而乏也。若留意于此二者，中国不足强也。嗟嗟！亡中国者，必此言也。奚以知其然也？昔土耳其以陆军甲天下，俄土之役，五战而三胜，不可谓兵不强也，而卒不免于今日。而美国兵不满三万，号称强国。若是乎，国之强弱在兵，而所以强弱者，不在兵也，昭昭矣。中国上下睽隔，譬犹病夫之手足不仁。不治病夫之病，而责其手足之不仁，日以弓石授之，不速其死乎？然则俾相何为此言？盖利吾练兵，而货其枪炮，聘其将弁耳。且能收我兵权，而涣我民气。非吾之好为苛论也。《西铎》者，英儒李提摩太所著者也，《西铎》有曰：西官之为中国谋者，实以保护本国之利权耳。又曰：西人之见华官，每以谀词献媚，以骄其自以为是之心，而坚其藐视新学之志，必使无自强而后已。恫哉言乎！只言练兵，而以俾相之言为藉口者，盍取《西铎》而读之？

既言练兵，必先筹饷，二者固相系之事也。且举行新法，在在需财，于是谋国者竞言筹款矣。乌乎！筹款者速其自亡之道也。中国自甲午以后，司农告乏，政府皆以理财为急。于第一次，则云息借商款，卒之不惟无息，本钱亦亡，只以封典虚衔折之。于第二次也，使各省摊偿洋债。于第三次也，设昭信股票，名之曰昭信，而究竟又与第一次等。于第四次也，则使刚毅南下，致中西报纸纷议之，民变蜂起，粤西之乱实原于此，而反縻钜款，至今未靖。于第五次也，使铁良南下，民怨尤深，至有轻生愿行刺者。今直隶又有所谓公债票者，殆第六次也。挨县强派，未见踊跃。然则筹款也，亦大难矣，且不止于难也。民心久涣，黠者见几思逞，恐将来之祸，殆不止一粤西也，岂忍言哉！

夫筹款之艰若是，民其贫乎？非也。即天津而论，庚子一役，财产劫丧大半，较他处为尤甚。而一曰立学堂，开工场，兴办者不啻数十处，岁出款不啻数万金。此款从何而来哉？无他，民知此举之有益于国、有益于民，乐争输之而恐后。政府之筹款虽亦为民办事，而无出入及预算等表，此筹款之所以难于西国，此筹款之所以易激民变，理固然也。然则即此一端，可知练兵、筹款非要端也。若能改立宪法，广立商会，提倡而扩充之，则民知民之义务。欲举一政，上下议之，议决然后行之，民皆知此事之有益于已，自必奋跃争先。民皆兵也，民之财皆款也，又何必急于练兵，急于筹款也？若仍拘墟旧见，以压制为能，以剥削为事，徒使我四万万健壮之同胞守二十二省丰饶之土地，以贫弱终也。不重可悲哉！不重可悲哉！

《大公报》千号增刊，光绪三十一年三月初九日（1905年4月13日）

日俄战后中国所受之影响若何

光绪三十一年三月初九日

信　民

日俄一战，其为二十世纪全世界之问题，至为复杂，不可殚述。而问题之最切近、最重大、最剧烈者，则惟中国。盖所有一切之大问题，皆与中国有影响焉。故论其事者莫不为中国危，为中国惧。以为今日之战，名为日俄，而事之原因，实起于中国，则其结果必归本于中国。理势固然，似不必论其谁胜谁负，而中国之土地、之人民、之主权、之利益，必尽落于他人之手，而因以亡中国可无疑矣。虽然，未可一概论也。吾尝研究战后之问题，而得三大解释焉，曰亡中国，曰分中国，曰新中国。

亡者何？俄胜是也。今之俄，古之秦。其贪忍残暴，久蓄蹂躏全球、并吞欧亚之野心。一旦胜日，微特满洲一隅无中国人立足地，即黄河以北，必尽为哥萨克铁骑之游弋区，为斯拉夫人种之殖民地。夫以虎狼之俄据我上游，成高屋建瓴之势，中国之亡已可立待。又况俄必延长西伯利亚铁路，遍及内地各行省，以攘我利权、吸我脂膏、奴隶我人民。推其祸患，不使我为波兰、犹太而不止。呜呼！吾无复可言矣。

分者何？日胜是也。日本开战之初，原以保全中国土地为名，则满洲之地于名义上或仍还中国。然虑中国不足以守之，则必开为万国公地，而另索报偿于我。其报偿之要索，断在扩张福建全省以外之势力，有识者已料及之。然即此一端，中国瓜分之问题，遂不得不于斯役取决。数年来，俄以全力经营西伯利亚铁路，以连络满洲，久视满洲为己有。故于旅顺、大连湾修造船坞、炮台及诸战备，糜费钜万，绝无顾惜。原为取偿于满洲，以制我死命。今不幸而失败，百万金钱，数年精力，一旦付诸流水，转遗日本以莫大势力。吾意俄人于此断不甘心，势必图逞于蒙古、西藏、新疆，以雪其耻而偿其负。允若是也，列强必务均势力，各于其势力所及之地割据之，以思抵抗。于是，德则割山东，英则割广东及长江一带，美、意诸国亦必各张爪牙，脔我膏腴之一土，以饱其食欲。举向之所谓占领，所谓租借，所谓毋让与他国，所谓势力范围圈者，今则公然而瓜分之，而为各国长子孙、聚国族之乡里。呜呼！河山依然，主人忽易，起视华人，除佣役、伺候、向导、运送外，将无一人足以自立。不待十年，我蚩蚩华人，必胥沦为饿莩，以乞食于路。不待百年，将侪于黑种、红种、棕色种之人之列，同循天行之公例，而靡有孑遗。可不惧哉！可不惧哉！

虽然，此战也，何战也？欧亚两洲之战也，黄白两种之战也。欧洲胜乎，亚洲将无国；白种胜乎，黄种必无人。以地理、种族上之关系言之，吾人不能不表同情于日本。以故开战以来，每闻日本战胜，莫不欢欣鼓舞。以为近数十年，凡亚洲黄种人与欧洲白种人相遇，大抵皆摧折败北，今何幸日俄一役，俄人屡战屡蹶，竟使赫赫积威扫地以尽，此役诚为创举。不知日立宪国也，俄专制国也。专制国与立宪国战，立宪国无不胜，专制国无不败。考之近年战史，如普法之役、美西之役、中日之役，皆是也。是日之胜，固有所以胜者在；俄之败，亦有所以败者在。我若思其所以胜、所以败，而一筹其政策焉，斯即所谓新中国之要道也。

英人亨利那曼氏之论斯役曰：俄之败，俄之福也。盖谓自兹以往，俄之君臣惩前毖后，则千年专制之弊政，必大加改革，面目为之一新。吾亦谓，中国政府若能鉴于俄人所以致败之由，改革弊政，则俄之败，又中国之福也。盖自十九世纪之末，专制政体之国，久已不容于世，所余者，惟俄与中国。夫俄强国也，与日开战，列强犹以为必败。岂不以俄之民日束缚于专制压抑之下，无爱国心，无战斗力，故较日本为易与乎？况中国素为积弱之邦，倘仍守专制而终古，则灭亡之祸当不旋踵。设今日改行宪法，速与天下更始，则中国前途或有几希之望。盖列国之望我改制，已非一日。今果实心变法，外人亦乐与有成，而亡我分我之谋庶几稍后。然非必外人之果爱我也，实冀中国若强，则列国之在东洋者，或得势力均平，永保和平之局。此日本维新，欧人所以多赞成之者，盖以此也。由是观之，俄人一败，天直不啻以立宪良法美意特予于我。我之君若相果顺而受之，则东海之上，喜马拉亚山之北，不及十年，必有（斩）〔崭〕新之一国出于其间。此新中国之上策也。

而不然者，当兹民族盛行时代，民权自由早膨胀浸渍于国民之心、之脑，上不新民，民必自新。倘日俄战后稍有瓜分行动，则各省自立者必相继而起，此亦新中国之一端也。然而，五印度争立之祸去不远矣。抑或日本乘胜迫我皇上亲政，颁行宪法，助我以新中国，亦在所不免。若果，则一切政治权、教育权、练兵权、财政权，必自日人操之，我将不自由、不自主，徒居于受人保护之国之列。如是而中国虽新，尚得为中国人之新中国乎？诗曰："天之方蹶，无然泄泄。"吾愿有新中国之责者，毋迟疑顾虑，以失此生死存亡之大关键也，则中国四万万人幸甚，幸甚！

《大公报》千号增刊，光绪三十一年三月初九日（1905 年 4 月 13 日）

振兴中国何者为当务之急

光绪三十一年三月十七日

何瑞堂

呜呼！中国哉，外侮日亟，内讧迭起。举中国土地之大、人民之广，将无以立国，将无以驻足，将无以保种。兼之弊政丛生，百废莫举。官则嬉戏而无救败之才，民惟拘愚而鲜谋生之术。各国则虎伺其傍，已兆瓜分之局，将束手以待毙欤？智者曰：欲保中国，非设法振兴不可。何为振兴之道？变法是也。

政府初则疑惧，不知变法为何事。嗣见国事日棘，庚子之役，举为他国所侮辱而不堪，不得不勉强变法以尝试。外国有议院也，设政务处以议政；外国有学堂也，设大学于京师，以风示各属，复设学务处以统全国学务；外国之兵强于我也，设练兵处以练兵；币制不修也，设财政处以理财；商务败坏也，设商部以兴商。他如筑路、开矿、邮局、电报，尽外国所兴，一一仿而效之。智者喜曰：吾国既得振兴之法，则富强可致，将见出而与列国并驱，永免外侮，可为我中国贺矣。乃观之时局，则大不然。

俄占辽沈，退兵无期。忧国者议曰：三省不还，京津难守。大局震动，国亡无日矣。继而日俄交讧于辽沈，议者曰：京津密迩战疆，战国若扰及于此，势如反掌，国亡无日矣。今也俄兵北去，旅顺、辽阳、奉天、铁岭等处，尽为日本所有矣。议者曰：日俄之胜负既分，日则无论矣，彼俄损兵马、费钱粮，见笑友邦，贻羞万国，势必取偿于我，以泄其愤。若俄一举足，则内外蒙古、新疆诸地非我有矣。边疆既陷，则秦、陇、晋、直亦必瓦解。大局既倾其北，列强亦必因之扰乱于南，国尚可存乎？果尔，俄以我不守中立，列款诬我，某国则驻重兵于龙州，某国则调兵于胶港，待机而动，迫若燃眉，危哉！殆哉！国亡无日矣。再不变法，吾不知死所矣。

政府闻而骇然曰：国家于变法之策，讲求非一日矣。国之亡也，时势使然，不变亡，变亦亡耳。不习大势，徒咎不变法，何不察之甚也？愚闻而议之曰：夫变法之道，在变其当务之急。本不立而道不生，譬之建屋，屋基不坚，虽有良工美材，其不遇风雨而倾圮者鲜矣。中国当务之急，在变其政体。今立宪政体通行全球，惟我与俄尚为专制。俄之强也，地跨两大洲，控弦五百万，而不敌三岛之日本，君悉其故乎？非俄之败于日本，乃专制败于立宪耳。政体不变，无论所变何法，法愈变，其弊愈深，害益烈，而国亡愈速。试就吏治言之。

学堂，强国之要途也，而必领以道府，今有布衣深悉学务可任之乎？曰：不可，非政体。然则道府果悉学务者乎？曰：不知。然则何以必委之？曰：非道府，则学务处不准耳。夫不习其术而使为之，其不愈滋纷扰、百弊丛生者鲜矣。非惟此也。练兵必委宿将，新学之人无与焉；政务必嘱大老，新学者不得闻。夫与利刃于木偶，欲其摧坚而御敌，岂可得哉？尝闻夏菽帅在赣抚任内，委一秀才统领水师，周护抚以非政体罢之，不问才之胜任与否，而罢以非政体。政体所重，固不问其胜任与否乎。外交，大政也，而不知各国之名者任之；司农，理财之专官也，而不习加减乘除之术者当之。种种异相，不堪枚举。而若辈则扬扬自得曰：我国之柱石也。而不知智者方忧心如焚，四百兆同胞恐为此柱石所断送也。而政府方倚之若手足，待之若腹心，谁敢劾而罢之？各省大吏之升迁降革，惟政府之喜怒所司，欲集众以定其优劣，以决其去留，不可得也。暗无天日，未有如专制之烈者。若辈不去，而思变法以强国，是豺狼当道而问狐狸也。

总之，振兴中国，变专制为立宪，实为当务之急焉。

《大公报》，光绪三十一年三月十七日（1905 年 4 月 21 日）

振兴中国何者为当务之急

光绪三十一年三月十九日

唐荫清

噫嘻！中国之孱弱将何所底止乎？疆土任外人之割削，利权任外人之侵渔，政事任外人之干预，君官士庶任外人之欺凌。国势棼如，几有不可收拾之势。欲化弱为强，非变法改良，则无以自振也。

庚子后，朝廷特下明诏，变法自强，诸大臣从而赞襄之，立意诚美。由今观之，学校立矣，商部开矣，垦务兴矣，矿局辟矣，警察建矣，乃法虽日变，而国势毫无起色，岂法之过乎？抑以变其皮肤，未定宗旨，则其铺张一是，虽为法之所宜行，以无相辅以行之。宜行者，适成皮肤也。况所铺张者，无一不费国帑。宗旨未立，则岁糜数百万，不第不能强，反以致弱也。此宗旨不可不急讲。宗旨何在？惟立宪是。宪法一日不行，国势一日不振。从来朝廷有事，惟执政诸公得参，职稍微者不与焉，士庶更无论矣。执政者本无远识，非循例则循情，士庶每訾其不公，訾则怨，怨则离，离则无复有振兴之气矣。遇有交涉事，外人以挟制而来，恫吓之词，无所不至。执政诸公，既失未雨之绸缪，又乏临时之断决，亦惟觳觫听命，苟且求全而已。至于辱君辱国，无复计及矣。唯诺成风，国势于何而振？苟于此立宪，朝廷辟有议院，草野立有社会，一旦有事，布明谕于十九省，上下遐迩共议之，樵子牧竖得上封章，僻壤遐陬亦参庙算，心思既众，虑无不周，人类既繁，气无不壮，参谋既集，理无不公。剔旧弊，设良法，合众心，此一大团体也。虽外人日以诡谲图我，压制欺我，一观我中国之团体固结，其觊觎窥伺之意将不戢而自消。即必欲陵迫于我，□□之臣必不能受；臣受之，则全国之民必不能受。不得已而战，人皆争先，耻为所侮。攻则取，战则克，势有必然。日与俄战，非明证欤。

或谓中国自开辟至今，皆以君主立国，所以重君纲也，立宪未免破坏君纲。

讵知重君纲是欲尊君，我由此尊之，外人由此陵之，尊君适以亵君也。一立宪而外人不敢轻视吾君，其尊为何如也？况朝廷无论事之巨细，绝未尝自主，必下其□于政府，政府允而后行，是主在政府也。与其主在政府，朝廷日见其卑，何如主在天下，朝廷日见其尊也。夫君欲其尊，非人心共振不能尊；心欲其振，非君民一体不能振。国有事谋之于民，民将视国事如己事，国荣与之俱荣，国辱与之俱辱。微论强干者愤发有为，即颓靡者亦观摩兴感。其一切维新诸公则勉愈加勉，一切维新诸政实自求实。真气弥满，则庶务皆兴，风气自开矣。

《大公报》，光绪三十一年三月十九日（1905年4月23日）

振兴中国何者为当务之急

光绪三十一年三月二十二日

杞忧子 稿

吾中国今日之势，如病痿然。其饮食无恙也，其寝处无恙也，其五官与百骸皆无恙也，然而手不能为之持，足不能为之履，拘挛麻木，动辄得咎，尸居余气，奄然待毙。此贾生所谓失今不治，将为痼疾者也。虽然，岂独不治之为痼疾哉？治之而不善，则其疾势且愈；即于痼且治之而不善，则虽欲永为痼疾而不可得，而其死可立而待。危哉！危哉！即今而治之，亦岂可以易言者哉？

吾中国今日之内治，可谓拘挛极矣；今日之外交，可谓麻木极矣。然其现象虽在于外交，而其伏机实在于内治。内治者，外交之枢纽也，吾故不言外交而言内治。内治之病大要有三：一曰政体之病，一曰吏治之病，一曰商务之病。欲维政体，莫如通民隐；欲清吏治，莫如养廉耻；欲保商务，莫如重专门学。

何谓政体之病？今之上而卿大夫以粉饰为幸福，下而有司百执事以忌讳为得计，虚美熏心，而不知实祸之将至者，厥病为蔽。吾于其蔽者通之，使士民皆得上书也；增设报馆也；兴团练也；复古制，多以士人为乡官也；破除资格，使奇才异能皆得自达于天子也。吾之所谓通民隐以维政体者，此也。

何谓吏治之病？今之情面盛而天下无真是非，贿赂恣而天下无真赏罚，相蒙相比，而渐成一奴隶之积习者，厥病为滥。吾于其滥者饬之，停捐纳也；优给薪俸也；使官吏皆习公法也；留意边省，而使能吏久任也；辨等威与服色，而使缙绅各知自爱也。吾之所谓养廉耻以清吏治者，此也。

何谓商务之病？今之出口货日益少，入口货日益多，以数万万方里之土产而反不免于贫削者，厥病为瘠。吾于其瘠者牖之，开五金与煤矿也；推广公司与银行也；痛绝鸦片也；译西书也；立声、光、化、电学，各专一门，勿使纷歧也。吾之所谓重专门学以保商务者，此也。

虽然，法，吾知其如此也；而法之所以为法，则吾知其不仅如此也。盖必有知人善任之智，而后可以兴其利；必有实事求是之勇，而后可以除其弊。不然，吾中国自变法以来，数年于兹矣。而今日之中国，其果大有异于昔日之中国与否，吾不得而知也；他日之中国，其果大有异于今日之中国与否，吾不得而知也。顾或者曰，子之言诚善矣，然而末也，非本也。夫振衣者必挈其领，治水者必穷其源。方今之大病而不可救药者，不过一言以蔽之，曰专制。欲药专制，莫如为共和与立宪。吾中国即不能为法、美之共和，而固能为英、日之立宪。共和也，立宪也，诚吾中国生死肉骨之良剂也。

乌乎，乌乎！吾中国或者终有共和与立宪之一日，吾不敢言。若以今日之中国而论，则吾有以决其必不能也。何也？为共和，为立宪，则必开议院，而议院其能开焉，否耶；为共和，为立宪，则必树政党，而政党其能树焉，否耶；且为共和，为立宪，则必推行商会与学会，而商会与学会其能推行无阻焉，否耶。

乌乎，乌乎！吾虽知之，谁与言之？吾虽言之，谁与行之？夫知之而不能言，不如其勿知也；言之而不能行，抑不如其勿言也。吾是以虽言专制，而其实专制而非专制；虽不言共和与立宪，而其实非共和而共和，非立宪而立宪。世有罪我以伪维新者乎，则吾不敢辞。虽然，吾犹不知当轴诸公之能如吾言否也。吁！

作者盖极以立宪为然，而深以不能立宪为虑。岂知改立宪政原未有仓猝立办者，必须预为宣告，限若干年改立宪政，日本之前鉴未远也。以中国今日文明进步之速，不过十年，国民之程度必已增高。朝廷如果从今日确定方针，期以十年颁行宪法，尚何有不能之虑乎？鄙见如是，请以质诸作者。本馆附志。

《大公报》，光绪三十一年三月二十二日（1905 年 4 月 26 日）

读振兴中国何者为当务之急论书后

光绪三十一年三月二十三、二十四日

竹　园稿

振兴中国策，都以立宪为当务之急。而且不是一位如此说，是好些人全如此说。难道这些人，全都是先商量好了的么？大概世上万样事情，不谋而合的，必是公论。凡百事情，敢下断语的，其人必然已费深思。怎么个理呢？事体重大，头绪纷繁，论断既往，与筹画将来，非有绝大见识，绝大思虑，必不能果决断定。

振兴中国之急策，皆以立宪为扼要，是二三志士，已费无限深思。我再深下一层思虑去，请众位再想个主意。大概立宪二字，也不是一天半天就立完全的，实在是事体重大，必须逐渐规定，思虑周密。取效外国的成法，斟酌中国的情形，都规定好了，然后再宣布。据我看来，中国不立宪，必不免于危亡。中国立宪之际，亦必有一场扰乱，公私之倾轧、党派之争竞，断不能平平和和、安安静静的立成了。虽然乱可是乱，乱过这阵去，可就拨云见日了。虽乱不久，比束手待毙、自甘危亡，可就强的多了。这所说的，仍是已立之时与既立之后的话。

还有极要紧的一个关键，众位并未虑及，我再细细的对众位说说。都说立宪为是，我也附和着说是。我请问这宪法还是从报馆里立呀，还是从众位立呢？还是从政府立呀，还是从民间立呢？哎呀！不过空谈其理而已，焉能实行其事呢？中国是个不见天日的国，即或是皇太后、皇上都愿意立宪，可惜不知道外间有此公论，宫里看的书、看的报，必然是过了三回罗的，才进呈呢。有忌讳的，谁也不上奏；有不便的，谁也不上奏。你们想想，这不是屋里有病人，街门外头开方子吗？见的病原也对，开的药味也对，可就是药方子拿不进大门去。据我看，不如大家再想个必使立宪而后已的法子，这才不落于空谈呢。

昨日有人想了一个法子，他说不如大家出个请立宪的公禀，在政务处递了，求政务处转奏。我说不妥不妥。大家公禀，必是聚几千几百念书的，或学堂的学生，彼此聚议，或往返函商。哎呀！身家性命，非同儿戏呀。假如在将聚未聚的时候，有不愿立宪的人，他诬大众为革命党，或者指为保国会的流派，或说是谋为不轨，或说是妖言惑众。哎呀！四个字可以致人于荣显，四个字也可以陷人于重罪呀。派兵严拿，酿成大狱，那时侯，谁给众人出言分辨呀？不妥不妥，再想法子。

后来又有一个人说，维新的志士，贯讲牺牲社会，牺牲国家，不如此刻出一个肯牺牲于立宪的，一个人闭户挑灯，把请立宪的事，缮好了奏折，上京叩阍。在未上京之前，先把奏稿与自己的姓氏里居，抄寄各报馆，倘有不测，不致名没沟壑。倘因此一奏，中国真就立了宪法，此人必名垂千古，荣溢全球。倘或真做了牺牲，各报馆可将他的奏稿录登，并将他姓氏里居，一同登报，好叫那爱国的君子，大家集资，周济他的家口，表扬他的姓名。成则全国蒙福，不成一人杀身，岂不是一个极妥的办法么？我说这个主意倒不错，我可不能做去。一则我不能文，这请立宪法的奏折我先写不来；二则手乏，既无钱，又无盘费，又无门包；三则腿的骨节极硬，见官不会请安下跪；四则舌头硬礼节疏，言不会委曲周旋。若是在政务处递，必然是候批，一候就得半个月，必然传见严行审讯，就须打我个多事。若是叩阍去，也是先攒我一顿箭头木包头，捆上送刑部。宪法不定立不立，我先弄个圣驾出郊冲突仪仗妄行奏诉者杖一百徒三年的罪。即或览奏，也是交议，善批语是窒碍难行，恶批语就许是心怀叵测，再不然说我迹类疯癫，再不然连看也不看，原折掷还，交刑部严行审讯，从重惩办。

好家伙，你去罢，我不去，我不去。这位一听，把眼向我就瞪起来了。我说阁下不要着急，阁下愿意去，自管去，我并不拦阻。我虽不能做文，我可会胡编一段白话，求《大公报》登了，或者就有不畏艰险的出来，成这个大功。这又不是探南极，也不是验炸炮。我说这些破话，不过偶尔取笑而已。其实我们上邦天朝，目下正广开言路求贤若渴呢。

《大公报》，光绪三十一年三月二十三、二十四日（1905年4月27、28日）

欲兴中国不得不仿行西政，然可从与否，当就我国时势而折衷之，试定其弃取之策（应通州公理会演说题）

光绪三十一年四月初三、四日

无可奈何人 来稿

披吾中国历史，见一代之兴，则曰此某君某相之功也；见一代之亡，又曰此某君某相之咎也。故嵩目时艰者，每日祝圣君贤相变法图强，此非探本之论也。盖前代闭关自守，即有外患，不过以一敌一，但使内安，则外自靖，故有圣君贤相，即可告成功。今自海禁开后，列强逼处，几几乎有以一服八之势，而彼复竭其全国人之心思、才力、资本、机械，以与吾国相周旋，而吾中国仅恃一二圣君贤相，以为之敌，多见其无济也。

然则处今日而欲兴中国，诚难之难矣。虽然，于无可措手之时，而决一仿行之策，其惟先取西人普通教育之制乎。昔庄王之抚楚也，日讨国人而训儆之，告以祸至无日，而楚以强。越王勾践之归国也，十年生聚，十年教训，而越以霸。食理白之霸西洋也，四邻慑服，乃身死未几而余威扫地，曰无国民也。德之受创于法也，命童子年及七岁者入学肄业，而卒复法仇，曰有国民也。国之程度恒视民之程度，以为升降之□。揆之中西，历历不爽。吁！可惧已。

我中国无国民，此万国所公认者，亦不必讳也。举一事则瞿然惊，革一弊则哗然骇。求实学谓之无用，开苦口以为疯狂。愚者、陋者无论已，而一二规行矩步之宿儒犹且推波助焰，斥为离经畔道，获罪圣贤。是误认西政、西学为中国所未有也。夫《周礼》一书，鸿纲细目，无不吻合，泰西学者，类能言之，无俟予赘矣。此经之与西合者也。《管子》曰：乡与朝争治。又曰：朝不失众，乡分治也。此西人地方自治之权舆也。《墨子》尚同、兼爱诸篇，即西人伦理学、社会学之蓝本也。淮南、庄、列，即西人哲学之藩篱也。此子之与西合者也。绝学之倡，中西符节。但西人薄古重今，故有青出于蓝之胜；中人轻今重古，遂有每况愈下之悲。今欲仿西政，是仍仿行我中国古贤所已言者，但我不能研究扩充，而藉人之研究扩充，而我坐收其益也。不惟不感而反仇之，亦已过矣。故今日欲开民智，宜自士始。盖士者，农、工、商之表率，而人所信仰者也。然而士化士难，官化士易。泰西上下之级不严，官与民亲，故可察民心向背，以定行政之方针，而其氏以藉此以习为国事，洞达外情，而士更无论矣。中国官场于民事虽不甚措意，而至于尊卑贵贱之分，则察察焉，不肯使黍厘之或爽，偶膺一命，顾盼自雄。虽斯地之儒生士子，终年无一刻之接谈，而何论乎众庶？新政之不易推行，国民之未能进化，亦职此故也。

故欲兴普通教育，宜先除官场之习，而联上下之情。上下之情通，则官不挟贵，士不挟贤，必皆争自琢磨，辟新机、究新学、采新法、播新猷，以为新民之先导。否则，官不提倡，而徒委之于士。不知吾华民公德之未充、群体之不固，虽家人父子犹起猜嫌，而何论乎同道同种之可为感召耶？使以士化士，吾知始而猜、继而妒，终且捏谣言以煽惑愚民，造诽谤以污蔑正士。是求通而反塞，求合而反离矣，甚非计也。《管子》曰：驭民之辔，在上之所贵；道民之斗，在上之所先；召民之路，在上之所好恶。然则为上者，其亦于此加之意乎？上行下效之后，教育普而民质强矣。于此审时度势，而欲弭眉睫之祸于已形，其惟仿德人全国皆兵之政乎？

列强虎欲狼贪，实利用中国之弱，其言愿吾中国强者皆伪也。自庚子变法，彼实不能无惧心，何也？进化之机已著，而恐我之步尘于日本也。盖日本强，其为害于西人者犹浅；中国强，其为害于西人也实深。彼鉴于此，而由惧生嫌，由嫌生隙，由隙生蛮，将何以御之？然御之以一二人，固未见其有余；御之以四万万人，亦安见其不足哉？吾谓宜仿德人陆军之制，而参之以《周礼》、《管子》之书，举士、农、工、商咸入兵籍。有事则为常备，为豫备，为后备，为国民；无事则除常备之外，仍可为农、为士、为工、为商。倘有非常，一呼响应，此即西人军国民之主义也。如此则列强或鉴于吾民气之固结，相视有畏心而不敢为先发之举。而吾始得从容展布，徐议其他。不然，西人之政，美不胜收，我欲逐件仿行，其如彼之迫不及待何？兵法曰：若亡而存，若后而先。盖必先防害而后可言兴利也。

或曰中国民与兵分，沿行已久，骤言改革，里闾惶骇，阻抑多方，外患未平，内乱倏起，渔人收利，悔之已迟。不知教育未普，民知有身，不知有群，民知有家，不知有国，所筹之弊，揆之事理，讵曰非然。教育既普，国民勃兴，以身视群，以家视国，苟利社会，甘作牺牲，效命疆场，吾分中事。凡属四亿，咸赋同袍，诘彼强邻，谁思问鼎，众志既城，百废具举，取彼西政，付我国民，国民择之，永垂守法。上院下院，群议周谘，豫算决算，度支无绌，邮税之权，操之自我，路矿之利，毋授诸人，犹未已也。广开工艺，杜塞漏卮，远涉重洋，交换学识，法律可改，治及外人，四维既张，保存国粹。吾知斯时，天子无为，相臣守法，邦交永固，祖国重光，岂不懿欤？岂不懿欤？然欲立此根基，普通教育；达此目的，全国皆兵。

《大公报》，光绪三十一年四月初三、四日（1905 年 5 月 6、7 日）

中国应预定立宪年限

光绪三十一年五月初七、九日

蓟州 卢素存 来稿

今吾中国人之等级三，非在势者出其坚决之力，使三者速合于维新之一级，将必有不可测度之隐患。非激论也，势实如此也。三级维何？在上则恋其压制之旧权，在下则囿于涣散之故习。惟不上不下，厕于中间有数之志士，则日言爱国，日言合群，因而日望立宪，以期跻中国于列强之中，有以张国威而收民誉。无如此志士，以其素所蓄积之主义，鸣之于上，上则以恋其旧权之故，有所弗愿；告之于下，下则以囿于旧习之故，愚者既茫然不解为何语，黠者方窃笑其舍有用之心力，不自为谋，徒劳精神于国群为大迂。况为上者以大权在握，势先占其最优，为下者又一望皆同，数尤居其最众。而此志士者，以势则弱，以数则寡，其自负之怀抱意气，日销磨而日衰减。吾中国必仍归于暴秦以后二千余年至腐极败、麻木不仁之故局。

夫处此五洲交通，列邦环伺，而中国仍演成一腐败、麻木之故局，其尚能有幸焉？否耶？或曰中国今日立学堂、奖游学，农商工艺，新政班班，则转贫弱为富强，直指□间事，何虑有意外之不幸耶？呜呼！此真处堂燕雀之智也。国家自行新政，上耗国帑，下吸民脂，朝廷日言免苛细之政，而各州县官吏胥役假捐税之名，愚民受其骚扰，处乡僻者，盖日日而闻见也。三数年来，实收新政富强之效者，官耳，胥耳。上而国之富强之效安在耶？下而民之富强之效安在耶？如曰成效未著，则谁敢决言成效之著于何日耶？握大权者目不睹闾阎日受官胥之骚扰，以为国家有外务部以善交涉，有练兵处以整戎行，有学务处以兴学校，有商部及路矿大臣等，以励农商工艺，久而得效，则外侮可御，内患永弭，而仍不失中国二千余年压制之权，立宪胡为耶？况最居多数，离心离德，顾己不顾人之民，不能于一日而皆受官胥之骚扰。未受焉者固苟幸一旦之无事，而得过且过，且或因手眼稍灵，颇自矜趋避之有方，而未计及于不可以持久；已受焉者则虽痛心疾首，切齿于官吏之暴、胥役之恶，而究不知宪法既明，则此类之事可以少见。且宪法果然大明，国民进化之极，将所云骚扰者，直可以绝无焉。上之人也既如彼，下之人也又如此。而所云不上不下，厕于中间之志士，当庚子甫被巨创之后，皆搪撞号呼，以爱国、合群、立宪为最要之图。朝生其心，恨不能夕睹其效。而彼时上之人则藉口于民智未开，民格甚劣，即欲立宪而亦乏议员之才。然彼时胡不曰民速开其智，民速尊其格？远或十年，近或五年，京师则设上下议院，省会府厅州县则普设公议会，以求达上下一心，臂指相联之目的。且吾观异洲之英，同洲之日本，其立宪以前固罔不预为宣布，而卒践之也。

抑吾更观立宪各国之民之心，其亲上也，真有如孟子所云“死长者”。而吾衮衮居政府顾不能使四万万之民尊君如神明、爱君如父母，讵非宪法不行之故耶？及于今立宪一言，上之人更无道及者矣，而下流社会更绝不知天下有此君民交益之善制。其以此制日往复于心目而昕夕不忘者，仍此不上不下，厕于中间有数之志士而已。且所称志士者，今日亦不如前三数年之多，何也？去乱日远，人心淡忘，前之志士，今渐变为趋时之士。当科举之盛也，为士者日埋头于八股试帖，以幸一日之飞黄腾达。今中国士之因无力而入学堂，因有力而留学外洋者，其心之所存，大抵以此为进身之阶，其视学堂留学与前之乡会两闱，无以大异，或更较彼之取径尤捷。一旦得志，权大则所压制之人多，权小则所压制之人少，方幸此压制之权良便身图，而所谓立宪云者，彼固亦不愿国家之实行矣。不然，今试使入学堂、留外洋者，平心自揣，假列强中有侵吾国、辱吾群者，吾必掷身命于罔顾，而任断头流血以与之抵抗，果有几人能以此誓而自信耶？是可知前之搪撞号呼，争言爱国、合群、立宪者，其锐气已消磨衰减之将尽，而齐归压制涣散之甲裹而不自知矣。如是则朝野隔绝，官民疑畏之旧况，牢不可变。凡夫新行之政，不过便于官吏胥役，假多设之公名，以济其私，民则日受朘削之殃，国则实受贫弱之弊。彼鹰瞵虎视于吾国之旁者，一或摇足，则情见势绌，瓦解土崩，恐不能如前此之犹可收拾矣。

呜呼！《书》言“作新民”，今兹之民已有渐即乎旧之象矣。所愿在势诸公及此有志之士，圭角未尽刓□之时，周谋谘诹，详为商订，请朝廷决定立宪之年限，明布天下，俾诸志士倡导此无公心无远识之民，使之齐奋于学，以开其智、尊其格，预为他日选举代表议员之地，则爱国合群终有翼耳。盖斯民不予以权，必难望其兴学。民学不兴，即孟子所云“丧亡无日”者也。若泥于国家兵力，剿匪有余，恃内忧之无自而兴，必欲封其二千余年之故步，吾则敢断言其非长治久安之术，何也？天下甘受压制之民，必临难不可恃之民也。处今日之宇中，乌有师暴秦愚黔首之故智，而能为强国者耶？然则欲合众志以成城，其必有不易之道矣。

附录原跋：余查学至渔阳，甫下车，即闻菊庄先生之名，次日拟往谒，而先生先来矣。倾谭约二小时，其言论和平而有识见，所看新书甚多。时先生馆于王氏，课余辄来堂，每谭辄数时，无不切中时弊者。一日出所作文数首见示，读先生之文，所言多有与余默合处。因录存以证同志云。顺天查学后学陈恩荣谨识。

《大公报》，光绪三十一年五月初七、九日（1905年6月9、11日）

读竹园论立宪白话书后

光绪三十一年六月初二日

蓟州 卢素存 来稿

今年正、二月间，我作了一篇《中国宜预定立宪年限》的论说。后来看《大公报》千号征文，凡作“振兴中国何者为当务之急”这个题的，都说是中国当以立宪为急务。赶到我看三月二十三、二十四日《大公报》的附件，载着竹园先生一段白话，是说大家都以立宪为好，到底中国立宪，当从那里立起？连问是从报馆立？是从众位立？是从政府立？是从民间立？后半又说出两个法子，一个是在政务处递公禀求转奏，一个是独自一人缮折叩阍。无奈这两个法子，各有各的难处，漫说没人敢办，就办也不中用。我平日本是个愿意立宪的，自从看了这段白话，狠是觉得扫兴。

然我看我们中国，不立宪是断断不能有转机的，况乎我们不自立宪，待三五年后，恐怕有那强盛的外国，硬要帮着我们中国立宪，那时节可就坏了。所以我翻来复去的思想，总要想出一个立起的法子。咳！到底儿也想不起来，因而作退一步想，想中国本来是个专制的政体，这立宪的起头儿，还是得专制的人先发话。自古道人同此心，心同此理。天下好些人，既都说立宪好，难道政府诸大老，就一定不以为好么？不过是因着事体重大，不敢轻举妄动的奏请就是了。如今见这关心时事的人，没一个人不说立宪好，这大老们也必不肯紧着违天意、拂民情。所以我想上那请立宪法的折子，必定没甚么远限了。倘一旦这个折子奏上去，朝廷准下来，竹园先生所说一场扰乱，是必要应验的，政府可得把主义拿准了，不可那边风那边倒，改了方针。

今儿我且说一个起手的法子，只当说梦语。我想中国十八省里，凡是有声名的报馆，那开通人看他的报，必是多的。那人看报的时节，因时事触动，有点儿著作，免不了的就寄在报馆里去。政府于这立宪头一着，可以咨行各省督抚，要他通饬地面有报馆的州县官，赶紧函致报馆主笔，请他细检平日由外来的著作，凡是说过立宪好的人，就于报上询问各人的姓名、籍贯。这说立宪好的开通人，必定是住在作省会、立埠头的州县地面多，住在荒僻州县地面少。待知道这些人的姓名、籍贯，督抚就饬州县官查明他们作何事业，择其品学果然端正、声望孚众的，不论几位，皆出切实考语，详上督抚，督抚乃随其品望，派为省会府厅州县等议员。省城立一详议立宪所，□令省会议员主持。其他府厅州县各议员，俱各参酌中国情形，条陈我国立宪，应仿效某国，且应如何变通，限若干年月，把条陈详上督抚。详议立宪所再参酌去取，汇齐上之政府，以备采择。政府须选一两位如日本伊藤博文那样人，作立宪总裁，博访周咨，略宽期限，总要所立的宪法，完善无弊。

再者，开通人不一定都与报馆通声气，无论那州县，都得选几位有名望的，以备议员之选。这议员也不是竟条陈立宪，凡民间兴利除弊的事情，官长都要合他们商量。待数年之后，宪法立成，那京师下议院的议员，就从这些议员中选送。此时大小衙门，议员都有了定数。凡不够数的，就令民间投票公举。这是我说个初首立宪的大概，但是非由政府作起不可。由政府而报馆，由报馆而民间，于竹园先生所说的那四项，一样都不能漏下。可就是现在政府诸公，尚没有一位提说立宪的。莫非说这众口一辞的好制度，单等着外国催迫再办么？哎呀！时候不早了，无论是怎么样办，该打正经主意了。（按：现在已有某巨公奏请立宪之说，曾纪本报）

《大公报》，光绪三十一年六月初二日（1905 年 7 月 4 日）

论中国立宪不成之可虑

光绪三十一年六月十二日

专制政体之最无理者，莫如以阶级之尊卑定才智之上下。皇帝之尊无上，故臣下必以神圣颂之；大臣之尊次之，则其才智亦若必杰出于众，而居其下者皆无可比拟。要之，位高者虽庸恶陋劣之鄙夫，而视为才智之必优；位卑者虽有过人之经济，而视为才智之必劣。于是，不称其下为愚民，即曰我之民智未开也。一若惟踞高位、握大权之人，乃可谓之智。噫！是何厚诬我民之甚耶？

夫□吾政府之大臣而独智也。何以利权日丧，疆土日蹙，而未闻有以补救之耶？何以民生凋敝，内政腐败，而未闻有以整顿之耶？不自知其衰朽之才，不足以宏济时艰，而惟知遏抑士民之言论，以遂其盘踞要津之计。所谓患失之鄙夫，固无所不至，不足深责矣。前日本报记政府会议立宪无成一事，其始则诿于民智未开，拟以皇族官员代表上议院，以各省官员代表下议院；嗣又以官智仍未大开，遇有紧要大事，仍由部院会议，汇送政务处，择其多数者奏请施行云云。吾诚不意当此阽危之时局，而犹为是模棱苟且之变法也。

夫专制之与立宪，其利害之相悬，自日俄交战之后，益以明著。大臣中之稍明达者，无不知立宪之有利而无害矣。所踌躇而未决者，独民智未开一语耳。姑无论今日地方之士民，其才智之优于在上位者，必不少也。藉曰民智果未开，不足以胜民选议员之任，则开民智之善法，亦莫如行立宪政体。何以言之？凡人之无是智识者，以不阅历其事故也，我渐使之亲历其事焉，则始必扞格，终必能熟练之，今以其不熟练之故，而不使亲历其事，斯其人终身无熟练之一日矣。我国民之不知国家为何物者，亦由上之禁民参议政事故也。一旦引而进之，与之以议政之权，其始必亦有种种不胜任之事。然一人不胜任，众人必笑之；众人不胜任，外人必笑之。畏人之讥笑者，人之常情也。故立宪政体必以渐而改良者，又进化之公理也。以民智未开为虑，而仍欲任用官员以代表上下议院，或仍委其责于政务处者，吾恐仍出于鄙夫把持之意见耳。

虽然世界之交通日以接近，外界之刺戟于耳目者，亦日以繁多。二十世纪之始，俄罗斯之专制政体已有不能维持之势，革命之风潮浸淫而及于亚东者，其期当亦不远。夫善为政者，能止患于未萌，即令日前惮于改革，然照日本之办法，虽一期于十年以后颁布明诏，而使士民之先为预备，既有慰国民之心，而亦仍不失循序渐进之办法，为政府计莫善于此策者矣。非然者，固守其牢不可破之政策，而痛绝民权之萌芽，吾恐民气不昌愈甚，外之则敌国之侵陵而无以抵制，内之则乱党之阴谋亦固结而日深，吾国之前途殆不可问乎。

《申报》，光绪三十一年六月十二日（1905 年 7 月 14 日）

论立宪之速效

光绪三十一年六月十九日

国家将有立宪之举，此言久布于天下，而以近日气候测之，亦甚似矣。又闻有十二年后立宪之说，以本报观之，国家果真立宪，则必不能俟之十二年，大约总在数年之内矣。而其事之有益于中国，不可胜言。

其有益之故，不必论及立宪之实；即论立宪之名，其益亦无方焉。何以言之？中国至大之弊，莫过于数千年以来，兆民不知有所谓政治，有所谓国家，有所谓世界，其一身之对于政治、国家、世界之责任，其不知更无论也。以此之故，仰而见光，俯而见土，实行古人所谓“民可使由之，不可使知之”之格言，此等之民，自不堪以立国。而以五大洲方隔阂不通，其祸尚缓而难见，然观其社会之不和、家庭之苦趣、人身之窳败、经济之困难，人口虽多，愈形其害，此皆不待外人之逼而然者。大约虽外人终古不至，再数千年，吾族即亦日败日退，而生番而灭种矣。不幸而外人忽至，竞争之下，其祸乃更显耳。是其祸以遇外人而显，非遇外人而生也。且至今日而遇外人，亦庸知非福。盖若不遇外人，则吾国必守其古来相传之政俗，以为天经地义，无所于疑，必与之俱尽而后已。一遇外人，则是非以相形而见，不等于理想之说无可执证，人人得持己见以相难，及是非之理明、从违之说定，则终有改良进步，或遂得免为生番、为灭种，未可知也。故若以韩昌黎之文调言，则可曰：中国人者，何不幸而不遇西人于汉唐之日，而使西人之见屏于我也；何幸而得遇西人于今日之日，而使西人之示戒于我也。由是言之，方可以塞翁失马为幸矣。而西人之至长之技、至善之法，莫尚于宪政，即正足药我国之不知政治、国家、世界为何物者。故我之学西人，必自宪政始。

今者立宪之为何物，其精理固难言，而其粗迹则通都大邑之间知之者众矣。惟内地则多有不知者，若国家一下立宪之谕，则无论何人，必当一思此立宪为何物者，彼不得不买一二短书，一潜读之。只此一读，而其为效固已宏矣，殆胜于五十年之学堂也。若谓国会既开，则上下情可通，此犹其后焉者。

《时事采新汇选》，光绪三十一年六月十九日（1905 年 7 月 21 日），录自《中外日报》

论政府拟令各省司道以下会议条陈事

光绪三十一年六月二十四、二十五日

立宪政体之于君主有百利而无一害，近日知此理者亦既渐众矣。然在于内者自政府以下各大臣，在于外者自督抚以下各官，无不窃虑政体一改，其平日之权势必将一旦失坠，而无以肆其专恣之威也。于是群出死力以阻抑之，或痛诋民权自由为邪说，或驳斥地方自治为妄言，外讦于维持名教之公言，内实以便其保守禄位之私计。自戊戌政变以迄今兹，其间政界之变迁不一，而内外大臣之持论能免此病者，除秀水陶公外，盖寥寥也。迨日俄开战以后，专制、立宪之胜负亦于是大定。大臣之稍明达者，始敢有奏谓立宪之举，其以为不便以一己者，遂未敢公言拒绝之。于是翻然一变。其方针注重于上议院之设立，以冀不损其权利。如前日本报所纪军机大臣会议京师设立议政所，凡京员皆可参预机务；而外省各督抚奏案中，虽有会同藩臬两司之名，不过徒具虚文。现拟通咨各省督抚，关于重要事件，准令司道以下各官会议条陈，就中采择，如京中议政所之设云云。窃谓此法果行，吾国立宪之前途殆无望矣。

今试先问京师设立之议政所，将来果足为上议院之代表否耶？夫六部九卿之会议，我朝本有是制，特有其名，无其实耳。试观议政所之设立，凡京员皆可参预机务，宜若有兼听并观之益矣。而语其结果，决不能有代表上议院之资格者，其原因有二端焉。一则多数决议之不足为凭也。如议修贡院事，则主重修者占多数矣。议设丞参事，则主添设者占多数矣。总之，与议之人立于如何之地位，则其所见亦不出乎此。所谓官智未开之说，亦非厚诬。设以是等之人为上议院议员，吾知议科举，则必主不废者占多数矣。何也？以其己之出身乎此也。议捐纳，则必主不停者占多数矣。何也？以其印结费之有利于己也。议改历制、易服色、简礼文各等事，则必主仍旧贯者占多数矣。何也？以其守旧之锢习已深，而其识之不足以及乎此也。由此推之，凡庶政之当兴当革者，靡不以其愚闇之学识断定之，其于变法果有丝毫之益乎？此则会议资格未备之病也。一则不以多数之决议为凭也。东西各国议院之制不同，有下议院所议定，虽君主不能驳之者；有下议院所议，君以为否，则可解散议院者，二者虽殊实亦无甚悬绝也。盖君能解散议院者，不过一次二次三次而止耳。果民之所持为是，而君欲拒绝之，虽屡解散议院，而民不为稍变其初，议院久闭，则国政之不举者必多。故宪法上虽有是明文，实则君之顺从下议院者，其大较也。若以立宪之名，而行其专制之实，则其法亦为不能持久。今议政所之制，不以多数之议为决，而仍由一二秉钧者采择定议，其去一二人之独断有几何哉？此会议章程未善之病也。

议政所之无俾于新政，就上所论而已可见。然则外省司道以下之会议要政，其结果盖亦从可揣测矣。夫藩、臬之得以专折独奏，其制本未废也。然无有敢与督抚抗衡，而直达其意见于朝廷者，何哉？凡为属员者，久慑于督抚专制之威，而又习于谄谀柔顺之态，始得跻是要津。其不敢□同立异，亦固其所。至司道以下各官，则位益卑、气益怯，既不能自达于上前，又事事仰督抚之鼻息，故平日迎合宪意之未遑，其□敢拂上官之意见于会议之时哉。是则名为会议，仍在外督抚之独断而已。其无裨于新政，固亦可预决也。

或曰：各省之有议政所，不过地方议会之□耳，非上下两议院可比也。吾子如甚重视之者，其有说欤？应之曰：政治与地理有直接之关系，固研究政治学者所共知也。吾国之地势山岭阻隔，铁路尚未□通，故交通之不便，迥□于他国。而下议院之民选议员，其会议也，必由各省以会聚于京师，以交通不便之故，则议员赴会之事受其窒碍者必多。故将来各省之事权，不得不委其责于地方议会。所谓平原广漠之地，易成中央集权政体；山岭阻隔之地，易成联邦分治政体，固埋势所必至者也。今吾国各省之地势，大约近于联邦分治政体者多。故名为地方议会，实则一省之中仍备上下两议院之性质。故省议会之成立，必与上议院之体制相近。今自政府以至疆吏，既有注重上议院之心，当宪法颁布之时，在上者必不肯授权于下，而多方以钤制之。于是，一省之事则由司道以下会议以决之，一府之事则由知府以下会议以决之，一县之事则由知县以下会议以决之，一切仍专制政体之遗规，而士民之请求可以不顾。如是则与旧日所施之政令有何异哉？

虽然，我亦非谓地方议会之官不当顾问也。日本之市町村议会，亦受地方官之监督，特官不有意掣其肘而夺其权耳。我国之民受专制政体之束缚者数千年，民人素无政治思想，一旦欲其出而参预国家之大政，盖亦非一蹴可几，故官之能夺其权也愈易。官既夺其权，则欲□立宪之益也亦愈难。故当立宪之期尚远，我固为我国悲；当立宪之期已近，而我尤为我国忧也。

抑又思之，凡权利之能为人夺者，非真人之能夺之也，实己之放弃之也。自放弃其权利者，虽与之而不能保守。土耳其之要求立宪而终失败，南美洲之黑奴既释放而反无以为生，皆此理也。吾观政府拟令各省司道会议一事，有感于我立国宪之成虽将有其期，而数千年权利之所在，必尚有把持之心而不肯轻放。愿吾国民之亟宜预备而不失为议员之资格，庶几不至自放弃其权利欤。

《申报》，光绪三十一年六月二十四、二十五日（1905 年 7 月 26、27 日）

论日胜为宪政之兆

光绪三十一年六月二十五日

我国当闭关之世，不知国家之政体，有所谓专制、立宪、共和种种之分也；但以己国所行者为不二之理，非此即不能合群立国而已。晚近中外大通，乃知政体组织之法，其式不一，皆足以适合群立国之用。回视己国，乃知其为专制政体，于是国中遂分保存专制者与不保存专制者二派之政见。以名位言，保守党居要津；以学问言，非保守党多智士。势相持而未有所决也。

而横览全球，凡称为富强之国，非立宪即共和，无专制者。此实足以证非专制者之说，而使我国家早成宪政。然而不行者，因其中有一俄国焉，其国势则称为盛强，其政体则称为专制。此事实与公例不合，而使人疑众论之非。于是政府遂以俄为口实，以拒绝民权。俄人亦乘机游说，谓俄与支那之政体同，故惟俄能任保全支那。此等议论蟠互朝廷，牢不可拔。数十年来，所以绝不思改良内治，而惟以联俄为政策，致成种种之祸端者，皆此说为之也。

使无日俄之战，俄之内容永不揭示于天下，吾知专制、立宪之问题，亦终不能决。然亦正惟俄人以专制之故，不能知己知彼，遂不免有日俄之战。既有此战，而俄国之内容遂不能不揭。夫内容之揭，其于俄本国之为利为害，吾人不暇问也。而在中国之影响，吾人以为必有利矣。何以言之？俄国国体，本合数种而成。一国之中，既以一种制伏多种；一种之中，复以贵族制伏民族。上下既分，其情必阂。上之于下，恐其压制之未到而已，无所谓教养也；下之于上，唯恐其蒙蔽之未工而已，无所谓忠义也。真韩非所谓上下一日百战者哉。情既如此，则其人之精力自然消耗于此，不能及乎其他。向来外交之所以得胜利者，实因其政界中有一二高瞻远瞩之人，其材力适足以运用东亚。而我之当轴，或明知之而故犯之，或不及知而盲从之，遂得乘我之不备，所欲辄偿，不可谓非天幸矣。其后终以群贵别有用意之故，成为日俄之战。

闻交战年余，海陆军事，绘图帖说，日腾布全世界之耳目，几于人尽能知。而俄都之人，则咸以为俄人每战皆胜，甚且有不知日俄之战，以为俄土之战者。其他官吏侵蚀之情形，士卒怯战之状态，大约较之甲午之中国，有过之无不及。盖战事者一发，见国家内容之锁钥也。凡国家千百年隐伏之或利或害，平时无人能害者，无不可因一战而献其底蕴。非有此战，则俄国之内容不显，而专制、立宪之问题不决。

我国十余年来，每言及专制、立宪之问题，辄曰："专制既不足以立国，何以俄人富强如此?"自有此战，而此疑释矣。虽然，吾之人使以日俄之胜负，为吾国政体之从违，则不为俄国之专制，必为日本之立宪。夫立宪，善政也。然而吾若行之，则当师其意，而不必袭其名。若徒袭其名，而不通其意，有如前日所谣传，以政务处为上议院、都察院为下议院者，则于存亡仍无当也。我国家以专制之教行专制之政三千余年，教政相持，极为周密。其事非常识所能窥。若不统计其全体如何，而漫改其一二，以为文明之形象，则惟有文质不相应可耳。如欲实行，其事必败。此如一大机器厂，其诸机彼此相维，以成所制之一物。若有不知此学之人，漫然改其一二，而又强迫以行，非停止即炸裂而已，岂复能成一物乎？吾人有鉴于此，故于日俄之战，虽知政体之必改，而深望我之当轴于改政体时，不当尽求之于法学家，而必求之于哲学家也。

《东方杂志》第二年第六期，光绪三十一年六月二十五日（1905年7月27日），录自乙巳四月十八日《中外日报》

中国救亡决论

光绪三十一年六月二十五日

《书》曰："若颠木之有由蘖。"《易》曰："其亡其亡，系于苞桑。"其中国今日之谓乎？中国今日积弱衰孱，千创百孔。观其外象，殆已不可挽回；诊其病情，尤属无可救药。及进而细察其根本，得天独厚，生气尚完。譬之千年老树，干蠹枝朽，根柢槃深，其所以婆娑偃蹇，生意渐尽者，以腐败之老干旧枝所累耳。一旦削去枯株，则新芽自将怒发，蒂固根深，发育尤速，所据者厚，其生自荣，欣欣然，勃勃然，而颠木居然比于苞桑矣。言者每谓中国必亡，孰知中国固自有未拨之本，实足以救亡哉。呜呼！我同胞尚念及此，而恶可自暴自弃乎哉？请就今日情形而一一下以深确之观察，其诸爱国之士倘亦有鉴于此也。

西人灭国新法，一曰占据其要害也。自胶湾肇端，而旅大夺，威海租，九龙、北海、广州湾相继沦失，因之而遂致以东三省委日俄之蹂躏，国权则已剥矣，主权则已裸而且剥肤矣。咽喉人扼之，筋节脉络人制之，动无可动，起无可起，任取一国当此，其灭亡久矣。而中国固依然海有港津，陆有要塞，金瓯不能无缺，屏翰得以粗完，苟得人而为之，犹足保其东方一大帝国之地位也。

二曰强握其利权也。国中数大铁路干线，英、法、俄、德、比、美竞分占而经营之，而交通权失矣。国中有名矿山，英、法、俄、德、比、美亦竞要索而采掘之，而宝藏外移矣。大利所在，咸为他人所持有，其地之主人翁求为苦力，执劳役而不得，可谓极天下之苦痛惨烈矣。若他国而丁此厄，其亡可立待。而我国最大铁道、最大矿山，留以为我同胞投母财而企营业者，固尚夥多也。自去年来，东南各省鉴于满洲之覆辙，于是起而联合内力，排除外权，盛倡导自办主义，一时云蒸波涌，民气一新。果能自今而坚守，利权不再旁落，大合群力以举雄图，犹不失为一大工商国也。

三曰势力范围之圈限，不割让他国之协商，此无形之瓜分、平和之宰割也。此等之诡论，腾沸于十年以前，列强之对此行尸走肉病夫之国土，屡思染指，逞其野心，非一朝一夕之故矣。初则扬瓜分豆剖之焰，而互惎其谋；继则行势力圈限之策，而互忌其利，互掣其权；终则保全土地、开放门户之说，遂为主侵略者所不敢不明认。今则保全派遂占优势，而侵略派烟消灰灭，或且同化焉。中国得此好机，乘此佳运，遂得救危亡而起废疾，箴膏肓而致富强。我同胞每曰是列强欲保世界之平和而始出此也。吾独曰列强虽有保全中国之盛心，亦视我中国之自致何如耳。使我中国遂藉保全之势力，改良其政教，绥御其人民，复国权，进国力，能自强立于竞争之世界，如天之福，固举世所切望也。使竟隳颓堕落，苟延岁时，扶不堪扶，卫无足卫也。夫岂不闻取乱侮亡推亡固存为圣人之正道哉。天与不取，反受其咎，列强岂无戒心？矧并立竞争之世，我固不欲为祸先，我亦何敢落人后，此理尤深切著明矣，此我国所宜斤斤也。庚子之变，乘舆蒙尘，宗社荡坠，陵寝震惊，神京失陷，联军北上，苍赤燐枯，此亦一幅流血惨淡之图也。使异国而当此，其能免于灭亡哉。而乃和约克谐，乘舆复反，河山无恙，宫阙依然，是固由我中国广土众民未易慑伏，殖民之策固无可施。割据之图亦非易语。群雄之野心，难免冲突；商界之乐园，安可破坏？夫是以降心抑志以求其成，开诚布公以善其后耳。呜呼！我同胞勿谓人实畏，我亦勿谓此情可再也。

四曰鸦片病国，其祸尤深且毒也。昔则鸦片之战，遂为五口通商之导线，浸至解禁而抽厘，加厘以寓禁，鸩毒遍流于中土，痼疾愈被于四民。其势滔滔，几如洪浸之稽天；其焰腾腾，甚于燔火之漫野。近人比之于洚水猛兽，固犹莫罄其流毒之万一也。其直接以损一国之母财消费于无用之地者，岁数万万，犹其显焉者也。若其间接以损害吾国人民之利益，则虽使周公握筹商高布算计倪会计之，亦莫能究其实数耳。是故就精神界之损失而论之，虚送宝贵之时日，则二人只当其一，一人已失其半矣。斫丧国民之精神，遂损国家之元气，且又往往中于材智之士。天之生材本有数也，而竟以美鸩痼疾之。强者弱而明者昏，刚者柔而健者懦。充鸦片之烈毒，且能使廉者贪而介者污，能者废而贤者不肖，寿者夭而壮者羸。聚一国之人而沉酣于此中，几何其不颓隳亡灭也。日本名儒有言：世界文明国民皆有嗜好，支那之鸦片，亦嗜好之一端耳。但能用之有节，不致废事而戕生，又何害焉？而无如此物之特性，不绝之万难节之焉，能与寻常嗜好相提并论哉。然而，中国虽病于鸦片，而其极究不至于灭亡者，以地大物博，贤才众多，究未至于遍染□□。使他国当此，其奚待而不亡乎？故鸦片病国史者，支那之特色也。是安得一举而□之，以还我本来也哉？

中国救亡之要素，一曰民气寖伸寖长，大有可用也。西人动诋吾民无公共之道德，无合群之能力，无爱国之思想。呜呼！此二十年压制政策所陶铸驱□以成之者也，安能用是厚诬我民哉？近三年中所以鼓吹而兴起之者，志士虽多，新书新报虽夥，亦渺乎不足道矣。而起视吾民进化甚速，东南各省类能合全省之实力，以浚莫大之利源。至近者抵制美禁华工一策，尤为恰如其分，适得其宜，此真我民智渐启、民气渐伸之左券也。孰谓我瓦而不可用乎哉？虽激烈不如法，勇进不如日，能得中行而用之斯可矣。

二曰出洋工商坚忍沉毅，非他种所能及也。吾商民之流寓外洋者，类能卓然自立，以营生活而殖资产，因是见妒于白人之工党。不独美下逐客之令而已，凡若辈所到之处，无不悬为厉禁且加迫害侮辱焉。国家既无保护之善政，又无保护之实权。哀此侨民，竟成无告，此亦极天下之痛苦侮辱矣。任何国人当此，其废然返愤然去也必矣。而我华侨独能坚忍刻厉，冒阻难，耐苦痛，以营利于海外，输赀于内地。呜呼！其竞争之精神亦复谁能及之哉？

三曰出洋留学生加增之度，达非常之速率高点也。五年以前，中国留学生之在日本者，数十人耳；其在欧美，则使馆之学生与官遣之一二人耳。一旦风气既开，热潮涌沸。在日本者已达八千，美二三百，欧洲列国四五百。他国纵极风潮之顶点，亦断无有能步此后尘者。唯中国地广人众，资材殷富，乃能有此耳。诚使合东西洋万人之留学生，而皆成伟材，其于中国富强何有焉！留学生者，中国唯一之大希望所系也。岂不大可惊喜乎哉？

四曰改革军制之成效捷速而良善，非他国所能及也。我中国旧有制兵，诚哉窳弱，即在勇练，亦复驽末矣。一旦由练兵处筦其机钤，不期年而北洋已成五镇之新兵。此外，各省亦各师其法度，改练新军。以北洋一隅，其力尚且如此，使全国并进，其力有乌可量哉！

呜呼！列强灭国新法之施于中国也如彼，中国救亡要素之足以图存也如此。呜呼！我国民我同胞，如此江山，大好乐国，亡耶？灭耶？存耶？兴耶？我国民勿以群雄环侍而自馁，勿以九州上腴而自豪。敌国外患，庸流之所束手，英雄正凭藉以为刻励之资，此非能亡人国之具也。华实宝藏，内国据为富源，外人将艳羡而生攘夺之祸，此乃最召外侮之媒也。危乎？今为我同胞试辨亡之论，我更为我同胞讲自救之方。我何以言中国有灭亡之道乎？非其国土之不足有为，国力之不克自振，而人心腐败，实尸其咎也。我何以言中国虽危而可不亡乎？则其山川之雄厚、地势之广轮、陆海之隩区、庶产之蕃硕，足以自存，而非谓人力之肩荷能张其维而捍其圉也。我又何以言中国有振兴之绪乎？金玉山川，锦绣原野，实慢藏悔盗之资；河山带矿，城池金汤，非起弱扶颓之要。唯振厉国民之精神，剔除政法之锢蔽，改良社会之风尚，团结民族为大群，奖公德以合全国之同心，明私权以导人民之自重，夫而后真能免灭亡之祸也。是故一国家兴亡之愿，不存于国土之魄，而系于国民之魂；不在于国境形式之完全，而根于国民精神之活泼。

使其国民有热诚，有爱力，有德慧术智，有贞志决心，其精神上有不可磨灭之实，其国体上纵无可凭藉，而亦断无可亡之理。其国体上纵极地大物博，有可凭藉之势力，而其精神上之缺点既多，终亦必亡而已。我国民而能以全体之精神振迅国力也，危亡之端将日减，而振兴之绪益日开，未有精神上之大国民而亡其国度者也。反乎此而如朝鲜之形存而神亡，如犹太之家存而国亡，任地大物博，国广民多，而无能力以凭藉之，无精神以乘载之，形式上虽不亡，终亦为精神上亡国之戮民而已。我同胞将何择焉？

嗟！嗟！我可爱之同胞，可痛之国民，亦知我中国贫弱危亡之原点乎？将领土褊小民族寡弱之为患乎？宁在领域太广、民数太多而政治不能普及也。抑天产不丰、人产不备之为患乎？宁在人民生活程度太卑，普通智识太欠，而无殖产兴业之能力也。将谓矿山铁路工商企业并失权利之故乎？宁谓在无集合大资本兴办大工商企业之能力耳。抑谓人民暗愚锢蔽之为患乎？宁谓无雄杰秀异之民起而任倡导牖迪之责任耳。嗟！嗟！我国家而欲求为实际竞争之兴国，我国民而欲免为精神亡国之贱民，则须上下一心，通力合作。一面罢废专制政体，刻期立宪，与民更始，以政治上机关改良之运用，发扬合群协力之精神；一面奖励工商，发皇地力，舒展民力，而畅达民众土广之势力，更以强迫教育养成国民普通之知识，专科教育养成文明科学之国民。吾知中国前途去亡日远，而其兴以渐。复何有形式上亡国之痛苦，精神上亡国之惨剧也哉？

虽然，就表面论之，中国诚如前言矣。更由国民精神上观察之，其腐败达于极点，知有私利而不知有公义，知爱身家而不知爱国，其平昔所理想者，惟一身一家之福寿康乐耳。官吏之贪酷如故，商贾之鄙贱如故。将卒虽练新操，犹是绿营之精神也；学生虽号文明，犹是利禄之思想也。呜呼！有国如此，不亡何待哉？中国之地大物博、土广人众，适以长中人夸大之习，作中人暴弃之媒。是以日本之兴也，全恃乎人力，其土地虽小，而汽笛一声，国人皆奋袂而起，其精神之振作为何如耶！中国而欲再兴也，当纵四百兆之民族，先抖擞其精神，是满洲可弃，蒙古可弃，新疆可弃，而民族之精神卒不可放弃也。愿我国民奋起而共图之。

《时事采新汇选》，光绪三十一年六月二十五日（1905年7月27日），录自《顺天时报》

今上皇帝万寿祝辞——祝联日并定立宪年限①

光绪三十一年六月二十六日

今日为我今上皇帝三十有六岁万寿圣节，普天同庆，具征爱国之诚，薄海胪欢，共切尊王之念。此固为国家之大庆典，亦以见我国民之所归向矣。回想上年之举办万寿也，适当时机危殆，四顾多忧，日俄之战正酣，粤匪之焰未息。而今则日俄已议和局，粤匪已渐削平，朝廷亦知政体不加改良，国基万不能固。于是有出洋大臣之派遣，为实行改政之先声。此为我国民日夜切望而大愿将偿之时，亦为我今上皇帝伟业未成而前功复续之日。今适逢此万寿圣节，安得不遥望阙庭三呼万岁一表其欢忭之忱哉！虽然，犹有二大事，当为我中国祝者。今际此圣节，特表而出之。

一、中日宜联盟。东亚之主要国有二，曰中，曰日。中日合则东亚安，中日分则东亚危。东亚安则黄种存，东亚危则黄种殆。中日相依为命，而东亚又视中日为存亡，唇亡齿寒，堪为殷鉴。故日本战胜，其舆论多有主张攫取中国之土地及利权者，而彼国深明大局、灼知利害者，多不以为然。此岂无故乎？请得而申言之。各国所涎羡者惟中国，眈眈环伺，屡肆阴谋，万一中国危亡，日本虽强，亦势成孤立。而且日本战胜，白种惊心黄祸之声，隐然又作，此后白种人之于日本，必将阳赞之，而阴忌之。故黄种联盟，协保大局，实为今日之要着。或曰联盟之国必势均力敌，中国势弱，日本岂肯相联？曰：否。日本深明大局、灼知利害者，亦多主张中日联合。况中国政界颇有更新之望，日本岂尚拒绝之甚乎？今特为之进一解曰：日本如实有保全东亚大局之心，必肯与中国联盟，否则其保全东亚之说直诳语耳。至其关键，仍视我之诚孚如何，振兴如何。故吾于庆贺万寿之日，并祝中日联盟。

① 副标题为编者所加。

一、宜宣布立宪年限，中国宜立宪，几于举国同声，故朝廷为所感动，颇有改立宪政之意。说者谓简派四大臣出洋考查政治，即系为将来改立宪政之地。究之将疑将信，未见明文，揣测之言，尚未足据。是必宜定国是，安人心，明降谕旨，限若干年改行宪政，如此则人心不致浮动，而趋向乃专。查日本立宪之初，亦系先期宣布。我中国若无心立宪则已，如果真欲立宪，即于万寿期内降旨宣布，以坚国民爱国之心，并以餍海外侨民之望。尤祝我皇上为日本之明治，为俄之大彼得，翻然变计，全体更新，幸勿枝枝节节，徒为无益之举。礼仪不改，则腐气难除；服制不更，则精神难振。今日不变，后此恐更无可变之机。而目前入手之第一着，即在先期布告，限若干年立宪，以安人心，而定国是。年限满，则国民之程度亦已增高，即不致有紊乱之虑矣。故吾于庆贺万寿之日，并祝宣布立宪年限。

中日联盟则外援固，宣布立宪则内政安。此为我中国今日图存之要道，舍此必不能立于世界。果能下采刍荛，乾纲力断，立见施行乎？吾辈先本爱国之诚、尊王之念，北望长拜，敬献祝辞曰：皇帝万岁！中国万岁！

《大公报》，光绪三十一年六月二十六日（1905年7月28日）

吾国宜研究政法学说

光绪三十一年七月初一日

二十世纪之学术，由东西洋而渡入吾国者，如方青之草，生也勃焉。其势欣欣，虽勾萌初达，循此以往，必有发荣滋长之一日，此无疑也。特学科甚夥，吾国士夫乍睹其名，若游五都之市，奇珍异物，□极□丽，炫于目而莫由，决于心又或强作解人，优此劣彼。闻其说者，益形淆惑，是不能无辨者也。

夫农工商一切实业之学，科学也；政治法律之学，亦科学也。而论者往往有实学与空理之别。其视政法曰空理而已，吾国今日当务实学，如所谓农工商者救贫救弱，空理则无取焉。数稔以前之士夫议论，无不如此。往岁东人开政法速成科，以便吾国东渡之士，又值明诏改良法律，博采东西各国成例，招日本法科大学举业数人襄助其事，而海内憬然知政法为救时之要素，稍稍改易前议，然尚有谓政学不如艺学之切实俾世用者，此所谓知其一，不知其二也。夫空理云者，真理之谓。世界之真理，即世界之实学也。故使政法而诚如所言仅为空理而止，则决不足成一独立之科学，然盍思政法之效力，其果为空理乎？抑果为真理存乎其中而有以致其然乎？

彼以农工商为实学，而视政法为空理，岂不以前者若有形而后者若无形乎？故不得不谓有虚实之别，抑知所谓世界之实学，不外乎为人类致用之具而已。农工商之致用，在发达人类之经济社会；政法之致用，在发达人类之政治社会。就社会上论之，其效用既不能轩轾如是。而国家当衰败不振之日，欲谋增进国民之经济实力，必先谋发展国民之政治能力。使国家之基础不定，国家之组织不讲，则国民之实力虽欲增进，而末由寄托也。是故行政机关为国民责任代表之所托，现行法律为国民生命财产之所系，宜尽人而知之。今试以吾国主权为何人质诸吾国民，能全举其姓民无多也。又试以吾国行政机关几何种、现行法氏几何篇质诸吾国民，自二三考求掌故者以外，未有不瞠目不能置词也。然则吾国民之政治能力薄弱如是，虽农尽地利，工精制造，商善贸易，一切实业均美备，而求胜于世界各强国，必不得也。又况政治能力未充足，则经济实力亦不易发达也。

今欧人称其国曰法治国。法治国者，法律神圣时代也。国家权力虽扩张，而无不范围于法之中。人民与人民之关系，则有民法、商法诸法；主权者与人民之关系，则有宪法。其他事无大小，人民得据法以争其权利，国家不得违法而逞其势力，此法治国之精神也。故法之为物，所以平人与人之争，而争之最大，则在主权者与人民之关系，所谓治者与被治者是也。宪法即所以定二者之权限，而申明其各有权利义务。近世纪中欧美列邦君民交哄，以成惊风骇浪之变相，无非争此宪法，卒也宪法立而国无有不治，故政法者实以历史有大试验场，而在今日已效用彰彰矣。

然则今日吾国民不可一人一日无政法之思想，而视为急切也明矣。何也？二十世纪之世界，无专制政体立足地，斯言已耳熟之，且将实见之。俄罗斯之风潮，真逼人咄咄也。吾国近日政府已稍稍议立宪，而迄有成。其始虑民智未开，拟以皇族官员代表上议院，以各省官员代表下议院；又以官智仍未大开，仍汇议送政务处。其因循苟且，虽由政府诸公无真知灼见，宪法有益于国家之知识，然一返求之吾国民，亦觉未易言也。夫宪法之可贵，非以其法文，以其法文之精神也。苟国民无实行之资格，则宪法亦空文耳。强不知礼者，使入宗庙，其手足无所措也几希。强不知兵者，使治军旅，其不陨越以败国家也几希。今使国民于选举之原利、代议之天职茫焉无所闻知，则宪法之实效、议院之制度将何恃以行？日本立宪之说，创自明治十三四年，而颁行则在十年以后，谓之立宪准备期限，便国民注意此问题，尽人有政治之能力、法律之研究，而后施行无害。今吾国立宪之议亦既萌芽矣，而国民之政治能力尚未充足，及时而研究之，庶有宪法完善之一日；否则，非特政府疑虑之，即吾人以各国国民之性质比较之，亦未尝不疑虑也。

《申报》，光绪三十一年七月初一日（1905年8月1日）

论中国前途之可危

光绪三十一年七月初三日

中国以积弱之势，处列强竞争之间，数十年来，所赖以为一发千钧之系者，无他，各国在远东之平均力有以互相钳制以支拄其危而已。各国在中国相与争驰，此所得逞，则彼或欲夺之；彼所觊觎，而此或又先之。其利害既相持而不下，而所谓势力范围者，遂因此不能确定，以实行其分裂之举，于是不得已而保全中国之说出焉。

夫各国藉其平均力以相争，固非中国之幸；而以保全为侵略，尤非中国之福。然使中国能利用此说，以善延其国脉，而徐图进化改良，亦未始非难得之会也。顾以今日最近之情势征之，则由前之说，亦若大有不可恃者。何以言之？盖所谓平均势之钳制者，其于列国之间，不外俄日、俄英之□，与夫英法之隙耳。中国向所至患者惟俄，今者日竟胜俄，边祸似可稍息。然自此一战之后，俄人竟弃其在满洲之利益，转而图西北之蒙古一隅，则其事与日本之安危无涉，日本固将听之。如是而日俄钳制之机失矣。英俄亦世相嫉者也，其在中国之利害尤不相容。然今日之俄，既已退出东三省之外，其在远东之势力不足以为英国忧。且一年以来，西藏之约已成，阿富汗之独立已定，则英俄之交涉亦更无大相冲突之故。如是而英俄钳制之机失矣。至于英法两国，□□十年其外交政策往往相齿奇龁者，一以法之附俄，一以两国殖民事业之纠葛也。然自英新皇践位以来，首以联法为务，以宫庭之交际而其交涉之情势，亦一变焉。观其于非洲殖民政略相让者不一端，则知其对于中国之西南亦将同此办法，且俄人既败以后，法之所以待俄者已稍稍疏，而其昵英也倍之。如是而英法钳制之机失矣。其尤甚者，德国之与日本素鲜深交，且互相忌嫉者也。然今者有棲川之聘贺，既以见日之交德；而柏林应募日本公债之踊跃，亦以见德之交日，则其内情又将何如哉？夫以如是之情形，则各国之平均力已殊，其钳制之机已失，而其势力范围至是乃将确定而不可易。举数十年来外交界种种疑难不可决之问题，胥将于是决之，而中国之危机可想矣。外交界之现象如此，若一返观内国之势，则其祸尤有伏于毫芒者。

夫列国所以倡保全之说，其意欲藉中国在上者之力，以制中国之民，而彼乃得安然于其间攘取利益，受其利而不自居其累也。然此事则固有不可终恃者。盖天下事之公例，未有主权受制于外界，而犹足以固其内界之主权者，矧以中国国政之专制孤立，数千年而未有所对鉴，则亦习焉安之。及今日列国鼎立，其势力既被于中国。中国之民苦苛法久矣，至是而其黠者，未有不如水之走下，而相率以就庇于外人者也。故迩年以来，商之挂洋旗，民之入西籍者，既以闻不胜闻矣。其最著者，则宗教之信仰，本甚自由也，而释徒乃有受牒于日僧之门者；官吏之去留，本有定例也，而州县乃有乞灵于教士之信者。如此种种不一，而谓中国对内之主权，犹可以永保乎？而至是与列国所谓保全之深意，乃大相左。中国之实力既不足以自治其民，而使彼得安然坐享其利，以受其利而遗其累。且中国之民乃反日日而乞其保护焉，则彼亦何必定以保护为也。于是则其政策将大变，而即欲于形式上有其保全，亦固不易易矣。由是言之，各国平均力既分，则外交界之势大异，而中国对内之权渐蚀，则列国之政策又歧，此固势所必至，可以断言者也。居今日之中国而欲免于此，则速行立宪，其或庶几稍救燃眉之祸乎。

《时事采新汇选》，光绪三十一年七月初三日（1905年8月3日），录自《时报》

论俄国将设立国会事

光绪三十一年七月初八日

今世界所谓强国者，无不藉国民之力为政府之后援。无论为民族主义，为帝国主义，凡有囊括宇内、鞭笞六合之雄心者，对于其国民罔不低首下心，俯顺其情，以是定内治外交之政策焉，而其枢机则全在于国会。国会为今日立国之本，殆无一人不知之矣。专制政体之国则不然，务愚其民而取其便于驾驭，务弱其民而取其易于压制。自专制政体之成立，而民日愚日弱；民之愚弱愈甚，而专制政体之基础愈固。故愚弱之民与专制政体恒有互为正比例之势也。迂陋之儒昧于世界之大势，以为专制政体而果不能行也，何以历久相传而未见其大害也？即曰：闭关自治之时代与今日世界交通之时代不同，何以欧洲之中尚有俄罗斯用专制政体而能保其强大国之资望也？观于近日各报所载，俄皇已定设立国会选举议员，俄大臣现正求立宪之法，而知此疑难之问题不难于此解决也。

今夫别人之妍□者，莫善于相形之下以定其等差；判人之强弱者，莫善于相校之下以分其高下。一国政治之美恶亦然。互相交通，互相接触，而后向之政治家所断断争论而不决者，至此乃豁然呈露，尽暴其真相而无所遁。中国之闭关自治者二千年，故能长保其专制政体。俄国虽在欧洲，平日既以防革命之故，交通常感其不便，及与立宪政体之日本开战，而其弱点遂大著而不能隐。故互相交通、互相接触之关系于立国大势，其影响有非常之大，此证于实事而无所疑也。

独是俄民之谋革命，以要求立宪者屡起屡蹶，百年于兹矣。虽其君其相为所暗杀者相踵，而政府毅然不为之少动。今于战败之后，而忽翻然一变其宗旨，愿弃其专制之全权，而改立宪政体，则设国会选举议员，以全国之事公之于民人者，又何进步之速也。我观于此，又以见俄政府之阴谋焉。何则？俄民之訾议其上，愿速停战者，以此次战事非国民之战，而政府逞其私愤以糜烂其民故也。俄皇亦既深知之，故当败衄之余默计，非赔款割地不足以求和。而欲免此耻辱，环顾各国，既无有敢愿与日本为敌以助俄者。势穷力蹙之下，不得不思及平日所犬马草芥视之者，对于外敌，实可为政府之一大援，而欲赖其援，不得不有以应其情。故俄皇之决计设立国会，为此次对于日本之和战起见也。前日俄民已有上书俄皇，劝其勿签耻辱之条约者，□然已挟其全国民之重，示日本以和议条约不可要索过奢，而预为缓行战局之计。故日本于此次和议之条款，不易满足其望，恐亦意计之中矣。

虽然，俄皇此举虽非真有增进国民幸福之意，不过藉是以逞其黩武之雄心。然国之赖民以存立，政府之必藉国民为后援，此公理亦可因此而益明。而俄人蚕食亚洲之谋，或将以其国民之助力，而如虎傅翼，不复可制。愿我国之人勿以俄国此次之战败为喜也。斯拉芬族之可畏，为世界各国所公认，向特以束缚于上，不得自由，故未展其十分之势力耳。今后殆如江流之出峡而奔放，亦未可知，不可不亟筹□以抵制之方也。

《申报》，光绪三十一年七月初八日（1905年8月8日）

言论自由

光绪三十一年七月二十一日

文明国民皆有三大自由：一言论自由，二出版自由，三集会自由。朝廷予国民以此三大自由者，乃得为文明国，否则为野蛮专制。

专制国不准言论自由，不准出版自由，不准集会自由。中国之专制导源于秦始皇。秦始皇以专制御天下，所以有坑儒焚书，偶语弃市之虐政，卒之国祚不永，至二世而终。不意继其后者，仍以专制为自私之计，压制之力愈积愈厚，自由之苗愈削愈亡。直至今日，优胜劣败，强存弱亡之世界，而我中国犹以专制之政，箝抑国民。学界有犯禁之书，而出版不自由；团体有解散之令，而集会不自由。又每出新例，禁阅报纸，则言论亦不自由。是文明国民之三大自由，我国民皆无之。我中国果成为何等国乎？请高明下一断语。

俄罗斯专制之国也。近因新败，国民愤兴，工罢职，兵叛乱，刺大臣，害亲王，纷纷扰扰，举国不宁。此何故？争自由也。俄皇鉴于既无以攘外，又无以安内，专制之政，万难图存，于是批准立宪，与民更始。今后之俄罗斯，即将出野蛮而入文明矣。

近世之强国，无一非立宪政体。大国中专制者，惟中国与俄。俄今改行宪政矣，而我中国犹以专制之力，阻国民之自由。岂将以野蛮专制独□特色乎？或曰：中国近日派四大臣出洋考查政治，即为将来改行宪政之先声，文明国民之三大自由，我国民亦必有及身享受之一日，少安毋躁可也。

记者曰：国民既不久有享受三大自由之一日，吾辈报界中人主持清议，开化民群，盖无一日不发言论者。三大自由中，吾辈当享受其二。而况报纸为维国政、保国权之机关，朝廷既欲改行宪政，尤当急予以自由之权，以为实行宪政之导线。吾于是乎说言论自由，而更延颈企踵以望实得享受此三大自由。

《大公报》，光绪三十一年七月二十一日（1905年8月21日）

论今日人民对于立宪之责任

光绪三十一年八月初十日

中国立宪之说，始腾于报章，次成为舆论，终且将定为政见，而见诸实行。夫立宪，中国之福也。天下福无倖至，不知此次立宪，由我人民停辛伫苦以得之乎？抑由我政府开诚布公以予之乎？中国今日之待立宪，诚如饥饿之待饮食。然非我朝野上下先有立宪之资格能力，则应尽之义务必不能尽，应享之权利必不知享。不惟无以维持宪法，且将有牵率破坏之虞。

原各国宪法之成，大抵由国民艰苦争持而致。其重视宪法也，几乎得之则生，不得则死。于应尽之义务，应享之权利，皆能各守其分，而无放弃侵越之虞。今我国人民其深知宪法之益者，万不及一。其能恪守规则，足享宪法之利者，更不及毫厘。虽嚣嚣之论，几遍国中，然大概务模拟而乏研求，多主张而无办法。循是以往，设果有立宪之一日，其开明者，必至慌张无措，其愿僿者，必至固蔽如前。非有扰乱之忧，即无效益可见。此在今日急待立宪之际，所必应预筹者也。且国家之根本在民。宪法既布，而民犹不知所以处之，则须此宪法何用？且亦不成为宪法。宪法者，君与民之间互相订定遵守之法律也。虽属君主之主裁，必经人民之认可。使朝廷竟定宪法，令三数大臣主持其事，初不以询之于众，而众亦不知所定之为何。其精神何在？宗旨何在？是直朝廷之诏旨已耳！其是也，吾民不知据以实行；其非也，吾民不能起而纠正。是非朝廷之负吾民，直吾民之自暴自弃，失此最良之机会也。

夫人民对于立宪之事，条理最繁。然约而言之，不外人人知有国家，人人皆能自治。能自治然后不致倚赖官力，于应享之权利可以保全；能爱国然后可以奋发有为，于应尽之义务不至放弃。今宜一面普及国家思想，一面养成自治能力。集明通之士，先立会社若干，约分理论、实行二部。其属理论者，内分调查、研究二种。凡国内政府社会一切之事，均在调查之列，而以关系于本省、本府州县、本乡者，为尤宜详，其利弊得失及改良之法，均应悉著。研究之事，则范围较广，凡过去、未来、现在三者之利弊得失，及办事之章程条理，在在均应考求，以为兴革之备。斯二者宜分功不宜并骛。一者之中亦宜分门别类，各专其事。他日议立宪法之际，各会果声势联络，合小群为大群，即可出其意见，以代表舆论，而蕲国民之幸福。

凡立宪之国，其中央有议院，其地方有议会，此外复有政党及私立会社。凡皆以表公众之意见，为国民之后援。今调查、研究二会，虽不能即作为地方议会，然地方议会未尝不可以此为基础。各派政党亦未必不由此而出。故调查研究二者，实为吾人今日对于立宪应尽之义务，亦即为吾人永久对于国家应尽之义务。至调查、研究而后，凡本省、本府、本州县、本乡应兴应革之事，如教育、土木、警察等，应有预结之团体，就力所得为协力办理，以为自治之基，将来即可为地方之正式议会，助理地方行政，而其事与议院尤有关系。盖地方议会不立，议院即徒托空言；而非有学会以为之基，议会必不能成立，即成立亦终归无用也。况他日选举议员，必由地方公举。一二任事之辈，如不先养成人望，则选举时必致任举不知谁何之人，以充其数，于地方公益、国家大计丝毫无补。斯有志之士，所宜及时奋兴者也。

近今日论立宪者多矣，记者重忧其□，故著此以劝国民。愿我同胞勿务立宪之名，而不思其实，则幸甚矣。

《时报》，光绪三十一年八月初十日（1905 年 9 月 8 日）

论日俄战后之时局

光绪三十一年八月初十日

形势之变迁，国交之离合，自古迄今，往往因兵争之力而转易其方向，史册所记，不遑枚举，殆可定为一公例矣。试观拿破仑兵力最盛时代，欧洲之情状何如；及其失败时代，欧洲之情状又何如。普法战争以后，欧洲之情状较前何如。中日战事以后，东方之情状较前何如。是不必繁征曲引，略举一二形势，国交之因兵争之力以转捩者，大可见也。

日俄战争历两年矣，兵力所加之畛，虽仅限于亚东一隅，而影响所及，实有掀动世界之势，以故世界之人亦就其心能所至方面所见，以判决其中心所蓄之疑问。如种界则论黄、白，政界则论立宪、专制，以此役兵争之胜败，而定种族、政体之胜败者，其言洋洋盈耳，等于候虫之鸣。顷者两战国缔和之使既已遣派，和局之成似可希翼。虽然，日俄战局告终，列国之形势外交将现如何情状，此固吾侪亟当讨究之问题，以其事与吾人有至切之关系，不可因局外中立未亲锋镝而泛视之也。

夫日俄战争之原理本极单纯，无论其为争辽、为密约，要旨因中国以起。盖自甲午以后，吾国之外交国防皆如热地，日中之空气消散微薄，逐使界外凝厚之空气得以乘间流入，成为风，相摩相荡，乃至发为震电、为骤雨，此即日俄战争之景象也。古谚有云："君以此始，必以此终。"然则日俄战争之结局利害，切肤之痛，仍中于吾国，不待言而明矣。夫自海通以还，吾国之外交，皆受被动之逼迫，而无主动之成功。其有主动之可言者，如林文忠烧烟，如王之春使俄，如庚子义和团懵焉卤莽，以致灭裂，惩羹吹齑，乃归墟于退让，而著著失败，其历史诚不可掩矣。当日俄战事方启之时，洞微之士皆以中立为非计，诚虑夫战事结局，无以善其后也。往事已矣，虽悔何及。今两国缔和之时，以土地人民属我之战场，且无令我容喙之地。虽在日本，或虑吾国参与和局，启列国之纷纠，未必不具有深心。而以名实言，则吾国之国权受此剥褫，其害无殊于战败，不待智者而始灼知其祸也。夫以情感论之，吾于日俄诚有亲疏之别；若就实际言之，放失国权所受之损害固同出于一，无亲疏之可言。且所谓亲疏者，亦必以情感之善恶为判。远东战启，朝野上下闻日胜而辄喜者，十有八九，测其原因，均以俄败为莫予毒，盖所以望于日本者，固甚奢也。若至终局，其奢望归于消灭，则情感亦将变易，所谓亲疏正不可恃。而皙种之人，久立外交舞台，善于用间，因而乘之。东方祸胎，又将萌伏。不待甲拆，而彼已享渔人之利，其事大可忧危。是则亚东之国，苟欲为长久保持之计，不可蔽于当前，而不图其大者、远者，此又今日柄国之人所当审慎者也。

窃谓日俄战争未启之先，真丹区宇为皙种逐鹿者，其重心恒在英俄，而英之政策又在保泰持盈，其所加施，大率因俄以起，取进之锐，且有不逮。（观英索威海于胶州、旅顺后，经营之力不如胶、旅，又当日本胜俄之始，且有创弃威海之害，而说者即此可见）是则前此中国国交之上，有无利者，独一俄也。若乃此次日俄战争结局，出为调人者惟美。美之为此，固欲交欢日本，以遂其十年以来扩张太平洋权利之志，今日之情似纯然出于为日。（按：美为和局调人，殆深窥日本之隐，而以此为厚结之资。观战事初美俄怒，美为日之故，至不输出圣路易博览会品，俄美之交可见，固知开之如此，乃为日也）然正其善于自为也。盖晚近之谋人国未有不协以为谋者也。且英日、俄法之两连盟，亦将因此役告终而无效力。（此战役亦可云两连盟所成之果，成功者谢天然之理，或谓俄法连盟虽有声嘶力竭之态，英日连盟意向方殷，胡云亡效。然观近日出自英日之人口者，往往言此连盟当接续。夫云接续，则必有断歇之机可知）或转为美日之连盟，而俄既失法，必重连德。（德俄于东亚久有狼狈之势，观近日两君相会，恐尚有施加于议和之际者）英法两国比来日益交亲，亦将有结合之势，以张其力于中国西南半壁。凡此皆朕兆已萌，可就今日之形势国交，以推测其所至，而为他日之稽验者也。故日俄战争结局以后，环而对加于我者，日本既有市义之心，又挟战胜之气在；美则于夏威夷、非律滨根踞坚固之余，而新结一有力之党与；英法则以亲近之邻连，而为同向之进取；俄则虽失资本之援，而得兵力强盛国境相望之同气。（按：前此英日、俄法之连，其地皆隔绝，仅由利害维系。故利害稍疏，维系亦绝。若后此之连，则国皆比邻，声气易孚，当较前此切洽难间矣）其加施于吾国，既无向日之牵掣，而有挟持并进之形。（近者英人倾向于法，其主义与前大殊。据最近西人传语，谓伦敦市上近来新制一种辫子糖，辫长三尺许，一端系以人头模写穷凶极恶状态，其价极贱，仅售一辨士，为彼国食物中向来无比之贱价，故为通国小孩所嗜。其造意实欲状华人凶恶之影，以印小孩性海，为异时进取计）然则吾国人于此幸无谓东北之俄祸暂弭，可以高枕而卧也。

《时事采新汇选》，光绪三十一年八月初十日（1905年9月8日），录自《外交报》

论地方自治之政为立宪基础

光绪三十一年八月二十日

方今朝野竟言立宪，改变政体之期，当不远矣。然而，朝廷犹以骤变为难，故有简派亲贵出洋者察政治之举，复有十二年后始改立宪之说。诚以专制政体历二千余年，政法未谙，人才未足，一朝改变，丛脞必多，实有不能不为审慎者也。然而国势积弱，亟图自强，宛转迁延，燕巢将覆，更无能待至十二年之后。是故今日者，必先树立宪之基础，养立宪之人才，演立宪之规模，试立宪之利害，而以各就地方，行地方自治之政为要。

专制政体操政治之全权，然亦不能一人而理之，必分寄其权于官吏。官吏者，选学优之士而定递升之途，不能遽授以大政。盖以其事不历练，则其识见不卓、议论不中也。立宪政体、共和政体，亦非尽举其政权授之于不知不识之民。故必须合于法律之人，始有预政之权，限以年岁，限以资产，而未及岁之学生，无产业之流民，曾受刑之过犯，皆不得预政。一为其学识未充，一为其休戚无关，一为其舆论不孚也。夫在各国学堂林立，各业皆有专校，但令及岁，无一非曾受普通之教育者。否则，为众人所淘汰，必不能享其恒产，必不能免于过犯。故其合于律法之人，实皆有议政之才。中国不然，尽有年已老大而未受普通之教育者，亦尽有未受教育而能管财产者。此其人以年岁言，以资产言，皆应有预政之权；以才具言，以资望言，皆不可以有预政之权。夫各国之人才如彼，其议员犹有谬误者、营私者，以致政治偶受其害；中国之人才如此，而以立宪之故，不能不以预政之权授之不可预政之人，其为害岂不大耶？

书籍、报纸之纪载各国立宪政法及宪政成迹者，可以使中国预备立宪之人增长学识，使他日者知何途之当趋，何弊之宜杜。然而，事非实验，境非亲历，则其得失必不能灼见。况中国立宪之时，所谓合于律法之人，尽有未受普通教育者，更安能不使其先演规模，先试利害耶？地方自治者，即为一地方之立宪政体。是则今日者，先不定国家立宪之政体，而先令开通之地方试行自治之政，使合于律法之人，得于其耳目所及之地，先演立宪之规模，先试立宪之利害，屡经实验，则人才以裕，基础以固，然后逐渐推广。积地成国，即积地方自治之政以成一国立宪之政，必能有利而无害，故曰今日以先行地方自治之政为最要。

《时事采新汇选》，光绪三十一年八月二十日（1905 年 9 月 18 日），录自《新闻报》

调查政治管见

光绪三十一年九月初十日

罗振玉 稿

变法之道，千端万绪，总其纲要，则为政体。方今使车将发，观政列邦，兴国之机，在此一举。调查之事，条目甚繁，爰就管窥，条述如下：

一、开讲演会及谘询会。各国宪法，布在方策，迻译之书，人人能读。然一国有一国特别之性质，性质既异，则其宪法自不得不异。苟非夙阐宪法学之人，虽熟读深思，仍恐未能心通其意。今使节所至，宜敦请其国政府行政官之熟悉政治者，与大学校教授之精通宪法者，开讲演会，以讲演其国之宪法。凡宪法中何者为特异之处，何为而有此特异之条，其全体大旨□在详细讲演，务令调查者能心通其意。又须开谘询会，就宪法大家质以今中国欲立宪法当如何规定，中国与外国相较有何特异处，谘询意见，以资参考。所至之国，悉如上法。讲演、谘询之际，大臣与议员一同听受。夫如是于外国宪法之精意，乃可明了，此行乃为不虚矣。

二、宪法必详询日本。欧美各国，日本立宪之母国也。调查欧美宪法，以究其根元；调查日本宪法，以观其则效。日本之与欧美，国体、民俗，种种不同，故日本宪法殊于欧美之处甚多。今中国国体、民俗多同于日本，大异于欧美，故于日本宪法尤宜加意研究。日本宪法之成立，由于伊藤侯之调查，实为穗积陈重所起草。穗积方今为世界宪法学大家，罢政以后，足迹尝在欧美，若与研究，所得当不少。至政治上之阅历，则伊藤所得为多，均宜虚心延访，以期获益。

三、当考究政治上之精神及国与民所以联合固结之故。考查政治之形式，尤当考查其精神。精神者何？即上下相感孚之道是也。民与国何以有极坚固之爱力？国民担任征兵、纳税诸义务，何以不惜生命与劳费？此其故虽在宪政，然实有一种至真至诚相亲相爱之意，行乎其间，乃能弥纶滂薄于全国，使通国人心合一，如手、足、耳、目、口、体之互相为用。此中精意，尤当究心。不然，宪法徒颁，而无真意以贯注于其间，则与以前之空言文告，亦何以异哉？

四、当考查政治上之组织。此次调查，于宪法之外，更当详考其政治上之组织。如中央政府如何构成？职分如何配置？何以使臣工各尽其力，而无牵掣之弊？次则考地方之组织，凡税课、讼诉、教育等事，如何分职？地方议会如何构成？一切行政如何分治？如何统合？均当一一查考。至一学堂、一工厂之微细，则不必亲往，分派随员察看可矣。

五、定立宪期。此次调查回朝，宜预定立宪之期，大约以三年为适期。预颁诏旨，大诰天下。或以三年为太迫者，殊不知时势所迫，万难再缓。若日本之下诏后十余年，然后实行者，万不能行于今日之中国也。

六、一意见。此次使节分道扬镳，然调查既讫，必公同协议，互陈所得，以商定折衷至当之办法，万不可有歧异之处。此事影响于国事者不小，否则，将来政治上意见之分歧基于此矣。

七、立法制局。政府既颁示立宪之期，此三年中宜亟立法制局，以考究东西洋各国一切法制。上自宪法，下及一切法规。以后所颁一切法令，皆由局讨论拟议。此新政最要之机关，万不可或缓者也。

八、译政法要书。法制局既立，宜附设译书处，慎选译材，翻译各国关政治一切要书。凡法令、政治、外交、理财、教育之籍，一一迻译，以备参考。

九、宪法具草后，宜博访通人。将来宪法既具草，宜谘询各国政法大家，评论得失。复内考本国，务期合度，断不可草率举行。盖宪法者，一成而不能轻改者也。慎之又慎，是在善于谋始矣。

十、慎用人。以后议士选举之当慎固矣。即法制局、译书处等用人，亦宜审慎，大抵工奔竞、逞谈论、负虚声者，非佳士也。方今新政将兴，与民更始，养成廉耻，亦于此时。若不屏斥营谋奔竞之徒，恐此风日长，逾于畴昔，虚声之士进，则忠干之士退。此事于人才兴衰之关系极大，最宜审之于始者也。

《大公报》，光绪三十一年九月初十日（1905 年 10 月 8 日）

论立宪

光绪三十一年九月十一日

中国固专制国也，四千余年奉其遗传之习惯，未之能改。至今日而有简派大臣出洋调查政治，为实行立宪之举。中国之前途大可贺也，故喜而论之。

立宪之原因：物极必反，破坏与成立相反而实相成，此天演淘汰之公例也。专制之弊已达极点，特无以激之则不动耳。二十世纪开幕，即演最惨烈远东之舞台，而俄国败矣，而中国悟矣。则日俄之战，实铲除专制之利器，即立宪之原因也。

立宪之基础：立宪必开议院，议院必设议员。中国民智未开，无公德公理，不知一己之责任，不知国家之责任，不知一己与国家相关之责任，其去议员程度不知几亿兆京垓无量数，不可思议。欲造议员人格，非教育普及不可，故兴办学堂为立宪第一要义。

立宪之障害：专制为立宪大反对，立宪为专制追毒散，二者不两容者也。而徇私者，莫便于专制，莫不便于立宪。故为立宪反动力者，徇私是也。如徇私，则一切章程虽臻妥善，亦必无效。故实行立宪，必以去私为目的。

立宪之年龄：闻政府限以十二年实行，然未见发布，恐亦未确。吾拟其时六年，其庶乎？期十二年者，谓我国素乏教育，非十二年不能人尽开通。吾谓立宪不必全国皆开通，学堂之人能明公德公理，即可为议员，即可致全国之信从。苏东坡论“战国养士，其民不背叛”言最有理。以十二年开通全国之人则不足，以六年开通学堂之人则有余，故曰六年可也。

立宪之效果：中国所最畏惧者，曰革命，曰学生革命。海外游学之士心醉欧风，其不善我压制政体，故有狡焉思逞之谋。所谓压力愈大，涨力亦愈大也。一旦立宪，彼将尊仰崇拜之不暇，有不伏首降心就我范围已乎？故立宪，则游学者归心；游学归心，则学堂必勃然兴起，而人才益多矣。

立宪之和平：俄国之立宪也，铁路停、电灯灭、工厂罢、炸弹裂，何等惨烈！及颁布条规，不满人民之希望多所要求，何等纷扰！我国自戊戌、庚子而后，风潮归于平静。今之立宪，如水到渠成，瓜熟蒂落，是天然时候，非强以人力。及实行立宪，我国民当幼稚时代，无抑郁不平之气，必不与政府反抗。故言行以先与实行以后皆见和平也。

统以上观之，中国之立宪皆可欣可喜之象，无可惊可怖之象，将来富如英，强如德，崛兴如日本，均可拭目以俟耳。呜呼，休哉！

《大公报》，光绪三十一年九月十一日（1905年10月9日）

论巡警部与立宪之关系

光绪三十一年九月二十二日

车站炸弹之凶徒至今未得主名，然就五大臣发出之函电而观之，则皆曰反对立宪者之所为也。是则因车站炸弹之变，而速巡警部之成立，即可曰巡警部之设，为保护宪政之成立，为阻遏反对立宪者之暴动也。

夫国家改立宪政体之意，虽未宣布，然内外大员均亦公言之而无讳，可知其机之已熟。一旦忽有炸弹之变，妄测高深者方疑出洋考察之举将中止，而改行宪政之望将尽失。乃朝廷以为反对立宪者，虽以炸弹为恫喝，可以巡警遏之，特设巡警部，则改行立宪之举未失望也。非然者，各国巡警皆附于内务部，中国何以特设专部，且位于外、商两部之次，六部之上，较各国尤为重视。可知巡警部之设，实所以保护宪政之成立矣。然既因保护宪政之成立而设巡警部，即当就巡警部而预备立宪之基础，使二者交相为益，岂不懿哉！

夫巡警之制，百政赖以奉行，诚必先为设立，而后其他新政可以实行。然不立宪政，而仅行警察，则流弊亦滋。盖巡警之弊，在于宽严不中，太宽则有泄沓之忧，太严则有苛虐之害。未设巡警部以前，各省亦有仿行者。然省自为制，府自为制，县自为制，散漫无稽，大半失之于泄沓。今既设立专部领之，以军机大臣辅之，以曾往东洋考察警察之亲贵，向为天津侦探专家之能员，各省巡警皆归督饬办理，气象一新，泄沓之弊必可无虑。所虑者，宪政未立，有监察民人之巡警，而无监察巡警之民人，不得不防其苛虐耳。

中国虽有官吏欺民、准民控告之例，然而地位不同，虎须谁捋？故巡警苛虐，虽亦予民以告发之权，究不若予民以监察之权也。诚能参酌各国地方自治之制，巡警章程但定大通行各省，而其细目则由各处民人按期议定，并令公举董事稽查，巡警则苛虐之弊可以免，而立宪之基础可于巡警之一部分先试其端，岂非一举而两得者哉？且国家正忧匮乏，设学、练兵、兴业、偿债，动需巨款，巡警之设，不予民人以特权，既难筹款，尤虑激变，故巡警与立宪尤不可歧而二也。

《时事采新汇选》，光绪三十一年九月二十二日（1905年10月20日，录自《新闻报》）

立宪浅说

光绪三十一年九月二十五日

中国改行立宪政体之说，近日已渐有端倪，本馆昨者亦经论及之矣，而尚未睹有毅然决议之一日。夫在昔舟车之兴也，犹待三世而始知其利。况以亘古所无之举，乃欲以一旦定之，其必有无数踌躇而不敢发者，亦人情也。虽然，立宪之效果，语其闳义缛节，固非纸墨所能穷。然即以中国今日之形势揆之，其所以为对证之砭石者，亦历历可数矣。记者不审，请再以宪政之所以宜于中国者，撮其崖略而论之，冀以坚当轴之意焉。

一、对于君上之利益。立宪国之君主，有权利而无责任者也。虽曰权有所限，然其在内国，非犹是神圣不可侵犯者乎。且以今日中国而立宪，则为帝室所赐之宪法，究与欧洲诸国之强半出于民意者有殊，而实与日本之立宪同例。审是则立宪之后，帝室所享之权，仍可与日本天皇相拟，固亦不为不足矣。夫以地位之安乐言，则爱烈珊德、尼哥拉一世诸君，孰与维多利亚；以人民之拥戴言，则突厥之可汗，孰与大不列颠之君主？而况专制之国，左右蒙蔽，上下隔绝，皇帝虽有绝大之权，然恒不足以举之，则其权实以四移，而一身乃成为孤立。何如立宪之国，法度修明，而其君主犹得善用其于宪法上所许有之权也。盖专制之君，其权虽若无限，而实则犹之无权；立宪之君，其权虽若甚微，而恒足厉行其实。是则由专制以变为立宪，其君主宜若可无憾于削权矣。所虑者，宪法既颁，则皇室费与行政费不得不分，而宫中之出入，遂不免有所限制。然此亦不利于近习奔走之人之冒滥而取盈者耳，于帝室财用之赢亏，初无涉也。

一、对于官吏之利益。官吏若必以威福自恃为得计，则亦不必言矣。若其犹以循分尽职为心者，则试思一旦立宪之后，其俸入如故，（陋规虽在必裁，而廉俸亦必加倍，固足以相抵也）其尊荣如故。而有预算决算之章程，则理财之事易；有地方自治之条例，则行政之责轻。以视今日之文网束缚，责怨繁多，内困于刀笔，外忧大清议，其艰夷固不同矣。恶劳好逸，避险就易，人情之常，度非至愚，未有不乐于此者也。盖自立宪之后，而中材以下之吏，皆可以奉法守成，保其身名而毋虞陨越矣。

一、对于吏治之利益。宪法之关系于群治者极繁，必举其详，则将兼年累月而不能尽其说。本篇之意，但取证明立宪之宜于今日，其远因近果，固不能一一具论也。今姑举专制所生之恶果一二端，而与立宪之善果反镜观之。盖专制之国，其臣之对其君，下之待其上也，其情不亲，其利害不相共，于是则率以伪应，而蒙蔽生焉，贿赂行焉。其在立宪之国，人民为国民，通国为一家，其情亲而其利害与共，无所用其伪，则蒙蔽之习除，贿赂之风戢矣。（非谓立宪之国遂必无贿赂，然终较专制之国为愈，则可断言也）专制之国，君之责于其臣也，无所不至；而官之取于其民也，亦无所不为。彼暴敛横征之事，侵渔中饱之风，固皆专制政体之所胎孕，极其弊之所至，则民既病而国亦随之。假为立宪之国，则君不能过责其臣，而官亦不能多取其民，政体既已判然，则暴敛横征与夫侵渔中饱诸端，固皆有所督责矣。夫蒙蔽、贿赂、暴敛、侵渔，固朝廷之所深恶痛绝，而近日明诏，犹谆谆以为言者也。乃追原其始，固与专制俱来。而欲去其弊，则舍立宪之外，更无他法。则徇利避害，固将何去何从矣。

一、对于行政之利益。今朝廷非不励精神以图治，然革新之效，终不可得闻者。一言蔽之，政体不立而已。今朝旨之所颁布，执政之所谘谋，疆臣之所计画，以及卿士百僚所奉行者，非不曰兴学乎。然兴学之事，首贵教育普及。而以不立宪之国，其民无国民之资格，于国无与，则亦何以教育普及为也。且既学矣，无论其所师承为英法、为德美，其所讲肄为政治、为法律，而以用之于专制政体之国，则其不适用断可知也。然则欲兴学，曷不先改政体也？非不曰练兵乎。然果欲练兵，必行征兵之制，使全国皆兵而后可。否则朝募一军、夕编一队，欲以与他人之举国为兵者，相见于疆场，窃未见其有功也。而以不立宪之国，其民既不足以为国民，即对于国家无保卫治安之责。而欲以征兵之法行之，其不揭竿而呼者几何也。且夫兵者，固所以置之于必死之地者也。故虽罗金珠、耀冠服，列于其前以为招，然不能以是之饵，而使人蹈死不顾。何也？财禄固其所贪，然终不敌其视生命之重故也。必欲其以生命之重易之，则惟有一物焉，所谓爱国心是矣。彼欧美、日本之兵，所以敢死无前，亦赖有此而已。而如俄罗斯之兵，则不可得而语是。盖爱国之心之有无，视政体之立宪、专制以为判，不待言矣。然则欲练兵，曷不先改政体也？非不曰理财乎。今以中国赋税总入之数，持与列国相衡，不可谓取之之多也。而今日之民，其颦蹙而呻吟，已若是矣。又以列国之公债，与中国今所欲募者计之，其为额尤倍也。而中国之民之相拒而不纳，又若是矣。以彼平日既不知国为众人之公产，且己亦有预焉，一旦乃欲以其铢积而世守之之财，与夫胼胝而入之之息，授之于不相涉之人，投之于不可知之地，则亦胡可得也。且也专制之民，匪惟不思其国也，抑亦不信其国，此固积威势之所致也。今使政府欲设银行，而召天下之人以购其股份，则人将惧其成本轻提，而惴戒不敢从矣；又或欲修铁道，而劝天下之人以投其资本，则人又虑其子金难必，而观望不欲前矣。此实中国今日之现势也。夫民之重视其财，固所以保其生命之源。使非立宪之成效大明，则民财终不可得而集，有断然矣。矧以专制之国处之乎。然则欲理财，曷不先改政体也？夫以兴学、练兵、理财三者，为今日鼎立之三大政策，舍是莫由，而其不可须臾离宪政也若是。是则立宪之事终不可免，当国者无宁早自定之乎。记者未尝学问，于宪法之精诣，非所具知。然以其平日之所睹闻，证之以今日中国之世事，而其必不可外，已若是之彰彰矣。抑更有言者，立宪之事，勿徒望之国家也，尤必国民之能力，足以副立宪之资格，而后其效可言。与立宪政体相维持者，地方自治政体也。既以立宪为望，则于地方自治之实，不可不力举之。此在吾民之所自为，而非官吏所能掖导者已。至于宪法之美备，首推英国。然英国宪法，为不成文之宪法，苦无专书可考。而日本当日之编定宪法也，实颇以德国为宗。然则今日中国学子，欲研究宪法学，其将远采德意志联邦之通例，而近取日本学者之粹言乎。

《东方杂志》第二年第九期，光绪三十一年九月二十五日（1905年10月23日），录自乙巳年六月初九日《中外日报》

论立警部与改政体之关系

光绪三十一年十月初四日

各省之办警察垂四五年矣。据所传闻，惟天津尚略有成效，余皆等诸自桧。今者朝廷特立警部，设尚书、侍郎等官，其制与诸部等。说者谓朝廷之意，重视警察，故有此举；又谓兹事实因鉴于行刺五大臣而成，斯皆无足深论。所宜研究者，其一切官制之组织，职任之分配，条例之制定，及精神宗旨所在，暨其他各方面之关系而已。

夫警部之立，其善固不待言。然天下之事，他人为之而卓著成效者，必其历经艰苦，于层累曲折察之至精、衡之至当，既非一人之力，亦非一日之功，未有漫然效之遂可图利者也。今中国既效他人立警部，固以为警察有莫大之益。然究竟警察之益何在？恐当（抽）〔轴〕诸公亦未深知，徒以其中有数大端，颇与其意相合，足以利用，故赞成此举耳。是以他事而立警部，非以警察而立警部也。将来形式无论完备与否，而精神所注必偏于此数大端，转失维持公安之意。倘今日立法之始能格外详慎，尚可豫救将来，此则本馆所极为属望者。

夫警察之为物，实与立宪政体同时发生，而与专制政体不能相入，何也？警察范围所包者广，然其大旨不外行政、司法二事。凡所以保治安而增幸福者，纤悉无遗，其任极繁，其权极重。故自上至下，无不惟警察之命是从，以非如此不能使举其职也。然警察尤必确守法律，倘有违法之事，可以控诉而惩罚之。故警吏不得行其无限之权，而人民可保其应享之利。凡此者，皆立宪政体之所有事也。若专制之国，则人民本无规定应享之权利，平时听其自生自灭，官吏一不过问，人民尚可劬身并力，以冀优游，若官吏一为代谋，则虽极有益之事，亦必变为极无益。此征诸已事而可见者。今就行政警察而论，如安宁、风俗、卫生等，条目至夥，恐任举一事，行于今日，皆必病民，而不利民，何则？官吏不能取信于民，人民亦无受此之程度。以此而论，贤者犹恐不能自持，况天下之大，官吏之多，安能保其皆非不肖？然则行政之警察愈密，而吾民将无宁日矣。况司法警察更难保其不滥用职权，钩距之术愈精，法网之罗愈密，吾民一举手、一动足，当无不违法者，而复无法律为之保护。是人民之身家性命皆在警察掌握，可任其颠倒是非，变乱黑白，而不能出一言以相抗。是警吏者，又非第二之捕役乎？观于俄罗斯之人之苦其警察，可知专制国之警察皆所以助君主之威焰，而非以保人民之安全。盖其势不得不然，其事遂相因，而至立制之始其精神固已异矣。

今我国之立警部，吾不知其意何属。第以警察为自治之机关、内政之枢纽，诚欲变政，固非此无从下手。倘目下能就警务全体熟思审处，于官制之组织、职任之分配、条例之制定，皆就立宪国施行警务之精神原理，合以中国目下情势所宜，以定为暂行之制，庶几一切皆有根柢。一旦变更内政，其事诚若反手间。倘以为情势不宜，或别有宗旨，必欲取法乎下，或谬袭□目而精神全异，则求如政务处等之赘疣无用，将不可得，其弊将有不可胜言者矣。故今日能速改政体而行警察，则善之善者也。否则，行警察而预为改政体之地，亦无不可。若粗举一二端，以助行政之用，而别有所谓宗旨者存，则其事不如其已。或曰：今第立警部而已，未必遂遍行警察，且警察之腐败未必遂减于前。君私忧可谓过当，不知所望乎立警部者，谓其能力行警务也。若腐败犹昔，何必赘言。正惟其望之之殷，故规之不觉其切。未知当轴者之意，果有如吾所云云者，否也？试拭目以观其后。

《时事采新汇选》，光绪三十一年十月初四日（1905年10月31日），录自《时报》

论立宪之不利于官

光绪三十一年十月初八日

张之洞《劝学篇》中盛诋民权，历举我朝列圣之仁政超越前代，以为我民但当尊君亲上，而不当袭民权之谬说，妄訾本国之政体。其说似矣不知我国之所以积弱不振，政治日即于腐败者。溯其源而论之，则由一人专制于上之故。就其事实言之，则此一人者即令并无失德，且甚有勤恤民隐之心，而励精图治，然民终不被其泽，而国政之积弊终不可得而去。何则？专制政体之弊也，往往太阿倒持，而积重之势反在于臣下，人君拥作威作福之虚名，实则无一事不为臣下之傀儡。诏旨之阳奉行而阴阳格者，人君无如之何也；章奏之肆欺蒙而逞粉饰者，人君无如之何也。公款之侵蚀，人君不能持筹钩稽而发其奸；用人之徇私，人君不能下堂访察而知其隐。虽有贤明之君，亦将束缚于此政体之中，而无以自奋。故专制政体者，上不利于君，下不利于民，而独利于骫法营私之官。

故夫官吏之窟穴于专制政体之中也，所惮者惟朝廷耳，而可以欺之蒙之，为妾妇之顺从，以容悦之。虽有大奸慝幸，朝廷之耳目为我所蒙蔽也，则可保持其禄位，若泰山之安。至在于其下之民，虽亿万人诅詈之牴排之，而不以为意。至其不能容忍之时，则可依赖专制政体保护之下，而施其种种之压力以对待之。即至大不幸，亦不过两败俱伤而止。观于本朝之历史，凡官之激成民变者，官虽受应得之罪，仍必曰民之刁风亦不可长，必择其为首者严惩之，以推锄民气而使其后之不敢与官为抗。故官之对于民，几无不是之可言。与昔人所谓天下无不是的父母者，殆无二致。此无他，专制政体之君命有神圣不可侵犯之权利，彼官吏之属于专制政体君命之下者，乃狐假虎威，亦得享有神圣不可侵犯之权利。昔人譬君侧之小人为城狐社鼠，我谓君犹非城社之比也，特专制政体为城而官为其狐，专制政体为社而官为其鼠耳，其相依为命也固宜。

若一旦改为立宪政体乎，黜陟之权不专属之朝廷而决于国民之公论，监督行政之权不专属之于朝廷而寄于国民之耳目。朝廷之上可以欺之蒙之，可为妾妇之顺从以容悦之；至于多数之国民，则欺蒙容悦之术俱无所施，而平日所为骫法营私之事，将尽发其覆而无所遁。故官之视立宪也，必疾之如蛇蝎、恶之若仇雠，务摧绝其萌芽而勿使滋长，务设为种种耸听之言以恫吓人主。自与各国交通以来，民权立宪之谈，官场久视为邪说而痛摈之者，其原由盖在于是。今幸专制政体中最强大之俄国屡败于日本，而翻然一变其弊政。我国明达之大员始敢以是建议于朝，我国之前途始渐有开明之望。虽然，彼为狐为鼠者一旦失其所凭依，其肯默然而已乎？

立宪之不利于官既如是，则官之必群出死力以阻之也，固亦在意计之中。然所谓不利者，亦惟官之大者，与夫大官而兼握利权者，最受其影响耳。盖官既大，则平日除朝廷外，殆无所顾忌，其兼握有利权者，其利害之出入尤大。若一改立宪，则立宪国之宪法，国民有监督行政官财政之权，必不能如前日之任意侵蚀。与外人交涉之事，须由议院议准，必不能如前日之卖路矿以自肥。行政官之为民党攻击者，不能不辞职引退，必不能如前日之恋栈窃位，任人指摘。故与立宪尤为仇视之人，必在此等患失之鄙夫。循诸理论，按之事实，盖确有可征者。自今以后，立宪之议而或有阻格乎？则误国贼民之大罪，其必有所归矣。

《申报》，光绪三十一年十月初八日（1905 年 11 月 4 日）

中国当鉴俄内乱亟宜立宪论

光绪三十一年十月初九日

一国之治乱，视乎民心之向背以为衡。而民心向背之所由，则在乎政术之得失。从未有政术不善，而能使民悦服不生乱阶者也。后世人主每视国家为私产，一切政术皆由二三人主持于上，虽极不便，亦必强民以服从。曩者门户未开，犹可苟且图治；今则五洲交辟，公理日明，民虽至愚，岂无顾虑？盖自十九世纪以后，已由君权之世界渐变为民权之世界，此诚事势日亟者也。

昔者法卢骚氏著《民约论》，大倡天赋人权之说，谓国家乃由人民以成立，人生而有平等自由之权利，故合群结约，以众力而自谋其生命财产，彼政府及各级官吏，不过人民之公仆而受托以治事者耳。自此说出仅十余年，而法国大革命之风潮遂因之而起。洎兹以往，西欧列国后先接踵。是则民权者，固国家政术之原动力也。夫世运所趋，有不期然而然者。此以知专制之国，将不能独立于世间；即使幸存，亦必祸变相寻，终无安枕之一日。其暂而未发者，不过如厝火于积薪之下，火未及燃耳。是故为国者，欲筹长治久安之术，莫如顺民心之所向，而予以平等自由之权。然所以能予其权，则必先以立宪为之基础，详定宪法，使君民上下咸一体遵守，无过与不及之弊。所谓范围不遏，曲成不遗者，此类是也。不然者，当此民气勃发之日，犹以专制之政压迫之，羁勒之，是无异江河暴涨，而壅具下流，势必溃決纵横，非堤防所能捍御，甚非计也。谓予不信，请观于俄。

夫日俄之战争，诚专制国与立宪国胜负所由分者也。兹不具论。弟据近日中外各报所登俄国内乱情形，因各业同盟罢工，以致铁路不通，报纸停印，学堂哄散，各项生业亦大受其影响。首倡于莫斯科省，而圣彼得堡京城继之。俄皇已备有快船，妥设汽机，以备不测。而民间惊扰之象，更不可知矣。此诚可为寒心者也。又据德文报谓：不久必起革命大变，尚不止罢工云云。呜呼！东方之战局才终，而国内之杀机又继。说者谓：敌国之患尚属皮毛，而内讧之忧实中心腹。则专制亦何益乎？

前者虽俄有允改立宪之传闻，然窃恐专制已历多年，其执政大臣类皆反对，一旦未必遂能改革，而其国内则又种族不一，党派各别。间尝调查其故，如大俄罗斯族约七千万，小俄罗斯族约一千万，波兰族约六百万，犹太族约五百万，鞑靼族其中兼有支那族约四百万，芬兰族约数百万，日耳曼族约三百万，亚尔美尼族未详，此种族之不同者也。其革命党派又分八类：一、俄国社会革命党；二、波兰社会党；三、利突温社会民政党；四、格倭社会革命党；五、阿米尼亚社会革命党；六、波兰国民党；七、芬兰剧烈反抗党；八、倭士伯休迭尼哀党。此八大党均以废专制、立民政、重异族为目的，此党派之不同者也。夫以一国之内，纷纷然势如乱丝，民心之不齐，莫此为甚。彼其中岂无熟虑深思之士，抱忧时爱国之情怀，然欲步法之后尘者乎？岂无一二出类拔萃之俦，欲效华盛顿之独立者乎？是知今日同盟罢工之为所由一发而不可制也。

夫当今之世，惟俄与我国为专制政体，俄既如此，正宜引为覆辙。以我朝深仁厚泽二百余年，国中臣民亦多性忠义、守法度，必不致如俄之无纪。然天下事固不可知，与其殆悔于将来而难为力，曷若制事于未发则易为功。所谓曲突徙薪，贵先其未形者，此也。为今之计，惟有亟行立宪之一法，预颁明诏，定以适中之年限举行，则庶乎弭隐患而遏乱萌，而措国家于磐石之安矣。谋国者以为如何？

《大公报》，光绪三十一年十月初九日（1905年11月5日）

祝速行（祝出洋考查政治大臣之速行也）

光绪三十一年十月十七日

闻鄂督张香帅近有专折到京，奏称五大臣出洋考察政治一事，最为重大，不可因小有惊恐之事，遽被阻挠中止，即宜速定行期，以副朝廷之期望，而安臣民之心意云云。按考察各国之政治者，为豫备他日立宪之政策。于虖！就我国今日之时局而论，其存亡、安危、兴灭、治乱，岂不在兹一举哉？国家当叠卵之危，抱厝薪之患，上下相蒙，凡百具废，殆哉！岌岌不可终日。当此而欲言图存，欲求自强，欲与诸强盛之国并列世界之上，长保此帝国而不失其势，非改弦更张，不足以收已去之人心，而挽就衰之时局。譬如人之抱沉疴者，屡进以平和之剂，不惟不瘳而反加剧。善医者必投以猛烈之药品，尽反其前日之方技，乃克奏奇效，而延活其生命。方今之势，何以异此？今之所谓改弦更张者，立宪是已。夫立宪之与专制，孰利孰弊？孰得孰失？不待智者而决，亦非数言所能尽，请以环球各国之大略观之。其国之立宪愈早者，则民之文明愈进；其国之专制愈酷者，则民之暴动愈烈。俄事不远，其殷鉴也。今日专制之国，如暹罗、朝鲜、波斯、土耳其与中、俄而已，无一强盛而治安者。中国不过贫弱已耳，尚未至如俄之土崩瓦解，一溃而不可收拾也，然而前途已不堪设想矣。

今何幸于昏雾沉霾、暗无天日之中，忽放万丈光彩而开琳琅璀璨之政花。凡我国民喁喁向风，疲癃疾老愿须臾毋死，亲见治安，是即派使出洋考查政治，以备立宪政策之谓也。特诏风行，颂声雷动，凡有血气，全体欢迎，即东瀛士女、西国官商，莫不以手加额，而为中国四百兆人民之前途贺，甚盛事也。

又何不幸而有八月二十六日京车之变，虽五大臣之生命无恙，而一击未中，惊□异常，言及出洋，直有谭虎色变之势，宜其迟迟吾行也。然而，军机大臣有面奉两宫催促出洋之谕旨，此即香帅所谓速定行期以副朝廷之期望者此也。当此四牡皇华，音尘寂寂，外间揣测，言人人殊。有谓此次出洋考查政治，必先明定立宪之年限，然后请训出京，此一说也。有谓前次所奏派之随员，而此番有托故不往者，势须另拣随员，致延时日，此一说也。至有谓千金之子坐不垂堂，以前辙之既覆，恐来轸之方遒，故不免临时而躅踯耳。噫！亦浅之乎测大臣矣。之数说者不尽可据，亦不尽无据。窃以为无论有何原因，而出洋之期万不容再迟时日，其大要有四，请愿缕述之。一为时届履霜，坚水将至。至若不作速首涂，恐再耽延，势须改岁，旷日持久，无论其将来实行政策何如，而今日开宗明义已委靡而无政体之精神。宜于速行者，此其一。

一为国民想望立宪，如久旱之盼霖雨，大病之望良医。即以国民捐而论，凡学界、商界之乐输恐后者，非必皆沽名钓誉之人也。盖尝侧闻朝廷锐意变法，改行立宪，则鼓舞欢忭，不可遏抑，遂大动感情，勃发国家之思想。若出洋之消息日久不闻，则欢爱之极思必至减其热度。以后国债民捐，恐不能踊跃争先，如今日之发达，此即鄂督所谓安臣民之心意者此也。宜于速行者，此其一。

一为免遗外人之讥笑也。外人论我中国，尝谓有空言而无实行，故一再施其强权之手段，而不虑我之反抗，以为华人无坚固不摇之定力，无百折不回之意气。当其发起，勃勃蓬蓬，剑寝屦皇，锐不可当，小有挫折，忽焉息矣。譬之方塘雨霁，蛙鼓喧填，众喙齐鸣，终夜不绝，掷以瓦砾，斩焉无声。此虽雅谑□尚于伦，故近日抵制之举，而美人不急急改定禁约者，盖稔知中之人性质也。此次考查政治之举，实为外人视线所共集，无论其不果实行，难免讥笑，即此逡巡不前，已为他族所齿冷。闻各大臣之受伤者，创痕早愈，即此日出京，尚觉其迟，况仍因循未定行期耶。其不遗诮于外人，则未之敢信也。宜于速行者，此其一。

一为立定方针，志在必行，以息余党之潜谋，而绝奸人之窥伺。自京车遇变后，群言淆乱，谣诼蜂起。或以为某党所使，或以为某国之谋，种种谣传，不胜枚举，要皆蛇影杯弓，妄生疑意，而无实据则□也。窃以为无论祸自何来，而必出于反对立宪者之所为，可断言也。盖宪法既立，则国有自强之一日，国强则祸乱不生，民难煽惑，彼党遂无立足之地。故不惮牺牲性命，以出于聂政豫让之行径，其用心亦良苦矣。五大臣者既无生命之忧，遂作出洋之计，克日束装，不少濡滞，前日之变，置若罔闻。凡彼凶党应自悔谋害之无成，益激定立宪之主义，虽有奸谋，尚安所施？纵多余党，悉绝狡计。岂非策之最善者耶？乃当时均不出此，大索十日，未获博浪之椎，株累多人，波及无辜之罪，致令尺璧寸阴，空抛岁月，悠悠忽忽，以迄于今，良可痛憎。宜于速行者，此其一。

凡兹四端，皆于政策国际有密切之关系。某报纸知出洋大臣有于二十四日起节之说。噫！其信然耶？其谣传耶？抑翼望之甚切，姑为此说以快意耶？抑或借以耸动当途之听闻耶？不然，抑或为大臣者故传此消息，以□服中外之人心而免生讥诮耶？然而，以其时考之则可矣。

《大公报》，光绪三十一年十月十七日（1905年11月13日）

论立宪为万事根本

光绪三十一年十月二十五日

中国虽以笃旧闻，然其言变法，亦既五十年矣。记者生于晚近，前事非所具知，以言其所见之世，盖自甲午始。甲午以还，士大夫之言变法者，其肩背相望也。然其立论至易，大抵胪举故实，取泰西各国现行之制度，杂然而陈之，以为开矿、筑路、劝工业、习洋操，天下事数著可了耳。已而更历渐广，学说亦渐近。微有鉴于欧美诸国治法之源，其精神固不尽此也，则有以将欲变甲必先变乙为言者。于是而教育之说兴，一切行政之事亦稍稍有所建革，固自以为治其本矣。然而数年以来，群治之不进也如故，民智之不开也如故。求之政界，则疲玩愈甚，而蒙蔽日深；征诸社会，则奸蠹滋多，而公德益坏。非不言兴学也，而学校之完善者几何？非不曰理财也，而财政之紊乱者如故。独练兵一端，竭政府之全力以赴之，其形式稍易旧观；而察其实际，则平时已有逃亡，尚何望于战阵？极其弊之所至，乃至凡百措施，创之于列邦而为善治者，及其行之中国，几无不与初意大左，而利害适相反焉。若此者，其例证固不胜枚举。呜呼，今日中国之变法，其明效大验固如是矣！此其故何在？识者思之。

记者则请一言以断之，曰政体不立之害。欲救其弊，固非改定政体不可，则立宪之说是已。治国者如操舟然，必先定其所向之方，而后有达于陆岸之日。故立宪政体之于国，犹舟之有指北针也，否则迷阳而丧其行矣。彼欧洲列国十九世纪以来之政治，所率循者此也。吾近邻之日本，为今日战胜光荣之国，而其二十年来之所趋步者亦此也。今以中国之政体，贸然一决，罔擿冥行，而欲变法渐进，以从万国之后，是不啻航行无针，而横断港绝流以蕲至于海耳，其必不达也何疑。

大哉，日俄之战！岂非天意所以示其趋向，而启中国宪政之萌芽者乎？彼俄之见衄于日也，非俄之败于日也，乃专制国之败于立宪国也。故自波罗舰队之毕熸，而立宪、专制之优劣以定。是天犹未厌中国也。今者朝列之间，政论之府，其于此说，亦渐萌芽矣。载泽诸人之奉命，有谓即用日本明治十五年伊藤博文之故事者。虽然，非常之原，黎民惧焉。荀卿氏有言："在昔舟车之兴也，犹三世而后利之矣。"夫创始岂易言哉！记者深虑立宪之事大，夫君子知其可以由，而不知其当必由，则必姑与委蛇，而淹迟佳会。时机一轶而不可复，此有识之所忧也。用是不揣疏陋，敬以其粗知者陈之简端，且阐明近日变法诸端，皆与立宪相连之故，不独以坚定当轴之意，抑亦本报发行之初，所以代芹曝之献者焉。

一曰必立宪，然从能自保其民。国者，民之积耳，无民可以为国。然而今中国之民何如乎？铤而走险，甘去其国而徇他人。迩年以来，以编发之民而入西籍，设肆之贾而悬洋旗，如此之流，试一游江海之间，而检税关之册，其事殆不可以偻指穷；而内地土著之民，其夙称愿悫者，亦竞以乞灵神父、显抗长官为能事。涓涓不塞，将成江河，不及十年，恐有沦胥之叹。此君子所以抱惧于陆沉也。而此病也，以不立宪而来；及其救之也，亦惟有归于立宪。盖中国以专制之政立国数千年，专制之程度，既以襞积而愈高，则其政治之不平，亦与建国之年龄而俱长，至近日其尤甚者也。天下苦苛法久矣，当闭关之秋，苦无可以控诉；及一旦与皙种相遇，睹其势之方张，为吾官吏之所严畏，则其褰裳从之而反颜相向者势也。彼之所以出此者，为避政治之不平；而政治之所以不平者，固由于政体之专制，而非立宪。不揣其本，则虽日日尸祝而求其无出于此，不可得也。故为今之计，中国而欲自保其民，则不可以不宣言立宪。诚使立宪之后，其官吏既受宪法之制裁，而人民亦得宪法之保障，无患于苛政，而可以安存，则庶几有所止耳。故宪法者，实有国者所以干城其民之具也。

一曰必立宪，而后可以善处外交。今日列强外交政策，其所以对我国者，有惟一之方法焉，曰“利用少数之政府，以驯制多数之人民”。惟其定见如此，所以创为保全中国之说也。而其所恃以利用政府者，不外二端：一曰劫持，一曰巧诱。此二者行之已久，而其事例亦不一见者矣。夫惟中国之为专制国也，故凡对于外交事件，无论其关系利害之何若，而惟一以秘密之旨处之。当列数人议定于一室，片纸朝下，而舆论无可挽回，故人以此政策施之于我，而获收其效也。假为立宪之国，则执政所拟议，其有不利之条件、失败之理由，议院可以抗言，国民得而反对。关于全国之大事，政府固不能强全国以盲从，则其必不能以少数之政府制服国人，无俟论矣。而即其劫持、巧诱之两端，亦有无所可施之势，何则？一二人可以劫持，而亿万人不可以劫持；一二人可以巧诱，而亿万人不可以巧诱。故夫专制之痡毒，不独害及内政也，亦且危及外交。然则处今世之潮流，而欲得捭阖纵横之胜算，舍确立宪政，导国民以外交之大势，而树之后盾，亦岂有他术乎？

此二者所以对于内界、外界，而必以立宪巩固其主权者也。果能如此，其在内国，则以立宪结公共之团体，而导之以爱国合群；其对外人，则以立宪进国民之资格，而使之生存竞化。其为幸福，又非独如上所云而已。然此犹为未然之事也，则请以今日政府之所规划，与夫众说之所主持者，略举一二，勘证而并论之。

一为征兵。今中国已渐采征兵制矣。虽然，此固立宪国之所有事，而非专制国之所能行也。（按：今日各国之中，亦有以专制国而行征兵之制者，然彼固自昔相传之成法，今以专制国而欲创行此制，非所宜也）何也？彼各国行征兵之制，通例自二十岁以上，无不编入军队，而其民奉行其制，亦无不视为当然者。彼固强半立宪之国，其民皆有宪法上之权利，而与有其国之一部分者也。既享此权利，与有其国而为公民，则其必当尽卫国之义务，且即以自卫其权利明矣。而以专制国言之，则路易十四所谓“朕即国家者也”。国者一人之国，权利者不公遍之权利，其民固无与于国而无有于国之权利者也，如此则亦无卫国之义务。其为兵也，为保护他人之权利耳。得数饼之银，为保护他人之权利，置其身于可死之乡，募之犹恐不至，何有于征兵乎？此日本所以俟宪政确定之后，始有北海道征兵令之颁也。（日本初行征兵，惟北海道之民不与，故内国人民欲免征兵，多有避之北海道者。洎明治十三年实行立宪，其后遂以二十九年布北海道一体征兵之令，盖自是始能举国皆兵矣）

一为国债。今中国已募集公债金矣。虽然，此在立宪国则易成，而在专制国则难得者也。何以知之？夫公债之种类极繁，性质不一，然其事必赖政府与人民两间之信用，而非可以强迫期也。而专制国之政府，则固无所谓之信用，彼既有莫大之威力、绝对之神权，则一旦债项入其掌中，而此本金之得还与否，子息之无亏与否，其运命皆付于不可知之数。既无契约之文、公证之例，可以诉政府于法廷，则朝纳金钱、夕成废纸耳。此受命之人民，所以惧资本之蹈于危地，而不敢轻易措之，东欧之突厥，其最著之成例也。夫各国之财政，大半出于租税，虽重敛而民无黩言，犹患不足，则有临时募债之举。而中国之取其民也，其始以专制之故不能多取，则薄税以市恩；其继以挥霍之多，不得不取，则繁征而滋怨。洎两者皆穷，则无可为谋而出于借，然后公债之事起，此固有相迫而来者矣。如使改行立宪，则加赋且不难。（近日屡有倡加赋论者，然不以立宪并言，则有召乱而已）而何有于公债哉？

一为强迫教育。今中国强迫教育之制犹未行也，而固屡有以是为说者。虽然，此亦立宪国行之而顺，专制国为之而逆者也。其所以然者，立宪国之民，一国之公民也，其一身之智愚，关乎国中强弱之一部分，有必具之公德，不可缺乏智能，必人人可以自存，而后合之一国可以自立。此其所以贵教育普及，而有强迫教育之干涉条例也。其在专制之国，则不然矣，即不至侪之于奴隶，而未必视之为公民。国之强弱，君主专之，政府尸之，而国民之一身，无与于国家之荣与悴也，公德、智能皆非其所急，惟取其有服从之性质耳。如是，则何取于教育？

即欲教育，亦不过于稠人之中拔取一二，以供专制君主之使命已耳，更何以普及为？不独此也。教育普及之道基于合群，而专制之国先已无群，则无取于合；教育普及之方成于爱国，而专制之治独私其国，则爱将焉施？以如是之治体而欲取强迫教育之风，是所谓背道而驰，而孟德斯鸠所以讥之于百年以前者也。虽然，必欲教育之进步、完全，则又不可不趋于强迫、干涉也。是非改定政体以徇教育，不为功矣。

夫此三者，就其事言之，则为今日练兵、理财、兴学三大政策之主体；就其效求之，则所谓举国皆兵也，急公奉义也，人无不学也，皆列国向者所专之美名也，而其不可须臾离立宪政者如是。然则国于天地，亦岂能自外于立宪哉？

警察立矣，何以未闻利而先见弊？盖警察者，民政之事也。专制之国无宪法，即无民政。警察乃专属于官而助长其威焰，非常警察之制，遂行之于国中矣。

刑律改矣，何以无益于人民也？盖刑法者，不独律文也。专制之国无宪法，则无民政，无地方议会，无陪审官，其人民又无可以质问官吏之权利，虽有违律妄刑者，谁能救正之？

不立宪之国，实业可以兴乎？以官吏之贪婪无厌，以胥役之逐物取盈，民欲营业，固不易也。

不立宪之国，陋俗可以禁乎？（如吸烟、缠足等类）彼不蹈刑法斯足矣。民既无与于国，则国律所干涉，亦不能及其无意识之自由。即有法令，无所施也。

日本明治天皇，于宪法上所许及事实上所有之权何若？是可以证立宪之无损于君权。

爱烈珊德之晚图，孰与维多利亚之安谧？神圣同盟之效力，孰与约翰宝典之延长？是可以证立宪、专制之祸福。

改弦未远，蓄艾方深，及今行之，犹为未晚。王道有荡，舍立宪其安由？记者言此，舌瘁而手痛矣，敢告乘舆，敢告执政，敢告卿士、师尹，以下迄于全社会之民。

《东方杂志》第二年第十期，光绪三十一年十月二十五日（1905 年 11 月 21 日），录自乙巳七月二十三等日《南方报》

论未立宪时不用刑讯之难

光绪三十一年十一月初四日

吾国之用刑讯也，相沿者殆数千百年。手屠伯而口血书，载在历史，识者恫之。今朝廷以如天之大德，一旦废去，仿行文明裁判，以除娆解苛。盛举哉！盛举哉！虽然，吾国之民其能及格与否，吾国之官其能实行与否，此亦最密切、最重要之问题，吾人所亟宜讨究者也。

大抵法制之国为能用文明裁判，法制之民为能受文明裁判。吾国今日其足为法制国乎？其不足为法制国乎？吾民今日其足为法制民乎？抑不足为法制民乎？此不待烦言而已。知国非法制国，民非法制民矣。国非法制国，民非法制民，于此而遽然施以文明裁判，几见其有效者，则吾且敢断言之曰：民必不能及格，而官亦必不能实行。何言之？吾国之民知一身，而不知法律者也。公德则不修，私德则不立，诪张狡诈，淫佚骄奢，每干犯文网而不自恤，甚或以束身自好者为庸懦，以奉公守法者为迂儒，怙恶不悛，即威以刀锯，慑以鞭杖，苦以桎梏桁杨，彼犹悍然直前，无所畏惧，若更御以宽大，其为恶之念当益滋长焉。轻朝廷之问官，藐国家之宪典，文明裁判，何足以镇慑之？蚩蚩衣食者流，焉在其能及格也。所谓民之为难一也。抑吾国之官，知用法律而不知法律之精义者也。平日所恃为折狱具听讼才者，一刑讯而已。恶声以叱之，盛气以凌之，厉色以对之，怒发于中，非笞即杖，意若舍此即不足以诘民间之奸、发罪人之伏者。今使用文明裁判，从容言笑于堂皇之上。凡百讼狱，皆得其情，非独势有不能，且因而张皇失措，骇愕不怡者，十可五六矣。录录衣冠者流，焉在其能实行也。所谓官之为难又一也。且夫减除刑讯之诏，其宣布吾国亦既数月于兹矣。德洋恩溥，举千数百年来相传之严酷政策一扫而空，诸汉文帝、唐太宗盖犹未足语此。然而地方官吏卒未能一律遵行，纯然成为文明之裁判。故同一上海，城内用刑，而城外不用刑；同一租界，法廨用刑，而英廨不用刑。规制参差，胥不免见笑外人。为政界上之一大缺点也。

吾尝论之，吾国不欲用文明裁判则已，苟欲用文明裁判，必先使国为法制之国，民为法制之民，而后可以奏功。立宪者，组织法制国之元素，而亦制造法制民之初胎也。日本五十年以前，其用刑讯也，何尝稍异于吾国，乃自明治立宪以来，朝野上下人人皆有法律上之思想，公认而循守之。于是乎国为法制之国，民为法制之民，其裁判文明号称亚东第一。吾国今日不用刑讯之难，其原因皆坐于未立宪耳。一经立宪，若官若民，均知国家有国家之法律、个人有个人之法律，关系至大，分寸莫得逾焉。则未及格者可以及格，未实行者可以实行，而刑讯之废为可必矣。况又有巡警之专部、侦探之特员，在在皆足以辅刑律所不及，文明裁判，亦何让于日本耶？然则吾国其速立宪可矣。

《时事采新汇选》，光绪三十一年十一月初四日（1905 年 11 月 30 日），录自《南方报》

论今日中国宜有宪法研究会

光绪三十一年十一月十一日

今世人士固多侈言东西政法之精长，学术之宏深矣。不知其所以有此精深者，决非偶然致之，要亦必有其故。其最善之一法，莫若能合众人之所知以为知、众人之所学以为学。故能推晰入微，商榷详确，理无不得，制无不良，人民享其幸福，全球钦其文明。如一宗教也，则立会以宣扬之；一学科也，则立会以发明之。即至一技一艺、一事一业，甚或苟与国有所关系之问题，靡不有会，以供研究，相联络。我观于日本人之对亚洲，则有亚洲同文会，对于满洲，则有满洲调查会，不觉叹其设会之密，而用意之深也。夫其国之人，而能悉心考察事理，筹谋利益，至对于全洲，对于外界者尚如此，其于内界之不遗余力，不问可知。欲其国之不强、民之不富，乌可得乎？乌可得乎？

会者，所以最增人之知识，而促国进步之一端也。数百年来，白种人行之，而成效卓著。至近世，而推而益广、衍而益众、分而益专，其获效亦愈益深。盖有会即有比较，有所比较，则细者不敢守其旧，而优者可相因益进。有会又即有蹉质，有所蹉质，则择其善者行之，而不善者自渐归于消灭。吾国人从来无此思想，未能组织文明之团体，而又为专制政体之所束缚，严法密网之所禁抑，致使不得成立。故夫人民之学术知识，故步自封，盲然守其数千年前之旧见而不稍变。中国之所由衰弱，即此亦为其一大原因。十余年来，人士见闻日辟，始稍稍以仿效东西洋立会之说，为世提倡，然犹深遭流俗之所骇怪。一二犯忌讳而为之者，亦随结而随散，卒不得建永久之基，收深远之效。至近年而会之一义，始渐见发达，教育则设之会矣，讲学则设之会矣，余若一科一业，亦间有设会以研究之者矣。虽为数不多，亦足见风气之日开，而文明之输进也。特就现今所成立者而论，尽皆为学事上研究而设，未尝有所直接关切政界者，此不得不为吾国今日维新之大缺点耳。夫今日虽不可不众立会，以集合群体，研究各种学业，而对于政界而负此责任者，其尤不容一日缓也。处万国交竞时代，优者胜而劣者败，存亡之机，每争一线。今环吾旁而逼吾境者，无一非文明之治、严整之众，而我独溺于腐败昏黑中，颓然不能自振，苟不亟变，颠覆之祸，可立而待。政之不能不革也，固已久矣。然而人士之持立宪变政之议者，十余年于兹，其初虽一二人倡之，其后乃什伯辈和之，至于今全国上下几以此为普通言语，习闻不足怪矣。自日俄之一战，而此论尤昌。疆吏、使臣纷纷以此为救亡之策，宫廷之上，以渐为众议所动，派大臣出洋考察政治，以为立宪之图，停各省科举，广兴学校，以定立宪之基。数月以来，好音频传，全国风动，特卒不闻有人焉起而倡为此会，预为研究，以为改革之助。则吾国人非特政治上之能力，固甚不完备，即政治上之思想，亦或不免有所欠缺也。

夫吾以为国势至此，不患政之不变，而患变政之难臻于善。以今日百度废弛，万事丛脞，骤欲改弦而更张之，其势岂易？虽不能因其难变而因循自误，因循自误愈久，而愈无可变之一日。要之，其难变之情势，亦自不可不虑及者。吾国民智未大开，全社会之大半部分犹酣睡沈梦而不悟。予以文明之治，尚不能组织自治，将来必不免于纷扰，一时之间，或更呈其困难之状。此其为难者一。士夫虽多心知东西政法之美，大声疾呼，为举世倡，然于各国宪法之详细机关，曲折原委，未必尽悉。至于执政当道，尤未尝从事于新学术，毕窥东西政法之精蕴，骤施改革，必致茫然无所措手，秩序之紊，条理之失，此意计中事耳。此其为难者二。非无肄业外洋专门毕业之人，其于各国政法亦多能详举而熟道之。然而，国之制度，各有所宜，大致虽同，而歧途实繁，英不能合于德，法不能合于美，日又不能尽合于四国。中国而果立宪，其要义固不异于各国，其细则必不免于随地出入。盖有土地、有种族之不同，因不能凡事强而为一，胶柱鼓瑟。或以偾事而精于西学者，未必精于中学；精于中学者，又未必能长于阅历，尽悉内界情势。折衷去取，最难得宜。此其为难者三。

有此种种，则当今将变而未变之际，不可不设法以扶助之、补救之，使其流弊之稍去，而成功之较易也。

夫欲于今日而预施其补救扶助新政之成立，其道固不一，而尤莫要于通都大埠为缙绅士夫聚集之地，如上海或京师者，以研究宪法为名，而立一全国至大之会，专以考究各国政法之精旨，宏议详细，组织机关，察其异同，而比较其优劣，并及吾国从来之历史，民族之性质，某事宜仿何国为善，某法宜取何国为长，变政而后宜首改革，何事次及，何端先后次第，预为规画。既以发挥东西政法之善良，而尤曲计吾国之相宜，有所疑难，则合众人之才识、众人之学理，以解决之，研究有得，则布之大众。或则设一杂志，为是会交通机关；或广为编辑政法书籍，以便于流通。此其事不难为，而其费不难集，但得有学术负名誉之人为之发起提倡，政学界中之人，必且靡然从风。此事视之若不足轻重，而其所以关系于吾国新政事业者实巨，而非细要，而非间也。

或者谓：设会以研究宪法，此与寻常学会无异，特一讲求学术之小团体，而未有重大关系之足言。不知以寻常学会，而目此会，实误视此会性质之深。盖此会者，实以讲学而监督政界者也。中国无政党，有之将自此始。此会若成，其裨益决非浅鲜。吾今举其大者言之。

一、足促政府以改革之时期也。言论为事实之母，必言论伸而后事实从而随之。今日政府纷纷言改制、言变政，虽为数年来时局逼迫而成，要不可谓非全国热心人士痛论极言，政府亦有所悟而致。然犹迟迟不发，徘徊踌躇，而未肯决，内外臣工力建立宪之议，朝廷似许未许，卒未肯下此立宪之诏。盖人情乐其权之专出自己，而不愿公分诸人。政府而果无所顾忌，其焉肯退然自处，而予民以至平之治。今日之势，苟非有以猛击其依恋心而去之，立宪与否，且未可必。使果于适中之地，大开宪法会议，名为研究学术，实无异于鼓吹其速成，政府知立宪之真正足以救亡，且下之持论者力非立宪不足以副民之望也。虽甚吝惜，而势有所不能中止，则其志决而其行必矣。此其为利者一。

一、足以大开人民之智识也。自其深而广者言之，立宪为君民上下交利之政；自其浅而狭者言之，立宪则利于民而不利于君，利于下而不利于上。故全球各国当宣布宪法之初，莫不出于人民之要求，几经困逼，几经扰乱，君主势无如何，始不得不出于此一著。今中国虽盛言改政，而全社会之半尚未知立宪为何物，遑知其利，遑云要求。苟今日而非遭外患若是之深者，恐再历数百年而宪政且不得立。使果研究之会而成，则宪法之若何为苍生幸福，若何为人民利益，考察精诣，为国报告。人民如梦初觉、如醉初醒，必不肯再于专制政体下过生活，即不急起要求，政府心有所惧，恐久之惹起全国民激烈之风潮也。宁及早和平改革之为愈，此又不啻以少数团体而为全国引导师矣。其为利者二。

一、足保改革而后之秩序也。凡国当过渡时代，最属艰辛，最属困苦。新者虽起，旧者犹存；智者虽众，愚者不绝。一政之下，以惬舆论，姑以此为试行之计。民犹不足，则激为变，朝暮纷更，国以疲敝。当独立无事之日，犹不难逐渐恢复，而处今列国窥伺之时，岂容屡变而不得其当，致为外族乘间？此会之立，既悉心以考验治法，俾上下有所效法、有所遵守，保社会秩序之态度，而政府以民义之既伸，虑以其不完全之宪法，为人民所攻击，亦必不敢出此。此其为利者三。

然此固其大略也。若夫人士学术之程度，因切磋而益精，政见之纷歧，由辨析而消融，与时偕进，相引无穷，则尤更仆难数者耳。夫吾固非不知所主之狭，而特以为是法者，民之大利存焉。今者朝廷已特派大臣至各国考求政法矣，而我国民曾不能合力以先自研究，非所以邀福求良之道也。特一详论之，倘亦知新识时之君子所乐闻者乎。本馆按：此篇确有见解，愿阅者注意，故特为转载。

《时事采新汇选》，光绪三十一年十一月十一日（1905 年 12 月 7 日），录自《万国公报》

论国民宜考究政法

光绪三十一年十一月十六、十七日

一国之程度，视乎国民之智识何如耳。程度之高者，必有以开通其智识，是为文明之国民，其国民皆有政治之思想，并有法律之思想；程度之低者，必有以闭塞其智识，是为野蛮之国民，其国民既无政治之思想，亦无法律之思想。希腊大儒亚理士多德尝言曰：人也者，政法上所属之动物也。人而无政法，则不足以成人；不足以成人，则不足以立国。国家之缔造，由土地、人民综合而成，政治、法律即所以统治乎土地、人民者也。

中国开国数千年，唐虞三代时，虽集权于中央，而主圣臣贤，无不以国民为重。有庠序之制，则民知教育；有井田之制，则民知急公；有悬书读法之制，则民知奉法。至于国有大政，则谋及庶人；选举人才，则始于乡里。即曰统治于一君主之下，实俨然如宪政共和之政体也。自嬴秦、刘汉以枭雄之手段混一中原，视全国之大为一姓之私物，政令烦苛，俾父老子弟莫不俯首而听命。于是历代相沿，遂成专制之政体，政府与国民显然隔以势分，而情自不能相通。政治之不良也，国民不得而干预，且讪谤朝廷有罚，讥刺官府有罚，妄谈国事有罚，是为专制国之政治。法律之不良也，国民惟有隐忍顺受，而莫可如何，民之视政府则如帝如天，政府之视人民则如蝼如蚁，稍有不顺，即用暴力以压服之，是为专制国之法律。沉沉黯黯，积二千余年，国民之知识悉闭塞而不通，其无政治、法律之思想，复何疑哉？

今者朝廷锐志维新，创行新政，已派大臣出洋考察欧美日本文明之政法，又饬政务处设立考查政治馆，各省疆吏之明于时局者，皆先后请行宪法，出使各国大臣亦奏请于五年后实行宪法。中国之治体自秦汉而退化者，将自我朝而可卜其进化矣。虽然，政治、法律之改良，不仅政府热心于改革，国民亦当热心于改革，始可以达文明进化之目的，而国体乃可以巩固，国力乃可以伸张。非然者，政府与国民不能联络一气，有革新之形式，而无革新之精神，此近代埃及之丧其国权，朝鲜之积弱不振，土耳其之限于故步，适坐此弊也。国民无政治之思想，虽有良善之政治，而不能畅行；国民无法律之思想，虽有良善之法律，而反多窒碍。中国国民于文明之政治、法律素未讲求，国家之教育，一时不能普及，风气未开之地，于新政颁行，反生无限之阻力，其为患实非浅鲜。姑举一二事以证之。如各省之创设学堂也，无智识之民皆不知立学之宗旨，一闻停废科举，有命其子弟束书而归者矣。且所立之蒙小学堂，皆互相观望，全不知教育为何事，是为学堂界之阻力。北洋之征募常备军也，于州县各乡村挑选青年子弟，以入戎行，而无智识之民，尚以当兵为贱役，有合数村愿集资数百金，外购一人以充数者矣。此事亲闻于直省人之口，令人不禁为之悼叹，是为政界之阻力。即此二端，足见国民程度之低，而进步改良之不易也。是以欲革新其政法，当先革新其国民，务期全国之民皆有政治之思想而后无不可行之新政治，皆有法律之思想而后无不可行之新法律。是在国民中之翘秀者、特出者，竭力提唱，以为同胞之先导，发其蒙，启其覆，变黑暗之域为开明之境，一社会如是，各社会亦如是，合之全国皆如是，其造诣果何自而起哉？曰：是宜考究政法。

夫政治、法律之说，导源于希腊。自梭格拉底之高弟柏拉图创国家为有机体，而以个人譬喻之，谓个人伤其一指，则全身知痛，国家亦然。故个人小国家也，国家大个人也。其徒亚里士多德推阐其理，博观社会之现状，及当时列国之政体，而求其起原发达之要素，以为人之为群起于家族，家族相集次成村落，村落集合始成国家。国家者人类唯一之目的，而进化所必至之数也。亚氏以人民为国家之元质，有人民斯有政法，其立论已略具政法之规模焉。其后罗马勃兴，制度文章日臻于繁盛，要其所发明，不外政体之区别，及司法制度之得失。然学人之研究政法，尚属于幼稚时代。自是以来，欧洲诸国次第草创，谈政法者尚狃于君主专制之旧套。迨至近世纪，科学昌明，思想发达，国民智识，力求其充足圆满，而政治、法律之学，炳炳麟麟，遂如日月之经天、江河之行地。自霍布士、陆克出，而民权自由之说倡。自卢梭出，而民约之议成。自孟德司鸠出，而万法精理明于世。破专制之思想，为立宪共和之思想，然后知国家之所以成立，原赖乎国民，而国民之所以相维相系，有统一贯注之精神，实赖乎政法。国之有政法，政府与国民共立之政法之有效力，政府与国民共遵之。然则国民之谈政法、议政法、参预政法、研究政法，实国民分内之事也，实国家公理所宜然也。在野蛮之国，则以为国民之僭越，且为之严定其罪，是不以国民之资格待国民，直以犬马奴隶待国民也。如在文明之国，则定为国民之权利，虽君主之尊不得而攘夺之。君主者，国民之代表，代国民以裁可政法，政法非君主所独擅也。是则国民之考究政法，岂非国民所当尽之义务哉？

通观中外古今，凡一国国政之改良、文物之进步，必其国民有立宪自由之思想，然后为政府者施行立宪自由之政法，始能见其有功；其国民有文明日进之精神，然后为政府者实行文明日进之改革，始能收其效果。此古今不易之理，东西各国所同然也。英吉利之兴也，其国民皆有独立自强之毅力，彼尝自夸曰：使吾英国民百人与他国民百人同时徙居于一地，不十年后，英国之百人蔚然成一独立国，他国之百人浑然如一般散沙，受辖治于英人矣。无他，能考究政法故也，法兰西之盛也，其国民皆有进取活动之精神，不甘受治于暴主贵族，与平民不得有所轩轾，故起革命之军者数次，要求立宪者累年，卒推倒专制之政府，而得行其民主共和之政策。无他，能考究政法故也。他如合众国之独立也，合十三州之国民以脱英之羁绊，而立宪自由之政法以宣灿然为北美文明之大国。德意志之崛起也，联日耳曼三十五邦之民族，以成联邦之政体，其国民益见其精强，其文明益形其发达。此无他，亦惟国民能知考究政法故也。至于与我同洲之日本，自明治维新以来，国民程度之腾涨，真有一日千里之势，其始则诸藩士倡以狭义之风，其继则学士文人鼓吹以忠君爱国之道，而又参考各国文明之治理，考究政治学者有会，考究法律学者有会，在朝在野，勃然从风，此国力之所以强盛，宜世界列强无不为之惊服也。由是观之，东西各国之兴盛，皆由于民智之发达。我中国之国民，其竟甘居人后而不引以为耻乎？

然而天赋之权利，全世界国民所同者也。扩充其能力，则足以保其权利；启沃其智识，则足以宏其权利。是为天演界优胜之国民，是为文明国强大之国民。若英、若法、若美、若德、若日本，其国民蒸蒸日上，而于政治法律莫不辨焉、察焉、习焉、安焉、优而游焉。其政府之施行政法，所以日起有功而能收巨大之效果者，以此故也。中国国民何尝无天赋之权利？有天赋之权利，即有保此权利之能力，亦即有宏此权利之智识。是非文明国之国民独优，而中国之国民独劣也；是非文明国之国民独智，而中国之国民独愚也。中国国民之放弃其权利者，因数千年统治于君主之下，群焉以政治法律为政府所私有之物，政府所施行之政治法律，无论其良否也，悉遵而守之，无敢有置以一喙发以后言者，是不知国民之权利，安知国民之义务？不知国民之义务，又安知有所谓国家哉？今也处此二十世纪文明之时代，凡一切专擅苛虐之政法，皆将扫荡而不能自存。中国于此时有不容不变、不得不变之势，而文明之政治法律，上下皆觉其茫然。在政府既考察于外洋，复立考查政治馆，可为实行改革之地步，倘令政府有变法之举动，而国民尚无革新之思想，则其精神之不能贯注、志愿之不能联络，虽有良善之政法，不久必归于破坏，必形其朽腐。殆如筑屋于沙上，不转瞬而栋折榱奔可立待也。然则国民之宜考究政法，其可视为缓图哉！

且夫一国之政法，自有一国之精神；一国之改革政法，自有一国之实济。今日海内士大夫言自由、言平等、言立宪、言议院、言地方自治者，固不乏人矣。而其所谓自由、平等、立宪、议院、地方自治之原理要素，其果真知之乎？诚恐窃取泰西之皮毛，不流于矫激，则失于偏颇，而遂以文明之见识自恃，且号于众曰：文明国之政治应如是，舍是无以为文明政治也；文明国之法律应如是，舍是无以为文明法律也。不将贻误于国民，而阴酿为国家之祸患乎？是以国民之考究政法，一当审乎中国之现势。自省府州县以至于一乡一村，必人人心目中皆知有国家，而后可言政法。是在志士仁人提唱公理，先破其自私自利之观念，化而为公共团体之观念。无一人不知有国家，斯无一人不爱国家。所谓权利义务，自烙印于全国国民之脑中，而不敢自甘放弃矣。一当察乎社会之近情。社会者，国家之小照。社会腐败，则国家之腐败可知。今既欲实行新政，则凡关于地方自治之规模，必如何始可以保社会之安宁，必如何始可以维人群之秩序。一切裁判、警察、地方行政之事，皆当研究其理由，以期其有效，此亦国民之责也。一当与政府联络一气。国家立一新法、行一新政，无非为国民计安全、谋幸福。使政府改革于上，而国民不能响应之，则事事皆形其抵牾，如是而望其有进步之势难矣。必也政府与国民如同声之相应、同气之相求，一唱而群合焉，一起而群动焉。政府之所革变者，国民遂剿洗而除之；政府之所创行者，国民遂黾勉以从之。政府之策，若有所未善，国民可协议以争之；政府之力，若有所不足，国民知协力以助之。由是全国之国民，皆有政治之思想与法律之思想，中国之施行新政，则收效无难矣。然中国地广人众，一时难以普及，如欲国民之考究政法，则当筹其组织之方焉。

一、学生宜研究政法也。现在各省设立学堂，惟于省会设高等学堂，其所教授学科有政法一科。夫学生必升至高等学堂，始授以政法，则高等学生在国民中不过二十分之一，教授不免于隘，而政法难于普及矣。势宜于中学堂列政法为普通科，凡小学卒业升入中学者，均宜研究政法之大意。古者八岁入小学，至十五岁即入大学，教以齐治均平之道，与今之学政法者，殆无以异。中学学生年逾十五者居多，教以政法之梗概，即所以为造就国民之基础，与古人教育之法原无所悖，不过启以新智识、讲以新学问。文明进化，今自胜于古也。现今州县所立之学堂，类皆为小学，设中学者，尚寥寥无几。俟数年后，小学卒业者多，州县必皆各设中学。州县一设中学堂，使各乡村子弟皆知研究政法，由是各府、各州、各县、各乡各村均有通晓政法之人。如一乡村之中有一人以为之倡，自有数人以为之继，又由此数人以传播于一乡一村，推之中国二十一行省皆能如是。统计亿兆之人民，其不识政法者必无几矣。

一、政法学校宜多设也。中国积习，凡为士人皆望作官，在前惟习科举文字，国家用之，既用非其所学，亦学非其所用。平时未尝研究政法，若有留意政法者，转以狂妄目之。士人如是，农工商贾可知矣。如若辈者，概不知国民之权利义务，此中国之所以积弱而不振也。今者科举既停，国家方实行新政，在野之举贡生员尚充满于各省，今既弃其所学而无所事事，其对于国家独不思尽国民之天职乎？何如设立政法学校，聘请中外专门之政法家，以为教授，若辈既有中学之根底，从事于各国文明之政法，悉心讨求，自见其事半功倍。由是以其所学者，为国民之先导，或效用于国家，充地方行政司法之员；或效力于社会，作乡党闾里之模范，其获益良非浅鲜也。非然者，以举贡生员而尚泥于旧学，不能改其腐败顽固之故态，则新政之实行，彼必为之阴掣其肘。致今日学界、政界生无穷之阻力，实彼辈尸其咎也。窃愿各省之举贡生员，为国家计，为大局计，为同胞计，慎毋以顽民自安而为有价值之国民，则幸甚矣。

一、政法研究会宜设立也。中国风气渐开，各省绅士、绅商知立各种之团体，或为国民争已失之利权，或为国民谋未来之乐利，或为国民筹保护之策，或为国民施拯救之方，是皆能恪尽国民之义务者也。然使于政治法律之学，尚有所未知，亦知有所未尽。将对于外，恐因应之失其方，致生排外风潮，酿成国际之交涉；对于内，恐操纵之失其术，凡办理地方事宜，又不免意见之争执。诚哉！政治法律之不可不研究也。凡绅士绅商，原一州、一县、一乡、一村所视为典型；绅士绅商之举动，合一州、一县、一乡、一村之人视线为之注焉，耳鼓为之集焉。所行而合乎政法，在一州、一县、一乡、一村之人，固无不响应之；所行而不合乎政法，在一州、一县、一乡、一村之人，亦无不附和之。是又不可不慎也。何如设立政法会社，研究政治者，以内国之政治，参考东西国之政治，而取彼之所长；研究法律者，以内国之法律，参考东西国之法律，而救我之所短。由是凡地方所行之政法，皆可以望其改良，图其进步，上足以匡政府之不逮，下足以作国民之先驱，是所望于绅士绅商之能尽其责也。

一、政法演说会宜广立也。现今政府欲实行宪法，通国人民不知宪法为何物者，十恒八九。是国民无立宪之资格，欲讲求地方自治，不几无从着手乎？况中国人民识字者少，识又理者尤少。虽有条教之宣播，而彼则茫然莫察；虽有禁令之昭垂，而彼则昧然不知。当此之时，国家教育既不能普及，所行之新政新法又难以家喻而户晓，其将若之何哉？然而民智不开，为志士仁人者，断不容漠然置之，而作袖手旁观之态势。宜于各府州县设立政法演说会，先研究政治法律之学，以造就演说员，乃分布于州县，或村市殷繁之地，时与父老子弟演说政法，其词旨则取其明白而易晓，浅显而易知。或演说各国文明之政治，而证以内国之政治，并政治之何以除旧，何以布新，必引诱其政治之思想而后可也；或演说各国文明之法律，而证以内国之法律，并法律之若何改良，若何进步，必启导其法律之思想而后可也。在善于演说者，必能使国民感激流涕，发愤兴起，将对于国家而矢以爱力，发以热力。演说之有功于国民，岂曰小补之哉？

一、政法通报宜遍设也。报章者，国民之耳目。欧洲文明各国，凡百科学无不有报，而于政治、法律两端，其名目种类尤不厌其多。关于政治者，若外交、若理财、若练兵、若农商实业，以及筑路开矿各要政，无不有报。关于法律者，若国际公私法、若民法、若商法、若刑法、若刑事诉讼法，亦无不有报，凡经各国政治家、法律家之研究，或辟以最新之理想，或本于通人之学说，或出自上下议院之改正，或经政党民党之辨驳，无不列于报章，广为传播。故其国民于政治、法律之要旨，具有普通之智识，又何怪国民程度之独高、资格之特著也。今中国风气初开，报章势力犹未见其发达，是以所出之报纸有限，所出之政治、法律各报尤属无多，此国民所以无政治、法律之思想与政治、法律之智识也。今欲浚其思想、启其智识，莫若遍设政法通报，召集明于政法之通人学士，担其责任，以为暮鼓晨钟之助，振聋发聩之资。凡国家所行之新政新法，及世界各国之文明政法，附以谠言宏说，揭其原理要素，朝夕从事，为国民作以响导，指以迷津，将见不胫而走、不翼而飞，自通都大邑，以至僻壤穷乡、山陬海澨，耳目沾濡，咸晓然于政法之大要，是所赖于报章之力也。

凡此五者，果能见诸实行，则全国学生联袂而起，对于国家，皆不敢放弃其责任。至旧日之举贡生员，亦剷除其顽固腐败之旧习，克为乡里树其先型。又有绅士绅商，互相切劘，集为一种有力之法团。是三者，为国民之秀，扩而充之，即可为新政党、为进步党、为共和党，铮铮然成伟大之国民。或代表国民以申其政见，或联络国民以宏其事业。其文明进化，正未可限量也。至于风气未开之地，又有演说会以劝谕之，报章以倡导之。则愚者可以转为明，弱者可以转为强，变朽腐为灵活，化黑暗为光明。人人知有公理，人人知爱国家，人人能尽其权利义务，国民之程度有如此，是非考究政法所收之效果乎？由是而政府有所改革，国民亦乐与之改革，而朝野翕然矣；政府有所整顿，国民亦共期其整顿，而上下相应矣。是政府与国民有同一之志愿，有贯注之精神。喁喁焉！洋洋焉！二十世纪之中国，为世界文明之新中国，执笔人愿拭目俟之。

《时事采新汇选》，光绪三十一年十一月十六、十七日（1905年12月12、13日），录自《顺天时报》

立宪私议（对于多数愚民以立言）

光绪三十一年十一月二十五日

蘧　照

自佛教流行于中国，中国社会受其浸润者千数百年，其人群隐微之际，常有果报一说，以颠倒于神魂之内。此不徒著于寻常之细事也，即如保障国人之法律，察其意义，亦不能免于果报之范围（如犯杀人罪，本为妨害国家治安，而吾之律乃曰“论抵故”，俚语亦云“杀人偿命”，是皆不越果报之范围）。至于论事之顷，尤为昭著。

扩其范围，乃至以论国家之兴亡。盖执前代兴亡一二事之偶合者（如赵宋夺位于寡妇、孤儿，而终于谢太后与稚子帝昺等类；又如明季遗民多以怀宗为建文后身，以报靖难之怨者，其言公然宣诸士大夫之口，《绥寇纪略》诸书且征事以实之），而遂认为成例。顾在盛时，此种思想，未容发露；独至衰时，乃为万众心目隐微之中之一大问题。

当甲申、甲午两次战败以后，此种议论，颇为腾沸。更有所谓《烧饼歌》者，流布于禁令不及之地。戊戌改革期内，群心虩戒，稍稍宁息。及夫新政推翻一切复旧之时，此种谣言又复侧出。庚子乱后，再下变法之诏。然至于今，流言仍未止熄。盖信此种流言之人，其心思本极单简。彼既耳熟于“一姓不再兴”之古语，又见国家近年以具文变法，未见有变法之效，惟觉搜括益重，外势益逼，颇有晚明气象，遂不免据已往之陈事，以为气数既定，不可回矣。

今日开明社会，与夫居于通商口岸之地，习闻西学之绪余者，遇此种流言，自有熔化之力，使之消归净尽。所谓“流丸止于凹中，流言止于智者”是也。然而，吾国开明之人，仅占全国人数百中之一二；不学无知之人，充塞通国。今日外祸内讧，又不减于晚明之时，彼其心中，仅有果报气数、单简浅陋之思想，不复知有开新具体之治术，亦无怪其然也。夫其言之谬妄，本不值识者一笑，曷足以污墨玷毫？唯其悠谬之心，深结于隐微，既非法令所可加施，以扫除而廓清之；又非今日所行一二张皇补苴之新政，即可以涤其心而为洒濯。而流言不止，其黠者不免妄冀非分，腹诽官吏，抵拒租税；而其愚者亦遂不免委心任运，废弃义务，坐待时会。此则国家之巨忧，其害殆甚于敌国外患。

盖自庚子之役，朝廷威信实大堕落，遂不复能如大彼得之变法而有风动之效。而蚩蚩之氓，对于朝廷，已大消其畏威之念，不复如曩时之屏息慑伏。此所以去年一岁之中，各省抗粮闹漕拒卫田缴价之事，累累而不绝（见明文者凡二十一次）。甚或如在下者所为之教育事业，亦且疑其为厉，而加以摧残。彼辈心目之中，颇有日暮途穷、倒行逆施之慨。是则彼等所信之瞽说，原无符验之可言。然而执著于衷，横梗不化，凡其对于国家之义务，皆以此心应之。患气所钟，何所不至？充其极，且必有横决而不可亿料者矣。

不特此也，比年以来，政见所在，无不以练兵筹饷为急。然吾国之兵，既无对外之秘密战略（列强之军队，每一军队皆有一种对外秘密战略，此战略乃虚指某国某域为其攻战之区，潜讨其山川地势，日加申儆为作战状，且极隐秘，不使军队以外之人闻知。日本岛国，而为对外之大陆秘密战略，故其军队入吾东三省，如适故国，凡械用所具无不备具，此其战胜之一因）。而见于事实者，仅有剿土寇、殃良民之功绩。且今日各省疆吏，于练新兵之巨饷，又往往无经制财用以为供亿（如铜圆余利，不久将消归于无；又如广东闱姓赌商承任巨饷，今因废科举停闱姓而尽失之类）。此后益将不支，间税（如厘金、关税等）既无可增，势不得不取盈于径税（如地丁等）。而此时之民，上下契阔，不能喻情。彼不见有建威消萌之形，而但觉宫府之歌舞，怨恨所积，蓄极而溃，其祸宁可胜言（按：明季之乱，其原因亦如此。当李闯初起，屡至蹶败，困于车箱，势将夷灭，导之出险者，当地之民也。逮后牛金星、李岩之徒，为创“迎闯王，不纳粮”之俚谚，箪壶之迎遍于楚豫，其势遂不可遏。盖因明代设兵，其始之法制全不资饷于国库粮税，以各卫皆有可耕之地，而偏鄙又有屯田，复以茶盐之引予给富民，责令输粟三边，因而使获运行茶盐之利。至正统时，旧设之兵不可复用，乃关支国帑以练新兵。然讫于万历，岁出亦仅三百万，其后乃日渐增加。至崇祯间，遂有所谓三饷。三饷者，旧饷二百万，新饷九百余万，练饷七百三十万。皆厚敛于民。民遂不支，流而为寇，以底于亡）。然则承今之敝，而建小康之术，不特不能恃以久安。而俶扰之端，且将遇掊克而暴起，此谋国者所宜深思也。盖中国者，诚所谓旧国矣。惟其旧也，故虽不学之民，亦必有数千年蒙蔽之历史。结于隐微，彼其器小易盈，又陷于无知之地，故其自信心与妄作心，方诸开明之人之条理精密者，实大不侔。假如后日更以生计上之桎梏，恐其斩木揭竿，将有不可终日之势。此已往历史叔季民情之惯例，往往忠义之士，殚精竭力，而无救于危亡者也。

人事推迁，郁极而豁。西方之立宪政治，其声闻忽被于吾国，斯乃神仙方药长生久视之术。吾国之疾，其有瘳矣。顾以吾民蒙蔽之深，议者或以为溢分，而忧其弊，窃以此为不足虑也。盖吾通国之志量，既极局促，所营营者，止于身家，不知念国家也。故其荣观，小则富家翁，大亦仅及状元、宰相。而其修致之途，又不外于诡遇、果报之两术，使其求而或爽，则愤懑放废，以自堕于幽暗者众矣。而其下于此者之心量，或竟是无之。然以所求之途之恍惚难凭，故其忮者不得不横出范围，以逞其意念欲望。而制治之法，又大率出于一人之意旨。以非尧舜不能遍物之智，孤而定之，驯至棼而难理，离于事情，故似密而实疏，似严而实纵。此则宵人所利而国之所以不宁也。

今既图立宪以更始，恍如幽室中之见白日。轨辙既修，车行安稳，其贤者既能以持循轨物，自底乐利；而不肖者亦有开新之路，以自祓濯，宣发湮壹，而为大和。而所膺之权利义务，一切听命于法，于国土人民以外，更有至尊无对之宪法，为上下所依循。遂不能因私人之喜怒，而有溢美溢恶之断制（按：吾国久行专制，虽未尝有三权峙立之时，然而司法独立，古人实有此思想，观《孟子》“皋陶为士”云云，及汉张释之所谓“廷尉天下之平者”可见），斯则成为有法之群，岂非今日澹灾持险之无上至道者欤？今日立宪之议，既萌蘖于通国，诵其言者，纷如横经讲肆，各就所见，以为发挥。区区之意，挂一漏万，亦聊陈其所以救亡者尔。若夫宪法精意，其高明光大，所为福祚于人群者，非是篇所能终摅也。

《东方杂志》第二年第十一期，光绪三十一年十一月二十五日（1905 年 12 月 21 日）

中国未立宪以前当以法律遍教国民论

光绪三十一年十一月二十五日

闵　闇

今者立宪之声，洋洋遍全国矣。上自勋戚大臣，下逮校舍学子，靡不曰“立宪、立宪”，一唱百和，异口同声。我国今日其果已至立宪时期乎？然专制主义，行之已数千年，臣民蜷伏于政府威令之下。除通商口岸受外界之激刺，政论学说云兴泉涌，士民稍受感动而外，自余商界、工界以及腹地之社会，其所抱思想卑陋龌龊，殆与前此数十年等。

今试就外埠之工场商场，号于众曰：“尔之钱财，尔之货物，皆尔之能力自为之，官府不能扶持，强有力者不能豪夺。”则骇愕者十而六七，应和者犹有十之三四。若就内地之工场商场，号于众曰："官府者商业之阻力，胥役者人民之蟊贼，尔必合众力以排之，结团体以抗之。"则懦者嗫嚅而不敢应，强者掩耳而却走矣。呜呼！教育程度之未及，官民界限之未分，而遽使入居议员之位，授以从古未有之特权，其必不敢与人争执。随强有力者之左右进退，其情态可预决也。由斯以言，则我国立宪之时期，固未至乎。曰：宜先以浅近之法律导之，则界画明而进化也速。

我中国之法律，久为文明人所诟病。为其压制社会之意多，而监督官府之意少。举立法、司法、行法三大权，尽握于一二人之手，据上流者惟所欲为，莫敢谁何。历汉、唐、宋、明二千余年，风俗日偷，法律虽密，亦徒成具文而已。洎海禁大开而后，与外人交涉，动辄得咎，职此之由，愤国权之坠者，至欲举向时固有之禁令，尽投诸烈焰以为快。噫嘻！何其激也。夫一国之法制，虽极暴横无理，必与其民俗有密切之关系。开创之初，无论何朝，必有才智过人之士，为之润色典章，厘定制度。彼其人虽高据要津，固亦来自田间，深知乡里之情伪，洞悉官民之交涉，几经统筹利病，固未肯贸然从事，为天下后世所唾骂。今试读吾国旧有之律例，其为皇室万世之虑，不使小民有一事轶乎范围者，居其十之六七；其料量民生，为愚贱绸缪未雨，保护身家之计者，尚犹十之二三。特承平日久，权力偏重，蚩蚩小民，但见官府有莫大之权力，平民万无抵抗之理。人人皆视长官如神圣，望君王若帝天。吾尝溯其致此之由，而知其原因有二：

一曰巨绅之有势力者，皆思借官力以欺压小民。其人既登朊仕，一旦归里，官见其位与己埒，亦遂引为同调，凡事不敢欺蒙。为巨绅者，自问其地望与官近、与民远，且其为田宅宫室之谋、妻妾子孙之计者，非朘削乡里，无以遂其私愿，饱其欲壑。虽官有横暴之举动，苟非与己有切肤之灾，不但不助乡人以抵抗之，且将代官恫喝，代官掩饰，以为向时酬报之具，而为他日分肥之地。我不敢谓绅士中尽皆此辈，而若此者，固十而七八。此法律不行于下之一端也。

一曰士人之聪明有志者，以法律为胥吏之事，不屑措意于其间。科举方盛之时，家制艺而户试律，一邑中所谓高才秀士者，尽冬烘头脑，应试而外，不知天地间尚有他事。其最迂者，谓吾辈宗法孔孟，申韩之书，非所宜讲。彼夫屡试不利，性稍桀黠者，乃始拾法家之残册，鼓其笔锋，为乡里诉讼，与胥吏争衡，讼棍之恶谥，翕然称于四境。而此辈为身家计，不暇顾惜。究其实，非能与官吏相抗，仍以得乡人酬劳为宗旨。苟能如愿以偿，亦遂箝口结舌矣。此法律不明于下之又一端也。

坐是之故，而我国所谓士、农、工、商者，遂无一能知法律。知法律者转在胥吏，胥吏又仅能知文牍之形式。明律意者别有刑名专家，此等专家，自方面大吏以至州县，必有一席，上以助官广通声气，下以助官压抑平民，颠倒黑白，淆乱是非，任上下其手而莫能禁止。此皆由国民不习法律，故容此辈盘据而不能去。今者朝廷立宪之意已决，平日例行之公事，行将大变面目。顾通国皆无公理无界画之人，萌生虽众，无异群盲。微特使参议席，于社会无所裨益。即令其处置乡里细事，吾恐以未尝学问、胸无泾渭之人当之，已难剖白是非，而解决其问题。况以至高无上议员之权，畀若辈，亦安能奉职无误耶？然则当此过渡时代，为急则治标之计，宜若何而后可，曰：即以本国向有之律例，择其日用所不可废，人与人交际所不可缺，而官与民又两皆平允者，辑成浅易之文，使初级小学生徒，诵而习之。越二三年学堂遍设，此浅易之律书，亦已遍行。虽在村夫野老，聚首闲谈，亦知某事为犯何律，某事为例所不禁。差役不敢以无罪相欺，官府不敢以非理相难，势豪土棍，不敢视为蠢陋而鱼肉之。又宜编成白话，令乡塾教员，于每休沐日，即以此书演说。凡乡中稍知事体者，务令毕集，略仿古人读法之意。两者并举，行之而不辍。苟非冥顽不灵之人，吾知其胸中必皆秩然有条理，厘然有剖别，肫然有整饬乡里之思矣。

或曰刁悍之夫，不将假律以为奸乎？蒙以为苟能人人皆知其理，虽桀骜者无虑其滋事。何以故？譬如数人共斗，若一人执械，而众人徒手，执械者胆必独壮；苟人人皆予以械，则有两败具伤之势，胆壮者亦相持而不敢动矣。向之讼棍横行乡里者，一人持械之谓也；今之遍教国民以读律者，人人予以器械之谓也。此法果行，吾知不及数年，必转使官府清平，乡里安谧。其有不公不法之事，必能集团体合群力以与有权者相抗。虽在十室之邑，百户之乡，亦宜有通晓事理之人，出而任事。斯时而言地方自治，乃真可举而措之矣。

或又谓我国旧律，用之于过渡时代，已有不合时宜之诮。讵知我国近日民俗之陋、民心之诈，尚非可予以平等、听其自由者，不先有以整齐约束之，必更坏乱而无统纪。令之讲习旧律，使知人我各有秩序，官民本有界画，是固立宪之阶梯，而社会进化之基础也。他日宪法既立，公例大明，即以此为筌蹄，弃之可也。又岂必喁喁焉守其故步哉？

《东方杂志》第二年第十一期，光绪三十一年十一月二十五日（1905年12月21日）

论今日宜亟设宪法研究会

光绪三十一年十二月二十至二十二日

有一人于此，其元气不实，则不足以抵御外至之灾祲；有一国于此，其内力不充，则不足以抵抗外力之侵入。此一定之公例也。自民族主义发达以来，我国志士惘国势之陵夷，皇皇然以收回利权，抵制外侮，呼号奔告于全国，以共谋存立之方，闻者响应，亦既稍有其效矣。虽然，无实力而有空言，其弊也。非特不足以集事，而反使闻者咸有戒心，或将乘其萌芽之甫起，而合力以摧折之，此则我国前途大可隐忧之事也。今欲储实力以图自强，莫要于改行立宪政体，以除二千年沉痼之宿疾，而谋百度之维新。此亦人所共知，无待言矣。顾我所欲问者，设令如天之福，我国竟能免革命流血之一阶级，而朝廷肯鉴于世界各国之趋势，一旦宣布宪法，以议政选举之权分于我民之后，其现象当为如何乎？斯不可不先为研究之一问题也。

主速行立宪之义者，则曰中国士夫近日开明者渐多，胜议员之资格者，当不乏其人，一旦行民选议院之制，不患有治法无治人也。主缓行立宪之说者，则曰今日民智未开，教育未能普及，骤行宪法，必有弊无利。二说相持，固各有其理。然就近事观之，则开明之士，苟无真实之阅历，往往易激于感情，一往而不知所返，则其所持之政论，必有偏宕而不得其中，适以偾事者有之，此前说之未可信也。教育普及，非十年二十年不办，于救亡之道，固嫌其过迟。而欲谋教育之普及，尤非改良行政之机关，不足以图进步。是教育与立宪，二者正互相资，而非可互相待者，是则后说虽近似，而未可据为实行之方针也。窃谓今日欲速得立宪之利而免其害，莫若使已受教育之人，于宪法上加以讨论研究之功，准备二三年后，即可实行立宪。彼已受旧教育者，其于旧日之学说民俗，知之较多，固可为参酌融化之助。其曾受新教育者，加以实地研究之学力，更可以坐而言者起而行，欲求速效之方法，盖莫逾于是矣。

各国立宪之始，亦多由其国民之一部分，出而担任其责，必非俟全国之民，有国民之资格而后为之也。惟我国之民，其一部分之翘然秀出于众者，厥推士人，然以久伏于专制政体之下，干预外事，议论时政，一切有禁，故舍科举利禄以外不复有他志向，是谓之无政治之思想。当其为士，则所习者词章训诂之学；及其为官，则所亟者钻营趋奉之事。其于民生之利弊、国势之强弱，与夫优胜劣败不可逃之公例，俱非所知，是谓之无政治之阅历。无思想、无阅历，而付之以国家之重任，则其偾□败事也固宜，是谓之无政治之能力。是等之人，虽与之同享宪法之利益，而必不能保守，其故无他，不知宪法之权利，与其所以自任之义务而已。彼东西各国，其民之宜于立宪政体者，岂皆有高深之学问哉？不过明于宪法之权利，与其所自任之义务而已。故今日欲以教育速达立宪之目的，非使已受教育之人于宪法上加以讨论研究之功不可。

且历观各国变法之史，凡宪法之成立，未有不出自其民之要求者也。要求之法不一，有以激烈者，有以和平者。日本宪法之成立，号称由明治之英明矣。然自庆应四年发万机决于公论之誓诏后，至明治七年，副岛、板垣等上书请立民选议院，政府为大势所迫，乃有先开地方官会议之谕。又经在野诸名士盛倡民权自由之说，乃以八年议定立宪政体之制，然犹未见实行也。其后诸志士创立各社，开政谈演说会，论列其是非得失，竞上书请开国会，政府知不可遏，乃以十四年下诏，其以二十三年开设国会。是知欲政府舍其平日专恣之大权，以分于民人，盖若斯其艰难也。我国专制政体之沿袭最久，顾欲希冀政府之廓然大公，一旦尽以其大权分寄于平日视同奴隶之民，而不待其民之要求，窃恐未可必得也。故我国民而诚切望宪政之成立也，不可不急为预备以谋所以要求之方法。

虽然，所谓要求之方法，非必谓出于激烈举动而徒恃嚣张之气也，必先使国民中之一部分，有政治之思想，有政治之阅历，有政治之能力，而后可以言要求。今日朝廷之于宪政，虽隐有是意，然犹迟迟未发，不肯公言承认者，非以民智未开为藉口乎？所谓智者非他，即宪法上之知识而已。夫宪法上知识之缺乏，诚我一切国民之所短，而不必自讳。即一部分号称有教育之士人，其于宪法之知识，果已讲求有素乎？我有以知其未可许也。上既以此为迟延变法之藉口，而我民犹不急起直追，取宪法之得失利弊，速自研究以储其知识而待实行之期，抑何责人厚而责己薄乎？

且立宪政体之所以胜于旧法者，非特在上之能有公天下之心，肯以政权分授于民人之足贵也，尤贵在下之人能接受其分与之政权，而善用之。故昔之论治者，有责君之言，有责臣之言，而无责民之言。今之论治者，则以责民为重，而政府次之。何则？一国政权之所自出，即为治乱安危大关键之所在，故其责不得独轻。今立宪甫露萌芽，朝廷既派大臣出洋，考察各国政治，又于京师设立考察政治馆，虽未明布立宪之说，已隐然以预备立宪之举动，昭示于人民。窥其审慎踌躇之意，固未可谓其本无是心，而姑为此以掩饰天下之耳目也。然则前日之危言耸论，所以责难于朝廷，而无所不至者，今已略见其影响矣。然朝廷虽有预备立宪之心，而静观今日国民之举动议论，则于立宪一事，犹未见其有所预备。夫沾沾焉以朝廷有立宪之心为喜，而延颈企踵以俟之者，是但以立宪之事委之于朝廷，而不知国民之担任尤重也。知国民之与有担任，而不知所以预备之，是视立宪之事过轻，而不知其经纬万端，断不可以美锦为学制之试验也。二者俱非，则预备立宪之方法，诚不可一日缓矣。

凡一学问之发达也，必聚全国之学子，殚智竭精，合群力以研究之。斯其精义于以出，而应用之可以大益于其社会。又一学说之新自外邦输入也，必经其国之有学识、有经验者，熟察而同化之，使新理想与旧风俗，有对病发药之效，而无扞格不入之忧，斯能应用之而不至为害于其社会。此东西各国学会之所以林立也。我国沉痼之疾，种之者二千年，一旦改政体而骤跻富强，与列强并驾，固未敢为是豫期。然使立宪之知识，不先输入于国民之脑中，而深喻其利弊之所在，我恐政体变而国民之心理犹未能相应而与之俱变，利未得而害先见，未可知也。欲避其害，非讲明其学不可；欲讲明其学，非设会研究不可。此所以有设立宪法研究会之议也。

我国学会之发达，当明之季，东林、复社，隐然以民党之势，而持朝廷之重轻。洎入本朝，禁网严密，儒者以立会结社为大戒，民气之衰靡，国势之不振，有由来矣。今诚以立宪问题之重要，而各省志士设立专会以研究之，是可使政治之思想普及于士人。设令异日炀灶之小人，不便于立宪，而阴阻其成，或有其名而无其实，则合全国之人以上书力争，不可不于此先为预备，此其不可缓者一也。中国各省山川阻隔，风气异宜，施政之方因之不能一律。骤以宪法行之，方枘圆凿，龃龉必多，有研究会，则审其先后，较其异同，因民族之性质，以及本省之例章，若者宜革，若者宜因，咸了然于胸中，于以得政治之阅历，而不至有擿埴索涂之患，此不可缓者二也，地方自治制度，为立宪国之最要元素。设令无之，则宪政为形式耳，为具文耳。今欲使我国民有政治思想，有政治阅历，舍其向日空言之积弊，进而与语实行之方，以担任地方自治之责，此非颁布一定制、模效一成法所能奏效也。必洞知宪法之理由，与其所以施行之方法，而后能结地方小团体，以合成国家大团体，此其不可缓者三也。夫不知其为当务之急，而膜视之犹可言也。今宪法之于我国，如解倒悬，夫人而知之，顾未闻有重视其事，而立会研究之者，岂非可怪欤？

我观日本输入西洋文明之速也，多得力于各种学会。精深之学无论矣，即下至一艺之微、一语言之粗、一显微镜之使用，莫不设有研究会。此无他焉，曰不可以不学故。我国近日学会渐起，若教育、若理化、若体操，莫不有会以研究学习之。此无他焉，曰不可以不学故。若宪法者，其精奥博大，什（伯）〔佰〕于一艺、一语言之微末；其试之而为害为利也，关系之巨，又什（伯）〔佰〕于各种科学，其非可以不学而知、冒昧轻试也明矣。朝廷之派大臣出洋考察政治也，各省之派官绅出洋学习速成法政也，岂不以此故乎？然实行宪法之责任，既上与下共担之，且不可不由全国之士民共担之。则坐待此区区数十百人考察学成返国之后，以颁布宪法，组织新政体，其果能洽全国民之意志，而胜任愉快乎？假立宪之名，以行专制之实，国民程度未高之国，已数见之。洵若是，其于我国救亡之道，固未见其有所裨也。故宪法上之知识，为我国士大夫今日普通知识之必不可缺者，较之其他各种科学尤其为急焉。他种科学知识之缺乏，关于一身者居多；宪法知识之缺乏，关于一国之前途者不小。故曰尧舜之知而不徧物，急先务也。我愿有志之士，姑以其研究他学之功，先用之于研究宪法，倘亦急先务之义与。

《时报》，光绪三十一年十二月二十至二十二日（1906年1月14—16日）

论立宪与教育之关系

光绪三十一年十二月二十五日

觉　民

自日本以区区岛国崛起东海，驱世界无敌之俄军，使之复返其故都而后，世之论者咸以专制与立宪分两国之胜负。于是我政府有鉴于此，如梦初觉，知二十世纪之中，无复专制政体容足之余地，乃简亲贵出洋游历，考察政治，将取列邦富强之精髓，以药我国垂危之痼疾。盛哉斯举！其我国自立之权舆，吾人莫大之幸福欤！虽然，宪政之行也，必全国人民皆具有政治知识及自治能力，而后能措置裕如，秩序不紊，非可卤莽灭裂而强以行之也。彼英吉利者，非所谓宪政之母国乎。然其人民之推翻专制，要求立宪也，不知经几许时日，抛几许头颅，而后有以寒暴君之胆，褫污吏之魄，亦足见数十条之宪章，非可幸得矣。盖专制者君主之护符，而宪政则人民之甲胄也。专制之君，袭万乘之尊，挟雷霆之威，以侵人民之自由，而夺人民之权利。于是彼人民者，乃不得不出而抵抗，用图自立。此固自有历史以来，凡国之由专制而进于立宪者，所必经之现象也。虽然，此现象之所以发生，其在民智大开、民力膨胀之时乎。若全国人民智识未开，能力薄弱，则其不视君主为神明而自甘于奴隶者盖寡，安望其出生入死，攘袂奋臂，冀还固有之权以归之于己也哉？是故宪政也者，必由人民之要求而后得，非君主之所肯施舍者也。而人民之要求立宪，亦必在民智大启、民力大进以后，而非浅化之民所能梦见者也。

今者我国之人民，果处何等之位置乎？泯泯昏昏，蠢如鹿豕。知书识字者千不得一，明理达时者万不得一。家庭之中无礼教，乡里之中无团体，郡县之间视同秦越，省界一分，尔诈我虞。以如是之国民，而与之以莫大之权，使之与闻国事，是何异使蚊负山、虻距海也。虽有二三大臣提倡于上，颁布宪法，与民更始，其如民智之幼稚、民力之绵薄何？吾恐宪政既立，而国民茫然无措，必有一举手一动足，而无往非荆天棘地之概者。盲人瞎马，夜半深池，其不贻笑于环球者几希矣！

夫此非予之酷论也，我国民之实情确有然者。夫宪政必由于民之要求而后得，非君主之所肯施舍。人民之要求立宪，亦必在民智大启、民力大进以后，而非浅化之民所能梦见。此其理吾前不已言乎？向使我国民知识已开，能力已强，则立宪之举，成立久矣。即未成立，而要求之事，亦当时有所闻，如俄民之联络全国，上书国主，纷纷罢市，要索立宪者，则宪政之行，指顾间耳。又何必待在上者之恩施，而靦颜以受之哉？我国民之程度殆可知矣。今者俄皇尼古拉士第二已准其人民之要求，设立国会，选举议员，从兹向受专制之俄民，皆获享立宪之权利矣。而我国民乃箝口结舌，默坐以俟政府之立宪。亦知宪政之立自上者，可暂而不可久；必其要求于下者，方可长久乎。甚矣其愚也！

虽然，吾观政府之意似已决于立宪矣。使节虽阻，启程特需时耳。而海内人士喁喁望治，惟恐宪政之不立，而引领以欢迎之。是则宪政之于今日之中国，直如坠石危崖，走丸峻坂，虽有贲育之勇，亦莫能阻其前进。况环顾各邦，鹰瞵鹗视，神州大局，岌岌可危。若必待吾国民具有立宪之资格，而后始举行宪政，恐彼其时中国之名词，已不复存于世间，而为历史上之古迹矣。故宪政之行，诚为今日要图，不能须臾缓也。若政府果能舍其特权，分之于民，屏绝虚骄，诚心立宪，则和平之改革，日本已启其先路，我何妨步其后尘乎？至于国民知识之幼稚、能力之薄弱，则宜有术以培养而助长之，数年以后，度不难及立宪国民之程度。其术维何？则教育是已。教育既遍，国民胥智。政治上之知识皆磅礴于人人之脑中，而后自治之能力随在可以发挥。以之充议员之选，闻国家之事，其恢恢乎游刃有余矣。然当教育未溥之时，决不能遽行立宪。若逆其道而行之，适足以增异日之障，甚无取也。谓宜仿日本成法，先颁令于国中，以六年为期实行立宪，庶全国人民皆得有所预备，而不致手足无措，此万全之策也。顾论者多主急进主义，而不取渐进，且谓教育普及，宜期诸立宪以后。此其说虽持之有故，言之成理，而切实按之，则不免有倒果为因之弊，吾故期期以为不可。

昔日本维新之初，福泽谕吉译卢梭《民约论》，播诸民间，于是自由平等之说喧嚣众口。伯爵大限重信辈竞请立宪，处士浪夫亦附和其说。独加藤宏之以民智未开，程度太浅，遽行立宪，不见其利，特为渐进之说，而斥众说之非。厥后卒于十七年间颁布宪法，二十三年始设立议院。迄今日本宪法森然，蔚为强国，皆此六七年间大兴教育，广开民智，有以立之基也。记者不敏，窃愿采彼成法而为我国筹兴学之方，其诸大雅君子所乐闻者乎？

夫专制流毒之浸淫于中国者，二千有余载矣。其人民素受压制，丧失自由，驯至放弃义务，弁髦权利，不识国家为何物，不知自治为何事，此亦根于天演而无可如何者也。今若一旦改革旧制，取我国民所未曾梦见之宪法而移植之，有群相咋口挢舌、拘手絷足而已。虽然，通商之埠，都会之区，人文荟萃，英杰辈起，其中非无熟谙宪法、研究政治之人。窃谓宜于各省会及各商埠，分设宪法研究会，由学望兼优者招集同志，组织团体。凡各国立宪之历史，及现行之法规，靡不精研而别择之，何者行之于中国为有利，何者行之于中国为有弊，秩然厘然，无使紊乱。又于本邦律例，逐条讨论，斟酌夫地理之宜否，民俗之强弱，决其孰者宜仍，孰者应替，集其大成，编为议案。然后公举代表，提出而要求于政府，请其承认，著诸宪章。然后宪政之根抵固，而万世之长基立矣。盖政府诸公，大半丰其席履，自幼作吏，其于民情固未能洞悉，即间有来自田间者，亦以离民间日久，民之情伪无由周知，若畀以议立宪法之责，难免不处处隔膜，而有倒行逆施之弊。故不如其立自于民之较为亲切也。此宪法研究会之所以亟宜设立者也。

虽然，宪法立矣，而无行政、司法之材以维持而调护之，则又徒成具文，不如无之之为愈也。故开通官智，培养吏才，实为今日急务。前者修律大臣请设仕学速成科一折，已由学务处议覆奏准，通行各省，遵照办理。其所订办法，颇中肯綮，诚能循是行之，数年以后，当不难卓著成效，兹不赘述。

按各国小学，皆有国民教育一门，所以讲明国民之关系，及人民生存之要素，以鼓舞儿童之爱情，提倡社会之公德，故及其长成，莫不具有国家思想。又设政法一科，采节法制，编为教科，故其国人民，法律思想最强，自治能力亦最长。今我国民之冥顽不灵者，实居最大多数，微论法律之学，非所谙习，即国与民之关系，亦多茫然不知。今欲矫其弊，似且仿各国学制，于小学课程中，增入国民教育及政法二者，方为正办。惟自小学以迄成材，必在十五年以后，而立宪之期，至迟不过六年，若必待今日小学之学生悉行成材以后，始举行宪政，未免有河清难俟之感。窃谓宜于普及小学以外，另设无数绝大补习学校，凡年长失学及农工商贾中之识字明理者皆入之，授以普通科学，以养成其普通之知识；并特设政法一门，以启导其法律之思想，三四年毕业，于立宪之事固已粗知崖略，虽不及各国民之资格，而偾事之弊，吾知免矣。至于肩挑贸易之徒，与夫作苦自给之辈，则非教育之力所能及，宜以演说与改良戏剧二者并行之。吾闻日本人民之开化，实得力于演说者多。其时国内盛开演说会，听者或数百人至数千人，遇有勋贵及知名士登坛，则听者或数千人至万余人不等。今东西各国大政令、大兴举，无不倚重演说，为行政之关键。诚以演说者，无智愚贤否皆能感动，且普及较易也，今宜仿而行之。多派士人分赴各地，到处演说，使众知今日中国危弱已极，非立宪无以自存，立宪之事非自治无以成立之故。而后有不人人思危亡之痛，人人知振作之方者，吾弗信也。至于戏剧，则其感化之力尤大。庚子拳匪之乱，识者至归其咎于戏本之不善，非无故也。今宜择各国立宪史中之事实，编为戏曲，演诸剧场。庶几儿童妇女耳濡目染，亦知立宪之为何事，而恍然大悟矣。

以上所陈，仅就立宪与教育之关系约略言之。然苟能循是而行，数年之后，当不致无效可睹，慎弗以为老生常谈而河汉视之也。岁月不居，如驹过隙。今世何世，今时何时，我国民其速猛省乎。至其他于未立宪以前所应行兴革之要政，如改官制、定圜法、易服色、同律度量衡诸问题，则海内达者论之已详，固无俟鄙人喋喋者矣。

《东方杂志》第二年第十二期，光绪三十一年十二月二十五日（1906 年 1 月 19 日）

论国家于未立宪以前有可以行必宜行之要政

光绪三十一年十二月二十五日

往者甲午中东之役，英人威公使妥玛犹在。此公于中国载籍颇有研究之功，知黄人教化本源之盛大，归国后于泔桥国学主华文讲席，闻其事，蹶然曰："此近世莫大之战争也。此非中日之战，乃泰西东新旧二教化之战也。"已而东果胜而中果败。自兹以降，维新之说遍吾国中焉。近者甲辰日俄之战，知微之士闻之，亦曰："此非俄日之战也，乃立宪、专制二治术之战也。"自海陆交绥以来，日无不胜，俄无不败。至于今，不独俄民群起而为立宪之争也，即吾国士夫亦知其事之不容已，是以立宪之议主者愈多。远猷辰告，始于出使诸公，继者乃有疆吏，而今枢臣、亲懿之中，亦稍稍持其说矣。夫中国自三古洎兹，所以治其国者，虽道揆法守，运有污隆，固无一朝非为专制，而专制之治又非泰西之所未行也。国小民傀，行之不胜其弊，以千余年之蜕化，乃悉出于立宪之规，而国以大治，称富强焉。

夫政治之界，既专制先有，立宪后成，则可知立宪乃天演大进之世局。列邦异种，林立地球，优者以顺天而独昌，劣者为自然所淘汰，此非甚可惧者耶。由此言之，将无论中国民智幼稚如何，国家旧制严立何若，一言求存，则变法立宪不可以已。非不知情形之异、程度之差也。第立宪矣，塞者可期于渐通，缺者犹可以徐完。日讨教训，庶几二三十稔之间，于彼泰西有孟晋追群之一日。若仍因故辙，将彼之社会日益休明，而我抱残守缺，处不可终日之危局。虽延缘二三十年，至彼而后言立宪，将其情形之异一如今日也，程度之差一如今日也。坐费数十载之光阴，国势依然，瞠后只有愈难，何由易耶？是故今日之事，方其为变也。所当计者，法之宜变否耳；抑使一时勿变，能长此终古否耳？假令不能，而终出于必变矣。则与为因循以愒时，无宁断决而作始。夫曰程度未至、情形不同，此皆畏难苟安者延宕之淫辞，夫非火屋漏舟急起自救之义明矣。以此，故立宪之议为鄙陋所极表同情者。非敢谓以吾国今日之人才，处从古未有之变局，但曰立宪，遂能为之而皆合也；亦非谓国家有意振兴，但遣大臣四五辈周游列邦，如汉唐人远求梵典者然，遂足以得其要领也。所冀以名始者，将以实终，方针既定之余，将吾国上下之人亿兆一心，以求达其目的耳。且立宪之所以救亡者，非其名也，实也。必以其名，恐虽议院、沁涅特、地方自治、法权独立，与夫西人一切之法度，悉取而立之于吾国之中，将名同实殊，无补存亡，而徒为彼族之所腾笑（本年正月，《泰晤士报》有论中国将立上议院，议员以内之尚侍九卿、外之督抚为之，语极讪笑，以为驴非驴、马非马云）。苟为其实，则立宪固善。而宪法未立之顷，其所谓当务之急，何限有不待再计而宜急急行者？此则鄙陋所欲借前箸，以代当国诸公筹其一二者矣。无曰老生常谈，天下为众意之所同，而行之无后患者，皆老生常谈也。

一曰同律度量衡也。国家之所以道齐社会者，其术无他，法度而已。即他日立宪，所以富强其国者，岂有他谬巧哉？亦法度而已矣。法度所托始者，律度量衡也。故法者其义为水平，而度者其义为尺寸。夫此语实行诸中国唐虞之世，载诸六经，有道如姬周，专制如嬴政，苟欲天下之平治、法令之整齐，莫不首重此事。此亦岂西来新法也哉？乃方今五洲，几无一国不于此语实见施行。而律度量衡所最不同者，莫中国若。宋人苏洵有言："持东家之尺以较之西家，则若十指然。"则此事之无法，自千载而已然矣。夫天下之言变法者众矣，独律度量衡鲜有重及之者。无亦其事无直接富强之效，又以其为吾国之旧谈，故时务之士不屑道之欤。顾律度量衡所关于国计民生者，至深且远，西哲论者至众，今实不暇具详。所可云者，舍此不图，将一切云为皆属无本枉然而已。且此实为外人所齿冷，而以觇吾治忽之形者，不可缓也。更有进者，律度量衡四者必得科学乃益精，制造格致，至于医科，所争尤密。故斯宾塞谓"执此可以定国民之文野"，其言信矣。如威都准厂所制牝牡枘凿，其员径相差至一兆分寸之一者，即不相合。此其精微，岂野蛮人所能梦见者耶。亦可知四者不修，制造工科断无能精之理矣。今者五洲所用律度量衡，以法国所定文明为最。盖其起数以子午线之兆分一为一枚，出于自然之数。度数既定，而量衡律三者因之以生。即今欧洲大陆诸邦莫不行用，未尝以行他族制度为可耻也。英国最为守旧矣，然亦二制并行，至于格物诸科，则纯用法量以为便。故今使中国有高掌远蹠之变法家，将自以取法于法者为最宜。此虽初行旬月之间，小民蹈故习常，稍形扞格，年岁以后，怡然理顺矣。此其为吾国之利，殆非浅人所能计测也。夫大同之事必始于律度量衡，而所同者将必在法。知其如是，则勿惮难而及早行之，他日可以省无穷之扞格，此策之上者也。假有保全国粹、制必由我之说，则近者闽县叶在扬有《度量衡新议》之作，其起数亦以子午线为之基，又所算定新尺、新斗、新觔，妙在与吾旧用者相差有限，取而用之，亦大利也。又不然，则仍用历象考成所定之旧制，令精于格物者制为白金法尺、嘉量等，算明寒热涨缩之差，载明于气表某寸、热表某度时为准，而后自京师至于直省，由商、工两部一律颁行，严定异尺、异量之罚锾，司之以新设之巡警。此事所关甚为重大，不得以烦扰之故，而遂置勿图也。

一、圜法不可以不立也。孟德斯鸠有言："圜法非文明之民不能有，非文明大进之国不能精。"往者希腊有海舶遇风漂入绝岛，但见海岸沙痕有圆、方、三角诸形，即狂叫大喜，以为所至必文明程度同于希腊之国。圜法之善不善，其诸一国盛衰、贫富不遁之符欤。且圜法之精审，与一国之富强，吾不知其孰为因果也。非富强之国，其圜法不能精；又非圜法之精，其国无由富。必求因果，则后说近之矣。且其物之良楛，所系于民德者尤深。此何必外国，诸君试察今日各省所造银、铜两元，其廉腩精好，雕镂深明，而成色分两较为完足者，必其省之督抚较贤，其吏治较为不污者也。下此则舍其一隅，莫之行用，一国之内，无殊异邦，此其为商界民生大梗，而损失于无形，不待智者而后见也。是以今日欧美诸邦，大者如美、法，小者如瑞士、荷兰，皆视此为国民荣誉之所关，商业盛衰之所系。其于圜法皆谨之又谨，不许几微奸窦得伏其间。其公例曰："凡为国家制币，其名实两值必使相符。"夫制币名实相符者，譬如一元之银熔而为块，持以入市，其得价亦必一元，不增不减。圜法至此，乃为至善。且其能持此而无失也，不仅为之刑罚禁奸而已，且有术焉，使奸无由生。如造币之局，无论人持若干金铤求转金元者，定期来取，所得之币与原金之重相等，不加火费，此其所以为救弊塞奸之术者也。夫国币之说繁矣，或取单行本位，如英，如德；或取双行本位，如美，如法；或主用金，如俄，如日；或主用银，如墨西哥，如往者之印度。吾国之交于各国也，有形如赔款，无形若通商，出入之间关系綦钜。他时定法，将仍以银为本位乎？抑以金为本位乎？将使金银两行，而以法定其相当之率乎？将姑先用银，而以转用金准为目的乎？凡此诚甚大之问题，必有专长之家，极数岁调查讨论之功，细权利害，而后有可以决行之政策。惟今不佞所欲言者，则本位之定姑可徐徐，而国之圜法必不可以不一律。将欲使国币独行，而一切中外他币举不得用者，诚莫若于后某年某月为始。定制以一两为银元，以银九铜一为成色。设国家银行于京师，设支店于各直省，而立造币之局于南北洋。统计所以流通者，每省应用若干兆元，一律由其铸造，及其转布，散入市廛。如此则圜法可以整齐，而钞币亦可得而办矣。且所尤宜加意者，将在于补助之铜元，必宜立法偿限制。如数逾一两以上者，单用铜元，许人不收。设若今日各省所为，但睹铜元利厚，以五文之铜而当十文之值，所名倍实，地方仰此以待用，主者缘此为私肥，并力鼓铸，若无纪极。此诚漏脯救饥，他日民间必受其敝，而官中所仰机利亦将渐化虚无，穷其效果，但使吾国益贫而已。此诚不可不预为防患者也。若夫行用金准期诸异时，则此时银号、币局二者余利所收，不可指拨他用，应藏储之，以为逐渐收金之资。又于塞外蒙古、满洲各处金矿，择要兴办，产归官收，庶他日改用金准，不致为外人所持。顾中国制币本位，诚为极大问题，虽在财政专家，且难即今预定。观于北美前事，可以知之。彼至今所犹未昌言以金为本位者，盖此令朝行，将通国五百兆银圆，夕存半值，此其所以迟迟而犹用双行之说者也。然则改用金准，于吾国岂易言哉？

一、各省地图不可不详行测绘也。夫为政用兵，讲求商务，为之浅譬，有若弈棋，未有方卦不具，路数不明，而能为弈者也。噫！今之为政用兵，讲求商务，皆不具方卦，不明路数，而高坐谈弈者耳。使知一切之政皆基于地，必舆图明具，而后有从容措理之可言。则兴办此事，岂待再计？若夫用兵，非图不行，此当为无愚智所共知者，不必赘论。顾即言路矿，可无图乎？地方自治，可无图乎？清查户口，丈量地亩，举非为之至密，则立宪之制，皆成空谈。尤非善图，无从下手者也。诸君试思，假使今日有精明强干之督抚，受事之后，思欲端本清源，厉意实行，一切为可大可久之画，其于一方之地，非成竹在胸，了如指掌，有此效乎？今者五洲之地，凡属文明国土，莫不有至精之图；所不精而难用者，独吾辈所居国耳。且图之有裨于为政用兵诸大事者，以其所详审者，不仅道里远近、山川起伏而已。天时之不齐，地势之扼塞，民物之蕃凋，商旅之孔道，某水何处为湍、何处可涉，某村所出多少糗刍，某墟某集交易何物、会众何时，凡属精图，无不载说。故舆图为物，非曰一行测绘，便可永永宝用也；且必以时修改，乃可据依。故各国测绘地图之费颇亦不赀，如往者印度官图，其费以镑计者至于数兆。闻其起测底线，乃以特制钢条衔接至数十里，高下平均，且定其寒热涨缩差数。其精严不苟如此。夫岂徒供考订玩赏，而为是劳费也哉？亦以其物之不可一日无也。顾吾国上自政府督抚、下至州县，乃视之等于不急之务。即往者用兵大帅，如胡、曾、左、李诸公，其所操持省阅者，亦不过至粗之旧绘。此其故有可言也。盖图之为物，不独测绘之者，非学莫能；即读图用图，亦非素不讲求者能得其益。今之官吏、将帅，所谓能读图者，有几人乎？得地图一幅，不过睹细字如牛毛，螺纹为山，蛇行为水，如斯而已。大势而外，匪有所知。其能持两足之规，以求鸟道之远近者，已不数觏，况其深焉者乎？则其置之，而不知重也固宜。虽然，吾国地图所关于变法求治者至钜，不得以官吏之不能用而忽之；况读图亦非甚难之学，略与讲释，当无不知。然则所苦，乃在测绘者之无人。此事既不可延用外人，则所以造就此才者，舍求之学堂更无他法。但求诸学堂矣，尚有二法：一曰专设堂，使之治测绘察地之学术也；次则不专设学，而即取之于陆军、铁路二校之中。所幸测绘尚非甚深之术，已具数学根柢者，累月之间理法当皆谙熟，亦无俟于学习西文。其数学所资，则由九章几何至于平三角足矣。（若测候天、度经纬，则须兼通浑弧。但经纬于京师测定之后，他处便可以积算推知，无烦另测。即欲另测，亦惟经度较难。至于北极出地高与纬度相等，其测算具有成法，亦极无难）惟若其人熟于史事，或能旁通地质、地文之学，则其图说自较可观，而有益于社会更大。此事之在吾国，若由州县分办，总以省局，又以各省分局总以京局，所费亦非浩繁。其费重者，将在仪器；至于薪费，固属无多。果能督之以勤、责之以实、持之以渐，又必有人焉主其合拢，纠其疏谬，大抵五六年间，吾中国至精之图出矣。文治武经，一切云为，得此而后有真实下手之处。中国有真心变法者，自必以鄙言为然也。

一曰改良听讼之方，以达刑狱改良之目的也。西人之言政治者，皆云国之大事在刑与兵。盖民生为群，自其原理言之，相养相生，本无所事于政府。而所有事于政府者，以外之有邻敌之侵陵，内之有强黠之暴横也。御邻敌以兵，治强黠以刑。惟此二者，必得政府为之统率、为之平亭，而后及事。至于他政，其在程度甚高之国民，往往为之于下者，其事较行之自上者为尤愈，故曰无所事于政府也。惟以兵刑之莫能废，是用各出赋税以立国家，而国家亦以是二者为最重之天职，操柄不慎，则乱亡随之，此西国政治家之公言也。今中国于兵、刑二者，固皆有变法改良之意矣。夫兵非此篇之所论，则请独言刑。比年以来，朝廷尝敕有司为修改刑律之事，其所改最合于天理人情之至者，莫逾于除刑讯之一端。今夫一狱之起，逮捕多人，自公理言，使案情未得，判词未加，两造之民实皆无罪者也，羁留其身，置之讼系，离其业次，寝食不安，既已甚矣。然犹曰："此事势所不容已者，即甚不便，无如何也。"顾奈何以有所疑，乃径取黑白不分、良莠未定之民，遽加三木，甚且施之以天下至酷之荼毒，必使承认吾意之所疑者，以求合于国家之文法。夫使如是而可，则当两造既具之顷，问官但凭胸臆定谁罪、谁否可耳，尚安所用其虑囚折狱，而多此一番敲扑为哉？是故吾国听讼之不仁，为数百年五大洲人人所共詈。而当日订议各邦条约，所不得享地法相尽之主权，而至今治外法权终为交涉之大梗者，正坐此耳。嗟乎！国于天地，即与人交绥而败，非大辱也。而所谓大辱，则有二焉：一曰国境以内，有他国之兵队也；一曰人游国中，为吾法所不得治也。此诚弥天大诟，而惟吾国则具有之。有此而不急图所以祛之，猥曰："吾与外国之人，帝王同为帝王，官吏同为官吏，人民同此人民，一切平等者。"但见其无耻而不知愧耳。将以祛之，则刑律改良诚无疑义之第一事，而不容更缓者也。虽然，除刑讯矣，而试察国中司法之所为，则犹之未除也。或曰必欲除之，彼官吏将无以为讯鞫之术，而定谳无从。于是佥谓吾国民情刁狡，故外国治狱可无事此，而吾国不能。此其说如论监牢然，佥谓西国监牢可以整洁便安，而中国监牢非酷毒黑暗无以警众威民者。实同为诐辞邪说，野蛮之尤者也。然而彼所称无以为讯鞫之术者，则未尝无说。盖西人之治狱也，有辩护之律师，有公听之助理，凡此皆襄谳此狱者也。而吾国则高坐堂皇，县官而已。彼县官什九之中为何如人乎？其出身有由于八股者，有由于八成者，吏道杂而多端久矣。求其中有熟于三尺法典，而周知下民情伪者有几人乎？夫以如是之法官，而又无辩护助理者为之襄助，则其听狱，舍刑讯而无术也固宜。然则吾国将于司法之权，而为清源正本之计者，非大变听讼之制必不可矣。将必有公听之平民为之助理，而原、被两造，亦宜许各倩辩护之律师。而所尤重者，在裁判之法官与辩护之律师，皆必熟于国家之律例，与夫本地之风俗旧章。然则一言刑律改良，其事又非学堂不为力矣。比者颇闻京师伍侍郎有特设法律学堂之请，而直隶陈廉访亦有特开律馆之言。愚亦谓此事宜分两部：一曰司法学院。专教各省候补人员与日后将有司法之柄任者，此可就各省之仕学院、课吏馆而为之。其中当以本朝法律例案为最重专科，而略兼外国律学、格致、西文、西语之类，悉为无取，以归严（洁）〔诘〕。此一部也。一曰国律学馆。以专课通国之举人，使之学正音、学律例于其间，学成与以法学博士文凭，以为受请辩护之资格，一切如西国律师体制成法。为人办事作证者，例得受糈，使其人廉明公正，而谙晓其业，将其延请者必多，往往足以致富。近者科举已废，诏书有为筹出路之言。若使为官，岂能遍及？惟使为律师，与夫中小学教员，乃真出路耳。

一、治外法权，不可不图所以渐收之术也。案“治外法权”四字名词始于日本，其云治外，犹云化外；其云法权，即权利也。盖有土有人之国，其中莫不有治理之主权，他国之民身游其境，即应归其国之治下，一切与人交际所遵用者，即其国之法律。其有作奸犯科、听其狱者，此国之吏也；加其身者，此国之刑也，不得远引所生之国法与所居之国异同为辞。此在公法，或又称地律相尽，而其义则一而已。且不仅刑罚也，即在典礼亦从主人，此大地各国自有交通以来莫不如此。而吾国三代封建，往来朝聘，此义尤明。是故《礼》称“入国问禁，入里问俗”，而《春秋》“滕薛朝鲁，终长滕侯”，皆明证也。至于近世国际公法，所稍与上古不同者，则二等以上使臣例得独用本国刑礼，使馆以内理同国中，接待来宾皆从本俗；而使者即冒犯科条，亦不得径以所使之国刑律加之，逮问讯鞫，事皆不可，不如此者，即为破犯公法。此治外法权义所由起。而享有治外法权者，国使而外无余人也。惟我中国之事不然。道咸以前，海禁未开，国威尚盛，当此之时，远方族人待以化外，其资格且不得与内地齐民齿，然以来者寡徒，故亦不闻冲突。至于叩关求通，疆吏枢臣狃于故见，驾驭失术，白下、天津诸约，有同城下之盟，约中载明，某国之民倘有犯法情事，其裁判、刑罚均归本国所设各口领事官办理。嗟嗟！此诚交通条约中向所未有之创例。而自此约成，中国之各口无安土、居民无宁岁矣。而在当时奉旨议约诸公，方且以其事为莫须有，其所莫能争，而亦其所不知争者也。今夫一国所有之主权，质而言之，亦兵与刑已耳。吾国往日交涉之不幸，实举兵与刑二者而两弃之，如此虽驯至于不国，不可谓非人谋之不臧也。孔子曰：“惜乎不如多与之邑，惟名与器不可以假人。”夫名器且不可，况刑罚之实权乎。然使吾国所交通者止于一国，犹可忍也。乃大地之中五十余国各援最优之例，利益均沾，则是一境之内数十种之法令庞然交午其中，此虽管、商、亮、猛复出于今，且犹不给，况当世之官吏乎。是以中国之民不幸而与外人涉讼，甚至无辜被戕，辗转号呼，什九无由得直。而无良狡黠之徒又因为利，则有悬挂洋旗者矣，又有羼入属籍者矣。此诚民德之凉，顾不可谓非前约为鹯獭之驱也。且君若吏之临民，而民服者，非积威不亵为之乎？乃今逮捕罪人，而某领事、某教士、某洋行为之坐索，匍匐而来，扬长而去，耳目昭著，庸众羞颜，谓其对此官长犹怀敬畏感情者，真欺人语耳。是故居今之日，不独云尊重主权也，即策国内治安，亦必以收此治外权为第一义。然而其事有至难者，难不必在国势之不强、武力之不竞也，而在刑狱二者之未改良。果使吾之司法如故、监狱如故，即使他日我武维扬于近者之日本，而云收回治外法权者，吾有以决外人之不从也。故欲收治外法权，必于刑狱急求改良而后可。于是不得已而求其次，则窃谓国家宜于此时遣使之便，与各国议，由中国延请各国法律名家，约在十人以上，于京师特开议律之馆，敕其厘订交通专律，律成以后，即由各国会派法官一员，或一正一副，专办欧美客民在华狱讼，与夫华洋交涉之讼案，所期权归统一，而罢各国领事各主词讼之权，并许我国专派知律大臣与之会理，几年一换，划著定章。如此则国家固有主权，纵未全部收回，亦资得半之道。事在情理，当为各国所允从。而他日吾国刑律改良著有成效，更议全收，宜亦较易为力。此举于中国前途所关极钜，其中利害，明眼者宜共了然，无俟鄙人覙缕者矣。

《东方杂志》第二年第十二期，光绪三十一年十二月二十五日（1906年1月19日），录自乙巳八月二十二日《中外日报》

论立宪当以地方自治为基础

光绪三十一年十二月二十五日

昔者“维新”二字，为中国士夫之口头禅；今者“立宪”二字，又为中国士夫之口头禅。试问今日中国之宪何以立乎？其高视吾国民者曰“可取法于邻邦”，其低视吾国民者曰“尚有欠于程度”。之二说也，窃以为皆是也，皆非也。奚以明其然也？明治之崛兴，其要素实原于立宪。立宪之措置，其胎息实自于英。吾国民而欲求立宪，其取法邻邦之言是也。至于吾国孱弱，吾民僿盲，忽改弦而更张，虑积重而难返，其程度之欠说亦近是。虽然明治今日宪法之善，夫固彰明较著矣，而当其立宪之初，不知几费周章，几经险阻，而始收此一日之效果。取法之说，殊未易言。若夫国俗民情，日本往日之纠纷，亦不下于中国此日之扰攘。所异者，中国地大人众，洗心革面，同力壹志，责无旁贷，其事较难，故其资格亦较下。然遂谓吾国民之资格，远不及明治以前之日本，殊未必也。

闲尝远盱历史，近衡时局，以为立宪与专制，二者皆随其国之大势所趋，迭为倚伏，互相乘除，俨有莫或使之、若或使之者，而适于天然淘汰之例，非人力所可强，非舆论所能争。故野蛮之时代宜专制，文明之时代宜立宪；闭关自守之时代宜专制，环海交通之时代宜立宪；冠带仰流之时代宜专制，列强环伺之时代宜立宪。中国今日之立宪，盖实有可乘之机、可阶之势，而日本明治初年群情汹汹、矫私为公之景象，必再见于今日之中国，无所谓取法而自然取法，无所谓及格而自然及格，吾敢断言也。然而，吾所谓自然取法者，非谓吾国遽能取日本今日之宪法也；吾所谓自然及格者，非谓吾民遽能及日本今日之民格也。宪法一也，而有国俗之不同、民情之不同，若必强不同者而同之，则是检谱对奕，拘方治病，其不败且殆也几希。

中国今日之立宪，当以地方自治为基础。奚以明其然也？夫中国民事举归官办，官有权而民无权，官取利而民攘利，官与民遂显然划为公私两界。民除其家之私事而外，一切有公益于一乡一邑者，皆相率退而诿之于官。官以一人而兼理庶事，势必不及，而又不能公然责之于民。而民之悍而黠者，知官之无能为也，苟有私利于一家者，遂不惮朝廷法律，充其私心之所至而倒行逆施，如盗卖矿产、私售路权、鱼肉乡里、垄断生计，种种骇人听闻之事相环而起，不胜枚举。当是时也，朝廷诚能公布明诏，责成各直省、大小府、厅、州、县官，行投票法，公举该地方绅士一二人，赏以职衔，凡有公益于该地方之事，集民公议，由该地方官予以办事之权，责成兴办。其办事之款，则由民间公出，获利则公享。（如近来商部所定矿章，民间集股请办者时有所闻，是其效也）如此，则民间自然舍私利而图公益，自然视一乡一邑之事如一家之事。微特可救当时之种种弊端，而且可为下议院之影响。他日宪法宣布，由迩及远，由卑达高，其势亦易行，而其效亦易著矣。吾故曰：立宪当以地方自治为基础。

《东方杂志》第二年第十二期，光绪三十一年十二月二十五日（1906 年 1 月 19 日），录自乙巳八月二十三日《南方报》

强国之根本果何在

光绪三十二年正月十三日

惠如女士 稿

有国家即有竞争，有竞争即有强弱。弱肉强食，优胜劣败，此天演之公例，莫能或逃者也。在昔人民狃于旧说、囿于见闻，常以天地为一家之物，几疑本国之外无复他国，故古今盛衰成败之理，每委之于天而任天自治，无所谓竞争角逐也。近数世纪来，万国交通，人智日辟，以兵战、以商战、以学术战，骎骎然莫知其终极，始知世界者实一万国公共之大博场也。而智愚强弱驰骋其间，盛则称霸于寰舆，败则并吞于他族，兴亡递嬗，局面纷更。凡有国者，而苟无制胜图强之策，其何以争衡于万国，图存于大地乎？

今兹二十世纪之开幕，各国之进化日深，人类之智慧日辟，强者愈逞其强，弱者愈形其弱。而开化最早、土地最大、人民最众者，莫我中国若；而国力最弱、人民最愚，亦莫我中国若焉。上下萎靡，政治腐败，内则民穷财匮，外则列强环攻，数十年来，割地赏金，受辱蒙耻之事，更仆难数。此老大之帝国，东方之病夫，处于群雄耸峙间，诚有岌岌不可终日之势。呜呼！殆哉！顾穷则思变，理之必然。乃近者上自政府、下至士民，莫不意图改革，力事振兴。于是朝发一令、夕更一章，无非意在支持危局，力图富强。而所策强国之计者，曰整陆军也、练水师也、制枪炮也、造战舰也、修铁路也、广轮船也、采矿山也、开工厂也、兴农业也、振商务也，更进而言之，则立宪法也、开议院也、复民权也。强国之道，夫岂外是之数者，固为救时之要政、馈贫之神粮，然究非根本之所在。国之所以强也，盖治国之道，贵乎探本穷源，固其本则枝自荣，浚其源则流必畅。若昧于根本缓急之别，而徒事皮毛枝节之间，虽终世扰攘，夙夜彷徨，亦无获效之一日也。夫国之本在民，民之本在学，学之美恶、教育之优劣基之焉。夫所谓教育者，涵有德育、体育、智育三端。故欲国民之高尚、国力之盛强，非于民智、民体、民德三者求之不可。今我国人民智识窒塞久矣，体质弱败久矣，道德沦亡久矣。以此智识浅陋、体质疲劣、道德缺乏之人，俾以执一国之要政，谋万民之幸福，其不如缘木求鱼、北辕适越也，得乎？其误害苍生，偾败国是，不待智者而后知矣。

然则强国之根本果何在？曰：在于优美之教育是也。教育者，实一国政治风俗之元素也。具经天纬地，参赞化育之功，凡百事业，莫不出此。至论我国之精神教育、国家教育，久矣阒然无闻。上焉者高说元理，无与实际；次焉者呻唔呫哔，以诗书为利禄之阶梯；下焉者藉识几句诗文，傲同群，诈乡愚，足为济恶之具。庄子曰：儒以诗礼发冢，良有以也。至一中敷衍粉饰、苟且偷生之习，几成人人第二之天性，此为我国之特色焉。以如此之颓风陋习，若不大加刮磨，痛事湔洗，安望其实事求是，日进有功乎？今我执政当权诸公，不欲国强则已，果欲国强，则必须宏布教育，广铸国民，铲除其劣根性，培植其新道德，务使通国之人皆具真实技能，勇毅气魄，如以上所谓智、体、德三者之教育兼备，始可庶物振兴，百废俱举，共登二十世纪之舞台也。不然者，武备虽精矣，而将士乏爱国敌忾之心；利源虽辟矣，而人人仍袭侵蚀攘夺之弊；民权虽复矣，人无自治之能力，必放纵于礼法范围之外；议院虽开矣，人无议事之资格，昧于事理之轻重，而哄聚哄散，惟私意之是争。下至轮船、矿路、工商等事，既乏真才，复多积弊，此有掣肘之心，彼贻覆悚之诮，无地不然，无事不然。虽有新政，不过敷衍皮毛，毫无实际，涂饰耳目，自欺欺人，其不误国偾事者几希。尚能望其整顿国是，缔造富强哉！

今试查世界之各强国，若英、若法、若德、若美，人第知其屹立于大地，竞雄于寰球，或以武备见长，或以工艺擅胜，或文明甲于大陆，或商业冠乎五洲，讵知其根本皆发源于教育乎。故愈强盛愈文明之国，其教育亦愈盛，学校亦愈多。儿童入学之初，即以道德浸渍其心脑中，又善牖启其知识，务养成一心思灵敏、精神活泼之人格而后已。且无论政治实业各事，均有专门学校，锐意研求，互相淬砺，遂得臻于美备，故其民气沆瀣，国势扩张也。昔普鲁斯败于法，其国相曰：欲雪此耻，非先教育国民不可。后战胜于法，乃归功于小学校之教师。日本维新甫三十载，其国势几比迹欧美，亦不外讲求教育之故。此非教育为强国之根本明证乎？至于我国，今日亦非全无教育也，顾尚在幼稚时代，教育主义未能实行，教育制度未能完备。近自废科举、兴学堂之明诏屡下，教育之事或从此庶几大兴乎！果能上下一心，实力举行，将失教之国民涵育甄陶，休养生息，练其身体，化其气质，养其道德，沦其心思，则良者日多，莠者日少。驯至尽识职分之当然，渐得艺术之精进，并力合作，孟晋有功，修文德以服远邦，整武备以卫社稷，工艺发达，商业振兴，如此国仍不富、民仍不强者，未之有也。

窃尝闻欧洲有四大国魂，曰平民魂、宗教魂、冒险魂、武士魂，赖此四者，竟能卢牟六合，亭毒八荒。魂也者，生命之根本也。人无魂，不可以苟活；国无魂，不可以独立。日本之武士道，即所谓大和魂也。呜呼！顾我中国之魂，其果安在？招之而不来，索之而不得。无已，吾今从德、体、智三者之教育招之索之乎！呜呼！魂兮魂兮，其速归来。巩我有道万年之国基，苏我不拘一格之人材。

《时事采新汇选》，光绪三十二年正月十三日（1906年2月6日），录自《大公报》

论支那现今第一大问题（谓宜急筹抵制排满革命之方针）

光绪三十二年正月十七日

呜呼，危哉！排满革命之风潮如是其激烈哉！禁无从禁，劝无从劝，若袖手坐视其炎炎之势，必有破坏之一日，又安可哉？事急矣！不乘其羽翼未丰之先，及早筹画抵制之方针，又将安待哉？其抵制之法，施之以压力不可也，谕之以理势不听也。制排满党、革命军之死命者，无他能力，惟有实行宪法，开国会、立议院而已矣。

国会开，而排满革命之技无所施展；议院立，而排满革命之说无从煽惑。虽有排满党、革命军，亦同在宪法之下，而不能稍运其分寸、丝毫之动力。则彼不能破坏我，而我实能解散之；彼不能冲突我，而我实能抵制之。化最高、最猛、最恶、最险、最可怖之无数排满党，无数革命军之风潮于无形、无声之中，同归于平和治安之政策，为支那计，岂非唯一莫上之善法哉？

不然，日日忧排满，而附排满者且日多；日日忧革命，而倡革命者且日盛。禁《江苏》报，而排满革命如故；禁《浙江潮》，而排满革命如故；禁《湖北学生界》，而排满革命如故；禁《四川》、《鹃声》报，而排满革命如故。夫排满革命者皆敢死者也，以弃掷头颅为不介意，而外来之禁令安足以动其畏惧哉？观于日本文部取缔规则之宣布，而留学界之对待强国犹如是其强硬；观于湖南志士陈天华之蹈东海死，而牺牲性命于俄顷之间犹如是其猛烈，其性质可知已。故操全局以筹之，综大势以决之，支那之在今日对于排满革命之风潮，除实行宪法，开国会、立议院外，无第二善法也。

近者五大臣已分赴东西洋考察政治，为改行宪法计，诚善矣。然使归国而不能实行立宪，国会不开，议院不立，为形式上之立宪，不为精神上之立宪，则立宪与不立宪同。而排满革命之风潮恐仍无平歇之一日，且将蔓延滋长，而无已时也。有希望支那之平和治安者，不惜出其反对排满革命之言，而熟筹抵制排满革命之方针，为支那政府忠告之也。呜呼！政府诸公其有意乎？

《大公报》，光绪三十二年正月十七日（1906 年 2 月 10 日）

宪法解

光绪三十二年二月十九日

刘光汉

《说文》“宪”字下云：宪，敏也。从心，从目，害省声。《说文》定声，申其义曰：按从宀，从心、目识，丰犹简策也，宀犹屋下也，其说甚确。宪也者，一切法典之统称也。周代之时，正月之吉，六官之法，莫不悬于象魏，为万民所共观。（见《周礼》太宰、司徒、司马、司寇四官）象魏者，国中之阙门也。（汪中《释阙篇》云：天子、诸侯宫城皆四周辟，其南为文城，至此则阙，故谓之阙。阙，巍然而高，故曰巍阙。《庄子·天下篇》：心居乎巍阙之下是也。正月之吉，悬治象、教象、政象、刑象之法于此，故谓之象魏。《周礼》冢宰、大司徒、大司马、大司寇职文，《春秋·哀公三年传》：立于象魏之外是也。使万民观象，故谓之观礼。运出游于观之上，及《尔雅·释宫篇》：观，谓之阙是也）故宪字从宀，其从目、从心者，则以法典为万民所共观，使之目识而心通耳。又一国之法，必藏于太史，布在方策，故宪字又从丰。朱氏谓丰犹方策。诚精确之论也。

考《尔雅·释诂篇》云：宪法也，又释训云宪宪泄泄，制法则也。宪训为法，本周代相传之旧诂也。且法字之义有二：一为法律之法，此为法字之实用者也；一为取法之法，乃法字之虚用者也。故宪字亦有二义：《书经·益稷篇》云：慎乃宪。注云：宪法也。此宪字之实用者也，与法律之法同义。又《礼记·中庸篇》云：宪章文武。宪章与祖述并言，犹言取法文武也。《诗·六月篇》云：万邦为宪。犹言万邦以之为法也，与宪章之宪字同义，此宪字之虚用者也。又《周礼》秋官布宪职云：布宪，掌宪邦之刑禁，正月之吉，执旌节以宣布于四方，以达四方邦国及其都鄙，达于四海。邓注云：宪，表也。案：布宪之宪义，与法同。宪为一切法令之总名，所布之宪，盖即治象、教象、政象、刑象也。至掌宪刑禁之宪字，则宪训为表，亦宪字之虚用者也。小司徒职云：令群令宪禁令。邓注云：表悬之也。盖宪字与宣字皆从宀，声表悬者，犹今东西各国之宣布宪法也。楚语云：龟足以宪臧否。此宪字亦作表字解。若《诗·桑扈篇》：百辟为宪。《崧高篇》：文武是宪。亦与《六月篇》万邦为宪同。则宪字亦即取法之义矣。又《穆天子传》云：一受敕宪。注云：宪，教令也。《左传·襄二十八年传》云：此君之宪令。伪《古文尚书·语命篇》云：监于先王成宪。此宪字皆作宪法之宪。敕宪者，犹言敕令也。宪令者，犹言法令也。成宪者，犹言旧章也。

盖古代之宪法，虽掌于官府，然颁行之权，仍属于君。观《管子·法禁篇》云：正月之朔，百吏在朝，君乃出令，布宪于国。宪既布，有不行宪者，罪死不赦。老宪而有不合于太府之籍者，侈曰专制，不足曰亏令。此语最明。令也者，君之所出之诏也；宪也者，一国共守之法也。今为一时所遵行，宪为万世所遵守。今东西各国均别敕令于宪法之外，而《管子》亦令宪为二，则君主仅有布宪之权，并无制定之权矣。且据《管子》之文观之，则所布之宪，必与太府之籍相合，则宪为一国所遵之旧典。若君主偶违其法，即贻专制之讥，此立宪政体所以殊乎专制政体也。又《墨子·非命篇》云：先王之书，所以出国家，布施百姓者，宪也。以出国家施百姓者为宪，则宪为一国上下所共遵，此亦古有宪法之证也。《荀子·劝学篇》曰：不道礼宪。杨倞注云：宪，标表也。近世王念孙云：道，由也。然作事不由礼法。又《王制篇》云：修宪命。杨倞注云：修宪法之命，所以表示人也。此宪法二字见于古籍之始。盖古人之所谓宪，未有不公布于民者也。又《说文·序》谓：伏羲序八卦，而垂宪象。垂字之义，亦与表示之义相同。此皆宪字之见于古籍者也。若《诗》言：尚有典型；又言：率由旧章。《孟子》言：遵先王之法，而过者未之有。夫岂古人之拘守古法哉？盖此乃一代所传之宪典，即《管子》所谓载之太史之籍者也。此古人保存宪法之证也。

秦汉以降，宪字鲜及于书籍，然后为君主者，视法典如弁髦，一任己意所欲更。陆子静曰：宪典二字甚大，惟知道者能言之。后人乃撰其所定苛典，名曰宪法，此正所谓无忌惮。盖宪字古义既湮，故君权益重。惟历代所颁之历，仍名时宪书。虽仅古政敬授民时之一端，然宪为公布于民之法，则固彰彰可考矣。

近人侈言立宪，而于宪字之古义，则未暇详考，故即《说文》之义而伸之。若佚《周书·谥法解》云：博文多能为宪。此别一义。然宪为古代法典，古人以通旧典者为博文，则此仍宪法引伸之义也。又《学记》云：发虑宪。此宪字当训思，故孔子弟子袁宪字子思。盖思想者，所以发表己情者也。虑宪之宪，亦因发表之意而引伸者也。若夫《乐记》：武坐致右宪左。则宪通作轩，犹言轾右轩左也。《中庸》：宪宪令德。注训为兴盛之貌，则宪通作显。《诗》：无然宪宪。毛传云：犹欣欣也。盖宪又与欣通。此皆宪字之别解也。

《时事采新汇选》，光绪三十二年二月十九日（1906 年 3 月 13 日），录自《政艺通报》

论征兵与立宪之关系

光绪三十二年三月初八日

今者立宪、立宪之声，腾于吾国士大夫之口矣。朝廷亦锐意改革，特简重臣，考察泰东西政治，为先事之预备。而征兵法亦于此时实行，直隶独早，江苏继之，其后浙、豫诸省复继之，风气大开，推而及于全国无难也。

夫国家者，人民之积也。国家苟欲尽其拥护人民之义务，非治兵不能而为之。人民者，其被征入营，亦所以自尽其拥护国家之义务。铁血优于公法，干城社稷，讵异人任欤？独不解于吾国旧社会，何以蔑视军人，至唾弃而不屑为，生气慷然，以翼免于锋镝戎火之苦，而翻令无赖子弟、游手少年得以厕身行伍间，为权利上之拥护，即国家亦相与安之，疲茶不扬，至酿成腐败之现象。对内有骚扰，对外无竞争，而军事界永无放大光明之一日。由今思之，乃知宪政未有萌芽，其所以激动吾民者，独无影响之可言，故积弱而归于不振也，而并非国之不可强也。是以各行省开办征兵，举所谓崇文黜武之政策，将自此弃捐，而鼓舞国民以服兵义务，即积弱不振之国民，亦稍稍能发皇其国家思想，披坚执锐，乐效驰驱。凡一时应征而至者，有宦裔、有学生、有儒者，郑重其事，非复如向者之棘门霸上，以儿戏出之。此殆国民进步之征，然亦立宪先声有以导其机而作其气耳。

普鲁士之宪法曰：统国中常备、续备、后备诸部，于战时皆得调集之。德意志之宪法曰：凡国民皆有服兵之义务。然则政治之关系社会，宁不重且大哉？况二十世纪之开幕，其剧烈战争，日胜而俄败，识者推论其终始，至谓为宪政上之凯歌。赫赫军威，莫之与对。吾于此乃益信立宪之不容缓也。盖国一立宪，则其民无不知服兵之义务矣。何忧弱焉！

《时事采新汇选》，光绪三十二年三月初八日（1906年4月1日），录自《北方日报》

论立宪当有预备

光绪三十二年三月二十五日

舜　修

今者中国立宪之说，嚣嚣然遍全国矣。其初也报章倡之，继则舆论和之，终至政论之府、朝列之间亦火然泉达，不能自已。是则立宪说者，诚出于国民多数之同意，而方来有无限之希望者也。虽然，吾犹鳃鳃过虑，有不能已于言者。夫吾亦尝考各国之立宪史矣，观其起因之点，虽各不同，然大要不出于二途：一则以国民政治能力已富，而为正当之要求以致之者；一则以君主横暴，民不堪命，经君民冲突而后得者是也。今中国立宪说之起，其原因于前者乎？则中国之人素乏国家观念，今虽稍稍憬悟，而程度之距离犹远。抑将属于后者乎？则吾国民所争者，不过纸上空谈，固非有如中世纪法国之活剧濒演。（西历一千七百八十九年至一千七百九十九年间之革命）近岁间，俄国之民变连年也，然则此说之起，果何所自乎？曰“是盖有一绝大之动机焉”。动机惟何？即感于日俄胜负之迹是。（自俄军大挫奉天、波罗的舰队熸于黄海后，而我国立宪之说乃大炽）是固因外界之戟刺，而非由民力之膨胀也；是固震惊宪政之虚名，而非洞澈宪政之精髓也。其目的固纯为客观的而非主观的也，以斯观念而企望立宪，其根本上不已大谬误乎？虽然，此但论其起因之点，已属过去之问题，亦无事喋喋辞费矣。若夫目前之须臾不可缓者，非所谓立宪之预备乎？夫以今日中国社会之窳败、民智之幼稚，以言预备立宪，谈何容易。虽然，其间固有三大要素焉，苟能致力于斯而融会贯通之，则其他皆筌蹄耳。敢效曝献，聊备采焉。

（一）普及教育，以期养成国民资格。夫立宪政体之所以为美者，以其立法权操诸国会，君主于法律外无特权，而国会议员又皆选自多数人民之内，是举国人民悉有参政之权，故其民气舒而民隐达也。若一国之民蒙昧未开，不知政治为何事，不解人权为何物，惟一部分之人享有教育，政治上之能力亦富，则其被选于国会者，必为此少数人。而国民之智识能力又不足以监督之，则国会之行动必不免逸出所应有之范围以外，是君主专制将一变而为国会专制矣。同一专制，改革奚为？故欲造成一完全无缺之立宪政体，必先养成多数完全无缺之立宪国民，使全体人民智识之程度相若，自制之能力相若，其足以参与国政之资格亦莫不相若。夫而后议员无滥竽之虑，国会无专横之忧，则立宪政体自见其利而不见其害矣。此其所当预备者一也。

（一）广派俊士前往各国考察政治，以备参订宪法。东西各国民情互异，故宪法亦遂不同，其最称完美者，莫英国、日本若。而日本之民情国势，与吾国相同之点尤多。诚欲立宪，必就各国宪法详加研究，精为别择，庶其借鉴有资，取法自易，而临事不至张皇也。朝廷有见于此，故特简亲贵分赴各国，俾充斯任，其用意至为周匝。惟随员仅三十余，又皆宦海中人，不足为国民代表。而民间则迄未闻有计及此者，诚吾之所大惑不解者也。夫肩此考查宪政之任，既属诸少数之官场，则将来订立宪法，亦必为此少数之官场无疑。若是，则全权固犹操之于上也，吾国民所殷殷期望者，岂在此钦赐之宪法乎？夫立宪者，乃因君民两方之合意，而相与共立盟约之谓；宪法者，则又盟约之契券也。故无两方之合意，不能谓为立宪，更无所谓宪法。苟一方少数之人亦可订立宪法，则《大清律例》

何尝非宪法之条文，而军机处亦可称立法之国会矣。奚必立宪为哉？故欲免偏重一方之弊，则各省之人皆宜于本省人中，举明达干练、负时重望、有代表全省人之资格者数人，分往各国，考其立法、行政诸机关及其组织方法，庶政治上之知识已富，而人权之观念自生，异日订立宪，自能代表国民，参议一切。如是，则完全之宪法，或可望出现于中国，而不致有非驴非马之讥（《泰晤士报》有论中国将立上议院，议员以内之尚侍九卿、外之督抚为之，语极讪笑，以为驴非驴、马非马云）矣。此其所当预备者二也。

（一）先立地方议会，以富人民政治上之经验。地方议会乃人民自治之础，微特立宪国视为重要之端，即专制极点之俄国，亦未尝不有此等议会（近日俄民之要求立宪，即由地方会发起，而后蔓延于全国者也）也。盖各地方之地理、历史、风俗习惯以及财政等，各具有特殊之性质，天然区划，莫能强同，故必有地方议会，然后一切兴革之举，方无隔膜之虞。此实与立法之国会相辅而行者也。且地方议会，其目的原不出于保卫一地方之扰害，及护持一地方之幸福以外，固为人民应有之权利，不必政府之承诺而后可行。故今日宪法虽未实行，而民间不能不先于各府、县及市、镇、町、村广设是等议会，使举国之人咸富裕其政治之经验，而娴熟其实地之措施。则根基既植于立宪之前，效果自不难收于立宪以后矣。此其所当预备者三也。

以上三端，皆为立宪要素，而今日所当预备者。苟不致力于此，而徒艳羡宪政之美名，日率其蚩蚩之氓，大声疾呼曰"立宪，立宪"，纵目的能达，亦不过东施效颦，益增其丑耳。窃愿热心宪政诸公一留意也。

《东方杂志》第三年第三期，光绪三十二年三月二十五日（1906年4月18日）

论君主立宪政体之性质

光绪三十二年四月二十五日

上和下睦，上安下全。分上下之人，任上下之事。而上下各如其分际，则犹鼻之司嗅、耳之司聪、口之司味、目之司明、肺之司呼吸，肢之司运行。各尽其义务，而不相推诿；各安其权限，而不相凌犯。其上则恤民勤政，其下则爱国尊王。若是者，其惟君主立宪之政体乎？何言之？泰西国体向分三种：曰满那弃者，君主为政之制，即今之专制而无宪法，若土、若俄是也；曰德谟格拉时者（一名公产，又名公众），民主为政之制，即今之共和而立宪法，若法、若美是也；口巫理斯托格拉时者，君民共主为政之制，即今之君主而立宪法，若德、若英、若义、若奥、若日是也。然专制之政体，下情或壅于上闻；而共和之政体，上轻而不免下重，均不能有利无弊。独以君主之国而行立宪之法，则主权不至旁落，下情不至壅塞，洵为尽美尽善之规。盖君主之宪法含有保护、限制二义：以言保护之义，则君民上下悉在保护之中；以言限制之义，则君民上下均在限制之列。悉在保护之中，则君民不至于偏枯，所谓曲成不遗也；均在限制之列，则上下各有其权限，所谓范围不过也。其文为大经大法，其用实无偏无陂。维护于上下之间，用能使上作下孚、上慈下顺。上有恤民之政治，下有爱国之精神。而非专制之土耳其政体所能同，更非共和之法兰西政体所能企。

今以专制政体言之。如土耳其者，国权皆操自君主。君主之条教所颁，全国皆承令奉行，而无扞格，则一人之号令，即全国之法律。其机警敏，其效灵捷，洵非民主所能及。然有时政治阻隔，上下之气不通，君民之情不惬，则其失不在专政之君主，而在辅政之官吏。盖君主为政之制，本天然之公理，国权自宜归于一人，特无宪法以维持，则堂廉高远，耳目难周，民虽负屈含冤，而不免于壅塞，既无鸣愿之权，复无赴诉之权，则情意不能上闻。古圣王之为政，所以明目达聪者，此物此志也。独君主立宪之国，则无此弊。盖立宪君主，行政之权操自君；立法权亦君所有，而分掌于议院；司法权尤君所出，而分派于法官。是国权皆出于君主，而于君权无损。其于人民之利益，则又曲加体恤，非官吏所能抑塞。如英国《大宪章》第三十条云："地方官不经主人许可，不得使用良民之车马。"则民无封船捉车之累矣。英国《权利法典》第四条云："于国会所许之外妄征租税者，以违法论。"义国宪法第三十条云："非两院议决及国王许可，不得赋税。"普国宪法第一百零二条云："政府官吏与地方官吏，非依法律不得课税。"则民无横征暴敛之苦矣。英国《权利法典》第五条云："凡人民对于帝王有赴诉鸣愿之权，因其赴诉鸣愿而禁锢之者，皆以违法论。"则民无负屈含冤之弊矣。而其通上下之气，达君民之情者，尤莫善于议院。盖有宪法，必有议院，议院之监财、立法，遇事必互相辨论，辨之无可辨，论之无可论，而后是非以定，仍候国王批行。故君权无损，民隐可申，无隔阂、无朦蔽、无纷扰、无把持，实为庶绩咸熙之本。

要之立宪君主异于专制者，专制之君权无限，立宪之君权有限。然所谓限者，祇以限其法外之行为，而于治国之权、安民之权，实仍一无所限。则是限之所在，正利于国，正利于君。然则谈立宪者，正不得以君权有限为病；论专制者，更不得以君权无限为利。此立宪君主异于专制政体之性质也。

今以共和政体言之。共和国权操诸民，民有权力则有思想，有思想则有主张，有主张则有出入，有出入则有争竞，有争竞则有党援，党援既树，门户各分，一旦决裂纷争，势不至蠹政治、祸国家而不止。独立宪君主之国，民能共享公益，而不能争揽政权。且立宪君主政体，异于立宪民主者，民主则宪法定于民，而民以行政之权委诸统领，立法之权委诸议院，司法之权委诸法官，而总握其权者实为民，太阿未免倒持。立宪君主则宪法定于君，君以宪法为范围而即以范围天下，君以宪法为限制而即以限制万民，非君主无改订宪法之权，非君主无施行宪法之权。而其国之三大权，则行政权独操于君主；立法权虽分掌于议院，而实君主所自分；司法权则分畀于法官，而亦君主所特畀。非民所能干其事，非民所能参其权。而况民主之议院，权能弹劾大统领，以治其罪。立宪君主政体，则以君不在法律之中，而在法律之上，议院弹劾之力，只能及百官而不能及君主，故巍然为一国之表，赫然称万乘之尊，悉无异于专制政体，而非民主政体所能及。而其予民以利益，则又于保护之中，仍寓限制之意。故不特集会自由有限制，而出版自由亦有限制；不特出版自由有限制，而尊信自由亦有限制。

何谓集会自由之限制？民主之国，集会皆可自由，立宪君主则有限制。义国宪法第三十二条云："国民不携戎器，有平和集会之权。然行此权，宜从因公益而定之法律。"普国宪法第二十九条云："普国臣民不带凶器，而集会于公众所不滥出入之地者，皆有自由权。"又第三十条云："苟其目的不背刑法之旨，即可结立社会。"又曰："有关国政之会，可由议院定议限制之，且禁止之。"其集议也，曰"不带戎器"，曰"不带凶器"，则带器者不准集议明矣；其结会也，曰"宜从法律"，曰"不背刑法"，则违法者不许结会明矣。而其有关国政之会，可限制复可禁止，尤与我中国法律相同焉。

何谓出版自由之限制？言论与出版自由，君主宪法皆严于民主。普国宪法第二十八条云："因言论著作刊刻图画获罪者，据刑法处断之。"义国宪法第二十八条云："出版有自由之权，然可由一法律，防制恶弊。新旧约书及教法问答、礼拜式等书籍，非得副督教之准许，不得出版。"然则获罪可据刑法处断，则谤毁之书有限制明矣；非准不得出版，则恶弊之书有限制明矣。故自由权利，必本于法律范围。

何谓尊信自由之限制？民主国民之好恶，自谓出于天性，非人所能限制；立宪君主则不然。奥国宪法第十六条云："信法律所不认之宗教者，若非犯法坏俗，则可于私堂内执行教务。"普国宪法第十二条云："不能因行其尊信自由，而碍公法或公法上之义务。"日本宪法第二十八条云："日本臣民于不妨国家纲纪，不背臣民义务限内，有信教之自由。"然则曰"若非犯法坏俗"，曰"不碍公法义务"，则犯之、碍之者不得尊信明矣；曰"不妨国家纲纪"，曰"不背臣民义务"，则妨之、背之者不得尊信明矣。

由此观之，立宪君主之政体，有保护即有限制，以视民主美国追加宪法第一条云"不得设限制尊信自由之法律，不得设拘束言论出版自由之法律，不得设限制集会自由权之法律"者，何啻判若天渊？此立宪君主异于共和政体之性质也。要之政体不一，而欲求有利无弊，首推立宪君主之制。

《东方杂志》第三年第四期，光绪三十二年四月二十五日（1906年5月18日），录自丙午第一期《北洋学报》

论国民对于宪法之义务

光绪三十二年四月二十五日

宪法为邦国之本，举君国之威权，人民之义务，立法、司法之权限，行政、参政之机关，胥受成于宪法。宪法实国家之精神，而治平之模范也。论者徒惊泰西各国之富强，而不知其富强根源，实出于宪法组织。盖有宪法，而后君民上下之伦，亿兆京垓之众，户工兵刑之政，典章制度之文，胥服从于其下。范围不过，曲成不遗。君民之气以通，朝野之情以惬。驯至政无不举，事无不成。于戏，宪法之功伟矣哉！

日前朝廷派五大臣出洋，考查各国政治，宪政之萌芽已立，而宪法之源流，国民之义务，社会中或未尽知。查宪法之渊源，制虽成自近代，而上古之世，来毂瓦士之制度不啻斯巴达之宪法，梭伦之法典不啻雅典之宪法，而我公元之周礼亦不啻中国之宪法。无他，胥为国家之大经大法也。今日之列国宪法，发萌于英，而鼻祖于美及法兰西，风潮所播，宪法遂渐遍于欧洲。今欧洲除俄、土外，无不立宪法之国。而其宪法之类有二：一曰成文宪法，即成典宪法，又曰有形式之宪法；一曰不成文宪法，即不成典宪法，又曰有实质之宪法。盖成文、成典云者，厘然勒为邦国之法（如德、法、美宪法皆勒为成典），故有形式之可求；不成文、不成典云者，隐然杂于法律之中（如英向未明定宪法，而宪法实寓于法律之中及其习惯之事），故有实质而无式。而其立宪之国亦有二种：一曰立宪君主国，一曰立宪民主国。此宪法之性质也。

今夫宪法者，全国之法典所在，即全国之利益所在，君民上下实共享其成。彼谓宪法偏重民权者，在民主之国或然，立宪君主之国未之闻也。况西人爱国尊君，同心御侮，实皆由宪法鼓励而成。盖国家既明定宪法，保护人民之利益，则人民之对待国家，自无不尽其忠诚，而以免其义务。故其报国之义务，关系宪法之大者有二：一曰服兵义务，一曰纳税义务。

何谓服兵义务？世界之竞争日烈，非兵不能卫国，有国岂可无兵？然在昔西国驱民为兵，民恒视为贱役。自宪法明定服兵义务，民遂视兵为本分，无不以冲锋陷阵为荣。如德国现行宪法第五十七条云："德国臣民均有服兵之义务，此义务不得以他人代之。"普鲁士宪法第三十五条云："兵者总括常备、后备诸部，国王于战时，可依法律募集国民为军。"他国宪法皆略同。上既视为国家之干城，下遂视为国民之责任。盖卫社稷即以卫身家，相率急公仇而缓私仇，先国事而后家事，视国敌为天下之公敌，视主忧为天下之共忧，要皆宪法有以致之也。

何谓纳税义务？有国不能无费。内政有费，外交有费；经常有费，临时有费。用一国之财力，供一国之度支，例必征税于民。义国宪法第二十五条云："凡国民各从财产之比例，纳税以供国费。"普国宪法第一百一条云："国税不得特免。"德国现行宪法第五十八条云："供帝国陆军费之义务，联邦各国及其人民平等负之，不得畸轻畸重。"故纳税以供国用，为全国人民之义务，无不当量力捐输。吾闻西一千八百五十四年，法王拿破仑第三因用兵而筹饷，下令募民债金钱二亿五千万佛郎，而国民请纳四亿六千万。翌年，复下令募民债金钱七亿五千万佛郎，而国民请纳三十六亿五千万。此虽法人急公好义，要亦宪法以纳税为义务，用能鼓动其爱国之心也。

总之，宪法者实上下交益之法。国家遵其法以保护人民，斯尽国家之责任；人民遵其法以捍卫国家，是为人民之义务。故有宪法维持于上下之间，则朝野一心、遐迩一体，而国与民之关系，遂有联络如一之势，而成团结不解之形。此立宪君主之国所以强也。彼谓宪法偏重民权者，岂笃论哉？

《东方杂志》第三年第四期，光绪三十二年四月二十五日（1906 年 5 月 18 日），录自丙午第一期《北洋学报》

国民多数决事说

光绪三十二年闰四月十二日

今试问一国决事，将从一己之意见乎？抑从一群之意见乎？则人必曰从一群。又试问一群之内议论不同，将从少数人之议论乎？抑从多数人之议论乎？则人又必曰从多数。然则多数云者，为国民心理上公意之发表，而亦事实上持平之标准也。

专制政体，一人独断于上，万夫服从于下，其弊也，民人皆不能伸其意见，达其议论，被压既久，必有横决而推翻政府者。此一己之意见，万不能长恃者也。共和政体，制度则行用代议，学说则主张总意，其弊也，民人皆欲伸其意见，达其议论，推究终极，世界万无有一国中全体一意者。此一群之意见，固可决其不能尽同者也。斟酌夫专制、总意二者之偏失，求合夫至当可从之理论，其惟决于多数者乎？

今日取决事件，以多数从少数，不如以少数从多数，在立宪国所视为然。即吾国近来公论，亦且以为宜尔尔也。虽然，此多数之取决，谓为至当从之论则可，而谓多数之所在，即其正理之所在不可；谓为国民公意之发表则可，而谓多数之所在，必为国福民利之所在则尤不可。是非真相，无有定形。天下固有多数以为是而其实则非，少数以为是而其实未必非者。吾不必远征，即以近几十年事实证之。道光季年，海禁初开，然其时朝野议论，主通者少数，主禁者多数，而以多数之故，谓主禁为正论之所在，决不可也。甲午以后，倡言改法，然其时朝野议论，主变者少数，主守者多数，而以多数之故，谓主守为吾国之福、吾民之利尤不可也。如此之类，可见吾人论事，言者之知识，往往为常智之所蒙，在少数之智者，有时反屈抑于多数之愚者，一时不能得其志。故近人谓多数决事，以多数决可否，不以多数决是非，诚慨乎其言之也。

大抵人情狃于所习，循其故者，虽非而勿惊；遇其变者，虽是而必讶。吾国不幸蹈此，即西方立宪国亦犹不能免此也。彼中开议院，举议员，被举之人皆国民之代表者也。顾人才中下者多，高上者少。法曰三占从二，其所从者皆高才耶？抑否耶？且即使有超世之姿、绝人之识，其所提议者，亦不过代表多数众人之所欲为，而欲以见极之理、至精之论，解众惑而伸己意，必将为群情之所不附，舆论之所不容。一勺不能刷群流之浊，一智不能当群愚之咻。无中无外，大率有此。而此多数取决，人人已确认为至当之理法，在少数之代表者，虽或别有所见，亦遂不得不吐弃其吾之所谓少数者，服从夫彼之所谓大多数已。呜呼！君子观于此，而叹演进民品、造成舆论。益信今日教育之事之不可斯须缓也。

《申报》，光绪三十二年闰四月十二日（1906 年 6 月 3 日）

论立宪之不可缓

光绪三十二年五月初十日

自朝廷有采行立宪政体之说，于是海内喁喁，骧首望治。谓我国不十年间，必可一蹴而跻于域内强国之列也。记者尝以近日中朝之行事，参诸中外之舆论，不能不私忧过计，而窃恐立宪之有未克实行者，请缕析而陈之。

立宪者何？一国之内联为一体，君臣上下各尽其责，守其法，而不相侵也。今吾国之现象为何如乎？度支竭矣，司农仰屋莫可为计，但日事搜括，取各省外销之款，竭泽以渔，而绝不稍留余地也，则国税、地方税之界限无从画也。政府谋尽收各省之财权、兵权，而强项之疆臣绝不相让，则中央集权与地方自治之规模无由立也。秦、越、闽、蜀迥若异国，自成风气，各不相谋，则画一之制无由定也。近如粤省路事，商办已成，而疆吏从中干预，私党始终把持，侵人权利，违律选举，则地方议会之设更无望也。尔见缕详陈，更仆难罄。而欲举数千年来压制丛脞之积弊，一旦而廓清之，虽五尺童子知其难矣。

二千年中国历史之陈迹，可一言而尽也。大抵不数百年，辄有大乱。丁其时也，官残吏酷，民穷财匮，不忍其诟，揭竿而起，天下扰攘，动逾数纪，幸而有草泽之雄，芟夷剪薙，强梁尽去，大难稍平，新朝政策一仍旧贯，回环往复，如螺旋然，不幸而有外族乘之，则国脉立斩矣。今者强邻六七，环而伺我，皆侥幸吾国内乱之起，以遂其鲸吞蚕食之谋。汉高、明太之俦，固断难再见于今日。一朝有事，皆将藉口进兵，平我内难，将不俟祸乱之平，而禹域神州已隶它人之藩属矣。当此时局阽危，大势岌岌，而欲苏已瞑之国魂，起膏肓之痼疾，一线生机，微立宪其谁与□？穷变通久，天何必不福一姓耶？胡乃迁延观望，自促其生命为也。

近者吾国上下，岂不竞言维新哉？然而半明半暗，大半出于敷衍。以此求治，利犹未见，而害且随之。记者窃常有所虑焉。而近日大势所趋，现象危棘，已在目前，不惟足以召内难，而且将以牵动外交者，有唯一之乱机焉，则地方官吏之办新政是已。

吾国吏治之污，至于今而已极。民生国计，外患内忧，皆非所知，所孜孜焉牺身命以图之者，金钱而已。故西人利国便民至美之政，使主以吾国之官吏，则皆化为阜财聚敛之方。国体未更，遽行新政，大吏不知，委之监司；监司不谙，委之牧民。在大吏饬行之本意，不过以涂泽耳目，粉饰奏报而已；牧令得此，则真莫大之利源也。奸胥劣绅，辅而翼之，始之以操切，中之以威刑，终之以激变，一利未形，而害已不可收拾矣。以近日所闻，如河南某令勒派国民捐，激成民变；陕西某令劝办学堂，派捐苛虐，闾户逃亡，十室五空，颟顸扰累，可为寒心。吾内地民智未开，指机器为妖魔，视学堂为传教，敝舌焦唇，卒难晓喻。万一不肖官吏办理失宜，挑动众怒，不逞之徒从而和之，甘心酷吏，波及外人，辰州、南昌之前事，虽遍于诸行省可也。不识当道诸公，何以策之。先事而豫防，犹未晚也；事至而后悔，则无及矣。

记者故谓根本不变，则无一政可行，无一事可办。为今日计，变则兴，不变则亡。窃愿我政府早断大疑，决行立宪。先设乡官，以为议会之始基；痛惩贪墨，以挽官权之流弊。但使官吏不图已甚之财，则小民决无抗阻新法之事。俟之十年，苟吾国四百兆人，具国民资格者百之一焉，斯宪政可以实行矣。不此之务，而存疑阻之心思，□目前之权势，则吾不知税驾之何所也。

《时报》，光绪三十二年五月初十日（1906 年 7 月 1 日）

考政大臣归国后之问题

光绪三十二年六月初四日

窃惟光绪三十有二年某月日，史官珥笔而书曰：游历外洋，考查政治，泽、尚两大臣归国，一时政界捍卫，学界欢迎。伟哉此行！信可为历史之光荣、特别之纪念，则后之读支那史者不得仍谓不名誉之史也。是不可以不记。呜呼！盛哉！

虽然，凡膺兹简命者，固已占吾国最优胜之位置，亦最难副全国无穷之期望，何以故？盖此次考查政治之问题，实于国家之存亡安危、民族之兴灭继绝，有紧要密切间不容缓之关系。阴以黄炎之血胤、神明之贵胄，数千年开明最早之古国，一旦悉举而委之于三五大臣之手，将来吾国其存其亡、其兴其灭，胥在兹一役。盖不啻以数大臣者，起生死而肉白骨，重缔造一崭新帝国，而别有天地，有如漏舟坏舰，飘荡中流，即不遘飓风，危在顷刻，况惊涛骇浪，起伏出没，不可思议，不及堤防，生命之不保。虽至愚之人，亦知岌岌忽遇一负大力者，拯之于沉没之时，而诞登于岸，其为功德之圆满，夫复何言？故近日我国人稍具国家、民族之思想者，其望考政诸大臣之回国，望考政诸大臣回国后之改革之设施。虽饥渴之于饮食、水火之于衽席、婴孺之于慈父母，无以远过。呜呼！是岂寻常之通盟聘问、槃敦联欢、锦车持节、载赋皇华以焜耀行人之旌旄也哉？是故今日之对待者愈优，则后日之应付者愈亟；今日之享受者愈厚，则后日之报称者愈难。区区之意，谅亦考政诸老之所熟，及初不假草泽之士、刍狗之谭而裨益于万一者也。

虽然，吾一国民之分子也。凡吾国种种维新之政策，亦既闻之稔而见之惯矣。往往以极大、极重、极紧急之问题，当发起之时，突如其来，若飘风急雨之骤至，有屡皇剑寝之风猷，曾不需时，而膨胀之力渐收渐缩，以至于澌灭而后已。昔曹刿论兵，所谓一鼓作气，再而衰，三而竭者，此物此志也。而吾国行政每往往类此，勇猛之气则有余，而沉毅之力则不足。外人讥我国为老大、为病夫、为睡狮、为散沙，有由来也。政界上又有一重特别之性质，所谓麻木不仁者是矣。有其形式而无其精神，巧立名目，毫无实际，甚至新者未得，旧者已失，徒予顽固者以口实，遂至机甫萌芽，遽遭萎折，欲期发达，不其难欤？故我国维新以来，其表面之改良者更仆难终，而勘厥内容，其效可睹矣，言之可为于邑。

此次考政之问题，以立宪为目的。夫立宪，兹事体大，未可易言。然实行立宪之政体，无论迟速，总以早日宣布立宪之时期，为惟一不二之政策。老重之臣，好为镇静，尝谓外洋之行宪法者，每宽定时期，我不可过于操切；而高爵厚禄，无事为荣者，每附和其说，以为老成持重之才，固应如是。呜呼！曾亦思古今中外形势不同，胶柱鼓瑟，刻舟求剑，其无当也决矣。我国之立宪日迟一日，即我国之利权日失一日，倘谓民之程度，尚有未逮，吾不知果待何时方能及格也？其为訾言，夫岂待辩？不宁惟是，凡事将欲实行，必先有预备，乃无丛脞，况立宪为国际民族生死存亡之一绝大问题乎？

其预备之法当何如？窃以为最至急者，约有三端：一曰行地方之自治，一曰遴编译之真才，一曰行公布之法律。行地方自治者，实为立宪之基础。我国昔时之所谓乡官，即西国今日之所谓公民是也。客岁我政府曾有以本地人为本地官之说，旨哉言乎！惜未果实行耳。我国今日政界、学界通蟹行之书者，实居少数，开明进化之难，实正坐此。不得已，惟有取资于迻译之书。夫译才岂可易得？非洞澈中西文字之义法者，不足以语乎此也。近闻政治馆有延聘严几道先生主持一切之说，虽尚未榻橥，而以情理度之，微斯人其孰与归。至于行公布之法律，尤为我国政界上之要点。夫今日支那之法律虽递从末减，究不得谓之宽纵。然朝定律而夕犯科，此断头而彼罹法者，非尽民之无良愍，不畏死也，盖亦由于不知法律之故耳。其所以不知者何也？固由于蛮野之民向无教化，而法律之未能公布，亦其原因也。故外人每谓我国取神秘之主义，利用平民无法律之知识，不知此等秕政欧西旧制间或有之（昔希腊暴主有名狄阿亚尼亚者，每发一令，悬诸数十丈之柱头，使民不能读，而因以罔民），而中国自古无此也。《书》曰：遒人以木铎徇于路。《礼》曰布刑于邦国都鄙，乃（县）〔悬〕刑象之法于象魏，使万民观刑象。《管子》亦云：正月之朔，布宪法于国。由是观之，我国古代未尝不以公布法律为汲汲也。他如罗马，以十二铜表建诸公园，使民共见。法兰西颁共和之宪法，使人鸣喇叭、走市间，朗诵其条文。古今中外行公布之法律，皆可奉为前事之师者也。

以上之三者，其果为立宪政治预备，则不敢知，当亦为实行立宪政治者之所当有事也。而拭目以俟，扶杖往观，虽疲癃衰老，无不振刷精神，愿须臾勿死，以冀亲见新政之观成者，则惟依赖于考政之大臣、考政归国之大臣，所为心馨祝而鲜花献也。

《大公报》，光绪三十二年六月初四日（1906 年 7 月 24 日）

论立宪亟宜预备者二事

光绪三十二年六月二十八、二十九日

自五大臣次第回国后，“立宪、立宪”之声，腾跃于朝野上下。国民热度之涨，殆达于最高之度。商榷期限之电交驰，考查政治之馆开幕，立宪起草，谕定国是，为时当不远矣。虽然，以国民之程度，如此其幼稚；国际之问题，如是其繁难，前途茫茫，可喜可惧。识者所为纷纷预议其将来也。

近闻北京政务处接各处所上条陈，多至不可胜数，大都不外为立宪之预备言之。吾以为立宪之宜预备者甚多，而莫急于下列之二事。二者不克举，虽条文□密，形式张皇，其变象之离奇，或至如朝鲜之变法，抑为俄罗斯之立宪，未可知也。请言宜预备之二事。

（一）宜输入法律之知识于国民

今日国民程度之幼稚，夫固人人皆知矣。以幼稚之程度，而忽然使之为立宪之国民，彼初不知立宪为何名，宪法为何义，冥行擿索，失其常度，其不至错愕紊乱者几何？是故输入法律之知识，使国民有研究法律之思想，其持守法律之能力，实今日唯一之要图也。

中国数千年来，未尝有一度立法之举。国为无法之国，上流人士且茫然不知法律为何物，况夫普通之国民？然即其所谓法者，亦不过孟德斯鸠之所谓例案而已。（孟德斯鸠言：专制之国，君主肆虐纵欲，绝无一定法律。然行之既久，积先世相传之规例，渐有相沿成习之法，以御其群众。然其法非因民所欲，止能谓为例案，断不能称之为真法律也）然其例案亦常不令民知之。不特不令知，且恶其熟习于法令。今一旦翻然改革，欲纳一国上下于法律之中，是岂一朝一夕之效果耶？孟德斯鸠之言曰："法律者，以适合其国之政体为主，而又当适于其国土之地势、国境之广狭，与其邻邦相接之位置。不宁惟是，又当适于壤地之饶瘠，遭遇之时势，乃至民智之程度、风俗之习惯，其国民自由权之广狭，及人民多数之影响与性质，无不当各当其宜。"故夫立法之不容易如此。然则立宪之国所谓宪法、行政法、地方制度者，岂可令国民之盲从哉，使不晓然于立法之故？则法律者，或以为限制人民之自由，或以为增进人民之权利。两义相背，用之而不得其平，必使民人不知所以自裁，或不知所以自护。其结果且至于轻重倒置，趋向纷歧，以至破坏治安而紊社会之秩序。故谓不可不令国民有研究法律之思想也。

不特此也。中国人习于无意识之自由，权利应争而不争，义务应尽而不尽。立宪以后，一旦束缚于司法部之机关，动辄有所干涉，于利己之主义，实为障碍。其大多数必有以旧法为便，而以今法为不便者。（如当兵纳税，他日必有以为苦者）浅尝辄止，畏难苟安，盖中国人之常性也。是故地方制度，亟须试行，务使人民习惯于制裁之秩序，而又当设种种普及开化之法。如派演说政法员、大开研究会等举，使之耳濡目染，不惊为新，而亦不觉其苦，然后推行之而有效。所谓习惯成自然也。夫有法律普通之常识，而又养成其持守法律之能力，以言立宪，思过半矣。

（二）使通国办成完备之巡警

立宪政体，必基于地方自治，此固今日普通政论所公认之问题矣。然地方制度，当从何著手、从何组织，舍警察法岂有他哉？警察之制，根于宪法，宪法所以保护人民之自由权利，而警察则制限人民之自由。警察之权，又根于法律，法律所以维持公共之秩序，而警察则达其维持之目的，互相为根，而交相为用。故德国警察大尉轩悟，论警察之言曰："维持公共之安宁秩序，保护人民之生命财产。"二语可谓握警察之要义。然则警察者，实为国家内政中关系紧要之一部分，固未可以轻视也。

中国革新伊始，法律之知识既未普及，司法之裁判又未设立，警察已失其根原及补助之功。而十八行省，幅员辽阔，交通机关概不完备。虽有中央警察之力，而不能直接行于各地方，是国家警察之未能举也。都市乡村，议会不设，参事员未立，地方租税紊乱无定章，虽警务已渐推行，而执行警察、刑事巡查一般之员弁，皆未有其程度。故凡所谓卫生、保安、司法、交通、营业、风俗各警察之作用，均有其一而无其二，优于此而绌于彼。盖自治之团体概未成形，而惟恃二三区域落落数巡士，其何能为？且其所谓巡士者，又多以裁撤之营兵募勇充之，未尝多识字，仅受短期之教育。故警察以为保护人民之用者，有时反增人民之害，更何望其为地方保障也。是地方警察之未能举也。

不宁惟是，警察者行国权之一种，与国际公法皆有关连之处，而裁判仅又警察对于司法部执行之一大机关也。中国自与外国以治外法权后，领事裁判为内政之一大障碍。裁判权既失独立之功用，警察权遂因以俱移，故无论警务未有可观，即使其具体完成，亦必窒行于一方面。不仅窒行，且恐其因一方面而牵及全体之破坏也。故收回领事裁判权，是又为警察之预备，即间接为立宪之预备也。

总而言之，法律与警察皆相因而成，为有机体之国家不可一日无，亦不可一日不修明而整饬之者。况其为立宪之国，政体初变，向之专制者，今忽而宽大（民有权利）；向之放任者（不守法律），今又忽而干涉。动静变态，耳目翻新，使非有二者以陶铸之于先，断不能举措合宜，收和平之效果。惟是兹事体大，关连不仅一端，自非仓猝所能勉就。而法律学之精微，与夫警察学之繁密，则又非可以空言殚举者。第以吾国立宪之机，其动已如彼，而民智内政之薄弱尚如此，斯吾所以不能无言，而愿当道之一留意耳。

《时报》，光绪三十二年六月二十八、二十九日（1906 年 8 月 17、18 日）

论中国人民宜为立宪预备

光绪三十二年六月二十九日

中国一专制国也。然夷考其初，固未尝以专制始。唐虞之世，人君出自选举，则俨然一共和之时代；夏商之世，询谋及于刍荛，则俨然一立宪时代，特其时尚未著有共和、立宪诸名称耳。嬴秦暴兴，古制尽废。汉唐以来，文网日密，而君民上下之分遂判若霄壤，而专制政体乃日严而日备，举古昔所有共和、立宪之美意，荡然无复少存。

近者全球交通，万国角立，安危胜败之数所争者，仅在于一瞬。于是中国有志之士，目击乎安危胜败之故，起而研究原因，泰西何以安？何以胜？中国何以危？何以败？及而知泰西之强，非徒强也，强于民也；中国之弱，非徒弱也，弱于民也。亦非民之自为强弱也。盖中国之民气遏抑而不伸，泰西之民气活泼而自喜，以此较彼，安得而不有强弱之分耶？此无他，政治之不同，斯国势之各异耳。欲存中国，是非力变专制不可。遂不禁慨然兴复古之思，而动维新之念。立宪之说日以浸淫，印入于人之脑气筋中。殆如方生之草，勃然而莫可遏抑，求所以达其目的者，固有皇皇不暇终日之势矣。

去岁朝廷忽有简派五大臣出洋考察政治之旨，所谓考察者，将以集各国至美至善之法，总其大成，储为他日立宪之预备也。一时人心鼓舞，若大旱之得云霓，欢忭之情匪可名状。故此数月以来，倾耳而听，延颈而俟，以谓五大臣苟一日归国，必有以慰吾人之希望。喁喁望治之心，不可谓不既深日切。虽然，五大臣今日归矣。彼五大臣者，公忠体国，不惮劬劳，远涉重洋，周历异国，其调查一切，必能周谘博考，挈领提纲，有以补助乎政治、禅益乎人民。此非记者一人之私言，当亦为有识者所公认。然而，立宪之事，非专制比也。专制之法，一人行之于上，群类听命于下可已。若立宪之法，则上有以求之于下，下必有以对之于上，上下交通，而宪法以立焉，是非可以仅求之上者也。今考察者归，在上之预备，已得其要矣。使在下者茫无所知，即一旦征诸实行，讵能保宪法之施便利而无阻碍欤？则在下之预备，尤有刻不容缓之势矣。在下之预备者何？亦曰开民智而已。中国民智虽非曩日之闭塞，然遽谓之为已开，则有不能，何也？沿江沿海各口岸，最得风气之先，耳濡目染，为时既久，故于地方自治规则，颇能悉其梗概，有人为之提倡，措理尚非所难。至于内地，殊有不可同日而语，于自治之事，从无所闻，矧为选举代议诸事之员，若骤告以立宪之制度，其必有相顾骇愕，无从措手足者，使此辈而参与新政，有不丛脞遗忧者乎？且所以重宪法者，为一国之公益也，地方自治为地方之公益也。中国之人多便私图，而不明公理，民智不开，则终不知公理为何事。私与公相妨，不去其私，必不能全乎公。以私心固结之人，欲其力求公益也，安可得乎？吾将见假公以阴行其私矣。及至各行其私，则不能得立宪之益，反以蒙愚之害，而其害且较专制为尤甚。专制之行私，在上者犹足以制之；立宪之行私，在上者且不足以制之。于是巨奸大猾转得乘机而起矣。迨立宪之善法为若辈所败坏，顽固者流不归咎于民智之未开，反谓宪法之不宜行于中国，是不啻授之以口实也。其何以副朝廷图治之心？更何以慰志士忧时之念？又何以对五大臣尽瘁之忱乎？吾愿中国之贤士大夫，其亟为图之预备也。

《时事采新汇选》，光绪三十二年六月二十九日（1906年8月18日），录自《顺天时报》

论立宪国民之资格

光绪三十二年七月十一日

出洋大臣先后回京，而立宪之议论朝野嚣然。支那革新之机，热力益觉加烈矣。盖立宪为文明帝国之良政体不必论，士大夫今日之所考究，不在于实行立宪利害如何之问题，在于以如何之方便手段实行立宪为可之问题，而立宪之不可不急，有断然者。

夫立宪者，文明之政策也，进步之阶梯也，国民自治之机关也，合群团结之铸铁场也。以至诚至公为其燃料，以舆论公议为其汽力，而后立宪始有裨益于国家人民。不然，虽制定宪法，开设议会，以备立宪之制度形式，其政治家乏至公之精神，其国民不有自治之智识，挟舆论公议之名，逞私心私欲之行动，藉合群团结之力，施多数专制之政治，是独以不焚之燃料、不学之技师，使之运转机关，其不败者鲜矣。

熟考全世界之历史，最富有共和公议之思想、最勇于自主独立之精神者，无若上古之支那国民者也。开创进步文明之政体，实行过激急进之政法者，又无若上古之支那政治家者也。宣明君民共主之主义，鼓吹自由民权之理想者，又无若上古之支那先哲者也。尧舜之禅让、汤武之革命，孔子孟子之论辩，皆可以征之也。即如《尚书》一经，若研究而寻绎之，则可知上古圣王贤相之与国民，诚能发明政法之真理，理会共和之意义，实行君民同治之宪政，增进多数国民之最大幸福也。

邈矣！四千年前之上代。世界之列邦，皆在于草木森森、鹿豕逐逐之时，支那国民独超然创立君民公治之一大国家，以实行自主自由之政法，是世界中绝无而希见之盛事也。希腊、罗马之文明与支那文明，固不足校论，而其哲人硕学阐明自由政法者，比之支那圣经贤传，其不逮更远矣。

夫如是支那国民苟具备进取之气象，遵行古圣政治之宗旨，更扩充其精神，倍发扬其主义，则虽世有污隆，时有废兴，然君民共治之大宪确然兀立，有不易变更者，而决不受君主专制之弊也必矣。

所可惜者，支那上古之君上与人民，早既发明此义，而至于君民共治之政法，迄无实行者。口能倡自由民主之主义，而不能见诸实事，年复一年，立法之精神丧失，而专制之政法代之。所谓支那常苦专制抑压之政治者，非不如有代专制政治之良法美制之过也，知而不为之罪也。

近者支那国势日即凌夷，人人有新政新法之思想，而立宪之说偶会其时运，遂派五大臣调查各国之政法制度。其事固美，其意固善，然溯往古察知立宪之精神，实为支那建国之一大政策。为支那民者，焉得不先研究何故丧失上古已有之自由思想，何故服从上古已压之专制政治之一大问题哉？

立于二十世纪文明发达之时代，而上溯乎二十世纪以前数百年间煌煌然彪炳于政治史。凡关于各国立宪之问题，夫孰非上下轧轹，官民相抗，赤血黑铁，海陆横流，几经破坏，几经改革，所结成之巨大效果也。以历史证之，未闻有君民上下间，不起一波澜，不生一事变，直渡平稳之轻航，而遂达立宪之彼岸者。考察其情形，大抵专制政府拥据大权，视国家为私有物，一切暴君污吏擅作威福，法令则苦于烦苛，租税则恶其过重，视人民若犬马奴隶，制限其身体，吸取其脂膏，既嗟生命之难保，更痛利权之剥夺，民怨沸腾，至此而已极矣。于是人民乃叫自由，唱民权。其议论所主张者，无非革新政体也；其秘密所运筹者，无非颠覆政府也。其团集力为至大，其争抗心为至热。政府虽以威临之，而人民并不知有威之可畏；政府虽以法压之，而人民并不知有法之可守；政府虽以租税困之，而人民又□然加以拒斥，概不奉命。斯时也，政府之压制与人民之反抗互相冲突，而革命之乱兆成矣。言论之慷慨激烈者，其发火机也。团体之自由召集者，其导火线也。以此火机触此导火线，而革命之爆弹遂惊天拔地，直炸裂于宫府内外名都大府，其势弥漫涣散而不可收拾。厥后各种社会，各种之阶级，各因利害是非而混战于市城暗门，于村野，泯泯棼棼，泄泄沓沓，国家殆呈一无政府之境象，社会之间则秩序全失，治安莫保。此即所谓上下轧轹，官民相抗，赤血黑铁，海陆横流，几经破坏，几经改革之日也。此即欧美列国共和民政之所由发端，而成立宪政治之结果也。

不然，请观于英国人民，非盎格鲁撒逊种族之铮铮□□者乎？又非素称平和温厚而富有常识者乎？然自王政衰微，人民悉受其压制，由是革命风潮奔泻贯注于全国。当时王位虚拥，已视之如草芥，日暴其罪状，咸欲得而甘心，此非偶然之事也。若夫法兰西大革命之举动，久为世界所称赏。当其奋臂群起，无异于斩木揭竿之为，而民权之谠论一倡，遂倾覆专制政体，确立共和政体，其毅力之雄，历数十年而必欲达其目的。回忆当日之革命惨剧，尚令人不胜凄惨之感，此又非偶然之事也。至美国独立战争，固出于厌母国之压抑，抑亦革命之一种也。美人与英人原属同种同文，英人不能以对等待之，乃起而组织独立不羁之社会，自由之钟一振，十三州民族遂同登战血之大舞台，而克成伟烈。此又非偶然之事也。以外世界万国，苟创设立宪政体，组织秩序安宁之社会，享受自由平等之幸福，维持富强进步之国家者，其先世必经验革命流血之惨祸者也。西人有恒言曰：共和立宪之美制良法，惟以国民之赤血购得之。现今如俄国革命风潮郁勃，而生官民之轧轹已达极点。近数年来，工党则同盟罢工，农民则揭竿竞起，推其势力，直欲推倒森彼得之专制政府。故革命旌旗，东西相望，南北相属，一起一伏，一消一长，殆者不遑应接之势。其始也，革命党羽以停止辽东战事，开设国民议会，为正当之要求。俄政府知势不可以强违，乃颁布立宪之上谕，而革命风潮更形激烈，以选举章程未得公允，议会权限不免狭隘，加之初次召集议会，革命党占多数，先议决颁大赦、均土地之重大问题，言论过激，令俄政府解散议会，而骚扰情形又蔓延于全国。其革命举动虽不能预测其所终极，然异日万国立宪史上添一段革命事略，殆有必然者乎。

翻世界万国政治史，立宪与革命之关系，其密切如此，岂不令人可惊可骇，而慨其破坏举动之如出一辙哉？然而横览东西，独能放奇光异彩于政治史上，而成为特别之立宪国者，日本是也。日本为帝统一系之专制国，当中世以还，皇室式微不振，武臣交执政权，确定封建制度，以保固其根基。举日本六十余州之土地、人民，为三百诸侯所私有，其势力之牢固，有不易动摇者焉。乃一旦大开海禁，与外国通商，而内政之改革，与王政之复兴，际此适为绝好之大机会。俾六百余年之封建，自此而扫除之；三百分封之诸侯，自此而废黜之。文明增进，国运日新，遂成为东洋立宪政体之先进国。明治初年，废止幕府，复兴王政，六年改封建、定郡县之制，十四年下开设议会之诏，二十三年召集议会，行宪法。其间朝野士夫，急进、渐进之议论不无冲突，一院、两院之意见难免分歧。至国民之竞争、政党之离合，与夫武权、文权之消长，阁部大臣之更迭，均为情势所不免。然其君主英姿特识，尊重民权，其政治家能理会立宪之真旨与国民之意思，而国民亦能热心考究欧美之政法，练习宪政之实行，以养成立宪国民之资格。是以宪法颁行，毫无窒碍。较之上下轧轹，官民相抗，赤血黑铁，海陆横流，几经破坏，几经改革，而立宪者，不几有霄壤之别哉！吾故曰：横览东西，独能放奇光异彩于政治史上，而成特别之立宪国者，日本是也。

然日本实行宪政，所以异于欧美各国者，其原因厥有数端。日人有鉴于各国革命之历史，公战私斗，徒流无数之冤血，悲惨剧烈，实有伤于人道之和，因此互相戒慎，上下均主平和，一也。外界之戟刺已激动全国国民之脑筋，彷徨海上，旌旗飞扬，方对外之不遑，岂肯同室操戈，而与外人以可乘之隙哉？内界竞争不容过激者，二也。天皇聪明神武，握其总治权于上，而内阁诸臣又能罋晓乎时局，并各尽其协赞之心，使人民无不乐从者，三也。日人夙受我中国古圣先哲之教化，知为国为民之大本，上下一体，均有真忱挚意之感孚，而更扩充以泰西自由民权之说，俾全国均欢迎立宪者，四也。有此四因，然后知日人之变革政体，而不起革命之波澜者，非无故也。

顾我中国宪政共和之真旨，夙寓于圣经贤传之中，当三五隆盛时代，其政治皆取法于此。自秦政不纲，遂一变其真相，视土地、人民为一人一家所私有，而出以专制独断之手段，人民受其压抑，亦若相安以为常。迨至诛求过甚，法令烦苛，民不聊生，群焉思□，于是一夫狂呼，乱者四应，豪杰蜂起，争逐鹿于中原。倘革命之事业告成，九重高拱，南面称尊，所创建之政府，依然同一专制政体。故革命者，不过暂革其面目，仍不能革新其政治，革新其政治上之精神。迨专制过甚，而革命者又继之以暴易暴，几无休息之一日。是以历史垂四千余年，革命经二十四代。读支那史者，未尝不引以为重大之事，而系之以无穷感慨也。惟我大清朝廷独能理会古圣先哲所阐明之真旨，参酌泰西、日本所施行之宪政，拟改革秦汉以来积重难返之专制政体，创设立宪制度，实与日本颁行宪政之情形大略相似。但我华人历史上常见有代朝革命之事迹，其对于皇室，不如日本专奉万世一系之皇统，其变动似觉可忧。然苟划策得当，准备有方，为政府者能察知民人之希望，海内人士能体会立宪之意旨，宪法上各种机关能与我古来制度调和而运用之，立于政治界者又能得其人。则我国家或可免革命流血之惨剧，而长享立宪政治之幸福也。若夫治法若何而制定、国民若何而教训、自治规程若何而熟习，容俟他日论之。

《时事采新汇选》，光绪三十二年七月十一日（1906年8月30日），录自《顺天时报》

五、朝野宪政势力对立宪运动的策动
（1904—1906）

驻法国孙钦使宝琦条陈时政折

光绪三十年正月初八至十四日

奏为谨陈管见，仰祈圣鉴事。窃臣于上年八月陛辞之日，钦奉懿旨，到任后，考察欧洲政治，随时具奏，以备采择施行等因，仰见勤求治理，博访周谘之至意，钦佩莫名。方今强邻环伺，应付几穷，加以人心不靖，伏莽滋多。此诚主忧臣辱之秋，非粉饰晏安之日。臣虽庸愚，亦尝究心当世之务，奉使以来，考求彼邦之政术，互证其得失。用敢破除忌讳，谨就行政、用人、理财、练兵四大纲，缕陈管见，伏祈圣明裁择。

行政之策：

一曰定庙谟。自古致治之道，端赖上下一心，坚定不摇，而后无纷更之患，亦无作辍之虞。泰西各国，发一令、创一法，百折不回，必底于成而后已。近年以来，迭奉明诏，变法自强，而中外臣工或泄沓而如故，或敷衍以塞责，未闻严旨诘问。且有特旨颁行之事，旋据疆臣具疏陈请，复蒙俞允。又有朝廷虞其事格不能行，复降旨转圜者。遂使天下臣民得以窥伺，妄生疑虑。欧洲人士至疑朝廷非真愿变法，特为是掩饰外人之计。臣诚惜之，伏愿我皇太后、皇上，执两用中，谋定后动，慎号令，以定天下之从违；严法纪，以儆臣工之欺饰。操此必信必果之诚，乃以成可大可久之业，此臣所夙夜颂祷者也。

二曰勤顾问。恭维我圣祖仁皇帝圣神文武，超越千古，勤学亲贤，至暮年而弗衰用，能洞达天下之事理，开物成务，弼成郅治。欧洲人士至今无不同声称服。我皇太后、皇上，宵旰忧劳，每日召见大小臣工，无不虚衷谘访。惟是枢臣奏对，多例行之故事，乃取决于临儿；其外廷臣工恭承召对，懔懔惟恐失仪，亦难尽所欲言。臣愚以为应请饬下军机大臣等，保荐品学兼优、通达政事之人，不拘员数，常川入直。我皇太后、皇上，万几之暇，仿经筵之例，召对便殿，讨论历史之治迹，推求当世之急务，从容质问，洵足以开张圣德，裨益治理。如其人稍有劣迹，立即屏黜，毋虑别滋流弊也。

三曰重议事之员。天下之事理无穷，必由辩论而出。中国人士，庸阘、不明世故者无论矣。其才智之士，识解逾恒，而又多固执己见，未由辩论以观其通，政事与人才，不能竞进。职是之故，我朝定例，凡有大事，皆集六部大小九卿会议。外国议院，用意略同，而彼议院权重，几在政府之上。中国会议几成具文，且各员贤愚不一，顷刻间多不能有所辩论。前年奉旨设立政务处，中外注目，咸以为出治之源。但王大臣以及提调各员，皆另有紧要之差，未能专精筹度，员额又少，非所以集思广益。臣愚以为议事之人与任事之人，宜分为二。政务处当置常额，优其俸薪，勿兼他职，任满三年，方准量移。外国议员多至数百人，今中国亦宜有百人或八十人，由京外王大臣荐举，恭候简定，各从其原官品秩。未出任时，酌予京衔，特派领袖一员、副领袖二员，但考才学，勿拘官阶。其余各员分股职掌，遇有重要之件，则齐集开议，王公及各部院大臣、翰詹、科道，均得与闻，有所见皆当面辩论。如此，庶足以筹画尽善，幹济时艰。臣尝考外国议院各绅，皆系素有才学之人，由民公举，以副众望，亦所以网罗贤俊，且借此为储才之地。议员恒公举为各部院大臣，立法具有深意。中国风气日开，人才日出，或浮沉无由自见，或历练尚未及时，倘将政务处酌量变通，俾天下英俊皆得聚集，效用朝廷，以时而进退之，大局禅益匪浅。如蒙圣明俯纳，应请饬下政务处，详定章程，并各直省如何分立之处，妥议具奏。

四曰改制度。近年以来，如改科举、停武科、设学堂、裁题本，皆奉特旨，天下共仰。就臣愚见，尚有宜急增改者四事。

一曰官制。朝廷综核名实，首宜厘定官制，应增应减，必使无冗员而有专责。查现在官制，大率沿前明之旧。如内阁原为承宣诏旨之地，自有军机处，而内阁为赘疏，自裁题本，而内阁更成闲曹，大学士多系另有要差，其内阁学士以下各员皆一无所事。臣愚以为，军机大臣原系宰相之职，专任内政，应照外务部之例，改为内部，□□额缺，优定廉俸。其内阁各官，均照裁詹事府、通政司之例，缺额不补，官小者准以对品改补。各部院堂官额缺，满汉各半，当国朝定鼎之初，原为满汉相维之计。迄今海内涵濡德泽二百余年，岂复有满汉之见！而各部院堂官太多互相推诿，无益有损。臣尝考历史，小臣不可少，而大臣不可多。法国各部院大臣皆只一人，并无废事。拟请各部院堂官，概改为一尚书、二侍郎，不分满汉，惟视其才。现在各员缺额不补，至各卿缺，半属闲曹，在国家为冗官，而各员投闲置散，无可见长，亦非鼓励人才之意。臣愚以为各卿缺宜裁，而六部宜仿外务部之例，添设丞参，俾资升转，尤于部务有益。目下各卿缺，多系各部司员升擢，即量补各部丞参，或改置三、四、五品散卿，听候擢用。至于商部，已奉旨议设专官。学务、农务、邮电皆宜增设专部。其出使各员，亦应酌定额缺，俾得尽心职守。铁路、矿务应隶商部，可毋另设专官。应请饬下政务处，悉心核议具奏。

二曰八旗生计。京师暨各省驻防旗民，国家岁縻巨币以养赡之，而定例限制太严，生计太少，以致益贫益弱。现在各国互市日广，争以内地杂居为请，岂有八旗人民遏其生计不为变通之理？前年刘坤一、张之洞会议变法折，谓宜准其出外营生，户籍、田产与汉人一律，所筹甚妥。前奉懿旨，满汉许通婚姻，则更可到处落户，耦居无猜。应请饬下政务处，速查刘坤一、张之洞原奏，详议具奏。

三曰律例。臣尝读我大清律例，分列吏、户、礼、兵、刑、工六门，体大思精，固所以使天下之人皆纳于范围之中，实为行政之枢要，而非徒为判决讼狱之具。欧洲各国律例，立法正同。上年恭奉谕旨，派沈家本、伍廷芳将一切现行律例，按照交涉情形悉心考订，务期中外通行等因，钦此。仰见朝廷因时制宜之至意，曷胜钦佩。但因交涉之繁，改律例以冀收回辖外之权固属至要，而专属中国臣民，不与交涉相关者，亦应审时度势，酌量变通，庶可上下遵守。现在奉特旨编定商律，自应列在国律之内。而振兴学校，宜增学律。农、工、路、矿、邮电，皆应增设专律。应请饬下修律大臣，旁搜博采，悉心研究。日本改律，期以十年。欧洲各国律学皆有专门。中国欲冀中外通行，必须延请西国律学专家，谘访编定，方能使之信行。此尤当预为计及者也。

四曰仪注。我朝定制，王大臣以及百官人等，每当召见，跪而奏对，天泽之辨，其谁敢议？然礼贵因时，现在不时觐见，外人皆以鞠躬为礼，而王大臣等独于众中匐伏，为外人所轻，似亦有伤国体。即每日召见，王大臣等皆年高力衰，跪久更颓，安能倾诚献纳？朝廷体恤大臣，无微不至，似此仪注，不妨量为变通。拟请召见军机大臣，宜仿经筵之例，殿内设矮棹，令席地而坐。此外，王大臣及各将军、督抚，非奉特旨，不得邀此旷典。至觐见外国人员之际，不论王公、百官、翻译人员，应请加恩，概免跪奏。至于臣工章奏，或抬写错误，或漏写衔名，以及添注等情，疏忽之咎，诚有应得，而因此等微末，频闻明旨谴责，似于治体无关。伏望圣明裁察，随时曲宥，使天下臣工各效公忠，务其远大，而不争此细微，尤足以昭圣德而励群僚。

用人之策：

一曰培养宗支。自古有国家者，端赖亲贤夹辅，中外同符，而培养之方，胥由于学。我朝近支宗室，多派在上书房读书，工夫有限，及岁当差，亦遂辍学。我朝家法，近支王公不准与百官私相往来，以致无朋友切磨之益，而国家掌故，以及当今时务，或多昧无所闻。臣愚以为，宜另设宗学馆，特派大臣管理，分为两斋。一曰达成斋，分史学、掌故、时务三门，分派教习。凡王公子弟年在二十左右，文理通顺者，均令入馆，每日以三点钟为度，分门讲授，并作论说。管学大臣察其勤惰敏钝，奏于朝。其已在内廷当差者，应免其常川入直。三年期满，由管学大臣出具考语，奏明择其优者，请饬派各部、各省及各使馆随同学习，以资历练，勿遽授以显秩。西国世爵任官，仍视其才，现在法京各使馆多有亲王充随员者。其年在十余岁者，则入蒙养斋，选派教习，课以浅近文法，认真教导，学成则挑入达成斋。以后凡王公子弟，非由宗学馆肄业期满，请朝廷勿遽赏派差使，务使专心力学，以扩充其才识。

二曰整饬学制。窃查学校之制，盛于三代，文王世子以贵胄而下侪臣庶。《大学》曰：自天子以至于庶人，皆以修身为本。汉唐而后，科举兴而学校衰，士相习于帖括，举业徒为利禄，而实学不昌，人材日绌。朝廷轸念时艰，改科举、设学堂，固将以复三代之盛，而非徒效法欧美已也。臣考泰西学校，亦重德育。臣尝晤其学部大臣，谈及中国教化，深为称羡，谓中国设学校，采西法则可，若弃蔑本国之教化则不可。四子之书，西儒类能道之。今中国初设学堂，后生小子于本国文字、学问皆少根柢，势成偏重，一习西文，便于本国文学多所忽略。诚宜速行颁定蒙学、小学、中学各教科书，使天下幼童皆得由此人手，务使十五六岁以前，于中国四子五经及历史掌故皆明大义，文字亦皆通顺，然后旁涉西学，与中学并进，庶趋向正，而免忘本。至于学生聚众生事，嚣凌之气诚不可长，然少年血气浮动，大抵皆然，前此书院亦所尝有。苟于蒙学、小学、中学加意德育，使就范围，将来自少此弊。拟请敕谕各省学堂学生，各宜安分读书，敦品立德，勉图上进。若染浮嚣之气，遇事生风，于德业必难深造。至国家政事，诸生原应切实讲求，以备异日之用，但宜讨论默识，岂可妄生谤议，自取咎戾！剀切明谕，令各恭悬堂内，庶可懔遵训勉，争自濯磨。各国学校监督，皆系职官，教员亦有专职，国有劝惩之例，故咸视为恒业，而无苟且敷衍之患。今诚宜特设学部，统辖天下学务，各省学政分辖各省学务。每简任学政，必当慎选品端学粹之员，由军机大臣留心访察、保荐，勿凭考试一日之文字。学堂监督以及教习，皆设职官、定功过，不可视同差使，则必当实事求是。学务日有起色，而众情亦必悦服，少喧哗之事矣。

三曰饬吏治。各省督抚，各膺疆寄，国计之安危，民生之休戚，胥视一人为转移。其有素行贪墨、苛虐殃民者，固属罪不容诛。而才具平庸，一无展布，或性情刚愎，不近人情，则祸患伏于隐微，尤不可以不察。溯查道光年间，两广总督叶名琛，以庸闇而酿外洋之□；广西巡抚郑祖琛，以柔懦而酿发逆之祸。近年如李秉衡、毓贤，谬附忠良，而酿拳匪之祸。今日内忧外患，事势忧迫，岂堪再误之！贤否严加考察，荐举循良，劾除贪暴。至督抚原为钦命之官，应周历各郡，考察僚属，访问民隐。巡道更有观察之职。知府宜知一府之事。知县宜知一县之事。若皆深居简出，上下壅蔽，吏治何由而理？应请饬下各督抚，以躬率属不时出巡，勤劳罔懈，宣上德而通下情，吏治必蒸蒸日上矣。

四曰设乡官。周礼地官有乡大夫、遂大夫，兴贤长民，胥于是赖。周六官员数五万余人，而乡遂之官三万七千余人。王城二百里之内，设官如此之多，不嫌其冗。所谓官盛，任使小官不可少也。汉制丞尉之外有亭长、乡老、啬夫、游徼，皆系乡官，犹有周礼遗意。今泰西各国亦重乡官，就其地之人而公举之，其情亲而禄薄，无官府仪制之繁，事毕举而民不扰。现在山东奏设绅董局，山西整顿社长，皆系鉴于时势，不得不尔。臣愚以为，径宜普设乡官，垂为定制。由州县采访、荐举，由知府派充，一切受辖于知府，而考成于州县。州县任词讼、赋税，乡官任警察、教化以及工役，与州县互相箝制，实于治理有裨。应请饬下政务处，悉心妥议具奏。

练兵之策：

一曰兵部宜统辖天下兵权。兵部原为中枢重地，近惟职掌册籍、报销，于军政之得失毫无关系，为外人所姗笑。当此整军经武之际，似应特简有威望、知兵之大员，专管兵部事务，将京师八旗及各省军制、饷章、军械，务使整齐画一。各省提镇，径自受制于兵部，严其考成，庶可日起有功，收指臂相顾之效，亦可杜外重内轻之渐。

二曰重武员。国朝右文轻武，武员受文官节制。诚以前武员多系粗鲁，不知调度，故示裁抑，相沿成习，武员自待日卑，遂成积弱之势。以后武员渐皆出自学堂，必应量予变通。拟请实缺提镇，概与督抚平权，受制于兵部，并遇事自达天听，非有兵部文凭，督抚不得调遣。副将以下各官，皆由提镇奏补，但督抚有监察之权，有粮饷之责，年终归督抚密考，有劣迹亦可随时奏参。如此可使文武相维，而不至有所偏重。外国武员为通国所敬视，乘坐轮船、铁路，皆得减价，并有铺户，武员买物亦得减价者。武员及兵丁，在营满若干年离营，国家予以半俸；本人死，其寡妻并得专售烟卷之权，故人人重武，踊跃从军。中国诚宜仿照，以励戎行。应请饬下兵部，妥为拟议具奏。但使朝廷右武之精神一振，将见天下之猛士群自鼓舞，而从前孱弱之习为之丕变矣。

三曰改军装。各国皆有军装之制，通国一律。近来各省操练新军，亦多参用新式，而未奉谕旨，参差不齐，武员或犹以为耻。应请饬下兵部，咨查南、北洋新军衣制，参以外国品秩，自御前大臣、侍卫、将军、提镇以至兵丁，分别马、步、炮队服饰、旗号，详细妥定，奏请通行。以后武员虽进殿廷，亦著军衣，以示优异。惟遇朝贺，则仍著礼服，恪遵定制。

四曰定军乐。外国水、陆军均有乐队，所以发扬其志气，亦以陶淑其性情。于人甚微，所关甚钜。且遇各国国君、亲王阅操，皆宜奏国乐以崇礼制。应请饬下翰林院，分撰乐章若干阕，颁行各省军营，补入军乐。其各国国乐亦应谙习，有时须奏彼国乐以示敬。直隶督臣袁世凯营中素有乐队，此外恐尚缺如。应请饬南、北洋大臣，延聘外国乐师教练乐队，分派各省，以广流传。

理财之策：

一曰路矿。铁路利益，近来中国始渐知之。臣来欧洲，见其车辙纵横，密如蛛网。荒僻之区，一有铁路，负贩者往焉，佣工者集焉。所用钢轨、枕木、灰石，以及筑路、修路、建造车栈、制造车辆，实为农、工、商之所萃。盖自有铁路，而世界增出许多事业，矿务亦然，故各国咸视为理财、养民之大政。今我中国贫困无款，自兴路矿，各国争先恐后，固为自失其利权；而各国岁筹巨款来办路矿，百姓隐受其利而不知。迨铁路日辟，国家征兵、运饷，朝发夕至，足以建威销萌。内地货物日出，赋税必日加增。矿务大兴，尤为不尽之藏。故臣愚以各国之揽办路矿者，但察其人非同诓骗，皆可允之。但当讲求军政，整饬吏治，交涉得宜，则彼所竭力经营者，实足为我富强之先导，岂能遂为我患！

二曰银行。银行之议，聚讼多年。近来各国银行浸灌不已，利益所失甚于赔款，且可持我之市面。现户部议设银行，特派那桐前往日本考察财政，谅必决议举办。惟若非大气包举，必不能敌外洋之势，必不能官商一气。户部银库被焚，宜即裁撤户库，统由银行司出入，户部专核度支。各省分行即将藩库归并，各海关以道库归并。惟须专用商人，监以洋人，以期信实。银行既立，始可颁行国家钞票。法国钞票，皆系国家银行颁行，商家不得自造钞票，外国钞票更不能使用。中国国家钞票颁行后，宜禁止商家银票，并布告各国官商，在中国不得使用别国钞票，只要我国钞票准交关税及各项税捐，余概不收，不禁自绝。银行钞票相辅而行，乃目前理财急策。若再迟缓，必尽为各国银行垄断，中国财政永无自振之日。

三曰钱币。前奉特旨，派庆亲王奕劻、瞿鸿禨综理财政，京师设立铸局，中外注目，以为整齐钱法，在此一举。盖设银行，颁钞票，必须先定钱币之制，而后出入一律，汇划有准，可使中外通行。金币一时不能骤行，亦须预储金货，为将来行金币张本。臣尝往观法国国家银行，地窖二层，所存金砖排列有同书库，成本富厚，用能维持市面。中国亦须逐年购存。铸造此币，定须以一两为准，所有元宝、碎锭悉行倾化。前所仿铸七钱三之元，暨各外国流入之元，均须陆续收买、改铸。京师但设一局，恐不敷用，外省酌设数局，作为京师分局，由京派员前往经理，不归各督抚管辖，以期画一。概以库平为准，分五等：曰一两，曰五钱，曰二钱，曰一钱，曰五分。铸局每月实在铸就若干银币，及所收何项银货，或元宝、碎锭，或外洋银条，以及由何处运到，并铸就银币分运某处，均应详细刊刻中西文月报，以期中外晓然。外国于铸局考察最详，视为钱法消长之准。至于铜元，原为银元奇零之用。银元至五分而止，铜元应分三等：曰一分，准旧制钱二十文；曰五厘，准旧制钱十文；曰一厘，准旧制钱二文。镌于其面，如此与旧制钱相辅而行。银价亦有一定，互相周转，无涨落之患。现东南各省所铸铜元，应令照原价收回、改铸，以期一律。

四曰捐税。我朝轻徭薄赋，百姓涵濡德泽已久。近年外债骤增，百端待理，不能不酌增各项捐税，以济国用。乃迭闻有抗捐滋事之案，固由愚民无知，亦任事者不得其人耳。臣考外国捐税之重，远过于中国，以致日用无不昂贵，宜其民不聊生矣。乃入其都，而熙来攘往，气象富饶；游其郊，而田庐整洁，家给人足。即如中国通商各口岸，捐税多而货物日昂，贫民亦不见其多谋生甚易；西北各省赋税较轻，食物甚贱，而或仍不免饿莩。可见国家养民之政，固宜探其本矣。取之于民，仍用之于民，非掊克聚敛者比。若悯小民之生计而不欲多取，坐见库款支绌，百务废弛，莫能兴办，纵有贤者，何从措手？无款以养兵，则盗贼充斥，民生不安矣；无款以兴学，则人才不振，国势日弱矣；无款以修水利，则旱潦无备，农备不盛而闾阎日贫矣。朝廷子惠黎元，无微不至，然宜为小民计久，远不在沾沾于一时之惠。臣愚以为厘金可裁撤，而印花税、销场税、铺捐、房捐、巡警捐均应举办，以应急用。但当立法以惩奸，不可因噎而废食。应请饬下户部，详细筹议，次第奏请施行。臣查昔年阎敬铭、翁同龢迭掌户部，专以节啬为能，以致海、陆各军不能扩充，路矿不能兴办，凡百施为，皆以无款为词。中日之役赔款二万三千万，庚子之役又增赔款四万五千万，倘当时早筹巨款，未雨绸缪，何至有今日之祸！今固财力竭矣，民困深矣，然不及时规画远大，但知敷衍目前债务，则后祸必有不堪设想者。

臣前备员政务处，深愧丝毫未能裨补。兹者待罪海外，心存君国，日切忧思，每遇外人殷殷以中国不可再自因循相劝，恒恧颜，无以答之。伏愿我皇太后、皇上，上念祖宗缔造之艰，深维列强竞争之义，励卧薪尝胆之思，为改弦更张之计，自强不息，奋发维新。昔孟子对滕文公曰："若夫成功，则天也，君如彼何哉？强为善而已矣。"伏愿我皇太后、皇上尝体此义而已。

冒昧缕陈，自知辞费，区区愚忱，不胜战栗。伏乞皇太后、皇上圣鉴。谨奏。

《大公报》，光绪三十年正月初八至十四日（1904年2月23—29日）

滇督丁制军振铎等请与各国立誓力行新政电奏

光绪三十年正月三十日

北京湖广总督张宫保、天津袁宫保、南京魏制台、武昌端制台鉴：宙密、振铎等昨为俄事发一电奏云：俄日相持，瞬将开战，中国势处两难。无论俄胜，中日均将不堪；即日胜，中国亦必受侵削。且俄日即和，而东三省不得主权，亦从此无以立国。况各国所以坐视者，以乐俟俄日战毕，于争割中土时，从而瓜分耳。是此时中国虽守局外，而终归不可问耳。惟闻俄覆日约，于韩事多肯退让，亦不夺日在满洲与中国所订商利，至治权归我，则全不允，日本仍伸前议等语。以藐小不及中国十分之一之日本，而敢与大逾日本三十倍之强俄抗，且能使俄有退让慎重不敢遽战之心者，是何故耶？亦实行变法已三十余年之故耳。以堂堂中国，不特俄视之蔑如，各国亦藐我，犹待日本因自顾计始出而仗义执言，而俄且不允使主权归我，何也？政法与各国不同故也。危至今日，（问）〔间〕不容发，守局外既无可守，惟命是听，亦不足以图存。为今之计，似惟有急宣上谕，誓改前非，饬外部王大臣等遍告各国使臣，并饬出使各国大臣迅告各国政府，以中国自今以后，一切即尽行改革，期于悉符合各国最善之政策而后已。各国欲保东方和平之局，尽可出而与日俄劝和。即俄之不允归我主权者，亦须看我自治何如，再凭公断。各国当为立动，俄亦无可藉口。如能并与言明，若俄仍不肯，则中国惟有联日拒俄，力图血战，亦不暇计及后事如何，则机局更紧，或尚不致全行袖手，何也？各国虽均有割据之心，尚未形诸实事，犹可中止，且必虑亚洲战祸连结，商务现受其伤，更恐中日战不胜俄，欧美各洲亦随受其害。向所以不管者，以恶我中国如野蛮耳。即日言变法，亦毫无实际，彼亦不之信耳。兹以事变之亟，得我皇上国书坚与誓约，允即力行改革，期于不数年即悉如泰西各国而后已。彼因事揣情，当无不信，若肯相顾，则俄亦无不怯之理。况我本必须乘此危局亟图挽回，无论此次俄日衅成，我不能不变以图存。即俄日事小，而日本变法之明效如彼，我未变法之吃亏如此，则变与不变，不待再计而决，正乐得趁此言之矣。所虑者若再因循，恐犹图变法而已受分割，被人挟制，无可以自变之日。惟有此刻急宣此意，或其权尚自我操耳。不然，俄日或战或和，而东三省已万非我有，亦甚不足以立国矣。况非毅然决然，如日本明治初年，则虽日言变法，亦必敷衍而终无成效。然则与其幸存而必变法，较受挟而不能不变法，则何如先借此以自定主权，决然立改，尽力为之，尚不失有为之机。或可免俄日衅成终有池鱼之患，固本朝三百年缔造之基，存中国四千年强大之体，保中亚数万万生灵之种。存亡呼吸，尽在于斯。臣等熟虑筹思，迂愚之见，或冀挽回于万一，谨冒死直陈，伏乞皇太后、皇上圣明鉴察，天下幸甚，中亚幸甚等语。闻见不详，识虑短浅，固知无当事情，而一得之愚，难安缄默，但匆遽失词，再迟又恐不及。公勋望夙著，必有嘉谟至计，宏济艰难。兹将鄙见敬录呈诲，姑备采择，如或以此说为然，即请切实直陈，老成之言，当较得力，尊意云何，伏恳赐示。振铎、绍年叩。江。

《时事采新汇选》，光绪三十年正月三十日（1904 年 3 月 16 日），录自当年正月二十二日《顺天时报》

南洋公学张美翊致两广督署幕府书

光绪三十年二月初五日

敬再密启者：日俄决裂，宣示中立，正月二十七日会稿，想早见之。此议之起，实在去腊下旬。当时菊生、啸浦、幼舲，颇奔走运动，因弟习俄土战争，属集资料，曾以巴黎、柏林大会节略，录呈昆陵。诚恐日后各国大会构和，始终置我局外，尽失主权。考柏林之会，远不如巴黎。其时俾士麦为政，气焰逼人，土使摩罕默亚利屡为呵斥，以致不置一词，地蹙权替。此时我不预备，迅派专使分赴各国，声明东三省主权所在，将来恐为柏林之续。此奏关系大局，诚不可少。探闻慈意，颇以为然，而当轴则请俟战事稍有眉目再定。殊不知日本开战之次日，即派金子坚太郎赴美，末松谦澄赴英，事机何等迅速。鄙意不嫌烦渎，能再陈奏，或蒙施行。报登英人入藏，法赴龙州，相因而起。闻德在鲁，势力范围日大，若早派专使，可以亲至其国诘问，何便如之。马哥罗甫，俄海军健将也，一旦失事，时局又变。美新定檀香山、小吕宋，议开巴拿河，注重东方商务，想必出为调人。日本根津一《对俄战事策》，谓预备初战半年，持久构和一年半；近晤渡边龙坚，则谓预备三年，皆系审固臆度之词。窃料秋冬之间，必有眉目，趁此机会，先定国是，速派专使，天下事固大可为。惟满汉之界、新旧之界，如不一扫刮绝去，则动滋疑忌，百无一成。生平最佩官、胡交欢故事，庚子之役，力劝昆陵联络旗籍将军督抚，会衔电奏，当时如善星垣、绰胜庭、端午桥诸公言听计从，电请先列衔，后寄稿，七月末次电奏，联至十九位之多，气势团聚，精诚感格，故虽遭大变，尚可挽回，外人深佩东南文明，识者谓开议之速，殆由于此。近数年来，似稍涣散，然一联即合，可于前事卜之。大帅报国血诚，时流仰镜，封疆如锡、端、赵诸公，皆极表表，正可从此入手，合之南北洋、湖广、云贵诸帅及上海两公，合词陈请，当邀慈鉴。丁、林两帅奏请变法，驻使联衔亦以为言，颇干天怒，鄙意以为此不联合旗帅之故，遂致疑立宪为革命。且措词一不当，无忠诚恳挚载之以行，亦无怪难回天听，则行文亦似宜酌。精琪圜法条议，揽尽利权，较赫为甚，汤蛰仙、宋芸子皆有驳议。此事应我自办，银铜一律，天下称便，姑缓金币。内治已是改观，必不得已对付外交，只好请其为顾问，不宜准其揽事权。闻粤省银铜两币，兑换一律，有章程否？去冬承转呈书籍，蒙大帅函谕奖饰，自惟微末，不便上复，先以所见质之左右，如以为可，即希便中代达。素性黯淡，无志用世，关系大局，率臆布陈，藉此盗名干进，有如天日。蛰仙主讲龙门，菊生、幼舲、竹君时时相见，然危苦语多，欢乐语少。伏处菰芦，末由报称，言之黯然。再请台安。名心叩。

《瞿鸿禨朋僚书牍》，中国社会科学院近代史研究所图书馆藏

论出洋诸钦使奏请变法事

光绪三十年二月二十日

前晚京电言，出使外洋诸钦使近联名电奏，请两宫速乘机变法，以挽危局云云。本馆按：中国之在近年，亦不可谓之不变法矣。京师则设大学堂以作育人材也，设商部以提倡商务也，设财政处以整顿财政也，设练兵处以讲求武备也。外省则设立各种学堂也，派遣学生出洋游学也，设立农工商务局也。合京外而论，诚不得不谓之变法矣。而诸钦使欲以此为言者，何也？则以其所变者皆末也，非本也。本之不存，末将安附？譬如源之浊者，其流必不能清；根之萎者，其枝必不能荣也。则安得谓为足恃也。

本何在？政体是矣。政体何以变？则当变专制为立宪是矣。今试向执政诸公而语之曰：中国当改政体，当改专制为立宪，鲜有不怒且叱者。不知今日环球诸国政体不同，而惟尚专制者则必败；今日救中国之术千端万绪，而非变专制为立宪则终亦必败。诚以专制之国，其权柄全握于一人之手，一国之政治操自君上，

而分授于内外诸大臣。小民无与闻政事之权，虽有不便，不得而指斥。故为人臣下者，但使君上亲爱我、君上依任我则已，无事不可为。即极之，百姓始而困苦，继而怨恨，终而离叛，而但使君上不之知，或知之而无可如何，则皆可置之不顾。专制之极弊如此，以处于强邻环伺之秋、奄奄垂尽之国，安得而不败？安得而不亡？

且他事姑置不论。今试论中国救急之策，自莫急于练兵，而欲练兵，又莫急于筹款。此赫总税务司所以有《筹饷节略》之作也。然而由今之道，无变今之政，不予百姓以权利，不开导百姓之知识，使知国存与存、国亡与亡之理，能必全国之民咸肯急公奉上岁出每亩二百文之赋税乎？即云氓之蚩蚩，不识不知，迫于威令，不敢不惟命是从矣。然而，以此四百兆之巨款，骤而授之官吏之手，彼为官吏者固习知君上之可以蒙蔽也，又习知百姓之无如我何也，于是锱铢而取之，泥沙而用之，全不于国计民生之间稍用其踌躇，是直患其掊克之不至，而授以剥削元气之柄也。且既有此巨款，则以之练兵，以之兴学，以之修内治，以之开利源，何事不可为。然而，中国官吏办事则不足，舞弊则有余，且无人不能作弊，无事不可作弊。今如不改变政体，予百姓以与闻政事之权，令官吏不得挥霍自如，且各认真从事，则赫税司之条陈，即令见诸施行，恐筹措巨款虽有实效，而振兴庶务则终成虚望，徒使百姓有限之脂膏，尽没于无数官吏之手，以促国家之运数而已。是知政体不变，则无论何等善法，皆不能有效，且以速亡，有断断然者。

至于今日日俄战衅既开，则我之改变政体尤为刻不容缓。赫税司固切实言之。一曰：该两国日后如何结局，或须二三年，或须五六年，正难逆料。惟至结局之日，中国之大难即作矣。若欲彼时不受人指使，反能令人听我之言，自非乘此机会力图自强不可。又云：两国结局之时，其和议各条必有关系中国东西大局者，是以中国此时须尽力尽法乘机图谋办妥各事，以便至彼时将应发之言可以尽行提出，且能令人顺从而不抗云云。以上所言，其论议不为不切至，惟其所条陈办法专从筹款下手，则本馆窃不敢附和。故窃谓必宜从改变政体下手，必使全国之政治，有焕然改观之象。即使立宪之功效不能骤期诸旦夕，而立宪之规模固已灿然大备。俾人知中国实有图存之心，实有可存之望，则虽以亡中国为利者固不乏其人，而以保存中国为利者固犹可施其挽救，此则扶危定倾之至计也。若犹玩岁惕日，不早为之所，则一旦大祸猝临，呼吁无应，虽悔奚及哉。

《大公报》，光绪三十年二月二十日（1904年4月5日）

论各省督抚议请立宪事

光绪三十年四月初六日

日俄战争，其影响于中国者甚大。本报曾屡言日本以立宪而胜，俄罗斯以专制而败。凡天下之专制国，皆当知所警戒。今果闻各省督抚有会议请行立宪政体之风说，然耶？否耶？未敢加以判断。然吾将决其必有是事也。

盖天下事之由起，惟所处之地势不宜，而又不应乎时局，则无如何耳。苟时局已迫，而所议之事，又为公理所同认，虽有人专欲施其压制之力，间阻于众注之的，使不得奔赴，而亦无能为力矣。立宪者，中国众注之的，而欲奔赴者也。数年以来，此立宪主义虽甚为有力者所排挤，几无一线生路。凡稍明时局者，莫不疾首痛心，辗转哀号于普通社会之间，而又无丝毫效力。是以一变而为革命之思想，再变而为排满之举动。夫岂此数十百人果好为乱哉？诚知世运进化，前日专制政体必不能久存于竞争之日者也。今日俄之役，既明明示以立宪之利、专制之害。苟中国之人心犹未尽死，则其翻然悔悟，固不必待上智神圣之生。此各省督抚所以有议立宪政之举也。

夫北京政府不欲各省督抚独行其意，犹之各省督抚不欲地方官吏独行其意。（屈屈）〔层层〕压力，（屈屈）〔层层〕抵力，殆如羁缚牛马。一旦欲以立宪政体颁示中国，则其掌揽之权将尽剥削。吾见有无权之人邀求权利者矣，未见有有权之人遽肯放弃权利者也。此其所以难也。虽然，以各省督抚为之，则固界于有权无权之间。其所处之地势，未尽如北京之黑暗方面。彼其吸收新空气以资生活，终有彼胜于此之势。昔冯桂芬氏言“论国家大事，内发不如外发之捷”，亦此意也。夫为督抚者，虽有公、（候）〔侯〕、将、相之望，然不能当内廷之一谴责。朝为要职，夕列（间）〔闲〕曹，比比皆是，何权可言？彼其权既不由于天赋，则得之亦不足重，失之亦不足轻。苟有可以成大名兴大利者，虽舍其暂时之权利，固亦可勉强为之。是则各省督抚所处之地势，较之北京政府有不可同日语者也。至其办事之时，则又可以上要政府，下令官吏，不能径谓之无权。寻常无事之日，因缘超擢，无足深论。若夫危急存亡之际，聚千百万亿国民之手腕、之心血，铸不成夙所期望之事业。为督抚者，诚一转圜于其间，则固有影随形著响应声来之势。吾又不能谓督抚之不足以有为也。

请举一事证之。庚子联军入京，北方縻烂。人谓两江、两湖之督抚联盟保护长江，而不遣勤王之兵，不命剿匪之将，不奉仇洋之诏，不从复辟之请，有失人臣大节。而□知其属踞一隅，然有一发千（钩）〔钧〕之系。岂其人有特别之才智哉？亦所处之地势不同故也。夫以两江、两湖一二人之力，尚能抗已往之北京政府，况将有所大希望于中国将来之前途？而所处之地势，足与北京政府对抗者，又不独两江、两湖一二人之力，则岂不可揭开黑暗方面而一耀其光明哉？

虽然，吾信各督抚所处之地势，足以及专制而为立宪。至于能知立宪为何物，而实行其事与否，则非督抚之地势为之，而由督抚之智力材能为之也。今之各省督抚，其有能知立宪为何物者乎？吾方忧之矣。

《警钟日报》，光绪三十年四月初六日（1904 年 5 月 20 日）

张美翊致张劭熙、朱桂辛函（附说帖）

光绪三十年四月二十二日

劭熙、桂辛仁兄大人左右：久未通问，时系远思；伏维台候起居万福，慰如所颂。弟承乏公学，张皇补苴，百无一效。曾文正谓约束兵士如子弟，弟则不能约束子弟兵士，承罢散之后，加以外来刺激，嚣张日甚。海上事杂言庞，少年弟子，血气未定，人人以军国民自命，风潮鼓荡，屡为所撼。今虽讲求科学、实业、西学，程度不为不尚，以论修身、伦理，则往往不甚完备。或谓弟告诫诸生，原本孝弟，语长情重，□□如老学究，子弟有归告其父兄者。然以此为教，尚有佚出范围，崇拜蔡、吴、章、邹以为当今志士者。行年四十有八，乃日与中国少年较脑力之强弱，以相支拄，宜其才力竭蹶，志衰气尽。去冬强拉张小浦来此，以为脱身之计，乃又为赵次帅夺去。回忆生平从薛耘使办长江教案、滇缅界务，庚子从昆陵宫保筹议东南保护，颇自谓思想发达，充然有余。即如宁波挖眼刨棺之谣，略与当道划策，即以无事（后萍乡告示等，亦照此办）。宁海教案初起，甚为棘手，经弟与一山从中运动，许九香遂得放手办事。独求学务，乃愈办愈难，亟思决然舍去。闻长沙尚书亦以此为苦，则何论我辈矣。兄等有何长策为我援手否？一山高捷，吾党之光，盼其问鼎以张吾军。连日所语谈者：汤蛰仙、张季直、许久香、张菊生、吕幼舲、夏瑞卿，各有主义，而大致相同，一山当为转达。弟鄙人也，无可复陈。今抒所见于后，以备公暇酌量代禀，师门多材，如下走又何足道，然年来向不至随波逐流以去，此则可告无罪者耳。敬请道安。教弟张美翊谨状。

附：说帖

与人书两通、说帖一件，虽间与时势不合，然主义不过如此。至运动交涉，神而明之，则郭筠老所谓应付盖视乎其人耳。

一、宪法之说，海上如张季直、汤蛰仙诸君论者甚多，各督抚亦有主张斯议者。愚谓当此列强注目东方，改定宪政，亦足震动耳目，气象一新，必为环球所许，从此满汉界、新旧界，可一扫刮绝。夫人心即定，凡事可为，我大清且亿万年。今俄国革命运动，蔓延殆遍；土耳其亦种族扰攘，恐不久必改政体。则我又落后。若趁日俄战事未定，先定国是，以振国势而张主权为要著。考日本先于明治元年出敕令五条，示政治之发端，读其敕语，亦甚平常。四年始设左右院，开地方官会议。十一年始下敕预定二十三年开国会。十五年，尚遣伊藤博文赴欧美调查宪法，比较而研究之，至二十二年发布、二十三年施行，盖如是慎重也。斯宾塞与金子坚太郎论日本宪法，有云“欲制定宪法，必当采渐进保守主义，以本国之历史习惯为基础，而旁采各国所长，使本国遗传之政体，与欧美立宪主义相调合，此其最要。若破坏旧休而创设新制，则殊非我之所望”等语。真是通儒之论。我若乘慈圣万寿圣节，先行颁发诏令数条，一面调查宪法，合我政体，酌定纲领，或十年十五年颁布实行，似亦有益无损。然此事必须联络满人，而以汉人辅之，中外合力陈请，必邀俞允；否则疑立宪为革命，殊不值耳。闻张、汤两君曾草议稿，惜尚未见；菊生则主中央集权，似亦大同小异。吾师能一倡斯议否？时会所迫，不能不改，无所用其踌躇审固也。

一、请速派专使与各国和商收回东三省主权办法。他如英、法交涉，亦可类及。日俄战争，渐有端倪。闻日本已来询收回旅顺办法，当筹应付。鄙意谓各国大会构和，当在秋冬之间。正月二十七会奏事实可行，今则更不容缓。愚谓此事，总须从美国入手，趁伦贝子赛会之便，派充专使，尤属相宜。英文则黄子元已足用，不知参议者有人否？日后如抵欧洲，需用法文，则在俄之陆子兴（徵祥）、世益三（增），皆可胜任。益三习法事，忠实可恃，若就近调派，不动声色，何至中敌之忌。赓绍甫（音泰）在德，精德文，习德事，亦可用。此绝好机会也，失此不图，将来各国大会始终置我局外，固不必言，即驻使竞来外务部问我办法，我将何辞以对？事关大局，乞为上达，务须请师力主议，此社稷之功也。附呈正二月间。

一、上海拟设交涉局。许久香观察因办理宁海教案，深知与主教争论之难，不如与领事面商之易。若合东南各省之力设立交涉局，遇有民教案件，本省道府县所不能了者，径交上海与该国领事直接。闻仲帅颇以为然，此事似亦可行。

一、上海拟设西文机关报，以登京外公事要件，并辩论交涉曲直，以免洋报传讹，并可驳正洋报所言，以持公道。此事最于国际有益，惟从前如蔡和甫、沈仲礼曾发此议，实非其人，若令忠清宏亮博通如张、汤诸君主持其事，直可与泰晤士并驾齐驱。张菊生熟习外交，心精力果，尤相宜也。

以上各节，言之未尽，因一山成行，匆促布达。如以为可，则海上闻见较多，当以继进。临笺不胜驰系之至。名心叩。

《瞿鸿禨朋僚书牍》，中国社会科学院近代史研究所图书馆藏

新藟华商上伦贝子书

光绪三十年五月十五、十六日

钦差贝子大人殿下：敬禀者，窃商民等身寄异邦，心殷故国，瞻望宫廷，曷胜依恋。然以堂陛尊严，且羁栖远域，下情莫由上达，想望徒劳。兹闻贝子以天亲贵胄游历美邦，采访他人之文明，藉资吾国之政教。此诚中国自强之大机会，商民等所私心窃喜者也。谨效刍荛，为我贝子陈之。

窃以吾国之大患，内之在君民隔绝、上下不通；外之在不能取人之长，补我之短，故积重难返。君愈重，而民愈轻；君愈贵，而民愈贱。政府高居于上，尊则尊矣，无异聋瞽。夫尊崇既极，人谁得而犯者？其入于吾耳者，皆奉承之言；见于吾目者，皆唯诺之辈。民之情伪不知，稼之艰难不知。于是，一国中之百僚有司，辗转相蒙，得售其欺君之术，以为虐民之资。君蒙于上，民苦于下。君视民如犬马，民视君如寇雠。上下离心，国谁与立也？各国君之于其民也，与民最亲。虽平民，时得与君相见，见时亦一握手而已，无事繁文也。民情能尽知，民事能洞然，知病所在，然后善者存之，恶者去之，鲜见有弊，故其国强。吾国虽巡典之微，亦与民不亲，民之私恨隐隐莫发，夫亦以民智未开，故能就其牢笼耳。

贝子曾亦知国家之义乎？凡国家者，民所成也。《孟子》曰："民为贵，社稷次之，君为轻。"诚以国无民，则君食焉赖？君衣焉赖？君者，不过国民公举，如一店中之督理人也。民者，店之股东也。一国之君，实食民之毛、践民之土者也。彼各国之纳民租税也，凡出入之数悉悬于库房，人人得知，人人得见。又以其余款设博物院，以诱民之智慧；立园沼，以怡民之精神。故上下情通，民心悉平，而无取于怨。吾国以万姓而奉一人，以一人而专制万姓，亦若分所当然者，加之官长之剥蚀，又倍于赋税焉。西儒曰："租税者，国民奉之政府，以为保安全之代价也。"而吾国则所谓保民者安在？一讼狱，则吏胥之需索，任情鱼肉，有钱者直、无钱者屈，小民畏威如虎狼；一征税，则厘卡之重重征收，百般苛虐，致有藉洋旗过关者。饥寒交迫，盗贼频仍，于是民生艰危。国内既难于谋生，迫而不得不为出洋之计。然国既弱，则民必受侮。如英之加身税，美之设苛例，各国莫不以野蛮手段待吾国人矣。即如近者，美设苛例禁我华人，辱之杀之，任人之便，无过问者。凡华人入关之时，特设一木屋以之，如囚牢，如地狱，竟有半年不讯，亦不拨回中国者。因之地方湫湿，游子天涯之隐痛，因而致病死者，月必数见。其每年私逃入关者，则或载于货箱而压毙，或乘舟私渡而被沉，年中死者殆数百人矣。高居九重，何由而知之者？谁无父母，谁无兄弟，民也何辜遭此惨毒！

夫各国民之寄居外国也，政府为之保护，人安其居。虽黑人、烟剪、犹太人亦得于其国中游行自在，而我乃不能，等于亡国之民。贝子清夜自维，应必有痛心酸鼻者。夫人之凌我辱我若此其甚也，岂不以吾国之政教未入于文明，置民事于不问乎！故本国政府不自爱其人民，人谁爱之？致使小民海内既不能安居，海外复无地插足。贝子试思：今日中国之民果有生人之乐否乎？怨毒久积，民智渐启，恐终必有暴发之一日矣。

贝子岂不闻近日革命之风潮乎？盖（挺）〔铤〕而走险，斯民不得已之举动也。况日俄之战，伤我实多，无论孰胜孰败，我不能自立，则终至灭亡。加之海内革命风潮，日日加厉，勿以为无患也。凡人之智识增进，一唱百和，其热血所激动，殆无可遏者。不然，以法之路易十四、奥之梅特涅之阴贼险狠，卒不能压抑民权，可为前鉴者矣。若内地民心不靖，致成破坏之局，而外国以兵入之，则瓜分岂复能避哉？商民等眷怀君国，窃常思之，今日转危为安，足以靖外乱而平民气者，惟有皇上亲政之法。谨为我贝子陈之。

夫各国之凌我也，不过以我政教未入文明，未能变法故也。人民之思革命也，亦不过以政府之腐败，不能变法维新也。若一但太后撤帘，皇上亲政，宣布万国，雷厉风行，以皇上之仁圣，天下仰望，外之可以抵抗列强之威，内之可以潜消革命党之气，更张百度，立致富强。观于戊戌维新，万国望治可知矣。（苦）〔若〕再迁延，瓜分之局已成，破坏而不可收拾。则江山依旧，主权属于他人；宫殿犹存，铜驼悲于荆棘。则贝子虽欲长享今日之尊荣，岂可得哉？不观联军入京时乎，以师傅之尊贵，而家人被辱矣，人何爱于贵族也？若有内变，则贵族之受害尤甚。贝子不观法国革命之事乎，结奴亭之刑具，每日杀贵族数十人，势有必然者也。贝子勿以小民终可愚也。专制临天下之术，固为人主者所大快，若用于闭关自守时代，则安然无事。若中外既通，有所比较，有所观感，人心一变，则惟有愈激愈烈、愈压愈涨，万不能制者也。贝子不观欧洲革命故事乎，当时各国之君王何尝不互相扶助，以共保君权，而民党愈盛，卒不能以少数之人与多数敌也。况当时欧洲之革命，各国内乱纷起，故不暇他及。若我国处今日之地位，则群雄内治已定，权思外溢，一旦内乱纷乘，外兵必至，断无可幸免者。贝子以英俊之姿，内察国情，外觇时务，愿留意焉。

商等痛故国之沦亡，伤心惨目，今因星辂戾止，谨达下情，他日归国，伏望为我皇太后、皇上陈之。此实为救危至善之法，大局岌岌，千钧一发，存亡之机在此举矣。至美之苛禁，则贝子见美邦士夫，当力陈侨民苦状，与之力争，以挽回国权，苏我民庶，则商等幸甚，中国幸甚！冒昧直陈，不胜战慄之至。谨请钧安。

《大公报》，光绪三十年五月十五、十六日（1904 年 6 月 28、29 日）

奏请立宪之风说

光绪三十年五月二十五日

近月以来，奏请立宪之说，喧传于道路，有某钦使之电奏，有某某总督之联名，内外上下，翘首跂足，以期以望，然论者咸谓尚非其时。或曰：宪法立，国基定，中国其兴。我闻之而喜。或曰：时机尚未熟，人格尚未及，苟立宪法，中国其益纷扰。我闻之而惧。虽然，是二说者，皆有所见及而未尽当。夫立宪，美名也。立宪之与非立宪，利害得失，世界万国有人心者所共明也。而今乃萌其芽，萌其芽则发荣滋长，而成其果。谓立宪必有损而无益者，不然也。然宪法之立，非仅一纸诏书，百十议士，相聚谈论，所能成功也。各国之购求立宪也，皆有价值；其立宪以后也，皆有实在。他国且勿论，即如日本，其未立宪法以前，先使朝臣游历各国，以考求各国之宪法，归而因其国情，为之损益。而后于明治二十二年，始登布宪法之诏敕。至二十三年，而召集众议士，任命贵族议士，非贸贸然也。自立宪法至今日，其开议会，已有二十次，其所兴利除弊，已有千百十件，非一布立宪之诏，而谓其名已成，其事已了也。夫日本与我中国，非均所谓变法四十余年之国乎？然何以日本之变法，至今百事俱举，而我中国之变法，至今仍百事俱隳也？我甚惧我宪法之立，其与我变法等，则立宪与不立宪，仅其名之异，而于我国进退，仍不能增损毫末，喜者亦徒喜，惧者亦徒惧耳。

《东方杂志》第一年第五期，光绪三十年五月二十五日（1904 年 7 月 8 日）

张謇致赵凤昌函（二通）

（一）光绪三十年五月二十九日（1904 年 7 月 12 日）

《义解》印成否？应早成矣。直、粤有何消息，祈一询叔蕴。杏城断不可虚下。十七、十八日与松禅老人谈两次，颇及宪法，老人极赞，亦以非此不可救亡也。原动力须加火以热之。有何妙策？见示。松雪道人。烟波钓徒。五月二十九日。

（二）光绪三十年六月一日（1904 年 7 月 13 日）

印书成否？顷得密函，振得丹书告其堂上，亦深以为然，但言须稍从容，此时正在译宪法，择与时势合而易行者，闻将进之。

又，北洋友人讯（此讯亦由京转），言南皮创为有限制宪法之说。民间有义务无权利，讥其毒民，后必不昌，岂真有此说耶？公有所闻否？此老发端既不勇，而以大学章程例之，正恐学术杀人之事不免。公与之有休戚之谊，不可不尽言。昔人言以嗜欲杀身，以货财杀子孙，以学术杀天下后世之人，士君子不可有此罪孽，公幸念之。此事消息不恶，印书必望速成、速布、速进，并望以百本即见寄。常熟遗疏中有此语，是病榻所谈，此老毕竟有心。公秘之。松雪翁。江东步兵。六月一日。

杨立强、沈渭滨等编：《张謇存稿》，第8—9页，上海人民出版社1987年版

出使法国大臣孙上政务处书

光绪三十年七月二十五日

孙宝琦

窃自东方战局既开，各国阴谋昌言不讳，宝琦痛心祸切，曾合电上陈，吁恳颁行新政，以救危局。溯自庚子以后，维新谕旨不为不多，督励臣工不为不切，而百事之玩泄依然，天下之精神不振者，则以未立纲中之纲，而壅蔽之弊未除，无由上下一心共扶危局也。

伏维我朝开国之初，文法科条务从简略，而君民一体，上下情通。伏读我圣祖仁皇帝圣训，有云："明朝末世，君臣隔越，以致四方疾苦，生民利弊，无由上闻。我太祖、太宗、世祖相传以来，上下一心，满汉文武皆为一体，情谊常令周通，隐微无由或间，一游一豫，体恤民情，创作艰难，立万世不易之法。"等因，钦此。祖训煌煌，垂训千古。今者外侮迭乘，内忧间作，欲图补救，惟有恪遵祖训，破除壅蔽，上下一心，而后可收卧薪尝胆、同休共戚之实效。

欲求所以除壅蔽，则各国之立宪政体洵可效法。夫日本之由变法而强，固朝野之所共知也。考明治维新之初，祭告天地神祇，宣誓五条：一曰广开议会，万机决于公论；二曰上下一心，广行经纶；三曰官民一途，下至庶民，各遂其志，勿令怠倦；四曰破旧来之陋习，基天地之公道；五曰求智识于世界，大振皇基。此日本变法之宗旨。至明治六年，确定为立宪政体。随命元老通儒，合集讨议。至二十二年，始发布宪法于通国。于是君民上下一心，遂成巩固不摇之势。

欧洲各国除俄与土耳其外，若英、若德、若意、若奥、若西班牙，皆为立宪之国，而尤以英、德之宪法为最美备。虽以法之民主，而其民犹多羡英、德之政体者。英为立宪最古之国，其法成颁布在南宋嘉定八年，距今几七百年矣。乾隆中叶，美、法大倡共和，英几为之摇动，乃遂壹意修改宪法，以防乱而固本。各国宪法多本于英。德国当百年以前，列邦之宗旨不同，即宪法之兴废无定。同治年间，力与法、奥争强，始列邦上下一心，既分立各邦独用之宪法，又合立联邦共遵之宪法，民心固而外侮自除。此英、德两国所以能俯视列强巩成大国也。

宝琦尝详考各国之大势，确见夫政体既立，则弱者浸强，乱者浸治，何也？合通国之民共治一国，何弱不可强？何乱不可戢？不立政体，则民气涣散，国势日微，弱者被兼，乱者被取，何也？君臣孤立，民不相亲也。盖国势纵极艰危，苟能团结民心，励精图治，外侮自不足虑。譬之人身中气既足，疾病自无由侵犯。

考之英、德既如彼，征之日本又如此。日本之立宪，非同欧美各国之迫于他国兵力，或迫于民乱，其势由大以及小，其事由上而命下，故顺而不逆，安而不危。其立宪政体第二条特为剖明曰："日本帝国万世一系之天皇统治之。"所以定一尊而防流弊。盖立宪政体者，实所以尊君权而固民志，与我大清一统抚驭全国之宏谟适相吻合。

近年中国民志大开，凡有血气者无不痛国势之衰微，愤外侮之凭陵，昌言改革，莫之能遏。宝琦窃维倡论自下，恐为酿祸之阶；决议于上，乃为政治之本。伏愿王爷中堂大人思穷变通久之义，为提纲挈领之谋，吁恳圣明，仿英、德、日本之制，定为立宪政体之国，先行宣布中外，于以团结民心，保全邦本。饬儒臣采访各国宪法，折衷编定；饬修律大臣按照立宪政体，参酌改订，以期实力奉行。宪法关系全国之精神，必须从容考定，颁布自必需时。急应博开议会，以鼓舞群材，庶一切应行改革之事，皆赖众论决议施行，无复盈廷唯诺筑室道谋之患。各国议院咸分为二：曰上议院，大抵以元老及贵族充之，取其与国同休戚之意；曰下议院，大抵以乡绅通儒充之，则专取其才望以系万民之观听，以聚天下之英俊。下院详议，上院覆议，国君决议。故下院之责任尤重，议绅由民公举，别有选举之例，中国似可先行变通举行。查二十七年奉旨设立政务处，实为议院之基础，拟请即定为上议院，特派资深望重之大员为院长，王公世爵以及年老之四品以上官员皆可充院绅，由军机大臣及京外大臣保荐。其都察院为朝廷耳目所寄，各科道原有批驳之权，应即定为下议院，请特简通达时务、饶有才智者为院长，不拘官阶之大小，其现在翰林院及科道人员，择其才学兼优、品望相孚者，由钦派大员会同院长严密挑选，约大省挑取四人，中省挑取二人，小省挑取一人，并由各省督抚于各省每府访问平正通达之绅士一人，不拘士商，咨送京师下议院协议。凡所兴革之事，分股职掌，而又合众详参，下议院议妥，送上议院覆议，议定奏明，请旨颁行。各部院及各省督抚所行之事，非经议院核准，不得擅改条例，议院应随时考查。各部院、各督抚如有办事贻误及有擅专情事，即可胪列事迹，请旨惩办。至于各省城及各府县城，尤足系民之观听，宜仿古乡校之制，名为公议堂，特设公所，就地之大小，酌量选举绅士。大抵省城合各府县之绅，一府合各县之绅，一县合各村之绅，凡地方应办之事，如学校农工商务工程善举各种捐项，皆由地方官与公议堂绅士详细筹商，以期众擎易举，自无阻挠之患。目下国民程度只能如此，参酌变通十年，当另详定选举之规则，更足以顺民心。

总之，不外破除壅蔽之积习，冀决是非于公论，使营私罔利之官吏无所窃其威福，使草野之愚民皆得涵濡德泽，揆之古者谋及卿士、谋及庶人之意并不相背，非第取法于外国。或谓中国之言官、讲官皆可指陈时政之得失，朝廷随时采择施行，何必定开议院。不知议院系集思广益，终年聚议，平时有考查之功，临事有辩驳之权，与言官、讲官之风闻言事徒逞一孔之见者迥殊。中国言官、讲官颇多才智之士，祇以于国家政事无从考查确实，又不能与政府当面辩论，无由互证其得失，即无由扩充其才识，此中颇关系人才之消长。或谓中国目前人才尚不合议员之选，倘所举不得其人，徒成具文。不知人才由讨论而出现，在各省聪颖有志、留心政事之人日多一日，未能广行擢用正当位置，于议员以历练其才识，俾院长得以密察其品行心地，可为储养人材之地。或又谓议绅结党各国恒有，不可不防。不知目前中国之官吏营私何所不至，议绅宜顾清议，何能如官吏之贪妄。如果有骩法营私之员，院长固可向众声明，立即斥退；如有聚众违抗，与政府反对之事，朝廷自有解散议员之权，何虞尾大之不掉。

宝琦前者承乏政务处，检阅中外章奏，唯李盛铎折内有请定政体、以立大纲之语，而未详陈其得失；盛宣怀请译政治书折内，谓英、德、日本之政体可为效法，而未敢明言；陶模折请立议院以除壅蔽，实暗寓立宪之意。宝琦彼时以为难以骤行，故未建白，且未深考各国之政术。来欧年余，悉心参考，再四思维，非此不足以饬纪纲而臻郅治，实属有利而无弊。朝廷宵旰忧劳，王爷中堂大人公忠体国，与其嗟叹时艰，束手无策，何如痛除积弊，得庆更新，辅我皇太后、皇上图救危局之忧勤，纾我皇太后、皇上涕泣临朝之焦愤。苟能明定宪法，则中国亘古未有之美名，胥归颂于我皇太后、皇上，而皆由我王爷中堂大人翊赞之功。不但远轶汉唐，且将与英、德、日本比强。不然则外侮日逼，民心惊惧，相顾自铤而走险，危机一发，恐非宗社之福。宝琦奉使海外，日闻异族危论，椎心疾首，无地可容，迫切上陈，干冒惶恐。伏祈俯赐鉴察，造膝进言，冀邀天听，用扶危局，天下幸甚。

《东方杂志》第一年第七期，光绪三十年七月二十五日（1904 年 9 月 4 日）

汤寿潜致章一山函（二通）

光绪三十年八月初一日

（一）

一山有道：望前正去函与十二日来教，适左未见；以九华楼捐免前辈之称，无任抝抑如旧也。时事不胜言，亦不欲言。顾此心不死，懔懔侨压，又不得不举其大者言之。宪法之议，走以渎吾师者三年余矣，以去就争之，岂非中国一伟人乎？成则人人将报以铜像，不成则奉身而退，此心可讯三光。走之于师，何敢作姑息之爱，此一事也。法政府新与教皇绝交，专使与教皇直接，欲安民教，千载一时，此二事也。俄迫日还我旅大，而自租之，以二十五年为期。今大连湾陷于日，旅顺亦即日陷落，届时严词诘俄政，何以还我旅大？以田租与佃户，佃户将田转卖，而田主不问，天下笑之。此后外交界益难措手，此三事也。余南下晤

罄。（自沪寓倚装返杭）

（二）

一山有道：今晨邮奉寸启，书面写明如琴从南下，即送译学馆桂、劭二公大鉴，盖内有三事转陈也。正缮发间，自杭转到十七日大教，善化师抱冰握火，独为其难，天下之幸。愚虑所及，专使机括，日异而月不同，对付俄日，即以对付各国，一或不当，弄巧反拙。发议之初，适伦贝子往美监督，可因其便，而假以为名游历各国，而捭阖于其间，以自展将来俄日议结之地位。今无可因之便，可假之名，劈空特派亲贵，又副以二大臣，为向来使节未有之盛，大声以色，人其窥之。万一各国有不接待者，转以启羞而召侮。今有一笔两用之策，莫妙于考求宪法为词。凡立宪各国，侈然以文明自负，我若有所输入，星轺所莅，无不全国欢迎，入手得势，暗中与商及俄日之局，彼更易于水乳。否则如此专使游迹，不容独遗俄国，唯以宪法为名，彼中无可采访，不妨弃之如遗。且轩天揭地之举，即多派重臣，亦无不可（教皇直接之使，亦可附派）。参随中如所拟本，劝驾必力，因而妙选通才，多多益办（帅之苦心厚意，已屡逆之），共效为戈，不亦伟哉？人局一发，吾师千秋，不敢不尽所言。纬嫠洸妇，自哂亦自怜耳。明日返杭矣。初一夜三更。

再，此行为中国存亡所系，以匹夫与责之义责菊生，渠无以答我问题，穰三以智力不逮，辞颇坚。走谓栋折侨压，义不容诿。即善化师一片愚公山、精卫石之心，忍令独为其难，于情于理，有一安乎？穰穷于对，谓严词正义，诚无所逃。自维蒲柳先零，实恐贻误大局，转负师友期许。如公学有妥人可替，情愿去为师门典签，聊尽区区于万一。可见穰三自是有心人。公请与邵、桂二先生策之。余非晤不能视缕。潜又叩。

《瞿鸿禨朋僚书牍》，中国社会科学院近代史研究所图书馆藏

读孙慕韩星使言立宪书书后

光绪三十年九月十五日

近者中国派驻法国钦差孙慕韩星使，尝上书于政务处王大臣，言立宪事。略谓：中国君民隔阂，上下之情塞而不通，致令亿兆离心，人无固志，际此时艰日迫，国势日弱，欲为变法，非行立宪之制不可。中间历引英、德、日之政体为言，而推究其致盛之所由。且以近年中国民志大开，凡有血气者，莫不痛国势之衰弱、愤外侮之凭凌，昌言改革，莫之能遏，而谓倡论自下，恐为酿祸之阶，决议于上，乃为致治之本。恳请王大臣奏吁圣明，亟访英、德、日本之制，改为立宪政体之国，先行宣布中外，于以固民心，保邦本，饬令儒臣采访各国宪法，折衷编定，令修律大臣按照立宪政体，参酌改订，以期实力奉行。末复以宪法关系全国之精神，从容考订，尚需时日，急应广开议会，以鼓舞群伦，庶一切改革之事，皆赖众论决议施行。无复盈廷唯诺，筑室道谋之患。因请以政务处为上议院，都察院为下议院，即以翰林科道各官之才学兼优、品望素孚者充议员，通国政事，即视议院之可否为行止。此外各省府县州以及都鄙乡镇，宜仿古乡校之制，多设公议堂，地方公事由公正绅士与地方官详筹会议云云。记者读之，而不禁慨然有感矣。

溯自戊戌政变以后，朝野闭塞，士大夫相戒，不敢复谈新政，顽固成风，渐积渐深，至于极致。顽固之王公大臣乘机而起，肆其顽固之手段，于是有庚子拳匪之祸，开罪八国，联师相攻，都城失守，九庙震惊，銮辂播越，官司荡然，生灵涂炭，惨痛情形，不堪闻问。既而天心厌乱，和议倖成，中朝幡然，迭颁明诏，筹议变法。说者谓：中国经此大变，创巨痛深，不能不思所以改图。其余变法之事，庶几其真有所悔悟，而思去其旧染，咸与维新，实力施行，非复向时之懈弛颟顸乎？迟之又久，而所谓新政者，虽千条万绪，兼管并举，意若欲悉举东西文明各国之善政良法，而一一仿行之。至进而考求其内容，则类皆有名无实，得貌遗神，成效之期，茫如捕风。察其用意之所，于其在变法，大都不以为自救危亡之要道，而以为敷衍外人之虚器。故凡夫改革，莫不粉饰外观，奉行故事而已。至其利害成败，非所计也。

逮夫近今，四方多事，时局日亟，东亚风云扰攘，变故之来，不可测度。中朝内顾，国中一无足恃，亦未尝不皇然忧之，于是于变法之事，重行提起，急切图之。然平时既漫不经心，仓卒为之，不知从何措手。比来如练兵、理财、裁官、革吏，与夫振兴农工、商贾诸政，虽未尝非变法之事，然只得其偏，未得其全，究不足以立大本之基，而扼当务之要，即欲因此以坐致富强犹未也。夫所谓大本之基、当务之要者何？亦曰立宪而已矣。顾在廷百僚，或随波逐流，见不及此；即或能见及此，又多所忌讳，钳口结舌，不敢直言。今孙星使竟敢直言陈之，亦可谓朝阳之鸣凤矣。即其书中所陈事理，颇为详晰，所筹办法，亦皆切实可行，迥非空言无补者可比，诚难能而可贵者。且专制之弊，至今日而昭然大暴，众口一词，其必当改革，无容疑者。顾由专制而思所以改革之者，则无过于立宪，此又天下之所公认者也。

方今地球各国，其以立宪而致强盛者多矣，英、德、日本其尤著者。夫日本前此亦一专制国也，自明治维新以来，改从立宪，君民气通，上下情协，凡曩时一切拘牵隔阂之弊，悉扫而空。大本既立，条理秩然，新政施行，蒸蒸日起，遂臻上理。迄于今兹，遂超群轶伦，而卓然与英、德并称。专制之国，灭亡殆尽，其倖存而尚不失为大国者，厥为中国与俄国。夫俄国素以专制立国之善自诩者，闻其昔者尝蛊惑中国，谓泰西各国皆尚民主或君民共主，君主专制者惟俄与中国耳。中俄两国实有密切之关系，迥非他国所可比，宜同心合力以御外侮，以保维此君主专制于永永勿坠。中国当时堕其术中，为所愚弄，遂至与订密约，许以莫大之权利，无论何人进以忠告，皆不之纳，甘受俄人之欺绐，而莫之悔误。倾者俄人乘中国多难，强占东三省，课危东亚，中国虽忿恨之，而未如之何。最后我日本忍无可忍，仗义执言，出而干预，俄人不从，卒致与俄出于决战。乃交战以来，日军则人人奋勇，无战不胜；俄军则人人怯弱，无战不败。不知者或仅就表面观之，而归功于日本兵舰之坚、枪炮之利、粮饷之足、形势之优，谓非俄军所能敌。而不知此数者，虽亦致胜之具，而尚非所以致胜之本。自有识者观之，则谓此战乃立宪与君主之战、文明与野蛮之战，而非寻常国与国之战所可同日语者，斯为得之。夫以专制之国强大如俄,犹不免为立宪之日本所胜,则凡强大不如俄国者更无论矣。孙星使之言立宪,或即因此而有所省悟,中国当轴者对此近因观斯明效,尚其知所观感,而幡然变计,急起直追,以从事于所谓立宪者,而力图补救乎?

抑又闻之，立宪之说既兴，中朝诸臣之稍具知识者，咸以为然。惟某王某枢臣等以此制虽善，惟今兹中国之人尚无立宪之资格，若必骤然改行，恐不免转滋扰乱，故拟暂时先遣明干之员分往各国，考察各国立宪之成法，归而汇上加以参酌，折衷一是，俟他日中国人立宪资格已具，然后举而措之，庶几事出万全云云。嗟乎！此所谓老成持重之见，而不知其审慎太过，转流拘滞也。夫中国人今兹即无立宪之资格，然资格之具，端赖造就而裁成之，诚能即行立宪，则且行且习，初虽小有纷扰，久之终当大定。若必待其一一具立宪之资格而后行之，立宪更不知何日矣。且既病中国人无此资格，则宜教之育之，必使其有此资格而后可。今惟拟谴员分往考察，而于所以养成此资格者，了不措意，岂欲待中国人之自有乎？吾恐更千百年而中国人无此资格如故，遂终无立宪之一日也。可奈何？天演之理，优胜劣败，大势所趋，日进不已，及势者强，失势者弱。其状正如赛马，然扬鞭入场，齐踪发步，其始固不甚悬殊也；其既或稍迟钝，数十步后，渐去渐远，遂有一落千丈之概，而望尘莫及矣。泰西各国因势利用，文明发达，日进强盛。日本虽稍后，然中道警省，急起直追，三十余年以来，勇猛精进，无稍懈怠，至今犹几及各国，可希并驾。惟中国失势，愈落愈后，瞠乎莫及，遂让人捷足操其胜利矣。迨今日而贫弱已甚，不能自振，变法之事，愈捷愈妙。迟一日，弊深一日，即难一日；早一日，弊少一日，即易一日。未经见到，诿为不知，而不之变焉，犹之可也；亦既见到，而犹多所顾虑，迟疑不决，坐听国事之败坏而莫救焉，独何心哉！

自亚洲诸国半多不竞，西势东渐，鹰瞵虎视，日加逼迫，即今改革，犹恐不及，时哉不与，而尚容延误乎？或者谓：立宪者亦只欲国人之忠义激发耳。然叔季以还，风俗浇薄，功名利禄，人所同好，朝廷但能善为笼络，亦足致效，何必定行立宪？则请应之曰：今姑无论徇私舞弊，赏罚不公，与夫末世混浊，名器太滥，功名利禄之不足以动人也。即使其果能动人，亦只足以动中才，而不足以动上智，且不于根本著意，以至诚相感，而惟恃区区之功名利禄以动之，则其心已伪。上以伪求，下以伪应，上下交伪，根本已坏，即或收效于一时，终必贻祸于异日，决非长治久安之策也。又况国人甚多，功名利禄，其势必不能尽人而予，予者殆仅万人中之三数人耳。予者忠义，不予者不忠义，则忠义者少，不忠义者多，终不能弥纶一世也。更即就功名利禄之所及者言之，彼初既以贪功名利禄而来，则功名利禄既得之日，即其忠义之心消灭之日。功名利禄日加日进，终有止境，即忠义之心亦有穷时矣。可奈何？或者又谓：近今学堂广开，加意造就，但使教导得法，亦足以作其忠义之心，何必立宪？则请应之曰：天下事皆可教而得，惟忠义不可教而得。盖凡事皆自外铄，故可教；忠义则自内发，内发者必其人感激于中，而自出之，故不可教。且试问学堂之中，将以何为教乎？若云别有妙法，则非吾所敢知；若即仍用讲忠讲义之课本，则必终归无效。夫讲忠义之书，孰有过于经史者乎？今中国之人，凡号称读书者，孰不读经史？然试问其真有忠义之心者谁乎？即间有说谓天怀发中名教束物者，亦旷世而一觏耳。读经史者尚如此，则不如经史之学堂课本，更不足恃矣。又况中国读书者少，不读书者多，即使学堂之课本有效，而读者忠义，不读者即不忠义，则不忠义者仍占多数也。可奈何？至若欲用智取术驭以致之，严刑峻法以迫之，非生其猜贰，即激其变乱，更卑之无足道矣。

然则舍立宪更何道之从乎？请更为譬喻以明之。今有人焉，如己无股分之商店，无论其为赢、为绌、为利、为害，决不关心；若已有股分之店，则赢、绌、利、害，其关心有不期然而然者，何哉？有干系与无干系之别也。专制之国，其民无国家思想，以国家为与己无关，故于国家之盛衰存亡，如秦人视越人之肥瘠，漠然无所动其中；若立宪之国，其民有国家思想，知国家与己有关，盛衰存亡不容漠视，必自相与尽其义务，同心同德，群策群力，以维持大局矣。立宪乎！立宪乎！其真中国今日救时之良药乎？当轴者宜知所从事矣。

按：过于持重，易涉因循；而急切从事，更多舛错。强国之原，惟在达上德、通下情而已。痨怯之躯，任其自生自灭，断无起色；而猝投以猛烈之剂，庸有济乎？惟当随时珍摄，迎机施治，自可转弱为强，易羸而壮。救时之策，当亦类是。若沪报所论，未敢谓为尽属纯全而绝无偏倚之弊也。然其慷慨激发之处，正如暮鼓晨钟，足以醒人昏睡者不少。因急录之，阅者师其意而撷其华可耳。

《时事采新汇选》，光绪三十年九月十五日（1904年10月23日），录自《同文沪报》

张缉光致瞿（鸿禨）夫子函

光绪三十年

世伯夫子大人钧座：小病新起，委顿未除。今得桂辛来书，言廿日启行，在沪薄有羁留，出月初自准到。有汪颂年太史一函，属呈左右。皮事久在爱中，谅已不劳陈说矣。又得杨笃生自日本寄来一函，有书呈鉴。此函由友人带京，盖因缉光往下，故迟至此时始行递下。笃生书中所论，似在今为至要之务。至所陈派京外官员，学习速成政治、法律、经济（日经济学专言理财，名义与吾国异）诸学，尤救急之方，多有论及者。盖今之国势，上暗下明，上静下动，开民智固不可缓，开官智尤不可缓。日之伊藤、大隈，皆曾身入外国学堂，故能成此大业。今吾国辇毂之下、省会之区，皆萃千百无知无识不痛不痒之官，嬉游征逐于其中，于国无益，而于其人有大损。且今号称变法矣，其能知新法者何人乎？非特不知而已，又从而非笑之，其为阻梗之害，至阴而至烈。欲除其失，非选派游学不可。抑缉光更有欲为吾师陈之者：天下事无所谓办不动、办不好。所谓办不好，办不动者，皆不办事者自诿谢之词。即明知办不动，办不好，而甘心不办，则永无好之一日、动之一时，何如办之犹可冀幸于万一耶？但能排去顾忌，如汪颂年所谓轰轰烈烈做去，天下必无难事。事机日迫，万目睽睽，使数万里版图不丧失于三数优柔之手者，舍吾师无与归焉。触绪附陈，敬请钧安。弟子张缉光顿首。

《瞿鸿禨朋僚书牍》，中国社会科学院近代史研究所图书馆藏

啬翁自订年谱（节录）

光绪三十年

张 謇

光绪三十年（1904），甲辰，五十二岁

三月……朝旨赏三品衔，为商部头等顾问官。与合肥蒯光典论立宪。见滇督丁振铎、黔抚林绍年请变法之电奏。

四月，为南皮、魏督拟请立宪奏稿，经七易，磨勘经四五人，语婉甚而气亦怯，不逮林也。定南洋渔业公司办法。

五月，与许鼎林、丁宝铨议建宿迁玻璃公司，订集股章程。以请立宪故，南皮再三属先商北洋，汤寿潜亦以为说。余自金州归后，与袁世凯不通问者二十年，至是始一与书。袁答：尚须缓以俟时。

五月十七日，省翁尚书病于常熟南泾塘第，归后闻翁尚书二十日卒。

六月，刻《日本宪法》成，以十二册由赵竹君凤昌寄赵小山庆宽，径达内庭。此书入览后，孝钦太后于召见枢臣时谕曰：日本有宪法，于国家甚好。枢臣相顾，不知所对，唯唯而已。瞿鸿禨旋命其七弟来沪，托赵凤昌选购宪法各书，不知赵故预刻宪法之人也，举告为笑。枢臣奉职不识古义，莅政不知今情，以是谋人家国，宁有幸乎？……

八月，与汤寿潜吊翁尚书。立海门常乐镇初等学校。印《日本宪法义解》、《议会史》，送铁侍郎良，与谈宪法。……

张謇研究中心、南通市图书馆编：《张謇全集》第六卷，第865—866页，江苏古籍出版社1994年版

出使日本大臣杨枢奏变法之要折[①]

光绪三十一年正月二十日

杨枢奏，伏读光绪二十六年十二月初十日上谕，世有万古不易之常经，无一成罔变之治法，大抵法久则敝，法敝则更，要归于强国利民等因，钦此。仰见我皇太后、皇上轸念时艰、变法自强之至意。惟是变法之要，首在于多储人才，明定宗旨。诚以人才多则诸事易举，宗旨明则众志不惑。

即如日本，于明治维新之初，岁遣学生多人，游学欧美，分习诸科，并于本邦设速成司法学校，令官绅每日入校数时，专习欧美司法行政之学，以应急需。又宣发誓命，先定为立宪之国，然后开议会、决公论，一切变法之事，皆依立宪政体而行，故能次第敷施，有条不紊，变法未久，而骤臻富强也。

中国与日本地属同洲，政体民情，最为相近。若议变法之大纲，似宜仿效日本。盖法、美等国，皆以共和民主为政体，中国断不能仿效。而日本立国之基，实遵守夫中国先圣之道，因见列强逼处，非变法无以自存，于是一意立宪，以尊君权而固民志。考其立宪政体，虽取法于英、德等国，然于中国先圣之道，仍遵守而弗坠，是以国本不摇，有利无弊。盖日本所变者治法，而非常经，与圣训正相符合。即中国舆论，亦以日本之变法参酌得宜，最可仿效。

迩者学务大臣暨各省督抚，陆续选派学生来东就学，综计人数已逾三千，然其中习普通科者居多，习法政专门者尚少。缘日本各学校，授此等专门之学，皆用本邦语言文字。中国学生从事于斯者，须先习东语东文，方能听受讲义。约计毕业之期，总须六七年。夫以六七年之久，非立志坚定者，鲜克成功，所以多畏其困难而不愿学，甚可惜也。上年日本之公爵近卫笃麿、子爵长冈护美，因感戴我朝赏赉宝星之荣，曾与前总监督汪大燮会议，欲于日本东京，为中国游历官设

① 标题为编者所拟。

速成法政学院，学章甫拟就，而汪大燮已卸任，近卫笃麿旋身故，事遂中止。奴才抵任后，思设法续成之，适有东京法政大学校总理梅谦次郎，亦建斯议，奴才当向长冈护美取得前拟学章，作为稿本，而梅谦次郎酌中改定，遂于该学校内，特设法政速成科，专教中国游学官绅。奴才均竭力赞成，日本文部亦经认可。开学之日，中外士商来观者千有余人，日本各部院大臣，亦来颂祝，礼甚隆重。奴才一面分咨各省大吏，请选派官绅资遣来学。现在京师学务处暨直隶、江苏、安徽、福建、浙江、湖南、广东等省督抚，均经照议选派，统计来学官绅，已有三百余人。议定六个月为一学期，满三次学期，便可毕业。其教授大旨，约分四科：曰法律，曰政治，曰理财，曰外交。所聘诸科教习，皆日本最有名之学士、博士。每日讲义，各教习以东语口授，而令通译人以华语传述之。此等通译，俱系中国优行生，曾在法政大学毕业学有根底者，奴才仍恐各学生于听讲时，不能一一领会，又与各教习商允，将每日讲义以东文笔之于书，而令通译人译出汉文，编印成帙，分授各学生，俾得随时研究。此外尚有实地体验之法，举凡司法、行政各衙门，及官私所设物业，有关于政治之学者，俱由各教习随时率领本科学生，前往参观，藉资考证。昔日本政府设速成司法学校时，亦系聘别国人充教习，用本邦人作通译，成效最著，今居显要之位，由此学校出身者，数盖不鲜。

第外国之法律，条绪纷繁，蒐讨难尽。所谓速成科者，系将法理之所以然，及各国法律之得失，互相比较，择其适于中国之用者，则详加讲授，其余姑置不论，以免多费时日，学非所用。现在中国兴办铁路、矿务、商标、银行等事，均须参用外国之法，始能攸往尽利。是以上年钦奉明诏，修改法律，圣谟广大，中外共仰。查日本从前法律与中国同，而与欧美异，故通商各国，亦向日本索有治外法权。迨日本颁布宪法之后，通商各国，方允将条约更正。可见修改法律，乃今日切要之图。况各省教案，多因本地官绅不谙外国法律，以致办理失宜，酿成交涉。现在中国惟有将法律修改，庶可查照近年中英通商条约第十二款、中日通商条约第十一款内所载，与各国公议，将治外法权一律收回，不受外人挟制。然则外国法政之学，上下亟应讲求，不宜稍缓。是科之设，不习日语日文，便可进讲专门之学，较之入他学，以六七年之功修，始得一完全之科学者，诚为事半功倍。奴才自当随时策励诸生，勤加研究，以期他日成材，上备国家之用。下学务大臣知之。

朱寿朋辑：《光绪朝东华录》第五册，总第5286—5288页，中华书局1984年版

陈黻宸上瞿（鸿禨）夫子条陈数事

光绪三十一年三月十六日

夫子大人函丈：前蒙接见，询及今天下事，山高海阔，尘露不捐，况在门墙，敢私一得？黻宸性戆愚，粗涉世故，证以古人之学，益箝舌不欲言时事，一言之，辄心肝摧裂，泪为之涔涔然不自休。身为户部司员，赵大司农忠挚能任事，各员上条陈者，不啻数十起，黻宸独默默无一语。知言之，或蒙采用，于时局虽无大补就，然亦稍尽区区爱国之忱，以冀无负于生平所学。然欲言而卒不言者，富贵之途，人所同趋，诚恐人以黻宸有为而然，而不知其迫于愤激悲哀，必不得已而言此也。今天下之危且急，不待言矣。然危可持而急可拯。黻宸独悲今所谓危且急且，不仅如人所言也；而所谓持其危拯其急者，又不仅如人所言也。今人所言者，变法其大端也。今旧法，亦略变矣，而其效何如？故不变法而天下乱，犹可以变法救之；至变法而天下仍乱，救之将更何术？此虽倾灵均之血，而不能为楚谋；干贾生之泪，而不能为汉计矣。言念及此，不觉股战！夫自庚子乱定以后，谈时务者，往往有一立宪政体存于胸中，相畏忌不敢昌言，今始略有言者，此我国家之大幸福也。立宪无不利于朝廷，稍能为政治法律学者皆知之，况今日中国亦万无终于不立宪之理。日本以穷岛小国，扼强俄而走之，窃谓自此以往，俄必复为一立宪大国矣。彼此相形，勇者知奋，以一不立宪国，居群立宪国之间，不待远识之士，而知其不可为矣。故言立宪者，中国之志士、大清之忠臣孝子也。必立宪而后君尊，必立宪而后民安，必立宪而后大清可万年而无患，故以今日而言外交、言内治，惟立宪二字，强于百万之师。而黻宸独窃有虑者，以

今日欲行立宪政体，有碍窒不能行之处。夫使皇太后、皇帝赫然震动于上，王大臣俨然协力同心以赞成于下，一旦降明诏采东西邻立国精意，发愤自新，一一求合于立宪政体之余，黻宸又知其无济也。何则？立宪者，合一国精神以组织而成之者也。盖为民者，无一人无忠君爱上之心；而治民者，无一日不存共戚同休之意。此其故，不独在智识之新，而实在道德之厚。民德不可问矣！欲举今日之民，猝然跻之太平之治，虽今尧舜复生，恐其无能为力矣。然则所以致此者，又不能专咎其民。民财之未裕也，民怨之未伸也，民教育之未先也。无一人之心不私，而后国家无公体；无一人之心不坏，而后国家无兴机。故以今日新旧交争，人亦知旧者之不如新矣，然黻宸独谓学问无新旧，而有是非，政治无新旧，而有公私。果其是与公也，何羡于新？何厌于旧？况所谓旧者，亦有远胜于新之处，而徒以哓哓相争，不求其本，积疑不化，渐成水火。今中国亦幸而无东汉、前明党锢之祸，不然，内乱已不可问矣，又岂徒外侮之足危人国哉？夫外人之轻我中国甚矣，然在我有予以可轻之处，而欲人之不轻我，不能也。抑黻宸尤憾外人既轻我矣，而我民亦有轻视其上之心。其始犹有望于上曰："朝廷庶爱我乎？"其继乃有怨于上曰："朝廷何弃我乎？"终乃轻视其上曰："朝廷必我弃而不我爱，我何不自爱而自弃乎？"夫民怨犹可言也，至怨之不已而生轻视之心，此其祸有不可胜言者矣。立宪者，所以通君民之情之极则也。黻宸乃谓立宪之不能行者何故？盖以民情之不通已久，而有使之不通者，以便其私。此辈非先离君民之交，不足以把持盘踞，虽贤君明相知其可杀可戮，而不可去。即俨然去之矣，去一人必易一人，而其弊如故；即并举其职而去之矣，去一职必设一职，而其弊又如故。此又非其人天性使然也，其罪可杀而其事实可怜。同是人类，同为国民，而乃无天良如此，且亦数见而不鲜矣。呜呼！黻宸所谓立宪之不能遽行者此也。故为今日中国计，必先为他日立宪之地，而以振民德、裕民财，而纾民苦为第一义。然于今日而言民财何以裕、民苦何以纾、民德何以振，此空言也。黻宸谓今之所裕之纾之振之者，不外私者公之、塞者通之、隐者显之、虚者实之而已。虽然，此亦空言也。私者何以使之公、塞者何以使之通、隐者何以使之显、虚者何以使之实，又必有其切实下手之处。立宪者，乃即其下手处也。然立宪，又不能行矣。黻宸请略采立宪之意，而求其可行者以为他日立宪大备之基础，撮举大端，上备甄采，至罪至罪。

…………

右陈数事，狂妄之见，未罄所怀，大都以通达下情，去其壅蔽。贾生曰："天之下势，方病大瘇。"今天下非病瘇，乃病格，不格则通，虽由此抗英、日，拒义、德可也。勺蠡之管，怅望海天，栋榱之危，时虞及压，倘蒙不弃，曲垂鉴纳，尚望少假余暇，俾得毕吐胸臆。恃爱不惴愚陋之至，专此上达，敬请钧安。不一。三月十六日，受业陈黻宸谨禀。

《瞿鸿禨朋僚书牍》，中国社会科学院近代史研究所图书馆藏

汤寿潜致瞿（鸿禨）尚书函

光绪三十一年六月

尚书夫子丈席：每拟破除一二月工夫，遵海而北，一请俪安，述历年知遇之感，从而上下其议论，并以暇考求世兄之所造。米盐凌杂，二亲竺老，畏闻远游，俶装复辍者屡矣。唯有夜梦敬执礼器，以随吾师而行。无谓彦和，语或近饰。国势太弱，万国大会，损及于我，俄、日直接，损亦及我。若早一年改立宪法，从中运动，似不至中立到底。今复何及，徒为俄患，为日怒。深知别有操纵其事者，吾师亦周旋于羿彀已耳。造膝密陈，而有四大臣之遣。中国幸福，孰大于是？窃谓宪法之书，译印已不下一二十种，不似日本维新，多烦诹访，但须披拣可用之人，以备分任。立宪之要，以分别议法、行政、司法入手。非廉非刚，无足语此。老成者媚外，新进者且挟外以自重，恐此曹纷纷将为宪法病也。讲时务者，每言开风气，今已大开矣。矿也，航路也，铁路也，面见然缙绅，争以输出。潜循陔藏拙，万事皆让，独遇有不利于大局者，心有余温，不能竟嘿嘿，坐是遂集小人之怨矢，百计反噬。浙赣路事，卖路者至欲以手枪相雠，尚谓有日月乎？吾浙京外官绅亦多，回首祖国，而踞潜于炉火之上，稍纵即逝，势又不得固郤，智小谋大，唯有殚竭愚虑，以浙路定一平价之准，正不知时数何如。辛丑八

月，两宫回銮，成有《宪法古义》三卷，无关闳旨，亦不能一无附会。姑备亲贵中或以宪法为异族之制，横生沮力，可执是间执其口；恐好议论人者，谓以是干进，故但以贡之丈席，而不欲署名姓于其末也。初级国文教科，五年勉成之，写官少，画图甚费事，容再邮呈。伏唯为中国崇护。门下士汤寿潜谨启。

《瞿鸿禨朋僚书牍》，中国社会科学院近代史研究所图书馆藏

元和胡君玉缙论立宪书

光绪三十一年七月初四日

倾阅贵报载政府考察立宪办法一则，为之喜而不寐。不佞去年在日本东京，即闻有此消息，又见孙慕韩公使上政务处书，极论立宪之善。曾与同人言地球各国，中国及俄国外皆立宪政体，非改立宪万不足以图存。我国事事落人后，恐俄将先改，今乃先俄而仿办，则是中国前途之福，而我政府之大有人也。

虽然，立宪者使官民上下分权立限，同受治于法律之中，非空言所能毕乃事，亦非一蹴所可几，必有与之相辅者。非将科举立罢而行强迫教育，不足以立宪；非将捐例永停，有续请者以违制论（本汤氏危言），不足以立宪。一则民智未开，而科举为学堂阻力也；一则中国之能强断在学生，而捐纳有妨其出路也。我政府自揣立罢科举，能不为翰苑诸公阻挠否？永停捐例，能不为外省督抚邀允否？如其不能，不必轻言立宪，致使泰西之善政，又自我而隳也。（路矿、银行、警察等各国行之而利者，我国几无一非弊，铜圆又将为外人干涉矣，可耻孰甚。）

考英、德、日皆君主立宪，美、法皆民主立宪。我国欲改政体，其为君主立宪，固不待言。而同一君主立宪，有形式实质二种。讨论一切事项，当如何规定，既定之后，即不得据他项规则而乱之者，为最有效力之成文法典，是为形式宪法。专论效力，不问成文法典之存否，但能为国家根本上之组织，以定国家直接机关之权限，是为实质宪法（本葛冈信虎法制大意）。英国所行，大都得诸实质

上；日本所行，大都得诸形式上。或谓中国政治之性质、人民之风气，与英为较近，当行不成文之宪法。不佞窃谓当仿日本。何言之？英以岛国位于欧洲大陆之外，不为列邦风俗所侵，其人民之风尚特见纯美，故能搆此完粹之政体。中国自崇尚制艺以来，人人口圣贤而心庸众，重以捐纳太滥，四民中谋生无计，称贷入官，本以行同商贾，甚至竟为商贾所不忍为（本陶模培养人才疏）。流风所煽，社会遂不可问。倘欲行不成文之宪法，势必不能。且我国凡举一事，其章程曷尝不善，而能实行之者几何？深恐形式宪法，尚不免有名无实，而遑论其实质宪法。盖形式宪法者，非皮毛之谓，有其一定之则，而不容稍易，程度尚不甚高。实质宪法则不必规，规于法而自不离乎法，其程度甚高也。抑不佞尤有进者，日本立宪政体赦建于明治八年，至二十二年始颁行宪法，此十四年中，普通之教育皇皇如弗及，欧化之灌输滔滔而不竭，故不转瞬而收其大效，而其远因尤在明治元年大久保利通一疏，其文曰：我中世以还，天子深居九重，民之视君如帝天，君之视臣如奴隶，至将军窃政，犹妄自尊大，卒之君臣乖隔，离德离心，效已可睹。夫普天率土，莫非王臣，此而以帝号自娱，以示天无二日之尊，犹之可也。今天下万国，正不知几人称帝，几人称王，乃盛仪卫饰边幅，与井底之蛙何异？又何以联情谊而使指臂？诚欲合全国君臣上下为一心，必自天子降尊始。自今以往，请尽去拜跪俯仰之仪，一以简易质实为主，国有大事，与众同议，我天皇必亲临太政官而取决焉（按：太政官今已废）。政府诸臣，每日必见面，每月必会食，俾人人亲君而爱上，庶国势可兴。大久保此疏，深合上古三公坐论之意，近今万国通行之例。嗣后废旧仪，改新法，一切自强之本，皆基于此。为问我国中有大久保利通其人敢为此言者乎？然此事实有利无弊，往年在赤阪区青山练兵场观操，见日皇车至通衢口，日人之欢呼万岁，脱帽以为敬者，以万人计。深叹日人之尊王，实出于至诚，迥非专制政体所可拟。所谓君乐与民亲，民斯有爱戴心而无畏惧心者（山路一游小学教育制度）。其语良可味也。次山尚书奏陈应行时政十二事折，殆已见及此。然云宫廷之上非臣下所敢议，请先自政府始，已不能言大久保之言。其曰各省陋习如仪仗、排场、请安、站班、贺禀之类，悉令删除禁革，不能备举，实与大久保之言合（大久保姓也，从省）。推之督抚出入之升炮，司道以上鼓楼之朝暮鼓吹，此种虚体制，贤者无益于身心，不肖者适长其傲慢，亦当在裁革之例（此尚旧制，其他非礼之礼，非义之义甚多，竟有不可思议者）。而藩臬奏事之旧制，当使实行，并令知府可与政府直接，如日本三府之制，庶有当于立宪之意。否则，拘牵旧例，专尚虚体制，似无关得失，其有碍于宪法者实大也。

正封函间，见东报载某某三督奏请十二年后实行立宪政体，则恐传闻之不实，而所谓政府考察立宪办法者亦虚也。然即此十二年后一语，办法甚为正当。此时正宜立罢科举以开民智，永停捐例以清仕途，庶将来官民程度或不致与立宪格格不入。盖为立宪之预备，乃能为立宪之实行也。窃恐其不确，然即不确，中国而不亡，迟早若有行此者，可一言决也。

《时事采新汇选》，光绪三十一年七月初四日（1905年8月4日），录自《中外日报》

章梫致止园夫子（瞿鸿禨）函

光绪三十一年七月二十二日

夫子大人崇鉴：前后上二函，计入尊览。梫以抱恙，致疏趋候，猥蒙垂念拳拳，感铭无似。今贱躯已愈，拟再养息一星期，即当趋聆钧训。昨得蛰仙前辈上函丈书暨《宪法古义》，兼致梫函，因一并呈览。《古义》梫略读一过，皆援据经史，无一违碍之处，似足坚立宪之心，而塞浮游之口。函丈为民为国，独具苦心，或以进呈，或为叙行，均求尊定。日本人所著《并吞东亚策》，伦贝子已为翻印。此书自较日人所著为正大，倘经宣布，或于国民有影响也。狂简之言，伏希采择。恭叩崇安，统求垂鉴。受业章梫谨上。

《瞿鸿禨朋僚书牍》，中国社会科学院近代史研究所图书馆藏

端抚条陈立宪

光绪三十一年八月十六日

端中丞于日前召见，俟军机大臣退后，又特蒙旨叫起。端中丞入内，系皇太后垂询立宪之事，究竟有无妨碍主权。端中丞当面覆奏云：现在君权不专，旁落于僚属，此即不立宪之弊。并条陈立宪各国之条例，及万世一系天皇统治之义，一一奏明。皇太后了然于怀，首肯者再，遂谓中丞云：汝等此去考查政治，务须认真考求，不得含混，并须详觇各国之民情，以便归国后参酌东西现行宪法，稍加损易，即可议行，总期于君权无损，大局有关，自必决意改为立宪政体云云。

《大公报》，光绪三十一年八月十六日（1905年9月14日）

沈祖燕告密禀

光绪三十一年九月

夫子大人钧座，敬禀者：未肃禀言，倏数月矣。八月二十六日火车炸弹之事出，京外震骇，然实在意中，不足奇也。函丈亦忆及二月间受业密函禀陈刺客王汉之事乎？此风一开，早已虑及而密陈之矣。数年以来，不避嫌忌而冒昧妄言者，已偻指难数，非敢故为危词，实以确有见闻，万不得已而沥言之，耿耿愚忱，冀邀俯鉴耳。此等凶党入京，于七月初，实早有所闻，本拟密陈，因事过重大，恐反蹈不实咎。且屡有冒渎之禀白，已自疑邻于多事，即五月初详沥一切，附呈血泪书，初拟入都作大声疾呼之举，嗣知钧座已公函将原禀原件发交原省大府矣，未知钧旨之何如，然已为彼党侦知，大为恚恨于发其覆者矣。今此事实即革命党之所发现，区区愚忱，或蒙鉴察。

伏查此等恶党，实与东洋留学生有勾结。留学生之良莠，本大有不齐。前之刺客王汉，亦即留学生也。孙汶为革命党之魁杰，于七月十一日由美抵东，十三日游学生开欢迎会于东京之富士见町地方，到者三千余人，孙演说革命，无不拍手称善。嗣复遍发传单，于二十七日即本周曜日，公订孙汶开大会于神田区美士代町青年会馆。甚至分三等买座券，上等日金两元、中一元、下半元。托词演说瓜分，实则演说革命也。其传单于七月杪即有寄到，盖受业痛恶该党，暗中略有布置，凡有举动，颇先知之。嗣闻京中亦知此事，外务部有电杨使妥商驱逐之举，甚为欣慰，故未经渎陈也。

查革命党之阴谋，至为险毒，专以排满为主义，其中有虚无党专主暗杀。暗杀者，彼中刺客之谓也。此辈闻于七月初入京，同党有数十人，其思爆发者已有多次，皆不得逞。廿六日之举，其意欲聚歼多人，非专注于此也。近两月来，其党羽由日本入京者甚多，其注意在谋逆，并与政府为难，不可不严为戒备。平时出入，固宜多设拥护，晚间尤须加意巡缉。此时逻察甚严，冀稍潜踪，然略一弛懈，恐即又踵伺，若辈甚众，不可不虑也。十月初十日前后之期，尤宜万分加慎，颇闻其党欲于届时作不测之举动。凡宫廷之内、府第之中，亟宜先时侦察，留意严防。苟能预为声戒，使知有备，而该党之谋已泄，或可潜弥于无形。盖不特面生可疑，即左右近习之人，非亲信者，亦预防有贿通。若辈多赀，均宜加慎也。刍荛之贡，倘蒙鉴采，大局幸甚。

去夏湘中风声甚恶，票布遍散，各学堂本发有枪械，为演习之用者，曾密告当道，托词收缴。同仇会期于十月举事，先已侦知，密陈陆抚严密查缉，果于九月杪破获，幸而免祸。当时多有斥其妄者，嗣以不幸言而中，始无遗议。凡天下事，不可不察于几先，防之于豫也；待其变至，则嗟何及矣。钧见高远，以为何如？

今日者，革命之党，已遍内外，势成燎原，恐亦无术以弥之，万一肇事，各处响应，全局糜烂，何堪设想？此则时切杞忧者也。立宪诚为今日救危之善策，然若辈种族之见甚固，恐未易尽就范围。且尤虑务其后而不务其实，则受业曾于上年与日本学士井上雄原君讨论宪法，所谓不善学之为祸更巨者也。质之荛筹，以为有当万一否？

十月十日前后之期，万祈严密设法，备预不虞，以免震惊。更有陈者，该党平时蓄意与政府为仇，而尤切齿于汉大臣，以为辅政为不宜也。至其中有湘人，则更有大反对于我函丈者。何则？若辈以曾、左、胡、彭削平大难为残杀同种，斥为罪魁。今于吾师之辅政，实同此意。今此兆已萌，危机时伏，实有确知，并非耸听，如蒙俯采而加意焉，曷胜至幸！夙受恩知，不避忌讳，敬此谆密沥陈。专肃，恭叩钧安。伏乞垂鉴。受业谨密禀。受业沈祖燕。

《瞿鸿禨朋僚书牍》，中国社会科学院近代史研究所图书馆藏

两宫注重立宪

光绪三十一年十月十二日

闻内廷人云：日前两宫面谕军机大臣，现以时局艰难，力图变法。虽经拣派大臣出洋考求政治，究恐缓不济急。尔大臣等务当细心讨论，可先定其大略，俟出洋大臣回国后，再行参酌，择善而从。按：此次谕旨，当与本报昨登预定立宪年限一则参观。

《大公报》，光绪三十一年十月十二日（1905 年 11 月 8 日）

余敏斋（肇康）致止盦先生（瞿鸿禨）函（二通）

（一）光绪三十一年十月十九日

止盦先生钧席：折弁回，奉手教，伏承福履双绥，阖第戬穀，欣慰所祝。陶帅来缄，谓京朝注重宪政，议久未决，是此事举行在即。蒙窃以为当此支词横议，不行宪政，方且排满革命，冒上亡等；一旦行宪，将他人如合群、爱国一切好处，断难望于中国情私固结之世界，而嚣凌纷扰，百人百心，将攘臂裂眦，不可终日，欲求如今日之粉饰太平，亦不可得矣。四千年来，中华自有家法，今即陵夷废坠，亦只能师彼之意，以行吾之法，决不可举圣圣相承，上天下泽之定理，举而弃之如遗，以卑朝廷而逆祸乱（服制一改，丝麻无用，又失一大宗利用矣）。明公岂无意乎？粤汉铁路，不借洋款，自是正办，下走向特为广雅舌人，前缄因明言如八股家所谓代字决而已。五小女少小离家，而又仓猝成行，依依之私，虽不敢明言，概可想见，故欲趁此兰征待兆之时，暂接一归，使其母女各得如愿相偿，并将以前未及布置之件，一为补苴，然后回京，与贤郎上承色笑。行所无事，实贤中外恩明谊美之德施，愚夫妇亦同拜嘉惠。目下已值严冬，自毋庸说，明春二月，当遣妥人来迎，用再预以奉商。儿女之私，英贤不免，惟公曲体之。幸甚幸甚。弟虱此倏已逾月，承积疲之后，举两年压阁案件，悉数检察，向之沉沦科房，今乃罗列签押房，虽自寻苦恼，而沉冤滞狱，一旦廓而清之，亦觉怡然愉快。警察尤如近日名词，腐败已极，则更从清道诘奸四字做起，痛加整顿。现已宵灯四照，匪类无可潜踪，山立梭巡，无分昼夜，街巷垃圾，一律扫除，颇觉顿改旧观。以目示天津，日下亦遂不敢多让矣。至于墨吏劣绅，亦分别撤逐数，风纪为之一肃。以上云云，又不免踏露才扬己之诮。然我公前，又不可不白吾真，或与不舞之鹤稍异耳。其他如用人、兴学、筹饷、整军诸要图，皆仅仅一画黑稿而已，亦不欲与闻也。前电所陈涂道一节，见其人尚有才，以庚子教案结议，颇为受屈，安定且不惜为之上请，故辄以奉商，究竟能邀准否？东瀛在汴，循声天下无两，此而不得褒美，当此破格之时，似一缺典何如？复请钧安，弟敏顿首。亲家夫人茀安，以次侍祉。内子同叩。

陶公来书，谓入对六次，两次荐举不才，谓“才堪大用，可任封疆，在两司中为杰出（并云邸亦如此说），慈意欣然；西冷两见缺，廷推首及，以公逊让而止”云云。衡山甫去，若同日即以移之下走，必有烦言。（十年前，弟简放遗缺府，公缄贺有云：“今年惟此事最当人心，开府当在指顾。际此时艰，起而担之，庶几宏济，将使天下吐气。”公知我岂在今日？而眼光如豆者，乃谓私于所亲，公不受，弟亦不受也，一笑。偶忆旧事，明知公为不虞之誉，亦足自豪，故云。）公此举实为卓见，不胜拜服。忆公曾为弟言，山东之命，公亦兴辞，邸仍以请；以此益见诸葛谨慎，惟其避亲，愈以取重。惟是爱日崦嵫，孤心寸草，鸡豚逮存，如何可久？嘉州特眷，夫何敢望？公知下走深矣，敢自择耶？陶帅又谓梅庵极倾倒下走，梅庵何人？亦求告我。内人见公书，至五小女不来，泪涔涔下，终食不乾，善病工愁，莫可解释。明春二月，必求获请，但小住数月，了伊母心事，以后便不至如此怀思矣，亦公之赐也。不宣。弟又顿首。付丙。（自南昌缄）

（二）光绪三十一年十一月二十七日

止盦先生钧右：折弁回，奉手教，款款深情，溢于言外，敬闻命矣。大局系于全权，而属目尤在元辅。来书谓随在荆棘，是中国此后无复有康庄矣。究竟如何扶持？尤而效之，其又甚焉。所谓仗义执言，乃如是耶？近两大患，一在日本，一在学生，治乱存亡，胥于是乎在。而此中消息，则视夫宪政之行不行，一行则更不可为矣。今谊置一切新政为后图，而专力于富强二字。于何富？节流尤急于开源也。于何强？练兵倍重于兴学也。（河间大操，用百数十万；芦汉庆成，用数十万；但举游学一项，岁数百万；加以学堂及一切新政，岁非二千万不可。语其归宿，尽如慈圣所谓皮毛。即如游学，未收其效，先受其害。鄙意不如尽调各学生回国，多延东西教育家来华讲授，暂停游学五年，俾不致耳濡目染，不复知有中国。治标之法，莫急于此。）否则徒事纷更，画虎刻鹄，未见其有当也。在都时，辄与公持此论，观于近事，益信。寒雪宵分，率贡一二，无当宏旨。希马入大学预备学堂，只合如此，自较出洋为妥。五小女明春非归小住，无以塞乃母之念，如希马难行，当请其母舅（绩学方雅茂才，年六十矣）来京迎护，则千稳万稳矣。弟即能屏儿女之私，不能释乃母怀思之苦，真所谓左右做人难也。曹东瀛治平第一，能弃中州膏腴之缺，而来从事学堂，志趣尤出寻常万万。其博闻强记，亦朴学中第一流人，朝廷如优异之，足以风天下矣。公谓何如？敬叩钧安。弟敏顿首。亲家夫人年安，阖潭全茀。

《瞿鸿禨朋僚书牍》，中国社会科学院近代史研究所图书馆藏

袁宫保召对述闻

光绪三十一年十月二十五日

十五日，直督袁世凯召见时，两宫谕云：现在朝廷变法自强，尔等凡于吏治、民生、外交、内政，务求于势有便，审时所宜，勿畏艰难，勿顾毁谤，尽心匡辅，以副宸廑。若对日本会议东三省事宜，务须先与奕劻等和衷计议，设法磋商，勿使我国过于吃亏，保固主权为要义。袁奏对云：日本为文明之国，处事据理，与其争论，或不至十分棘手，乞圣怀宽虑。两宫又复垂询立宪政体，袁极力赞成。闻跪奏有两小时之久，深荷两宫优容嘉纳云。

《申报》，光绪三十一年十月二十五日（1905年11月21日）

立宪私议

光绪三十一年十月二十五日

陆宗舆

英国宪政，出于相因而化，成于相习，故宪典无成章。德国以联邦相合，国体自别。法经屡革之后，制度最有秩序，惟政体为共和。美之政体如法，而分省如国，各省立法自治，有欠统一。欧美各国之情势，不同如是矣。日本采欧美之善，就本国之宜，灿然成一国典章，于日本固称完善，而情势又不同中国。今即举日本宪典言之。其第一章为天皇大权，第二章为臣民权利、义务，第三章为国会，第四章为大臣职务，第五章为司法，第六章为会计，皇位则仍定典范，于是乎治纲毕具矣。然言乎中国立宪之要件，则固有特须注意者：第一满汉问题，第二领土问题，第三外藩问题，第四边疆治法问题，第五皇位问题。此皆中国国家形体上特重之条件也。至于君权、民权之关系，议院之宜否，行政之统一，司法之独立等，则又立宪内容之绝大关键。顾以现今之中国国势、民情论之，庸使得一二圣君、贤相，专制一二十年后，徐议宪政，以为幸以与立宪之程度远也。惟此言可明于心而不可宣诸口，何者？文化滞塞之国，先觉者亦只能阔步高蹈，以导民于进，无逡巡待命之理。时事不可畏难而易作缀，又不可激进而招失败。

日本旧为最专制之国，民智亦不开。自明治初年有立宪之旨，至二十三四年后，议院既开，时而士民于议政体之见识，阅历尚甚幼稚，然至三十年后，卒进于大成矣。想其间当局者，正不知几经风潮，几经艰难，而卒底于成者，守要不惑而行之以序也。不然，西班牙之弱、埃及之衰、波兰之亡，皆有立宪之历史者也。顾此非言立宪之危也。各国之立宪，各有相因而至相迫而成之势。无他，民智日开，上苟不顺导，则下必逆进。顺导则至安，逆进则至危，故中国古圣王本以顺民情为治天下之要旨。今中国下情不通，民怨郁积，至于其极。朝廷深体此情，欲一洗痼弊，与民更新，此君民慈爱感接动机之千载一时也。中国苟不欲立宪则已，苟议立宪，则是不但形表之问题，而内容根本之地尤在首要，惟著手之方，自不可不守要循序而为之。

原夫宪政制度者，分议法、司法、行政三大纲统，皆并行而各不相犯者也。议法者，自国家上下议院，至府县乡村之会议机关而言。司法者，自大审院、控诉院、地方裁判所及区裁判所等司法专衙而言。行政者，自内阁各部大臣，至各府县知事、郡长等行政专官而言（以上就日本言）。今论中国宪政，则举政纲首要，自先在于行政、司法两大政。分司而治，以除积重难返之弊，而并收三者莫大之益，遏教权、平民情、举政事也。

原来各国惟司法制度为特异之独立，以重法权。特异之独立者，何也？一切罪案之判断，皆从律法；官之进退资格，皆从法规。大小法官判事，惟知有律，守职惟知有法，而不相隶属，不相从命。罪人不服，准其上控，法官苟无背乎律，无责也，上控至大审院（大审院颇似中国之大理寺）而止。大审院之依法判决，虽天子亦不能私、不为改也。此各国重法权之公例也。今中国有一教案，小则革斥地方官，大则牵动督抚。督抚者，天子畀以数千里之地，而予以行政之大权者也，其身系数十兆生民之安危，而以区区一教民引责，是实自开侵侮之门，而放弃一国法政之大权。于是乎而法权可干，政权可干，国权可干矣。究其弊源，实行政、司法不分界限之所致也。苟其分之，我之法律苟为各国所公认，我之法官、法衙苟合于各国文明之制，则无论巨大之案，以一法衙断之而已足，将安所谓教案教权也。

其次谓平民情、举政事者，何也？凡为法官者，惟法律专家，而后断狱能尽情，能平允。故各国法官，皆以专门专职终其身，而不另迁他途。中国州县官知律者少，枉法滥刑，自所不免，作威福则有余，清讼事则不足，民困久已不堪；而一切衙役，复假权以鱼肉里闾，于是民怨丛集，内乱日滋。此皆滥予法权之弊。且州县以教养化民之官，而催科、讼狱，兼责一人，虽有能者，亦所不及，故州县之吏事日坏。而况乎一案出入，督抚负责，上下牵掣，不得不交相蒙蔽。此政事所以愈不堪问也。然而分之之法，中国本易措手。以刑部为法部，专管全国司法之政务。以刑部之问案归入大理寺，为大审院。以臬司为一省最高法廷，每府则仿前明推官旧制设府法官，州县则以通判为地方法司，皆以通律学者为之。一切改良，悉照各国文明之制而斟酌之，则立宪国之司法制度立矣。司法既分，则行政官省多少无谓烦琐之事，而后可专力于政事矣。

顾立宪国所谓行政制度者，实要在于统一，统全国政事而归总于各部，而统之以内阁是也。各部之务，各以大臣一人专之，而总成于内阁总理大臣之一人。今日世界各国职制皆同，曾无一部两大臣者，即宪法所谓责任大臣，言责无旁贷也。如一国财政之理否，责在户部大臣一人；一国学校之兴衰，责在学部大臣一人是也。盖必有专责，而人始能实力终事，理乱自明，功过有归，能者不能不进，不能者不能不退，政事虽欲不举，不可得也。然而今日中国欲改为立宪行政制度者，亦有相因而革之法。即以军机领袖为总理，以总国务，以其他各员为各部尚书，改军机名目，复内阁旧制。外官自督抚以下，进退升降，一归内阁。及部议所出，而各部各以所司者，监督各省官司而振作之。此即古之六官，法原于周，故中央集权亦盛行于当代也。有责任之政府立，然后君可得而责效，民可得而望治。然而所谓责任大臣者，上对君主负责任，下对人民亦负责任，即国法学家言所谓对君主之责任，对议会之责任也。不然，大臣以行政之全权，而易开专横之渐，以君主一人之耳目，恐易蒙蔽，故以万姓之舆论维制之也。是以议院制度为宪政之要质，而更以理论进言之。

民者所以成国，民不闻国政而日与国家生离心者，乱之道也。故国家之设议院，亦君主所以维制人民之术。且各国所置重议院者，尤在国用之关系。每年政府所出之预算一表，是最有求于议院者也，则利用议院之法，可以明矣。然一国有议院，而国民之离心除而爱心生，国力因以巩固，国势因以膨胀，其关系岂得谓之浅鲜也？惟所宜审者，中国国民之程度甚低，不能不讲施行之次序。考德国当十八世纪初，其列邦皆先立省会，以开国会之先声。而地方自治制度者，尤为使民练习政事，与闻治道之法。山东之绅董局、山西之乡社，中国亦已开其端绪。今国家诚宜考证中外，斟酌尽善，分省会、府县、乡邑等，各定以自治条章，垂为定制，颁行全国，其尤裨益于治道者。凡一切地方之乡团保卫，小学教育，清查保甲，征兵准备，以及道路、水利、卫生等政，无不可一任绅士办理，因地制宜，费省情熟，而事易举。由是而乡政风行，民智大开，然后有立宪国国民资格，而可与议国家大政，此为之之序也。日本自明治初年创议立宪，至二十三年始开国会者此也。

惟以上不过仅举大纲，言立宪制度之表式，而筹择要改革之法，至于主体精神之作用，百司实际之整顿，极重大繁琐之事，皆不能一言尽焉。

《东方杂志》第二年第十期，光绪三十一年十月二十五日（1905年11月21日），录自当年七月十六日《晋报》

中国将布告立宪之期于各国

光绪三十一年十月二十九日

二十三日，柏林电云：得伦敦报告，驻欧洲各国之中国公使，现正预备禀呈，将以中国拟于五年后实行立宪之事，告诸各国君主。译德文报。

《申报》，光绪三十一年十月二十九日（1905年11月25日）

出使各国大臣会奏请宣布立宪折

光绪三十一年

窃臣等伏读谕旨，特派亲贵大臣分赴东西各国考求政治。本年（乙巳）八月二十日钦奉上谕，前有旨派载泽等分赴各国考察政治，该大臣等各至一国，著各该驻使大臣会同博采，悉心考证，以资详密，钦此。伏维我皇太后、皇上励精图治，奋发为雄，薄海臣民，固已庆鸿业之有基，翼幸福于无既；而海国士夫，亦以我将立宪，自今伊始，必将日强，争相走告。臣等耳闻目见，尤不觉忭庆逾恒。

窃惟宪法者，所以安宇内，御外侮，固邦基，而保人民者也。滥觞于英伦，踵行于法美。近百年间，环球诸君主国，无不次第举行，窃迹前事。大抵弱小之国，立宪恒先。瑞典处北海，逼强俄，则先立；葡萄牙见迫于西，则次之；比利时、荷兰壤地偏小，介居两大，则次之；日本僻在东瀛，通市之初，外患内讧，国脉如缕，则次之；而俄罗斯跨欧亚之地，处贫嵎之势，兵力素强，得以安常习，故不与风会为转移，乃近以辽沈战争，水陆交困，国中有识之士，聚众请求，今亦立布宪法矣。最强之国，所以立宪最后者，其受外来之震撼轻，故其动本国之感情缓。然而强大如俄，犹激动于东方战败，计无复之，不得不出于立宪，以翼挽回国势。观于今日国无强弱，无大小先后，一揆全出宪法一途，天下大计，居可知矣。

且夫立宪政体，利于君，利于民，而独不便于庶官者也。考各国宪法，皆有君位尊严无对，君统万世不易，君权神圣不可侵犯诸条。而凡安乐尊荣之典，君得独享其成；艰巨疑难之事，君不必独肩其责。民间之利，则租税得平均也，讼狱得控诉也，下情得上达也，身命财产得保护也，地方政事得参预补救也，之数者，皆公共之利权，而受治于法律范围之下。至臣工，则自首揆以至乡官，或特简，或公推，无不有一定之责成，听上下之监督。其贪墨疲冗败常溺职者，上得而罢斥之，下得而攻退之。东西诸国，大军大政，更易内阁，解散国会，习为常事，而指视所集，从未及于国君。此宪法利君利民不便庶官之说也。而诸国臣工，方以致君泽民，视为义务，未闻有以一己之私，阻挠至计者。

我国东邻强日，北界强俄，欧美诸邦，环伺逼处，岌岌然不可终日。言外交，则民气不可为后援；言内政，则官常不足资治理；言练兵，则少敌忾同仇之志；言理财，则有剜肉补疮之虞。循是以往，再阅五年，日本之元气已复，俄国之宪政已成，法国之铁道已通，英国之藏情已熟，美国之属岛已治，德国之海力已充，棼然交集，有触即发，安危机关，岂待蓍蔡。臣等反复衡量，百忧交集，窃以为环球大势如彼，宪法可行如此，保邦致治，非此末由。惟是大律大法，必须预示指归，而后趋向有准。开风气之先，肃纲纪之始，有万不可缓，宜先举行者三事：一曰宣示宗旨。日本初行新政，祭天誓诰，内外肃然。宜略仿其意，将朝廷立宪大纲，列为条款，誊黄刊贴，使全国臣民奉公治事，一以宪法意义为宗，不得稍有违悖。二曰布地方自治之制。今州县辖境，大逾千里，小亦数百里，以异省之人，任牧民之职，庶务丛集，更调频仍，欲臻上理，戛乎其难。各国郡邑，辖境以户口计，其大者亦仅当小县之半，乡官恒数十人，必由郡邑会议公举，如周官乡大夫之制，庶官任其责，议会董其成，有休戚相关之情，无扞格不入之苦，是以事无不举，民安其业。宜取各国地方自治制度，择其尤便者，酌订专书，著为令典，尅日颁发各省督抚，分别照行，限期蒇事。三曰定集会、言论、出版之律。集会、言论、出版三者，诸国所许民间之自由，而民间亦以得自由为幸福。然集会受警察之稽察，报章听官吏之检视，实有种种防维之法，非若我国空悬禁令，转得法外之自由。与其漫无限制，益生厉阶，何如勒以章程，咸纳轨物。宜采取英、德、日本诸君主国现行条例，编为集会律、言论律、出版律，迅即颁行，以一趋向，而定民志。以上三者，实宪政之津髓，而富强之纲纽。

臣等待罪海外，见闻较切，受恩深重，缄默难安，用敢不避斧诛，合词吁恳，伏愿我皇太后、皇上宸忠独断，特降纶音，期以五年改行立宪政体。一面饬下考察政治大臣，与英、德、日本诸君主国宪政名家，详询博访，斟酌至当，合拟稿本，进呈御览，并请特简通达时事公忠体国之亲贤大臣，开馆编辑大清帝国宪法，颁行天下。一面将臣等所陈三端预为施行，以树基础。从此南针有定，歧路不迷，我圣清国祚垂于无穷，皇太后、皇上鸿名施于万世，群黎益行忠爱，外人立息觊觎。宗社幸甚，天下幸甚。臣等不胜屏营战慄之至。谨奏。

《东方杂志》第三年第七期，光绪三十二年六月二十五日（1906年8月14日）

庆邸遵议立宪

光绪三十一年十一月二十三日

闻两宫近日面谕庆邸，谓：端方等奏请预先宣布立宪期限，以安民心，然后出（考洋）〔洋考〕查，较有把握。但此事关系甚大，须先立根基，方有实效。

汝等可从长计议。庆邸遵谕，即于次日会议，拟派各省举贡诸绅出洋游历，调查地方自治之法；一面俟五大臣回国，再行宣布定期，以昭慎重。

《申报》，光绪三十一年十一月二十三日（1905年12月19日）

鄂督覆陈宪政

光绪三十一年十一月二十三日

近日两宫于立宪一事颇甚注意，特电问江鄂两督意见如何。兹闻鄂督覆奏略谓：以目前时势论，立宪万不容缓，惟国民程度未优，欲速不达，转恐为宪政之阻。拟请一面先行设立考察政治局，研究宪法，俾国民由娴习而具资格；一面迅饬考察政法诸臣起程，分往各国，悉心调查，从速返国，尅期实行，较有把握云云。两宫深以为然。

《申报》，光绪三十一年十一月二十三日（1905年12月19日）

朱福诜致瞿（鸿禨）尚书函

光绪三十一年

尚书老前辈大人钧座，敬启者：前上一函，计邀钧鉴。伏闻五大臣出洋考察，实为立宪而设，仰见朝廷旁稽政典，俯顺群情，锐意求新之至意。窃维我中国立宪，较之日本为易。明治维新，伊藤诸人赴欧美各国考察政治之时，毫无主宰，不免周章，后经再三斟酌，始定为立宪帝国主义。今日本既行之而效矣，我仿而行之，更无所用其回惑。且察各国立宪之初，必先之以布告，《易》所谓“涣汗其大号”也。日本明治五年，即有万几决于公论之誓言，至十年后，而始决行。兹事体大，固当远稽列邦之政，近察国体所宜，折衷于二者之间，别白为一尊之定。五大臣此行，自为薄海臣民所共仰望，惟当吁请宫廷，断自宸衷，涣发德音，即日布告天下以立宪之意，使中外之观听一倾，亿兆之精神悉振。即有强梁之辈，反对之徒，亦不敢逞其鬼蜮伎俩于光天化日之中，纪纲振作于无形，祸患消弭于不觉，胥于此而得之。证之东西故事则如彼，按之我国内容则如此，时乎时乎，伏望我公与同列诸公竭力赞成之，天下幸甚。管见所及，不敢自默，伏候采择上闻，临颖不胜惶悚之至！恭叩勋安。伏祈垂鉴。侍朱福诜谨敬启。

《瞿鸿禨朋僚书牍》，中国社会科学院近代史研究所图书馆藏

外务部章京戢翼翚呈协办大学士瞿（鸿禨）中堂安禀

光绪三十二年二月初二日

敬禀者：窃章京客冬蒙五大臣奏调出洋考察政法，以章京于日本情形略熟，派令先发，于十月二十三日放洋，至日本东京。数月以来，调查一切，均已略有端绪。本拟随赴西洋，嗣因经手编纂事件无人接办，考察各国政法又以日本为最紧要，遂又蒙派驻东京。现在方于宪法、行政、财政及地方制度，详加考察，兼及公法，将来稍有所得，自当随时缮呈钧鉴，恭候训示。肃此，虔叩金安，伏乞垂鉴。外务部章京戢翼翚谨禀。

外务部章京戢翼翚叩贺中堂大喜，敬请钧安。伏乞慈鉴。戢翼翚自日本东京肃禀。

《瞿鸿禨朋僚书牍》，中国社会科学院近代史研究所图书馆藏

戢翼翚上瞿（鸿禨）中堂书

光绪三十二年二月十二日

中堂钧阅，敬禀者：窃司员上月曾上一禀，恭叩崇禧，想蒙慈鉴。司员奉派留日，除实地调查外，兼诣彼邦政治大家，悉心讨论，具承开示政见，以资采择。其枢密院顾问官男爵金子坚太郎，尤为热心启发。其人博通汉籍，明治初年曾为日本政府派赴欧美调查国会事件，于施行立宪政治之先后缓急，历练甚深。司员往询中国措施宪政之宜，接晤数时，虽语焉不详，而大端已具。谨逐节译呈，以当土壤细流之助，敬祈慈鉴。恭叩钧安。员司戢翼翚谨禀。

附呈译件一册（自日本东京寄）。

《瞿鸿禨朋僚书牍》，中国社会科学院近代史研究所图书馆藏

议立宪政之预备

光绪三十二年三月十七日

前某京卿召见时，奏对立宪，曾奉太后面谕：所有议立宪政等事，著与该王大臣会商，拟于政务处设立考察政治馆，事在必行。又闻某大军机日前对庆邸议及设立政治馆，考察宪政之事，以为中国仿行宪法，人才难得，拟请奏明延聘日本之精通宪政人员，为政治馆之顾问员，以便随时研究云云。

《申报》，光绪三十二年三月十七日（1906 年 4 月 10 日）

两宫不悦某军机缓行立宪之奏

光绪三十二年三月十七日

内廷消息云：昨日两宫召见军机大臣时，垂询现今政体。某大军机奏云：朝廷改良政治，变法自强，何难日臻上理，不在乎速行立宪。两宫闻之，颇滋不悦，草草又询数语，遂传谕退班。

《申报》，光绪三十二年三月十七日（1906 年 4 月 10 日）

直督奏请预备立宪

光绪三十二年四月初五日

日前直督袁制军上折，条陈预备立宪，略言：现在急图补救之法，当以开通民智为第一要义。民智果开，教案自消。开通民智之策，固当以普受教育为根本。然究其根本所在，则急当先以亲民之州县官除去私心，涤尽傲气，汰其顽固，振其因循，先从内治入手，然后递及外交之事。州县官职虽小，而与民间多直接之影响。盖其为一方民人之首领表率，较州府更为重要。臣有鉴于此，特创议所有候补州县均须赴日本游历三月，方可到差，此即重视州县官之意也。可否筹议妥章，通饬各省一律照办，苟上司认真办理三年后，自可兴举宪政，不必虑民间程度不能合格云云。折上，两宫极为嘉纳，已交政务处会议矣。

《申报》，光绪三十二年四月初五日（1906 年 4 月 28 日）

朱学使上枢府书

光绪三十二年四月初八日

大抵外交之得策，必先由于内政之改良。当此之时，而欲耸动天下之耳目，固结天下之心思，惟有吁请朝廷焕发德音，明出矢言，即日与天下臣民立宪而已。今之事机间不容发，惟速予吾民以立宪，使之团结一心，翕聚群力，以民族之发达为祖国之光荣。如此，欲觊覦我土地者，亦难矣。

今者，各直省之中，民智渐已开通，民气渐已张旺。即如近日商民力争路矿之权斯事，我政府既不得而禁止之，且可从而利用之。夫合全国民之势力，不必言排外而以视向者，排外之力已不啻什（伯）〔佰〕千万。然则我今日之国民，不可谓之无立宪之资格也。往者，我国家举劾群吏，必以民情之向背、舆论之从违为断。夫使民情可恃，舆论可凭，则不可谓之无立宪之资格也。此则立宪之举，奚必俟之十二年后哉？且今日之事势，又岂能俟之十二年后哉？试证之西史。英查尔斯第一不立宪，而有克林威之乱；法路易十六不立宪，而有大革命之祸。清教徒叛民也，山岳党尤叛民也。使英、法两君当日许国民以立宪，微特清教徒为立宪之良民，即山岳党亦何不可为立宪之良民？民之良暴，一视上之转移而已，安有所谓资格者哉？

我中国之民，视欧美各国号为良善，其性质亦近服从，乃自大海风回，波谲云诡，而旧俗为之一变矣。其下等之人为商者揭洋旗，为工者贪雇值，皆甘心为奴隶牛马者也。至若上等社会主排外之说者，又大率有革命排满之意见横亘于中。近者日兴月盛，昌言不讳，其著作者大抵托之他族，版权不得而限制之，法令不得而禁止之。盛于上海、广东以及江浙各处，行于湖广、川蜀，其流且及于滇黔矣。数年以后，横流不可复遏，深恐事变之来不在外而在内也。莫若立宪以后，仿日本维新时，颁发敕语，明定宗旨，使皆为德意志之国家学派，同心协力，以修明宪政。盖有下议员之设，然后社会、国家合为一体，天下之人孰有出于宪法之外者哉？以视箝制约束之为相去远矣。

是故立宪之国，其君统愈固，其君权亦愈尊。英吉利，立宪之祖国也，昔之维多利亚，尊之者以为欧洲之女中尧舜矣；日本，立宪之新国也，今之天皇睦仁，尊之者以为万世一系之圣子神孙矣。中国而立宪，则我大清亿万年有道之长即基于此。行此之政，所谓坚如金石，信如四时，无私如天地，亦奚惮而久不为哉？方今二十世纪世界之大势，民族帝国主义盛行，此风潮之所趋，顺之者昌，逆之者殃。俄为头等强国，而与区区四岛之日本交绥，竟至一败涂地。何则？俄为专制之国，而日则立宪之国也。

立宪之国，上下一心，人自为战；专制之国，亿兆离心，驱之战地，则逃亡不暇，甚至有自戕者，盖不待对垒而胜负已决。处今日而欲发愤为雄，何去何从，断可识矣。且立宪之政体非欧洲之所创，而我三代以前之旧法也。《记》云：爵人于朝，与众共之；刑人于市，与众弃之。《书》称：谋及庶人，民献十夫，国有大事，无不参合众论。《孟子》云：国人皆曰贤，国人皆曰不可，国人皆曰可杀，然后察之。不独用舍之事，一以国人为准。古者兵隶于刑，即兵刑大事必询谋佥同而后决行。以视欧洲立宪之政，有以异乎？无以异也。今日中国始行宪政，后之作史者大书特书，必曰自秦时废弃古法，至本朝时始复唐虞三代之政。其为历史之荣誉，有不驾汉唐宋明而上者哉！稽之古制则如彼，按之今时又如此。立宪之有百利而无一害，不待智者而明矣。

诸公深谋远虑，明炳几先，度必早见及此，而野人芹曝之忱，有不能自已者，敢复陈之。

《大公报》，光绪三十二年四月初八日（1906年5月1日）

条陈立宪办法

光绪三十二年四月十一日

闻日前某部郎条陈于政府，请定立宪政体，并谓欲行立宪，务请先开下等社会知识，庶政得无紊乱、破坏之虑。所议甚长，言词中肯。王大臣深然其说，拟饬学务大臣通咨各省，广设官私学堂，认真改良教育，以期开通民智，而固立宪之基础云。

《大公报》，光绪三十二年四月十一日（1906 年 5 月 4 日）

端钦使电陈立宪大旨

光绪三十二年四月十七日

闻政界中人云：出洋考察政治之五大臣，惟端大臣尤注重宪政，刻有电到政府，详陈立宪政策，宜从速宣布，以图自强。并云行立宪后，可以平革命排满之势焰，可以弭仇教排外之风潮，实为有百利无一害云。

《大公报》，光绪三十二年四月十七日（1906 年 5 月 10 日）

无极县章大令绍洙禀陈改行宪政

光绪三十二年四月二十三、二十五至二十七、二十九日

敬禀者：窃以泰西列强之兴盛，其事近在百余年间，而其原因则由于改正政体。自卢骚、孟德斯鸠天赋人权之学说兴，而民族主义之政体成。内治既修明，则国力自臻于巩固。自达尔文、斯宾塞物竞天择之学说兴，而民族帝国主义之政体盛。内力既巩固，则国势益见其雄强。盖天下事物之理，未有内体无坚实之性质，而外界有膨胀之能力者也。

我中国固五千年来之古文明国，而亚洲大陆之巍然大帝国也。六十年来，与外人交涉，损权失利不可计数，以是颇思变革。凡于学校、军备、财政、邮运、农、工、商、矿诸要端，未尝不力思摹仿，渐收成效。而于交涉，仍无实力足以抵抗者，则以未探其本原，而于政体实行其修改也。

迩者我宪台于省城特设政法学堂，于出洋派令习政法专科，又于札谕中时有地方自治等语，是已为将来试行宪政立之基础。又恭读上谕，派四大臣出洋查察政法，而政务处覆奏沈侍郎东三省条陈折内，有变通佐贰，分任职司，公举士绅参预谋议，由直隶先行举办，以为各省之倡等语。又两司议覆朱守条陈禀内，有派员分理词讼吏典，严办警察，与投票公举村绅为地方自治之要，令保府先行试办等语。是宪台与政府已决定主义，将来议改为立宪政体，以固国本而保民命。此诚数千年来未有之大业宏规，而又卑职十年以来所日夕祷祀以求者也。

虽然，卑职窃有所虑者。中国今日创此非常之举，若非明降谕旨，不足以震环球之观听；非确定宗旨，不足以一海内之志意；非宽定期限，尤不能令官吏、士民开智识、具能力，以为将来实行之预备。我宪台高识宏材，振摄中外，力持变局，周知大势，必有谋猷密勿，献纳朝堂，为下僚所不及知者。卑职末秩铨才，何足以言大计？顾念日夕筹思，多历年所妄思，有所陈说，而未遇其时。今我宪台，凡于学校、武备、工艺等事，苟有一言可取，无不俯赐采纳，则卑职又

何得顾瞻而自默乎？用敢殚极愚虑，为我宪台披沥陈之。

一、宜奏请明降改行宪政之谕旨也。泰西国际之交涉，凡事必据公法，必遵公理。惟待我国，每肆无理之要求。其侵侮我者，甚至目为病夫，称为老大，诋为半教之国、半开之民。其实，我国古昔帝王圣贤流传之政教，何尝不精美高广，蔚然为东方先进国？特以法久必弊，而政体之未修改耳。视近年各国战局，西挫于美，英阻于特，俄败于日，一时论者谓专制不能胜立宪，立宪不能胜共和。非兵事之战争，实政体之战争，此理已成为宇内不刊之公言矣。考地球望国多主立宪，其守旧不变者，惟俄、土与中国耳。土藉英力，已难自保。俄因此次战败，已有明年正月实行立宪之诏。论者谓俄改立宪，虽败犹胜，仍可谓第一等国。则我中国又何可不早图变计乎？况日俄议和，虽称保全我土地、主权，而约中有俄让日以辽东租借之权，俄与日协商东三省开通之策二条，而不明言主国作何位置，将来二国即须与我别订专约，恐保全之说亦属虚名，而权利必仍多损失，且又安保他国之不更议其后也？论国家学原理，凡独立国，皆有自主之最高权，否则谓之半主国。岂有独（力）〔立〕国而欲藉他国之力，以为我保全之计者乎？故中国今日欲求自立于竞争世界，得英、日、美之协助，免俄、法、德之侵欺，惟有明白宣示确改为立宪政体，方可以坚各国之信用，以尊我国权，而固我邦本也。所谓震环球之观听者，此也。

一、宜确定采用何种宪政之宗旨也。自亚里士多德分政体为三种，其后哲学家、政学家互相讲明，学理更为精深，政治亦日形发达。立宪分为二种，有君主立宪、民主立宪之别。若夫专制，则无所谓宪法也。考美、法、瑞与南美诸小国，均为民主立宪，惟其主义谓主权全属议会，元首为行政长官，过重民权，与中国旧伦理不相符合，其不适于中国之政教，无待言矣。若英、德、奥、意、瑞、丹、比、荷、西、葡与日本，皆所称君主立宪国也。瑞、丹、比、荷、西、葡，地隘民寡，权力□能充足，其国势既与中国相悬殊，然则足资参考者，其惟英、德、奥、意，皆联邦政体，与美、瑞略相似。而奥与匈为二王国联合体，与瑞、那略相似，其国体与中国相差违。独英之君主立宪规制最为美备，世称为宪法母国，似足为中国法则。但英自八百年来，渐演渐进，始有今日完全。而其内容之法意，多由民俗自然成立，故又谓不成文宪法，则又非我国所能模范也。窃以为最合宜于我国者，莫逾于日本。不特其同种同文，风尚相近，又袭用我唐律，其改正有轨辙之可寻也。查日本宪法，其大纲以天皇为至尊、至神、至圣，代天出治，总揽万机。凡立法、行政、司法三大权，皆为天皇之独立权，议会只立法之协赞而已，内阁只行政之副署而已。而代议院之开闭、停止、解散权，又操自天皇。不似英国议会，三可决即作为已定法案，君主立法权之有制限也。昔者明治初年已立大政官，所颁政体书已有三权分立之规则，而国内藩士心醉欧化，多以平等自由学说联党设会，冀行民政。迨十三年明降敕令，而人心始定。今中国志士、学生，颇有大和之风，似宜明定为君主立宪政体，采用日本法典，庶可以息异议而昭正则。所谓一海内之志意者，此也。

一、宜预定实行立宪政体之时期也。以上所陈速行明降谕旨，决定政见者，正如议会提出议案之已经决议而已。至于如何施行与如何成立，非一旦夕之事也。窃以为决议不可不求其速，而行事则不能不济以渐。我宪台冀赞圣明，参预机务，将来宪政之推行，其缓急先后之序，必有整齐之条理。今虽未见明文，据报界所传播，言虽不确，然亦一时舆论也。其谓三年为实行之期，与十年、十二年为实行之期，视事均未免太易。夫实行云者，必上下一体，规则秩然，确实成立，而后始可谓实行也，断非此短促之时间所能程功而奏效。盖欧美之宪政，以二千余年希腊哲学家之政论孕育其理想，罗马、日尔曼人种市民议会演习其制度，而又以宪法母国具自治力之条顿撒逊人种昭示其规范。故其人民之遗传性质，皆有政治思想，皆有国民资格，只须联贯而整饬之，即已卓然成为法治国。至于中国，士夫尊奉之宗教，官吏执守之例案，民庶服习之俗尚，皆与宪政之精理如凿枘之不相入，一旦欲夺其所固有，而益之以本无，断非千百学堂、十百报馆之所能济事也。此第就民智、民德言之。至于一国统治机关，如币制、兵制、度量衡之不统一，关系于中央集权者且不具论。若夫测绘地图、调查户口、丈量田亩，为地方自治制度之根本，欲得精审之乡村地图，明确之户口人数，为地方行政之必需者，已非数年不为功。而清丈一事，日本以十四年之长期，方能全国告竣，彼之土地特吾行省十分之一耳，岁得四千余万元，与我之三千余万两相若。若清丈则额必倍增，非特中央行政费所关也，即地方税之分核，投票权之计算，实赖于此。即此一端，而他事办理之困难，亦可略见矣。卑职之愚，以为国家既欲确行宪政，宜早明白宣示，以今岁为决定变政之第一期，至后十年为国会试办之第二期，至再后十年方始为确实成立之第三期。今岁决议后，先开贵族议会与试办地方议会，然不得即为宪政也。即如俄国之上议会与乡村议会，已阅百年而无代议院，则贵族权力无限，乡村地方议会即无效力。故必有京都之下议院，方可称为宪政。方今水陆道路未全开通，云、贵、新、甘之议员岁一赴京，往来程期各须数月，其本省交通之不便、愚民选举之不当，又不必论也。故京都之下议会，即所谓代议院者，非后十年不能设立。既有决行之明示以坚其信用，又以十年、二十年之定限以宽其时日，庶使一国之官吏、士民皆得逐渐研究，以养成政治之智识，练习谋议之能力，驯至于人人有自治、自立之资格，忠君爱国之精神，而后始可不愧为完全立宪国之国民。所谓为将来实行之预备者，此也。

以上三者，惟首条为今日第一要务，其余二者，皆明白宣告中之大纲而已。

查各国宪法皆有定章，而不及日本之简明赅括。自明治十五年，伊藤特赴欧美专行考察宪政，归国后，即由伊藤起草，凡分章者七，分节者七十六，其原文不过千余字。即伊藤所著《日本宪法义解》一书，亦止万余字而已。日本国虽狭小，其一切条规、分枝、别派，亦必详赡细密，岂此千余、万余字所能尽？盖伊藤所草创，经明治裁定，为全国遵奉者，特其永世不变之大纲耳。闻之政治家言，凡国度愈文明、人格愈高尚者，其统治之法规，条理亦必更繁富，此亦进化自然之公理也。我国一切政法，凡旧日所遗传者，无一可指为与宪政暗相符合，将来去旧更新，万绪千条，不知须经几次筹议、几次修改，而后始有完全之法案。而创行时所谓贵族议会与地方自治制度，亦只能略得形似，不必遽求密合。贵族议会，亦为立法最高权之所关，非卑职之所能妄拟。惟地方自治制度，为州县下之事，亦为州县必须办理之事，而又为全体根本之所在，用敢略伸其说，惟宪台裁正焉。

中国旧说，州县为亲民之官，州县得其人，则天下治，诚言其责任之重大也。东、西立宪国，州县皆为君主敕任。凡州县知事，于政府负责任，于民庶负责任，既为州县行政官之长，又为州县议会之长，凡事关选举方案，皆其职权所执掌，而又有在议会提议之权，与立宪国国务大臣相同。惟其治理民事，则系间接而非直接，与亲民之义稍异。州县以下所属官吏，几多至二十余人，而州县所辖之地，则分为郡、市、町、村。日本州县四境，以直径各二十里为中数，与我中县相较，几一与四、五之比，而所属之官吏，所辖之区域，已分为阶级如此。则以我国州县辖境之广、属民之多，其不能不变通者，亦势也。属吏分职一事，按照宪法与地方情形，所需员数甚多。近日官智尚未甚开通，若于宪政无普通智识，则宪法学，至精至要之学说，所谓人人有应享之权利，即人人有应尽之义务，或多未能明辨。盖不知“权限”二字之义，则于协力办事，必多违阻也。宪台设学课吏，令专习政法一科，将来必当收成效，可徐议分职之举。惟卑职亦州县一分子，固有不便妄议及全体者，至于州县所辖之地，则必须先仿照立宪国分区办法。日本州县以下郡、市、町、村之名，与美各国译音虽不相同，而意义实略相似。

考村为农民居住之地，町为工商汇集之地。市亦工商场所，而地域较大，户口较盛，故多独立，不隶于郡，而直接于州县。合数町、村而统属于一郡，合数郡而统属于一州县。各区域皆设专官，郡官亦由敕任，町、村则皆荣誉职，所谓长市、长町、村长者是也。町、村有事，不能直达州县，必经郡长、郡参事会。郡官由州县直接监督，町、村则由郡直接监督。是州县以下各区域，皆有专官分理，自无睽隔废弛之虞矣。本省州县，大者七八百村或千村，中邑四五百村，小邑亦一二百村。无极为小邑，亦近二百村，计二万余户，十五六万人口。北方州县，如山西之乡社、山东之绅董局，与本省之村正、副，办理保甲、差徭、联庄等事，略有地方自治之模形，似可先因成规而变通之也。卑职未任大邑，历官之地，如武邑、内邱均四百余村，行唐三百村，较极邑二百村为多，每村村正、副二人，间有村绅充保长、乡约者。姑不合计，只就一村二绅言之，多则八百人，少亦四百人，虽村民公举，难得明通之选，即聚此数百人一堂会议，已有筑室道谋之虑。卑职以为，各州县当以区域之广狭、户口之繁耗为大村数目多少定其比例，多则四五十大村，小则十余大村为定额。如小村与一大村有事，则由其本村绅董议决，面陈官长。倘为合邑之事，或由各大村先与各小村议定，再定期而集议于官署；或由地方官先与城绅署名，发意见书于各大村，令各大村绅士来署会议。至各邑村制，向例村正副、保长、乡约、公正等绅，人数各异，今定议绅数目，少或四人、六人，多或八人、十人，由各村自举，而得与州县议会。充当议绅者，则以各大村所举之首二人为断，此特创行时大概办法。至于如何有公民资格，与有投票权、被选权等，则尚须从缓别定。完备规则，似非民智幼稚时所能仰跂也。

卑职学疏识阇，方隅之论明知无当于高深，倘蒙我宪台不责其狂愚，而恩赐优容，则卑职尚当罄一时之见，续有所陈说，以冀仰承训诲，尤卑职所愿怀而不胜惭悚者也。

谨此禀陈，恭请钧安，伏惟垂鉴。

《大公报》，光绪三十二年四月二十三、二十五至二十七、二十九日（1906年5月16日、18—20日、22日）

直督袁宫保批章令绍洙议立宪禀

光绪三十二年闰四月十六日

来禀阅悉，融中西政治家言，于宪法源流了如指掌。此等笔墨，岂易于薄领中求之？宪法期限各节，俟考察政治大臣回国后，自有办法，目前无从预计。日本加藤宏之有言：自治制度较立宪政体，尤为重要。该令所称外区之法，现行巡警及劝学所章程，即已略见其端。该令读书既多，又历官数邑，饶有经验，如能将自治制度拟一预备章程，亦足以资采择。民智虽甚幼稚，然不引其端，则亦终无大开之日。不行投票公举，则何以别于向来之村正、副？不限制投票权与被选权，何以屏从前把持武断之习？凡若此类，始基甚难。或先定一议员资格，与地方官届期会议，注重宣讲、调查二事，以启发人民之政治思想，而为将来措手之方。俟试行一二年，逐渐增益章程，以合进化自然之公理。此亦牧令所当研究也。仰即参酌遵照缴。

《申报》，光绪三十二年闰四月十六日（1906年6月7日）

唐学使奏立宪政策预筹大要折

光绪三十二年五月初四至初六日

工部左侍郎、江苏学政臣唐景崇跪奏：为立宪政策预筹大要恭折仰祈圣鉴事，窃维上年皇太后、皇上特旨简派五大臣，分赴东西各国考察政治，仰见朝廷奋发图强，更新百度，与天下臣民共治之至意。薄海内外，罔不欢欣鼓舞，佥谓将举行宪政，握富强之本原，以臻文明之极则，而圣清亿万年有道之长，即基于此。

臣维今日时势，海禁既启，五洲大通，交涉之事日难，应付之机愈棘，惟有修明政治，以立宪为第一要义。但事端宏大，此举为欧美各国所观瞻，经始之时，宜审之又审。伏念皇太后、皇上宵旰勤劳，统筹全局，加以诸臣之周咨博访，斟酌权衡，将来宪法颁行，凡所以策海宇之治安，固苞桑之至计者，庙谟中儆，当有百利而无一弊矣。如臣至愚，何足以窥万一？顾宪法纲要，更仆难终，情形固有异同，采择贵无偏倚。谨就管见酌拟数条，敬为皇太后、皇上陈之：

一曰先发明立宪宗旨也。中国数千年来，圣神迭出，政教昌明。至我朝肇兴东土，治迈唐虞，列祖列宗，家法相承，巨典宏猷，益臻美备，普天率土，涵濡圣泽，二百余年，莫不懔大经大法，以循循于王路之归。此决非泰东西各国所能企及也。今一旦骤语更张，忽创为立宪之说，其锢蔽守旧者，必将色然以骇，谓用彝变夏，非中国所宜，于是横生阻力，使宪法不便施行。其谬托维新者，久灌于诐邪之议，愈生其荡轶之心，必至弁髦旧典，冲决藩篱，其势不可以复遏。不知我国而立宪，凡累朝圣君贤相经画之宏，国计民生系赖之远，所万万不能更易者，岂能数典而贻忘祖之讥？其偶有阙略者，当因时制宜，采他国以资吾未逮，千经万纬，办法不离其宗。当颁布宪法之前，必先参酌本国情形，熟察近年利病，应仿日本明治元年五大誓文之例，请旨遍谕通国人民，声明此举并非破坏旧章，轻更祖制。惟是君民同心协力，以争存世界政治，即以本国沿用之法则，如日本之定为惯习宪法，藉祛数百年中有司舞弊、胥吏玩法、上下不通之积习。于是朝野皆晓然于宗旨之所归，而无所用其阻碍。纶音一布，先定人心，其余诸政，次第措之裕如矣。此宗旨之宜发明者一也。

一曰当断定立宪主权也。查各国宪法，有君主宪法，有民主宪法。若英吉利、德意志、意大利、葡萄牙、比利时、荷兰等国，及东亚之日本，皆君主宪法，此主权在君也；若法兰西、美利坚，皆民主宪法，此主权在民也。二者截然不同。考宪法者，当先清其界限。窃谓我国而行立宪，当仿日本为宜。昔日相伊藤博文言：曾奉使欧洲，每谓可采列邦成宪，定为行政之原，不知外国宪法习尚各殊，未必适合日本之俗。又言：日本须以君主政体立为制度，不敢上侵君权，是为握要。至哉！日相斯言，可谓酌中损益，洞然利弊，而适合于我国今日之情势者矣。查日本宪法大纲，其第五条云：天皇以帝国议会之协赞，行立法权。第六条云：天皇裁可法律，以命令公布执行。是提议法案、裁可法案、公布法令之主权属君主者，一也。第七条云：议会之召集、开会、闭会、停会，及众议院之解散，皆以天皇之命。是议会之主权属君主者，二也。第十条云：天皇定行政各部官制及文武官之俸给，且任免文武官。是任官免官之主权属君主者，三也。第十一条云：天皇统帅海陆军；十三条云：天皇宣战、媾和及缔结诸条约。是和战之主权属君主者，四也。夫日本乃东洋一岛国耳，而其七十六条宪章，整齐画一，君权既固，君统愈尊，诚宪法中之至善哉！英国宪法，发明在数百年以前，为全欧立宪之祖，其国王似握全国大权，而政府、国会为其行动机关，其实政权全归国会，凡不经国会所许可，如有施法、废法之为以违法论，此偏重之弊，有断不能采行者。矧我朝二百余年来，煌煌帝制，天泽之名分最严，此创立宪法，量予变通，参以民族主义，但一尊既定，应请事事断自宸衷，下情不可不通，而体统不可不肃，有为平权自由之言者，懔然无从煽惑矣。论者谓行政之权，既归君主，何以各国宪法必载大臣负责任一条？不知大臣负责任者，非君主让其权于大臣，乃大臣对于议院负责任也。夫国家政务千条万绪，安能事事尽惬民心？果一二事之未惬欤，惟大臣担其咎、当其冲。议院可以诘责大臣、弹劾大臣，君主常脱然于责任之外。求之前代，如汉制，遇有事变，宰相避位，史册传为美谈。证之各国，如普鲁士宪法，凡关于政务之公文，国王必令责任大臣一名连署；日本宪法，国务大臣辅弼天皇，且任其责，凡关于法律敕令及其他国务之诏敕，要国务大臣副署；比利时宪法，国王不可犯其责任，皆国王之大臣代负之。凡在君主立宪之国，无有不以此为通例者。夫如是，大臣之责守专断，无偭规越矩之为，而君主最高之威权，益觉尊严无上。况以今两宫之圣哲英明，为中外古今所未有。此主权之当断定者二也。

一曰国民普及教育，所以造成立宪资格也。查各国宪法条例，皆主治者代谋被治者之安全。如民有害己之事，诉于国家以求保护，谓之赴诉权；有利己之事，诉于国家以求援助，谓之鸣愿权。日本宣布宪法，有不侵人民住宅之权利，不侵人民信书之权利，不害人民财产之权利；人民有不受非法逮捕之权利，有印行言论著作集会之权利。逐条分析，悉载入宪法文中。即荷兰一小国，宪法第三条云：凡居王国之民，不问其国内国外财产，皆受保护。比利时建国尚新，宪法极臻完密，第七条明人身之自主，第十条明住居之不可侵。诚哉！宪法之于人民，如此其爱重，如此其保全，可谓无微不至矣！惟各国以教育为主义，无人不受教育，无人不陶镕于法律之中，用能互相维持、互相亲爱，全国之人皆服从于数十条规则之下，而人格不得不自尊。盖国民有应享之权利，必有应守之职分。否则，其人但有权利，而职分并不肯懔遵，则荡检逾闲，借此以为自便私图，弊有不可胜言者。况议院者，立宪之先声。泰西国政均许民间代议，日本丁华族院外别置众议院，以参与政权。若以未经教育之人，同厕议院，则筑室道旁，三年无成，徒然扰乱，无益于治。今者我国之人民程度智识犹未大开，公德犹未尽立。其稍黠者，或从洋教，或托洋商，或隶洋籍，卒之民与民纷争，风气遂嚣然不靖；其稍戆而弱者，又慑伏于官吏之积威，莫筹所以自立之策。试询以宪法成立后，百姓之对付于国家，当有如何关系，如何担负，如何责任，则蚩蚩者未必尽有此政治思想也。亦何取是组织宪法为哉？故今日而不行宪法则已，其必行宪法也，应以普及教育为入手之方。土耳其领土最大，以无教育之故，宪法不成，国势至于削弱；俄为欧洲雄国，顾教育阙如，民无公德，宪法不修，与日本一交绥而立蹶，此其陈迹较然者也。必教育普及，而宪法乃有树立之时。窃谓中国近年学校方兴，士人喁喁争以教育改良相勉励，拟请旨饬下各省督抚，再赶紧设法于省、府、厅、州、县遍立专门法政学堂。其要尤在各处府、州、县责成地方绅士，用义务教育，以极浅显之词，开导下级平民，告以立宪上种种之公德，立宪后种种之利益，使之保障生存，以尽对社会、对国家之观念。如此家喻户晓，视听一倾，宪法之成，自然推行尽利矣。此教育之当普及者三也。

一曰地方自治政策所以培成立宪基础，乃今日所最宜注重者也。查东西各国商业之发达，制造之精巧，铁道、汽船之交通，森林、矿山之日辟，以及学务、兵务、警务无不秩然有序，进步文明。何哉？惟其民间富于地方自治力耳。我国二十余省中，设官定例，其大者如督抚，如布政使、按察使，如各巡道，次者如府、厅、州、县，又次者如佐贰官。无论其有庸庸溺职也，即使尽人而为贤吏，必事事责之于地方官，而精神智识亦断断乎未遑，况当百务待兴之际乎。然则今日而欲创办宪法，舍国民自治，其奚属哉？欧人有言：立宪之国，行政须从一小部分起。又曰：平野广多之国，有中央统治主义；山岳罗列之国，有地方分治主义。中国幅员面积有四百余万英里之多，全国山脉为阿尔泰、昆仑、希马拉亚三大山，故所在皆多山岳，当以分治法为宜。夫分治者，并非侵越中央政府，贸然上揽其柄权也。譬如一市焉，一乡焉，一县焉，利当兴者兴，弊当革者革，而国力、官力有所未逮者，则分其力于个人。分之既多，合无数之聪明才力，兴办一方之公事，结成巩固之范围。推而至于一郡、一省、一国，脉络贯通，上下一气，人人有捍卫桑梓、建立事业、顾全大局之精神，即今世界大通，必不容外人之干涉。如是内政修而外侮弭，民心固而国势强，诚立宪之绝大根源哉。惟自治制度，各国互有异同。论者谓英国条例复杂，未能审察于利害之间；美虽民主国，地方自治讲求最先，然政治机关悉握于地方政府之掌中，而中央毫无管辖，此又断难采行者。似宜近采日本，如府、县、郡、市、町、村之制，选定市、町、村长。市之行政，府、县知事监督之，再上内务大臣监督之；町、村之行政，郡长监督之，再上府、县知事监督之，再上内务大臣监督之。故内务大臣有解散市、町、村会之权，但使无碍定章，无妨公理，一切悉听民间自为，不必施以阻压，其意甚美而法颇良。夫中国今日，凡关于地方公举，何尝不绅议其事，官总其成，似乎有自治模范矣。然而恃符豪霸抗官扰民者，所在不免，故地方自治殊乏起色。窃以为及今施行宪法，请先酌定区域之广狭，饬下地方兴设议院，凡各项应办事宜，许民间开会集议。其有才识学行为地方所公认者，应由朝廷特予乡官荣衔，以示风励，以专议会责成，而仍以地方官监督之。至选举乡官之法，当采日本市、町、村制，用单选法，郡制、府县制用复选法，再由国家宣明定律。如有把持武断，或蹈从前劣绅行为者，当严惩不宥，决不准有一人滥竽其间。如此选格极严，乡政遍举，而宪法之始基真安固不摇矣。此自治政策之宜注重者四也。

以上四端，略举大要，其间事理或互相贯通，或互相维系，似为今日立宪之本原。总之，各国宪法不同，而得失未免参半。臣维日本宪法，其宏纲要旨，无非上保皇室之尊荣，下予人民以幸福，施之我国，至为合宜。伏望圣心权衡至当，允执厥中，先设法律院于京师，特简通达政体、严明刚直、学行俱懋之大臣，为高等司法官，提纲挈领，海内耳目一新。此外行政各官，即认定宪法遵行，其有涉违宪奉行不力者，由司法官纠正之。大本既端，收效自捷，宪法之完备，诚骎骎乎冠冕全球矣。臣为将来颁布立宪政策，预筹大要起见，是否有当，恭候圣明采择，谨缮折恭陈，伏祈皇太后、皇上圣训示，谨奏。

《申报》，光绪三十二年五月初四至初六日（1906 年 6 月 25—27 日）

钱恂上瞿（鸿禨）中堂书

光绪三十二年六月初三日

年愚侄钱恂谨上书于年伯中堂座下：昔年随任在京，以及使节临浙，频亲榘范，倾佩殊殷。忆癸巳年西海归来，重瞻德宇，自兹一别，十有四年。此十四年中，恂东西奔驰，无非为谋食起见，一无寸进，不足以告慰乘廑。惟为人作嫁，转坐是而得旧学之不荒，或为长者所许耳。今春为考察政治诸大臣所佣，代司编辑，竭四阅月之力，告成者十二种，外目录并提要一册，先呈钧诲。此十二种，自以《宪法疏证》、《议会诂法》二种，著笔尤为谨慎，务主正理，不使偏乎过新而已。《统计释例》一种，总括政治大纲，一无所因，而又无字杜撰。《教育诠义》一种，语务持平，尤加意于小学。不识得邀长者一垂览否？庶出幼弟名怡，稚而聪颖，久荷垂知。戊戌年，先严见背后，恂保护此弟，倍切兢兢，近届成年，已为娶妇。此弟读书固多，写作均蔚然可观。尤难得者，在既聪颖，而又敦厚，不拘拘于旧说，而又无近今新派之习。此恂可以上答先严，而仰慰廑系者也。恂今夏尚在日本，入秋又当易辙，惟饥驱所迫，正未知税驾何方，瞻望北云，曷胜驰惦！专肃，敬叩崇安。伏祈垂鉴。年愚侄钱恂谨呈。

再，所编辑之十二种，本拟径寄北京，而日本邮船会社于自天津至北京，但任运送，不任保险，谓此路之运送，种种非便。恂思此系要件，不敢轻易付寄，不得已，由日本之胜山丸（船名）运至天津，交存袁宫保处（统计装一箱，书百二十本）。另已牍呈泽公，请其饬人向直隶督署提取，以臻妥协，一并奉闻。此书计六月二十日或二十一日可达天津也。再肃，敬叩钧安。年愚钱恂谨又呈。

《瞿鸿禨朋僚书牍》，中国社会科学院近代史研究所图书馆藏

铁大军机阻挠立宪之风说

光绪三十二年六月初七日

铁大军机颇不以立宪为然，力主中央集权伸满抑汉主义。近来兼有裁抑北洋政权之议，闻练兵处司官良弼实左右之。

《申报》，光绪三十二年六月初七日（1906年7月27日）

内阁中书刘坦条陈预备立宪之法呈

光绪三十二年六月初九日

花翎知府衔·在任候选道·内阁中书刘坦，为呈请代奏条陈立宪事。

窃近年以来，内外臣工奏请立宪之说，喧传道路。伏读光绪三十一年六月上

谕，派遣考察各国政治大臣，旋又设立政治馆，纂辑各国法制，仰见我皇太后、皇上筹画之精，求治之切，一旦颁立宪之诏，立万年有道之基，天下精神为之一振，自强大计无过于斯。今五大臣取次归国，亟须编纂宪法。窃维立宪之道，务广群言，方今圣明在躬，刍荛必采，是以不揣冒昧，敢献一得之愚，为我皇太后、皇上陈之。

今之欧美大国，无一非立宪国家，即素称专制如俄，近亦颁布宪法，是居今日而谓必当立宪，殆众论所同，且终不能不立宪，乃势所必至。惟徒知立宪之当急，而不察人民之智愚，则程度不足，即使颁布宪法，亦仅成一纸空文，反至凌躐淆乱，不可收拾。若惮民智之难开，委于时机未至，则因循迟误，又不免因噎废食之讥。夫立宪急务也，固不得谓为尚早，而遗误方来，并不宜料其未至，而谋为展缓。苟能鉴其尚早而预先设备，乘其未至而诱使速成，亦时机之甚顺而不可失者也。岂徒曰人民程度尚低，不适于立宪资格，遂可不言立宪哉。日本明治六年确定立宪政体，十二年开地方议会，二十二年始发布宪法于全国，自创议至于成功，盖十余年焉。英吉利为立宪之祖国，其宪法经数百年之迁移嬗变，而后成今日之宪政，则立宪之举，非一二年所可期成，尤非数十人所能轻定。夫既不可骤言立宪，又不能终不立宪，则将欲立宪而为立宪之预备，人民之智识未至，则加以教育，使其速进于开明之域，诚当今之急务矣。窃以预备立宪之法有四：

一曰先行地方自治。读各国立宪史，观其组织立宪之际，必与议院相维，人民朝考夕稽，地方自治之制早已完密，英国当七世纪，他文瑟布勒定地方自治制度，为立宪机关之基础。中国人民尚无选举议员之知识，亦无可任议员之人才，则先行地方自治为教育陶铸之法。盖地方自治之议会组织及投票选举，实为议院之权舆，人民之知识，因练习而渐熟，不难养成适于立宪国民之资格。请饬政务处速定地方自治规则，颁发各省，克日举行，则数年之后，立宪之基础定矣。

二曰编辑宪法说明书。言定国是，而有宪法，胪举政体之大纲，明定于条文之内，君民世代共守之，乃中国古代未有之举，非博识之士鲜知源委，昧然颁布宪法，必成具文而已。夫各国立宪政体之美，非徒有宪法条文也，举国人民无论智愚妇孺，皆洞悉其国宪之精神，熟知宪法之条款，故因势利导，即勃焉以兴。今吾民之无立宪知识，非不能也，盖不知也。请饬政治馆篡定宪法说明书，说明宪法之原理及各国宪法之异同，颁发各省，责成督抚通饬所属，均派宣讲员按日宣讲，一以防邪说谬解之歧人，一以为立宪变政之先河。人民习闻立宪之说，明乎立宪之故，默化潜移，风俗丕变，及至宪法颁布，已习焉不惊，自能喻化遵守，共臻隆盛之治矣。

三曰各学堂增设宪法教科。自来解释法律歧说百出，现今各国亦不能免，而一国宪政万不宜有异同。中国风气初开，众口庞杂，苟不设法使之统一，势必分派攻击，养成政党之祸。请饬各省无论官私立大中小各学堂，均令增设宪法一科为特别教授，并一律以宪法说明书为教授之根据，不得歧异。则学生毕业皆明宪法之旨，统一而不乱矣。

四曰各省官绅设宪法研究所。一国政务赖官绅之执行，而宪法之精神与百执事，均有相维之势。今之官绅能明立宪之旨者，恐必不多，即使颁布宪法，亦犹有舟而无楫。虽各省已设法政学堂，而额数有限，未能普及，请饬各省设立宪法研究所，通省文武官绅皆令入研究所讲求宪法，庶几颁布宪法之后，百执事之措置不背立宪之本旨。

以上四法，仅为预备立宪之先导，预备之功深，则立宪之资格必具。徒骤言立宪不可行，谓程度未至而视为缓图，亦以为未当。谨献预备立宪四策，伏乞代奏。谨呈。

故宫博物院明清档案部编：《清末筹备立宪档案史料》上册，第120—122页，中华书局1979年版

会议立宪政体之传闻

光绪三十二年六月十五日

据闻政府诸大老关于立宪问题，迩来屡次会议，并与泽公考察事宜互相参酌，各有端绪。日前军机大臣奏陈两宫，上意以此事关系至大，宜加慎重，须饬

京外大员详细妥议，方能核示。是以近日政府已将此事搁议矣。

《申报》，光绪三十二年六月十五日（1906 年 8 月 4 日）

鄂督有内用消息

光绪三十二年六月十五日

京函云：近日都中传言，鄂督张宫保将内用。闻因考政大臣回国，曾会衔递一密折，大意言：此次在东西各国考查政治各条，亟参酌中外情形，实行宪政。惟组织一切，必须与各省封疆重臣会议办理。政府即屡次电商鄂督，大约内用之说，即由此而起也。

《申报》，光绪三十二年六月十五日（1906 年 8 月 4 日）

督抚更动与立宪消息

光绪三十二年六月十六日

闻官场消息，考政大臣端方回京后，当由闽浙总督调督两江，江督周玉帅转调粤督，粤督岑云帅转调闽督，是否确实，尚未详悉。又闻四大臣回京后，两宫当召见袁慰帅、张香帅，以便与四大臣妥议制定宪法，并派香帅为编纂宪法大臣。

《申报》，光绪三十二年六月十六日（1906 年 8 月 5 日）

施行宪政之筹画

光绪三十二年六月十九日

闻泽公关于宪政大要，已于日前具折入奏。据云：查英德诸国之宪法，尽善尽美，然难移于中国。盖东西诸国习惯各异，君臣之间情谊不同，君权与民权互有消长。独日本共在亚东，忠孝性成，别为文明，宜仿照日本，制定宪法，以拯时艰云云。又闻泽公有派为政务处会办大臣及政治馆总裁之议，以便编纂各国宪政，俾得实行。

《申报》，光绪三十二年六月十九日（1906年8月8日）

请先宣布立宪宗旨

光绪三十二年六月十九日

闻政府人云：日前诸巨公会议立宪事宜，拟俟端、戴两大臣到京，即行详慎计议，先为奏请宣布立宪宗旨，并请饬令试办地方自治，俾得开化民智，上下情通，历二年后，再为实行宪政，不至有阻挠抗议之事矣。

《大公报》，光绪三十二年六月十九日（1906年8月8日）

黄太史寿衮条陈调查事宜以为自治之本折

光绪三十二年六月十九日至二十二日

为时局日迫，非地方自治，无以立宪，急须切实调查，以为自治根本，谨陈大要，恳乞据情代奏，预备采择事。窃职思立宪之道，为当今大局万无可易之理，万不容缓之势，而实为吾中国万难措手之事。英吉利之立宪，可云自然矣。然亦必几经磨折，屡受推翻，而后成为巴力门之政治。余国无论已。盖必在下者实有可以立宪之因，而后在上者顺其势而导之，可得成为立宪之果。

我国各行省，民质杂出，积痼已深，骤欲行之，恐逆施之弊，波谲云诡，转难收拾。议者探原立论，谓立宪机关，全在教育，固已。然教育者，所以使人人识得国民二字，成为人格也。目今教育幼稚，一隅未遍，且亦未得善法，将使通国之民，皆受镕于学而始成宪政耶。俟河之清，一再因循，而时变之亟，已不可待。窃以为际此欲渡未渡之秋，惟有急用调查一法，先使各行省之积年蒙暗，一旦光明，然后徐徐措理，可以剔弊还纯，以渐进于立宪之矩步。调查之法，责在官绅。使各直省画区分□，由省会设一总局，而府厅州县与市集乡镇，各设分局支局，而受其成于省局。要在不避烦瘁，穷搜冥索，依类朗列，毫发毕呈。其经费则就地各筹。计不过期年半载，而各地之兴衰现象，可烛照而犀然。如是则自治有本，即将来实行宪法，不至如授盲以镜，责跛以趋，有冥行倾跌之病。且事止调查，经费亦简，官绅一气，措办非难。而论其善，则在开行之时，各疆其疆，各人其人，各事其事，久则融而为一。直通各行省而若合符节，全局盛治，悉受范于中焉。

谨述调查大纲条举如下：

一、各省各属地方之历史。如教育、政治、社会、人物、土产、农业、工业、商业、财政、军事、刑法，以及路矿、邮电、水陆一切之交通，凡在五十年以内者，按年一一查明，近二十年中，尤须翔确。盖惟鉴其既往，始可以善其将来。故调查历史第一。

一、各省各属地方之地理。除沿革必究外，凡山脉起迄，江河流域，道途通塞，以及陆军险要，海军险要，沿海之里程若干，海洋之广狭深度，有无礁石岛峡，风涛沙线，皆须绘图帖说，以待整核。故调查地理第二。

一、各省各属地方之社会。凡户口之多寡，人民之智愚、强弱、文朴，风俗之好尚，营业生计之孰重，富者几等，贫者几等。其地巨室绅富，权势若何，自治规则若何，有无特别恶俗，以及善堂义举之立法。乩坛寺院庵庙香火之衰旺，所住僧尼若干，有无动不动财产。最要者为其地之著名盗夥，其头目之姓氏履历、党羽之多寡、根据何地、势力所至何地。以及地之烟室几所，烟灯若干，每日出售烟膏若干。妓院几所，系官妓，抑系土娼，人数若干，其生涯之盛衰如何。赌博之场，何区为多，以何种赌博为盛，其输赢之大小若何，最阂该地生计者，为何种赌博。以及客民之籍贯户口，生业行止，有无流弊。皆须通行列表，以资兴革。故调查社会为第三。

一、各省各属之教育，实为自治根原。自戊戌、辛丑以来，各处学堂，官立若干，公立若干，私立若干。举凡各校之设立年月，校用之经费，教科如何，课本如何，生徒实数若干。其管理员、教员之爵里姓氏，并若何腐败，若何改良。及官绅主持之得失若何，诚伪如何。其地留学外洋之人数若干，其地私塾若干，有无改良，切须核实翔考。又该地之旧有书院，是否已改学堂。凡有学会之区，其发起人之爵里姓氏，入会者若干人，所会者系何学，经费如何。其地方若有藏书楼，是官办，抑绅办，图籍多寡若何。若有报馆，则创办者谁，主笔者谁，宗旨何在，现前销数若干，历年比较，有否进步，以及有无阅报之社。皆足以征地方之文野，查之宜详。故调查教育第四。

一、各省各属地方之政治。其机关所在，以何者为重要。大小官吏之政策，其对内对外，以何者为方针。旧政之停罢者某某事，于何时停罢。新政之已行者某某事，于现象宜否；未行者某某事，有无议行。以及各官署僚友之行为权势、吏役丁役人数之多寡、舞弊之真相，皆须一一明揭，以待整饬。故调查政治第五。

一、各省各属地方之物产。除日用品、饮食品两项杂物外，可分动物、植物、矿物为三大类。动物不外毛、羽、鳞、介四种。植物如谷食、蔬果、药材、竹木、烟叶、木棉之类皆是。矿物则别金类、非金类两种，有人工开采者，有机器开采者，若者已开采，若者将开采，若者未开采，以及为官办、为商办、为官商合股之办、为商借洋股之办、为华洋合股之办、为洋股独举之办，皆须列表朗举，以为改良地步。故调查物产第六。

一、各省各属地方之农业。凡成熟之田若干亩，荒山荒地之已垦者若干亩、未垦者若干亩，新涨沙地何时涨、何时消，现前若干亩，有无升科。其田价高下之等差，土地燥淬之区别，种植畜牧之宜忌，森林之衰旺，水利堤防之兴废。农殖之人，有无知新法者。种桑之区，约有若干，每年每区，办采之叶，约计中数若干，其蚕种之优劣如何，饲蚕之法，有无异同，历年蚕户，有无增减。地有种莺粟者，所占地亩，实数若干。此皆与生利本原，殊有关系。故调查农业第七。

一、各省各属地方之工业。所重者何项，各工之熔合若何，有手工制造者，有机器制造者，有自造者，有仿造者，有改良制造者，有新式制造者，皆须分列。其地如有工厂，则凡成立之年月、资本之厚薄、工人之多寡，以及历年赢绌之实数，其成立之始，系官办，抑商办，抑官商合办，抑华洋商合办，抑洋商独办，皆当一一翔列。故调查工业第八。

一、各省各属地方之商业。其机关所系，最重何项，以何货为大宗。各业熔合之法若何，会馆自治之道若何。市场之上，盈虚消息若何。输出外国之货，品类若干，价值若干；外国输入之货，品类若干，价值若何。本地商人，在海外贸易之多寡，及贸易情形。有商会之区，须查其立会之法，与会董之爵里姓氏，并执事人数，经费若干。有著名大庄号、大行栈，须查其贸易之大小，历年之赢绌，其时开时闭，有无关系。地有业监与丝、茶者，须将此三项中之种种内容现象，一一明记。鸦片一项，有产自本国者，有来自外洋者，其历年所销之数，并宜核稽。又新定之破产律，在该区商场中，有否訾议，抑多服从，皆须确揭。故调查商业第九。

一、各省各属地方之财政。其收入者，为地丁漕粮之数，厘金之数，及栽厘后之现象，监厘之数，各项杂税之数，庚子以后加捐之数，其藩库运库关道库之储藏数，则须历年比较。又银元、铜元各局之□余存数，其支出者，为征解北京之数，征解别省之数，本省自用之数，历年摊派赔款之数，练兵应征之数。除以上入出两项外，有各种官款储积地方之实数，又有民间各种迎神赛会之公积，各业会馆之公积，各项善举之公积，家族祠堂之公积，皆当核稽其数。而一乡富户之家财，有动产、有不动产，亦应实列焉。故调查财政第十。

一、各省各属地方之军事。其营制若何，驻扎何地，全营人数若干，统领官之姓氏履历，兵之籍贯，形式之异同，兵器之新式不新式，兵力之可用不可用，皆须确查。地有旗兵驻防，与城乡团练者，营制兵器兵力之应查同之。炮台所在，形势如何，管理炮台之官如何，兵勇若干，所储枪炮弹药若干，曾否利用。内河炮船，驻泊何地，统带之官如何，兵勇若干，枪炮弹药若干，曾否利用。如□海口屯泊兵轮，尤须查明管带之员，姓氏来历，以及艘数、吨数、兵数、炮数，并造成此船之地坞年月，系本国自造，抑外国代造。其东南各省，有征兵之区者，规制若何，每区所征之兵若干，以何项□为最多。督练公所若何办理，自总办以下，需员若干人，由何项人员充当，皆须一一登记。故调查军事第十一。

一、各省各属地方之刑法。先举府厅州县讼法之异同，而讼案之多寡，则一年以四季核之。其监狱之犯，若多若寡，年终统计犯死罪者实数若干。凡讼事上之种种陋规积弊，及著名之讼师若干人，有无权力。州县现象，以何种讼事为最多，有无重大特别案件。官吏之对于刑法若何，其于新修之民事、刑事、诉讼各法，多訾议者，抑多信从者，皆须揭出。故调查刑法第十二。

一、各省各属地方之交通。分邮信、电信、铁道、航路、汽船、通商口岸为六类。邮局有官设者，有民设者，有外人自设者，年终统计，寄信数目若干，赢绌若干。电局设立何地，管理何员，电线径行之里程若干，各局收入之电费若干。铁道则查已经开筑，未经开筑，系官办，抑商办，抑官商合办，抑华洋商合办，抑洋商独办，与铁轨径行之里程，停车之站场，以及民车车户之实数。航路则查里程之起讫，停泊之处所系旧有，抑系新开，并各船户之组织，及各船大小实数。汽船则须查是否官款，抑系商款，并系洋款，艘数若干，每艘载重吨数若干，每年自何地至何地，多载何货，往来次数若干，赢绌如何。若遇通商口岸，则凡开埠之原始及现象，外人之来居留者，多寡若干，其居留系以何地为界。交通之微，最关国脉。故调查交通第十三。

一、各省各属地方之大势。此省与彼省，何者为直接之关系，何者为间接之关系。外人之来此省者，其注意何在，有无测量窥伺等情。外人之侵入者，是否商会之势力，抑客卿之势力，抑商人之势力。天主耶稣之礼拜堂，共若干所，入天主教者若干人，入耶稣教者若干人，教民平民，有无激愤，地方官之对教民若何，皆须一一详志，以备应付。故调查大势第十四。

以上各类，不拘官绅，皆可肩任调查。调查之法，各备册籍，就其地之大小，分为普通、专门两项。地大者宜专门，地小者可普通，应列表者列表，应绘图者绘图，不能绘图者，以泰西摄影法取之，亦间可加以按语。其有舛伪□漏，及挟嫌徇隐等病，任地方士民，确凿检举，上书辨论，惟不得摭拾风闻，致生歧说，终以秉公切实，事事求详为主。倘调查得法，有裨国家，无论官绅，各随其事之大小，予以奖励。非谓经此次调查之后，即可云自治，即可云立宪也。不识其病，何由用药？调查者所以推测病原，使自治之药，可得而施也。自治既施，元气可复，浑然肫然，而宪法即随之而行。

西国所以人人以调查为义务，朝野上下，无不知有国是，利害共之，而国力以坚。我国惟人自为谋，付全周于不顾，故进化未易。职窃以为际此危轴，非先行调查，无以自治，非先行自治，无以立宪。调查所以济教育之不及，为自治之先声，亦所以示通国人，知立宪之自有本原也。其应查各类，仅就管见所及，约举大要，惟在临事者，随时随地自为补苴而已。职为急救时轴，研究立宪起见，是否有当，缮折谨呈，据情代奏。伏乞皇太后、皇上圣鉴。谨呈。

《大公报》，光绪三十二年六月十九日至二十二日（1906年8月8—11日）

钦使再请立宪

光绪三十二年六月二十一日

探闻梁振东钦使前递封奏一件，系略陈各埠华商仰望考查政治大臣归国后即宣立宪之期限，并谓各国朝野亦群视此举为最注意，请于五大臣归国后可否急宣布立宪年限之处，实于中国前途有绝大关系云云。

《大公报》，光绪三十二年六月二十一日（1906 年 8 月 10 日）

端午帅变通立宪之意见

光绪三十二年六月二十三日

泽公、尚大臣皆主立宪，且甚激烈。惟闻端午帅另有变通办法，以免顽固政府之阻挠云。

《申报》，光绪三十二年六月二十三日（1906 年 8 月 12 日）

某京员条陈立宪事宜

光绪三十二年六月二十三日

近日封章奏事者，以关于宪政为多。日前又有某京员条陈中国立宪，须参酌各省民情，略仿各国办法，拟定暂行法律，以期逐渐改良；并请将考察政治馆归并政务处，改名上议院，除派王大臣管理外，各省督抚将军均加会办大臣兼衔，凡属该省事宜，即可参酌商办，以免隔阂等语，呈蒙都察院允准代奏。

《申报》，光绪三十二年六月二十三日（1906 年 8 月 12 日）

杨守仁（笃生）上瞿（鸿禨）中堂禀

光绪三十二年六月二十四日

中堂世伯大人钧座：守仁自随使赴东，分担考察事件，与外务部主事戢翼翚同任内务行政及地方自治制，兼研究各国宪法之异同，及日、英、法、比财政制度之异同。虽学力浅薄，所得无多，而纲领所在，略能领会。惜时日促迫，不能比较中外事宜，以求损益因革之要归，而蕲于推行尽利。然鄙见所及，非必无一得之愚，当俟他日趋叩堂庑，陈启崖略。现在使节归朝，本当随轺北上，惟以编译各书，缮写未竟，故逗留此间。期在七月中旬以前，一律蒇事，遣专人赍呈考政大臣以后，回里省亲，或在冬间上京，更行趋侍耳。此次与戢主政同任考察事件，戢君语言精熟，识解超□，而于内务行政、地方自治，用力尤勤，故搜集材料，颇见宏富。守仁自顾所学，无能为役，滥竽其间，自惭形秽。现戢君以母忧，月内当旋里营祭奠。他日以事北上，必当趋叩台阶，想能一赐清光，假以颜色也。东邦绒画组织颇佳，奉呈四幅，聊以表依恋之意，伏乞哂存。肃叩钧安。世愚侄杨守仁叩禀。（自上海写呈）

《瞿鸿禨朋僚书牍》，中国社会科学院近代史研究所图书馆藏

枢密商订立宪期限

光绪三十二年六月二十四日

据官场人云：此次考查政治，泽、尚两大臣来京复命，即奏以各立宪国，不

但不碍主权，且于主权更尊云云。两宫颇然其奏。今闻军机大臣以立宪政体宜早为预备，对泽、尚两大臣云：俟端、戴两大臣归后，即可商办一切，务在先整顿各部，及厘定官制，为立宪入手办法等语。日前端、戴两大臣连蒙召见，想不日即可开议也。

《大公报》，光绪三十二年六月二十四日（1906年8月13日）

议设宪法翻译局

光绪三十二年六月二十五日

闻政治馆各大臣会议，现在考政大臣均已先后归国，应将一切书籍逐加翻译，故拟于本馆内附设翻译局一区。凡有关于宪法，均由该局译成汉文，以备进呈。其本局应用人员，拟即由外务部及译学馆调充各项职任，以资得力云云。

《大公报》，光绪三十二年六月二十五日（1906年8月14日）

袁督对于立宪之意见

光绪三十二年六月二十八日

枢府立宪消息：近政务处得直督袁宫保电报，拟仿前戴尚书条陈，遇有改革要政，凡五六品京官以上，均有参议权。所有内阁、军机处、政务处、六部、院、卿署，量为变通，以组织预立上议院之基础；并饬各省督抚，札饬地方州县官，令邑绅、村董参议州县事权，村镇受辖于邑，邑辖于州，州辖于府，以立下议院之基础。

《申报》，光绪三十二年六月二十八日（1906 年 8 月 17 日）

宣布立宪日期预闻

光绪三十二年六月二十九日

闻内廷消息，自端、戴两大臣回京，政府诸巨公连日会商应兴应革诸要政，廷意已决计行立宪政体，惟必俟廷臣商议妥协，奏闻两宫，然后电致某某两督。如果中外各大臣折衷一是，即于明年元旦仿照历来恩诏之例，下诏宣布。

《大公报》，光绪三十二年六月二十九日（1906 年 8 月 18 日）

出使各大臣条奏立宪

光绪三十二年六月二十九日

驻奥国大臣杨小川钦使、前驻比国大臣杨诚之钦使及现任李木斋钦使、驻英国大臣汪伯堂钦使等，前日分递封奏，业经庆邸加片代递，探悉条陈请速立宪及地方自治各事，均已留中。

《大公报》，光绪三十二年六月二十九日（1906 年 8 月 18 日）

政府会议立宪之确闻

光绪三十二年七月初五日

近闻政府会议立宪政体，仍以先设上下议院为开宗明义，并拟归并内阁、政务处、军机处，改为枢密院。至实行立宪之策，约以十年为期，惟各大臣意见不一，故尚未解决云。

《大公报》，光绪三十二年七月初五日（1906年8月24日）

尚书条陈立宪

光绪三十二年七月初五日

刻闻政府消息，日前某尚书递具封奏，条陈立宪政体，其大旨请宣立宪宗旨，刊发政务官报，选举公正绅士，参预应行兴革事宜，实行地方自治，俟十年后民智大开，教育普及，再请实行立宪。折幅甚长，援引外史佐证中朝，所奏甚为得体，深蒙两宫嘉纳。

《大公报》，光绪三十二年七月初五日（1906年8月24日）

《申报》宪政消息六则[①]

光绪三十二年七月初六日

（一）政务处拟派员记录所议宪政

政务处王大臣近以会议一切政治事宜关系重要，并蒙两宫面谕详慎妥议，应即拣选熟谙政务、精通外交人员，派充本处顾问官，并饬即将本处逐日所议宪政，随时记录一册，以备考查。

（二）电饬督抚条陈立宪办法

二十四日，军机大臣召见时，两宫以举行立宪，令即电谕各省督抚条陈办法，勿得稍涉曲隐。并闻直督、鄂督先期均有密电奏陈宪政事宜，两宫深为嘉纳。

（三）谕饬直督参预宪政

日前军机大臣召见时，两宫谕饬电知直隶总督袁世凯参预宪政事宜。

（四）政府会议应行整顿要政五端

探闻政府诸大老与考察政治四大臣，近日会议政治事宜，应行急宜整顿者，其大纲有五：曰宪政，曰军机，曰财政，曰外交，曰吏治。

（五）传见枢臣参酌要政

上月二十三日，军机大臣召见后，两宫又传谕庆邸、瞿鸿禨入见，系因参酌

① 题目为编者所拟。

立宪政体，并谕与诸大臣详议妥善，随时奏请核示。

（六）端、戴两大臣奏对纪闻

上月二十二日，戴少怀、端午桥两大臣召见时，奏陈外洋一切政治，未必尽能行于中国，务请详细参酌，并饬廷臣妥议，择善而从，以期取人之长、补我之短。而立宪一事，尤以筹商入手办法，早日宣布宗旨为最要。其改定官制，剔除弊端，振顿军威，改良枪械，诸事均属当务之急。所奏多中窍要。两宫垂询良久，尚未尽言，故谕于二十三日预备召见。是日仍系讨论立宪事宜，约历两小时，始行退朝。据政府某巨公云及此次端、戴考察政治颇有实际，较之尚其亨之徒摭空言者，相去诚不可道里计矣。

《申报》，光绪三十二年七月初六日（1906 年 8 月 25 日）

尚书条陈立宪政体

光绪三十二年七月初七日

据政府人云：日前某尚书召见时，呈递封奏，请速宣示立宪政体。援引外史，佐证中朝，所奏甚为得体。并请饬下各省督抚，选举公正绅士，参预一切应行兴革之事，俟十年后民智大开，教育普及，再请实行君主立宪之政。两宫览奏，异常嘉纳，已谕饬政务大臣归并前折妥议矣。

《申报》，光绪三十二年七月初七日（1906 年 8 月 26 日）

政务处拟添宪政研究所

光绪三十二年七月初七日

日前政务处诸公会同考察政治大臣，商议宪政及编辑政治全书，拟在馆内设立研究所一处，以备各部官员将求一切宪政，如有所见，均著据实直陈，俾得集思广益，酌核办理。

《申报》，光绪三十二年七月初七日（1906年8月26日）

延聘通才在松寥阁编订立宪文件

光绪三十二年七月初七日

考政大臣端午帅，在欧美各国调查关于立宪诸文件，最称多数。虽皆足为研究政治之资料，而错乱无序，如满屋散钱，无从贯串。现特延聘通才，假镇江焦山之松寥阁，代为编订体例。按：此事闻已易地，大约访员报告尚是初议也。

《申报》，光绪三十二年七月初七日（1906年8月26日）

朝廷颁发立宪谕旨之期

光绪三十二年七月初九日

天津西报云：传闻中国朝廷将于明年元旦颁发建设立宪政体之谕旨。译字林报。

《申报》，光绪三十二年七月初九日（1906年8月28日）

直隶全省学生递呈考政大臣

直隶全省官私各学堂学生八万六千余人，近由陈继善、冯启运等发起，递一公禀于提学使，请转呈考察政治大臣，系请奏颁宪法、更改官制、重定法律、改良文字、统一语言等事，与日前留学法国学生所上书中各节，大致相同。该禀已由卢提学先后呈送泽公、尚大臣及端、戴二大臣矣。

《申报》，光绪三十二年七月初九日（1906年8月28日）

纪袁宫保将晋京会议立宪事

日前出洋大臣次第回国，奏陈立宪政治不可稍缓。惟事关重大，猝难实行。故两宫拟召集政务处、军机处各大臣，以及六部九卿，会同妥议。又因鄂督张、直督袁系政务处大臣，谙练吏治，电召晋京，参预会议。并电征各将军督抚意见。张香帅因政务丛杂，加以政躬稍有违和，恳辞晋京。袁慰帅则定于一二日内入都。并闻即在颐和园开议云。

《申报》，光绪三十二年七月初九日（1906年8月28日）

论政府会议选举法

光绪三十二年七月十一、十二日

自考政大臣回国后，宪政消息，传播国中，廷臣会议，疆吏电驰。有谓宜布立宪誓约决定年限者；有谓先请奏设议院者；有谓地方自治宜先从直隶试行者；有谓政治馆宜添设研究所者。而最近消息，则谓戴、端两大臣奏改官制，有分别中央地方界限者，种种布置，在今日预备立宪时代，皆属为所应为之事。顾宪法之起原，必先有地方议会之自治；而欲植地方议会之基本，必先求选举议员之法理。日本预备时代，明治八年议定民会公选法，十年发布府县会规则，十二年设立府县会，直至二十三年始诏开国会，实行宪政，是民会早于国会之明证也。近闻政务处与政治馆注重地方法制，会议选举办法，行将斟酌妥善，奏请核办（见初七日报）。虽其办法若何，现尚未经宣布，要之，宪政之成立由议会，而议会之组织由选举，选举之法理为当今立法上重要之问题。用敢折衷法学，将区制、资格、方法各方面一一研究，以为今之希望立宪者告。

（一）划分区制。各国大选举区制，如我国一省；小选举区制，如我国一县。此两制度，如大区域中选二十四人，则小区域中对于大区域为十二起大率，大区域四人，小区域二人，以均其势。此现行之规制也。吾国创行新法，往往疑惧交并，不肯出以奉行之实力。方今划定区制：第一，相度人地，制定选举区。当比例于人口之多寡与，夫道里之远近，必使市人与乡人得其平均之势，而后不生冲突。故统计户口，实测地图，已为目前万不可缓之举。第二，公选代表。我国地大人众，选举区万不能太大。今日试行之初，以一县为一区，则乡民悉至县城投票，其势必有所不能。暂时办法，莫若令乡人公选一二人，代表一乡。盖本区之需用必要意向主义，不能直达议会，而公选代表人以代表之，亦彼中议会之通例矣。第三，熟审利弊。选举竞争，最易骚扰。我国事在创举，必将有陈说弊害而以为阻碍难行者。不知天下事利弊相因，但能补救其弊，扶植其利，即合于治事之通则。今将大区、小区之利弊列表如左：

	大选举区	小选举区
利	一、秀拔之才多。 二、不便为贿赂、强迫运动等事。	一、容易适少数代表之趣意。 二、信任候补者深，不致被他人煽动。
弊	一、难识候补人，选举实权易落少数运动者。 二、多数候补者互争选举。 三、不属于党派候补者难得入选。 四、优势党派得常被选。	一、容易为贿赂、强迫运动等事。 二、额少，易于竞争剧烈。 三、本区或才溢于额，而有遗才。 四、才少，或以不堪任之候补者填额。

右表所述，大区、小区各有利弊，补救之道，亦以选举之种种方法，定观察之标准而已。

（二）确定资格。自后魏崔亮创停年之格，后之仕官者均以循资按格为务，驯至不肖升庸，高才沉滞。故“资格”二字，遂为吾国言治者所诟病。然选举资格，乃选举权之谓。就法理上言之，则为投票之权利。其与吾国之所谓依资人选者，固有间也。立宪国选举资格，大别有四：一、年龄（英二十一岁，德二十五岁，普二十四岁，法与美二十一岁，澳二十五岁，日本二十五岁以上）。以成丁者为合格，其未成丁年者，识力未富，无完全之自主权，故不与焉。二、身品（大致以教育为准，英、意、西班牙凡有一定之学历，虽财产有缺点者，亦得有选举资格等类）。以有学行者〈者〉为合格，其刑余罪人与丧心病狂者，无完全之国民权，故不与焉。三、国籍。以本国人民为合格，凡外国人虽居于此国，无此国之国民权，亦不与焉。四、产业（如日本地方制制限选举法，凡纳地租十元或纳直接税十元以上者，或并营业税、所得税共成十元者，皆有选举权）。以纳税者为合格，其极贫且贱者，虽有国民权、自主权，然不得干预政治，故无选举人之资格也。以上四者，皆为各国通行之制限。我国当预备立宪时，既不能用普通选举，必出于制限选举，断断然也。论者或以国民程度未至、资格不合为言，不知程度幼稚，未能合乎选举员、被选举员之资格，在今日固无可为讳然。然以大势所趋，各处人士之稍负资望明白事理者，已渐有法律观念，起而任分治地方之事，能于其间选举数人，讲习法政，授以必要之知识，则亦未始不可救一时之急用，而树将来之影楔。如必待教育普及，资格完备，而后有议会之构造，岂有合于预备之理乎？

（三）采用方法。选举议员之方法，厥类甚（颗）〔夥〕，一一举之，或不适于吾国之用。但就今日幼稚之程度概略言之，亦有足以供种种之考索者。一、小区用单选法，大区用复选法也。单选法为直接选举，由国中有选举权者选之，行之小区而意志可以自由；复选法为间接选举，由国中有若何资格者选选举人，再由选举人复选议员。小区对于大区，往往无鉴识人物之能力，必由第二选举人选举之，乃无不当之弊。分别而采用之，则前所谓大小区之弊，夫亦可以稍祛矣。一、连名投票，不如单名投票之无弊也。连名投票利于大政党，极不利于小政党，故各国选举制度多已废弃不用；至单名投票，其于党派人数相差远甚者，则有副记（票中正记一人姓氏，副记一人姓氏，如以五百票当选，而正记之人已有八百票，而以其余数割归副记之人，而副记之人或已满三百票当选）、让与（与副记略同）、名簿投票诸法，以补救之，固足以减杀多数党派之优势，而达少数代表之意见者也。虽然，议法匪难，用法为难。以今日之程度，人民义务不明，或放弃选举之权利；智识不足，或因受贿被逼失其选举之本意，此则最为可虑耳。呜呼！由前之说，凡国家初行宪政时，人民多蹈放弃之病，若行之渐久，权利日明，可决其万无此习；由后之说，虽在立宪各国，国民程度已至，犹不能无受贿被逼情弊。是在道德教育之有以渐渍心理转移风气而已，又乌能以因噎废食置民会公选法于不讲哉。

如上所举，均于教育政治诸端大有关系，初非虚拟一选举之办法，而即能见效者也。苟使殚精竭虑，汲汲准备，数年以后，议会之规模渐能初具，而宪法始有实行之望也。故乐得而论列之。

《申报》，光绪三十二年七月十一、十二日（1906 年 8 月 30、31 日）

江瀚致瞿（鸿禨）中堂函

光绪三十二年

敬启者：昨阅日本《外交时报》，内有该国博士中村氏所著《中国之危机》一篇，其推测立宪之意，虽未尽确，然有深足为我警者，特命儿子庸译出，录呈钧览。夫德之立宪，发轫于州会，日本之立宪，造端于府县会，今欲为立宪之预备，自当以建设议会为先。无如国民教育，方始萌芽，而各省学风，嚣张已甚，大率以聚众要求为团体，以蔑弃礼法为文明，服从约束，则斥为奴隶性质，反对抗议，则美为社会义务，种种流弊，可为浩叹。人格如斯，何能自治？若遽立议会，势必至官权旁落，而民权仍不得伸，徒便狡黠之辈，包览把持而已。窃谓为今之计，惟在循名核实，力戒欺蒙，果京外各大臣皆能如谕旨所言，尽去偏私，真任劳怨，自然志无不通，政无不举矣，何必慕立宪之虚名哉？冒渎尊严，伏增惶悚。江瀚谨上。

附：《清国立宪之危机》

（译《外交时报》第九卷第十二号，日本法学博士中村进午）

清国顷有立宪之议，虽未提出具体的成案，无由深论。兹欲述其大体所见，以质世之识者。

清国从来为专制之国，不惟中央政府专制，即地方政府，亦除专制外，不悉其他。我国先设县令之制，以为疏通民意之基，根蒂既固，逮夫国民皆有深通宪政之资格，然后施之于中央政府。清国不然，犹欲由平地而跻层楼，不免有躐等躁进之观也。且夫清国，非中央集权之国也。各省之总督，坐镇一方，帝室及政府，虽云在北京处决万机，其实地方之长官，在各地专擅威权，中央政府之命令，不能普及，宛然一封建国也。清国之中央政府，未尝举一伟绩、树一威望，外不能御侮，内不能弥变，地方人民之不服，固其所也。如我国之维新事业，及德国之对法战争，先图固国内之基础者，在清国史上，未尝见也。无此准备，无此基础，突然欲施立宪之政，其意果何在与？

清国见立宪之国，多致富强，以为立宪，即可希冀富强，此吾辈推测之一也。清国见日本之国势，日益加盛，以为悉属立宪之赐，清国一立宪，逐足一跃而跻日本之上，是推测之二也。清国因民心乖离，政府贾怨已甚，忧朝廷之不安，欲以立宪为饵，以收揽人心，此推测之三也。内有满汉两种之党争，外有异邦之诛求，欲使全部一致，民众协力，以排比莫大之患，此推测之四也。深痛官府暴横之弊，欲容纳民众之意，以杜官吏之专横，增人民之幸福，而希冀过于迫切，此推测之五也。又以为内防本国之分裂，外求免于列强之分割，以立宪为独一无二之道，此推测之六也。其他可以臆度者，尚不可殚数。

吾辈但就以上之推测，陈述私见，其庶几无大误乎。以立宪即为富国强兵之手段，此大惑也。立宪之布哇亡矣！立宪之脱兰斯佛何如乎？立宪之俄罗斯、波斯又何如乎？日本非因立宪而遂致富强，立宪之外，更有致富强之种种原因。清人中达识之士，亦有能辨之者，推测之第一、第二，盖不足据也。

清国今日在野之政治家，极为缺乏，知政治为何物之清国人，亦未足满意此姑息之立宪事业。清国之不安，官之罪，亦民之责也。虽云容纳民众之意，然所谓民众之意者，果健全乎否乎？正大否乎？即令其果健全正大，选举之制，不能完善，充议员而列于议会者，不过旧官吏之退职者，及无知识之富商土豪，甚至愤懑不平之革命家耳。以此情形观之，立宪之于清国将来，福耶祸耶？盖不难逆睹矣。加之为议员者，更以贿赂行事，议员之贿赂，与官吏之贿赂，若叠矩而重规，人民负担将倍蓰，则民心之沸腾，亦必较畴昔加倍焉。何则？人民前只贿赂官吏足矣，将来更非将所以贿赂官吏者，又贿赂议员，则不能达自己之希望，第三、第五之推测之不可偏信也审矣。

满人汉人之争阋，由来夥矣。立朝者或欲因立宪以弥此争端，不知在他国所谓保守进步主义之争，在清国议会，即成为满汉两种之争。满人若以为藉自己立宪之功为能得亿兆之心，必有感戴讴歌之报，其愚遂不可及矣。选举之结果，议员之多数，为汉人所占无疑，然则立宪之结果，于满人有何利益？诚不待智者而后决也。使满人之势力尚足以匹敌汉人，则犹可言，然其争亦适足以召清国分裂之祸，北美合众国之南北战争，所得之善果，岂清国所能梦见者乎？清国之力尚不足以防内国之变，更何能抵抗列强分割之事乎？内顾之忧，外患之所乘也。然时亦未尝无转祸为福之道。我国维新之际，为国家危急存亡之秋，朝廷对幕府之内争，时时为野心勃勃之列强所乘，某国则左袒朝廷，某国则欲助幕府，此等消息，多为世人所熟闻。然日本不乏有识之士，又有知其政策之所在者，使此等诸国互争于外，因得徐谋我内事之机。日本遂不致如布哇、撒末亚之末路。今方列强无事之时，正清国内争之时，列强势力，足以膨胀于外，以干与清国之事，清国若不知兄弟阋于墙，外御其侮之道，或不一讲求使列强相争，无暇干与清国事件之策，则清国之事，遂由清国而决，恰如朝鲜之事，不由朝鲜而决，由日俄两国及日英两国之关系而骤然以解也。然则第四、第六之推测，又岂可谓得其正鹄耶？

画清国立宪之策者，有何成算？有何希冀？固吾辈所亟愿闻者，然敢断其不能有名实相符，尽善尽美之望，不唯无尽善尽美之望，即些微之利益，亦无从想像，此清国立宪之实情也。望清国人之在要津者，一读拙作，而以立宪之计划，延之百年之后，实清国获消极的幸福之一道也。

《瞿鸿禨朋僚书牍》，中国社会科学院近代史研究所图书馆藏

范源濂致瞿（鸿禨）中堂函（附问答记录）

光绪三十二年

敬启者：趋谒崇阶，渥聆清论，谦光雅量，授粲征言，源濂何人，能无振

奋？谨就面陈各节，诠次于篇，聊备采择。中国今日，为从古未有之事局；赞襄立宪，为从古未有之功名。柱石擎天，薄海钦仰，岂独源濂之私所跂祝哉？专肃，敬请钧安。范源濂谨启。

附：问答记录

问：宣布立宪，宜明实行期限否？

答曰：宜明定期限。请详其故。凡一国欲有改革，必将其从来状态，移置更换，社会上乃生出种种变动。即向为有位置之人，而今忽失其位置；向缘于某种事业得有利益之人，而今或失其利益。一国之人，共同生活，其得以相安无事者，实因各种关系互相联合成一定之秩序。若旧秩序忽破，新秩序方生，其间分配布置必难。即如前之已成习惯，至于确定之为自然，其新得势力者，未能遽信以为安全也。而旧有势力者，群失其固有之把握矣。事会迁移，人心摇动，此各国举改革之业，未有不经过之现象也，固非一国之所能独免，亦原不足为深虑。且若阻于此些少之困难，即永远安习故常，则国家之进步无望，民间必有起而要求改革者，其祸不尤烈哉？故为政者，处此时势，审察全局，规画大计，持以强毅之力，为国家求改革之进行，固为第一要义。惟尤当观察周到，体贴民情于改革之进行中，而使人民满怀之疑惧，渐次消除，不至渐次积结，其生活之困难之度，亦渐次低减，不至渐次增长，导其恢复渐成自然之习，使之乐于趋赴，斯为至善。试举例以明之，如行路然，必有期于到达之地点也。由此适彼，为主人者，于发程之初，即将期于必到之时日，明示仆夫。彼为仆夫者，从此虽担负重荷，重足以行，思前路之辽远，念时日之迫切，即甚至夜以继日，努力兼程，受平常过倍之苦辛，亦当视为当然，而绝无怨怼。此无他，以其精神中有一定之目标，信其能为己之利益者，固可得之于到达地点之当时也。主人之命令，特引之于外耳。彼之精神之力，强制于内，身体之劳，曾何足以馁其气哉？苟异乎是，于发程之初，仅明示以到达之地点，而无必达之期限，则按里计日，兼程并进之决心，主人既先失之矣。沿途事态环生，心情屡易，或时乐流连，而任仆夫之延玩，或时发急令，而督仆夫以奋励，其能使多数混杂之任劳力者，欢欣鼓舞，惟命是从，而不至敬乱纷扰，逃亡流离，误主人之行程，增行旅之艰苦，盖亦寡矣。夫同一行路，前者之易达则如彼，后者之难进乃如此，斯事虽细，亦可以喻大矣。

问：实行立宪，当定期限为若干年后？

答曰：以十年为预备之期，似较妥当，试分别内外情势言之。请先言内部情况。立宪必视国民程度之能及否，至为切要。但所谓国民程度，亦当分析国民性质观察之，孰为能力优长之点？孰为能力缺乏之点？发现其优长处，宜利用之，而更助其发达；其缺乏处，则促其发生，而使之伸畅可也。立宪一事，其所须于人民之能力者，试分二段言之：一曰地方自治之能力，一曰国会代议之能力。国会代议之能力，以吾国素乏普通学识，统一思想，非需以时日，去其所以不统一、无学识之种种障碍，而求其种种改良之方法不可。如交通不便，当思所以便之；教育未兴，当谋所以兴之等是也。苟是数者，依然今日之现象，即遽言开设国会，或虑召乱，亦不为过。若地方自治之能力，则决非如国会代议能力之必待养成而后可期实行者比。从来吾国行政区划，以州、县为始级。一县之地，面积辽阔，邑宰虽号称亲民之官，其实以一身负多种责任，应接不暇，与民接洽之机会实少。民间未尝无待理之事也，而求理于官，有种种困难，故不如设法自理之为便。如是如乡、团、镇、集等之结合团体，于自卫上为不可少之组织矣，其发达已习成自然，其势力决非可轻视。如以此种习惯最发达之处，比之日本现时之町、村自治，其实力或尚有远过之者，惟日本则有法制以维持于上，而我则放弃之于下耳。既无法制，于是地方之无赖者，不公益，肆其武断，以鱼肉良儒。今之乡民被屈于强豪，而莫敢谁何者，可胜道哉？有此自治之基础，立法以整顿之，则莠民不得肆其恶，而县吏得以分其任，使人民受各安其居之福，即为国家举分疆而治之功，立法而善，是固不难，即行于今日而收改革之效也。若仍疑吾国人民不能即如日本之行町、村自治，请更申言之，而证可以信之例。如今日中国之商业，以言受官力之保护，比之日本，是安可同日而语？然商业上之信用道德，固迥出于日人之上也。因之商业之利益，虽屡受外人侵损，而仍得占优势之地位。此其原因为何如乎？个人之坚忍勤勉，固为成功之要素，而其最善结小团体，守自治法律，期达公共利益之目的，实为其要素中之最大者。试更思邻里乡党团结之力，宁有让于商人之完固耶？是无待烦言矣。为今之计，宜先定法制，使州、县以下之区划，实行自治，而以贤明之州、县官监督之，使其在法制之能力，渐至充实。再扩张其自治之范围，达于州、县。侵假而普通学识，渐次增进，全国统一之思想，自渐起于各地有志者之脑中。而后迄于十年，开设国会之预期，决不至落于虚望。此其次序，例之日本明治维新之初，即惯例听市、町、村自治；五年，定市、町、村制，初开地方议会；至十一年，定府、县会规则，屡经改正增删；至二十三年，定府、县制，而国会亦同于是年成立矣。其推行自治之习惯，养成统一之精神，条理井然，循序渐进，是大可供镜之资也。依前所说，则开设国会，非主张预备不可。以吾民富于自治能力，即今定州、县以下之地方自治制度，必行之无难。期以十年，始开国会，亦不患能力之不足。此特就内部情况言之也。若论外部之形势，则开设国会，若迟过十年，又难免别生困难之处，不能不及早注意者。日、俄战役之结果，英、日同盟，保全东亚和平，宣明以十年为限。十年以后，大势之变迁，不能预定也。但在此期限以内，在亚东一隅之天地，谓英、日二国甘为戎首，启衅于干戈，当为理势所不易有之事。而美则常同于英、日者也。此外为德、法与俄，则固有英、日同盟之保障，非可轻肆其张牙舞爪之强力，破坏人所画定平和之范围。故此期内，苟我国能善治理，不为全世界震烈之导火线，则平和可望其稳固，即吾尚有可自由发达之闲暇也。吾为独立国，固不当问外界之景象，以定吾行进之步武。但国于天地，必有与立，值此竞争惨烈、千钧一发之时，知己知彼，尤不可忽。况己为孤立无援之己，而彼为协以谋我之彼乎？我果图强，即无害于彼之强也，而彼已不能逞其强以凌我之弱矣。况我果强，将有胜过于彼之望，而彼或反有被凌于我之惧乎？近年吾国稍有革新气象，民智稍开，彼即因收回利权之消息，而传黄祸横流之说于欧洲矣。此后十年中，吾果着着进步，国基安固，众志成城，则彼之惊疑疾视当更为何如乎？是不难推而知也。他国之人，凡非立于当国者之地位，不必直接图其国之利益者，固不得概谓其于吾之改革，不愿表同情也。然苟至实利于吾，不利于彼之时，则欲望彼之稍为宽假，不加迫害，以待吾国改革之完成，是终属于不可能之事。且改革之进行，即以今日之形势论之，已难免与人生出纠葛，如对于税务大臣之异议，即其一例也。而今后十年间之经过，外势之增进，将及于何等地位，而内力之膨胀，将及于何等程度；其相接处，即相争处，其相争处，即可立生祸乱之处，节节遇险，即当步步为营。此在英、日同盟期内，实多易于解决之处。苟愈此期，则西藏之交涉，必与英更为迫切；满洲之关系，必与日本益加纷纭。吾果能强，其能不与英、日冲突者几希矣。苟英、日终欲遂其贪得之野心，其必相率以强力抑制我之发达，亦为意料能及之事。彼德、法、俄，更何论哉？故国会成立若在十年以后，则难处之境，有加倍蓰什佰者此也。

问：地方自治与国家行政权有妨否？

答曰：地方自治，非人民之不受治于国家也，特国家认为可许其自治之范围内立定法制，明示权限，而听人民之自行治理而已。况有地方长官居于其上而为之监督乎？但此于认许之范围及其权限与监督者之关系等，宜斟酌求得其当。至妨国家之行政权，则万无足虑也。

问：如改定官制，设总理大臣一员、副理二员，以九部尚书为内阁大臣，其办法亦如今之军机大臣每日陈奏乎？所谓阁议，如何举行？又总理大臣，可否设副？

答曰：如改官制，则每部似只宜设尚书一员。其下分设各局。一切政务，就性质言，则分门别类，各有专责属；就等量言，则审度轻重，定其等差。有关于全阁取决者，开阁议以决之。有仅关于一二部或二三部之事项，不必集全阁员；与议者，则集关系各部大臣议之可也。仅属于一部之事项，则于部中集局长议之可也。由此类推，上下相维，层次递贯，若网在纲，纲举则目张矣。凡循例无甚关于重要之件，即执定法以行之，或由行政上便宜处分，无所不可。似不必如今日一切例定事项，皆须一一入告，上累宵旰之勤劳也。各国现例，凡阁议，非有要事不开。但吾今方改革之始，固不必即效人之常例。致多妨碍难行之处，似宜时常开议，以期意见疏通。要之，于未来阁议之先，必预备定明行政之权限，而后议题，方不至有错乱之失，是最为要耳。总理大臣，虽他国皆只专设一员，但吾国情势，亦自有特殊之处；且改革伊始，责任繁重，采人之长，尤贵折衷于己所必要，以适用之。则变通设置副理，以求分尽责任，固无所不可也。

《瞿鸿禨朋僚书牍》，中国社会科学院近代史研究所图书馆藏

汤寿潜致瞿（鸿禨）中堂函（附推举备用人员名单）

光绪三十二年

中堂夫子函丈：以五千年相沿相袭之政体，不待人民之请求，一跃而有立宪之希望，虽曰预备，亦极环球各国未有之美矣。一二不晓者，爱中国不如其爱私利，止或泥之，亦事势所必不能免。潜《宪法古义》，正为此槽设，惜流行尚未遍也。吾师竭股肱之力，继之以忠贞，折群言之衷，任天下之重，狂飚怒潮，系于一柁。过了此关，基础已具，拿破仑所谓五分钟，非吾师孰纲维是？潜为路事羁束，重九股东会涕泣求退，无一我允。不然，橐笔给事，入而自效于函丈，亦岂不宜！浙抚江陵中丞，其才其略，岂江陵比！浙人已惊喜相告者，感其诚也。上赖吾师鼎力，天语慰留，两浙幸福。顾所属自方伯以次，其在任者，无一可为江陵左右臂者。藩臬道府，竟赓续同时请假，此尚成事体乎？方伯语语愁穷，事事争利，遇中丞小有兴作，辄朋比以牵掣其后，而号于众曰“多事多事”，以博取安静之美名，而浙事之堕坏，有不可旦夕之势。非移而去之，江陵虽留，亦无能为，若浙路之蹈败，亦指顾间矣。犹忆戊子冬初，吾师将去浙时，潜初肃谒，谓此后当以人才为第一义，命疏所闻见以告，恍恍若昨日事。今师若弟，皆皓首矣。近日需才，视前益急，浙一未发表之广西，视他省尤急，谨述所愿戴以为父母者，录如别纸，惟吾师命之。闻诸道路，十司将晓，吾师将何以浙人之傒望呼？浙路顷已购地施工，劳与哀，俱恐不克久支柱，浙人苦留不肯放，盖不牺牲不已，故深盼大吏之能为之助，不觉喋喋也。北地早寒，伏惟为中国珍卫。受业制寿潜谨启。

附：推举备用人员名单

谨妄举所知，上备采择：

民政

候补四品卿郑孝胥：学博行约，中外贯通。

宁绍台道喻兆藩：学道有得，实心爱民。

财政

浙江运使信勤：不避疑谤，力顾大局。

安徽候补道刘树屏：长于综核，劳怨不辞。

巡警

浙江候补道袁思永：随使日本，兼充领事；官制警务，译有专书。

外交

前宁绍台道世增：参使俄法，熟于外情；践履笃实，卓然流俗。

安徽候补道许鼎霖：随使美秘，历练已深；讲求外交，心知其意。

提学

编修蒋式瑆：经义治事，操行不苟。

浙江淳安县知县屠寄：学有经法，通知时事。

《瞿鸿禨朋僚书牍》，中国社会科学院近代史研究所图书馆藏

载振致玫翁（瞿鸿禨）尚书函（附疏稿）

光绪三十二年

玫翁尚书阁下，敬启者：中国官制窳败，亟待更张，欲求入手之方，必以祛冗滥、专责成为首务。振窃不自揆，妄思有所论列，谨拟具疏稿一通，拟于一二日内恭折上闻。夙稔执事公忠体国，当表同情，谨先录副呈政。管蠡之见，如有可备采择之处，入对之余，伏望赞成一切，俾可见之施行，深纫公谊，实无涯涘也。专肃，顺候台绥，伏惟亮察不具。载振顿首。

附：疏稿

谨奏为官制窳败，事权不一，亟宜仿专任之法，一律改定，收维政体，恭折具陈，仰祈圣鉴事。窃维古者任官之法，所以得人而理者，不惟其繁，惟其专；不惟其暂，惟其久。是以唐虞郅治，只有五人；成周建官，必先六太。自汉唐以后，官制纷歧，事权渐替，而天下遂以多故矣。

我朝设官分职，大都沿明代旧制，故有旧政既废，官位尚存，浸至名实不符，俸糈虚縻。迄于近世，闲官愈多，而办事益形阻滞。推言其弊，约有两端：一曰推诿，一曰牵掣。盖责任不属于一人，则纲领便无由提挈，国家遇有大事，此部推诸彼部，甲权诿为乙权，或明知其事之非，而不肯出一言以立新，此推诿之弊也。凡人气质刚柔，学问程度，大都未能一致，各部堂官既众，意见不无参差，往往提议一事，议论经年，终归搁置，所谓筑室道谋，不溃于成，此牵掣之弊也。诚以一人兼办数事，精神才力，断难兼顾，数人兼办一事，依回迁就，百无一成。何况凡人之聪明智识，各有专长，若今日任此部，明日又调彼部，何怪其遇事茫然，难得要领。凡此种种，皆责任不专之弊。由是政令歧出，中央之于各省，声气隔绝，呼应不灵，政府有所措施，地方官或多所窒碍，深宫焦劳于上，而诸臣相与束手于下，驯至内政外交，动多为难。兴言及此，可胜隐忧！

奴才窃尝反复筹维，悉心计议，窃谓际兹时局艰难之时，而以此事权不一之官与为因应，欲求其挽回补救也难矣。为今之计，亟宜仿各国专任之例，将中央官制改弦而更张之，庶有以植新政之初基，而可自立于竞争之世。闻日本明治变法之初，亦先改定官制。今拟变通各部旧制，如刑部宜改为法部，仿日本司法省之制，考核天下讼狱，而不自理裁判。大理寺宜改为大审院，仍隶属于法部，所有都察院审判事宜，亦改归大审院办理。学务处宜改设学部，专司学校教育事宜。又现在科举既停，礼部应专司朝会祭祀一切礼仪，太常寺、鸿胪寺、光禄寺即可裁并。至财政处应与户部合并，练兵处应与兵部合并，其原派之王大臣，应请一并裁撤。总计外务部、商部、法部、学部、吏部、巡警部、户部、兵部、礼部、工部，凡十部。每部应各设尚书、侍郎共三四人。其事繁之部，设左右丞、左右参议各一人；事简之部，设丞一人、参议一人。所有冗滥不得力之司员，请一并酌量裁撤。各部堂司职员，请照外、商二部办法，各缺均不分满汉。又王、贝勒、公等，亦均应娴习吏事。嗣后各部尚书、侍郎，拟请一律简授，以重责任。宗室、世职、章京，亦可令在各部学习行走，量材补授实官。以上无论堂司各官，概不令兼充他差；其各部事务向有一事归二部兼管者，应请酌量轻重，归一部专办。内务府，专司供应内廷事务。所有上驷院、武备院、奉宸苑暨园庭各衙门，均归内务府专管，毋庸另派大臣。又，内阁大学士不兼部务者，同内阁学士等官，事务稀简，几等闲曹，于国家体制，名实太不相符，或可将近设政务处，归入内阁办理。此外，除翰林院系文学侍从之臣，都察院系建言论事之地，理藩院有抚绥藩服之责，銮仪卫有车驾卤簿之司，均未可轻议裁撤外，如太仆寺马政事宜，可并入兵部办理，国子监贡举事宜，可并入学部办理，所有各该原衙门，均可一律裁撤。此改定各部院官制之大概也。

至于各旗官制，今昔情形不同，亦应一律厘订，藉资专任。查我朝入关之先，本只编立四旗，寻以归附日广，乃增设为八旗，然犹统满洲、蒙古、汉军而合于一也。厥后户口日繁，始先后续编蒙古、汉军八旗，设官均与满洲相等，为今二十四旗之制。奴才窃揆立法初意，盖因定鼎之初，满、蒙、汉习尚不同，难于统摄，故有分隶之举；方今中外一统，风尚大同，与其虚设多官，徒资冗滥，曷若规复旧制，俾专责成。至各旗都统兼办部务，精神不能专注，每至部务旗务，两俱废弛。即以奴才而论，除商部责任重大，逐日到署办事外，其余各项要差，虽竭力兼顾，仍有日不暇给之势。奴才才具虽短，年力方强，尚且时虞旷误，其多年勚历，年齿较长之大臣，竭蹶更可想见。奴才愚见，嗣后满洲、蒙古、汉军，仍各按旗归并，每旗各设都统一员，令其专办旗务，不兼别项差使，足资莞摄。其余参领、佐领等官，亦可酌量归并，务昭核实。此外如前锋护军等营，步军统领衙门，均有警跸宿卫之责，应俟警政办有端绪，再为陆续裁并，以昭划一。此改订各旗官制之大概也。

以上各部各旗官制既定，责任既专，所有任职各员，自应一律优给廉俸，除将裁撤各衙门经费分布酌加外，其不敷款，或令该衙门设法自筹，或由各直省量为协济，总期廪禄有余，不致别滋弊窦。倘加俸之后，仍不实心任事，一经觉察，必当予以重惩。其余裁撤实缺各官，应仍请赏给全俸，以备顾问。嗣后各部各旗官员任事既专，各有应尽之责，而我皇太后、皇上询事考言，亦复易于稽核，赏信罚行，则办事自然简捷，庶务可期振兴矣。

惟是从前官制沿用既久，名目又繁，骤言更张，自非易易，必须统筹全局，庶不至窒碍难行。况中央为政治本原，若中央不立整齐之法，则各省断不能守画一之规。兹事体大，可否饬下政务处核议施行，抑或别设官制局详细妥订之处，出自圣裁。奴才非敢好言更张，只以蒿目时艰，深知当今之世，非推行新政，不足以图存。而新政则断宜先改官制，务使尽人知责任之所在，斯办事乃有入手之处。用敢不揣冒昧，激切上陈，不胜惶悚待命之至。所有请改定官制以一事权缘由，是否有当，谨恭折具陈，伏乞皇太后、皇上圣鉴训示。谨奏。

《瞿鸿禨朋僚书牍》，中国社会科学院近代史研究所图书馆藏

预备立宪上谕[①]

光绪三十二年七月十三日

内阁奉上谕：朕钦奉慈禧端佑康颐昭豫庄诚寿恭钦献崇熙皇太后懿旨：我朝自开国以来，列圣相承，谟烈昭垂，无不因时损益，著为宪典。现在各国交通，政治法度，皆有彼此相因之势，而我国政令积久相仍，日处阽危，忧患迫切，非广求智识，更订法制，上无以承祖宗缔造之心，下无以慰臣庶治平之望。是以前简派大臣，分赴各国，考察政治。现载泽等回国陈奏，皆以国势不振，实由于上下相睽，内外隔阂，官不知所以保民，民不知所以卫国。而各国之所以富强者，实由于实行宪法，取决公论，军民一体，呼吸相通，博采众长，明定权限，以及筹备财用，经画政务，无不公之于黎庶。又兼各国相师变通尽利，政通民和，有由来矣。时处今日，惟有及时详晰甄核，仿行宪政，大权统于朝廷，庶政公诸舆论，以立国家万年有道之基。但目前规制未备，民智未开，若操切从事，涂饰空文，何以对国民而昭大信？故廓清积弊，明定责成，必从官制入手。及应先将官

① 题目为编者所拟。

制分别议定，次第更张，并将各项法律详慎厘订，而又广兴教育，清理财政，整饬武备，普设巡警，使绅民明悉国政，以预备立宪基础。著内外臣工，切实振兴，力求成效，俟数年后规模粗具，查看情形，参用各国成法，妥议立宪实行期限，再行宣布天下。视进步之迟速，定期限之远近。著各省将军督抚晓谕士庶人等，发愤为学，各明忠君爱国之义，合群进化之理，勿以私见害公益，勿以小忿败大谋，尊崇秩序，保守平和，以预备立宪国民之资格，有厚望焉。将此通谕知之。钦此。

中国第一历史档案馆编：《光绪宣统两朝上谕档》第三十二册，第128—129页，广西师范大学出版社1996年版

读十三日立宪上谕谨注

光绪三十二年七月十五日

夫以中国数千年来专制之政体，而欲取法欧西，一旦改行立宪，其间盖有数难：种族之界未泯，以为有所不便，而不愿立宪者，一也；顽固之性未除，以为有违成法，而不欲立宪者，二也。积此二阻力，虽有人日号于前曰：立宪则中国保而满洲之统系亦保，不立宪则中国亡而满洲之统系亦亡。而卒未敢□期其觉悟，何也？专制则凡事足以便其私图，立宪则凡事必取决于公众，此所以人民希望立宪之心虽甚迫切，而无意识之政府必有多方以尼之者也。

今者朝廷以出洋考查政治大臣回国之陈奏，知各国之所以富强实由于行宪法，乃毅然决然特于七月十三日明降上谕，仿行宪政。呜呼！立宪实行之期虽尚有待，而朝廷之必行宪政，则固已于此日定之矣。间观欧洲各国，有人民欲行宪政，而出之以要求者，今乃不待要求，而已奉宸断，是则可为我民欣幸者也。然而，吾兹不能不为我民警惧焉。

定立宪之计者，朝廷也；而预储立宪国民之资格者，人民也。故未定立宪之

计以前，其责重在朝廷；既定立宪之计以后，其责重在人民。官制也、法律也、教育也、财政也、武备也、巡警也，其如何更张，如何整顿，将来必取决于议会，可断言也。使国民之程度一日无进步，则议会一日不能开；议会一日不能开，则朝廷虽定立宪之名，而终不能定实行立宪之期限。至此，则非国家之负疚于人民，而实人民之负疚于国家矣。国家负疚于人民，犹可诿之为不立宪之故，以希翼一日之振兴；若人民负疚于国家，则将何所推诿，而希翼其振兴乎？

嗟乎！西班牙之弱、埃及之衰、波兰之亡，非不有立宪之历史也，而卒无以救其国。日本自明治维新八年，倡设立宪，至二十三年颁布宪法，而国乃大兴。何以一则立宪而不效，一则立宪而效？推求其故，盖西班牙、埃及、波兰三国虽能立宪，而国民不能预储其立宪之资格也；日本则于十五年中施其普通之教育，使一般人民具有国家之思想，具有参政之知识而已。

今上谕既定立宪之大计，而终之以晓谕士庶人等发愤为学。盖深维乎日本与西班牙、埃及、波兰各国，同一立宪，而其效力乃在于学。吾愿我民谨体此意，知立宪者非朝廷的政治，乃国民的政治，而预储资格于先，藉收效果于后。则日本之继轨，安知不在中国乎？敢以之警告我国民。

《申报》，光绪三十二年七月十五日（1906 年 9 月 3 日）

图书在版编目（CIP）数据

立宪运动的酝酿与发动／李细珠编．—太原：山西人民出版社，2020.6
（清末立宪运动史料丛刊／胡绳武主编）
ISBN 978-7-203-10400-1

Ⅰ．①立…　Ⅱ．①李…　Ⅲ．①预备立宪－史料　Ⅳ．①K257.506

中国版本图书馆CIP数据核字（2018）第100418号

清末立宪运动史料丛刊·立宪运动的酝酿与发动

主　　编：胡绳武
副 主 编：牛贯杰　戴鞍钢
编　　者：李细珠
责任编辑：蔡咏卉
复　　审：武　静
终　　审：蒙莉莉
装帧设计：谢　成

出 版 者：山西出版传媒集团·山西人民出版社
地　　址：太原市建设南路21号
发行营销：0351-4922220　4955996　4956039　4922127（传真）
天猫官网：https：//sxrmcbs.tmall.com　电话：0351-4922159
E－mail：sxskcb@163.com　发行部
sxskcb@126.com　总编室
网　　址：www.sxskcb.com

经 销 者：山西出版传媒集团·山西人民出版社
承 印 厂：山西出版传媒集团·山西人民印刷有限责任公司

开　　本：787mm×1092mm　1/16
印　　张：43.5
字　　数：700千字
版　　次：2020年6月　第1版
印　　次：2020年6月　第1次印刷
书　　号：ISBN 978-7-203-10400-1
定　　价：270.00元